D1746641

Olympische Spiele 1976 Montreal und Innsbruck

Büchergilde Gutenberg
Frankfurt am Main Wien Zürich

OLYMPISCHE SPIELE
MONTREAL UND INNSBRUCK
1976

Herausgegeben von Karlheinz Vogel,
Richard Becker, Steffen Haffner, Rolf Heggen,
Hans-Joachim Leyenberg, Thomas Meyer, Christiane Moravetz,
Oskar Schmidt, Dieter Vogt
und Herbert Neumann

Gestaltet von Juergen Seuss

Büchergilde Gutenberg
Frankfurt am Main Wien Zürich

Montreal 1976

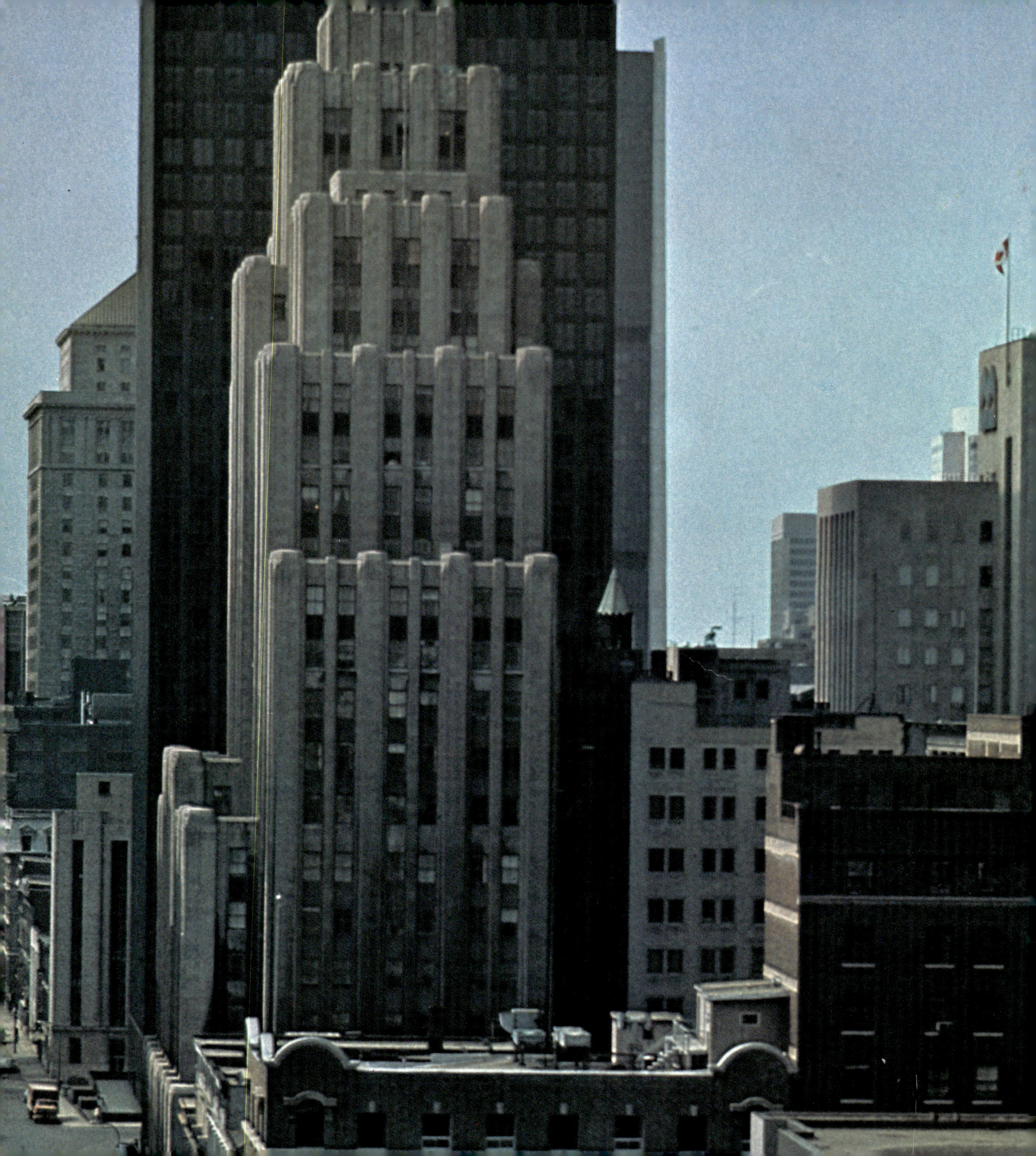

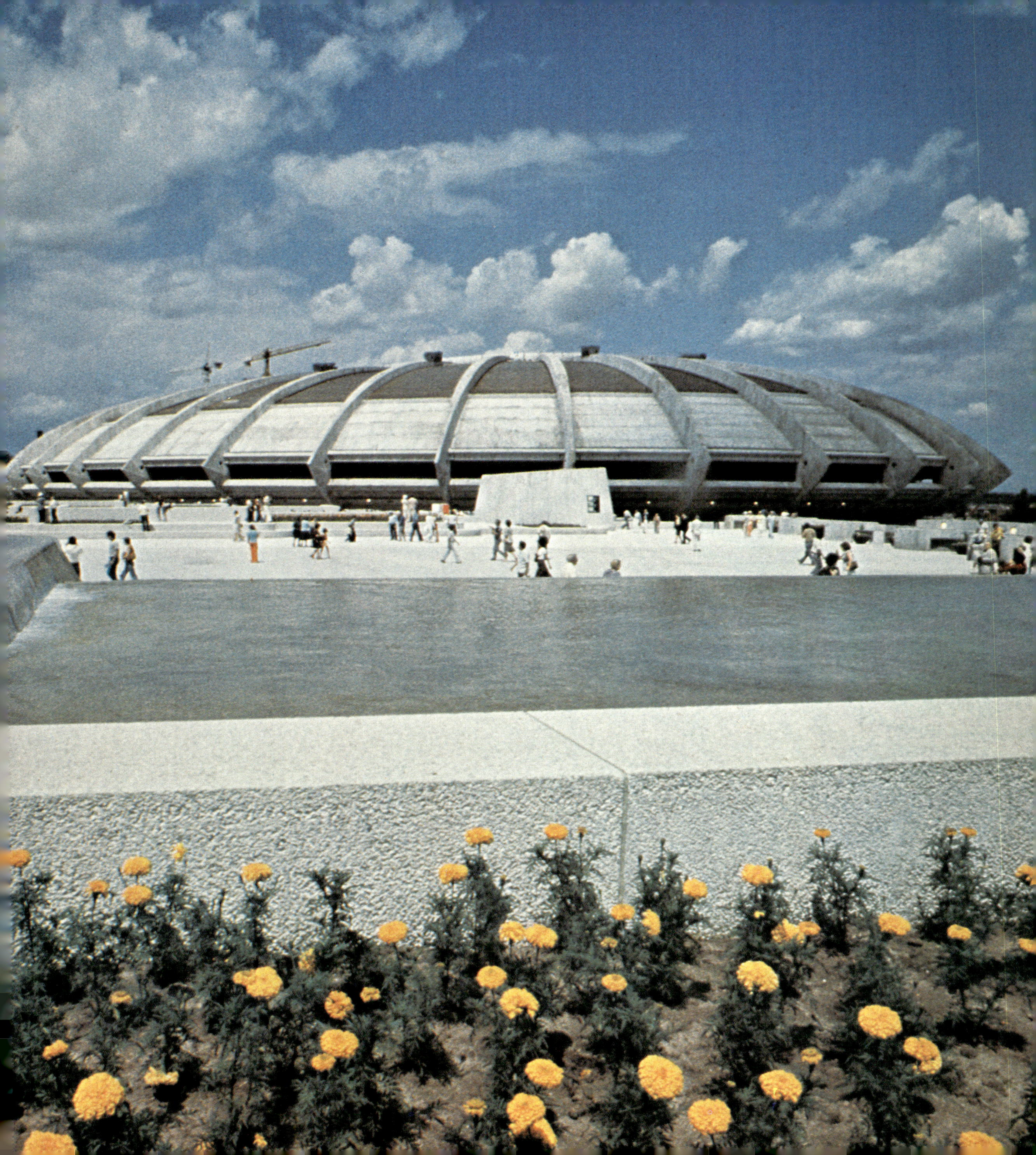

In den politischen Auseinandersetzungen fanden die ersten Wettkämpfe in Montreal statt. Dabei eigentliche Gewinner oder Verlierer festzustellen fiel schwer, weil sich keine der Parteien zu der einen oder anderen Gruppe zählen wollte. Das Internationale Olympische Komitee (oben links Vizepräsident Willi Daume und Präsident Lord Killanin) suchte nach Kompromissen, während der Missionschef der nigerianischen Delegation, Olufeni Olutoge, die Absage seines Landes verkündet. Hart verhandelt wird auch im ›Fall Taiwan‹ (links IOC-Mitglied Berthold Beitz mit seinem taiwanesischen ›Amtskollegen‹ Henry Hsu), bis der Kompromiß dann von den Taiwanesen abgelehnt wird und die Segelfamilie Lim (rechts) aus dem Seglerdorf in Kingston abreist. Unten: Wer viel suchen muß, der wird auch einmal müde. Mit Sicherheit.

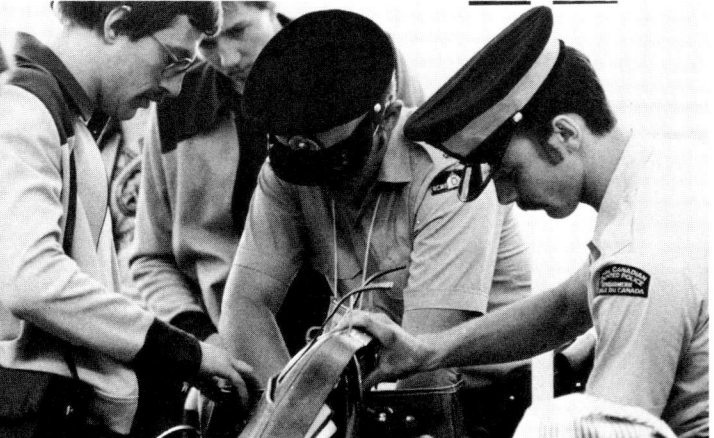

Auch der Sport ist von dieser Welt

Den Olympischen Spielen wird schon lange ein nahes Ende vorausgesagt. Aber sie sind selbst nach zwei Weltkriegen wieder auf der Weltbühne erschienen und mogeln sich seitdem an vielen politischen Hindernissen vorbei. Das in Montreal vor die Tür des Internationalen Olympischen Komitees (IOC) gelegte Taiwan-Problem war noch nicht einmal neu; es stand schon auf der Liste alter Ärgernisse, denn bereits 1960 bei den Spielen in Rom sollten die Nationalchinesen ihren Namen ändern. Sie taten das zunächst auch – bis zum Einmarsch bei der Eröffnungsfeier. Da holten sie geschwind ihr eigenes Schild hervor und plakatierten Protest. Die Zuschauer jubelten.

Lange Zeit beherrschten die deutschen Querelen jede Tagesordnung der olympischen Funktionäre. Ihr damaliger Präsident Avery Brundage war sehr stolz darauf, die endgültige Teilung der deutschen Mannschaft drei Olympiaden lang hinausgeschoben zu haben, länger, als das irgendeinem politischen Gremium gelungen war. Als die deutsche Frage durch Teilung – auf massiven politischen Druck hin – ›gelöst‹ war, wurde Südafrika suspendiert, Rhodesien vor vier Jahren in München davongejagt. Jetzt also wieder Taiwan, allerdings mit der Variante, daß diesmal die Regierung eines gastgebenden Landes sich direkt in die Belange des Internationalen Olympischen Komitees einmischte und nicht den Umweg über Dritte suchte, um Politik in der Sportarena machen zu können. Bei dieser Gelegenheit: Der Gedanke an das Echo in der Welt, wenn Bonn sich ähnliches 1972 geleistet hätte, vielleicht gar die Teilnahme der Sportler aus der DDR hätte verhindern wollen, dieser Gedanke läßt schaudern. Nun, Kanada hat als erstes Land riskiert, die Spiele zu manipulieren, und da das IOC diesen von außen kommenden Eingriff letztlich akzeptieren mußte, befürchten viele Freunde des olympischen Sports, daß die letzte Stunde der Spiele bald schlagen könnte. Auch die afrikanische Boykottdrohung könnte erschrecken, wenn man nicht wüßte, daß diese Völker kaum riskieren werden, die nächsten Spiele in Moskau zu torpedieren. Daß sie im übrigen auf die Dauer uneins sein werden, kann unterstellt werden. Nicht von daher kommt die Bedrohung der Spiele, eher von anderer Seite, die sich der afrikanischen Sympathien zu versichern versteht.

Trotzdem: Noch ist nicht aller olympischer Tage Abend. Die Welt nimmt offenbar, zwar ein wenig ärgerlich, aber nicht tief beeindruckt, die fast schon zur Ouvertüre Olympischer Spiele gehörenden Streitigkeiten hin, in der Gewißheit, daß dann aber um die Wette gelaufen, geschwommen, gerudert und geturnt werde. Dabei gibt es im Internationalen Olympischen Komitee Männer, die schon lange erkannt haben, daß mit der Entzündung einer Flamme, mit dem Start von Tauben und der Verleihung von Goldmedaillen die Spiele nicht zu retten sind. Der deutsche Sportführer Willi Daume hat schon nach den Münchener Erfahrungen seinen IOC-Kollegen deutlich gemacht, daß die klassische Formel ›citius – altius – fortius‹ nicht mehr genüge: Eine olympische

Am Tage der Eröffnung der Spiele schrieb Willi Daume – zu dieser Zeit noch Vizepräsident des Internationalen Olympischen Komitees – in der ›Frankfurter Allgemeinen Zeitung‹, man erlebe das auch jetzt wieder in Montreal: »Rassenintoleranz, robuste politische Interventionen bis zum Wortbruch von Regierungen, ideologische Propaganda, technische Entartung in der Entwicklung der einzelnen Sportarten, Mißbrauch der Sportler für wirtschaftliche Zwecke und vor allem die Tatsache, daß die Entwicklung der sportlichen Höchstleistung auf Grenzwerte zurast, die nur noch mit verbotenen chemischen und pharmakologischen Innovationen überschritten werden können und damit in den Bereich der Inhumanität gelangen.«

Willi Daume (im Hintergrund) wird mit Befriedigung die Garantien von IOC-Präsident Lord Killanin vernommen haben. 1980 in Moskau soll Berlin kein ›Fall‹ werden.

Chronologie der Schwierigkeiten
Hinter den Olympiaplanern lag ein Wechselbad zwischen Hoffnung und Chaos. Nie zuvor in der olympischen Geschichte der Neuzeit häuften sich die Katastrophenmeldungen um die rechtzeitige Fertigstellung der Bauten wie diesmal in Montreal.
Noch nie waren Olympische Spiele so teuer (3,64 Milliarden Mark). Mehrmals schienen die XXI. Spiele gefährdet. Eine Chronik der wichtigsten Etappen der vergangenen sechs Jahre zeigt dies.

14. Mai 1970: Montreal bekommt vom Internationalen Olympischen Komitee den Zuschlag, die XXI. Olympischen Spiele 1976 auszurichten.
4. Februar 1973: Kanadas Ministerpräsident Pierre Trudeau stimmt der Selbstfinanzierung aus Lotterie und Münzenverkauf zu.
29. April 1973: Erster Spatenstich für die Olympiabauten.
20. November 1973: Kostenexplosion in Montreal: statt 837 Millionen Mark wird mit 1,2 Milliarden Mark für die Spiele gerechnet.
1. Dezember 1973: Erster Spatenstich für das olympische Dorf.
9. Januar 1975: Absage der Spiele wird angedroht, wenn die Streiks weiter anhalten.
12. Januar 1975: IOC-Gipfeltreffen in Amsterdam gibt Rückendeckung für Montreal.
16. Januar 1975: Streik der Stahlarbeiter.
23. Januar 1975: Lohnerhöhungen treiben das Defizit in eine Höhe von 540 Millionen Mark.
30. Januar 1975: Fernsehverhandlungen scheitern vorerst an utopischen Preisforderungen der Kanadier.
8. Mai 1975: Bauarbeiter streiken wegen Korruptionsvorwürfen gegen ihre Bosse.
29. August 1975: Richtfest im olympischen Dorf.
9. September 1975: Einigung im Fernsehstreit; die nichtamerikanischen Fernsehanstalten müssen 27 Millionen Mark zahlen.
24. Oktober 1975: Arbeiter werden durch Gerichtsbeschluß zur Arbeit gezwungen.
10. November 1975: Offizielles Eingeständnis: das Olympiastadion wird nicht in der ursprünglichen Form fertig. Planer streichen Turm und Dach.
19. November 1975: Die Provinzregierung von Quebec übernimmt die Verantwortung für die Spiele.
10. Mai 1976: 800 gewerkschaftlich organisierte Klempner und Elektriker treten in einen Bummelstreik.
24. Juni 1976: Olympisches Dorf in Montreal eröffnet.
26. Juni 1976: Olympiakosten werden auf 3,64 Milliarden Mark geschätzt.
17. Juli 1976: Die XXI. Olympischen Spiele beginnen.

Bewegung, deren wesentlicher Inhalt die Erzielung staunenswerter Sportleistungen und Weltrekorde sei, habe keine Überlebenschance. In der Tat kann der Sport, wie sich immer wieder erweist, keinen Platz in Ruhe und Bequemlichkeit beanspruchen; er lebt nicht in einer Welt für sich, wie seine frühen prominenten Anführer gerne wahrhaben wollten, sondern muß sich daran gewöhnen, Teil der Gesellschaft mit ihren Stärken und Schwächen zu sein. Ihr ist er unentrinnbar verbunden. Je breiter er sich ausdehnt, je mehr er Interesse findet, um so enger werden seine Beziehungen zur Politik, zur geistigen Auseinandersetzung mit allem, was jedermann heutzutage anrührt. Für kurze Zeit kann man lavieren, auf die Dauer nicht.
Zum äußeren Ungemach kommt hinzu, daß der Sport sich auch intern unglaubwürdig macht, wenn er der sogenannten olympischen Bewegung Ideale aufpfropft, die er selbst mit Füßen tritt oder treten läßt. Dazu gehört natürlich das kleine Taiwan, aber auch das große Geschäft. Coubertin hat vor einem halben Jahrhundert, 1925 in Prag vor dem Kongreß des IOC, den Sportler vor die Wahl gestellt: ›Markt oder Tempel‹; beides könne er nicht wollen. Viele derjenigen, die heute ausersehen sind, den Hochleistungssport ihres Landes bei den Spielen möglichst erfolgreich zu vertreten, haben sich längst für den Markt entschieden. Auch gehört zu den Schwächen die nationale und längst nationalistisch aufgeblasene Jagd nach den Medaillen. Das Prestigebedürfnis wuchert und akzeptiert Rekordwahn, Starkult und Gewinnsucht als Dünger. Schließlich und endlich leidet der Sport immer mehr unter den längst als inhuman erkannten chemischen und medizinischen Tricks, den menschlichen Körper über seine natürliche Schwelle der Leistungsbegrenzung zu führen. Diese Anklage wiegt schwer, ist deprimierend, und niemand weiß so recht, wie das Steuer noch herumgeworfen werden könnte. Angesichts der Auswüchse, die sich der Sport leistet, fällt das Urteil nicht schwer, er selbst habe das baldige Ende Olympischer Spiele verschuldet, Politik und Geschäft besorgten den Rest. Aber dann eröffnet wieder ein Staatsoberhaupt – in Montreal die britische Königin – Olympische Spiele, und wieder lassen sich viele hundert Millionen Menschen fesseln von dem Zeremoniell und dann vom Wettkampf. Brundage hat in München nach dem schrecklichen Terrorakt gesagt, die Spiele müßten weitergehen, und an diesen Satz haben wohl auch die Männer des IOC gedacht, als sie die Kanada-Taiwan-Frage gestellt bekamen. Die Zuschauer wollen erst recht ihr Erlebnis haben. Also gehen die Spiele weiter; ihre Geschichte spricht dafür.

Montreal am Vorabend der Spiele. Alles ist gerüstet, das Wunder doch noch vollbracht. Scheinbar? Auf Abruf? Die olympische Welt hängt schon wieder schief, kaum daß sie zur Besichtigung freigegeben war. Nur die olympische Welt? Montreal, die gewaltige Millionenstadt im Schnittpunkt aller divergierenden Linien, die den Zusammenhang dieses riesigen Landes gefährden, ist selbst Beispiel und Symbol für den Widerspruch. Hier der Mensch mit seinem Traum von dem, was Glück heute gemeinhin bedeutet, kongeniales Zusammenleben, soziale Geborgenheit, Individualität im gesicherten Verband. Dort der Mensch in der Verstrickung von Widrigkeiten, die er selbst schuf. Muntere, freundliche Hostessen Olympias, bunt gewandet, geleiten die Honoratioren der Welt durch die Straßen der Stadt, ebnen Pfade, auf denen sich ohnedies

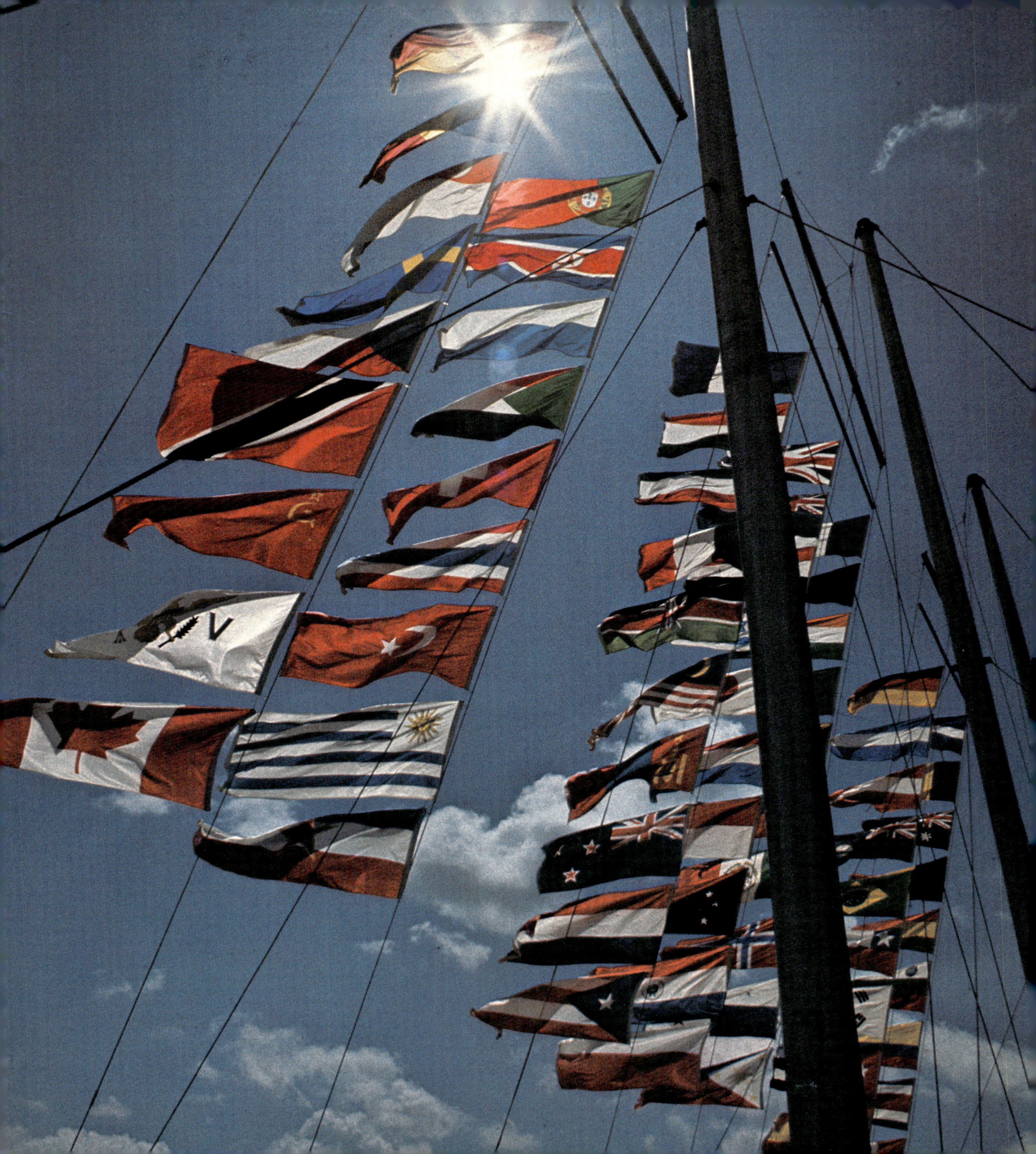

Ohne Ausweis war in Montreal keiner der Teilnehmer, Betreuer oder Offiziellen ein Teilnehmer, Betreuer oder Offizieller. Die Sicherheitsvorkehrungen waren hart, ausgeklügelt – und notwendig. So notwendig? Fotografen werden ohne jeden Grund in Handschellen abgeführt, sistiert, Journalisten klagen über erschwerte Arbeitsbedingungen – Kanada hatte die Sicherheit fest im Griff.

Geschlagen ohne Gegenwehr
Akii-Bua, Bayi, Boit. Drei Namen verkörperten Freude auf die olympischen Wettkämpfe. Jetzt stehen sie für Wehmut. Die Spiele von Montreal müssen ohne drei überragende Persönlichkeiten auskommen. Sie und ihre begabten Kameraden, von den Boxern Ugandas über die Läufer Kenias bis hin zur Marathon-Garde Äthiopiens, hinterlassen Lücken, die nicht zu schließen sind. Nach Jahren harten Trainings mit mancher Entbehrung müssen sie zuschauen, nicht getroffen vom Verletzungspech, sondern gelähmt durch die Willkür der Politik. Geschlagen ohne Gegenwehr.

kein Hindernis auftut. In den Krankenhäusern sterben Kinder, weil Schwestern streiken. Vorabend der Spiele in Montreal. Stolz, mit wehender Flagge, zieht die königliche Yacht Britannia den Sankt-Lorenz-Strom hinauf. Die Queen ante portas, Eröffnung der Spiele durch den Souverän des Landes, dessen geschriebene Verfassung seit Menschengedenken in London lagert, weil sie hier niemand haben will. Man müßte sie ändern, modernisieren, aber das setzt einen Konsens voraus, den dieses Land nicht aufbringen kann.
Ein anderes Thema: Die Spiele und ihre Hüter. Hier bringt die Not den Zusammenhalt. Sechzehntausend Mann, Soldaten, Polizisten. Die Spiele müssen sicher sein, heißt das oberste Gebot.
Alltag Olympias ist hier. Die Chance ist wahrhaftig gering. Trauerspiele und Satiren einer großen Stadt, die mit sich selbst nicht fertig wird. Bürger, ganze Familien halten eine Schule besetzt, weil sie die gestiegenen Mieten für ihre Wohnungen nicht bezahlen können. Neue Streiks drohen. Den Montrealern ringen Arbeitsniederlegungen kaum noch ein müdes Lächeln ab, und die Besucher aus aller Welt werden sich zu arrangieren wissen. Denn, wie jeder nun wirklich kapiert hat: the games must go on.

Die Spiele müssen auch weitergehen, obwohl das kleine Taiwan gefeuert wird und mehr als zwanzig afrikanische und arabische Staaten auf die Teilnahme verzichten.
Die Stunden vor dem Beginn des Spektakels waren Stunden der Tränen, des Zähneknirschens, des Fäusteballens für die, denen der Sport am Herzen liegt. Montreals Kulissenzauber war ein nicht mehr zu überbietendes Verwirrspiel, chronologisch kaum noch darzustellen. Taiwan, Republic of China, Taiwan (R.o.C.), die nicht roten Chinesen dürfen nicht, dürfen unter bestimmten Verhaltensvorschriften, wollen nicht, wollen mit einigem Wohlverhalten teilnehmen. Dann wollen alle, aber nun verzichten die Taiwanesen endgültig und freuen sich auf den Empfang in ihrer Heimat, die sie wie Helden feiert.
Während noch über den Wortbruch der kanadischen Regierung geklagt wird, die dem IOC versprochen hatte, jedermann einreisen zu lassen, aber nun ›im Interesse des Weizengeschäfts‹ mit Peking, wie behauptet wurde, die chinesischen Insulaner aussperrt, ziehen neue politische Gewitterwolken auf. 17 afrikanische Olympiakomitees fordern vom Internationalen Olympischen Komitee den Ausschluß Neuseelands und drohen für den Fall der Nichtbefolgung mit Massenauszug. Weil eine neuseeländische Rugbymannschaft gegen eine südafrikanische gespielt hat, soll à la München (Ausschluß Rhodesiens) ein neues Exempel schwarzafrikanischer Macht auf dem machtlosen Felde des olympischen Sports statuiert werden. Aber das IOC bleibt nun endlich einmal standhaft: Das Spiel mit dem Lederei sei nun wirklich keine olympische Disziplin und folglich auch kein Thema für das Komitee. Selbst die afrikanischen und arabischen Mitglieder stimmen dieser Haltung zu. Doch der Oberste Afrikanische Sportrat trimmt sich in Richtung Solidarität – und bleibt trotzdem zweiter Sieger. Man beginnt abzureisen. Den sympathischen und oft so erfolgreichen afrikanischen Athleten schlägt das Mitleid ihrer Sportkameraden aus aller Welt entgegen; dem Fehlen ihrer Flaggen gilt kein Bedauern. Denn eines bleibt unter dem Strich: Ein Erpressungsversuch ist mißglückt. Und Erpressern soll man auch im Sport nicht nachweinen.

Olympia präsentiert sich politischer, zerrissener und nüchterner denn je. Heiterkeit im Betonkessel des Montrealer Stadions nahezu chancenlos. Königin Elisabeth II. eröffnet die Spiele. Taiwan hat auf eine Teilnahme verzichtet. Afrikanische und arabische Mannschaften bleiben der Zeremonie fern. Das politische Gerangel dauert an.

**17. Juli 1976
1. Tag**

Das Fazit olympischer Eröffnungsfeiern beschränkt sich stets auf eine Banalität: Die Spiele haben begonnen. Zum achtzigsten Geburtstag des modernen Olympias 1976 in Montreal war das nicht anders als 1896 in Athen. Doch die olympische Welt hat sich in der Zwischenzeit so oft gedreht, daß vielen schwindlig wurde. Der immer stärker werdende Widerspruch zwischen olympischem Anspruch und olympischer Wirklichkeit ließ nun in Montreal die feierliche Zeremonie fast zu einer Zerreißprobe werden.

›Tränen, Ehrfurcht und keine Politik‹ hatte die größte Montrealer Tageszeitung ›Gazette‹ diesen Spielen am Tage der Eröffnung gewünscht: Es blieb ein frommer Wunsch. Olympia präsentierte sich politischer, zerrissener und nüchterner denn je. Die olympische Heiterkeit, jenes Schlagwort, das vor vier Jahren die Münchner Spiele zehn Tage lang bis zum Anschlag der Terroristen beherrscht und geprägt hatte, war im Betonkessel des Montrealer Olympiastadions nahezu chancenlos. Von einer festlichen Einstimmung konnte keine Rede sein, auch wenn sich die Kanadier gewiß alle Mühe gegeben hatten, mit vielen Kindern und vielen Farben, mit Folklore und Gymnastik den düsteren olympischen Hintergrund wenigstens etwas zu übertünchen.

Bis zur letzten Minute hatte das politische Gerangel hinter den Kulissen angedauert, und als Königin Elisabeth II. von Großbritannien als ›zuständiges‹ kanadisches Oberhaupt ihre Loge betrat, da wußte noch niemand unter den 70 000 Zuschauern, wieviel Sportler aus wie vielen Ländern wenig später wohl einmarschieren würden. Selbst Roger Rousseau, der Präsident des Organisationskomitees dieser Spiele, zeigte sich völlig ahnungslos. In seiner offiziellen Ansprache begrüßte er ›mehr als 10 000 Athleten und Funktionäre aus 119 Ländern‹, obwohl die über einstündige Parade der Nationen zu dieser Zeit schon beendet war. Wer sich die Mühe machte, eine Strichliste zu führen, wußte es da schon besser als der Präsident. Genau 94 Mannschaften waren aufmarschiert. Neunzehn schwarzafrikanische und drei arabische Staaten fehlten aus Protest gegen die Teilnahme der Neuseeländer, denen sportliche Kontakte mit den vom Internationalen Olympischen Komitee (IOC) wegen ihrer Rassenpolitik geächteten Südafrikanern vorgehalten wurden. Außerdem fehlten der Irak und Sri Lanka sowie das Team aus Taiwan, das nach dem Willen der kanadischen Regierung nicht unter seiner vom IOC anerkannten Bezeichnung ›Republik China‹ antreten durfte.

Unter dem Stadiondach wehten trotzdem Fahnen von 114 Nationen. Der olympische Dekorateur hatte so kurzfristig, wie die meisten afrikanischen Länder abgesagt hatten, nicht mehr umplanen können. Doch wer im fernen Kanada kennt schon die Flaggen, weiß die Namen derer, die nun im olympischen Schmollwinkel hocken? Für die meisten sind es einfach bunte Tücher, die da hoch oben den grauen Beton etwas freundlicher machen.

Zweifellos war der Einmarsch der Nationen noch nie so spannend wie diesmal.

Die Entscheidung ist gefallen. Auch Nigeria schließt sich dem Boykott der Afrikaner an und zieht am Vorabend der Spiele seine Mannschaft zurück. Von Sport spricht kaum jemand.

Folgende Seiten: Feuer und Fahne – die beiden äußerlichen Zeichen einer Idee. In Montreal wurde zum erstenmal in der Geschichte der modernen Spiele das Feuer von einem Paar entzündet, das sowohl die franko- als auch die anglokanadische Volksgruppe repräsentieren sollte. Die Idee der Spiele, auch verbindendes Element zu sein, findet Ausdruck.

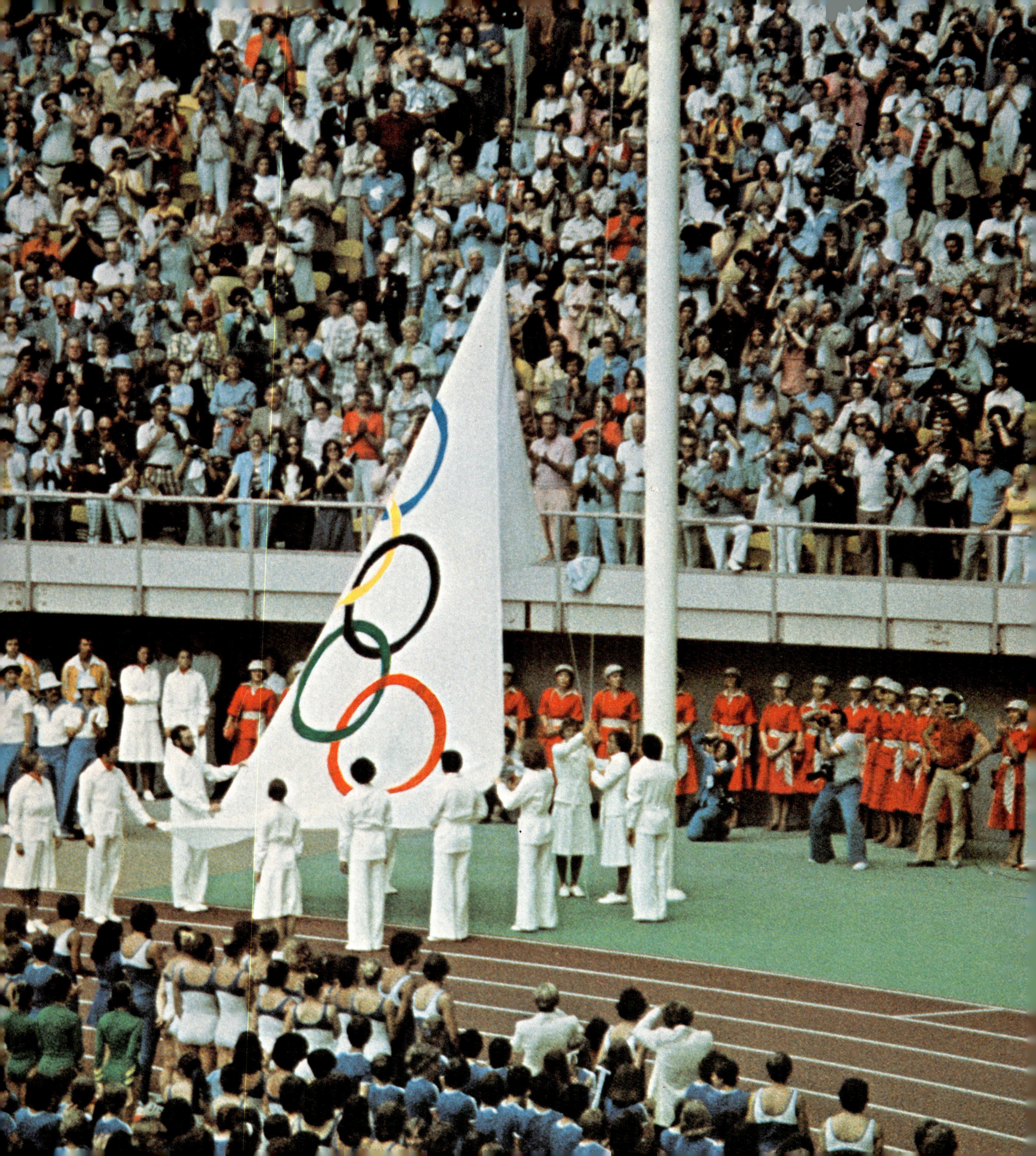

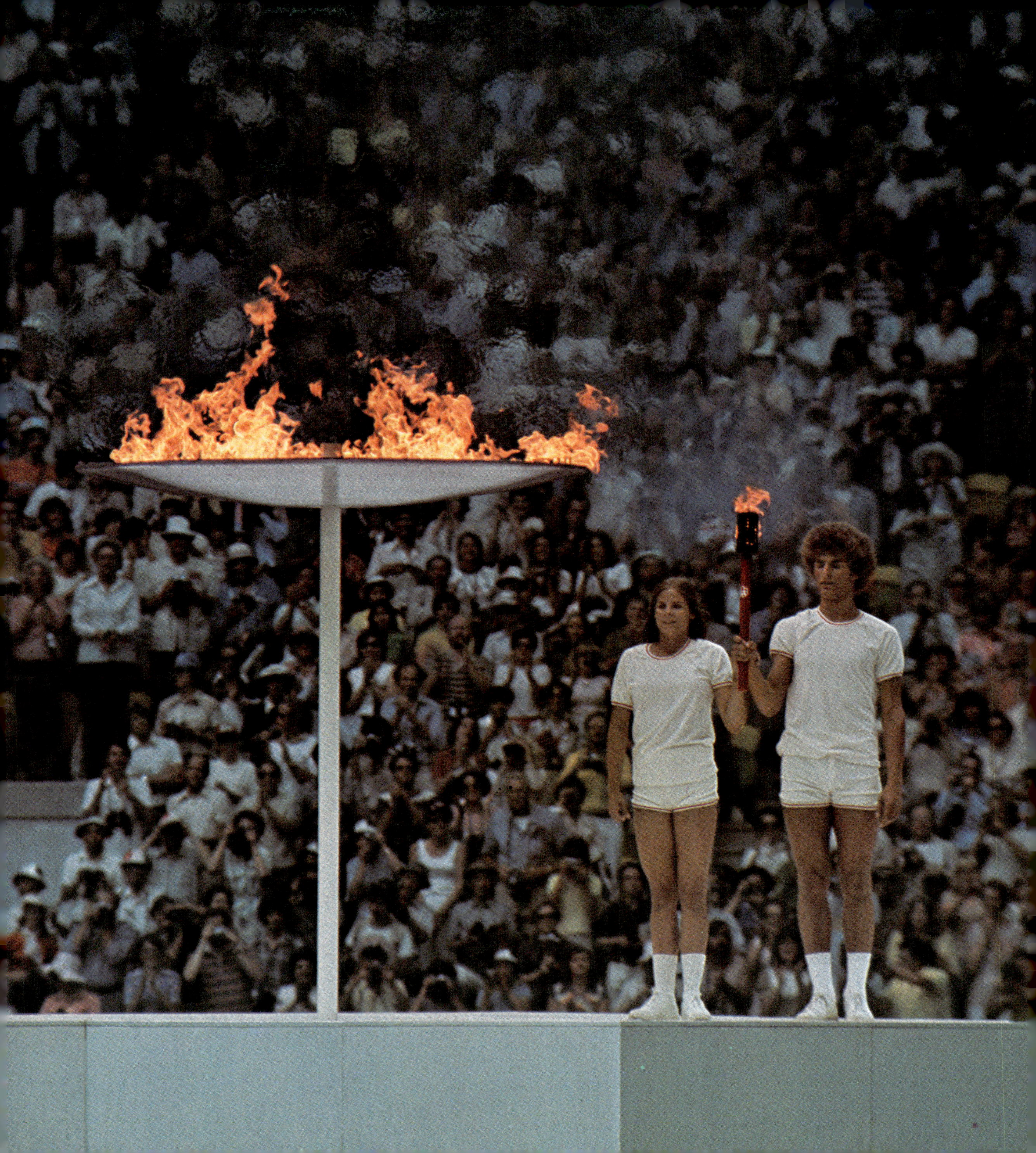

Politische Demonstration während der Eröffnungsfeier: Düsenjäger über dem Trichter des Stadions; und die kleine libanesische Mannschaft macht mit einem Spruchband auf den Bürgerkrieg in ihrem Land aufmerksam.

Kommen die Algerier, kommen sie nicht, lautete die erste olympische Preisfrage. Die Blicke richteten sich auf das Nordwesttor der Betonschüssel. Doch statt ›Algerie‹ stand dann ›Allemagne‹ auf dem Schild, das nach den traditionell als erste einmarschierenden Griechen folgte. Die Deutschen also in vorderster olympischer Front. Unübersehbar eine Weltmacht der Sports: 437 Athleten und Begleiter in 55 Achterreihen hinter ›Hans Winkler Günter‹, wie der deutsche Reitersmann, Teilnehmer an fünf Olympischen Spielen, im Programm angekündigt wurde. Mehr Mächtigkeit demonstrierten später nur noch die Amerikaner, Russen und Kanadier.

Mit einem gewissen Aufatmen wurden die ersten arabischen und afrikanischen Staaten (Saudi-Arabien und Kamerun) im Stadion empfangen. Der Schwarze Kontinent war also doch vertreten, die Symbolik der fünf ineinander verschlungenen Ringe der Form nach gerettet: alle Erdteile beim Weltfest des Sports.

An Symbole klammert sich ohnehin die olympische Bewegung: Olympisches Feuer, olympische Flagge, olympische Tauben, olympischer Eid, olympische Hymne und olympische Fanfare werden immer wieder beschworen, auch wenn das Feuer inzwischen per Satellit und Laserstrahl aus Olympia kommt und Düsenjäger im gestaffelten Tiefflug den Tauben über dem Olympiastadion Konkurrenz machen.

Doch die Symbolkraft von Opas Olympia konnte die Eröffnungsfeier von Montreal auch nicht retten. Fassungslos mußten die Olympier mit ansehen, wie der Vorbeimarsch einer Nation zur Demonstration wurde. Die zwölf Athleten des Libanons führten ein riesiges Spruchband mit sich: ›Liban – paix – unité – liberté‹. Gegen ›Frieden – Einheit – Freiheit‹ im Libanon läßt sich zwar nichts sagen, doch Parolen – gleich welcher Art – sind bei olympischen Zeremonien zu Recht verpönt. Schließlich hatte Montreal der olympischen Bewegung noch etwas Neues zu bieten: Erstmals eröffnete ein Staatsoberhaupt die Spiele in zwei Sprachen. Königin Elisabeth, die ihren französischen Text gut gelernt hatte, dürfte damit selbst in Quebec viel für die ›englische Sache‹ in Kanada getan haben. Natürlich auch ein Politikum dieser Spiele.

Neben der Politik war es die Musik, die diese Eröffnungsfeier bestimmte. Und die Musik machte das Ganze nicht angenehmer. Im Gegenteil. Schrille, konzertante Marschmusik dröhnte in den Ohren, ließ im Widerhall des Betonkessels die Trommelfelle schmerzen und schläferte die Zuschauer mit ihrer Eintönigkeit trotzdem ein. Die Musik lähmte, statt zu beflügeln, bedrückte, statt zu entrücken. Die Volkstänze aus Bayern und Kanada sowie eine überaus farbige und lebhafte Vorführung von jungen Kanadiern mit Schleiern und Fahnen, Reifen und Bällen sorgten wenigstens am Ende des fast dreistündigen Gemischs aus Show und Tradition für eine gewisse Auflockerung, bis dann wieder die symphonische Last zum Ausmarsch der Länder auf das angeschlagene olympische Gemüt drückte.

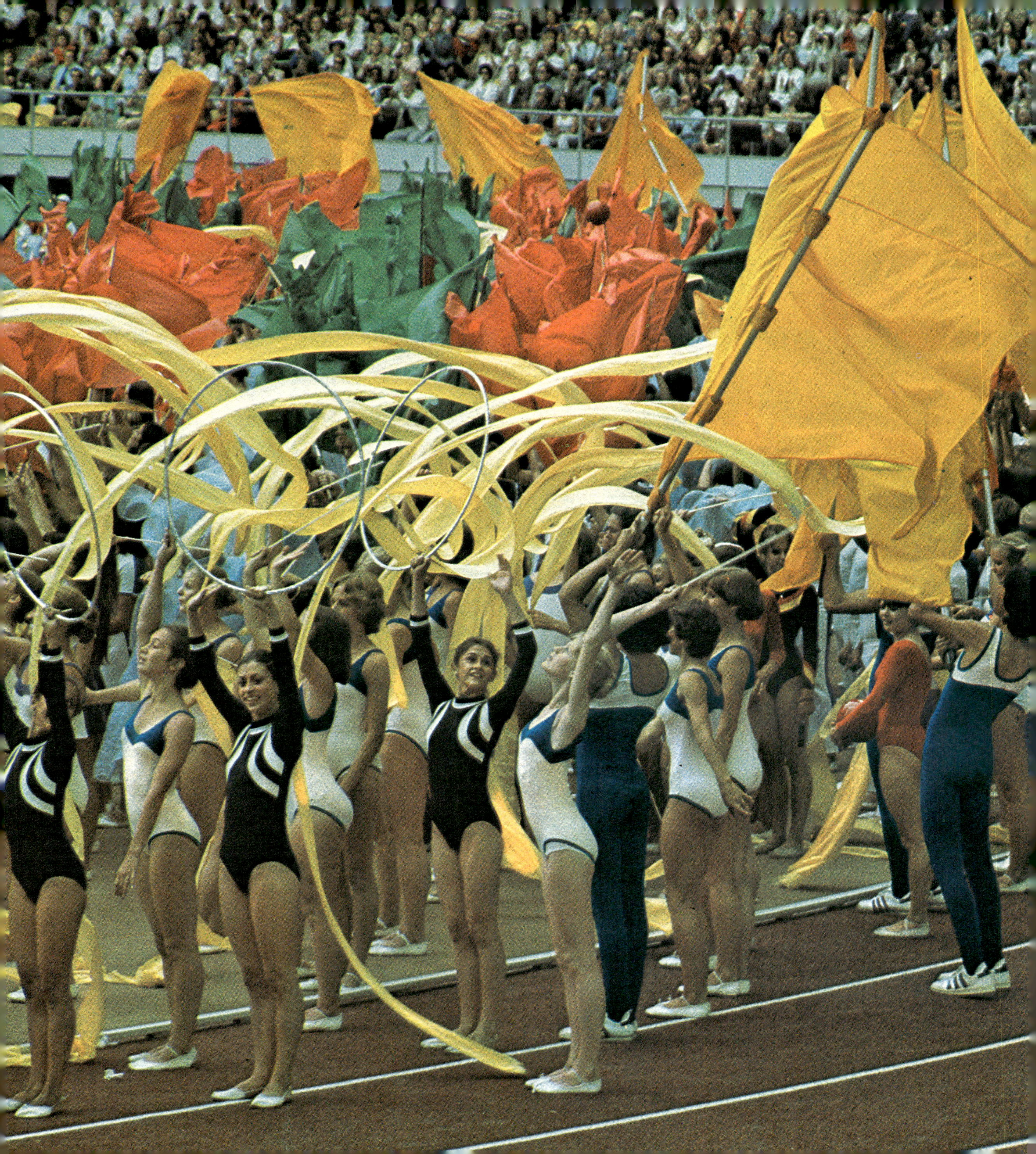

Erstmals eröffnete ein Staatsoberhaupt die Spiele in zwei Sprachen: Königin Elisabeth II. (Bild unten: rechts IOC-Präsident Lord Killanin) spricht die traditionelle Eröffnungsformel zuerst in französisch, dann in englisch. Pausen kannte die Königin während der Zeremonie keine. Stehend ehrte sie den Einmarsch der Mannschaften. Fahnenträger der deutschen Mannschaft (rechts) war der Reiter Hans-Günter Winkler – bei seinen sechsten Olympischen Spielen.

Nach dem Einmarsch der Mannschaften (rechts die saudiarabische) ›stellen‹ junge Mädchen die fünf olympischen Ringe auf die Laufbahn (unten). Viele zweifeln aber, da von 119 Teams nur 94 einziehen, daß Olympia auf festen Füßen steht.

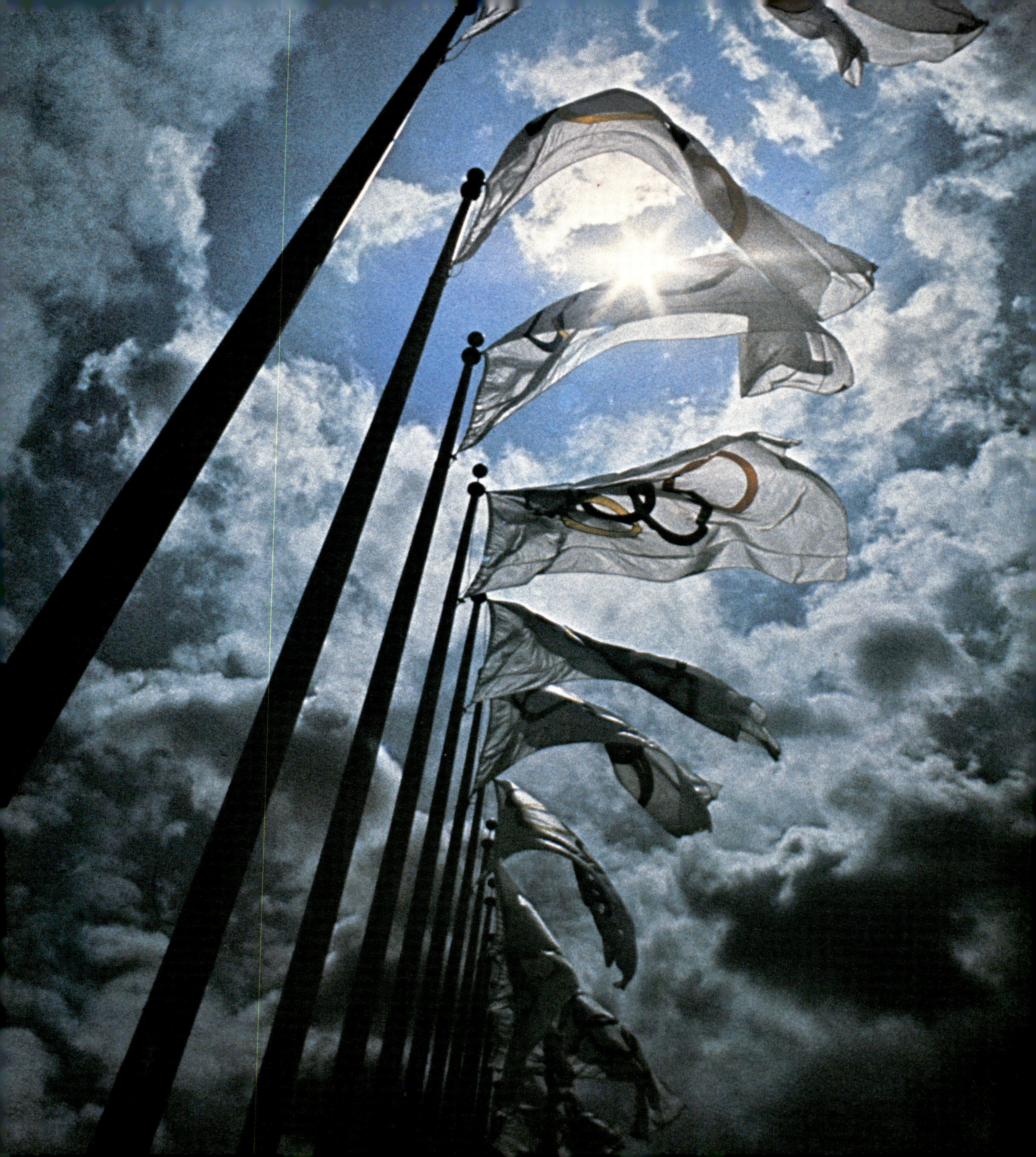

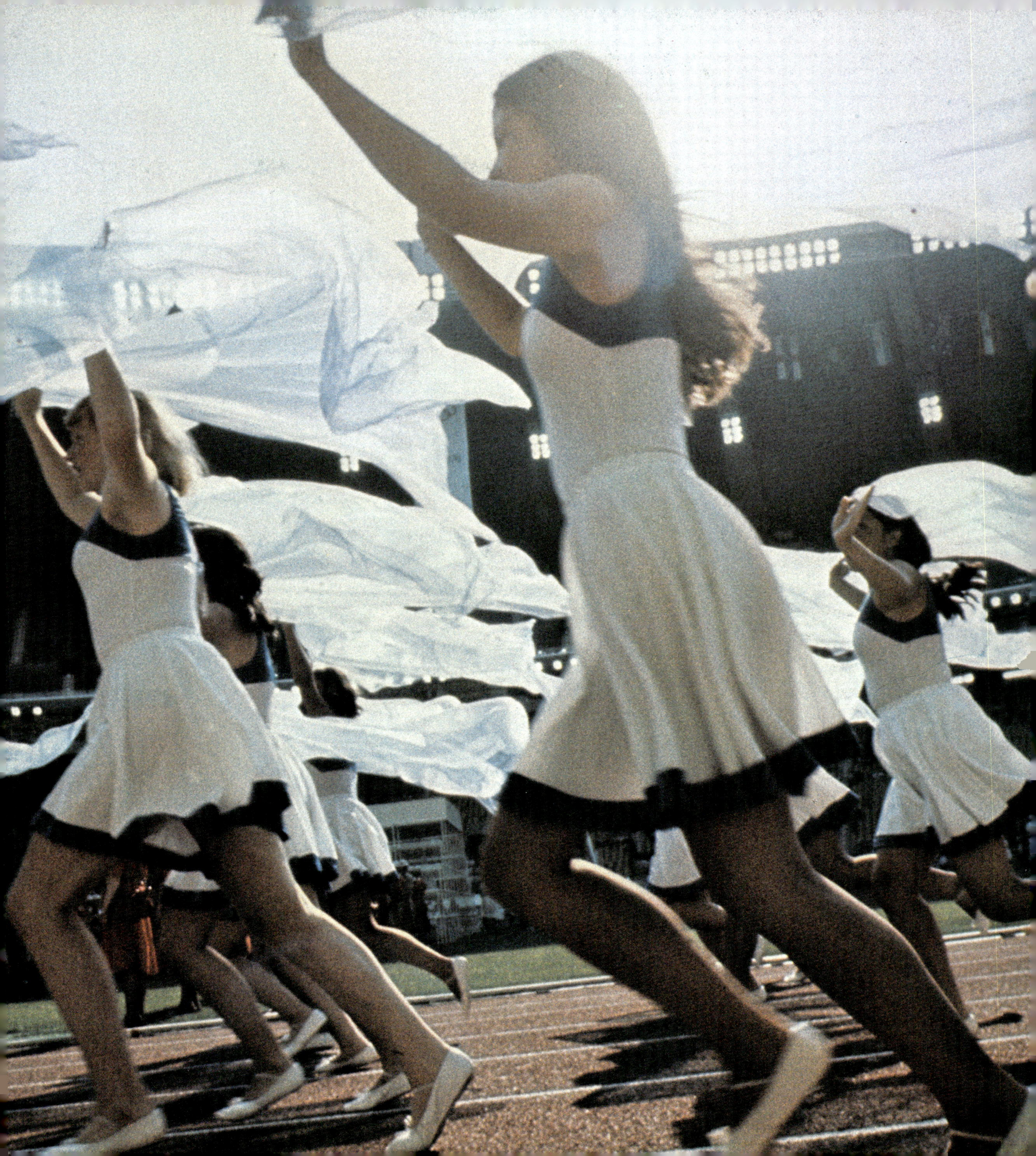

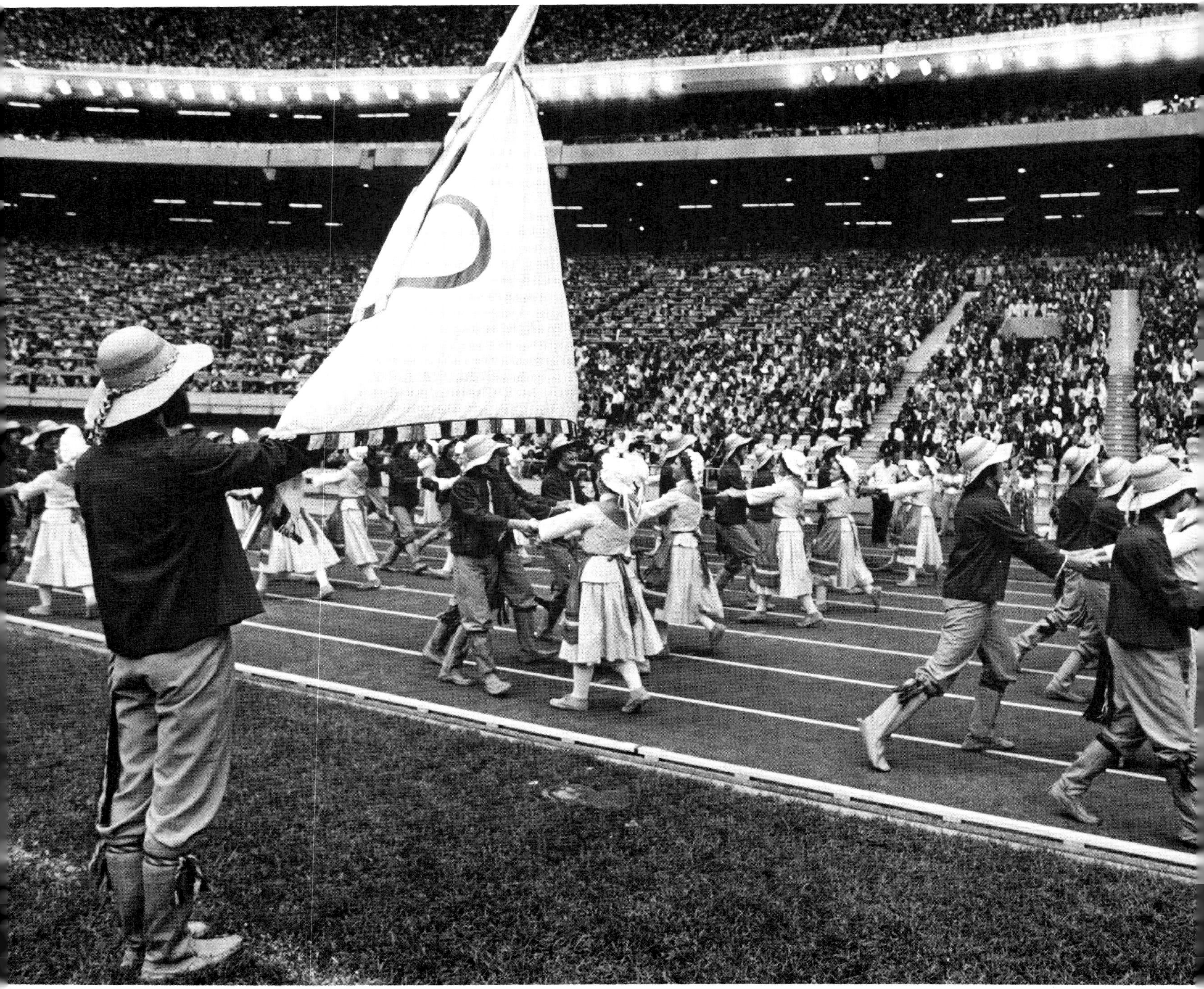

Erst die Tänze der Folkloregruppen aus Montreal und München bringen so etwas wie Stimmung in die Eröffnungsfeier, sorgen für Heiterkeit und Entspannung. Nicht wenige behaupten sogar, die bayerischen Schuhplattler hätten die Eröffnungsfeier gerettet.

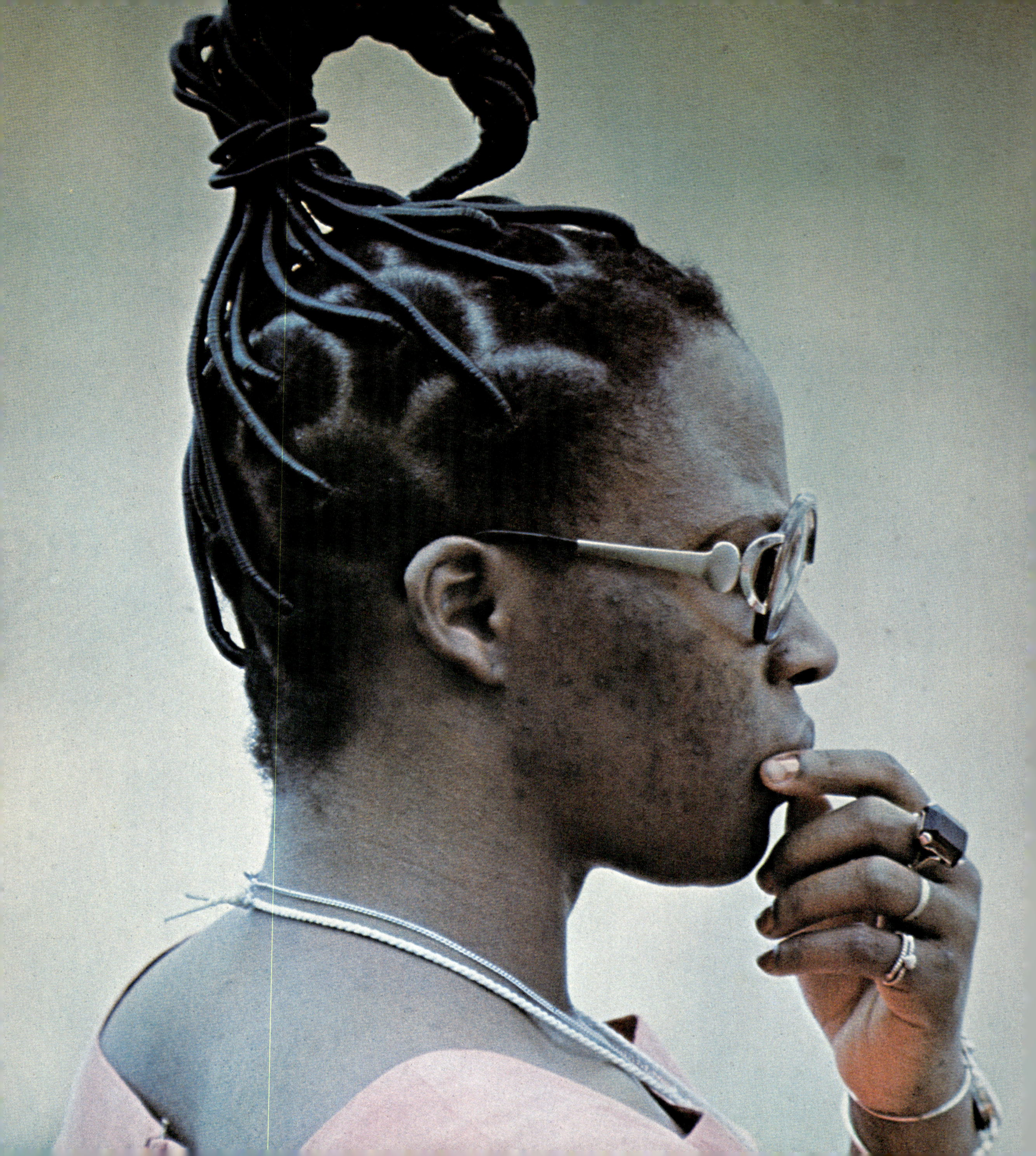

Das Mädchen gleich rechts

Im Olympiastadion die geradezu klassisch streng gewandeten Mädchen mit den Nationalitätenschildern. Das Mädchen gleich rechts neben dem Rednerpult hatte nicht seinen besten Tag. Sichtbar wurde ihr schlechter Tag, als zwei Sanitäter mit Trage über die Laufbahn gehoppelt kamen und die junge Dame in ein Gespräch verwickelten. Sie taten das so anhaltend, daß die Beobachter auf den Tribünen fortan den Eindruck haben mußten, sie sei die Blasseste von allen. Aber sie stieg nicht auf die Trage und griff statt dessen zur Flasche einer Samariterin – nicht zum Riechen, sondern zum Trinken. Dann wurde sie frischgemacht mit einem dieser berühmten Tücher aus der Kühlbox im Briefmarkenformat. Die Dame mit dem roten Kreuz auf dem Ärmel entfernte sich. Fortan ruhten unser aller Blicke wohlgefällig auf dem einstigen Sorgenkind, streiften den Hinterkopf der Queen nur auf dem Wege zu ihr. Just als Bürgermeister Drapeau seine Grußadresse verlas, feierte unsere Schildträgerin ihr Comeback, starteten die beiden mit der Trage einen neuen Versuch, der Landsmännin einen komfortablen Abgang zu verschaffen; der Ersatz lief sich schon warm. Nichts, noch'n Schluck. Bei der tragenden olympischen Hymne war sie wieder munter. Dafür kippte eine dieser austrainierten Athletinnen wirklich um. Die Spiele wurden eröffnet.

Links: Olympische Spiele – Tummelplatz der Gegensätze, Treffpunkt der Welt: Exotisch Buntes auch noch nach der Ausreise der afrikanischen Teilnehmer – notfalls aus Bayern. Das Staunen ist sicherlich beiderseits.

Das Wasser des Schwimmbeckens, das sich für viele in Gold verwandelt, in dem aber auch manch hochgeschraubte Erwartung baden ging. Die Stars sind auf zwei Mannschaften gleichmäßig verteilt: bei den Herren USA, bei den Damen DDR. Ein Zweikampf der Geschlechter, aber nicht gegeneinander.

Die undankbaren vierten Plätze. Straßenfahrer liefern sich Erfolgsgefühle und Ärger zugleich. Man trägt wieder Glatze – im Wasser. Vier Mädchen aus der DDR triumphieren in der Lagenstaffel. Beim Scheibenschießen eine Sieben gepatzt. Das Interview eines Siegers. Im verträumten Provinzstädtchen wird Handball nicht populär.

18. Juli 1976
2. Tag

Die Olympiamannschaft der Bundesrepublik hat nicht lange auf ihr erstes Rührstück warten müssen. Bereits nach der zweiten von den insgesamt 198 Entscheidungen mischten sich Schweiß und Tränen, Erschöpfung, Erfolg und Enttäuschung. Das merkwürdige Gemisch war bitter und süß zugleich. Man lachte und ballte die Faust in der Tasche: Der vierte Rang für den Vierer im 100-Kilometer-Mannschaftsfahren auf der Straße löste die unterschiedlichsten Reaktionen aus. Dazu muß man wissen, daß dieser Straßen-Vierer 1972 in München Zwanzigster geworden war und, nach umfassender Vorbereitung, in Montreal mindestens Zehnter, vielleicht sogar Siebter oder Achter werden sollte. Und nun Vierter, fünfzehn Sekunden hinter der Bronzemedaille. Erfolgsgefühl und Ärger zugleich.

Hundert Kilometer sind zwar für die Straßenfahrer keine sonderlich lange Strecke, doch die meisten fahren lieber doppelt so weit und dreimal so lang in einem Einzelrennen über Berg und Tal als gut zwei Stunden im Vierer-Verband auf ebener Piste. ›100 Kilometer im höchsten Gang sind unmenschlich‹, behaupten viele, die schon oft genug nach der Zieldurchfahrt in solch einem Wettbewerb vom Rad gefallen sind. Tatsächlich gilt das 100-Kilometer-Rennen als die härteste Disziplin des Amateur-Radsports überhaupt. Mit Tempo 50 jagt man die, die zwei Minuten früher gestartet sind, und wird von denen gejagt, die zwei Minuten später losfuhren. Außer für das erste und letzte Team eine Doppelrolle für jeden: Hase und Jäger zugleich.

An den Rivalen selbst kann man sich unterwegs so gut wie nie messen. Ist ein anderes Team in Reichweite, dann hat man entweder zwei Minuten gewonnen oder verloren, aber eben nur gegen diese eine Mannschaft. Doch was ist mit den andern, die lange vorher oder nachher gestartet sind? Sind sie schneller, langsamer, gleichauf? Man kämpft gegen den härtesten Gegner, den man im Radsport kennt, die Uhr.

Die Sache mit der Sieben

Startnummer 147 hat Kummer mit der Sieben. Sie scheint ihn zu höhnen, die Endziffer auf dem Rücken. Denn die böse Sieben ist an allem schuld. Dabei schien Heinz Mertel bestens präpariert: Er lief viel, hob Gewichte und schoß, was die Pistole hielt. Jener Wettkampf am Morgen draußen in L'Acadie war ihm längst vertraut. Denn wieder und wieder stellte er ihn sich vor, ließ ihn im Geiste abrollen wie einen Film. Doch eine Winzigkeit fehlte in der imaginären Kinostunde: die Sache mit der Sieben beim viertletzten Schuß. Nichts hörte er von dem Aufstöhnen seines Trainers in seinem Rücken. Doch auch so wußte er Bescheid. Denn er spürte schmerzlich den Ungehorsam der Pistole. »Bei der Sieben hab' ich rausgezupft«, grantelt Heinz Mertel auf fränkisch, wobei er nicht versäumt, auf den starken Wind zu schimpfen. Auf dem Beobachterbogen des Betreuers ziert den Siebener-Ring ein Kreuz – Symbol der verpaßten

Die ambulante Arena

Die erste von insgesamt 27 olympischen Wettkampfstätten in und um Montreal hat ihre Schuldigkeit schon am zweiten Tag getan. An der transkanadischen Autobahn zwischen Montreal und Ottawa feierten die Spiele nur ein Intermezzo: Gut hundert Radrennfahrer hasteten gut hundert Kilometer über das Betonband der Highway Nummer 40. Das Ganze war nach gut drei Stunden vorüber. Das Olympia auf dem Lande zwischen Wiesen und Weiden hatte nichts mit dem Olympia in der nahen Millionenstadt gemeinsam. In der Provinz weiß man das Fest noch zu feiern. Selbst das sonst so starre olympische Zeremoniell kann hier auf seine Zwangsjacke verzichten. Man gibt sich familiär, nicht gerade in Hemdsärmeln, doch deutlich lockerer und leichter.

Fanfaren und Hymnen aus piepsigen Lautsprechern verlieren zwischen Zelten und Wohnwagen auf den Grünstreifen der Autobahn viel von ihrem pathetischen Gehabe. Alles ist improvisiert. Zwei kleine Stahlrohrtribünen, ein paar Fahnenmasten, das tragbare Siegespodest und eine Anzeigetafel ohne jeden elektronischen Impuls, sondern mit ›Handbetrieb‹, bilden die ambulante olympische Arena. Vier Feldtelefone werden zum weltweiten ›Kommunikations-Center‹, vorausgesetzt, man hat genügend Zehn-Cent-Stücke zur Hand.

Der vierte Platz

Mit den vierten Plätzen bei Olympischen Spielen ist das so eine Sache. Die Deutschen haben da schon einige Erfahrungen gesammelt. Und prompt brachten die beiden ersten Entscheidungen in Montreal auch die ersten beiden vierten Plätze. Gemeinhin wird eine solche Plazierung ›undankbar‹ genannt, weil das, was bei Olympia zählt, die Medaille, eben verfehlt wurde. So eine ›beinah‹-Sache mit ›April, April‹-Pointe ist selten etwas Lustiges. Das bringt nur Ärger und Selbstzerfleischung. Wohl jeder kennt das. So geht's dem ›überraschenden‹ Vierten, jenem braven, wackeren, sympathischen (knappe Verlierer sind immer sympathisch) und ehrenwerten Athleten, dem oft genug noch bescheinigt wird, ›über sich hinausgewachsen‹ zu sein, der insgesamt aber dann doch eine Nummer zu klein geraten war. Schulterklopfen, Anerkennung, Grinsen. Zum Teufel damit. Wer möchte da noch Vierter sein? Dann doch lieber Fünfter, Sechster. Oder?

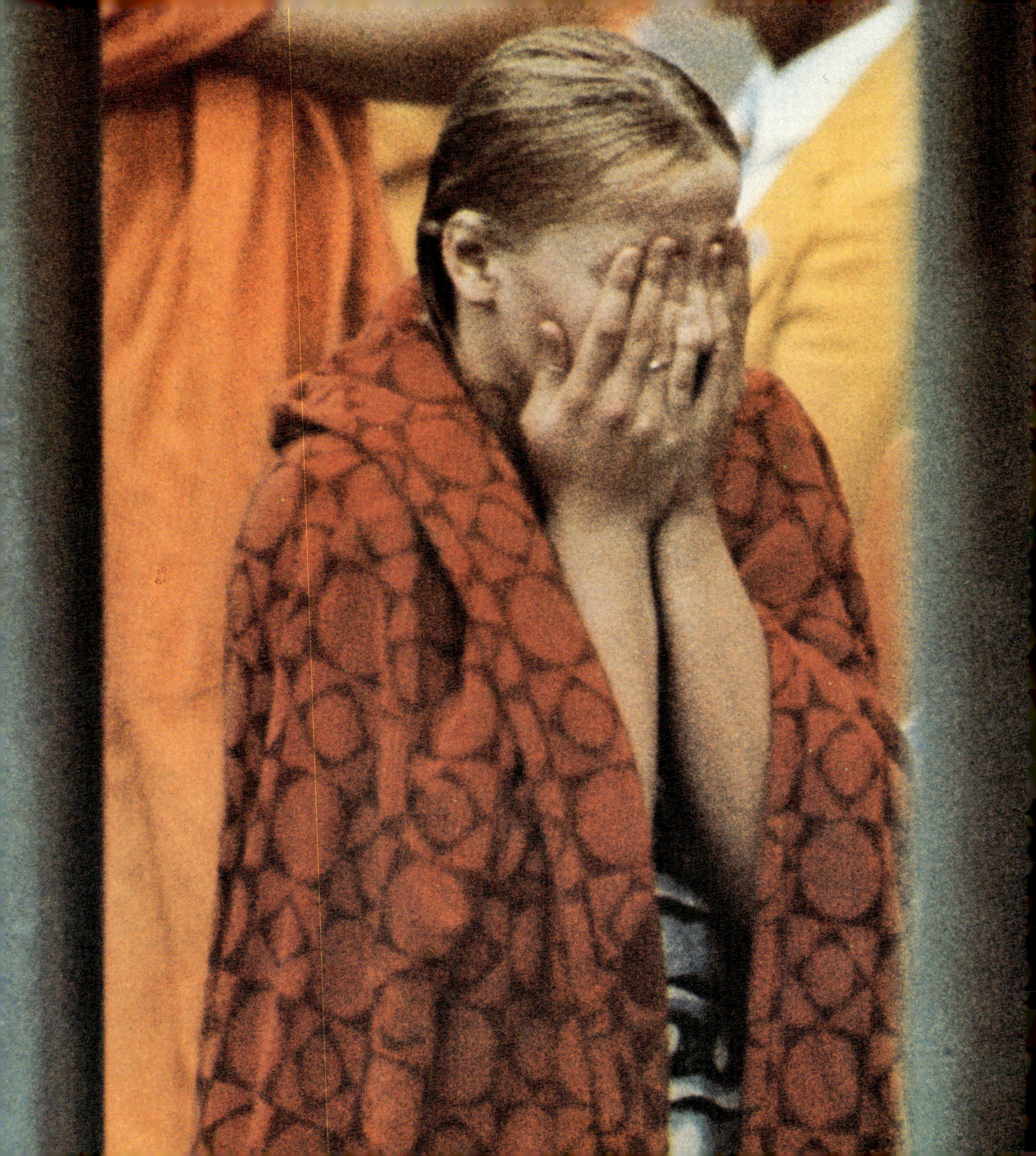

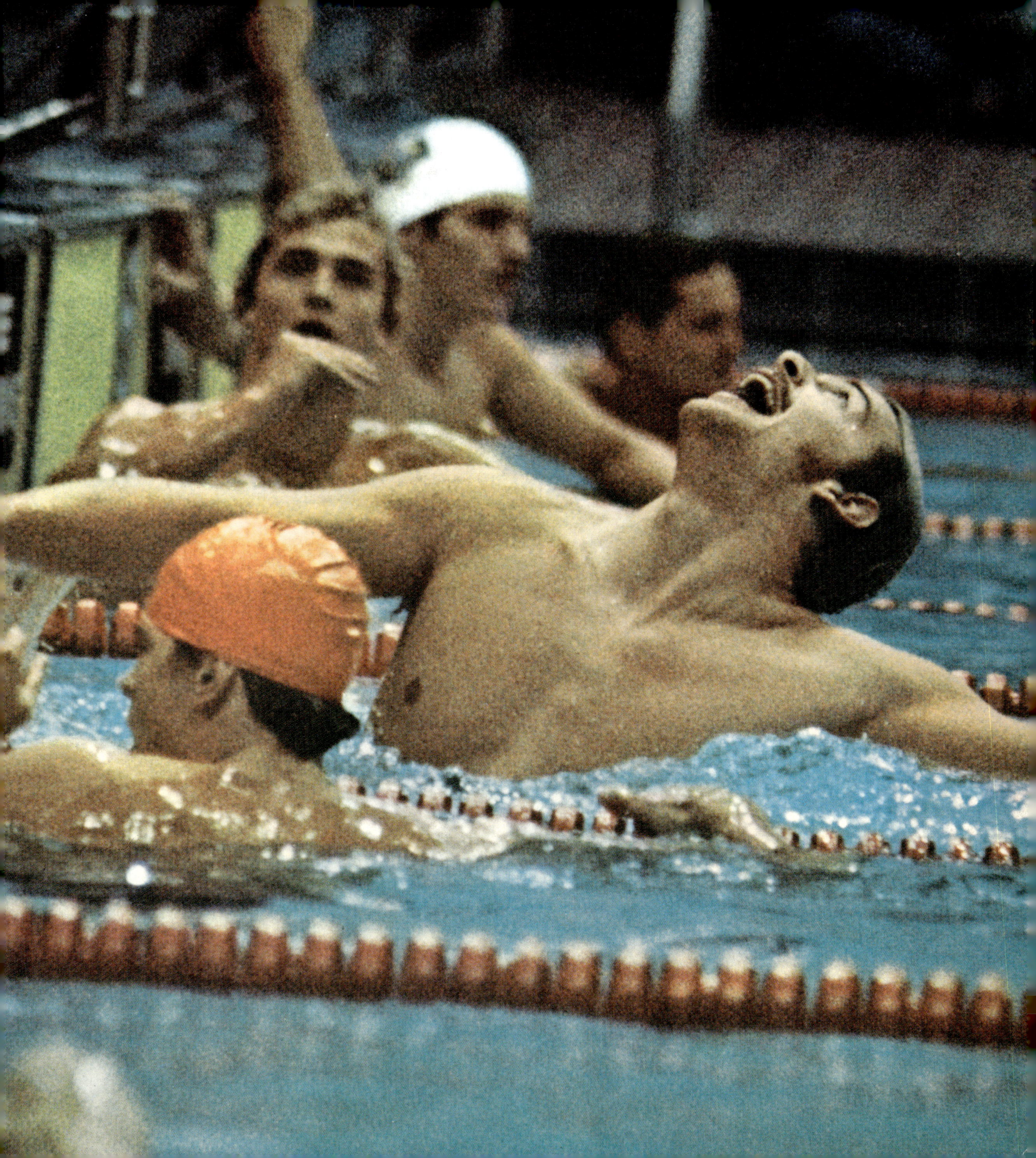

Vorhergehende Farbseiten. Die Positionen sind auch innerhalb der Mannschaften eindeutig verteilt: John Naber und Kornelia Ender drücken den Schwimmwettbewerben ihren Stempel auf, und die vorherrschende Frage ist nicht, welche, sondern wieviel Medaillen jede dieser Ausnahmeerscheinungen aus dem Wasser fischen wird. Das Netz haben beide ausgelegt: Es füllt sich mit Weltrekorden und Medaillen.

Rechts: In Montreal tragen die Schwimmer wieder Glatze, und gleich der erste Olympiasieger war kahl vom Scheitel bis zur Sohle: Mike Bruner, Olympiasieger über 200 Meter Delphin, scheint zwar fassungslos, aber die Konkurrenz war es noch mehr.

Chance. Ein unmerkliches Zucken nur beim 56. von 60 Schüssen, und der Medaillentraum war geplatzt. »Das Ergebnis ist nicht schön«, weist der Nürnberger, der am andern Tag vierzig wird, eilfertigen Trost ab.

Zwölf Jahre nach Mexiko hätte der Polizist dem Silber von damals gern Bronze hinzugefügt. Ein vierter Platz ist geblieben; statt der Sieben eine Zehn oder Neun, und Bronze wäre Silber geworden. So ist unschwer zu erraten, woran er denkt, während er den Lauf vom Pulverschleim befreit. Eine schlichte Ziffer wird ihn verfolgen.

Ein paar Stände weiter großes Hallo: Die DDR-Kolonie jubelt über Gold und Silber. Uwe Potteck erzielt 573 Ringe; Weltrekord und Olympiasieg für einen Jungen, der erst seit gut zwei Jahren Pistole schießt. Nach der Jubelszene die ersten Interviews. Nun liegen Freude und Argwohn in Fehde beim ersten Sieger von Montreal. Wen er nicht kennt, den bedient er nur knapp, nimmt ihn aufs Korn wie das fünfzig Meter weite Ziel. Die Daten kommen kurz und bündig. Geboren: 1955 in Wittenberge, Beruf: Obermeister bei der Volksarmee, »Doch das wird sich wohl jetzt ändern.« Wo stationiert? Der Schütze riecht Lunte. Warnungen vor westlichen Reporterfragen schießen ihm durch den Kopf. Er schießt zurück: »Wo kommen Sie denn her?« Zielbewußter Blick auf die Akkreditierungskarte, die jeder Journalist um den Hals baumeln hat. Dann: »Das will ich nicht sagen.« Der Sieger geht auf Abwehr, verrät gerade noch, daß er früher Ringer war, was seine bullige Statur erklärt.

Rekorde am laufenden Band
Man trägt wieder Glatze. Der totale Kahlschlag, erstmals vor vier Jahren bei den Spielen in München als letzter Schrei im Kampf um Hundertstel- oder gar Tausendstelsekunden demonstriert, hat in Montreal sein olympisches Comeback gefeiert. Gleich der erste Goldmedaillengewinner der insgesamt 26 Wettbewerbe glitt vom Scheitel bis zur Sohle aalglatt rasiert durch das Fünfzig-Meter-Becken: Der Amerikaner Mike Bruner hatte nicht nur vom Namen her verblüffende Ähnlichkeit mit Yul Brynner.

Die Kahlköpfe sind also wieder unter uns. Und auch sonst sind die ›Neuigkeiten‹ aus dem Swimming-pool des Leistungssports die ›alten‹ geblieben: Weltrekorde, olympische Rekorde, Landesrekorde werden von den Experten mit der Leidenschaft von abgeklärten Buchhaltern notiert. Und selbst die einzige wirkliche olympische Neuheit, nämlich die erste Goldmedaille überhaupt für Schwimmerinnen aus der DDR, kann wohl niemand überraschen. Eher schüttelt man etwas verwundert den Kopf: Was, erst die erste Goldmedaille?

Tatsächlich hat das ›Schwimmwunder‹ unter den jungen Mädchen zwischen Rostock und Dresden erst nach den Olympischen Spielen in München begonnen. Da hatte sich irgendwo in der Planwirtschaft des ostdeutschen Leistungssports ein Rechenfehler eingeschlichen. Die lange vorbereitete Leistungsexplosion hatte Fehlzündung. Erst ein Jahr nach München, bei den Weltmeisterschaften in Belgrad, gab es die ersten, den Schwimmsport der Frauen in der ganzen Welt erschütternden Detonationen. Seitdem haben ein gutes Dutzend Schwimmerinnen aus der DDR Dutzende von Weltrekorden aufgestellt. Für Montreal gab und gibt es gewiß keine sichereren Medaillentips als Kornelia Ender und ihre Wasserfreundinnen.

So sah am ersten Tag auch kaum noch jemand richtig hin, als die vier Mädchen

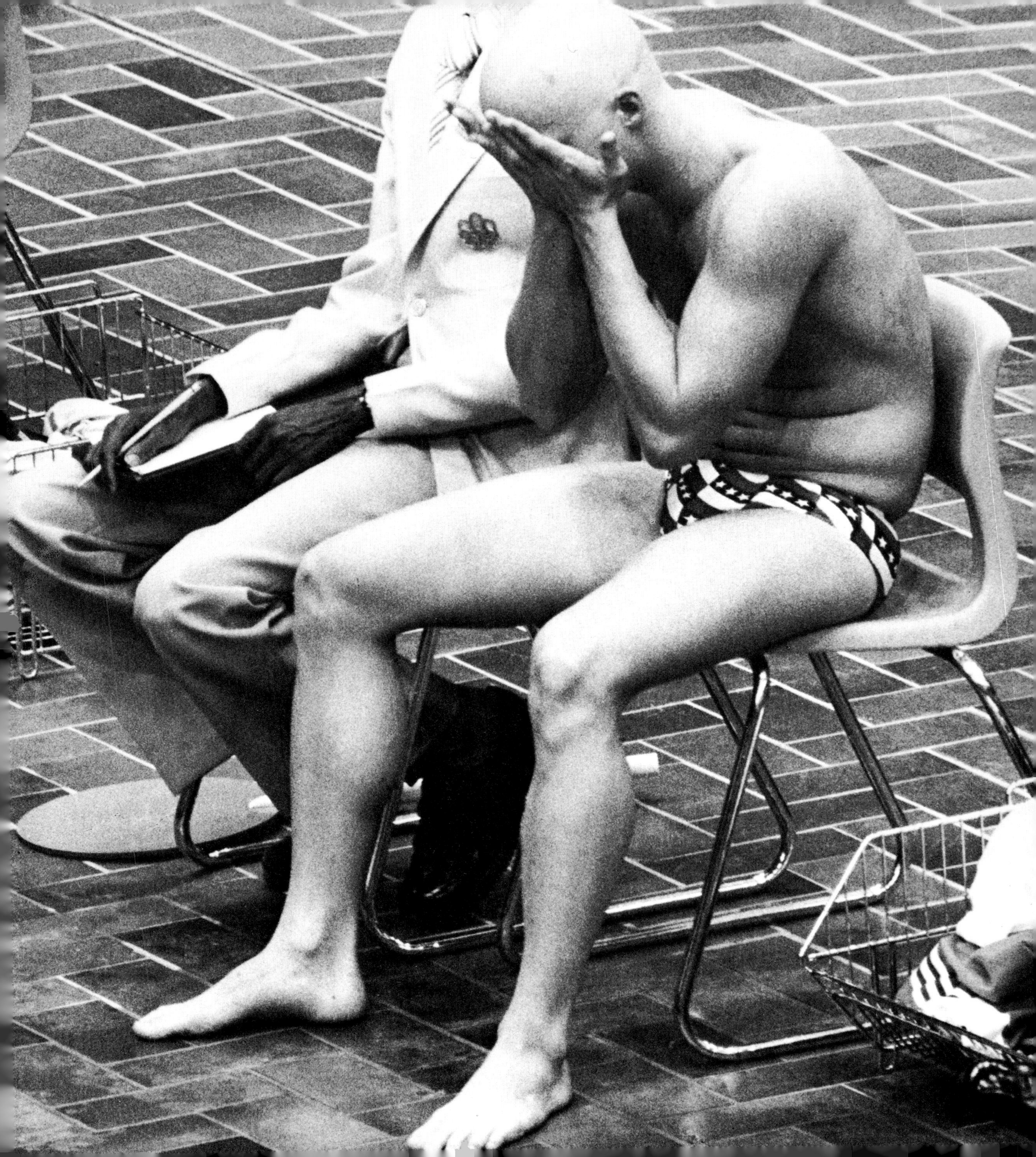

Die Freude der Sieger. Glückwünsche im und am Wasser. John Naber – der Nachfolger Roland Matthes. Andrea Pollack, die erste der drei Medaillengewinnerinnen aus der DDR im 200-Meter-Delphin-Schwimmen. Und immer wieder Kornelia Ender.

aus vier ostdeutschen Städten der gesamten Konkurrenz aus vier Kontinenten so überlegen davonschwammen, als hätten die anderen gerade erst einen Schwimmkurs absolviert. Gerade in der Lagenstaffel, dem Mehrkampf des Schwimmsports, zeigt sich die Stärke einer Schwimmnation. Daß die DDR ihren ›alten‹ Weltrekord dabei erneut schon wieder um mehr als fünf Sekunden unterbot, ist normalerweise ebenso unfaßbar wie unerhört. Doch man hat inzwischen aufgehört, die DDR-Schwimmerinnen, die daheim zum Teil härter trainiert werden als ihre männlichen Kollegen, mit normalen Maßstäben zu messen. Man klammert sie einfach aus.

So hatten die achttausend Zuschauer in der ausverkauften Schwimmhalle auch nahezu ungetrübte Freude am rein nordamerikanischen Zweikampf um den zweiten Platz, den die Amerikanerinnen schließlich knapp vor den Kanadierinnen gewannen. Die achttausend hielt es nicht mehr auf ihren Plätzen:

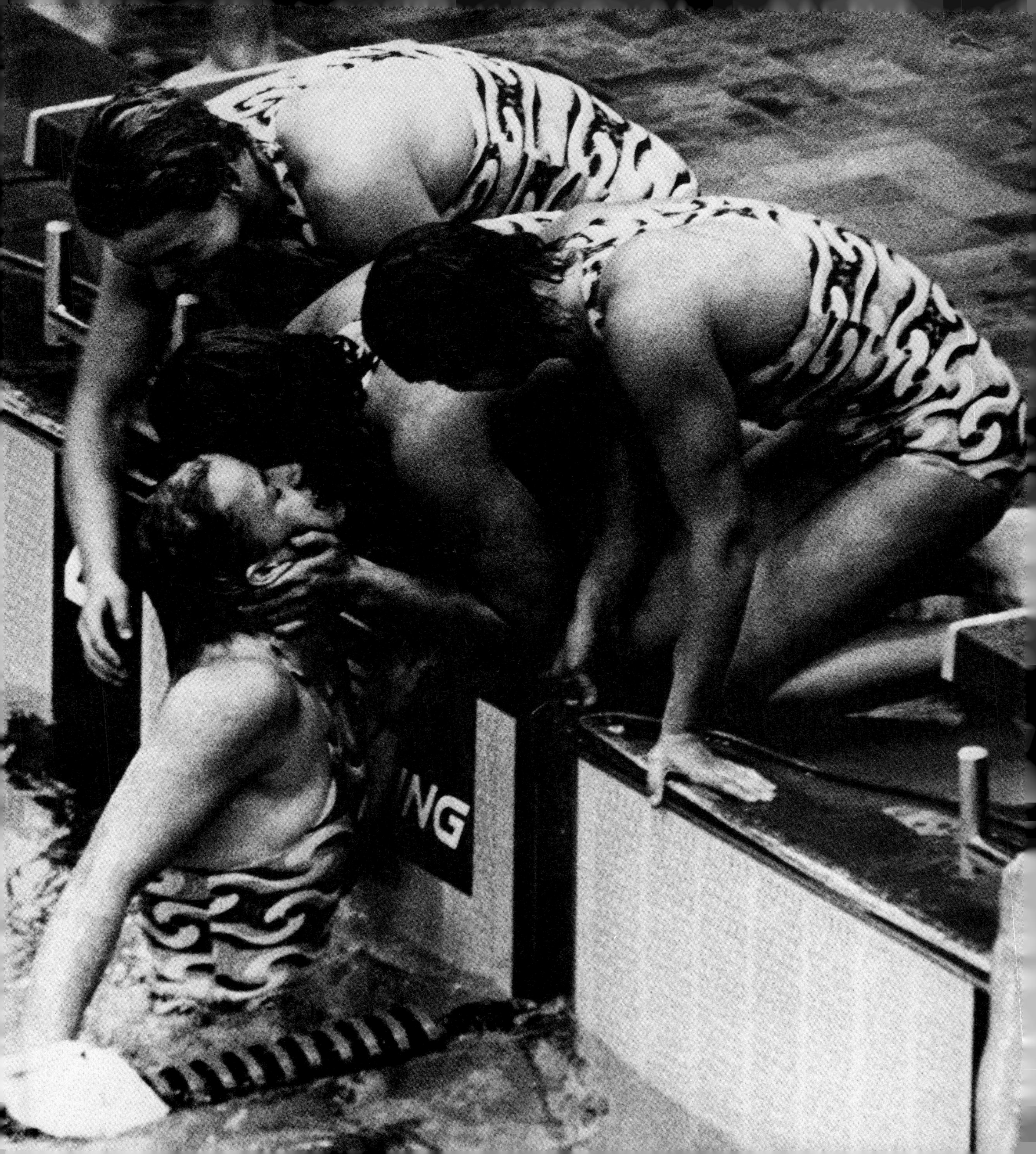

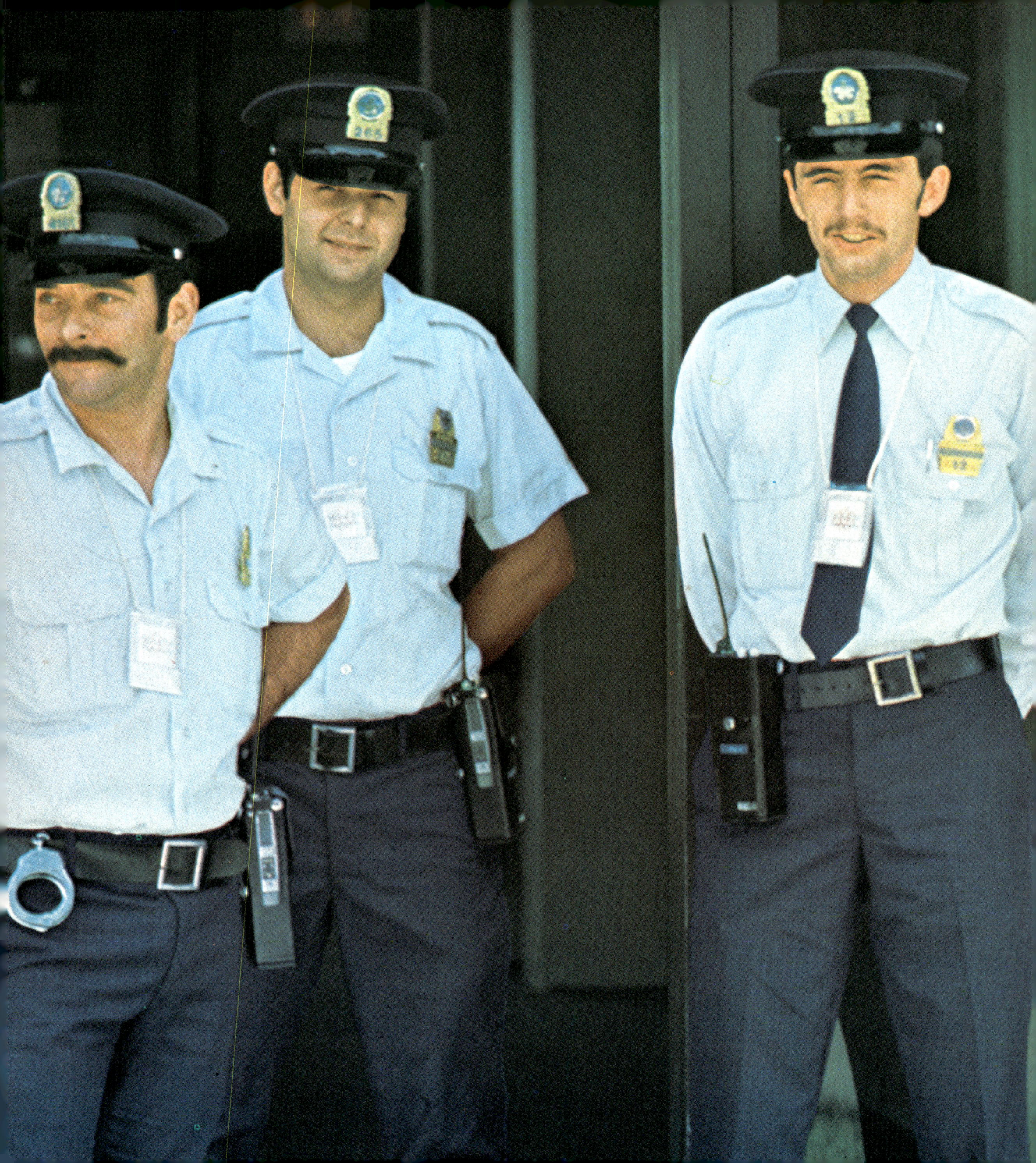

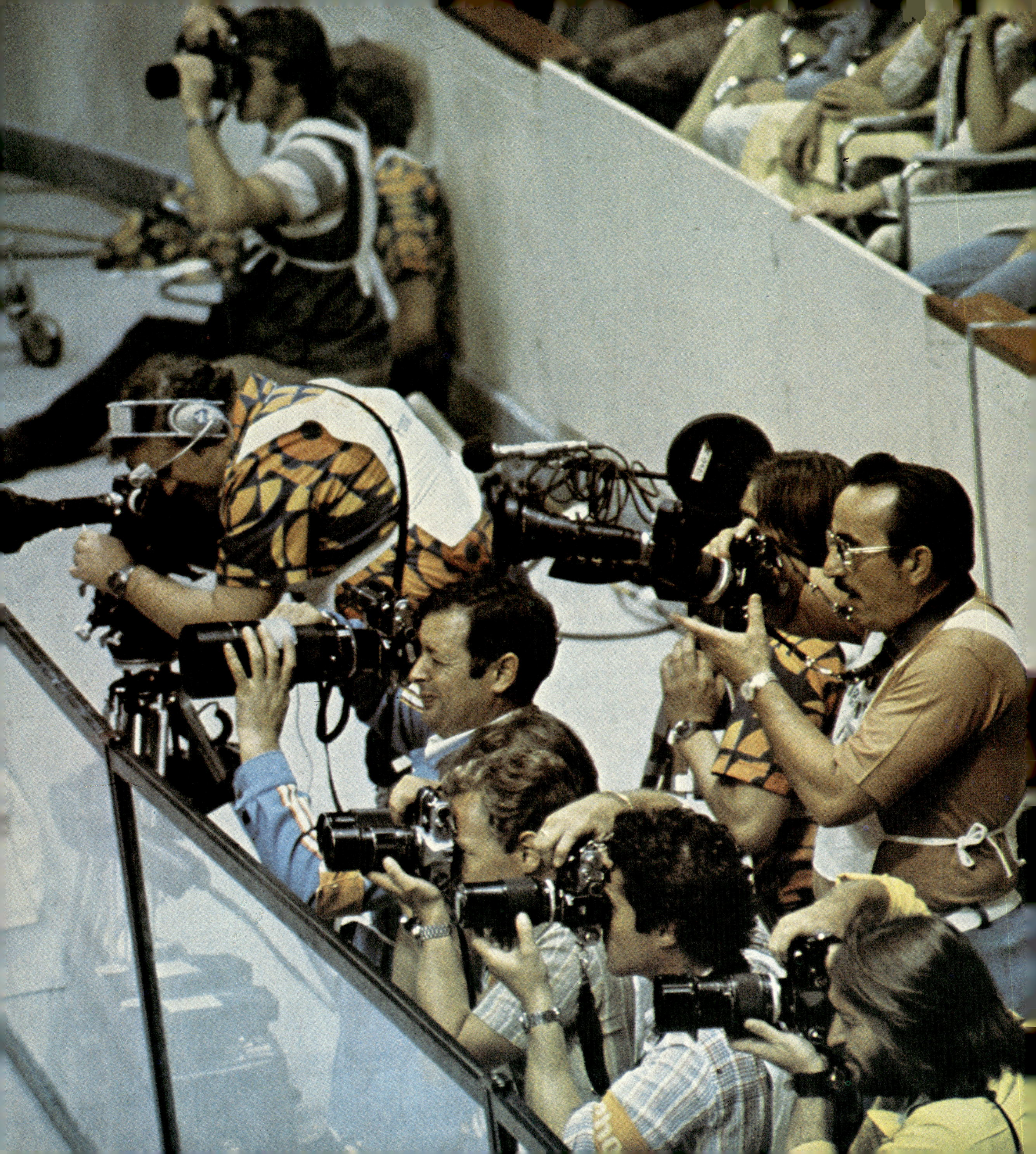

John Naber. Über 100 Meter Rücken Weltrekord und Goldmedaille. Und überhaupt: Amerikas männliche Vertreter hamstern in der stets ausverkauften Schwimmhalle Medaille auf Medaille – ein Fischzug ohne Ende.

Souverän Kornelia Ender. Wasser spritzt auf, und kraftvoll zieht sie ihre Bahn, stellt Rekorde ein und holt sich ihre Medaillen. Ihr kann in Montreal keiner das Wasser reichen.

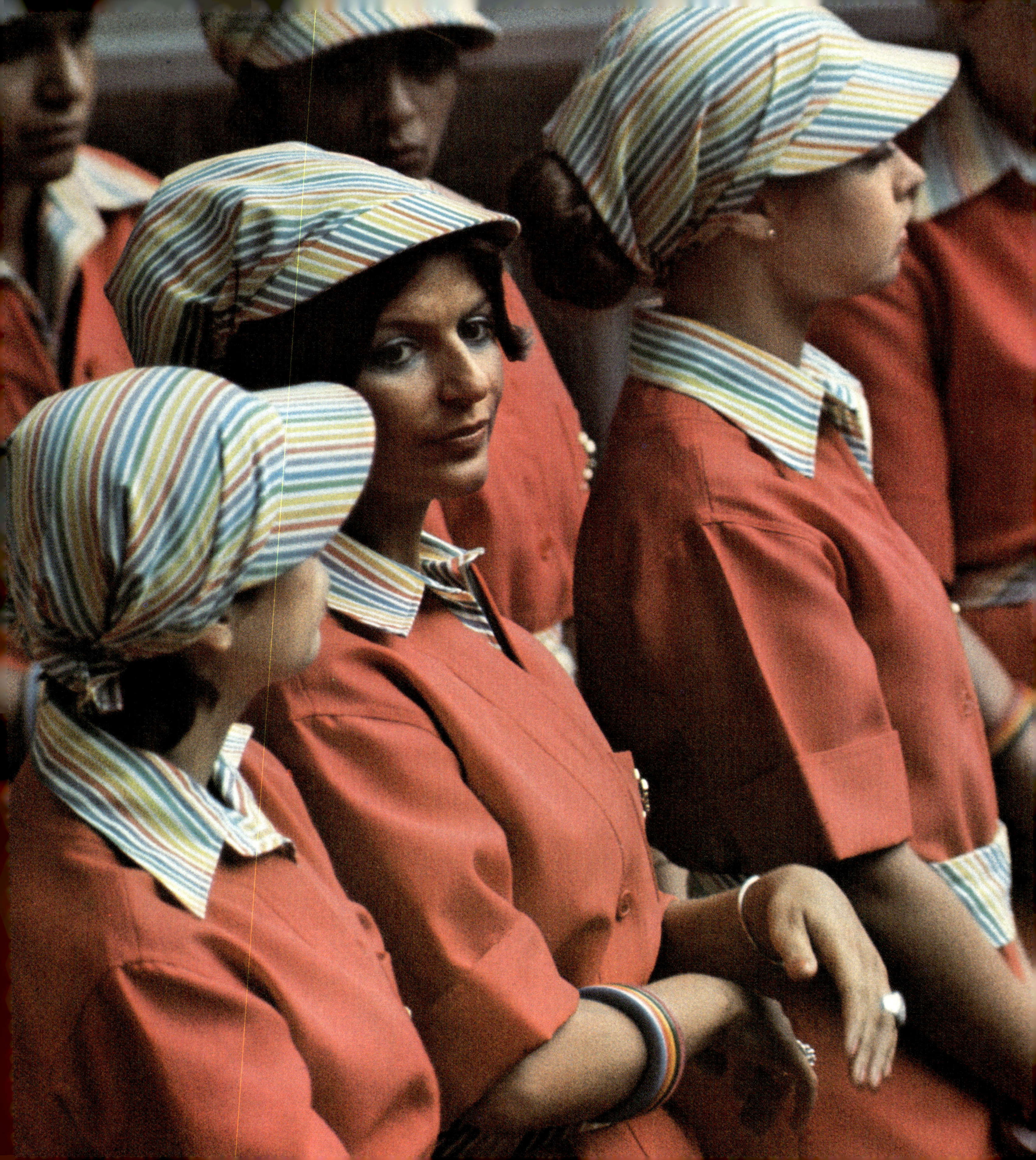

Kanadas erste Medaille bei diesen olympischen ›Heimspielen‹. Sonst haben freilich die Amerikaner die Schwimmhalle fest in ihrer Hand. Dem Markenzeichen DDR bei den Schwimmerinnen steht das Gütezeichen USA bei den Schwimmern gegenüber. Das ist ebenfalls nicht neu und wird sich bei dieser olympischen Wasserschlacht auch kaum ändern. Innerhalb von wenigen Minuten booteten die Amerikaner die beiden einzigen männlichen Weltrekordler aus der DDR, Matthes und Pyttel, aus. John Naber (über 100 Meter Rücken) und Mike Bruner (über 200 Meter Delphin) sorgten schnell für klare Verhältnisse.

Von Mark Spitz, dem siebenfachen Olympiasieger und Weltrekordler von München, wird zwar am Beckenrand von Montreal immer noch ab und zu gesprochen, doch die sensationellen Spitz-Marken von einst sind heute fast schon Dutzendware. So wäre der olympische Star von 1972 mit seiner Rekordzeit von damals nun im Endlauf über 200 Meter Delphin gerade noch Sechster geworden, einen Platz hinter einem jungen Mann namens Michael Kraus aus Gladbeck.

Handball in Sherbrooke
Teutonen und Wikinger kamen in das verträumte Universitätsstädtchen Sherbrooke, 152 Kilometer von Montreal entfernt, um den Franco-Kanadiern ein Handballspiel vorzuführen. ›It's a tough game‹ – ein hartes Spiel – meinte einer der freundlichen Gastgeber der Olympia-Filiale hinterher erstaunt. Solcherart Zeitvertreib hatte er noch nie gesehen, und nun gleich unter den fünf Ringen. Das Vorrundenspiel Deutschland gegen Dänemark war das erste olympische Ereignis überhaupt für Sherbrooke. Am Mittag hatte nebenan im provisorisch mit Stahlrohrtribünen zusammengebastelten Wegwerfstadion (immerhin, für zwölftausend Zuschauer) ein Fußballmatch stattfinden sollen, aber das war dem schwarzafrikanischen Massenauszug zum Opfer gefallen. Also Premiere jetzt am Abend, und man merkte den Veranstaltern an: etwas ungewohnt, unsicher, wohin mit den Bussen, den Gästen? Wohin mit den Zuschauern? Diese Frage stellte sich nun ganz und gar nicht. Das ›Palais des Sports‹, eine für gut sechstausend Besucher aufgepumpte große Turnhalle, war mit etwa siebenhundert Männlein und Weiblein gesprenkelt; Handball wirkt in kanadischen Arenen so fremd wie eine Biberfamilie im Müngersdorfer Stadion.

Und was Deutsche und Dänen einander und den Zuschauern boten, wird den Kanadiern diese Sportart kaum nähergebracht haben, was nun wiederum weniger an der wackeren Darbietung beider Teams als an den Riten und Gewohnheiten gelegen hat, die dieses Spiel nachgerade fast zum Un-Spiel gemacht haben. Daß da an jedem Ende ein Tor steht, war noch zu verstehen, schließlich verschwand der Ball im Verlauf der Partie insgesamt zweiunddreißigmal in den beiden Kästen (achtzehnmal bei den Dänen, vierzehnmal bei den Deutschen). Aber, mag sich der Mann aus Sherbrooke gefragt haben, was soll zum Beispiel dieses große Mittelfeld zwischen den beiden Halbkreisen, vor denen das ganze Geraufe stattfand? Die Spieler benutzen es eigentlich nur, um möglichst gelangweilt darüber hinwegzuspazieren. Fachleute sprechen dafür von ›Dramatik am Schußkreis‹, doch das wird den Kanadiern, selbst wenn sie es verstanden haben, auch nicht viel geholfen haben. Nein, es ist zu befürchten, daß Handball in Sherbrooke so schnell nicht populär wird.

Olympiahosteß
Olympiahosteß – das ist ein Widerspruch in sich selbst. Die Erwartungen sind unermeßlich, der Verbote und Gebote sind viele, die Tage der Olympischen Spiele kurz und gezählt. Die Hostessen gehören zu den Hauptdarstellern, selbst wenn sie am Rande bleiben. Ein Lächeln, ein freundliches Wort, die organisatorische Panne ist, wenn schon nicht vergessen, so doch vergeben. Sie müssen sehr oft lächeln, sie müssen noch öfter reden, aber sie tun es mit der Engelsgeduld von Samaritern, die hoffnungslose Fälle vor sich haben. Ihre Uniform – ein rotes Kostüm mit einer Art Schirmmütze, unter der die Haare gebändigt werden, eine Bluse und ein Gürtel, einheitlich siebenfarbig gestreift – ist zum Markenzeichen geworden, auch wenn die wenigsten Hostessen die von vier Modeschöpfern entworfene Kreation als Markenartikel empfinden. Dazu ist der Schnitt des halbärmeligen Kostüms zu konservativ, der Kopfschmuck zu unpopulär. Aber sie sind gehalten, ihre private Meinung für sich zu behalten, keine Interviews zu geben, nicht zu rauchen, nicht zu trinken – und überhaupt (linke Seite).

Indianer gesichtet
Endlich, nach einer Woche Montreal, die ersten Indianer gesichtet. Großes Tamtam: Trommeln, Kriegsschmuck, Tomahawks. Geballte Attacke der Rothäute auf die seltsamen Riesenwigwams des weißen Mannes, die da so komische Namen tragen wie Stadion, Schwimmhalle, olympisches Dorf? Kanu an Kanu auf dem St.-Lorenz-Strom, bereit zur Landung, zum Angriff, eins, zwei, drei, wer kriegt den ersten Skalp? Nichts da. Das Schlachtfeld der roten Brüder ist kaum zehn Quadratmeter groß, von Zuschauersitzen umgeben, liegt im Tiefgeschoß eines riesigen Einkaufszentrums in Downtown-Montreal. Ein Nebenkriegsschauplatz des olympischen Beiprogramms. Die Indianer tanzen zur Gaudi der Bleichgesichter. Und nach jeder Vorführung nehmen sie mit artiger Verbeugung den Applaus der ehemaligen Erbfeinde entgegen. Auch unter den Ureinwohnern Kanadas hat sich herumgesprochen: There's no business like show business.

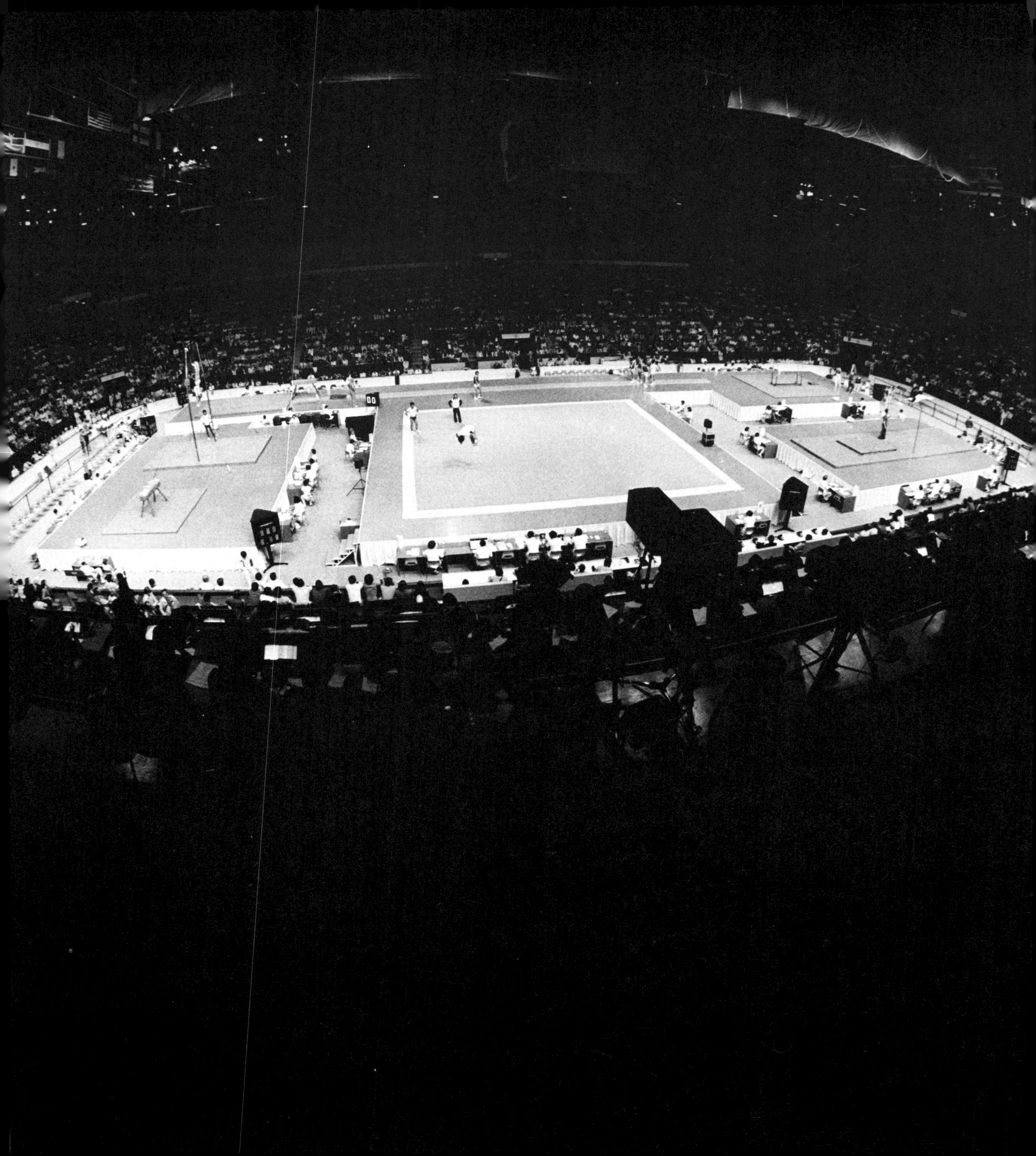

Gold und Silber geschossen wie andere Leute Papierrosen an der Schießbude. 59 von 60 Schüssen im pfenniggroßen Ziel. John Naber, der Bilderbuchamerikaner, hat das Schwimmstadion fest in der Hand. Boris Onischenko zerstört das Bild vom großen Sportler. Die neue Turnkönigin heißt Nadia Comaneci. Traumnote 10.

**19. Juli 1976
3. Tag**

Wer zu den Schießständen fuhr, traf als Reporter ins Schwarze. Nur wenige Zeugen erlebten in L'Acadie den Knalleffekt, als zwei Unbekannte sich plötzlich einen Namen machten. Mittlerweile sind Smieszek und Lind in aller Munde. Ein wenig erschöpft nehmen sie auf der Couch eines Hotelsalons Platz. Als die Meldung vom Medaillencoup einschlug, avancierten die beiden Deutschen zu beliebten Jagdobjekten. Fernseh-, Rundfunk- und Zeitungsleute sahen nur noch ein Ziel: Die Helden zu ›erlegen‹, die Gold und Silber schossen wie andere Leute Papierrosen an der Schießbude. »Die Suche nach Genauigkeit und Perfektion fasziniert mich am Schießen«, sagt der Sieger Smieszek, und alle, die ihn in Aktion erlebten, geraten ins Schwärmen. Ein offizieller Beobachter erzählt, wie Karlheinz Smieszek die zweiten 30 der insgesamt 60 Schuß abzog: einem Automaten gleich. ›Mouche, Mouche, Mouche.‹ Genauer geht's nimmer. Denn ›Mouche‹ – was zu deutsch Fliege heißt – ist das Nonplusultra, eine Winzigkeit im pfenniggroßen Zehnerfeld der Scheibe.

»Hoffentlich bleibt der Wind«, hatte Smieszek am Vorabend zu Ulrich Lind gesagt. »Bei Wind können wir gut schießen.« Am Tage knatterten die Fahnen in der lebhaften Brise. Nur eine Neun unterläuft dem Sieger, drei dem Zweiten. Vielleicht half ihnen ihr windiger Trick, die schlechten Bedingungen in rosigem Licht zu sehen.

So klein die Medaille, so groß ist die Infrastruktur des Erfolges. Ein riesiger Verband mit knapp einer Million Schützen steht dahinter, mit Programmen und Kadern und harter Arbeit. Betreuer wirken auf den Schützen ein, jeder Akteur erhält ein Spezialprogramm auf den Leib geschneidert, in Schießlabors werden die Patronen geformt. ›Denn die Technik hat noch nie so eine wichtige Rolle gespielt.‹ Auf die 1600-Mark-Gewehre ist ohnehin Verlaß. Nur der Athlet bleibt die große Unbekannte. Und dagegen hilft nur eines: Training, Training. Smieszek, der in Kitzingen geboren ist, in Salzgitter lebt und in Braunschweig arbeitet, hält sich durch Laufen, Schwimmen und Tischtennis fit. Er und Lind und jeder Klasseschütze übt den ›Trockenanschlag‹ in jeder Lage, ob morgens neben dem Küchentisch oder abends auf dem Bettvorleger. Und selbst mit leeren Händen schießen sie noch weiter, durchspielen im Geiste jede Wettkampfphase, bis hin zum Krümmen des Fingers und echtem Schweißausbruch.

Selbst das Montrealer Treibhausklima wurde simuliert. Vor einigen Wochen schossen sie zwischen Pflanzenkulturen in einem Gewächshaus eines Heideorts. Mit 32 Grad und 80 Prozent Luftfeuchtigkeit wurde damals die Realität am Sankt Lorenz sogar übertroffen. 40 000 Patronen jagte jeder im Vorbereitungsjahr durch den Lauf, auch ein Kostenfaktor bei 16 Pfennig pro Schuß. Doch die Munition stellt der Verband. Geld mußten die Medaillengewinner trotzdem opfern: Rund ein Vierteljahr Verdienstausfall; der knapp achtundzwanzigjährige Smieszek als Versicherungskaufmann und der dreiunddrei-

Ringgleich gewannen sie die Olympia-Qualifikation im KK-Liegendkampf. Mit 599 von 600 Ringen sicherte sich Karlheinz Smieszek (links) dann aber auf der Olympiaanlage in L'Acadie olympisches Gold. Ulrich Lind (rechts) erkämpfte sich mit 597 Ringen die Silbermedaille.

Linke Seite: Das ›Forum‹, Austragungsort der Turnwettkämpfe.

Folgende Seiten: Olga Korbut, der Star von München, auf dem Schwebebalken. In Montreal stahl ihr die junge Nadia Comaneci, das Turnwunder aus der rumänischen Volksrepublik, die Schau und olympisches Gold.
Gold hingegen für Sonnyboy John Naber: Er kam, sah und siegte.

41

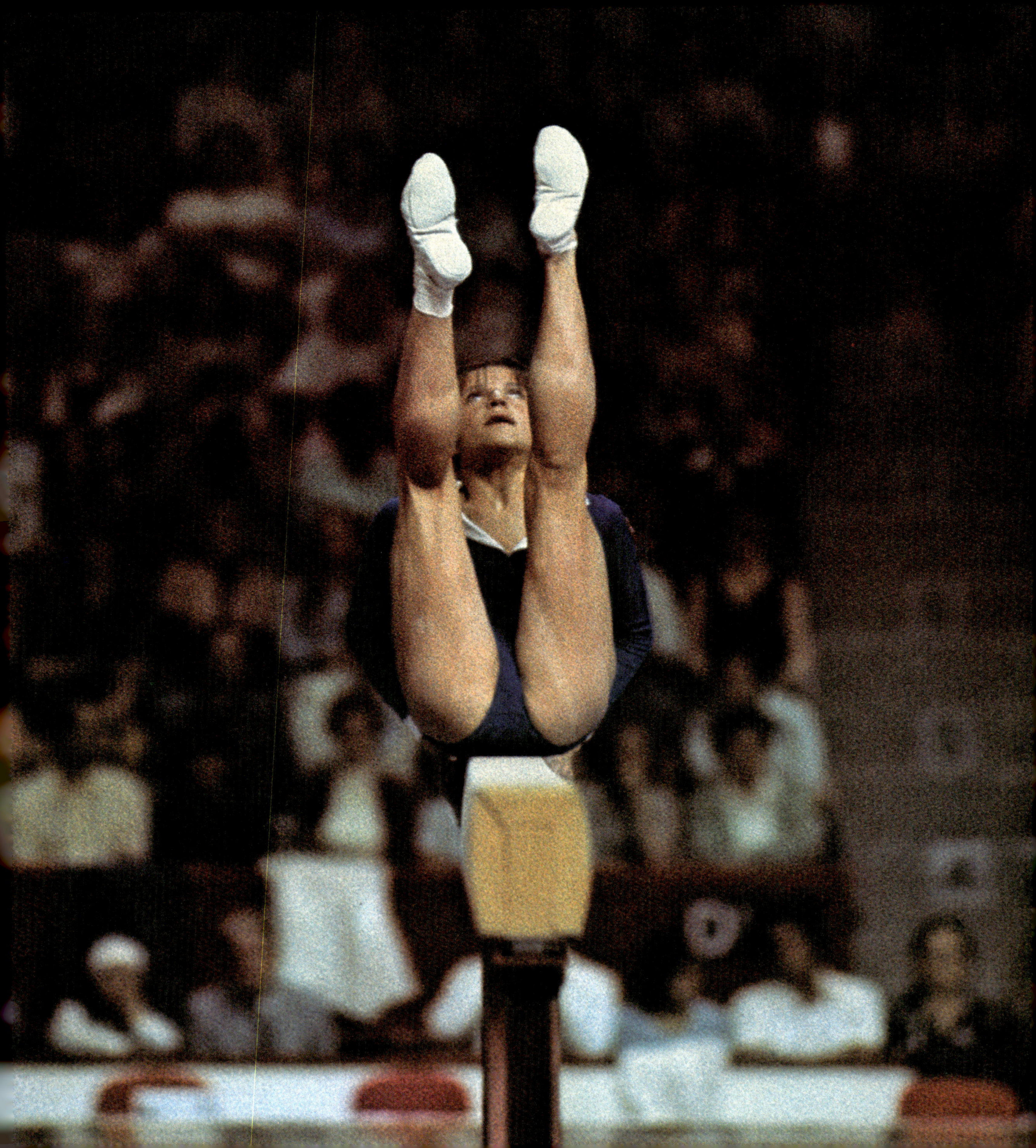

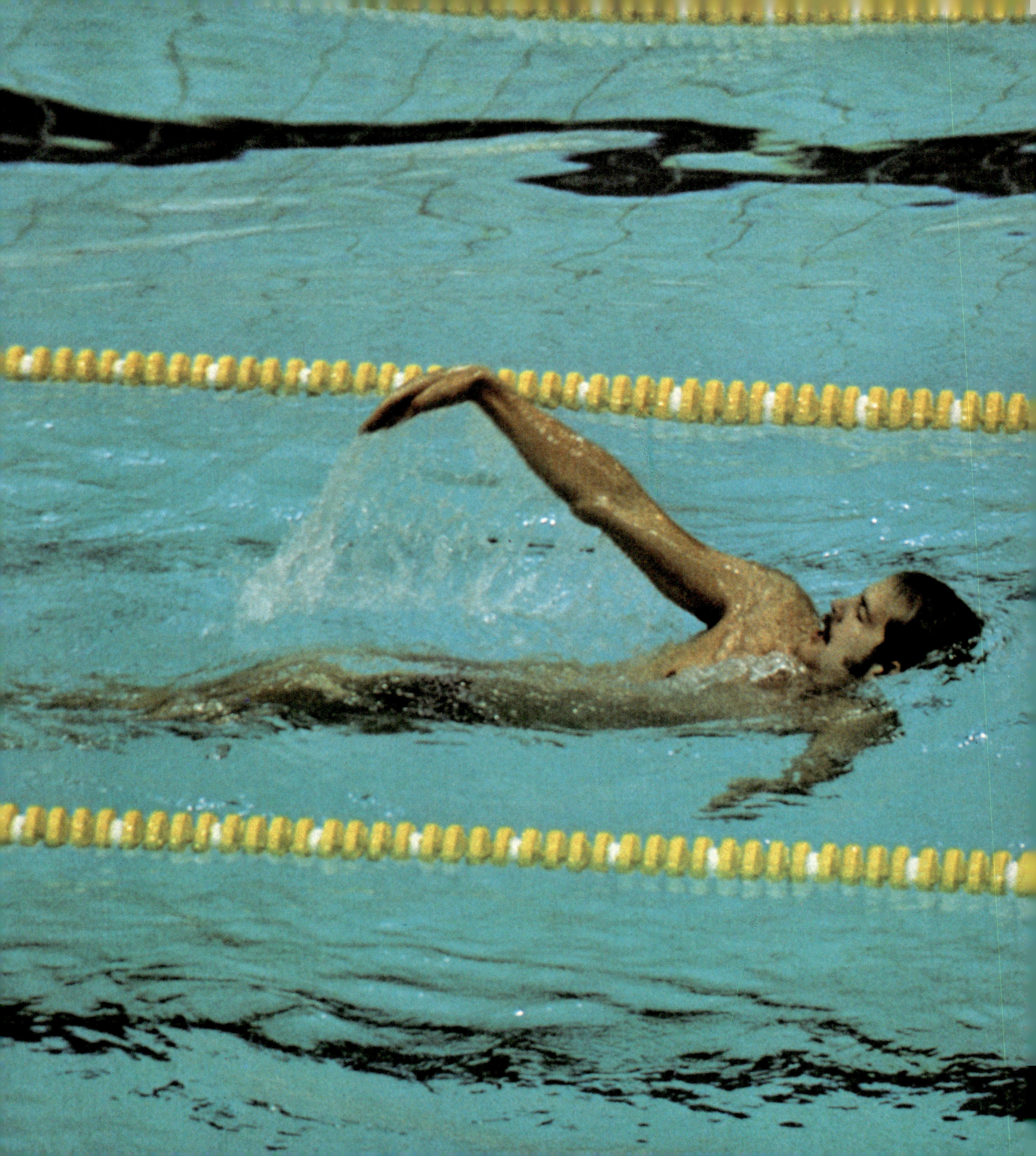

Mittlerweile sind es 27 schwarzafrikanische und asiatische Nationen, die an den Spielen nicht teilnehmen: der Boykott hinterläßt seine Spuren. Die Offiziellen hatten entschieden – die Aktiven mußten vollziehen. Die Spiele sind ärmer geworden.
Unten: Bei allem Verständnis für Sicherheit ist kein Verständnis vorhanden für die ›bullige‹ Behinderung der Arbeit der Fotografen.
Rechts: ›Unser lieber John‹.

ßigjährige Lind als Tiefdruckätzer. Die Stiftung Deutsche Sporthilfe hatte sie nicht in ihren Förderungslisten. Das dürfte sich wohl ändern. Das große Geld ist freilich nicht in Sicht, was auch der Olympiasieger durchaus weiß: »Wir sind keine Rosi Mittermaier. Unser Sport läßt sich werblich nicht ausschlachten.« Schön die Luft anhalten und ruhig Blut bewahren. Für diese Fähigkeit wird zäh gearbeitet und tief in die Tasche gegriffen.

Unser lieber John
Die olympische Nabel-Schau der Schwimmer ist zur Naber-Schau geworden. John Naber, Student aus Kalifornien, wird zwar in Montreal keine sieben Goldmedaillen gewinnen wie vor vier Jahren Mark Spitz, der Goldhamster von München, und doch hat er schon weit mehr gewonnen: Nach zweimal Gold und einmal Silber hat der gute John die olympischen (Fernseh-)Spiele im Schwimmstadion bereits fest in der Hand. Nabers farbiges Kontrastprogramm zu den eiskalten Triumphen des Fischmenschen Mark Spitz sorgt auf den Rängen für minutenlange Ovationen und läßt Millionen vor den Fernsehschirmen in Verzückung geraten: unser lieber John.
Nabers Element ist dabei nicht einmal das Wasser, sondern das schmale Stück Land am Rande des Kachelbades. Hier inszeniert er seine Auftritte, wird zum Alleinunterhalter der Menge. Ob vor dem Rennen oder nach dem Rennen, ob Erster oder Zweiter, an Naber kommt keiner vorbei. Sein Schulfreund Bruce Furniss war ihm über 200 Meter Kraul um eine Nasenlänge voraus, schwamm Weltrekord und gewann die Goldmedaille, doch die Halle jubelte John zu. Und bei der internationalen Pressekonferenz richteten sich alle sieben Mikrofone sofort auf John. Olympiasieger Furniss war nicht gefragt.
Der erste Showmaster der Welt in Badehose beherrscht sein Wasserreich nach Belieben. Auf den fünfzig Metern Pendelverkehr im Schwimmbecken hat er noch dasselbe Ziel wie die anderen Wassermenschen: möglichst schnell wieder an Land. Doch wenn die anderen im Trockenen noch nach Luft schnappen, ist Naber erst recht in seinem Element: winke, winke für die Telegucker, Verbeugungen vor dem Publikum und vor allem lachen, lachen und immer wieder lachen. Ernst wird er stets nur für wenige Sekunden: wenn der Dauerhit der Siegerehrungen für die Schwimmer gespielt wird. Der Blick starr auf das Sternenbanner, die rechte Hand aufs Herz und ein kurzes Gebet: Stars and Stripes über alles. Nicht John, Jim oder Bruce haben die Medaillen gewonnen, wie er später erzählt, sondern das Team von Amerika, eine Nation stöhnt auf: o John.
In diesem Jahr, in dem die Staaten ihren zweihundertsten Geburtstag feiern, wurde John zwanzig. Doch John ist nicht ›Amerika durch zehn‹, sondern ›Amerika hoch zehn‹. Ein Bilderbuchamerikaner zum Gernhaben: groß, blond, stark, dynamisch, erfolgreich, gottesfürchtig. Und immer spaßig, genau wie die jungen netten Männer aus den Werbespots.
Ließen sich die Helden des Mittelalters kniend zum Ritter schlagen, so läßt sich der Held der westlichen Wasserwelt kniend zum Olympiasieger küren. Geschehen und gesehen nach seinem Erfolg über 100 Meter Rücken. Naber läßt nichts aus.
Bei der olympischen Zeremonie blickt er am längsten auf das Sternenbanner, bleibt am längsten auf dem Podest und applaudiert als erster und letzter sei-

Der Betrüger
Er war leichenblaß, sagte kein Wort und verließ die Halle: Boris Onischenko, Polizeioffizier in Kiew, war des sportlichen Betruges überführt. Der ›Verdiente Meister des Sports‹ in der Sowjetunion, Weltmeister, olympischer Silbermedaillengewinner in München und mit der Mannschaft Olympiasieger, hatte am Griff seines Sportdegens Feinarbeit geleistet und wollte damit Treffer, Siege und Punkte für einen glänzenden Abgang von der sportlichen Bühne erschwindeln.
Der bald 39 Jahre alte Ukrainer, seit einem Jahrzehnt in der sowjetischen Fünfkämpfer-Mannschaft, wurde von einem Unteroffizier Ihrer Britischen Majestät, dem Sergeanten Jeremy Fox, auf frischer Tat ertappt. Der Brite wunderte sich über die elektrische Anzeige bei Onischenkos Gefechten: Sein Teamgefährte Parker konnte nach seiner, Fox', Beobachtung gar nicht getroffen worden sein – und dennoch leuchtete die Anzeigelampe auf. Als dann Jeremy Fox gegen Onischenko auf der Planche stand, die Lampe ebenfalls einen Treffer anzeigte, packte der Sergeant zu. Fox hielt Onischenkos Degenklinge fest, reichte sie dem Obmann und ersuchte höflich um eine technische Untersuchung. Der Brite hatte sich nicht getäuscht. »Das ist eine meisterhafte Arbeit«, schwärmte nach einiger Zeit ein Mitglied der Wettkampfleitung.

Boris Onischenko oder irgendein Helfer hatte unter den Wildlederbezug des Degengriffes eine Rille ziseliert, darin einen feinen Draht untergebracht, wodurch er mit Handdruck den Kontakt zur Trefferanzeige nach Belieben herstellen konnte. Diese Manipulation sollte dem alternden Hochleistungssportler zu einem glanzvollen Abgang verhelfen.

45

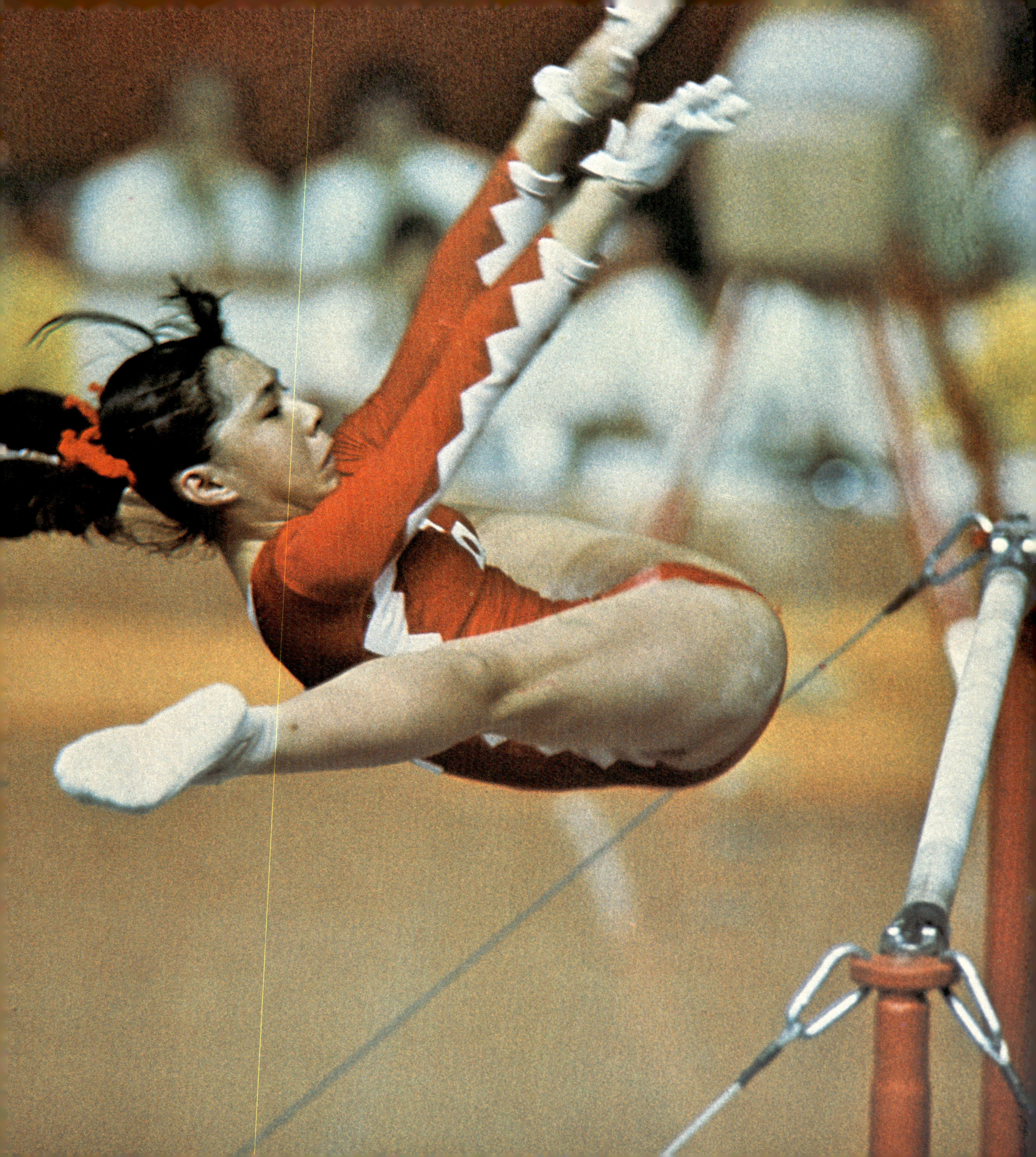

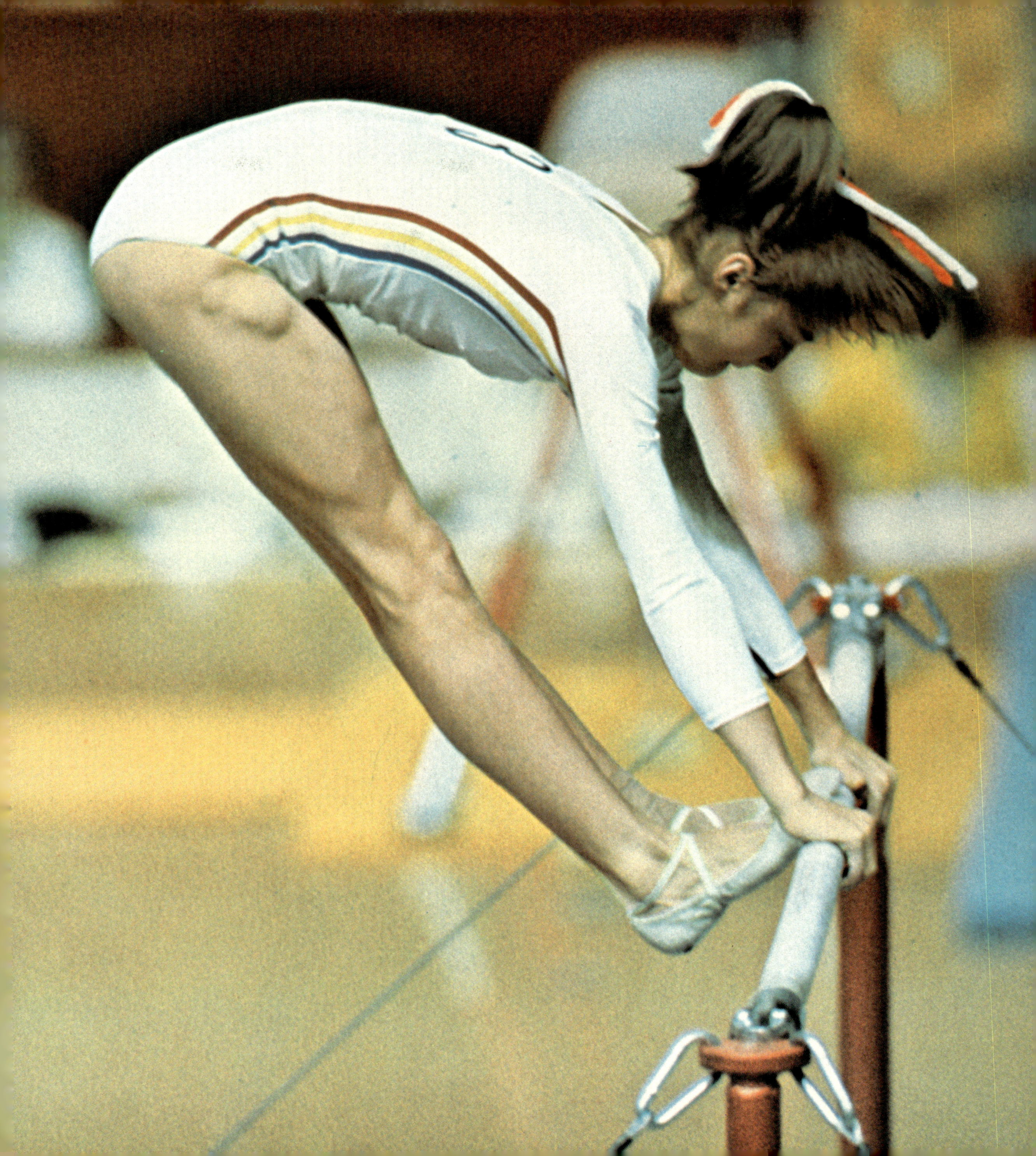

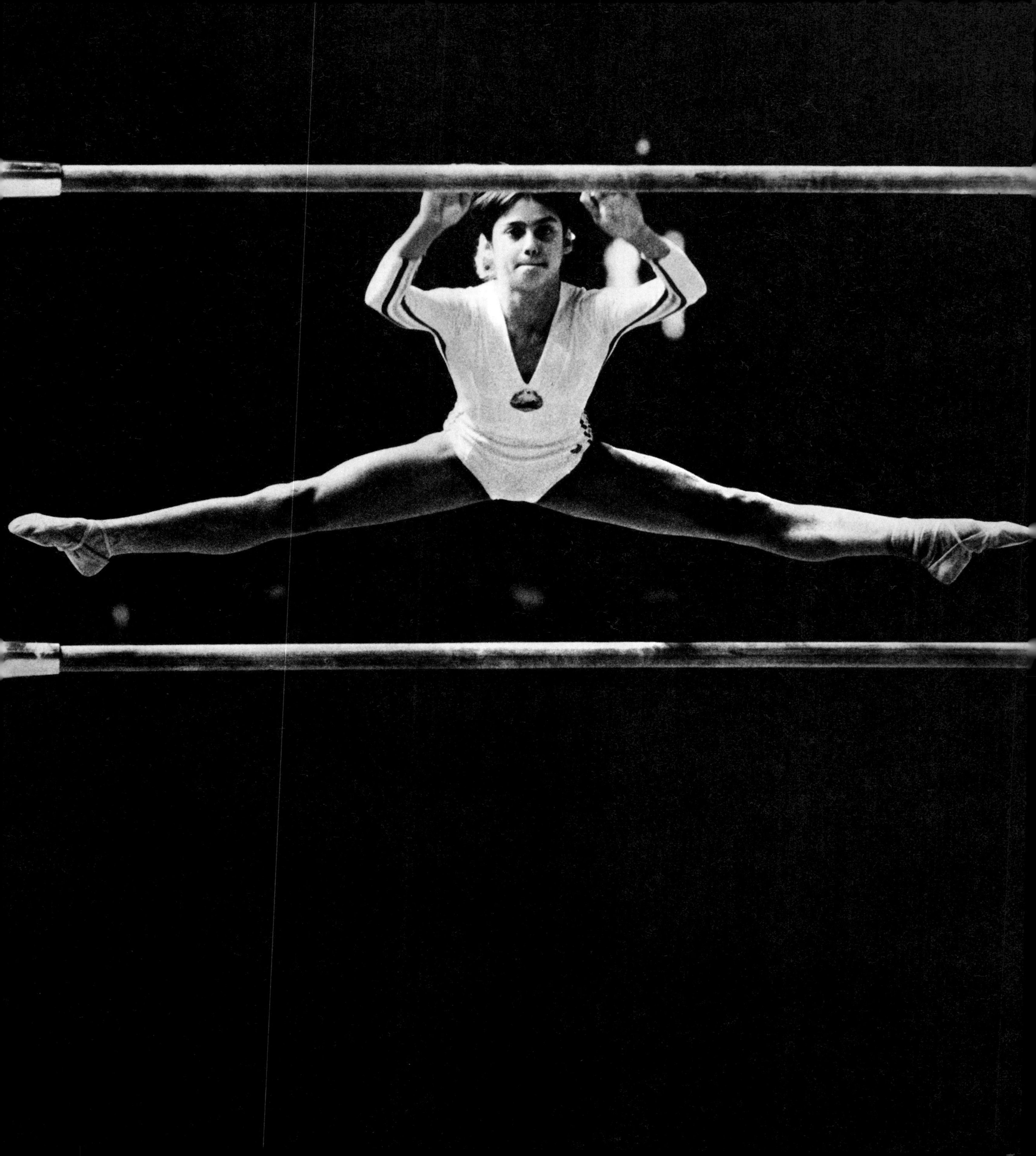

nen Gegnern. Das heißt, Gegner kennt er gar nicht: »Wir alle sind ein Team.« Da sei es gleich, wer nun welche Medaille gewonnen habe. Hauptsache: Es ist gut für Amerika. Und was gut für Amerika sei, das könne nicht schlecht für John sein, auch wenn er ›nur‹ Zweiter geworden sei. Die Frage nach dem Grund für die dreifachen amerikanischen Triumphe im Kraul- und Delphinschwimmen könne er nur mit einem Wort beantworten: ›Mannschaftsgeist‹. John läßt wirklich nichts aus. Auch nicht den Hinweis auf das olympische Ideal: Teilnehmen sei wichtig, und eigentlich sei jeder ein Olympiasieger, der hier persönliche Bestleistungen erreiche. Da durften sich Klaus Steinbach und Peter Nocke, die beiden enttäuschten Deutschen, als Fünfte und Sechste über 200 Meter Kraul auch noch als Olympiasieger fühlen. Guter, lieber John.

Reck auf zwei Etagen
Nadia Comaneci löste sich mit einem schwierigen Salto vom hohen Holm des Stufenbarrens. Kaum hatten ihre Füße wieder den Boden berührt, prasselte der Beifall in ohrenbetäubender Stärke durch das Montrealer Forum, ebbte nur etwas ab, um einer erwartungsvollen Spannung zu weichen. Dann zeigte die elektrische Anzeigentafel die Traumnote 10, zum zweiten Male für die Rumänin. Das Haus bebte vor Begeisterung. 16 000 Zuschauer erhoben sich von ihren Plätzen, um einer neuen Turnkönigin zu huldigen. Routinierte, hartgesottene Profifotografen legten für einen Augenblick ihre Kamera beiseite, um in den Beifall einzustimmen. Minutenlang dröhnte es in der Halle.
Als die Zuschauer die zierliche Rumänin wie einen Volkshelden feierten, spürten sie, daß sie nicht nur Zeuge einer ungewöhnlichen Einzelleistung geworden waren, sondern daß sie ein Kunstturn-Festival erlebt hatten, das es in dieser glanzvollen Form in der Geschichte des Turnens bisher noch nicht gegeben hatte. Dieser Kürkampf der vier besten Mädchenmannschaften der Welt wird ganz sicher in die Annalen der Montrealer Spiele als einer der Höhepunkte eingehen.
Was bei den Mädchen so besticht, sind nicht nur die Schwierigkeiten und phantastischen Ideen in den komplizierten Übungen, sondern die Leichtigkeit, die Perfektion und das atemberaubende Tempo, mit dem diese absolviert werden. Das gilt im Grunde für alle vier Mannschaften, für die siegreiche Sowjetunion, für Rumänien, die DDR und Ungarn. Das Ärgerliche für die Besucher war nur, daß zur gleichen Zeit nebeneinander, wie in vier Arenen, Weltklasseleistungen geboten wurden. Die Mannschaften übertrafen sich gegenseitig. Gegen die Superschau der vierzehnjährigen, 1,54 Meter ›kleinen‹ und vierzig Kilogramm ›leichten‹ Nadia Comaneci stemmten sich vor allem die sowjetischen Mädchen. Olga Korbut, der Star von München, war so gut wie vergessen. Dabei wagte sie einen verwegenen Sprung, wie ihn nur noch ein Landsmann von ihr beherrscht, nämlich sich im Fluge schraubend dem Pferd zu nähern. Entnervt von der schier unbezwingbaren Comaneci, verpatzte sie den Abgang. Auf dem Balken erhielt sie hohe Noten von 9,9, doch kam die Rumänin und holte sich selbst auf dem schmalen Gerät die Note zehn. Als Nadia dann auch noch am Stufenbarren praktisch Reckturnen auf zwei Etagen demonstrierte, da wußte Olga Korbut, daß ihre große Zeit vorbei ist, daß sie eine Nachfolgerin gefunden hat.
Und Tränen flossen bei der Siegerehrung.

Die olympische ›Familie‹
Wenn einer im olympischen Dorf zu Montreal Geburtstag hat, dann stellen sie ihm eine Torte hin und stecken die Lichtlein an. Das ist zwar nicht so anheimelnd wie im engsten Familienkreis, hält aber die Fiktion von der olympischen Familie, wie es im offiziellen Sprachgebrauch heißt, aufrecht. Sie leben zusammen, sie trainieren getrennt. Die Chance, einander kennenzulernen, miteinander zu reden, entspricht etwa der eines dreiwöchigen Urlaubs im Kreise der Lieben in irgendeinem überfüllten Ferienrevier. Hier wie auch im olympischen Dorf sieht man sich (fast) immer. Der Vierjahresrhythmus beschleunigt die Fluktuation. Es gibt die alten Gesichter, es sind neue hinzugekommen. Menschen mit Hoffnungen und Menschen mit Ängsten, mit mehr oder weniger konkreten Vorstellungen über das, was das Besondere, das Schöne, das Liebenswerte oder auch das Vulgäre, das Fragwürdige dieser Spiele ausmacht.
Wer die Athleten einzeln abfragt, auszuhorchen versucht nach dem, was für sie den Reiz oder auch das Ärgernis dieser Spiele ausmacht, der wird fast kapitulieren vor der Unfähigkeit oder der Unmündigkeit, sich zu artikulieren. Es gibt Sprachbarrieren, die sind vergleichsweise harmlos gegenüber der Reserve, mit der Vertreter aus Entwicklungsländern dem Fragesteller gegenübertreten. Hinzu kommt der Versuch der Mannschaftsführungen, die Athleten zu entmündigen, so wie es die Ostblockländer seit Jahrzehnten praktizieren. Ein Radfahrer aus der Tschechoslowakei: »Bitte, fragen Sie meinen Trainer.«

Links: Ballett ohne Boden. Nadia Comaneci am Stufenbarren.
Vorhergehende Farbseiten: Kunstflug unter olympischem Himmel (Nelly Kim, Nadia Comaneci).

49

Unbeschwert, heiter und leicht wie beim Kinderballett geht es zu, wenn die kleine Maria Filatowa am Boden turnt. Doch der liebe Schein trügt. Auch das Nesthäkchen der sowjetischen Turnerinnen hat seinen schmächtigen Körper viele Jahre hart trainieren, stählen, verbiegen und verdrehen müssen, bis die olympische Perfektion erreicht war. Die russischen Mädchen brillierten nicht nur mit Doppelsalti und Doppelschrauben, sondern damit, wie sie die Schwierigkeiten musikalisch interpretierten.

Ästhetik kann auch eine Frage der Perspektive sein. Ludmilla Turischtschewa auf dem Schwebebalken – aus diesem Blickwinkel betrachtet, trotz schlangenhafter Akrobatik und extremer Körperhaltung ein Bild beherrschter Bewegungsabläufe, vorgetragen nicht ohne Anmut. Auf den folgenden Farbseiten: Nadia Comaneci überragend auf dem Schwebebalken. – Die Turnerinnen der DDR, bunt und knapp gewandet, gratulieren ihren großen sowjetischen Schwestern zum Mannschafts-Olympiasieg.

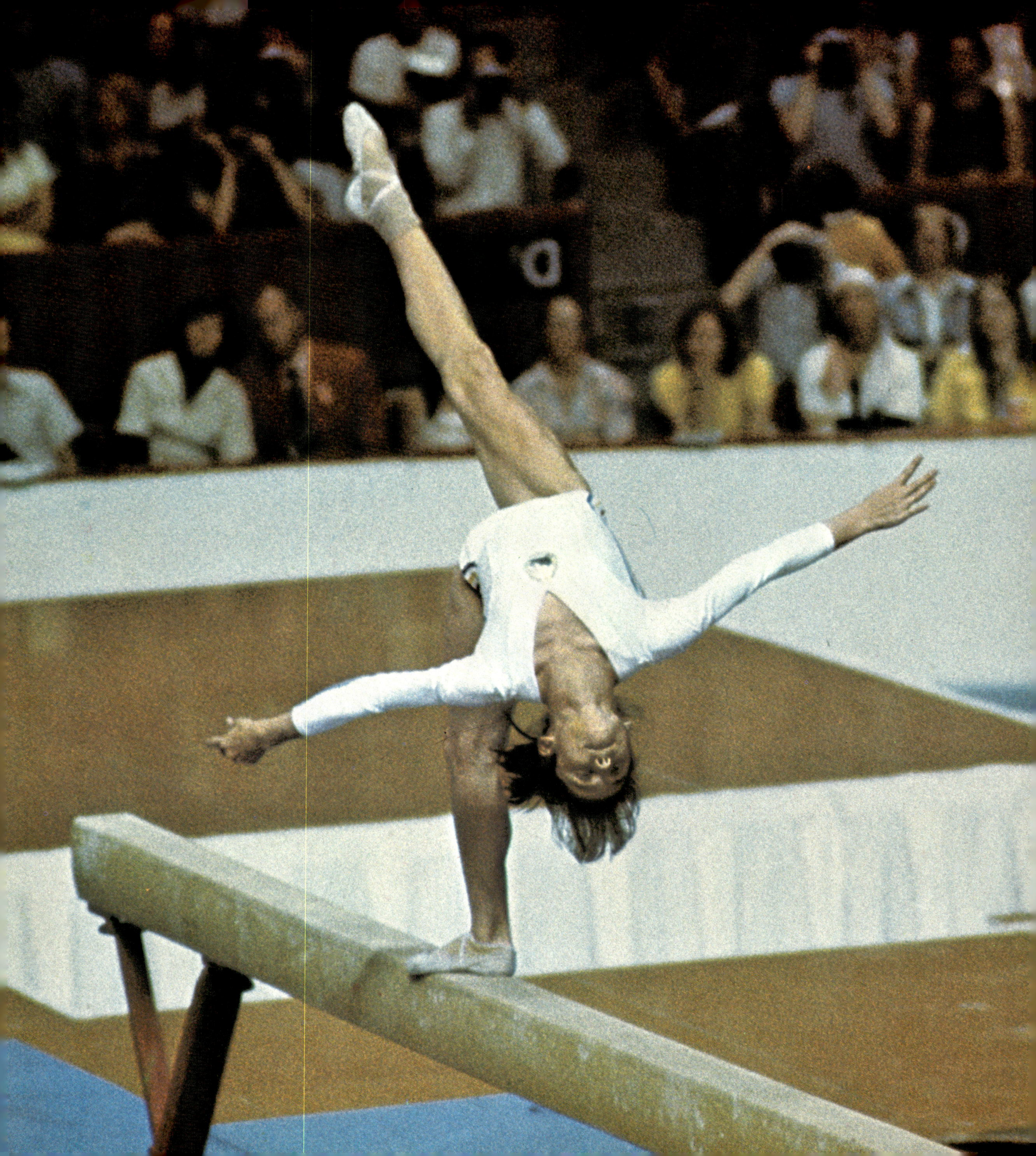

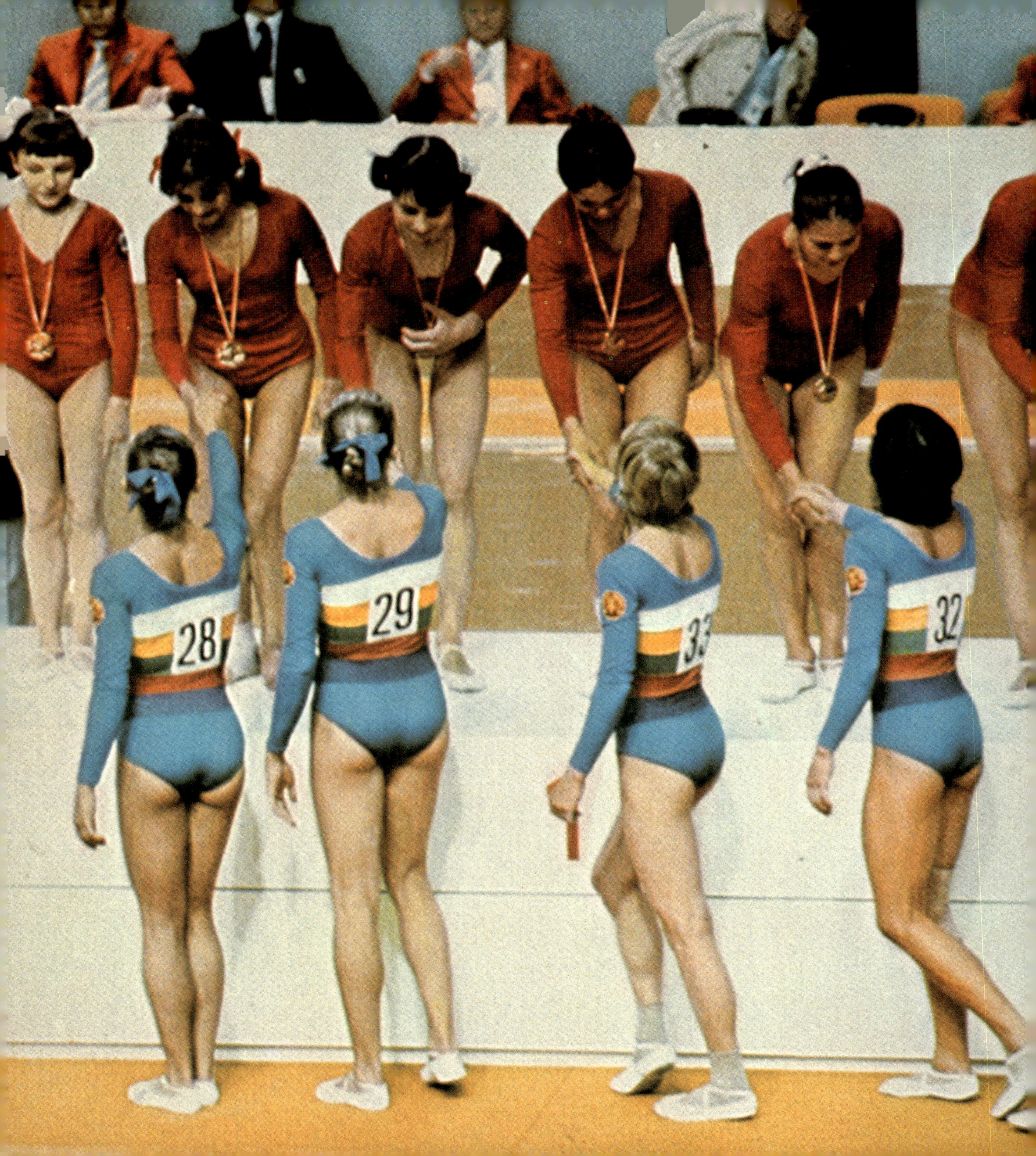
28
29
32

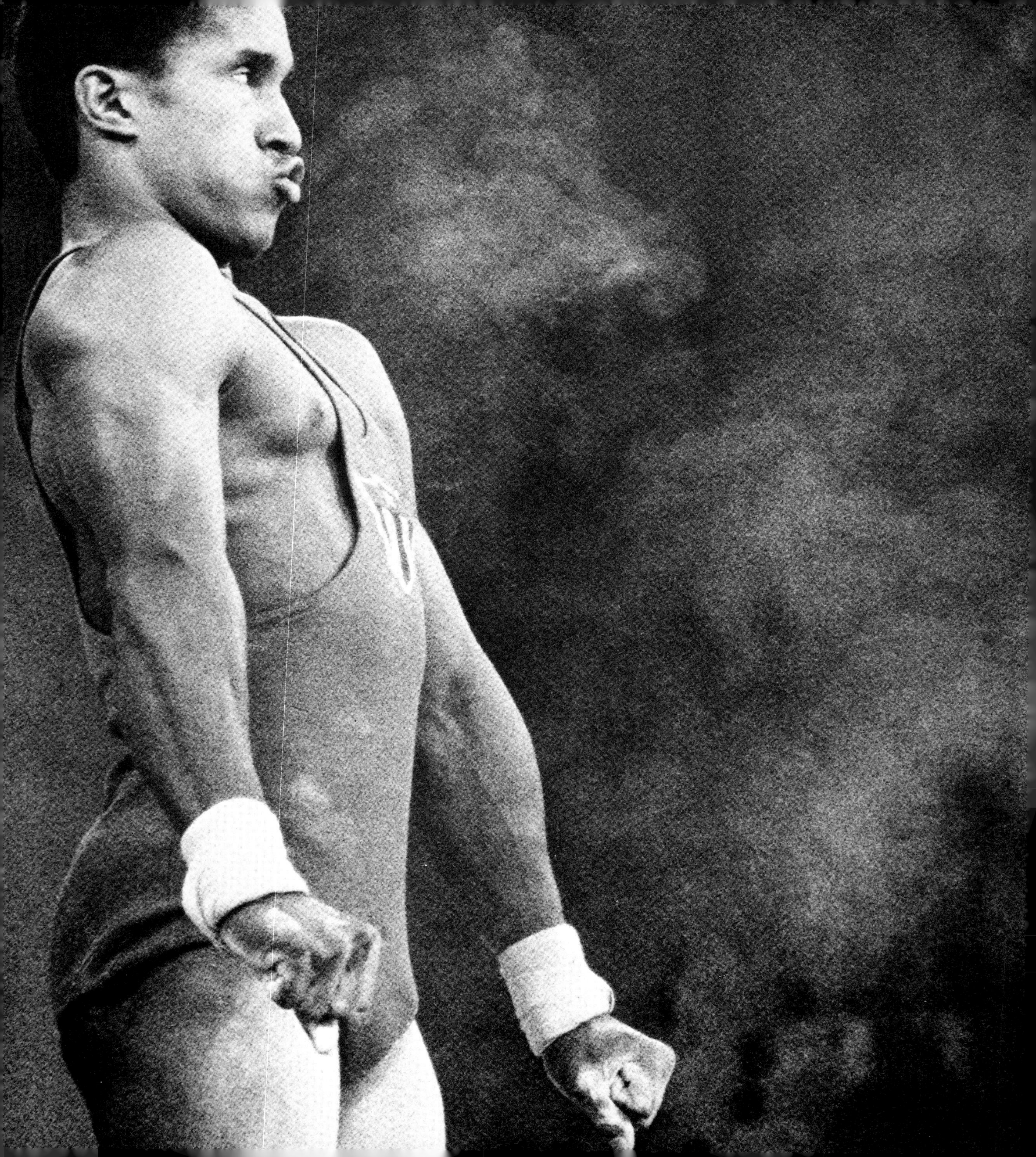

Im Dunst der Arenen – erstaunliche Dinge gesehen ... Gewichtheben – Kunstturnen ...
Der Kubaner Roberto Urrutia und die Russin Olga Korbut

Andere Größenordnungen

Von oben sieht alles nur halb so schlimm aus. Von oben, vom Hochsitz der Tribüne im Centre Etienne-Desmarteau, wo die Vorrundenspiele im Basketball ausgetragen werden. Von oben macht es kaum einen Unterschied, wie groß die Frauen da unten sind. Basketballspielerinnen haben groß zu sein, das gehört zum sportlichen Grundwissen, dann ist der Weg zum Korb kürzer. Aber, auch das zählt zu den Binsenweisheiten, Größe ist nicht alles, als da sind Technik, Geschicklichkeit und Kondition. Gilt Basketball nicht als körperloses Spiel? Warum dann also die Betonung der Körperlichkeit?

Die kanadischen Mädchen, die sich unter dem Korb mit den Russinnen zu befassen hatten, kamen aus der Kabine mit braven sportlichen Vorsätzen. Doch dann kam Iuliyaka Semenowa. Das Spiel fand ab sofort in einem anderen Stockwerk statt. Iuliyaka, Jahrgang 1952, ist zweihundertzehn Zentimeter groß, 2,10 Meter. Ohne der jungen Dame zu nahe treten zu wollen: Über die Schuhgröße läßt sich nur spekulieren. Die Kanadierinnen schickten ihre längste, Sheila Strike (188), als Abwehrrakete ins Gefecht. Nichts half. Die Lufthoheit unter dem Korb gehörte Iuliyaka. »Scheibu, Scheibu« riefen die sowjetischen Schlachtenbummler im Chor, und es war, als rackerte ein femininer Ragulin.

Vergeblich hatten die Kanadierinnen ihre Fühler ausgestreckt, sich mit hellen, aufgeregten Stimmen gegenseitig Mut gemacht und trotzdem das Fürchten gelernt – 51:115 hieß es am Ende. Das Größte an ihnen war am Ende das Ahornblatt auf der Brust. Die Russinnen, im Durchschnitt der Decke genau acht Zentimeter näher als die Gegnerinnen, können natürlich auch sehr ordentlich Basketball spielen, aber eben doch in ganz anderen Größenordnungen. Ein Tip für die Plazierung am Ende des Turniers? Ein Blick in die Statistik der Teilnehmerliste sagt alles: die Russinnen haben die größte, die Tschechoslowakinnen die zweitgrößte (194) und die Amerikanerinnen die drittgrößte (191) Spielerin in ihren Reihen.

Oben: Die Größten werden die ersten sein. Iuliyaka Semenowa, die Basketballerina aus der Sowjetunion, spielt schon fast in einem anderen Stockwerk. Bei den Basketballdamen wird der Erfolg nach Zentimetern gemessen.
Unten: Olympische Gesichter, leicht zerknautscht. Was ein tüchtiger Masseur ist, der fordert auch den Kopf seiner Schützlinge. Jutta Weber und Peter Nocke machen böse Miene zum guten Spiel. Übrigens: Wenn man die richtige Brille aufsetzt, wirken auch die deutschen Schwimmer größer.

Rechts: Am Boden, aber noch nicht am Boden zerstört. Hans Michalsky aus Büttgen stürzt wegen eines Defekts am Hinterrad. Er darf den Versuch wiederholen, doch der Zwischenfall hat nicht nur Helium und Speichen, sondern auch Nerven gekostet. Michalsky wird nur Sechster.
Folgende Seite: Das Gesicht des philippinischen Boxers Mares in der Sekunde, da ihn die Faust seines Gegners Nowakowski (DDR) trifft. Mehr als ein Schnappschuß aus dem Ring – auch ein Kommentar zum Boxsport.

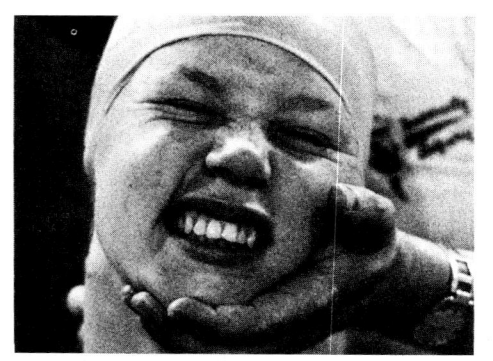

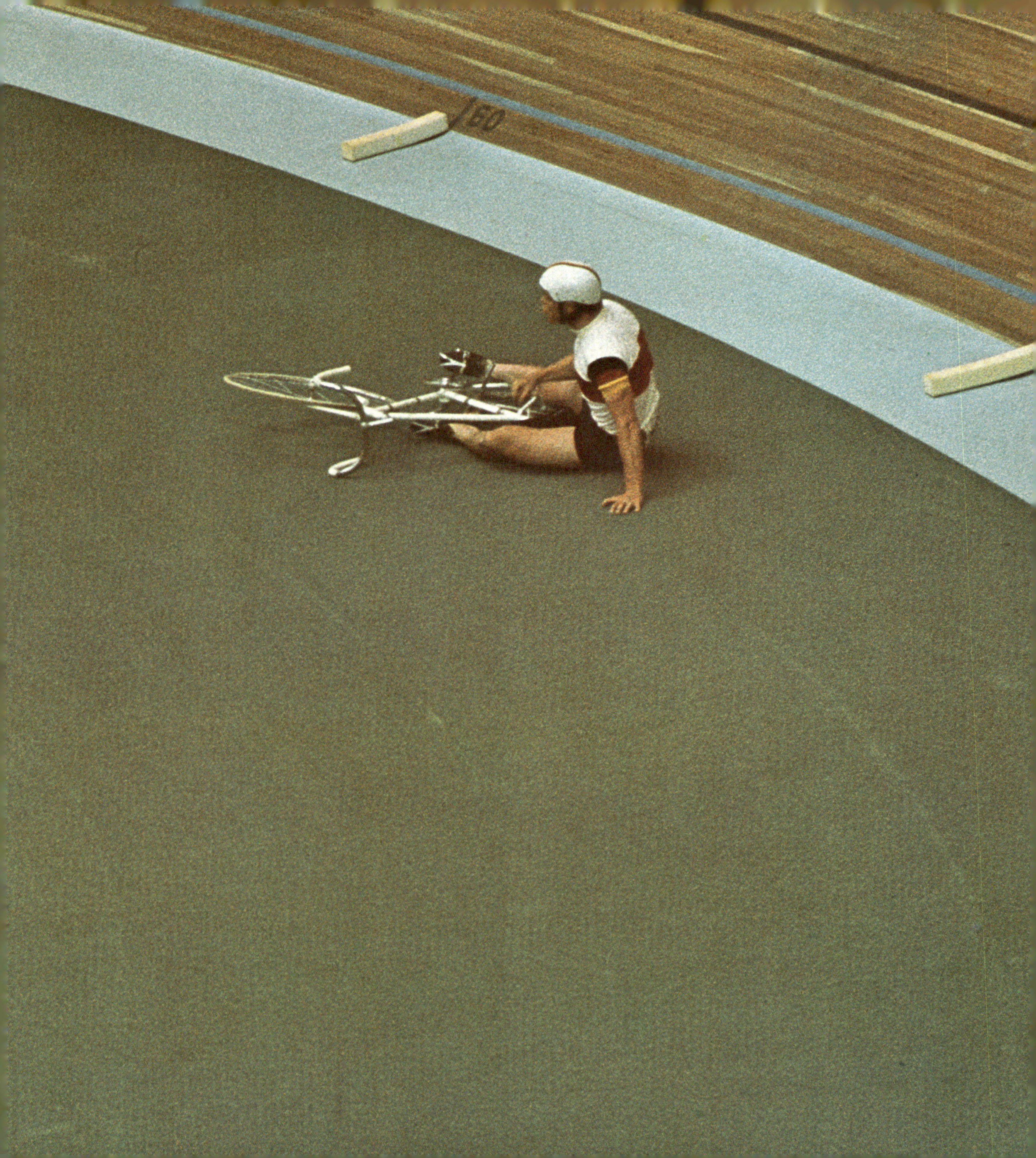
60

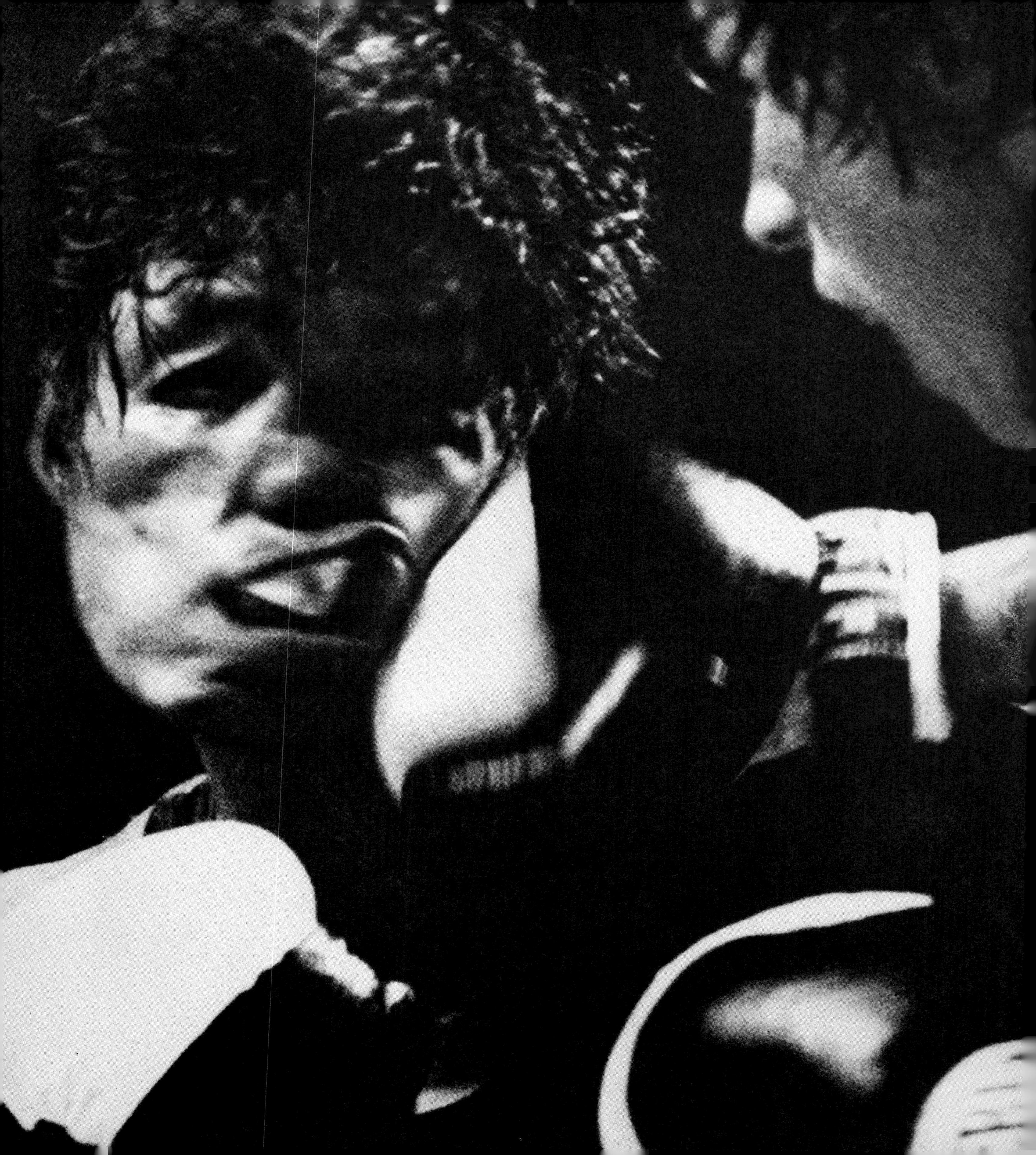

Im Velodrom hängt das Glück am seidenen Faden. Amerikaner werden im Schwimm-Marathon zum Weltrekord gejagt. Das Wasser scheint den Deutschen aus der Bundesrepublik an den Gliedern zu kleben. 231 Tage Vorbereitung für 231 Sekunden im Boxring. Parteiisches Kampfgericht provoziert einen Turnskandal.

20. Juli 1976
4. Tag

Im Velodrom von Montreal hängt das olympische Glück an seidenen Fäden. Der Stoff, aus dem die Reifen sind, Seide aus Mailand, riß gleich in der ersten von insgesamt vier Entscheidungen im Bahnradfahren einen Medaillenanwärter aus allen Träumen: Hans Michalsky aus Büttgen am Niederrhein wurde das erste Opfer des Materials in Montreal. 110 Gramm Seide hielten der Masse und der Kraft von 84 Kilogramm Lebendgewicht nur 30 Sekunden stand, dann war die Luft – in diesem Fall allerdings Helium mit einem Druck von zwölf Atü – draußen. Eine zu dünne Stelle in diesem Hauch von Spezialreifen, vielleicht auch ein winziger Splitter der afrikanischen Hartholzbahn stürzten den Hans ins Pech. Er durfte dann knapp zwanzig Minuten später noch einmal sein Glück versuchen, doch da waren die Chancen schon von vornherein auf ein Minimum reduziert. Weltmeister Klaus Grünke aus Ost-Berlin ließ sich zu dieser Zeit bereits als Olympiasieger feiern und schenkte dem zweiten Versuch seines westdeutschen Kollegen nicht einmal einen Blick. Im 1000-Meter-Zeitfahren gibt es ein ungeschriebenes Gesetz: Zum zweitenmal gestartet ist halb verloren. Der Schock des Sturzes bei einer Geschwindigkeit von etwa sechzig Kilometer pro Stunde, Prellungen an den Beinen und der Kraftaufwand für den ersten Start ließen Michalsky keine ernsthafte Chance mehr. Der sechste Rang mit nur drei Zehntelsekunden Rückstand auf den Silbermedaillengewinner Vaarten war unter diesen Umständen noch ein hervorragendes Ergebnis.

Michalsky war zwar der einzige unter den dreißig Fahrern, bei dem die seidenen Fäden nicht hielten, doch es hätte genausogut jeden anderen treffen können, denn jeder vertraut demselben Material einer italienischen Firma. Das Reifen-Risiko mit diesen ebenso zarten wie teuren Dingern (Kosten: 100 Mark pro Stück) muß einfach jeder Fahrer eingehen, wenn er im Kampf um Hundertstel- und sogar Tausendstelsekunden konkurrenzfähig bleiben will. Der Fluch des Leistungssports hat längst auch das Material erfaßt: Immer leichter, immer teurer, immer gefährlicher. Da ohnehin alle dieselben riskanten Reifen fahren, könnte man sich eigentlich auch gemeinsam auf etwas schwerere, aber sichere Reifen einigen. Doch das ist natürlich nur ein ganz naiver Gedanke. Für solcherart Vernunft findet man nirgends Verständnis.

So wird bei den Rädern weiter jedes Gramm gespart: Seide statt Gummi, Helium statt Luft, Aluminium oder Titan statt Stahl, und wenn schon Stahl, dann höchstens vier Millimeter dick. Schrauben mit dem Gewicht von Daunen halten das alles zusammen. Und selbst mit der Zahl der Speichen (24 oder 28) wird geknausert. Bis zu vier Pfund lassen sich so noch einsparen. Das abgemagerte Stahlroß (oder besser Titanesel?) wiegt dann rund zehn Pfund und kostet soviel wie ein gebrauchter Kleinwagen: etwa viertausend Mark. Die Titanrahmen (vierzig Prozent leichter als Stahlrohr) sind freilich nicht mehr der letzte Schrei, weil das Material vor allem in den Steilkurven für die starken Belastungen nicht stabil genug ist.

Die großen Kleinen

Was wäre Olympia ohne seine Pechvögel? Die Menge auf den Rängen vergeht nur zu gern vor Mitleid. Die Kanadier haben eine spezielle Vorliebe für Unglücksraben: Der Letzte, Schwächste, Kleinste darf sich stets des größten Beifalls erfreuen. So wurde der gestürzte deutsche Zeitfahrer Michalsky im zweiten Versuch von einer Woge der Sympathie begleitet, obwohl er zuvor recht unbeherrscht seinen Sturzhelm weit in den Innenraum geschleudert hatte. Auch der sowjetische Favorit Rapp, der beim Start pfuschte, hatte das Votum der Zuschauer für einen zweiten Beginn unüberhörbar für sich. Doch das Schnellgericht im Innenraum ließ sich davon nicht beeindrucken. Und schließlich war da noch die Startnummer 1 der Bahnwettbewerbe, Donald Christian, der von den Antillen mit seinem Radl nach Montreal gekommen ist: Vormittags fiel er im Verfolgungsfahren auf die Nase, nachmittags rutschte er im Zeitfahren von den Pedalen. Im Sprint wird der schwarze Donald nun zum drittenmal versuchen, zumindest einmal die Ziellinie zu erreichen. 7000 Zuschauer werden ihn nach Kräften dabei unterstützen. Denn die Kleinen kommen in Montreal ganz groß raus. Olympias sympathischster Teil.

Michalskys Pech. Trainer Gustav Kilian resigniert: »Das ist wie ein Naturereignis.«
Folgende Farbseiten: Die Einsamkeit des Ruderers Peter Michael Kolbe auf der Regattastrecke. Daneben: ein Hauch von Völkerverständigung in Montreal.

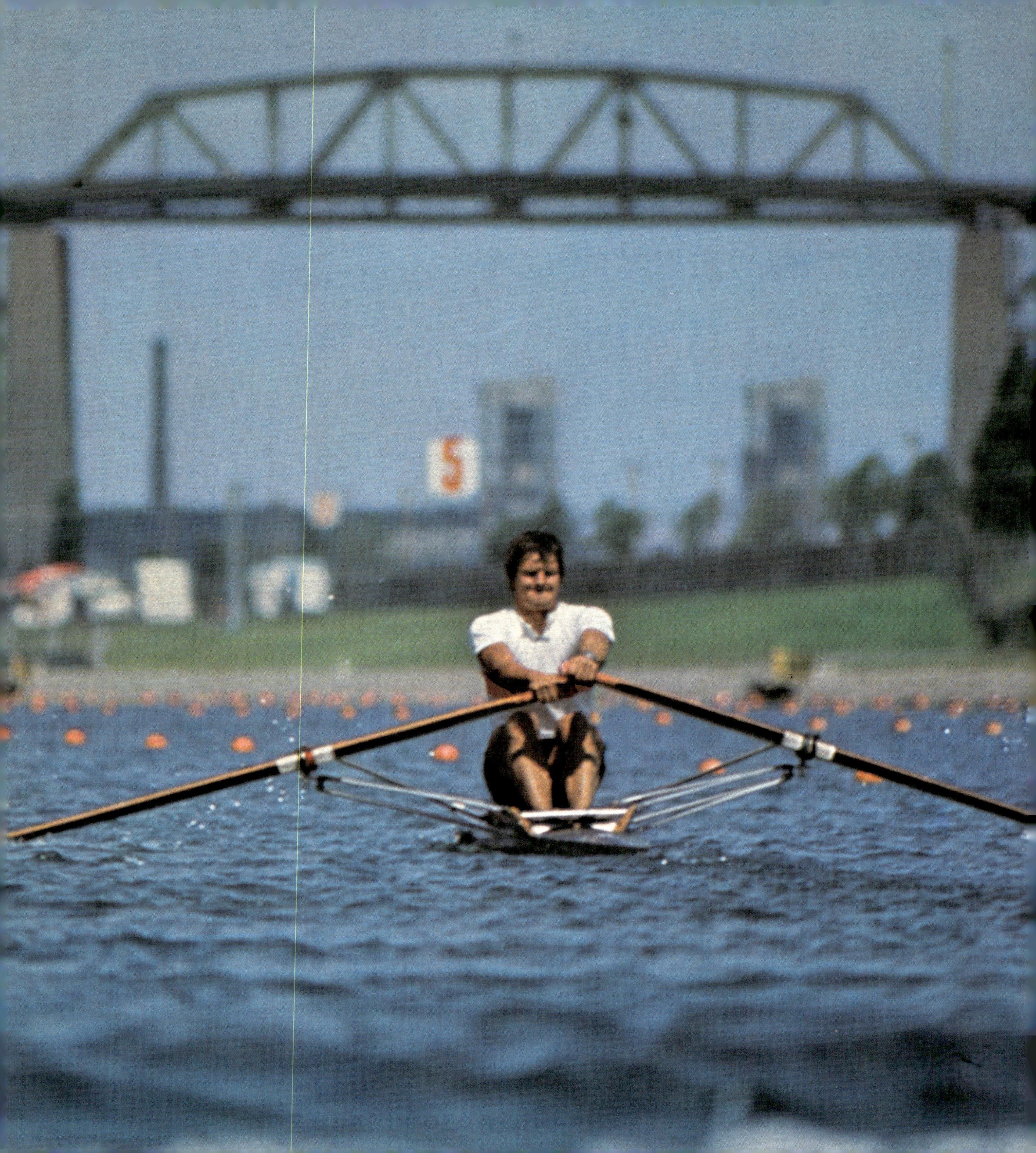
5

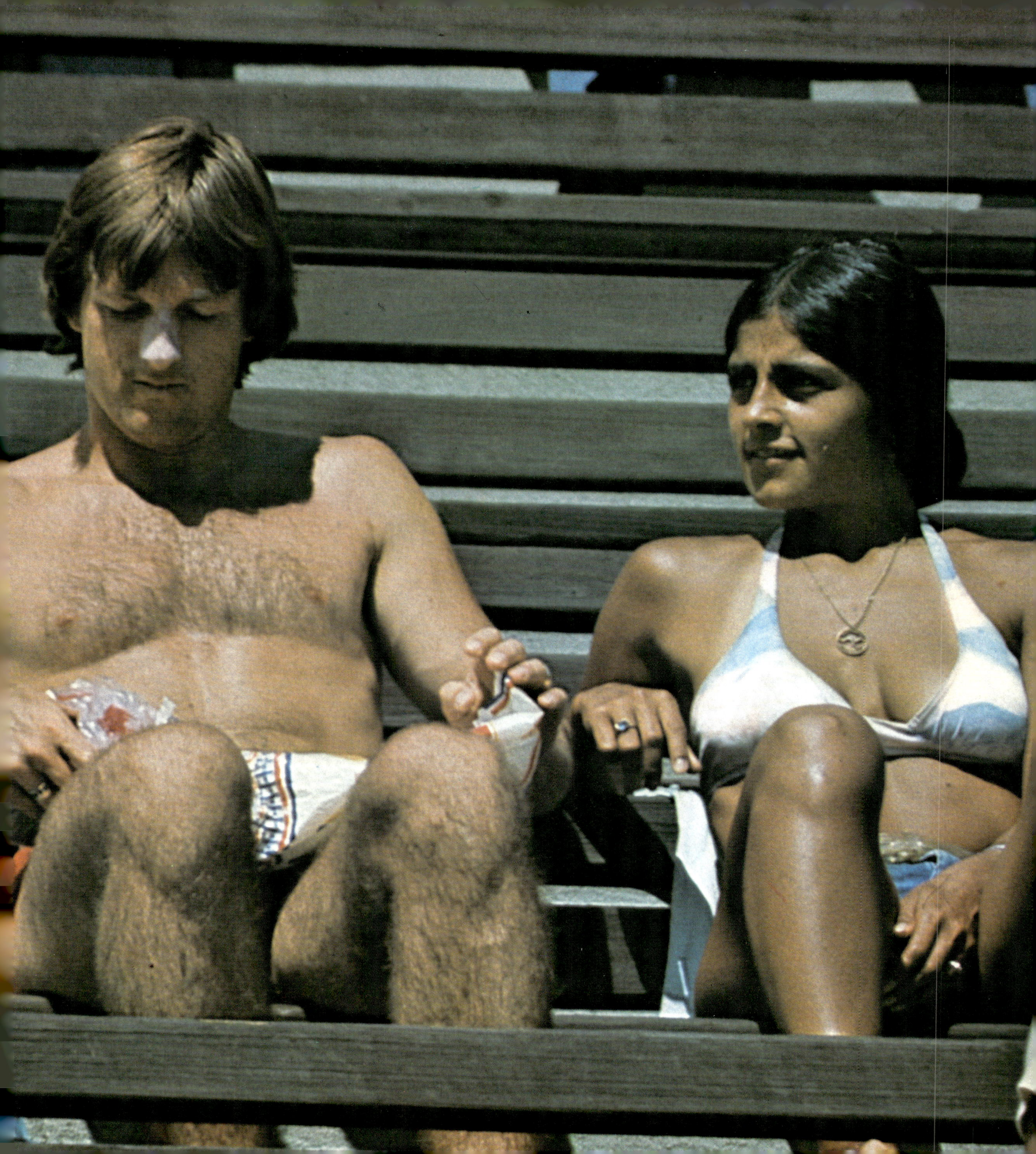

Auf Tragödien spezialisiert

Eine Hohepriesterin hat sich nach Montreal verirrt. Sie heißt Maria Muskuliou und ist jene Dame, die im heiligen Hain von Olympia seit Jahr und Tag das olympische Feuer zündet. Sie waltete ihres Amtes für die Spiele in Mexiko, München, Innsbruck (zweimal) und schließlich Montreal. Sie wollte ihre frohe Botschaft in einer Pressekonferenz verkünden, wo von Boykott, Verlusten und Dollars die Rede war.

Und darüber, daß von den 119 gemeldeten Nationen nur noch 95 übrigblieben, allein 71 afrikanische Boxer ausgestiegen seien, daß Spielabsagen an einem einzigen Tage Verluste von 311 000 Dollar ausmachten, darüber, daß es am Ende eine Million Dollar sein würden, darüber, daß die sowjetische Mannschaftsführung gegen ein Transparent im Olympiastadion protestiert habe, darüber, daß Unklarheit über weitere Absagen bestünden.

Maria Muskuliou hörte das alles wohl, allein bekümmern, beeindrucken tat es sie nicht. Die Griechin im klassischen Gewand, das die reife Frau auch unterhalb des Kehlkopfes als eine solche erkennen ließ, rezitierte Pindars achte Ode, während die Journalisten zur Linken des Podiums an der Bar das Neueste aus Schwarzafrika bekakelten. Die Hohepriesterin sah nur geradeaus, mitten hinein in das Scheinwerferlicht, und ließ der Hymne im Gebet folgen, mit dem sie die Götter um Hilfe und Beistand bat, Pathos in der Stimme: »Ich bitte Zeus und die anderen Götter, die Flamme zu heiligen...«

Zu Maria Muskulious Selbstverständnis: »Ich bin nach Montreal gekommen, um das zum Ausdruck zu bringen, was sich alle Menschen wünschen: Frieden und Liebe, Fortschritt und Wohlstand.« Frage eines amerikanischen Reporters, warum man gerade sie ausgewählt habe. »Weil ich Schauspielerin bin, gut rezitieren kann, auf Tragödien spezialisiert bin.« Vielleicht war diese Charakteristik nur ein Übersetzungsfehler, vielleicht hat sie's tatsächlich gesagt. Kanadas Pressechef, der allmorgendlich diese Konferenz abhält, küßte Madame die Hand, wünschte einen schönen Aufenthalt und ging zur Tagesordnung über. Gerade hatte Ägypten offiziell abgesagt. Olympia '76 war nur flüchtig von der Muse geküßt worden.

Das Wettrüsten auf Rädern läßt fast den Athleten vergessen. Zum Beispiel Michalsky, mit 84 Kilo bei einer Körpergröße von 1,74 Meter ein sogenannter schwerer Brocken, der beim letzten Olympiatraining der Deutschen in München von Trainer Kilian jeden morgen um sechs den Berg im Olympiapark rauf und runter gehetzt wurde. Weltklassezeiten, wie in Montreal allemal für die Silbermedaille gereicht hätten, waren der Lohn der Plackerei. Doch 110 Gramm Seide hatten dann mehr Gewicht als die wochenlange Vorbereitung. »Niemandem kann man da einen Vorwurf machen«, meint Kilian, mit 68 nicht nur der älteste, sondern auch der erfahrenste und erfolgreichste Radtrainer der Welt. »Das ist wie ein Naturereignis. Es kommt immer wieder vor, und man kann es doch nicht verhindern. Auf Jahre werden die Seidenreifen gepflegt, wie man guten Wein behandelt«, erklärt der Trainer, »sie werden mindestens zwei Jahre lang im Halbschatten staubfrei gelagert und dann sorgfältigst untersucht. Und vor dem Rennen werden sie fast bis zum Zerplatzen aufgepumpt. 13 Atü müssen sie eine Stunde aushalten. Im Rennen wird dann mit elf oder zwölf Atü Helium gefahren.« Nur zum Vergleich: Ein Autoreifen hat in der Regel etwa zwei Atü. Bei so viel Überdruck ist die Luft natürlich schnell draußen. Doch je härter der Reifen, desto leichter strampelt's sich auf den Rennrädern.

Atemberaubendes Schwimm-Marathon

Das Wasser im olympischen Swimming-pool, in dem sich die amerikanischen Männer und die Mädchen aus der DDR bewegen, als wären sie darin zur Welt gekommen, scheint den Deutschen aus der Bundesrepublik wie eine zu dick geratene Soße an den Gliedern zu kleben. Nach den achtbaren – das Wort allein wirkt wie ein Pfund Mehl – Plätzen für Steinbach und Nocke über zweihundert Meter Freistil sollte nun der Bonner Walter Kusch die erste Medaille an Land ziehen. Und vor dem Hundert-Meter-Brustfinale sah es nach der ›Papierform‹ ganz gut für ihn aus, ›Bronze‹ schien in Sicht. Doch Papier ist nicht Wasser, und etwas mehr als eine Minute nach dem Startschuß warf der 22 Jahre alte Bundeswehrsoldat die Badekappe enttäuscht von sich und schlug resigniert in das böse Naß: Sechster. Was ihn am meisten ärgerte: Er war eine ganze Zehntelsekunde hinter der Zeit geblieben, die kurz zuvor noch Anlaß zur Hoffnung gegeben hatte. Eine Zehntelsekunde ist für einen Schwimmer heutzutage fast die Welt. Rechnet man das um, dann schwebte der Sieger dieses Wettkampfs, der Amerikaner John Hencken, nach seinem dritten Weltrekord in Montreal und fast anderthalb Sekunden Vorsprung auf Kusch im Vergleich zu dem Deutschen irgendwo zwischen Mond und Mars.

Warum sich eigentlich mit solchen Vermerken aufhalten? Der dritte Tag im Schwimmstadion brachte wirklich größere Ereignisse als Enttäuschung und Selbstvorwürfe der Deutschen. Vor allem eines: Das buchstäblich von der ersten bis zur letzten Sekunde atemberaubende Schwimm-Marathon über 1500 Meter Freistil, als der Australier Stephen Holland mit dem Mut der Verzweiflung die Zweier-Phalanx der Amerikaner Goodell/Hackett in einen phantastischen Weltrekord jagte. Als das Publikum, fast ebenso erschöpft wie die Akteure im Wasser, wieder auf seine Sitze zurückfand, zeigte die Tafel für den Sieger Goodell 15:02,4 Sekunden. Noch eine solche ›Wasserschlacht‹, und die magischen fünfzehn Minuten dürften ihrer Mystik entkleidet sein.

Kürzer, dennoch kaum weniger intensiv war die Aufregung beim Vierhundert-Meter-Kraulen der Damen, als die DDR-Schwimmerin Petra Thümer die Abwesenheit ihrer hochgerühmten Landsmännin Barbara Krause vergessen ließ und der nicht minder prominenten Amerikanerin Shirly Babashoff das Siegen abgewöhnte. Auch hier ein Weltrekord für die DDR.

Tage für Sekunden
231 Tage Vorbereitung für 231 Sekunden im Ring. In etwa diesen Relationen läßt sich die ganz persönliche Rechnung des Hans-Joachim Schuer aufmachen, der als erster von insgesamt sechs Vertretern des Deutschen Amateurbox-Verbandes die olympische Arena zu betreten hatte. Für den kleinsten (1,65 Meter), leichtesten (50,5 Kilogramm) und jüngsten (18 Jahre) war der Kampf gegen den Nordkoreaner Jo Ung Jong in der zweiten Runde zu Ende. Das Abenteuer Olympia, sofern es den Ernstfall betrifft, ebenfalls. Anders als beispielsweise bei den Judoka gibt es keine Trostrunde. Einmal verloren, alles verloren. Das Ende deutete sich frühzeitig an: In der ersten Runde platzte die Augenbraue auf, in der zweiten wurde Schuer angezählt und schließlich vom Ringrichter nach einem prüfenden Blick auf die Augenbraue aus dem Ring genommen. Das war das Beste, was dem Benjamin des deutschen Sextetts zu diesem Zeitpunkt passieren konnte.

In den Skandal geturnt
Die Sowjetmenschen turnten haarscharf am Sympathienerv des Publikums vorbei. Bei den Mädchen hatte ihnen die Rumänin Nadia Comaneci die Schau gestohlen, bei den Männern waren es die Japaner, die dank unglaublicher Kampfrichterentscheidungen der Anteilnahme der Zuschauer sicher waren. Kein Zweifel bestand, daß die sogenannten Unparteiischen alles unternahmen, um die sowjetischen Turner hoch, die japanischen niedrig zu bewerten. Daß im Duell der Giganten, wie schon am Vortage bei den Damen, viele Weltklasseleistungen der Mannschaften aus der DDR, aus Ungarn und Rumänien untergingen, war bedauerlich, aber bei der von den Funktionären aufgeheizten Stimmung nicht verwunderlich. Zum erstenmal vergaß das so vorbildliche Publikum seine sonst geübte olympische Haltung und pfiff und buhte das Kampfgericht minutenlang in Grund und Boden. Der Mannschaftskampf hatte seinen handfesten Skandal, als der mehrfache Olympiasieger Sawao Kato eine großartige Leistung an den Ringen bot, die das Haus zu begeistertem Toben brachte, von dem Kampfgericht aber nur mit 9,80 Punkten honoriert wurde. Ausgerechnet an dem Gerät, an dem drei sowjetische Turner (Ditiatin, Markelow und Andrianow) vorher bereits 9,90 erhalten hatten.
Das war den Zuschauern, aber auch dem noch amtierenden Präsidenten des Internationalen Turnerbundes, Artur Gander, zuviel des Schlimmen. Während das Publikum tobte und trampelte, lief der Präsident voller Empörung zu dem sowjetischen Richter Azarian und verwarnte ihn. Daraufhin verließ der Russe Schaklin seinen Platz als Punktrichter am Reck, um seinem Landsmann zu Hilfe zu eilen. Der alte Herr aus der Schweiz, der ein Jahrzehnt lang für faires Werten gekämpft hat, faßte den ehemaligen Weltmeister und Olympiasieger an der Krawatte. Perfekter Skandal! Und die sowjetischen Turner hatten in der Halle keinen Freund mehr.

Winter-Rosi im Sommer
Ausgerechnet zur Sommerolympiade feiert Rosi Mittermaier, mehrfache Medaillengewinnerin von Innsbruck, Weltpremiere. In Montreal präsentiert sie ›ihre‹ Winterkreation für die neue Schnee- und Eiszeit, was den Nachbarn zur Linken zur durchaus aktuellen Frage animiert, ob die das alles selbst genäht habe. Nein, an Rosis neuen Kleidern ist nichts selbstgestrickt, die Wintermode stand bereits, als Rosi den Werbevertrag unterschrieb, der sie zum Profi machte. Jemand, der nur durch seine bloße Gegenwart schon die Kasse klimpern läßt. Nun, Rosi hinterläßt unter so viel feinen Leuten – der Herr Botschafter samt Frau kam – eher das Gefühl, man müßte noch ein kleines Trinkgeld zurücklassen. So verschämt steht sie da. Wie immer lächelnd und später, beim eigentlichen Anlaß des Abends, der Präsentation der Rosi-Linie oberhalb der Bretter, hinter einem Pfeiler versteckt. Aber zum Schluß muß Rosi noch aufs Podium, sich eine rote Skijacke zur knallroten Satinhose anziehen, für die Fotografen lächeln, und paar belanglose Fragen genauso belanglos beantworten, setzen. Rosi Mittermaier als Partylöwe – zum Erbarmen.

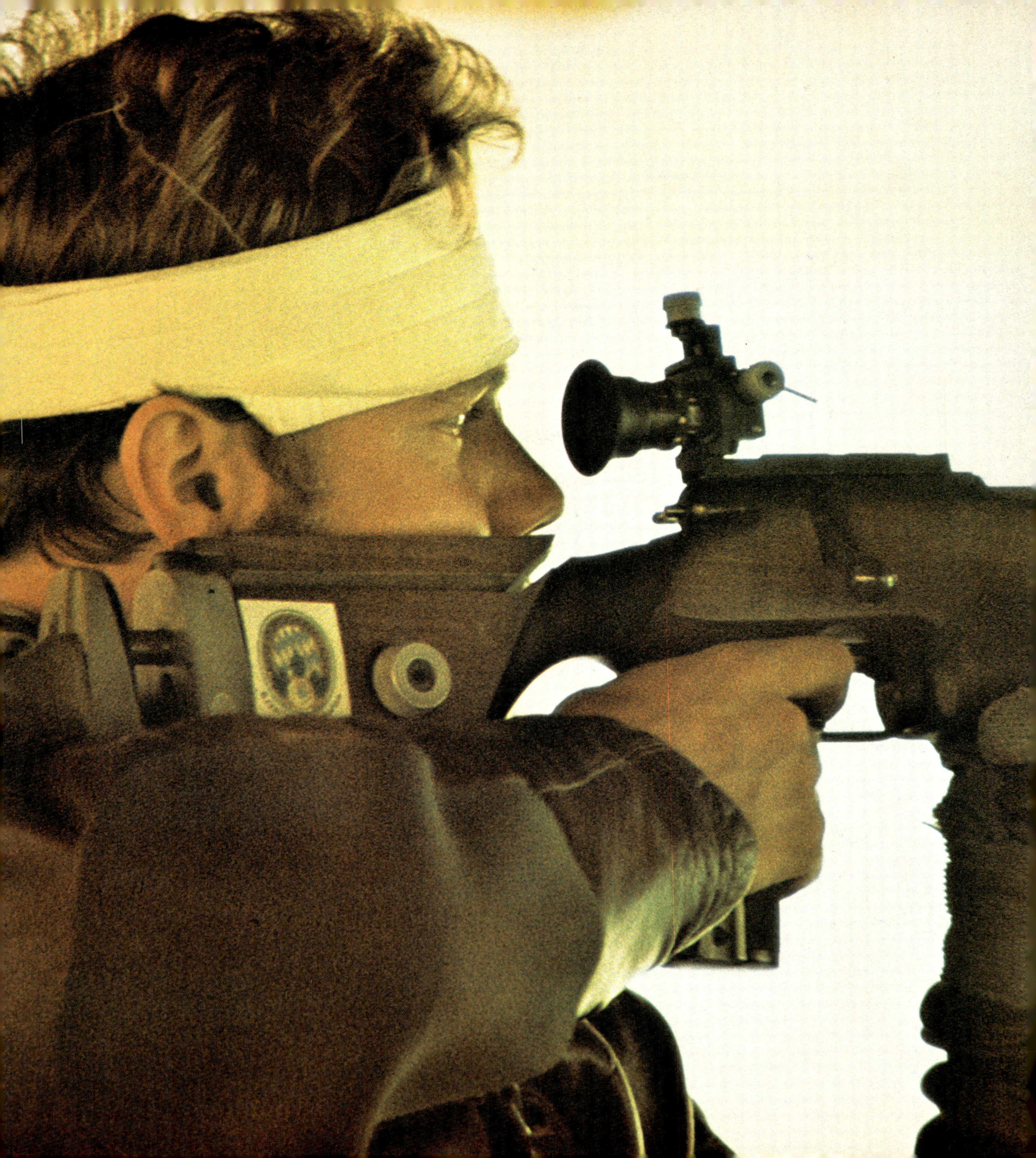

Sowjetische Mädchen durchbrechen das eintönige Siegerspiel im Schwimmstadion. Tränen, Flüche und Wutausbrüche nach einer Staffelniederlage. Die indischen Hockeykünstler von australischen Amateuren gedemütigt. Nach 40 Jahren wieder ein italienischer Sieg im Florettfechten. Alles drängt zu Seibold–Murdock.

21. Juli 1976
5. Tag

Überraschungen im Schwimmsport sind doch kein leerer Wahn. Wer angesichts des bis zum vierten Tag so eintönigen Sieger-wechsel-dich-Spiels zwischen den Schwimmern aus dem sonnigen Westen Amerikas und den Schwimmerinnen aus dem Osten Deutschlands fast schon verzweifeln mochte, wurde in der Nacht von Mittwoch auf Donnerstag aus allen olympischen Alpträumen gerissen. Die scheinbar unbewegliche Phalanx der DDR im Schwimmsport der Frauen bekam Schlagseite: Von sechs möglichen Medaillen wurden am vierten Tag ›nur‹ zwei gewonnen. Das unerwartete Wasserloch tat sich im 200-Meter-Brustschwimmen auf, als drei Weltrekordlerinnen der DDR (Anke, Linke und Nitschke) von ›links‹ überholt wurden: Koschewaja, Iurchenia und Rusanova, drei junge, kräftige Damen aus der Sowjetunion, waren geschlossen schneller. Die Siegerin, Marina Koschewaja, verbesserte dabei sogar den ältesten Weltrekord im Frauen-Schwimmsport von Karla Linke aus dem Jahre 1974 um mehr als anderthalb Sekunden.

Möglicherweise haben die ostdeutschen Fischmädchen durch diese Niederlage mehr gewonnen als durch die tollsten Weltrekorde oder Medaillensammlungen. Die Wassermacht DDR erscheint jetzt wieder menschlicher. Dreizehn Olympiasiege in den dreizehn olympischen Wettbewerben wären einfach unheimlich gewesen. Mit totalen Triumphen hat sich noch niemand besonders beliebt gemacht. Vor dem sozialistischen Schwesternkampf mit der Sowjetunion hatten die DDR-Schwimmerinnen einen anderen ›Länderkampf‹ im Finale über 100 Meter Rücken noch für sich entschieden: Ulrike Richter und Birgit Treiner gewannen vor drei Kanadierinnen. Antje Stille, die dritte im DDR-Bunde, wurde hier nur Siebte. Daß eine Bronzemedaille mal hin und wieder durch die Maschen gehen würde, hatte man im Team der DDR bereits einkalkuliert, aber daß man in einem Wettbewerb keine einzige Medaille aus dem olympischen Becken fischen würde, überraschte die Experten ›hüben‹ wie ›drüben‹ gleichermaßen. Das Polit-Schlagwort der DDR, ›von der UdSSR lernen heißt siegen lernen‹, war vom sowjetischen Verbandstrainer Serge Waichzekowski einfach umgedreht worden. »Wir haben einige Trainingsmethoden übernommen«, lautete die Begründung für den Strömungswechsel im Frauen-Schwimmsport.

Auf der Bruststrecke sind die DDR-Mädchen ohnehin am schwächsten. Vor zwei Jahren, bei den Europameisterschaften in Wien, hatte die Aachenerin Christel Justen mit ihrem aufsehenerregenden Sieg über 100 Meter Brust die einzige Lücke in die Phalanx der Ostdeutschen gerissen. Trotz ihres Triumphes in Weltrekordzeit gab die Aachenerin die harte Wasserarbeit bald auf, weil sie sich über längere Zeit diesen Trainingsbelastungen nicht gewachsen fühlte: »Es gibt schließlich auch noch etwas anderes als jeden Tag zu schwimmen.«

Die Schwimmer aus Kalifornien denken da freilich anders. Sie schwimmen

Ein Bann ist gebrochen. Nicht nur Mädchen aus der DDR können Gold aus dem Wasser fischen. Drei sowjetische Schwimmerinnen gewinnen das 200-Meter-Brust-Finale. Maria Koschewaja, die Siegerin, schwimmt außerdem einen neuen Weltrekord von 2:33.35 Minuten.

Folgende Farbseiten: Sachverständiges Publikum aus dem Reich der Hockeyspieler. Während die Inder glanzlos ausschieden, zeigten die Pakistaner daß sie nicht gewillt waren, sich den Olympiasieg ein zweites Mal von den Deutschen nehmen zu lassen. Die Deutschen machten es ihnen leicht.

Linke Seite: Der 28jährige Werner Seibold aus Bad Wiessee – 1160 Ringe im Kleinkaliber-Dreistellungskampf und Bronze.

Keine Nahrung für Muskeln
Der olympische Kampf steht unter eigenen Gesetzen. Diese Platitüde muß oft für einen unerwarteten Verlauf der Wettkämpfe herhalten. Zum Beispiel auch im Gewichtheben. Sicherlich ist die Nervenbelastung höher als bei Welt- und Erdteilmeisterschaften. Denn auch der Wille, eine olympische Medaille zu erzwingen, ist stärker ausgeprägt. Unter den Experten freilich wird eine neue Ursache für das auffällig niedrige Leistungsniveau gehandelt. Der weitgehende Verzicht auf anabole Steroide, mit deren Hilfe die Muskelsubstanz rasch erhöht werden kann, führe zu den Leistungseinbußen, zeitige sogar Unregelmäßigkeiten im Bewegungsablauf.

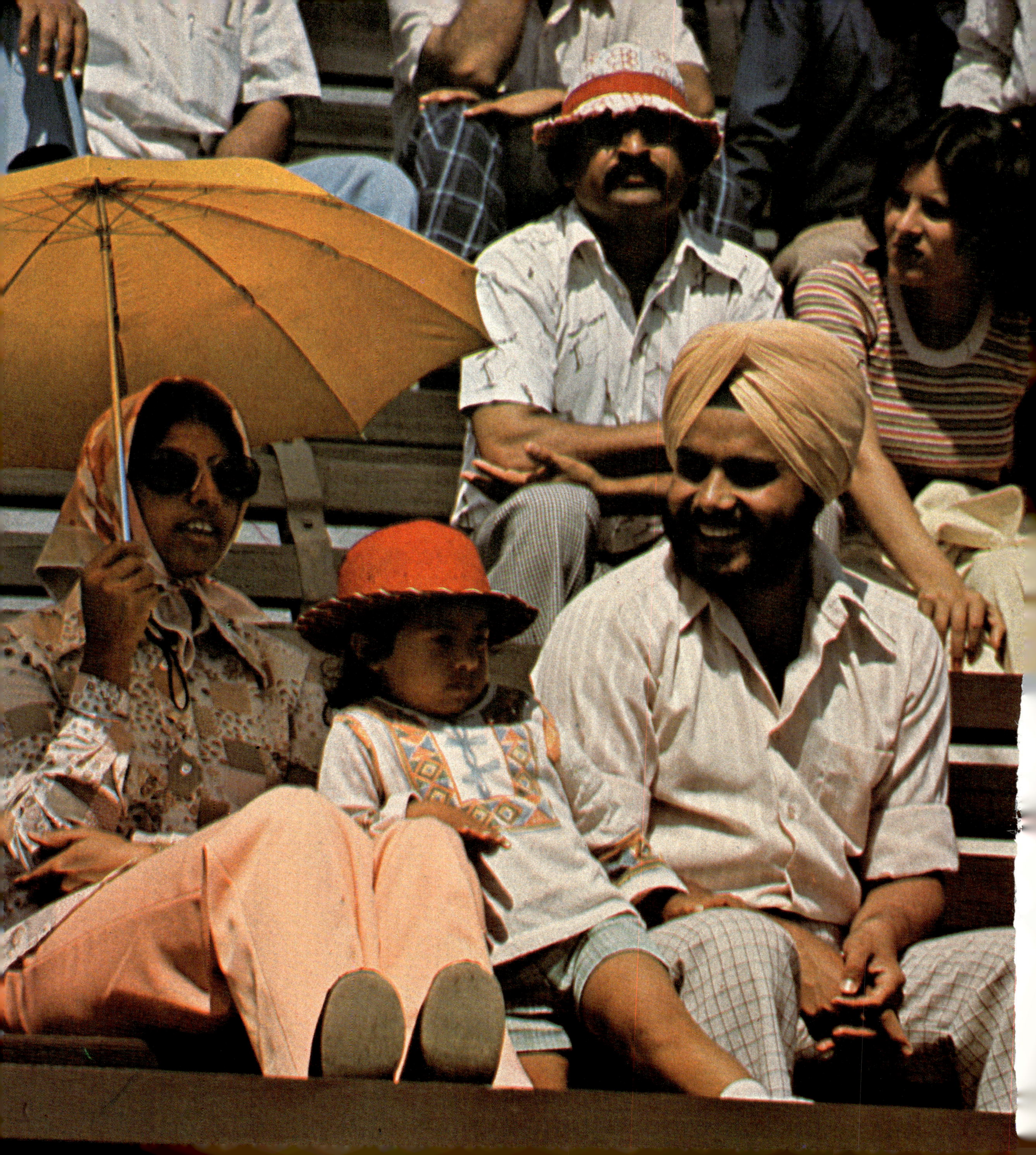

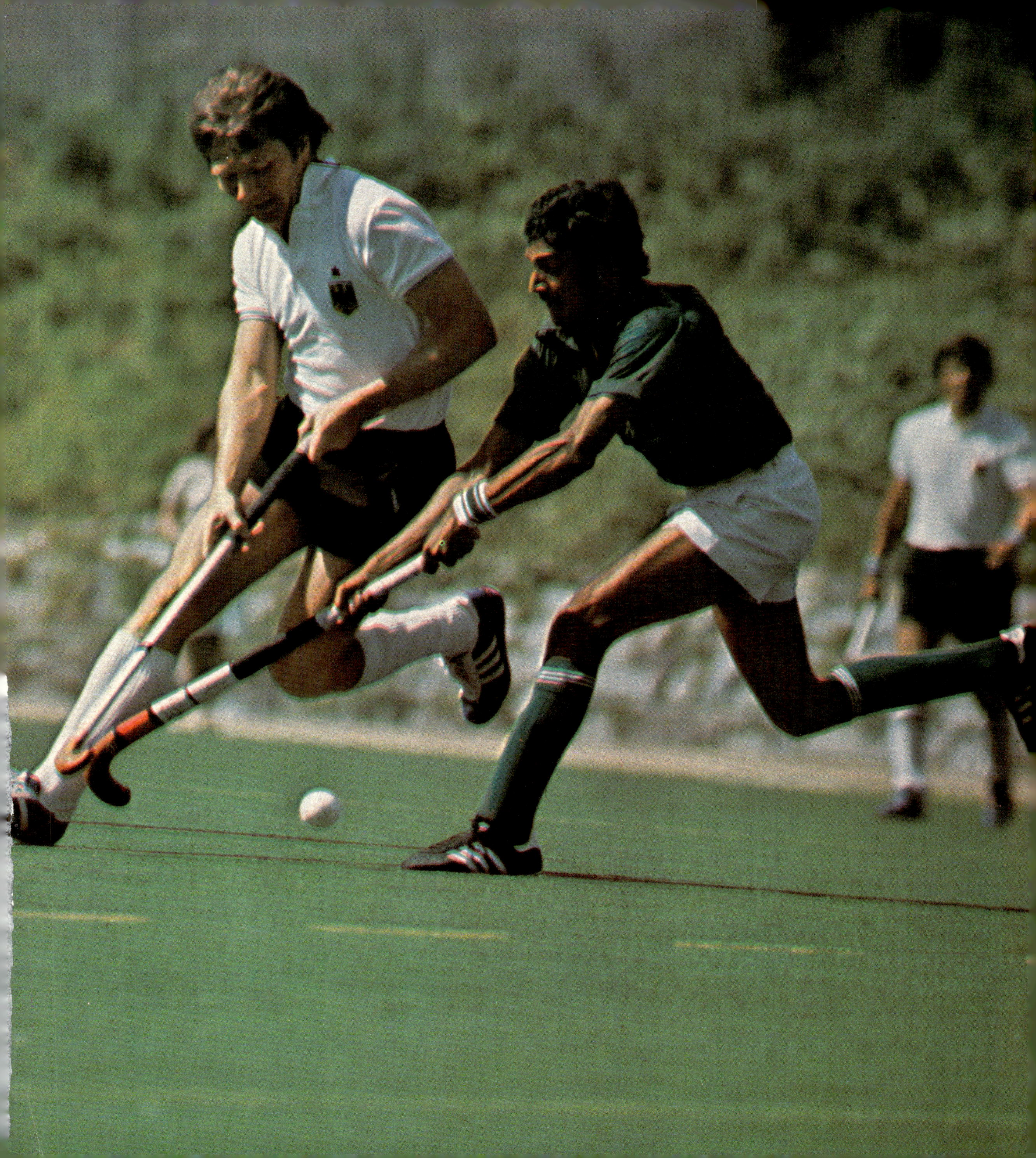

Die größte Chance vertan
Es wurde von Zentralisation gesprochen, auch von einer noch intensiveren Förderung der hoffnungsvollen Juniorengruppe und davon, daß bei aller gründlichen Vorbereitung irgendwelche Fehler gemacht sein mußten. Im kleinen Kreis der Montrealgruppe aus dem Deutschen Verband für Modernen Fünfkampf war alle Hoffnung geschwunden. Als die Mannschaft mit dem Renommee der letzten Jahre nicht mehr zur Spitzengruppe gehörte, war auch die nach außen gezeigte Gelassenheit nicht mehr vonnöten. Die größte Chance auf eine Olympiamedaille war vertan. »So leicht, einen vorderen Platz zu erobern, war es lange nicht mehr«, stellte Sportwart Leo Bekker aus Warendorf fest. Doch alles nachträgliche Rechnen, alles Wenn und Aber half nicht mehr: Die deutsche Olympiamannschaft im Modernen Fünfkampf ging unter. Dabei hatte es an nichts gefehlt. Es gab ein ausreichendes Training, es gab Gerät, Pferde, Pistolenmunition, Reitparcours wurden aufgebaut, Fechtlektionen wurden – einige Male auch bei Bundestrainer Emil Beck – erteilt.
Walter Grein, Ministerialbeamter in Bonn, Präsident des kleinsten deutschen Sportverbandes, saß nach dem Schießdebakel unter dem Erfrischungszelt draußen in der Prärie und schrieb sich die Finger wund. An die zweihundert Grußpostkarten an Freunde und Förderer des Modernen Fünfkampfes mußten auf den Weg gebracht werden. Dann unterschrieben die Wettkämpfer, keineswegs sehr freudig. Einer wollte den Sportwart Becker trösten: »Im nächsten Jahr werden wir wieder Vizeweltmeister«, sagte er. Becker holte tief Luft, dann kam ein Peitschenschlag: »Aber ohne Sie...«

Rechts: Petra Thümer am Anschlag. Der schnelle Blick zurück bestätigt ihr, daß sie die 400 Meter Freistil gewonnen hat. Im Schwimmstadion ist kaum noch jemand überrascht.
Folgende Farbseiten: Olympische Muskelspiele auf der Matte.

Frühstücken wie die anderen
In diesen Tagen ist immer wieder sehr lobend erwähnt worden, daß die Prinzessin sich morgens, mittags und abends brav anstellt, wenn sie sich ihren Frühstückstee, ihren Lunch oder ihr Dinner in der olympischen Reiterkantine in Bromont abholt. Mit einer unübersehbaren Ehrfurcht hat man festgestellt, daß sie wie die anderen Reiter auch ißt und trinkt. Daß sie ihr Pferd heute etwas härter anfaßt, daß sie einen leichten Pulli, Reithosen und eine Reitkappe trägt. Ja, soll sie denn einen Hermelinmantel anziehen und eine Krone aufsetzen? Muß sie als routinierte Reiterin etwa nicht wissen, was sie mit ihrem Roß zu tun hat? Und – verdammt noch mal –, wenn sie schon an den Olympischen Spielen teilnimmt, dann soll sie auch frühstücken wie die anderen.

und gewinnen und jubeln weiter, als sei ganz Amerika ein einziger Swimming-pool. Am vierten Tag gewannen sie wieder vier von vier möglichen Medaillen: drei über 100 Meter Delphin und eine in der Viermal-200-Meter-Kraulstaffel. John Naber holte sich bei dieser günstigen Gelegenheit seine dritte Goldmedaille.
Völlig Ungereimtes ist dagegen aus dem Lager der Schwimmer der Bundesrepublik zu melden. In der bisherigen Paradedisziplin, der Kraulstaffel, blieb man nun ebenfalls ohne Medaille. Die vier Weltmeister des Vorjahres, Klaus Steinbach, Peter Nocke, Werner Lampe und Hans-Joachim Geisler, verpaßten die Bronzemedaille um eine Handbreite. Fassungslos starrte man auf die Anzeigetafel. Es gab Tränen, Flüche und Wutausbrüche. Nocke, der fünffache Europameister, trampelte auf seinem Trainingsanzug herum, und Schlußschwimmer Geisler wagte sich kaum aus dem Becken heraus. Von Schwimmer zu Schwimmer war die Staffel um jeweils einen Rang zurückgefallen: Steinbach hatte das deutsche Quartett in Führung gebracht, Nocke kam als Zweiter zurück, Lampe als Dritter und Geisler als Vierter. Vorwürfe und Verbitterung folgten der verfehlten Taktik.

Die indische Hockeykatastrophe
Götterdämmerung beim olympischen Hockey-Turnier in Montreal. In Indien war bereits Donnerstag und finstere Nacht, als die Idole des 600-Millionen-Landes die größte Niederlage seit jenem Tag vor 16 Jahren in Rom erlitten, wo sie erstmals bei einem olympischen Finale Pakistan unterlagen. Zuvor hatte es stets nur einen Sieger gegeben, wann immer Indien teilgenommen hatte: Indien. Sechsmal hintereinander.
Die Inder haben Jahre gebraucht, um sich vom Schock des Jahres 1960 zu erholen. Die Goldmedaille vier Jahre später, bei der Revanche in Tokio, war nichts anderes als Balsam auf die Wunden, zumal sich neues Ungemach prompt einstellte: Dritte Plätze in Mexiko und München.
An diesem Mittwochvormittag hatten die Herren mit den Turbanen noch gelassen zugesehen, wie ihre pakistanischen Nachbarn kurzen Prozeß mit dem Olympiasieger von 1972, Deutschland, gemacht hatten. Wenige Stunden später bezogen sie selbst die höchste Niederlage ihrer Länderspielgeschichte: 1:6 (1:3) gegen Australien. Niemand von den Indern wußte zu sagen, wie dieses Resultat den Landsleuten beigebracht werden sollte, zumal sie selbst, die unmittelbar Beteiligten, es am allerwenigsten begreifen konnten. Sechs Tore von einer Mannschaft von Amateuren, die sich zum Teil Urlaub für Olympia genommen haben, unbezahlt wohlgemerkt, sechs Tore einer Mannschaft, die erst am 22. Juni mit der eigentlichen, intensiven Vorbereitung begonnen hat, sechs Tore von der Auswahl eines Verbandes, der nicht mehr als 20 000 Aktive in seinen Reihen hat. In Indien sind es Hunderttausende, in der Bundesrepublik Deutschland immerhin 33 000. Sechs Tore von einer Mannschaft, die nur über einen ehrenamtlichen Betreuer verfügt, denn der Mann ist normalerweise Sozialhelfer.
Manager Keith Murton, »wir fürchten niemanden«, versuchte seine Männer per Suggestion auf den Pfad des Erfolges zu führen. Auf die Tafel im Umkleideraum hatte er ein 2:0 gekritzelt; als die Spieler zur Halbzeit in die Kabine kamen, erhöhte er das Gebot angesichts des 3:1 auf 6:1.

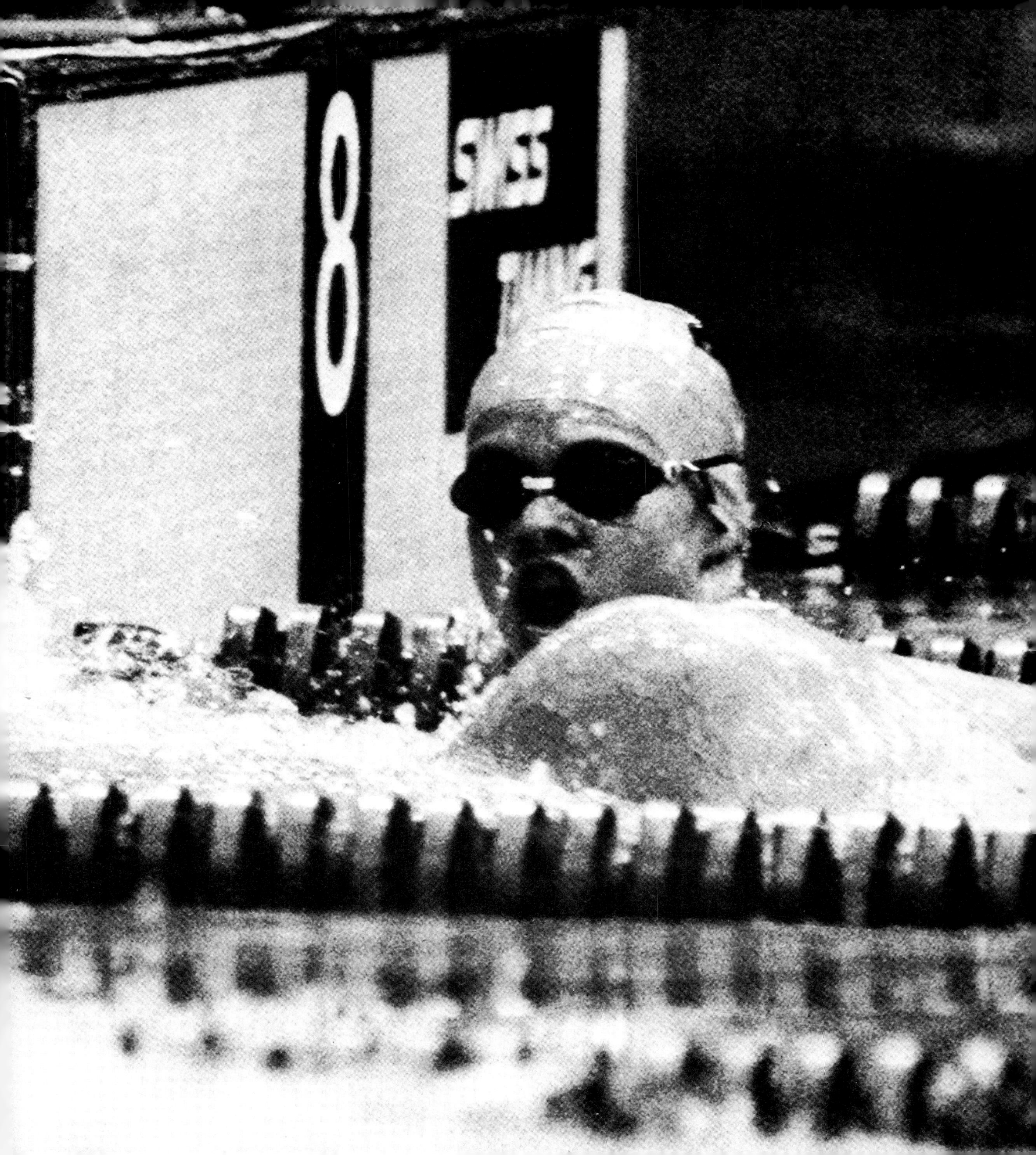
8
SWISS

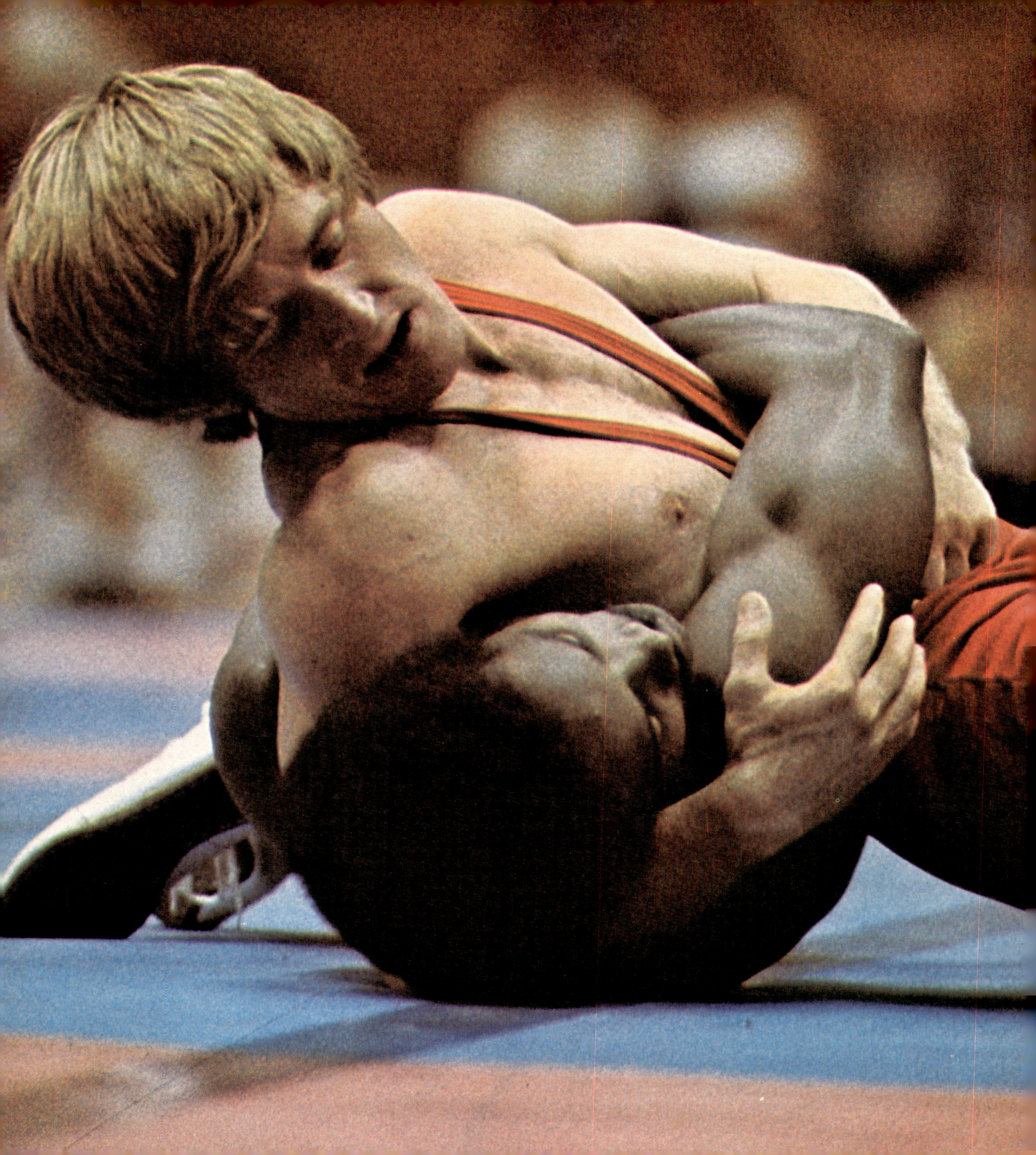

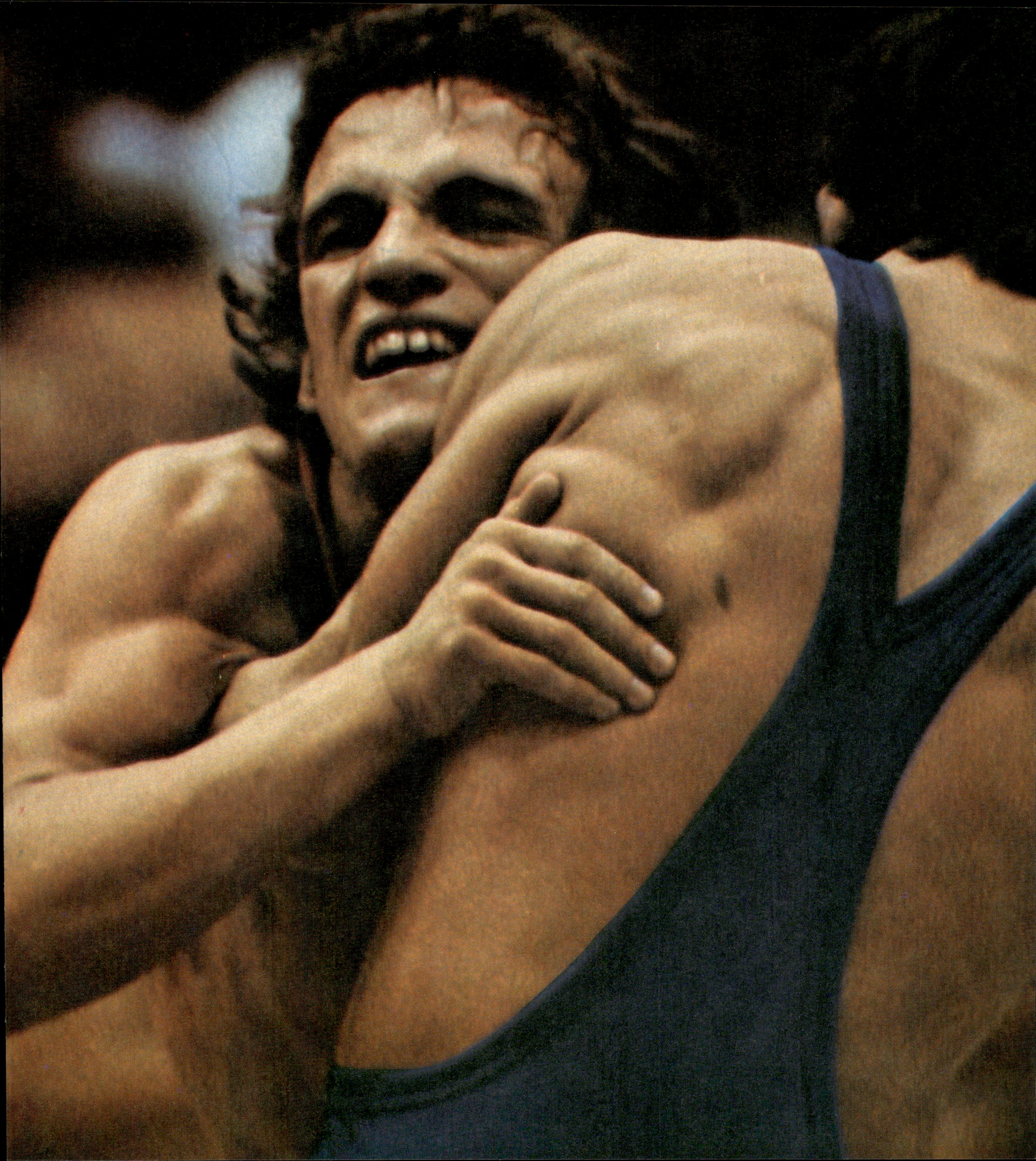

Schranke Sicherheit

›Security, security‹, das ist die Schranke für viele Aktionen. Mit Sicherheit ist an dem Stoppsignal ›Sicherheit‹ nicht vorbeizukommen. In den Hallen und Stadien wird fein säuberlich geschieden nach Zuschauern, Reportern und Sportlern. Kaum noch Chancen für Berührungspunkte, gerade noch zur Sichtverbindung. Der Zuschauer macht seinem Namen alle Ehre. Mehr als Zuschauen ist nicht drin. So welken manche Blütenträume, einmal den bewunderten Helden von Angesicht zu Angesicht zu sehen, ihn vielleicht um ein Autogramm zu bitten oder sich mit dem strahlenden Sieger zum Foto zu stellen. Die Sportstätten durchzieht ein Labyrinth getrennter Gänge. Je nach Ticket oder Buchstaben auf der Akkreditierung nimmt man seinen Weg wie auf einer Gleitschiene: hier Sportler und Funktionär, da Besucher, dort Journalisten. Auch wenn vielleicht die ›Security‹ mitunter seltsame Blüten treibt, so sind die Sicherheitsmaßnahmen doch weitgehend einzusehen. Der Besucher Olympias muß freilich lernen: Die Stars von Montreal leuchten nah und sind Sternen gleich zu erreichen.

Der Abend des Fabio dal Zotto

Lord Killanin mußte sich emporrecken. Der großgewachsene Olympiasieger neigte sich tief hinunter. Dann hatte er die Goldmedaille am Hals. Als Lord Killanin sich mit dem Zweiten beschäftigte, griff der Olympiasieger verstohlen nach der Medaille, betrachtete sie einige Sekunden. Erst als die Hymne ertönte, schien etwas wie Regung über das stets unbewegte Gesicht zu huschen. Der junge Mann mit der Goldmedaille hatte zuvor die Fechtwelt auf den Kopf gestellt: Fabio dal Zotto, gerade neunzehn Jahre alt, der erste Italiener, der nach dem legendären Guiseppe Gaudini (1936 in Berlin) Olympiasieger mit dieser einstmals klassischen italienischen Waffe, mit ›Fioretta‹ dem Blümchen, wurde. Ein Junge, etwas ungelenk noch, nicht auf der Planche freilich. Wie er siegte. Mit blitzschnellen Angriffen, mit einem geradezu unheimlich anmutenden Gefühl für das Tempo der Aktionen, mit voller Konzentration – das war modernes Florettfechten. Es war der Abend des jungen Fabio dal Zotto aus Mestre bei Venedig, es war der Abend der himmelhoch jauchzenden italienischen Kolonie in der Eissporthalle der Montreal-Universität.

Die taugen nicht als Scharfschützen

Ein Polizeioffizier legte den Finger auf den Mund, zischte vernehmlich und machte mit rollenden Augen klar, daß die Zuschauer sich still verhalten mögen. Zwei Ordner assistierten, hoben Schilder in die Höhe mit dem Hinweis ›Ruhe bitte‹, und die Zuschauer traten vor Aufregung von einem Fuß auf den anderen, reckten die Hälse. Die Spannung schien sie zu zerreißen. »Das habe ich noch bei keiner Olympiade und Weltmeisterschaft erlebt«, flüsterte ein Betreuer der deutschen Schützenmannschaft seinem Nachbarn ins Ohr. Er mußte einfach etwas loswerden. »Oh, my baby«, wiederholte ein älterer Amerikaner sein gehauchtes Stoßgebet. Das Baby wiegt 73 Kilogramm, ist 1,60 Meter groß, 33 Jahre alt und schießt mit der Präzision eines Uhrwerks. Die Zuschauer, die in drangvoller Enge hinter den Schützen standen, hätten so gern Beifall geklatscht oder ihre Begeisterung artikuliert: Die Amerikaner für ›Baby‹ Margaret Murdock und die Deutschen für Werner Seibold. Doch da war der Polizeioffizier und seine drohende Gebärde und die Einsicht, daß die Schützen in ihrer Konzentration nicht beeinträchtigt werden sollten.

Es ging um das olympische Kleinkaliberschießen im Dreistellungskampf, der schwersten Disziplin im Schießsport. Seit viereinhalb Stunden befanden sich die 79 Schützen schon im Wettkampf, hatten vierzig Schuß aus dem etwa acht Kilogramm schweren Gewehr in liegender Position abgegeben und dann vierzig Schuß im Stehen geschossen. Nun ging es in die dritte, die kniende Runde. Werner Seibold, der deutsche ›Mister Nobody‹, der bisher über die bayrischen Grenzen hinaus kaum bekannt war, hielt die internationale Welt der Schützen in Atem. Er wußte nur, daß er gut im Rennen lag. Die Zwischenergebnisse der Konkurrenz kannte er nicht, wollte er auch nicht wissen. Aufregung, Trubel, selbst das Nachdenken ist Gift für die Schützen. Ihr Geheimnis liegt in der Fähigkeit sich zu konzentrieren und abzuschalten. Die Frauen und Männer, die, in Leder gehüllt, ihr Gewehr in den dicken Handschuh der linken Hand legen, sind Individualisten, die nichts mit der Mentalität lauter Schützengilden zu tun haben, eher introvertierte Bastlertypen, die Genauigkeit, Präzision lieben, die es mehr mit der stillen Meditation als mit der Methodik strammer Selbstdarstellung halten. Die taugen nicht als Scharfschützen, dafür sind sie viel zu langsam. Bei ihnen muß letztlich alles stimmen, bevor sie zum ganz großen Erfolg kommen, die Munition zum Gewehr, das wiederum zum Schützen und der muß mit sich selber und der Umwelt im Reinen sein. Alles drängt zu Seibold – Murdock. Hier wird um Medaillen geschossen. Die kleine, untersetzte Frau, die in verwaschenen, verbeulten Jeans, mit Sommersprossen in einem runden, freundlichen Gesicht und einer Brille auf der Nase eher dem Bild einer amerikanischen Durchschnittsmutti entspricht als der Vorstellung, die man sich gemeinhin von einer Weltklasse-Sportschützin macht, schießt konstant 96 Ringe. Seibold holte auf. Beim 111. Schuß sind sie wieder gleichauf, ohne daß sie etwas von dem spannenden Rennen wissen können.

Doch zum Schluß, nach fünfeinhalb Stunden Wettkampf, fehlen dem Bayern zwei Ringe. Erst wird Margarete Murdock als erste Frau zur Olympia-Siegerin im KK-Dreistellungskampf ausgerufen. Später erhält ihr Landsmann Lanny Bassem das Gold gereicht, bei gleicher Ringzahl. Für Werner Seibold bleibt die Bronzemedaille.

Ein Olympiasieger wird zum Schwerarbeiter. Radsprint: Protest – Sturz – Zielfoto. Die deutsche Hockeymannschaft ist tief gefallen. Sieben Traumnoten und drei Goldmedaillen für den Kinderstar Nadia Comaneci. Kornelia Ender gewinnt innerhalb von dreißig Minuten zwei Goldmedaillen. Morgen beginnt die Leichtathletik.

22. Juli 1976
6. Tag

Mit einem weinenden und einem lachenden Auge hat Bundestrainer Gustav Kilian seinen stärksten Radler, Gregor Braun, um die Medaillen in der sogenannten Einer-Verfolgung fahren lassen. Denn das nach dem Frankfurter Jungprofi Dietrich Thurau wohl größte Talent im deutschen Radsport muß in Montreal nach dem Gewinn der Goldmedaille auch noch das Team für die Vierer-Verfolgung auf Touren bringen, ein Team, das am Samstag als Weltmeister der letzten drei Jahre sowie Olympiasieger von 1964 und 1972 die goldene Kette der Erfolge fortsetzen soll. Mit insgesamt fünf Einzel- und vermutlich vier Mannschaftsrennen über die Vier-Kilometer-Distanz dieses ›Nachlaufspiels auf Rädern‹ zählt Braun zu den olympischen Schwerstarbeitern von Montreal. Kilians Sorgen um sein liebstes Kind, eben jenen Vierer, sind bei dieser Akkordleistung des erst zwanzigjährigen Pfälzers verständlich: Neunmal volle Kraft voraus in nur fünf Tagen könnten auch für einen so guten Mann wie Braun zuviel des Guten sein.

»Am liebsten hätte ich ihn für das Einzelrennen gar nicht gemeldet«, meinte Kilian noch vor dem Duell im Finale, »aber darf man einem so jungen Mann seine erste große olympische Chance nehmen, wenn er sie selbst mit aller Macht sucht?« Für Gregor Braun ist Montreal ohnehin die erste und zugleich letzte olympische Station: Er will Profi werden, das Gold in Geld verwandeln. Und eine Medaille, die man alleine gewonnen hat, zählt natürlich mehr als ein Mannschaftssieg. Jeder aus dem deutschen Vierer wäre in Montreal gerne das Einzelrennen gefahren. Doch bei der Olympiaqualifikation auf der Olympiabahn von München ließ Braun keinem eine Chance. Seiner urwüchsigen Kraft war niemand auch nur annähernd gewachsen. Mit 1,89 Meter und 79 Kilogramm ist der Pfälzer dabei alles andere als stiernackiger oder zotteliger Kraftprotz, sondern eher eine Art Modellathlet. Die enormen Kräfte, die in seinen Beinen stecken, sind freilich auch nicht unerschöpflich, wie im Viertelfinale bei seinem knappen Sieg über den Australier Sutton deutlich wurde. Nach den beiden überlegenen Erfolgen gegen den Tschechoslowaken Michael Klasa und den Schweizer Junioren-Weltmeister Robert Dilbundi, den er nach gut dreitausend Meter bereits eingeholt hatte, mußte Braun gegen den Australier Runde für Runde um jede Hundertstelsekunde erbittert ringen. Am Ende war es nicht einmal eine Sekunde, die der Pfälzer bei einer Durchschnittsgeschwindigkeit von über fünfzig Kilometer pro Stunde früher über den Zielstrich jagte. Im Finale fiel sein Sieg deutlicher aus.

Die Kraft der Beine ist es nicht allein, die Braun schneller als die meisten anderen über die Kilometer treibt: Der Zwanzigjährige fährt technisch so sauber wie wohl kein Zweiter auf der Welt. Nach der etwa hundertfünfzig Meter langen Startphase, in der Braun in den Pedalen steht, um sein Zweirad auf die notwendigen Touren zu bringen, sitzt er nahezu regungslos im Sattel. Andere ruckeln und wackeln dagegen auf ihren Gefährten, rutschen hin und her, rüt-

Protest – Sturz – Zielfoto

Dieter Berkmann, Held des Abends, hielt die 7000 Zuschauer in Atem: Sein Vorstoß in das Semifinale des Sprints wurde als die größte Überraschung des Tages bezeichnet. Denn der Augsburger besiegte den schnellsten Mann der Welt auf Rädern, den Italiener Giorgio Rossi. Während die anderen drei Semifinalisten nach jeweils drei Läufen ihr Ziel erreicht hatten, mußte Berkmann genau doppelt so viele Rennen fahren. Und was für Rennen! Von Protest über Sturz bis zum Zielfotoentscheid war alles dabei, was die Dramatik des Radsports kennt. Im Achtelfinale, in dem noch jeweils drei Sprinter gemeinsam in diese Mischung aus Spurt und List geschickt werden, wird Berkmann durch den Polen Kocot so behindert, daß der Däne Fredborg als lachender Dritter zuerst das Ziel erreichte. Der Protest ist sinnlos: Fredborg, der Erste, kann seine Hände in Unschuld waschen, und Kocot hat ohnehin verloren. So muß der Augsburger durch das Fegefeuer von zwei Hoffnungsläufen, der letzten Chance der Geschlagenen. Inzwischen hat sich der Italiener Rossi, der heiße Favorit auf den Olympiasieg, in Ruhe auf das Viertelfinale vorbereiten können. Berkmann kennt dagegen keine Pause. Kaum hat das Rennen begonnen, schreit die Halle auf: Beim kraftvollen Antritt zum Spurt löst sich am Vorderrad des Augsburgers der Reifen, die Felge zersplittert und Berkmann schlägt schwer auf das harte Holz. So war zwei Tage zuvor die große Medaillenchance von Hans Michalsky im 1000-Meter-Zeitfahren auf der Strecke geblieben. Auch Berkmann steckt der Schreck noch in den Gliedern. Wenig später gewinnt der Italiener nahezu mühelos den ersten Lauf. Doch im zweiten Rennen jagen beide Rad an Rad durchs Ziel: Fotoentscheid. Ein paar Millimeter sprechen für den Deutschen. Die Halle steht kopf. Im dritten Lauf strampeln 7000 Zuschauer mit, als die beiden mit mehr als sechzig Kilometer pro Stunde wieder nahezu gleichauf durchs Ziel rasen. Doch diesmal ist die Millimeterarbeit auch mit dem menschlichen Auge erkennbar: Dieter Berkmann hat gewonnen. Minutenlang braust der Jubel auf.

Folgende Farbseiten: Der eleganteste Bahnfahrer ist gleichzeitig der erfolgreichste – Gregor Braun, zweifacher Goldmedaillengewinner in Montreal. – Eberhard Gienger am Barren.

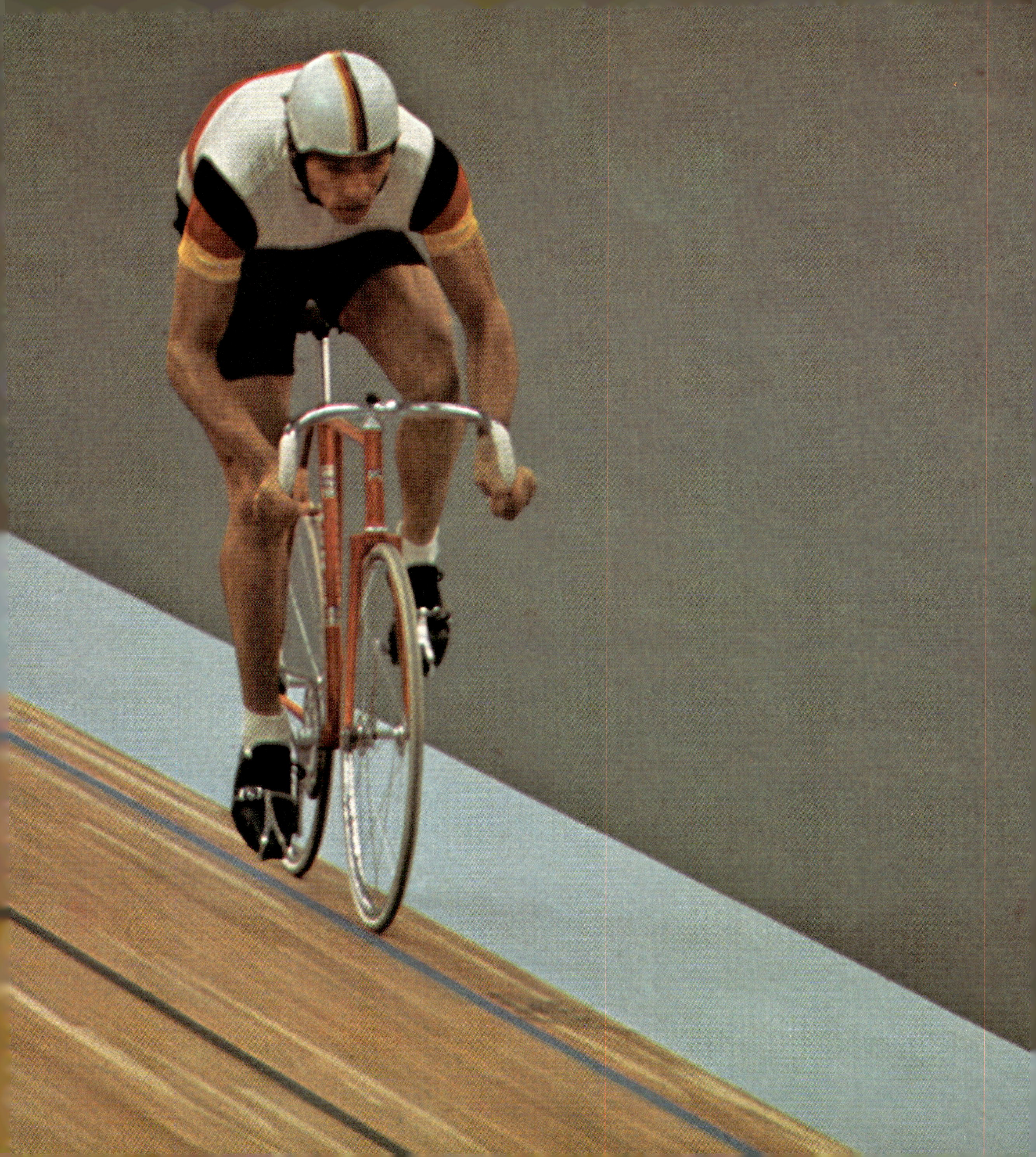

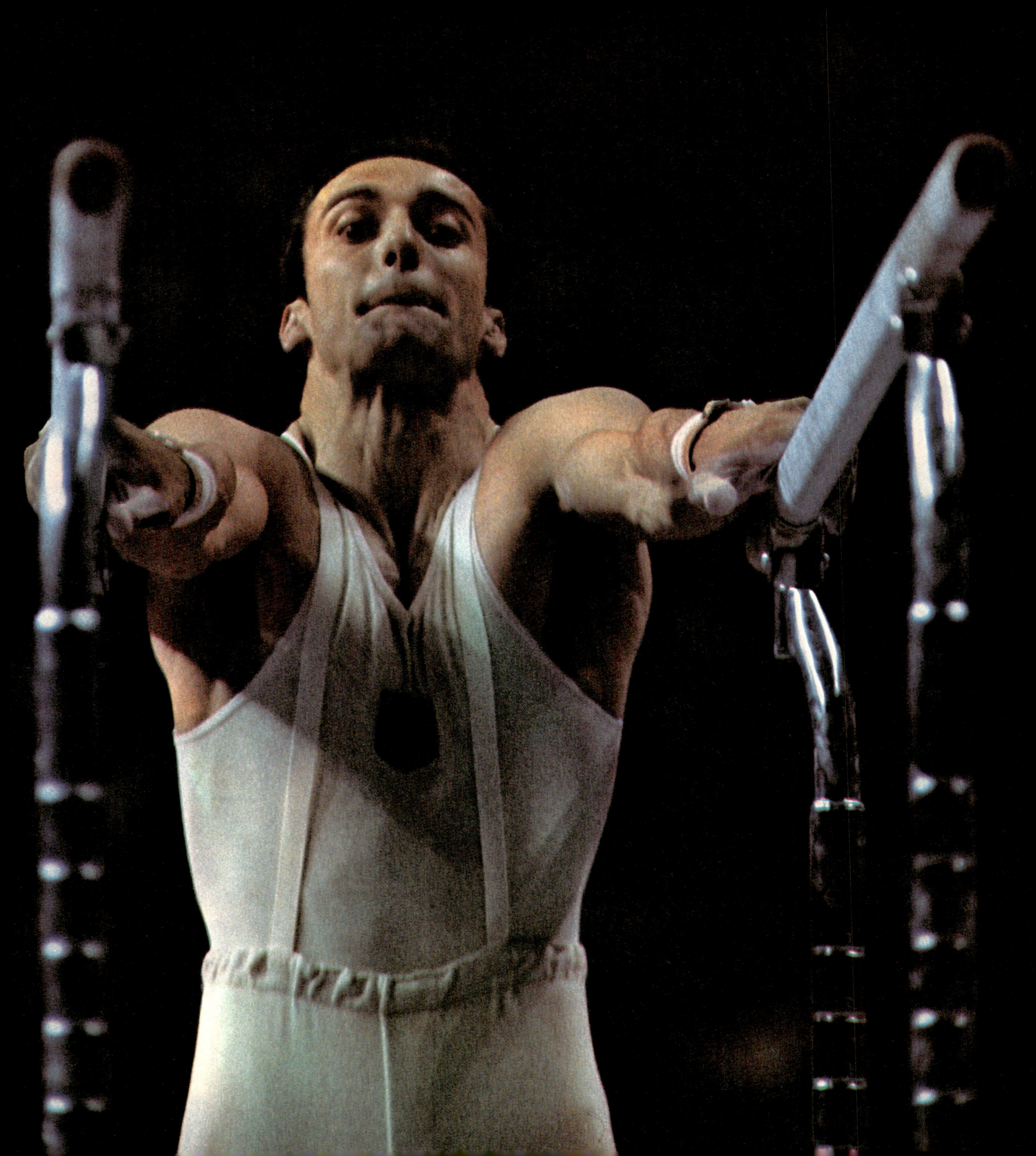

Goldfisch Kornelia Ender

Kornelia Ender, der Schwimmerin, kann wirklich niemand das Wasser reichen. Am fünften Tag der Schwimmwettbewerbe in Montreal holte sie sich mit ihrem vierten Weltrekord ihre vierte Goldmedaille. Die erfolgreichste Olympionikin von Montreal dürfte damit bereits gekürt sein, kaum daß die Spiele ›Halbzeit‹ haben. Goldmedaille Nr. 3 und 4 gewann die siebzehnjährige Schülerin aus Halle innerhalb von dreißig Minuten. Die in der Mehrzahl amerikanischen Zuschauer trauten ihren Augen nicht, als dieses große, schlanke Mädchen mit den breiten Schultern eine halbe Stunde nach dem 100-Meter-Delphin-Rennen so kraftvoll durch das Wasser kraulte, als habe es sich den ganzen Tag dafür geschont. Als Shirley Babashoff, Amerikas Silberfisch Nr. 1, ins Ziel kam, winkte ihr Kornelia Ender bereits vergnügt entgegen: Sieh mal, ich bin schon wieder da. Kornelia hatte zum zweitenmal weniger als zwei Minuten für die zweihundert Meter gebraucht. Vor gut zwölf Jahren war das selbst für das ›starke Geschlecht‹ unter den Wasserratten aus aller Welt noch eine ›Traummarke‹. Es gibt in Montreal Menschen, die trauen Kornelia Ender zu, ganz allein einen ›Länderkampf‹ gegen die Amerikanerinnen zu gewinnen.

Und plötzlich taucht die Oma auf. Mrs. Rosalie Lehmann, 66 Jahre alt, US-Bürgerin des Staates Kansas, erzählt einem Reporter, daß sie Kornelia Enders Großmutter ist. Na, wenn das keine Story fürs Herz ist! Rosalie Lehmann und ihr zweiter Mann, Kurt, reisen nach Montreal, um die berühmte Enkeltochter kennenzulernen. Eine Fernsehgesellschaft bezahlt die Tickets. Ein wenig befangen, ein wenig sprachlos treten sie einander gegenüber: die alte Dame, die 1959 die DDR verlassen hat und nach Amerika ausgewandert ist, und die siebzehnjährige Rekordschwimmerin der DDR, die noch ein Baby war, als die Oma fortging. Was haben sie sich zu sagen? Nicht viel. Beide versichern, es sei sehr herzlich zugegangen. Grüße an die Familie. Amerikanische Zeitungen spielen die sentimentale Ost-West-Schicksalsmelodie. Oma ist von Kornelias Verlobtem, Roland Matthes, begeistert: Einen sehr netten jungen Mann kriegt sie da, unsere Kornelia.

teln und reißen an den Lenkern und drohen die dünnen Rohrrahmen mit ihrer geballten Kraft fast zu sprengen. Bei Braun wird es erst von der Hüfte abwärts lebhaft: Allein die Beine wirbeln immer im selben Takt auf und ab. Der Vergleich mit der Maschine ist so häßlich wie treffend: Nur die Pferdestärken eines Motorrads könnten die beiden Räder vermutlich noch gleichmäßiger antreiben. Der eleganteste Radfahrer von Montreal ist Braun allemal. Leider gibt es dafür keine zusätzliche Medaille. Nicht schön, sondern schnell ist das Gebot der olympischen Stunde.

Voller Erkenntnisse, aber mit leeren Händen

Nur wer so hochgelobt wurde und sich selbst so hoch einschätzte wie die deutsche Hockey-Nationalmannschaft, konnte so tief fallen, wie dies in Montreal geschehen ist. Jenes Team, das in München die Goldmedaille gewann, schied bereits in der Vorrunde aus dem Rennen um einen Medaillenrang aus. Damit ist eine Mannschaft gescheitert, die noch nie so gründlich auf ihre Aufgabe vorbereitet worden ist. Mannschaftskapitän Fritz Schmidt: »In der Vorbereitung waren wir Weltmeister, aber mit dem Tag, als wir hierherkamen, war alles wie abgeschnitten.« Sie hatten vier Jahre lang das selbstbewußte Auftreten von kleinen Königen, sobald sie den Rasen betraten, und waren in Montreal plötzlich nur noch graue Mäuse. Das Lamento war groß.

Auf der Gegenseite trat ein Mann auf, der sehr gerne den Finger auf die offene Wunde legte, Horst Wein, Coach bei den Spaniern und so eine Art Dettmar Cramer unter den Hockeytrainern. Weitgereist, lange in den Diensten des Weltverbandes, aber jünger noch als Cramer, eine ganze Ecke frecher. »Die Deutschen«, so befand er, »sind stark in der Analyse, aber ihnen fehlen die Schlüsse. Außerdem fehlt der Mannschaft ein Dirigent und ein psychologischer Betreuer.« Horst Wein sprach den akuten Notfall an, der mit der Begegnung gegen Neuseeland einsetzte, als weder besonders beherzt gekämpft noch präzis geschossen und schon gar nicht gut gespielt wurde. Die Mannschaft lief ihrer Form hinterher, bis es zu spät war.

Über die Gründe läßt sich spekulieren. Ein entscheidender mag sein, das vor lauter Planerei und Verwissenschaftlichung die simple Spielfreude, die Spontaneität verlorengegangen war. Man glaubte alles messen zu können: den Puls, die Belastbarkeit, den Torquotienten von Strödters Strafecken, den Lauf der Kugel auf dem Kunstrasen, und steht plötzlich voller Erkenntnisse, aber mit leeren Händen da. Der Deutsche Hockey-Bund (DHB) bildet sich viel auf seine Bundesliga auf dem Feld und noch mehr auf seine Hallen-Bundesliga ein. Das Spiel in der Halle, so die Lehrmeinung aller, die im DHB etwas zu sagen haben, komme den spezifischen Erfordernissen auf dem Kunstrasen von Montreal entgegen. Hallenhockey, das ist Spiel auf engstem Raum, ein Eldorado für ballverliebte Techniker. Die Versuchung, auf dem Kunstrasen des Molson-Stadions eine Mixtur von Feld- und Hallenhockey zu demonstrieren, führte den Olympiasieger aufs Glatteis. Die so erfolgreich auftrumpfenden Pakistaner, Holländer und Australier zeigten statt dessen, wie's gemacht wird. Sie nutzten den freien Raum, verzichteten auf Schnörkel, die Selbstdarstellung für die Galerie, und praktizierten ›einfaches, konservatives Hockey‹, so der australische Betreuer, mit sehr hohem Tempo und Stürmern, die nicht nur Strafeckentore zu schießen verstanden.

Mit Nibelungentreue wurde an den großen Namen von einst festgehalten, auch wenn die Leistungen nicht den Erwartungen entsprachen. Die Resultate des Vorjahres schienen denen, die eher auf Routine denn auf die Jugend bauten, recht zu geben. Aber schon damals sagte Horst Wein, auch ehemaliger Kölner Nationalspieler, einen deutschen Einbruch beim Olympiaturnier voraus: »Der fällige Generationswechsel wurde zu lange hinausgezögert.« Das Wort des Propheten im eigenen Lande galt nicht viel.

Ost und West im Gleichschritt – auf dem Schwebebalken. Links Andrea Bieger aus der Bundesrepublik, rechts Angelika Hellmann aus der DDR.

Unten: Schwarz fehlt beim Turnen. Das hat zum einen mit der Politik zu tun, zum andern mit dem noch nicht abgeschlossenen Lernprozeß. Beim Turnen (vorerst) nur Zuschauer. Eine Belebung der Turnszene könnte nicht schaden, auch wenn sich in Montreal schon einiges getan hat.

Ein Bild der Kindheit. So gelöst, locker und kindhaft hat man die kleine ›Wunderdame‹ Nadia aus Rumänien in Montreal kaum gesehen, auch dann nicht, wenn sie ihre Puppe im Arm trug. Nadia Comaneci ließ keinen Zweifel daran, daß ihr ›Geschäft‹ das perfekte Turnen ist. Kaum eine Regung, wenn sie nach gelungener Arbeit die Ovationen des Publikums entgegennahm – allenfalls ein kurzes Hochreißen der Arme. So war es auch am Schwebebalken (rechts): Sie turnte traumhaft sicher, das Tempo ständig wechselnd und die Übung vollgepackt mit Schwierigkeiten – und so kam, was kommen mußte: die Note 10. Ohne Fleiß kein Preis . . .

Ein Bus und ein Baby

Das Baby ist fast immer dabei und Mrs. John Fitzgerald auch. Der US-Offizier aus San Antonio in Texas ist einer aus der kleinen Gruppe von Armeeangehörigen, die der Moderne Fünfkampf nicht mehr losläßt. Sie finanzieren ihren Sport weitgehend selbst. Das Neueste, was John Fitzgerald – außer seinem hervorragenden Kampf – präsentierte, war ein supermoderner Bus. Das ganze Fahrzeug ist eher ein luxuriöser Kabinenkreuzer auf Rädern denn ein herkömmlicher Bus, mit allem ausgestattet, was ein Ehepaar mit Baby auf Reisen braucht. Denn das Fitzgerald-Baby ist dabei: In einem riesigen Tragkorb wurde es während der fünf Wettkampftage des Modernen Fünfkampfes vom Bus an die Reitbahn, in die Fechthalle, auf die Schießstände, in die Schwimmhalle und auch noch in das Olympiastadion geschleppt.

Mit letzter Kraft

Eine bessere Überleitung zur Leichtathletik wäre kaum möglich gewesen. Adrian Parker, Robert Nightingale und Jeremy Fox liefen alles in Grund und Boden. Gute, alte Lauftradition verband sich mit dem englischen ›fighting spirit‹, und am Ende durften sich die drei als Mannschafts-Olympiasieger im Modernen Fünfkampf feiern lassen. Das beschauliche Bild an der 4000 Meter langen Strecke trog. Es ging ungewöhnlich hart zu, denn der Geländekurs hatte seine Tücken. Er war unruhig, Anstiege und Gefälle folgten dicht aufeinander. Und so torkelten die meisten Läufer über den Zielstrich im Olympiastadion; die letzte Kraft war aus den Beinen gezogen.

Der olympische Kinderstar Nadia

Als man 1971 in Bulgarien den Wettbewerb um den ›Freundschaftspokal‹ der Turnerinnen austrug, siegte ein noch nicht einmal zehnjähriges Mädchen am Stufenbarren und am Schwebebalken. 1973 in Bukarest bei den internationalen Meisterschaften von Rumänien war sie gerade zwölf und gewann alle vier Geräte sowie natürlich auch die Gesamtwertung. 1975 bei den Europameisterschaften in Norwegen siegte sie im Achtkampf, am Stufenbarren, beim Pferdsprung, am Schwebebalken – mit ihrer Bodenübung belegte sie den zweiten Platz. Die Jahn-Jünger haben einen besonders schwierigen Salto nach ihr benannt, was bei den Turnern vielleicht nicht ganz einer Heiligsprechung, bestimmt aber einer Denkmalsetzung gleichkommt. Jetzt hat dieses Mädchen, das am 12. Dezember fünfzehn Jahre alt wird, die Nachfolge der Olga Korbut, Ludmilla Turischtschewa, Vera Caslavska oder Larissa Latynina angetreten. In Montreal holte sie drei Goldmedaillen und zwei aus Bronze. Die Rede ist von der Rumänin Nadia Comaneci, der man im Forum, wo sonst die ›Canadians‹ ihre rauhen Eishockeykünste vorführen, die erste ›10‹ als Wertung gab, die je bei Olympischen Spielen vergeben wurde. Am Ende konnte sie solche Traumnoten zählen. Es ist ein bißchen viel an Superlativen, was auf dieses schmale Ding hereinstürzt. Schmal ist zu wenig – sie ist dünn, um nicht zu sagen dürr, was bedeutet, daß sie nichts von dem hat, was vierzehnjährige Mädchen anderswo haben. Ein rundes Gesichtchen mit dunklen Augen und dunklen Haaren – 1,53 Meter groß und 39 Kilo schwer. Bela und Martha Karoly sind die Trainer, Lehrer, Betreuer, Vater- und Mutter-Ersatz der rumänischen Turnerinnen, unter denen Nadia Comaneci längst nicht die jüngste ist. Ende vergangenen Jahres hat der rumänische Turnverband seine Riege der Damen (Kinder müßte man sagen) in ein Höhenlager gebracht, wo man bis zur Abreise nach Montreal mit kurzen Ausnahmen auch blieb. »Wir machten dort Schule und Training«, sagt Bela Karoly – in welchem Verhältnis, steht außer Frage: Die gestrengen Juroren des Turnens geben nicht so ohne weiteres eine ›Zehn‹. Eine Tatsache, die den Computer in Montreal in Verwirrung stürzte, da man die absolute Höchstnote vor einigen Monaten, als man das Gerät mit den notwendigen Werten fütterte, für unmöglich hielt.

Auch wenn die echten Turnbrüder in aller Welt es nicht gern hören: Wenn Nadia Comaneci durch die Stangen des Stufenbarrens wirbelt, daß einem vom bloßen Zuschauen die Knochen knacken, wenn sie über das Pferd springt, daß man meint, die käme nie mehr auf die Erde zurück, wenn sie sich auf dem Balken mit seiltänzerischer Sicherheit bewegt, als würde sie mal eben über die Straße gehen, wenn sie die Bodenübung mit der Grazie einer Primaballerina absolviert, dann ist das Akrobatik, Ballett, perfektes Varieté. Nadia Comaneci ist mit Sicherheit der Kinderstar dieser Spiele.

Was fragt man eine Vierzehnjährige, deren Leben seit sechs Jahren aus Turntraining und ein bißchen Schule besteht? Natürlich gefällt es ihr – was soll sie sonst sagen? »Es ist so gegangen, wie wir uns das vorgestellt haben«, übersetzt Bela Karoly. Die Kleine sagt noch etwas und er – ein großer freundlicher Mann – fügt hin: »Sie sagt, der Abgang vom Stufenbarren war nicht sauber. Sie sagt, sie ärgert sich, weil es im Training immer geklappt hat.« Sie erhielt für diese Übung in der Pflicht die blanke ›Zehn‹. Als sie es sagte, hatte sie wieder die ernsten Augen, von denen man nicht weiß, ob sie nicht auch traurig sind.

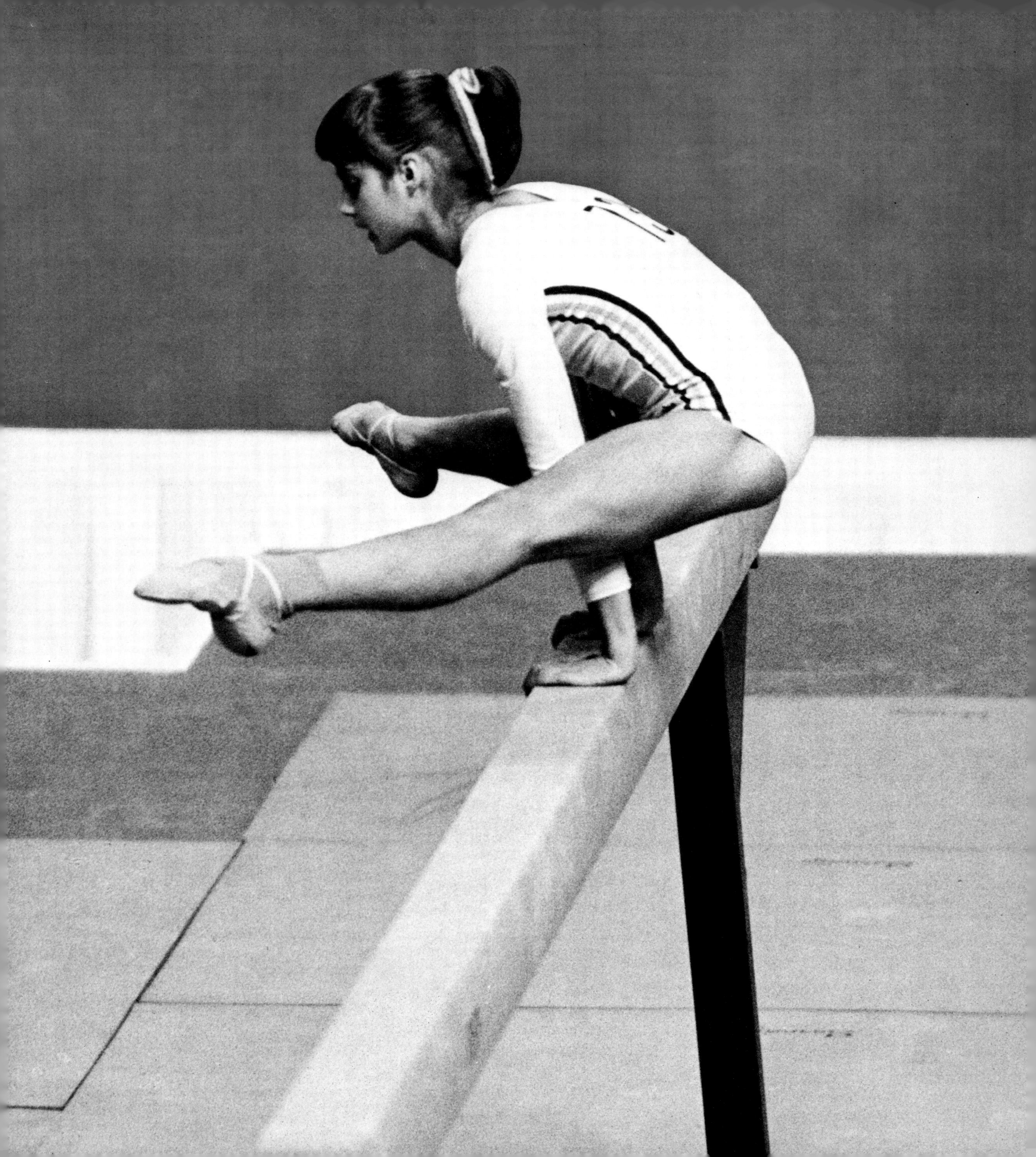

Unbestritten ist die ästhetische Wirkung turnerischer Übungen. Doch der Ablauf in Pflicht und Kür wird komplizierter, schwieriger, und hohe Wertungen werden nur dann gegeben, wenn der turnerische Vortrag ein Bündel von schwiergen Passagen enthält, die souverän und fehlerfrei und in der vorgeschriebenen Zeit ausgeführt werden. Bei Nadia, dem kleinen ernsten rumänischen Mädchen ist dies der Fall. Ihre turnerische Präzision ist bewundernswert und zugleich erschreckend. Das Publikum applaudiert – a star is born. Leistungssport als Vehikel nationalen Selbstbewußtseins. Die bundesrepublikanische Mannschaft ist Siebter geworden im Feld der besten Turnernationen, sie konnte sich gegenüber München um eine Platzziffer verbessern: 373,50 Punkte. Nur 16,85 Punkte hinter der siegreichen Sowjetunion. Hier turnt Uta Schorn konzentriert ihre Übung am Schwebebalken ...

Gold und Silber nach Tauberbischofsheim. Immer wieder macht Emil Beck von sich reden. Die Turner bieten ein olympisches Erlebnis. Andrianow sammelt Gold. Für Eberhard Gienger ist die Bronzemedaille wertvoller als sein Weltmeistertitel. Der mexikanische Sieger im Gehen trainiert auf einem 4000 Meter hohen Vulkan.

23. Juli 1976
7. Tag

Mehr als zweihundert Minuten waren vergangen, seitdem das Finale der Degenfechter begonnen hatte; dreieinhalb Stunden, in denen eine dramatische, mit Fechtkunst und athletischer Leistung übervoll gefüllte Endrunde der sechs Besten von mehr als sechzig Degenfechtern die Zuschauer begeisterte. Nach drei Stunden und 37 Minuten durfte der Jüngste auf der Planche die Arme hochreißen und jubeln: Der 21 Jahre alte Alexander Pusch aus Tauberbischofsheim hatte sich als erster deutscher Degenfechter eine olympische Goldmedaille erkämpft. Der Triumph der Fechtschule im Taubertal ist noch größer, denn der 31 Jahre alte Arzt Dr. Jürgen Hehn, ebenfalls aus der Schule des Bundestrainers Emil Beck in Tauberbischofsheim, gewann die Silbermedaille. Als Willi Daume den beiden deutschen Fechtern die Medaillen umhängte, war die mühevolle Arbeit von anderthalb Jahrzehnten belohnt. Der dritte deutsche Teilnehmer, Reinhold Behr, war erst im Halbfinale nach ebenfalls hervorragenden Leistungen ausgeschieden.

Als die Endrundenkämpfe mit einer Niederlage Dr. Hehns gegen den Ungarn Osztrics – mit einem Sieg hätte er die Goldmedaille gewonnen – beendet waren, hatten drei Fechter je drei Siege und zwei Niederlagen: Dr. Hehn, Alexander Pusch und Gyözö Kulcsar aus Ungarn mußten noch einmal jeder gegen jeden antreten. Zunächst verlor Hehn gegen Pusch (4:5), danach bezwang er Kulcsar (5:2). Mit nur drei Treffern im letzten Gefecht von Alexander Pusch gegen Kulcsar war dem jungen Deutschen der Olympiasieg sicher – auch bei einer Niederlage. Doch er wollte Olympiasieger mit einem Erfolg werden: Pusch gewann (5:4). Nach 23 Gefechten an zwei Tagen, nach 17 Siegen und sechs Niederlagen war Alexander Pusch Olympiasieger. Der Einundzwanzigjährige wurde übrigens 1975 in Budapest der jüngste Weltmeister, den es je gegeben hat. Er ist kaufmännischer Angestellter, zur Zeit bei der Bundeswehr. Hehn könnte mit seinen 32 Jahren bereits ans Aufhören denken. »Aber wenn ich sage, daß ich aufhöre, bekomme ich bestimmt wieder Lust.« Beruf: Arzt in der Inneren Abteilung des Kreiskrankenhauses. Gold und Silber an einem Abend, laut Hehn ein ›glücklicher Zufall, der ganz bestimmt nicht wiederkommt‹. So spricht einer, der fast schon mit dem Sport abgeschlossen hat, dagegen hat Pusch die Zukunft noch vor sich.

Pusch und Hehn – die beiden haben mit aller Konsequenz gegeneinander gefochten. Absprachen oder Taktiken hat es nicht gegeben. Erstens, weil kein Verlaß auf ihre Wirksamkeit ist, und zweitens, weil jeder für sich gekämpft hat; Hehn auch noch für den Bundestrainer, wie er mit diplomatischem Geschick hinzufügt. Während der über dreistündigen Tortur hat sich der Ältere von dem Florettfechter Matthias Behr betreuen lassen.

Die beiden gingen gemeinsam auf und ab in der Halle, die sonst ein Eisstadion ist. Pusch will in jenen Minuten beschäftigt sein, mit Leuten reden, massiert werden.

Um jeden Preis?

Eine ganz natürliche menschliche Regung ist es, Vergleiche anzustellen. Zum Beispiel mit den Japanern 1964, die Tokio in eine Art olympischen Schrein verwandelt hatten. Oder mit den Mexikanern, die so etwas wie eine Fiesta Olympica feierten, die sich bis in die hinterste Gasse fortsetzte. Um den Vergleich mit München '72 heranzuziehen, sind wir zu befangen – und es ist so etwas wie Verlegenheit, die einen überfällt, wenn der ausländische Kollege das tut. Jedermann weiß, daß die Vergangenheit verklärend wirkt – aber im Moment schneidet Montreal schlechter ab als seine Vorgänger. Woran es liegt? Natürlich spielen die unguten Beziehungen zwischen der Polizei Kanadas und den Besuchern eine Rolle. Wer erlebt hat, wie man einen amerikanischen Touristen, der offensichtlich eine falsche Fahrkarte hatte und das alles ein bißchen auf die leichte Schulter nahm, mittels dreier Polizisten mit auf den Rücken gedrehten Armen aus der U-Bahn abführte, wird je nach Charakter sehr still oder sehr laut. Wer erfährt, daß die Frau eines australischen Wasserballspielers wie eine Terroristin behandelt wurde, als sie versuchte, ihrem Mann nach dem Spiel einen Kuß zu geben, schüttelt den Kopf. Wer erlebt hat, wie ein Reporter über das Absperrungsseil zum Athletenblock auf der Tribüne mit einem Sportler sprach und plötzlich von drei Ordnungshütern darauf aufmerksam gemacht wurde, daß man Interviews offiziell anmelden müsse, fragt sich, ob die olympischen Gesetze tatsächlich für die Menschen oder nur für das Gesetzbuch geschrieben werden. Die zum Teil brutalen Reibereien der Polizei mit den Reportern sollen gar nicht mehr erwähnt werden. Gerät man mit einem der Sicherheitsleute ins Gespräch, so fällt als letztes Argument immer wieder der Zwischenfall von München. „Wir wollen das um jeden Preis vermeiden." Auch um diesen Preis? Jeder vernünftige Mensch wird lieber zehnmal kontrolliert als einmal in die Luft gesprengt – jeder vernünftige Mensch weiß aber auch, daß die Olympischen Spiele nicht nur ein Sportfest sind, sondern das größte und teuerste Public-Relations-Unternehmen, welches ein Land sich leisten kann. Diese Spiele sind über Montreal hereingebrochen wie das Gastspiel eines weltberühmten Zirkus. Aber wenn man einst darangehen wird, dieses Olympia mit einem Attribut zu versehen, das den Charakter wiedergibt, so wird man sich schwertun.

81

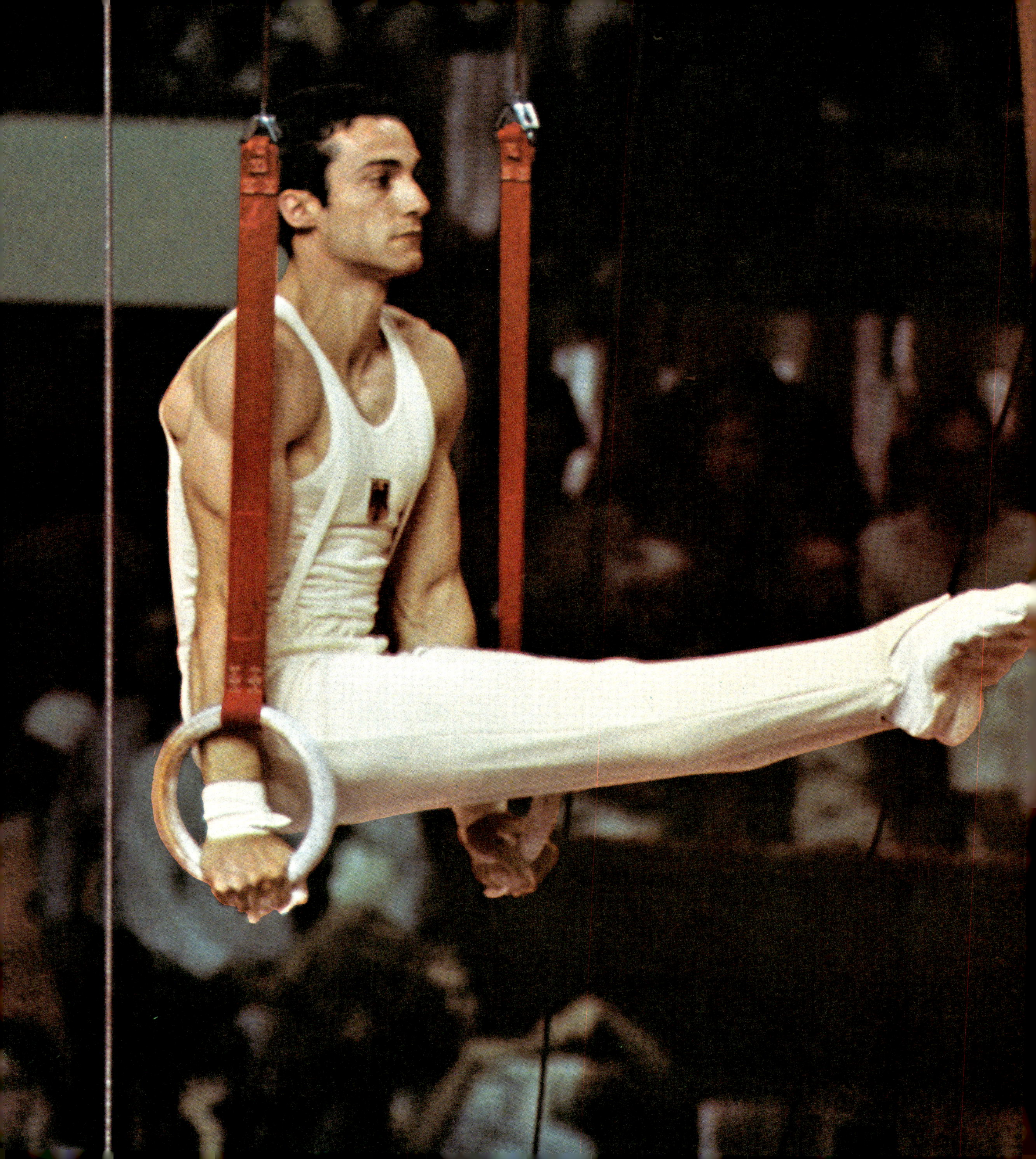

Eine runde Sache sind die Ringe für die Turner nicht immer. Viel Kraft muß aufgewendet werden, den schwankenden Halt unter Kontrolle zu bringen – und dabei noch die innerlich schwankenden Kampfrichter zu überzeugen. Nikolai Andrianow gelingt dies so gut, daß er Olympiasieger wird. Eberhard Gienger, der Bronze am Reck gewinnt, ›ringt‹ mit den Ringen vergeblich und verpaßt den Endkampf.

In die Stars verliebt

Wen die Sportgötter lieben, den schicken sie zum Auftritt ins ›Forum‹ nach Montreal. Wohl in wenigen Arenen der Welt bündelt sich der Beifall derart zum rauschenden Orkan wie zwischen den steil aufragenden Rängen dieser Halle, die auf knappstem Raum sechzehntausend Zuschauer schluckt. Eine Woche lang haben sich hier die Spitzenturner des olympischen Turniers von den Kanadiern bejubeln lassen, daß die Wände wackelten. Hier wurde das Weltfest bisher wohl am intensivsten gefeiert. Fast immer ausverkauft, ob am Nachmittag die unteren Riegen mit mehr Eifer als vollendeter Kunst über Matte und Geräte hüpften oder am Abend die Stars der Leibesübung ihre Wunderkisten öffneten: Fliegende Menschen, die mit vollendeter Körperbeherrschung den Gesetzen der Schwerkraft zu spotten scheinen. Das Publikum im Forum hat sich in seine Stars verliebt, seine Könige gekrönt, vor allem die Königinnen, allen voran natürlich die kleine Rumänin Nadia Comaneci, den wirbelnden Piepmatz.

Alexander Pusch (rechts) und Dr. Jürgen Hehn.
Beide ficht nichts und niemand an.
Gold und Silber, mit dem Degen erfochten.

Der Trainer

Man muß immer wieder von ihm sprechen, von Emil Beck aus Tauberbischofsheim, dem 41 Jahre alten Bundestrainer der deutschen Degenfechter. Er formte den jungen Alexander Pusch 1975 zum Weltmeister und 1976 zum Olympiasieger. Was dieser Mann innerlich durchmacht, wenn seine Schüler in einem Gefecht Schwierigkeiten haben, wenn er nicht helfen kann, weil er es nicht darf, kann nur vermutet werden. Da hockt er irgendwo unbewegt, beobachtet, steht auf, geht von der Bahn fort, beobachtet aus der Ferne, geht wieder näher. Am Abend eines solchen Turniertages wirkt Emil Beck müde, abgespannt, doch er läßt sich keine Schwäche anmerken. Was muß er gelitten haben, als in der dritten Runde sein jüngster Schüler, der Weltmeister Alexander Pusch, der Niederlage nahe war. Doch Emil Beck wußte die Worte zu finden, den schwach werdenden jungen Mann aufzurütteln. Nach zwei verlorenen Gefechten kämpfte Pusch mit vollem Einsatz. Emil Beck kniff die Augen etwas zusammen und schmunzelte.

Medaillen-Sammler

Die Turnerinnen und die Turner haben ein wichtiges und vor allem ein schönes Stück Montrealer Olympiageschichte geschrieben. Der Mannschaftskampf der Mädchen war das Brillanteste, was jemals im Kunstturnen geboten wurde, nicht nur wegen der Traumnoten für Nadia Comaneci; und der Mannschaftskampf der Männer mit dem Zweikampf Japan – Sowjetunion im Mittelpunkt überbot alle vergleichbaren Turnveranstaltungen an Spannung und Dramatik. Dabei wurde sicher übersehen, daß sich die Lücke zu den führenden Turnnationen zu schließen beginnt.

Kein Spitzenturner durfte sich im Gerätefinale einen Schnitzer leisten. Der blonde Russe Nikolai Andrianow rutschte einmal beim Reckabgang aus und fiel prompt aus dem Finalkampf der Spezialisten. Dafür gelang diesem technisch perfekten Turner, der in München die Goldmedaille am Boden gewann, jetzt in Montreal das Kunststück, neben der Rumänin Comaneci die meisten Turnmedaillen zu sammeln, und zwar viermal Gold, zweimal Silber und einmal Bronze. Andrianow siegte im Mehrkampffinale und an drei von fünf Geräten. Der Japaner Sawao Kato, von dem die größte Ausstrahlung ausgeht, wurde vom Preisgericht nicht immer fair beurteilt, zudem litt er unter einer Schulterverletzung, und da beim Turnen alles über die Schultern geht, ist die Leistung des Olympiasiegers von Mexiko, München und Montreal besonders bewundernswert.

Locker und wie von einer Last befreit war Eberhard Gienger nach seinem Erfolg am Reck. Die Bronzemedaille stimmt ihn froh. »Sie ist für mich wertvoller als die Reckweltmeisterschaft von Varna«, war sein erstes, spontanes Urteil. Das Metall hat er sich auch härter als den Titel erkämpfen müssen. Gienger, der sich seinen dritten Platz mit dem Franzosen Henri Boeri teilt, war in der Pflicht um mindestens ein Zehntel unterbewertet worden. Aber in der Kür wurde dafür der Franzose etwas benachteiligt.

Oben: Der Mexikaner Bautista geht so gut, daß bei der Konkurrenz nichts mehr geht.
Links: Stichelei der Fechter. Auch eine Art, sich zu wehren. Alexander Pusch bezwingt den Polen Hulcsar und gewinnt Gold.

Folgende Farbseiten: Leergut.
Der ›Müll‹ der Schützen nach dem Wettkampf.
Daneben: Unter der Oberfläche. Haltung ohne Noten.

Auf dem Vulkan

Ein kleiner Mexikaner zwischen drei Modellathleten. Da macht sich einfach Mitleid breit. Daniel Bautista würde keine Chance haben. Schließlich bekam er es mit drei ausgebufften, besttrainierten DDR-Gehern zu tun. Es müßte doch nur eine Frage der Zeit sein, wann Frenkel, Reimann und Stadtmüller ihn zermürbten. Bautista freilich kümmerte sich nicht um die Gegner; er ging unbekümmert der Goldmedaille entgegen. Erfolg des Trainings in mindestens 2400 Meter Höhe? Zu jedem Wochenende leisten sich die mexikanischen Geher auf einem 4000 Meter hohen Vulkan Tempoarbeit, wo ohnehin schon jeder Schritt schwerfällt. In Montreal herrschten vergleichsweise angenehme Bedingungen. Und so störte sich der vierundzwanzigjährige Polizist aus Mexiko nicht an seinen Gegnern.

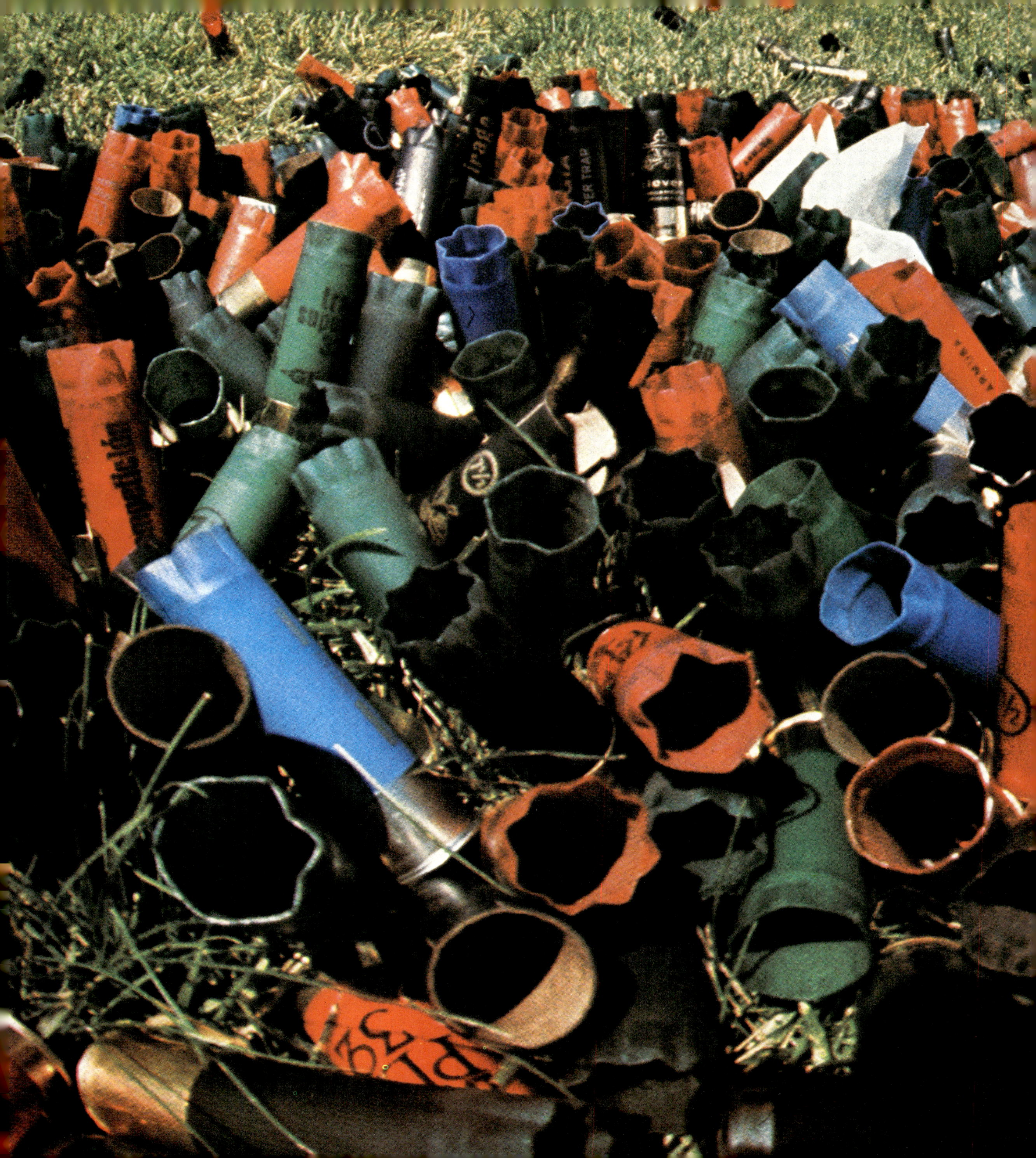

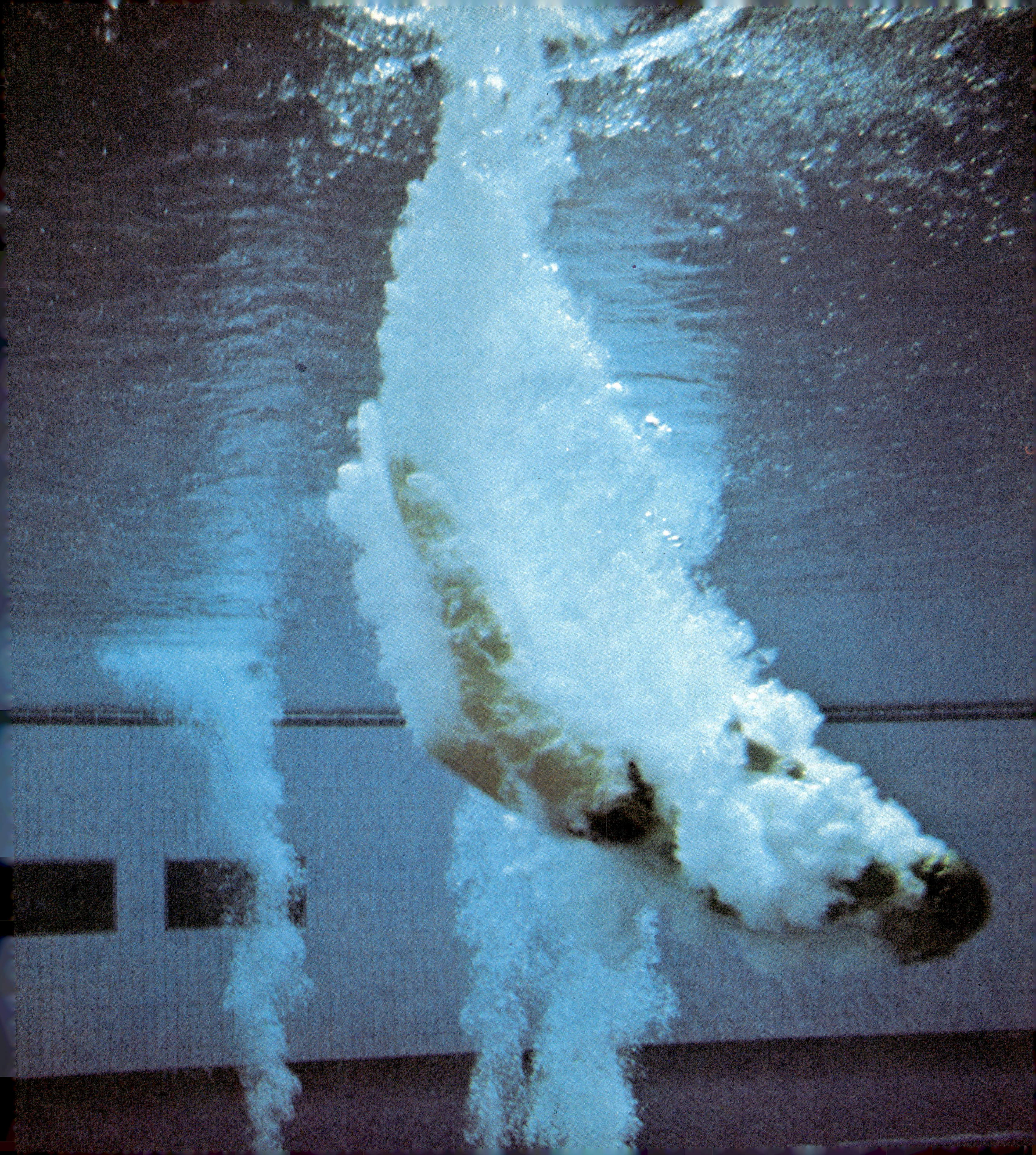

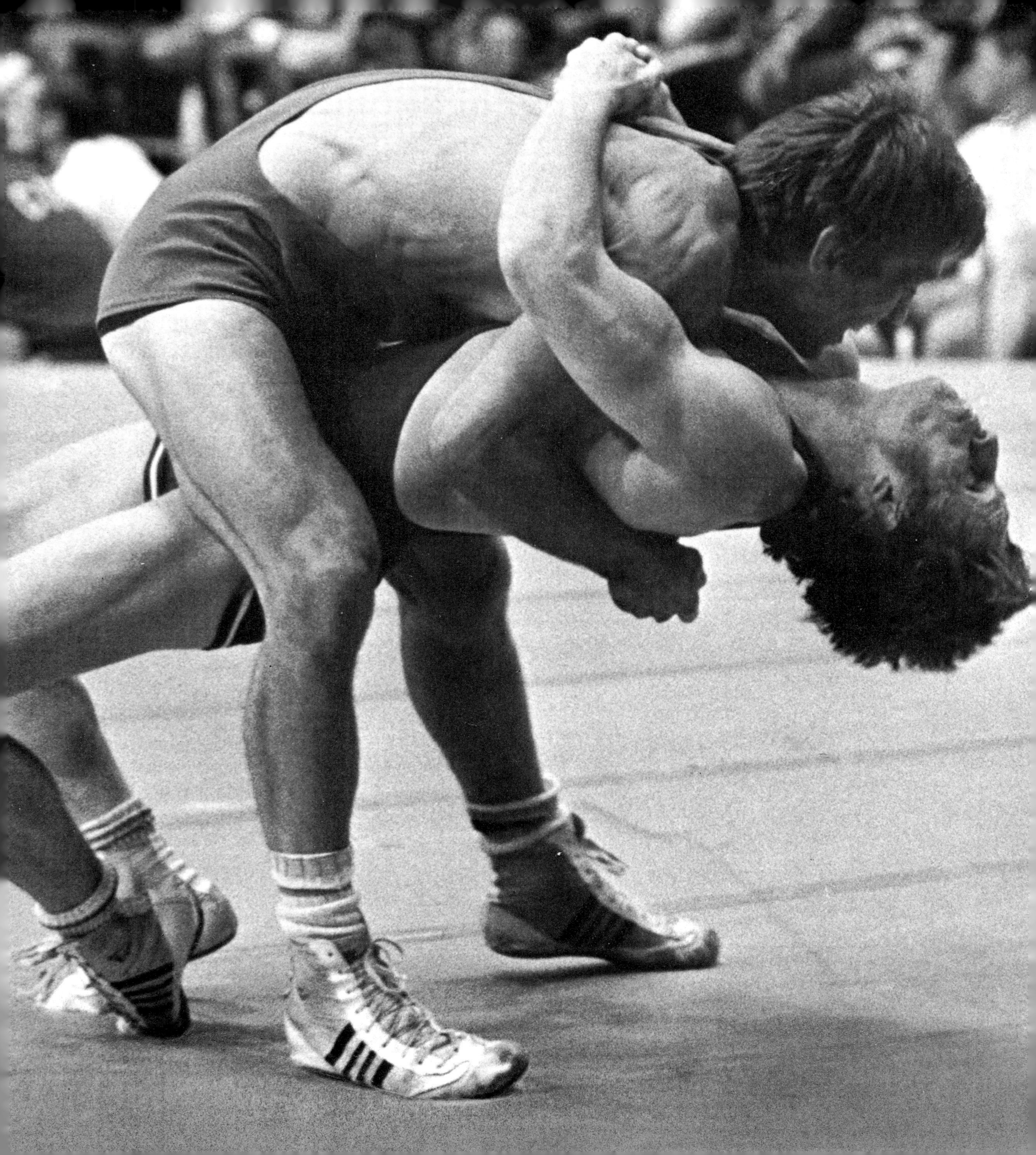

Vier schnelle Fahrer ergeben noch keinen schnellen Vierer. Kilian ist ›einer unserer Allergrößten‹. Amerikanische Schwimmer zum erstenmal geschlagen. Ein Gewichtheber quälte sich umsonst. Das Lehrstück bärenstarker Hilflosigkeit. Marion Becker, die Dame mit ungewöhnlicher Kraft.

24. Juli 1976
8. Tag

Wie selbstverständlich haben vier deutsche Radfahrer die Goldmedaille im Mannschaftsverfolgungsfahren gewonnen. Verfolgung heißt diese Spielart des Radsports, weil immer zwei Teams auf jeder Seite des Ovals auf den 4000 Meter langen Holzweg geschickt werden. Bei einer Durchschnittsgeschwindigkeit von 55 Kilometer pro Stunde brauchten die vier deutschen Radler dafür gut vier Minuten. Doch der Vierer der Bundesrepublik wird schon seit mehr als vier Jahren verfolgt. Damals, 1972 in München, wurde ebenfalls die olympische Goldmedaille gewonnen, 1973 in San Sebastian der Weltmeistertitel, 1974 in Montreal der Weltmeistertitel, 1975 in Lüttich der Weltmeistertitel und nun 1976 in Montreal wieder Gold. Bei Olympischen Spielen ist der deutsche Vierer sogar seit zwölf Jahren ungeschlagen. Das Montrealer Finale wurde mit nicht weniger als sechs Sekunden Vorsprung vor den Russen gewonnen. Was macht diesen Vier-Takter mit Menschenstärken bloß so schnell, daß allen anderen stets die Luft ausgeht, wenn sie das Tempo mithalten wollen? fragten ausländische Journalisten. Die Antwort kam aus tausend Kehlen von den Rängen: »Gustav, Gustav, Gustav!« Keiner der vier Fahrer (Braun, Lutz, Vonhof, Schumacher) hört auf diesen Namen. Doch aus dem Innenraum winkte jemand vergnügt zurück: Gustav Kilian, seit sechzehn Jahren Bundestrainer im deutschen Radsport. ›Einer unserer Allergrößten‹, wie Willi Daume, der Präsident des Nationalen Olympischen Komitees, nach der Übergabe der Medaillen meinte. Günter Schumacher aus Köln, als einziger bereits 1972 im Finale von München dabei, Hans Lutz aus Stuttgart, vor zwei Jahren in Montreal Weltmeister in der Einerverfolgung, Gregor Braun aus Neustadt an der Weinstraße, der erste doppelte Olympiasieger der Bundesrepublik in Montreal, und Peter Vonhof, Berlin, der Kapitän des Vierers, stimmten dem Urteil vorbehaltlos zu. Fahrer, Trainer und Funktionäre aus der gesamten Welt des Radsports gratulierten Kilian im Montrealer Velodrom; die vier siegreichen Fahrer standen fast unbeachtet daneben. Schließlich hingen sie ihm eine Goldmedaille um und nahmen ihn mit auf die Ehrenrunde. Das ›Geheimnis‹ des deutschen Triumph-Vierers, das für die Experten schon lange keins mehr ist, wurde den jubelnden Zuschauern gezeigt: der fünfte Mann. Vier schnelle Fahrer ergeben nämlich noch lange keinen schnellen Vierer. Man kennt diese Formel zwar auch in anderen Sportarten, etwa im Rudern, doch für den Vierer auf Rädern hat sie ganz besonders Gültigkeit. Viererfahren bedeutet nämlich Millimeterarbeit: so dicht aufeinander wie nur irgend möglich. Zwischen dem Hinterrad des Vordermanns und dem Vorderrad des Hintermanns soll nicht mal eine Zeitung mehr Platz haben. Und wenn der Vierer genau auf jemanden zuführe, dann dürfte der nur einen einzigen Fahrer sehen, den ersten. Die anderen drei sollen schließlich genau auf derselben Spur fahren, um den Windschatten des Führenden optimal zu nutzen. Und diese feine Technik lehrt niemand auf der Welt besser als Gustav Kilian.

Gustav Kilian, der Trainer, gratuliert seinen Fahrern. Meist ist es umgekehrt, denn die in Montreal so erfolgreichen Bahnfahrer geben unumwunden zu, daß der ›eiserne Gustav‹ mindestens ebenso großen Anteil an ihrem hervorragenden Abschneiden hat. Die Konkurrenz nennt ihn Hexenmeister, dessen Prunkstück, der ›Vier-Takter‹ mit Menschenstärken (nächste Seite), das Goldstück von München wiederholt.

Linke Seite: Ringer beim Brückenbau.

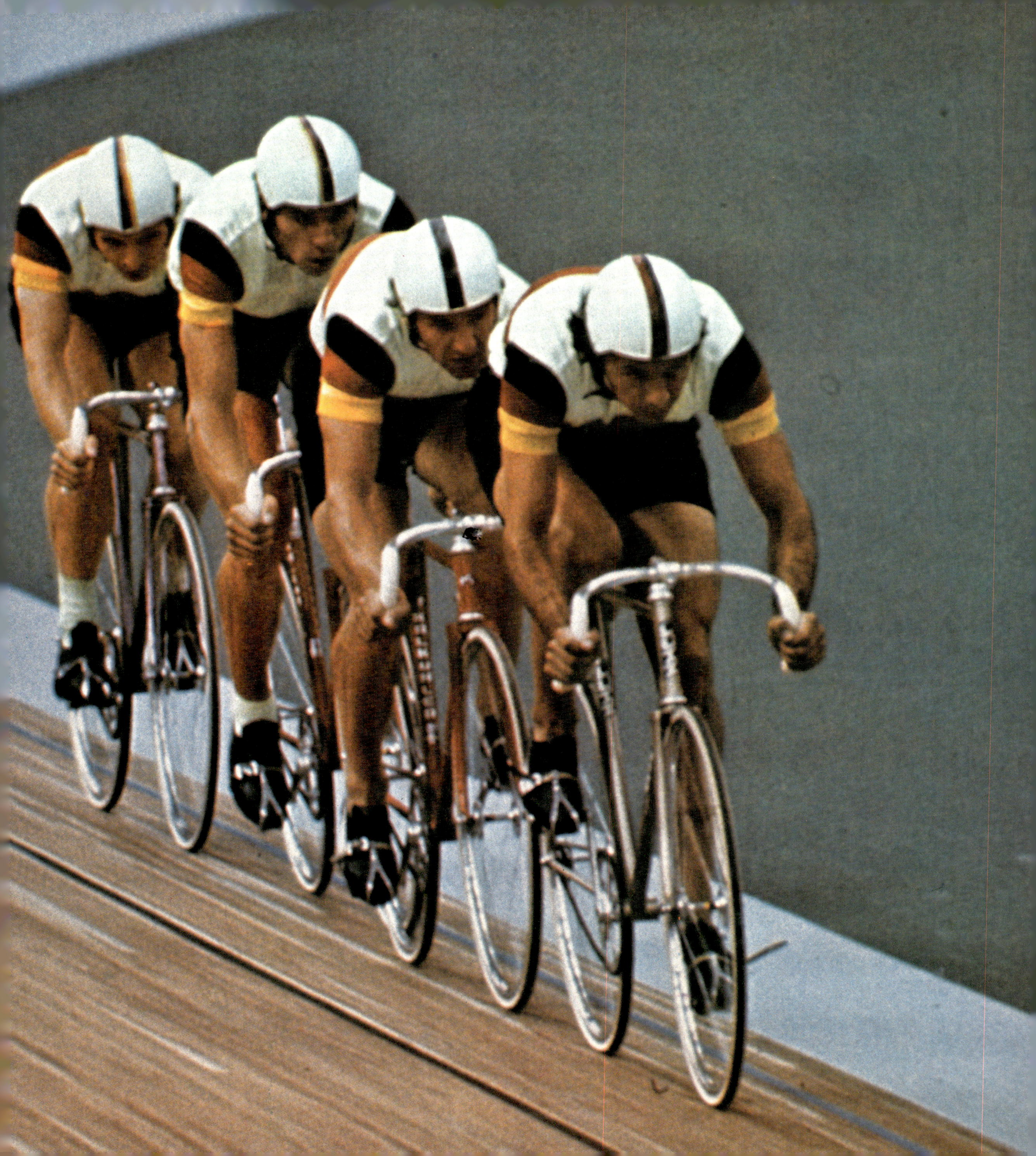

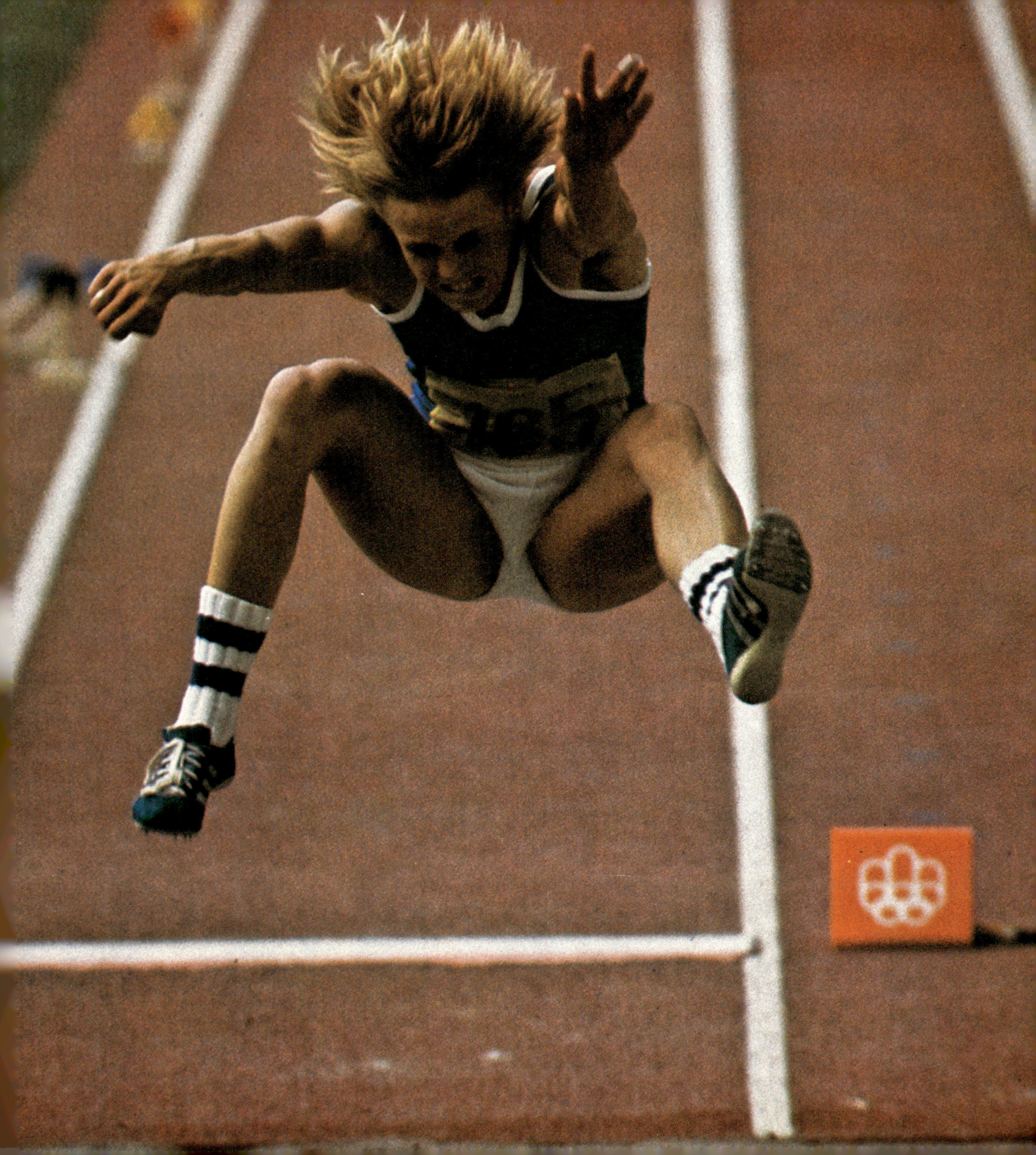

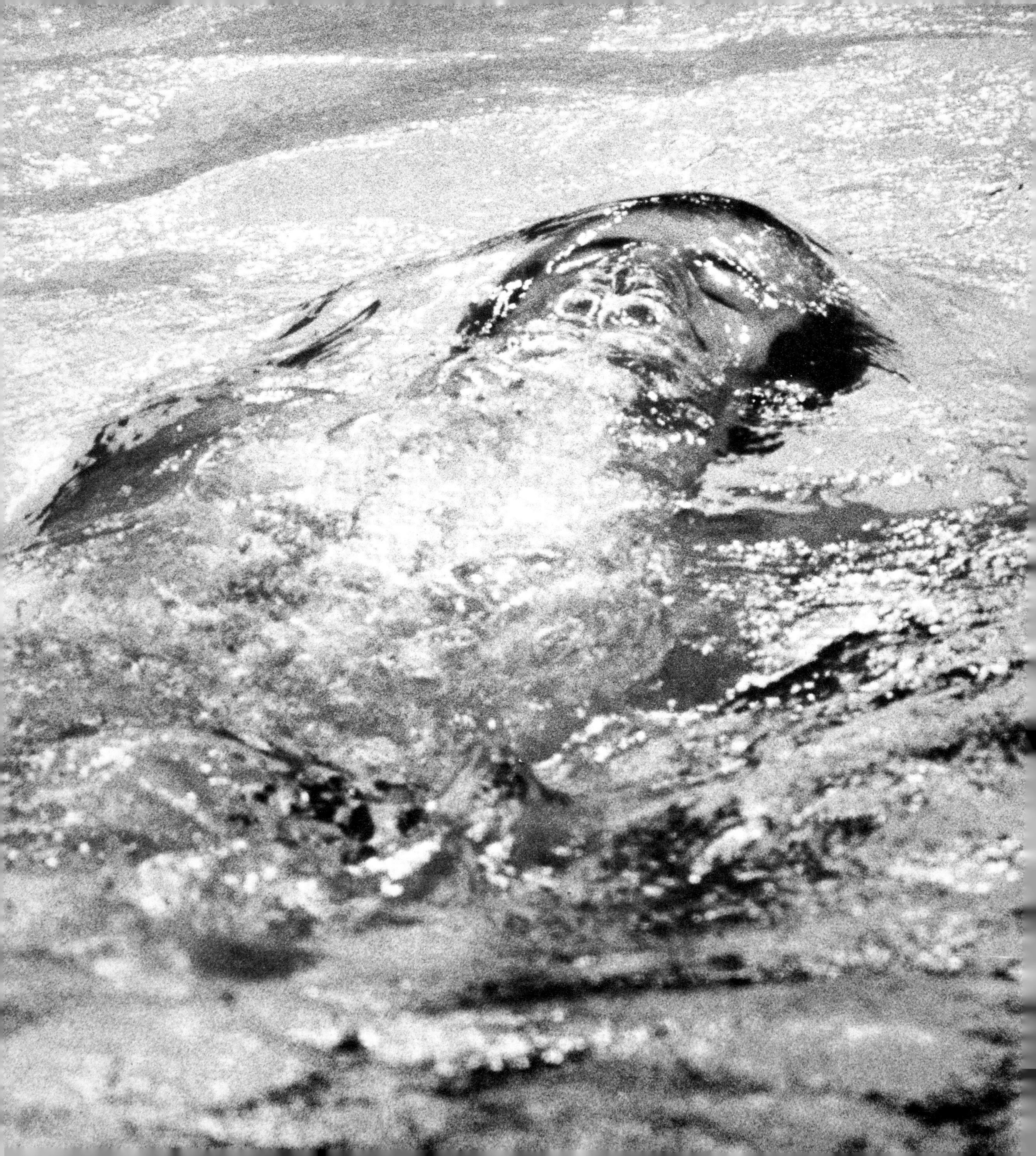

Ein Brite aus Miami

Ein paar tausend Amerikaner starrten ungläubig hinunter, als sei da gerade ein Wassergeist aus den Wellen aufgetaucht. Fassungslos blickte man dann auf die Anzeigetafel. Doch das schier Unglaubliche war wahr: David Wilkie, ein Brite und kein Amerikaner, hatte zum erstenmal in den Wettbewerben der Schwimmer als erster Land gewonnen. Brustschwimmer Wilkie störte sich dabei weder an großen Namen noch an großen Zeiten: Der vielfache Weltrekordler und Weltmeister John Hencken, 1972 in München Olympiasieger über 200 Meter Brust und nun in Montreal bereits Goldmedaillengewinner über 100 Meter Brust, blieb zwar eine Sekunde unter seinem eigenen Weltrekord, doch da hatte Wilkie schon längst das Ufer erreicht. Neue Weltrekorde sind in der Schwimmhalle von Montreal nichts Ungewöhnliches, doch eine Steigerung von mehr als drei Sekunden auf einer 200-Meter-Strecke verblüffte auch Experten. Um die üblichen Zehntel verbesserte sich dagegen der deutsche Vertreter in diesem Wettbewerb, der Bonner Walter Kusch, und wurde achter. Trotz aller deutschen Rekorde, bisher 22 an der Zahl, wird der Abstand zu den Schnellsten immer größer statt kleiner.

Doch Wilkies tolle Zeit war an diesem Abend noch nicht einmal das Tollste. Denn über 400 Meter Lagen blieb Ulrike Tauber aus Karl-Marx-Stadt gleich um mehr als sechs Sekunden unter der alten Weltbestzeit von Birgit Treiber.

Mochte John Naber aus den USA auch als erster die 200 Meter Rücken in weniger als zwei Minuten schwimmen und damit seine vierte Goldmedaille holen, die Wasserfront der amerikanischen Schwimmer war am vorletzten Tag ebensowenig zu halten wie 48 Stunden zuvor bei den Schwimmerinnen aus der DDR. Den Wellenbrecher aus Großbritannien, David Wilkie, haben sich die Amerikaner freilich in eigenen Gewässern großgezogen. Wilkie trainiert seit Jahren in Miami unter der warmen Sonne Floridas bei amerikanischen Trainern. Nur so ist den Amerikanern wohl beizukommen.

Borsows Nachfolger

Beim letzten Test wurde im Programm aus dem Vornamen der Nachname. Inzwischen dürfte sich herumgesprochen haben, wie er richtig heißt. Haseley Crawford hat dafür gesorgt mit seinem 100-Meter-Triumph. Der 25jährige Student aus Trinidad fehlte in den meisten Rechnungen. Jesse Owens, mehrfacher Olympiasieger von Berlin 1936, tippte fünf Sieger – Crawford war nicht dabei. In München trennte ihn eine Verletzung vom Erfolg. Damals ließ sich Valeri Borsow als Sprintkönig feiern. Crawford übernahm nun Borsows Würde mit 10,06 Sekunden, just der Zeit, mit der der Russe in München Gold holte. Borsow mußte sich hinter Don Quarrie (Jamaika) mit Bronze bescheiden. Die Amerikaner kehrten mit leeren Händen zurück. Was hilft das Spekulieren, was wohl der verletzte Steve Williams erreicht hätte? Crawford sieht nun rosigen Zeiten entgegen. Der Student an der Eastern Michigan University wird bereits mit Football-Angeboten konfrontiert. Und wenn die Kasse stimmt, will er nicht nein sagen. Ein Sieger, der durch Laufen vorwärtskommt.

Oben: David Wilkie, der Brite, reißt ein Leck in das Selbstvertrauen der amerikanischen Schwimmer. ›Fabel-Weltrekord‹ über 200 Meter Brust, den Weltmeister und Weltrekordler John Hencken geschlagen und bei den Herren den einzigen nichtamerikanischen Sieg errungen.

Linke Seite: John Naber auf dem Rücken. Bei manch anderer Sportart ist diese Lage mit einer Niederlage gleichzusetzen, bei John Naber heißt es meist Weltrekord.

Vorangehende Farbseite: Sprung in die Goldgrube. Angela Voigt aus der DDR verschreckt gleich im ersten Versuch mit 6,72 Meter die Konkurrenz.

Nachfolgende Seiten: Entsetzen vor den Elementen, mit denen sie sich plagen müssen? Bei Rolf Milser ist es Eisen, beim Glatzkopf Mike Bruner Wasser.

Schwacher Trost

Es gibt viele Boykottopfer in Montreal. James Gilkes zum Beispiel, Klassesprinter aus Guayana. Der Panamerika-Sieger war nicht einverstanden mit dem Startverzicht. Was, zum Teufel, hat sein Land und vor allem, was hat er damit zu tun, wenn irgend jemand irgendwo Rugby spielt? Gilkes flüchtete nicht in den Schmollwinkel. Warum sollte er nicht als Einzelperson starten, ganz im Sinne olympischer Prinzipien? Das Internationale Olympische Komitee (IOC) reagierte ratlos auf den Antrag. Auch der Internationale Leichtathletik-Verband (IAAF) mochte sich die Finger nicht verbrennen. So schoben IOC und IAAF den Fall auf die Wartebank. Bis 1980, ließ man hören, werde man sich einiges überlegen. James Gilkes wird's kaum trösten.

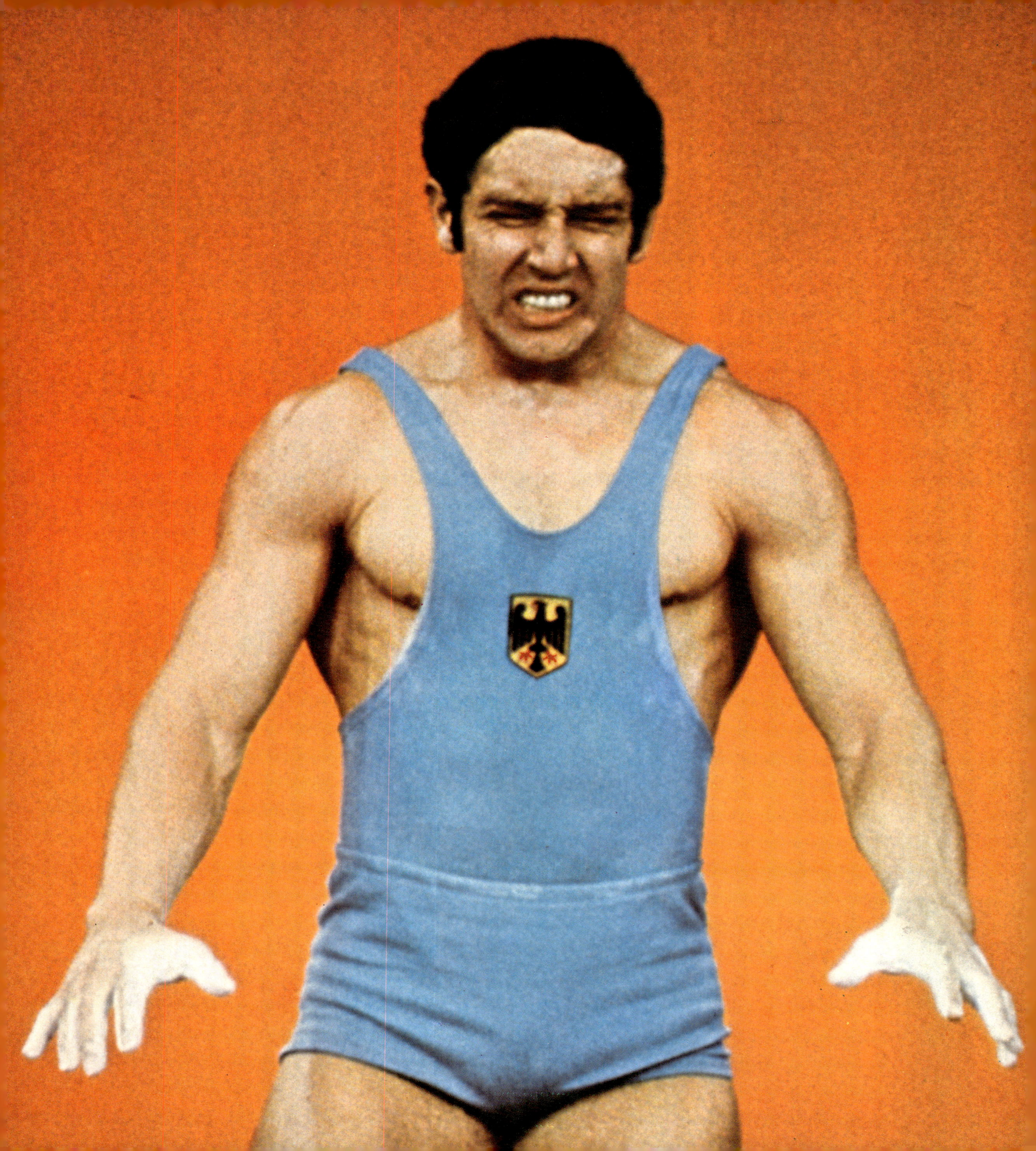

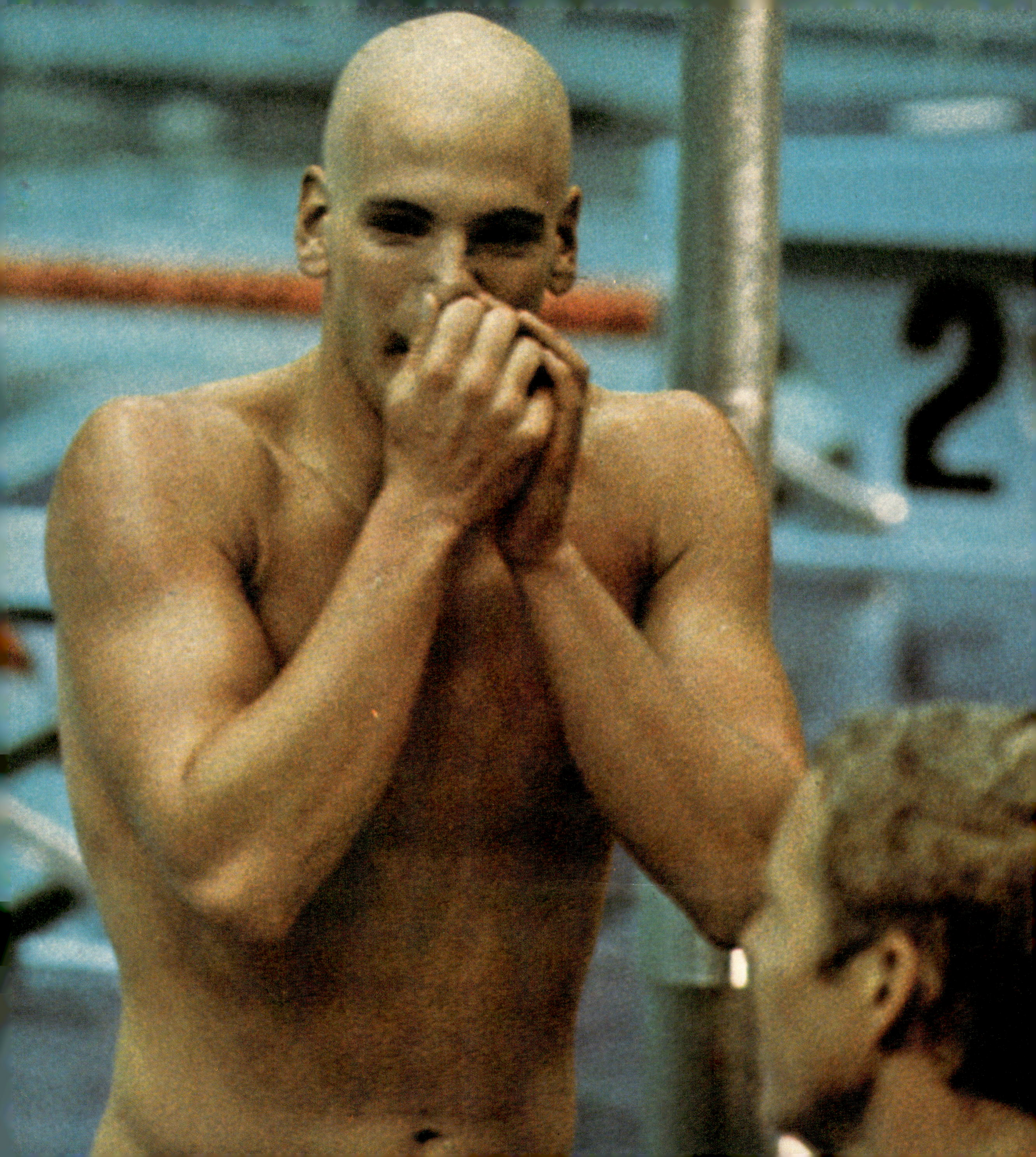
2

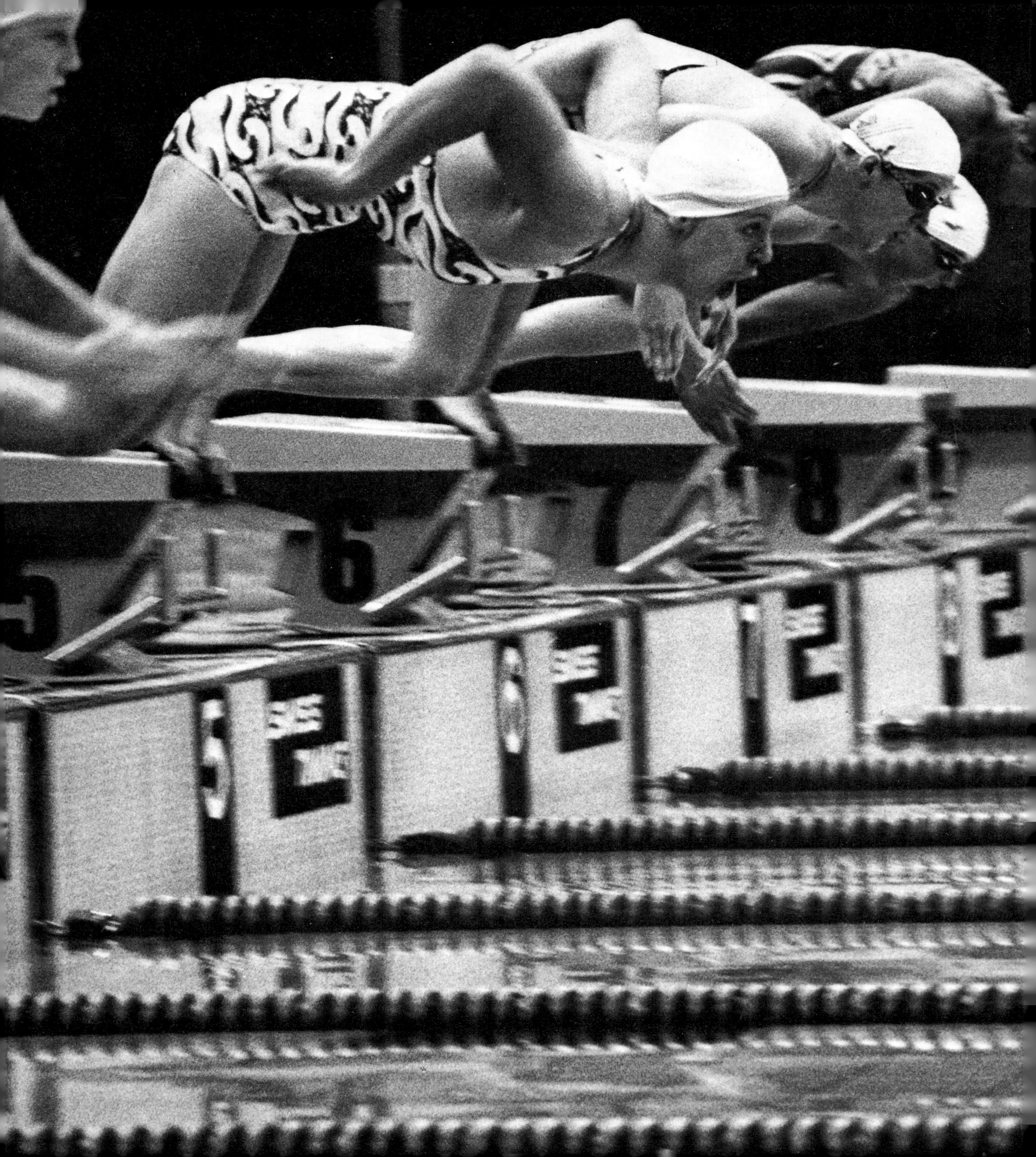

Sein Körper besiegte ihn

Noch dreißig Minuten bis zum Wettkampf. Rolf Milser fühlt sich beim Umziehen in der Kabine topfit. Ein halbes Jahr tägliches Training, nie unter sechs bis acht Stunden, machen sich bezahlt. Die Waage zeigt 81,6 Kilogramm, fast zwei Pfund unter dem Limit des Leichtschwergewichts. Die Aufwärmphase beginnt. 130 Kilogramm aus dem Stand hochgerissen, es klappt perfekt. Noch 10 Minuten bis zum Wettkampf. Milser läßt sich weitere 10 Kilo aufmontieren, er weiß, daß er gegen den Bulgaren und Russen nur eine Medaillenchance hat, wenn er auf der Bühne das Doppelte seines eigenen Körpergewichts hebt. Dazu kommt es nicht mehr. Bei 140 Kilogramm spürt er ein Ziehen in der Wade. Das Alarmsignal aller Heber jagt ihm einen panischen Schrecken ein. Instinktiv weiß er, was zu tun ist: Zeit gewinnen. Draußen auf der Bühne läuft der Wettkampf. Die Konkurrenz hat 150 Kilo gehoben. Er läßt das Gewicht aus und steigert auf 155 Kilogramm. So viel hat er noch nie in einem Wettkampf gemeistert. Die extrem hohe Anfangsbelastung läßt ihm keine Chance, das Gewicht auch nur in Brusthöhe zu bringen. Der Wadenmuskel zieht sich wie ein Ei zusammen, und die Hantel kracht polternd zu Boden. Milser rollt sich nach hinten weg, kann nicht mehr auftreten, wird von zwei Betreuern in die Kabine getragen. Zum nächsten Versuch kommt er nicht mehr heraus. Das Gefühl totaler Hilflosigkeit ist übermächtig. Jetzt sitzt er hilflos in der Ecke.

Vor ein paar Tagen wog er noch 86 Kilogramm, mußte acht Pfund ›abkochen‹. Zum Frühstück aß er eine Scheibe Toast, ein halbes Steak am Abend. Zwischendurch trainierte er und legte sich in die Sauna, bis kein Wasser mehr im Körper war. Seit Tagen hat er keinen Stuhlgang mehr, wo nichts ist, kann nichts kommen. Was er in der ganzen letzten Woche gegessen hat, ißt er sonst an einem Tag. Zusätzlich nahm er Abführmittel. Erst besiegte er seinen Körper, dann hat der Körper ihn besiegt. Mit der Flüssigkeit geht Salz verloren, und die Muskeln verkrampfen sich. Auf Salz aber muß er wegen Durstes verzichten. Er ist wahnsinnig deprimiert, rafft sich aber mit der Kampfmoral eines angeschlagenen Boxers auf und meldet für die nachfolgende Konkurrenz im Stoßen. Eine Medaille hat er nicht, aber die Genugtuung, in seiner Spezialdisziplin 205 Kilogramm und damit mehr als die Medaillenträger gestoßen zu haben. Es mag falschverstandener Ehrgeiz sein, den gepeinigten Körper nochmals dieser Tortur auszusetzen. Aber die unbeschreibbaren Qualen des Trainings, die Strapazen des Abhungerns lassen derartige Überlegungen gar nicht erst aufkommen. Das Gefühl, alles gegeben und nichts erhalten zu haben, verursachte einen hemmungslosen Weinkrampf. Olympia macht die härtesten Männer weich.

Linke Seite: Ein guter Start ist Gold wert. Hannelore Anke (DDR) trainierte in den Vorläufen und gewann den Endlauf.

Rolf Milser und die Probleme mit Gewichten. Zuerst mußte der Duisburger Körpergewicht ›abkochen‹, um in der Leichtschwergewichtsklasse starten zu können. Dann ist das Gewicht beim Reißen eine zu große Belastung für seinen Körper. Ein Wadenkrampf macht alle Hoffnung auf eine Medaille zunichte. Eine gewichtige Enttäuschung.

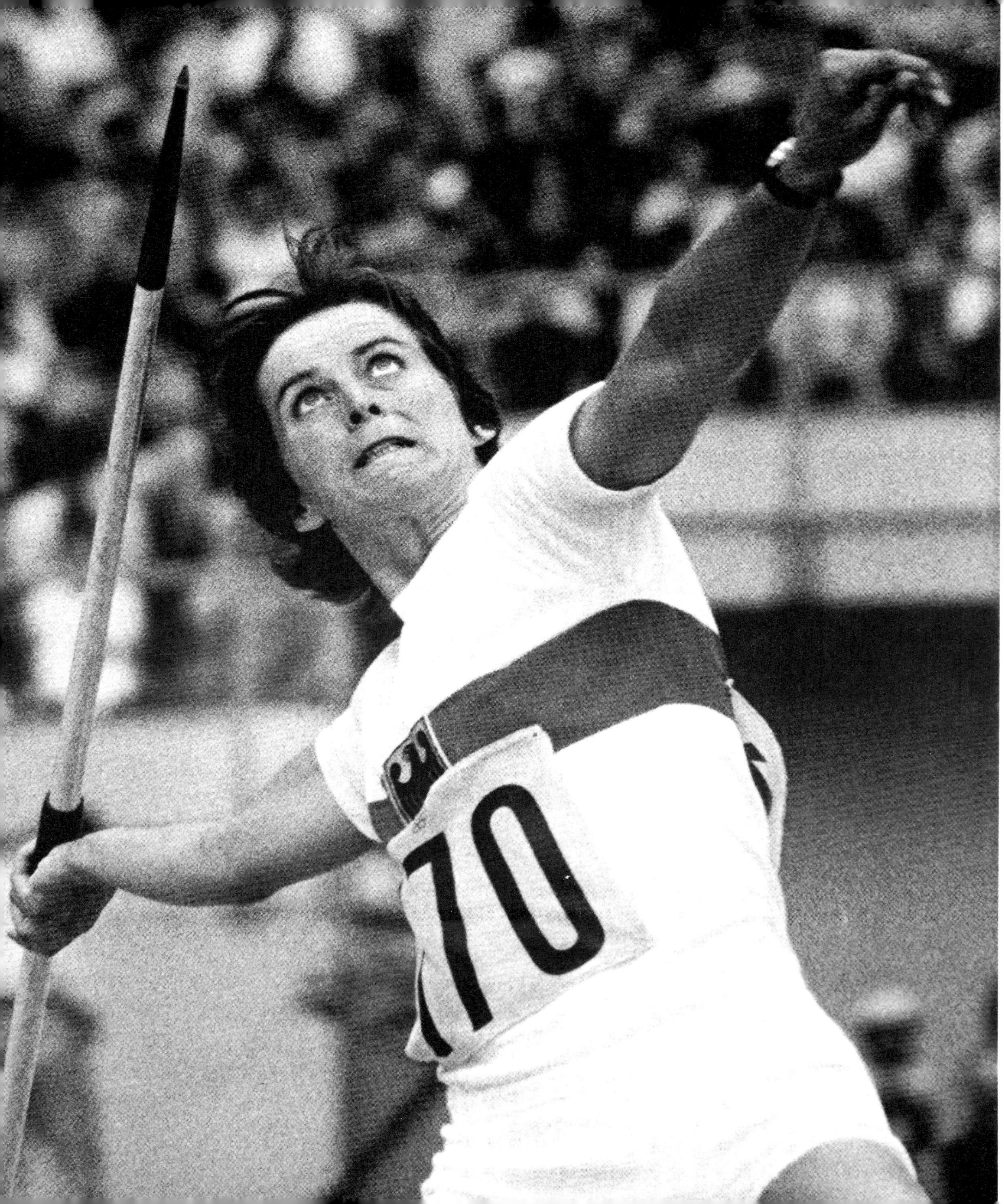
70

Linke Seite: Marion Becker holt aus
zum großen Wurf. Silber mit dem Speer.
Oben: Medaillenhoffnungen –
auf Sand gebaut.
Drei (speer-)wurfgewaltige Damen:
Kathryn Schmidt, Ruth Fuchs und Marion
Becker, von links. Das Gefälle in der
Körpergröße täuscht über das Leistungs-
vermögen hinweg. Silber, Gold, Bronze,
von rechts.

Folgende Farbseiten: Das Bild im Bilde.
Die Wiederholung des 100-Meter-Finales
für Zuschauer und Aktive auf der großen
Anzeigetafel. Nicht uninteressant,
manchmal auch Informationshilfe für Aktive.
Das Bild daneben zeigt Donald Quarrie
(links), den Gewinner der Silbermedaille
und Gay Abrahams, der als Fünfter die
Ziellinie passierte.

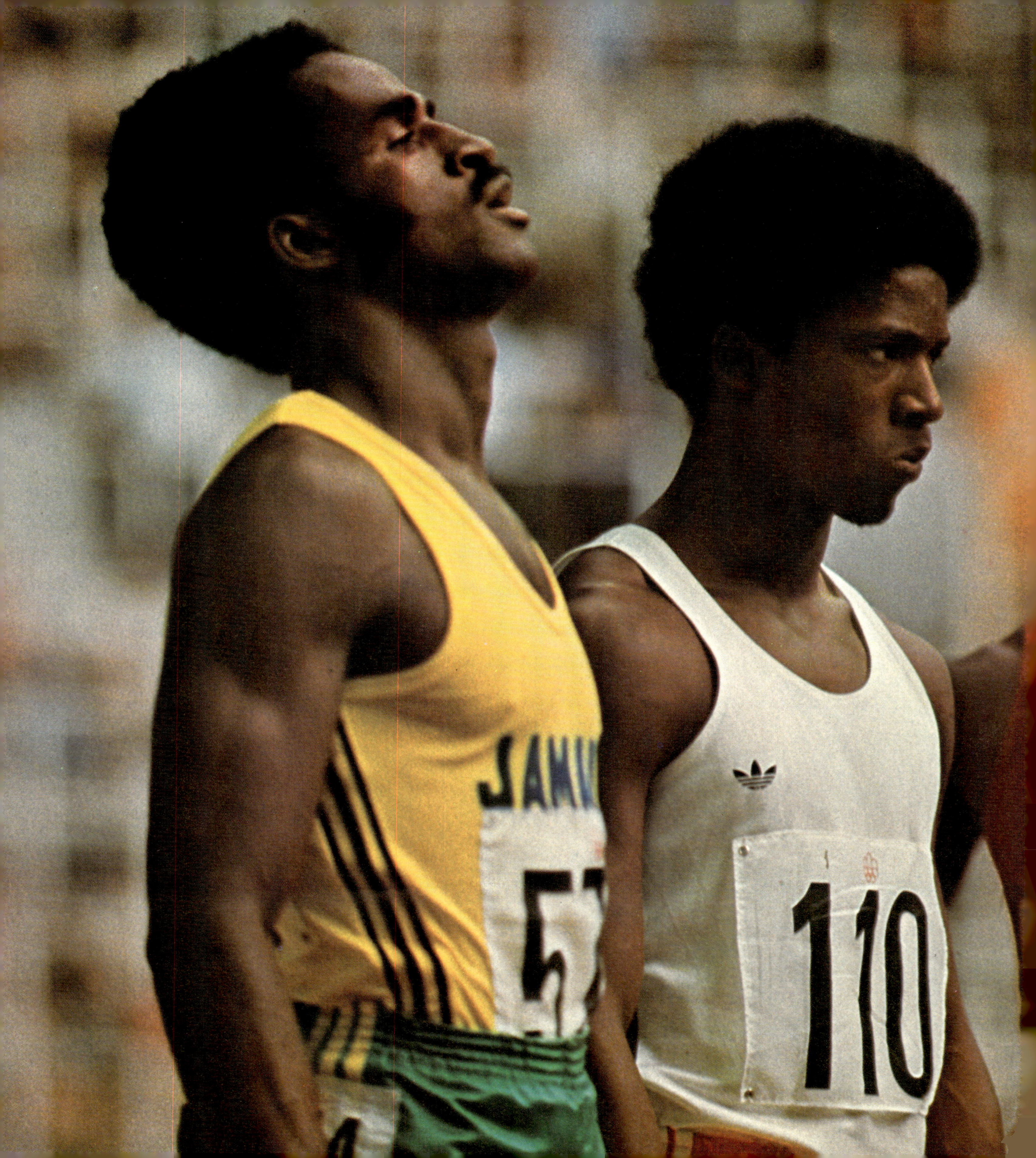
110

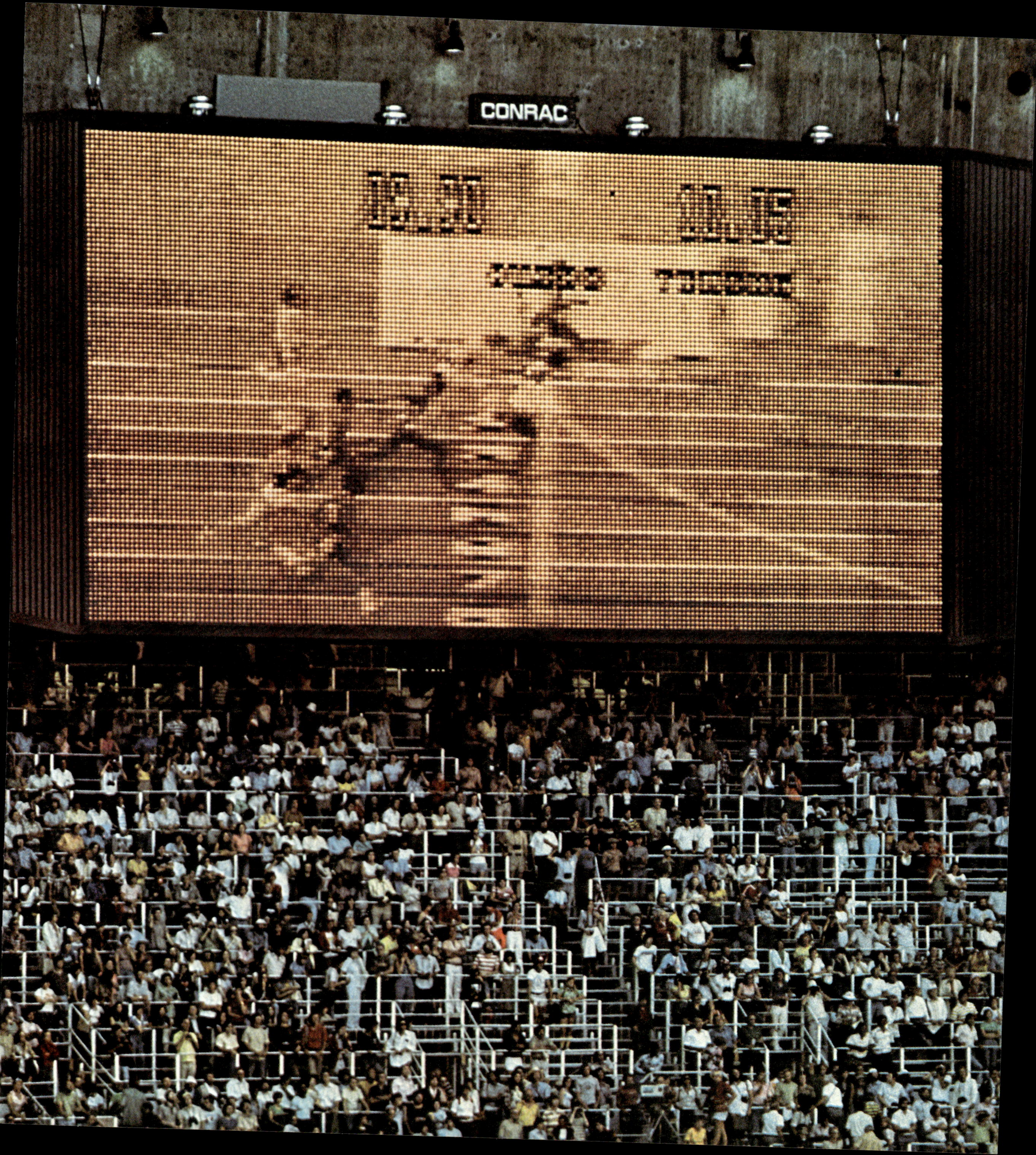
CONRAC

Wo nimmt sie die Kraft her?
Nach der Statur zu urteilen, würde man sie für manches halten: für eine Fechterin, Sprinterin oder Turniertänzerin. Dem Bild von einer Speerwerferin entspricht Marion Becker ganz und gar nicht. Fast zerbrechlich wirkt die Münchnerin neben Renate Fuchs, der zweimaligen Olympiasiegerin. Und so fragt sich jeder, wo sie nur die Kraft hernimmt. Mit ihrer Silbermedaille hat sie ihre Umwelt mehr überrascht als sich und ihren Mann, der zugleich ihr Trainer ist. »Ich habe auch was getan dafür«, spielt sie die harte Arbeit der letzten Monate fast ein wenig herunter. »Marion Becker. German Democratic Republic«, irrte sich der Ansager. Er war wohl vom olympischen Normalfall ausgegangen. Vor einigen Jahren noch hätte er die gebürtige Hamburgerin zu Recht in die DDR stecken dürfen. Denn ›drüben‹ aufgewachsen, hatte sie die üblichen Stationen einer DDR-Sportkarriere durchlaufen: von der Kinder- und Jugendsportschule bis hin zum Titel einer DDR-Jugendmeisterin. Sie gehörte dem SG Karl-Marx-Stadt an wie Renate Fuchs, mit der sie ›in den möglichen Grenzen‹ eine fast freundschaftliche Beziehung verbindet. Ihr Flirt mit dem Banatdeutschen Siegfried Becker in Rumänien stoppte ihre Laufbahn. Als sie wegen der Liebelei von den Junioren-Europameisterschaften ausgeschlossen wurde, wechselte Marion Steiner, wie sie damals noch hieß, nach Rumänien, wo bald die Hochzeit folgte. In München 1972 startete sie für Rumänien, ohne großen Erfolg. Nach den Spielen blieb das Ehepaar Becker in der Bundesrepublik, erst in Frankfurt, jetzt in München, wo sie neben dem Haushalt mit der sechsjährigen Almut noch Sport und Sozialkunde studiert. Einen Preis ist die Olympiazweite nicht bereit zu zahlen: den Erfolg auf Kosten ihres Aussehens. Nicht das harte Hanteltraining ist ihr Metier, eher vertraut sie ihrer geschliffenen Technik. Wäre sie in der DDR geblieben, hätte ihr möglicherweise ein Zentimeter zum Ruhm gefehlt. Denn sie wäre unter den Erlaß gefallen, daß nur Speerwerferinnen über 1,68 Meter Größe zu fördern seien. Marion Becker mißt 1,67 Meter.

Oben: Der DDR-Vierer mit Steuerfrau holte eine Goldmedaille – nicht ohne Anstrengung, wie man den Gesichtern ansieht, doch die Mühe hat sich gelohnt.

Links: Wolfgang Strauß (links) und Peter van Roye. Zwei Mann in einem Boot, das von beiden so schnell gerudert wird, daß es am Ende sogar zu einer Medaille reicht. Einmal Dritter für den Zweier ohne.

Mitte: Freundinnen, Freude über Bronze. Edith Eckbauer und Thea Einöder. Die Frauen sind in eine bislang ›männliche‹ Domäne hineingerudert, gegen manche Widerstände. Denn früher wurde über Frauen gelacht, wenn sie rudern wollten. Doch die Frauen haben sich stark gemacht, sitzen inzwischen zwar nicht im gleichen, so doch im eigenen Boot. Kanada dürfte für das Frauenrudern den endgültigen Durchbruch bedeuten. Olympia ist schließlich das entscheidende Gütesiegel.

Vier deutsche Frauen im Sprintfinale, das Annegret Richter gewinnt. Eine Mannschaft wollte für den Fechtsport siegen. Die Amerikaner fischen im Wasser die meisten Medaillen. Ein ungesühnter Fehlstart. Military-Medaillen schwer erkämpft. Immer noch Ruder-Hegemonie der DDR. Silber für Gold-Kolbe.

25. Juli 1976
9. Tag

Da kauern sie nun in ihren Startmaschinen: vier deutsche Sprinterinnen – zwei Ost, zwei West – dazu zwei Amerikanerinnen, eine Australierin, eine Engländerin. Vor allem Annegret Richter nährt (west-)deutsche Träume. Sie hat sich trotz der Olympiasiegerin Renate Stecher (DDR) zur Favoritin gemausert, hat die überragende Sprinterin der letzten Jahre mit einem wunderschönen Vorlauf besiegt und im Semifinale einen großartigen Weltrekord von 11,01 Sekunden abgeliefert. Doch das interessiert nur am Rande. Der Schuß knallt. Speziell Annegret Richter und Inge Helten kommen gut von den Blöcken. Da hallt recht spät ein zweiter Schuß von den Stadionrängen wider – Fehlstart. Wie sich zeigen wird, ein Fehlstart der elektronischen Meßanlage. Rom 1960 fällt uns ein, damals Armin Hary mit seinem Frühstart auf Bahn 8. Kurz darauf ist er Olympiasieger. Ein Omen?

Welche Anspannung unter den Zuschauern, den deutschen insbesondere. Welche Nervenkraft wird den jungen Damen im Grunde der Arena abverlangt? Zwei vergebliche Versuche noch, dann endlich der erlösende Wirbel der schnellen Beine. Bei fünfzig Metern Inge Helten vor Renate Stecher. Auf den letzten zwanzig Metern läuft Annegret Richter davon. »Hast du gewonnen?« fragt Inge Helten ihre Dortmunder Klubkameradin. »Ich weiß nicht.« Eine halbe Minute später vergeht der Zweifel: Richter vor Stecher und Helten. Nun verdreifacht sich das Schwarz-Rot-Gold, als die Fahnen an den Masten neben der Flammenschale emporsteigen. Wer sieht schon auf dem einen Tuch Hammer und Zirkel? Der Nebenmann murmelt despektierlich etwas von ›nationalem Rückenrieseln‹, ein anderer spricht von ›gesamtdeutscher Mannschaft‹.

Hatten die mißglückten Starts schon für Hochspannung gesorgt, so ahnten die Zuschauer nichts von der verborgenen Dramatik. »Ich hatte nach dem Zwischenlauf eine verkrampfte Wade«, berichtet die Olympiasiegerin. »Auf den ersten dreißig Metern spürte ich die Verhärtung, dann lief es recht gut.« Der Masseur fürchtete, die Muskeln würden nicht halten. Und der Arzt Dr. Klümper ergänzt: »Sie hatte gestern noch Angst, eine Stufe hochzugehen.« Die Gefahr einer Zerrung bedrohte den Medaillentraum. Und Inge Helten, die so lange von einer Oberschenkelverletzung geplagt worden war, spürte plötzlich Schmerzen in der Leistengegend. Die Medaillen hingen an seidenen Muskelsträngen. Trotzdem gingen die Dortmunder Mädchen ruhig, fast gelassen in das Rennen. Daß Annegret Richter nun die schnellste Frau der Welt ist, scheint ihr noch nicht so recht bewußt zu sein. Jedenfalls macht sie nicht viel Aufhebens davon. »Sie ist nicht der Typ der Show«, charakterisiert Manfred Richter seine Frau. Gerade noch rechtzeitig trudelte er im Stadion ein. Der Flug, den ihm seine Eltern bezahlten, verlief nicht nach Plan. In New York wußte niemand etwas von einer Buchung nach Montreal. So stieg Richter in einen Greyhound-Bus, der ihn nach achtstündiger Fahrt zum Ort der Tat seiner Frau brachte.

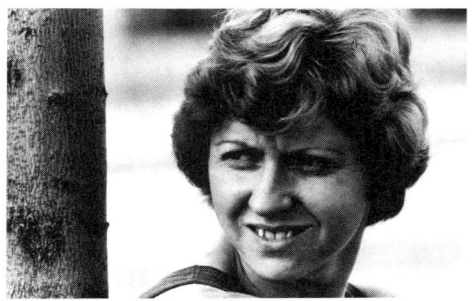

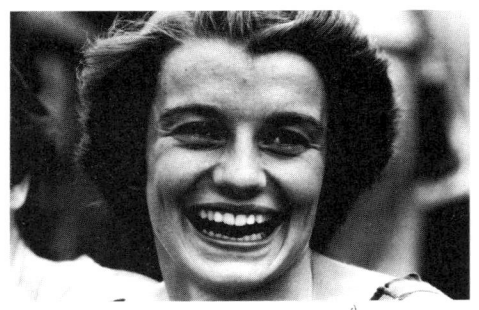

Unsere schnellen Mädchen: Inge Helten, Annegret Richter (beide bereits mit Medaillen dekoriert), Elvira Possekel und Annegret Kroniger (von oben). In der Staffel über 4 × 100 Meter sollen auch die beiden letzteren ›verziert‹ werden.

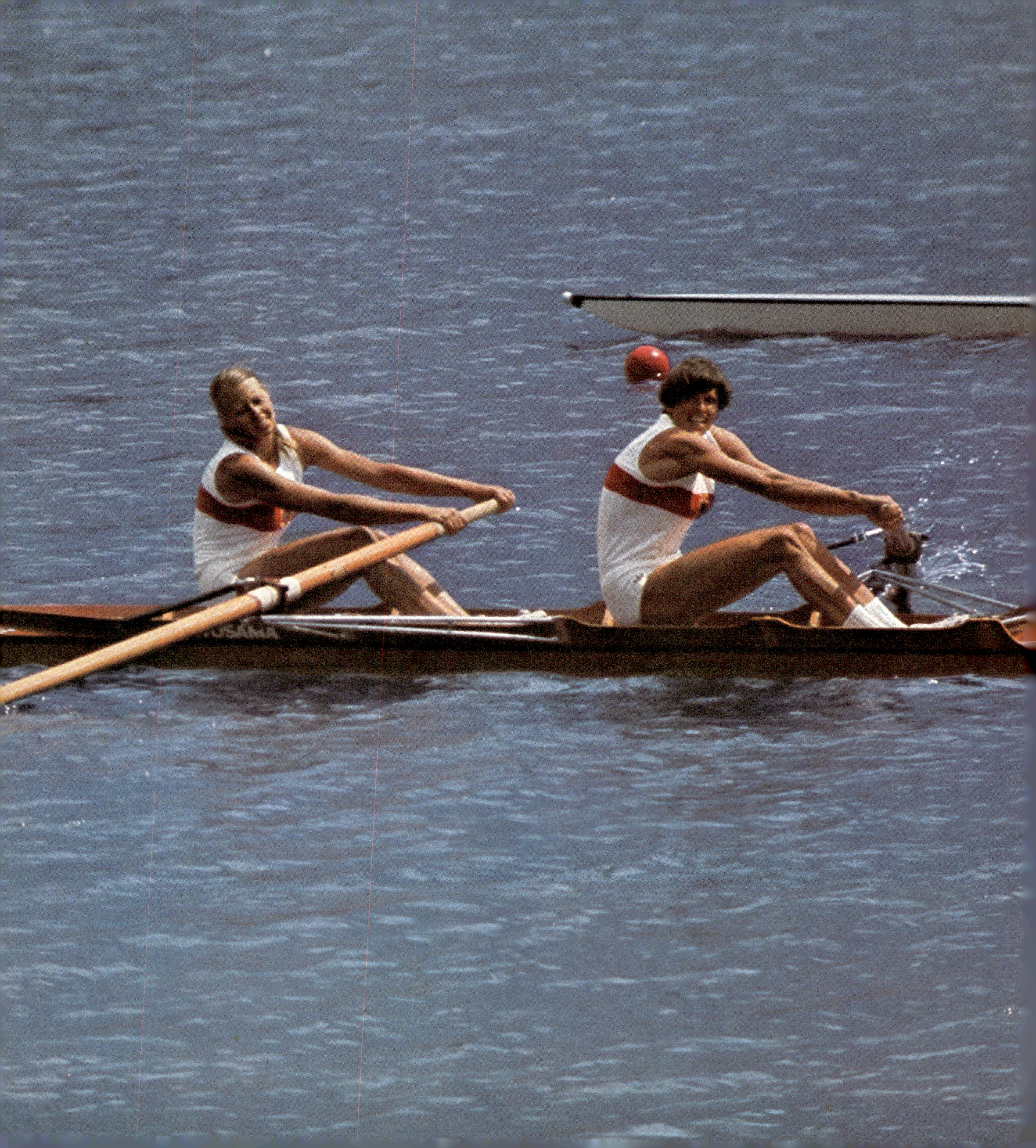

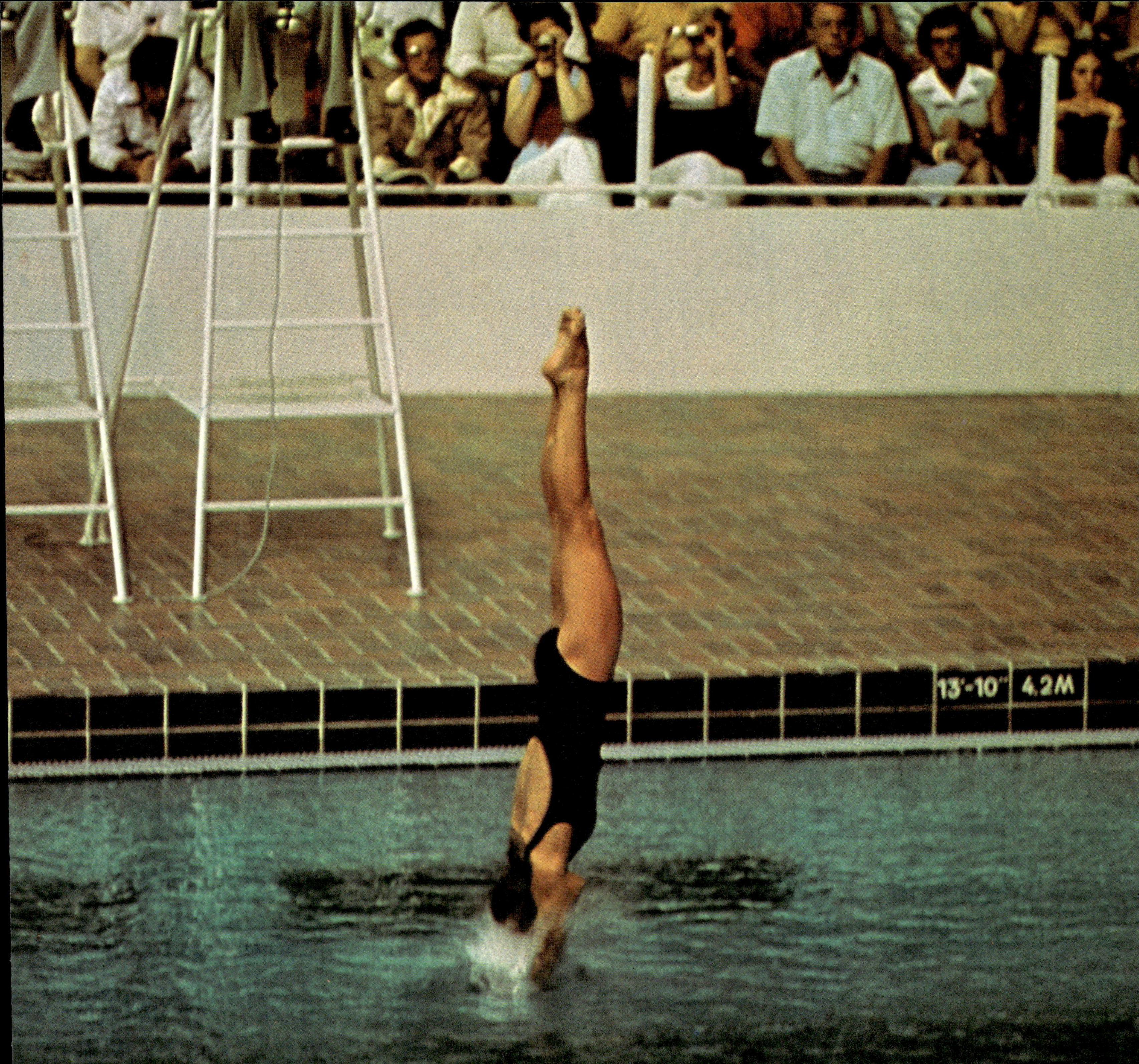
13'-10" 4.2M

Silber gewonnen – alles verloren

Peter Michael Kolbe hat die Silbermedaille im Rudern gewonnen. Grund genug, sich zu freuen, gar zu jubeln. Die kanadischen Zuschauer wären vermutlich vor lauter Begeisterung ins Wasser gesprungen, hätte einer ihrer Landsleute das Kunststück fertiggebracht. Doch Peter Michael Kolbe war enttäuscht, tief enttäuscht. Er verschwand mit der U-Bahn. Zurück blieben verdatterte Funktionäre und ein ratloser Trainer, dem nicht mehr als die Bemerkung einfiel, daß Kolbe zum Schluß keine Kraft mehr in den Beinen gehabt habe. Dr. Hess, der Ruderpräsident, sonst wie alle Funktionäre zurückhaltend, wenn es um Fragen geht, die Kolbe betreffen, nahm kein Blatt vor den Mund. Er wetterte über die miserable Taktik, die ersten 500 Meter der Zwei-Kilometer-Distanz in Rekordzeit zu fahren. Der Hamburger hatte mit Silber viel gewonnen und im Grunde alles verloren, so verzerrt ist mitunter die olympische Optik. Kolbe gehörte eben in allen Olympiavoraussagen zu den Favoriten, die man in der Umgangssprache der Wettfreunde eine ›Bank‹ nennt. Obwohl wegen der verlorenen Goldmedaille nicht wenige von einer Katastrophe sprechen, ist dem Ruderer nur passiert, was vor ihm schon viele erlebten. Zum Beispiel auch dem Mannheimer Jochen Meissner, dem in Mexiko als Favorit ein ähnliches Schicksal beschieden war. Plötzlich ist dann der sonst so begehrte zweite Platz keinen ›Silber‹-ling wert, ist der Athlet nicht nur traurig, sondern deprimiert (siehe unten).

Nach dem Debakel war Peter Michael Kolbe sicher einer der Einsamsten von Montreal.

Vorhergehende Farbseiten: Der Zweier: Edith Eckbauer und Thea Einöder haben gut lachen.
Auf der Insel Notre-Dame erringen diese beiden Damen die Bronzemedaille in einer Sportart, die in Montreal zum erstenmal bei Olympischen Spielen vertreten ist. – Die amerikanische Wasserspringerin Jennifer Chandler gewann das Springen vom Drei-Meter-Brett.

Nebenstehend: Gold für die Florett-Fechter aus der Bundesrepublik. Von links: Matthias Behr, Thomas Bach, Harald Hein, Klaus Reichert und Ersatzmann Erk Sens-Gorius.

Ein Sieg für den Fechtsport

Träume sind Wirklichkeit geworden: Nach den Degenfechtern Alexander Pusch (Gold) und Dr. Jürgen Hehn (Silber) hat die deutsche Mannschaft der Florettfechter die olympische Goldmedaille gewonnen. Nach einem überraschenden Sieg im Halbfinale gegen die bisher von den Deutschen noch nie zuvor bezwungenen sowjetischen Florettfechter ist in einem kampfbetonten, überaus spannenden Finale mit der ›Squadra azzurra‹ ein deutlicher Sieg geglückt: Die Italiener mit ihrem Olympiasieger dal Zotto wurden mit 9 zu 6 Einzelsiegen bezwungen. Der Zahnarzt Klaus Reichert vom Olympischen Fechtclub Bonn, der Student Thomas Bach, der Banklehrling Matthias Behr und der Internatsleiter Harald Hein sowie der Steuergehilfe Erk Sens-Gorius als tüchtiger fünfter Fechter – die letzteren vier alle vom Fechtclub Tauberbischofsheim – gewannen die Goldmedaille.

»Wir sind eine Mannschaft«, sagte der Jurastudent Thomas Bach nach dem Sieg, »eine Mannschaft, die zusammenhält, die von Maitre Jean Coibion vorbereitet worden ist, eine Mannschaft, die für den deutschen Fechtsport Olympiasieger geworden ist!« Daß diese vier Athleten, die sich seit den Olympischen Spielen in München auf das Ziel in Montreal ausrichteten, an den beiden Turniertagen des Florett-Mannschaftswettbewerbs einer für den anderen einstanden und kämpften, wurde den sowjetischen Fechtern zu spät klar, wurde den Italienern in dem mit allen athletischen und fecherischen Möglichkeiten ausgetragenen Finale nur zu bald bewußt. Der nervenstarke, konzentrierte Harald Hein setzte im entscheidenden Gefecht den Treffer zum Sieg gegen Simoncelli, zum neunten Sieg gegen die italienische Mannschaft, zum Olympiasieg für die deutschen Florettfechter. Jubel hier, Betroffenheit dort. Die Fechter, Bundestrainer Jean Coibion, die Helfer am Rande stürmten auf Harald Hein zu. Siegesjubel! Glückwünsche, Tränen, Lachen, Freude.

34 von 78 Medaillen an Amerikaner

Der Fischzug der Amerikaner durch das olympische Schwimmbecken wurde zum größten Fang, der je in einer olympischen Sportart gelang: dreizehn Gold-, vierzehn Silber- und sieben Bronzemedaillen. Zwei Dutzend Schwimmer und Schwimmerinnen genügten, um von den insgesamt 78 Medaillen nicht weniger als 34 zu gewinnen. Mögen die Amerikaner nebenan im Olympiastadion bei den Sprints auch den Ruf der Schnellsten zu Lande verloren haben, zu Wasser bleiben sie es allemal. Mit leichtem Gepäck, mit ein paar Badehosen und -anzügen waren sie gekommen, schwer mit den Schätzen des Olymp beladen gingen sie wieder. Olympiasieg Nr. 13 im letzten von insgesamt 26 Rennen ließ die amerikanischen Badefreuden gar überschwappen: In allerletzter Sekunde war es vier amerikanischen Kraulsprinterinnen endlich gelungen, wenigstens einmal vor der DDR das Ufer zu erreichen. Doch es war kein reines Gold, was den Amerikanerinnen nach langem Zögern zum Abschluß umgehängt wurde. Denn zweifellos war Shirley Babashoff, die amerikanische Schlußschwimmerin, beim letzten Wechsel zu früh ins Wasser gesprungen. Doch der olympische Frieden schien den Kampfrichtern offensichtlich wichtiger als die einzige mögliche Entscheidung: Disqualifikation der Amerikanerinnen, Gold für die ostdeutschen Schwimmerinnen. Vermutlich wäre die große internationale Wasserschlacht dann über die Ufer getreten. Die an den sieben Tagen mit jeweils fast zehntausend Zuschauern stets ausverkaufte Halle war schließlich fest in amerikanischen Händen. Und die wären gewiß handgreiflich geworden, wenn ihnen der Abschluß ihrer großen Schwimmerparty so verwässert worden wäre. Die Schwimmerinnen der DDR aber machten gute Miene zum bösen Spiel; sie hätten auch ohne den Frühstart von Shirley Babashoff vermutlich knapp verloren. Der Fehler, Kornelia Ender als Startschwimmerin einzusetzen, kostete wahrscheinlich die zwölfte Goldmedaille. So kam Shirley Babashoff nach vier zweiten Plätzen endlich zu ihrem ersten Rang, und Kornelia Ender muß sich nun den Ruhm des erfolgreichsten Olympioniken dieser Wasserspiele mit John Naber teilen: je viermal Gold und einmal Silber für beide.

Mit elf Gold-, sechs Silber- und zwei Bronzemedaillen war die Wasserfront der DDR-Schwimmer nicht so stark, wie zuvor erwartet. Bei den Männern holte die DDR sogar nur eine einzige Bronzemedaille durch den olympischen Oldtimer Roland Matthes. Die Schwimmer aus den Staaten räumten allein viermal den olympischen Gabentisch alleine ab. Auch in den Weltrekordlisten ist die Einheitsfront der DDR-Schwimmerinnen nun unterbrochen: über 200 Meter Brust durch eine Russin und über 4x100 Meter Kraul durch die Amerikanerinnen. Ebenso wie bei den Frauen ergab sich auch bei den Männern nur über 200 Meter Brust etwas Abwechslung im Einerlei der Flaggenparade bei den Siegerehrungen. Statt der Stars and Stripes flatterte einmal der Union Jack am mittleren Fahnenmast für David Wilkie aus Großbritannien. Zwei Bronzemedaillen durch Peter Nocke und die Lagen-Staffel ließen die Schwimmer aus der Bundesrepublik nicht ganz leer ausgehen. In dem Strudel von insgesamt 27 Welt- und 24 Europarekorden drohen die 24 deutschen Rekorde (für den Bereich der Bundesrepublik) natürlich unterzugehen. Immerhin trugen die bundesdeutschen Schwimmer durch Nocke und die Lagenstaffel einen kleinen Teil zu den zwei Dutzend Europarekorden bei.

Ein amerikanischer Sieg im Schwimmen. Bei den Männern Gewohnheitssache, bei den Frauen eine Seltenheit. Darum ist die Freude von Kim Peyton, Wendy Boglioli, Jill Sterkel und Shirley Babashoff nur allzu verständlich, schließlich gewannen sie die 4×100-Meter-Freistil-Staffel gegen die erfolgsgewohnten DDR-Mädchen in Weltrekordzeit. Bei dem vielen Wasser fallen die Freudentränen kaum auf.

Folgende Farbseiten: Die Länder der Dritten Welt auf dem Weg nach Olympia. Die Volleyballspielerinnen aus Kuba zeigten gute Leistungen und erreichten nach einem Sieg über die DDR den fünften Platz. Die Läufer aus Haiti und Senegal schieden bereits im 800-Meter-Vorlauf aus.

Nur die Medaille zählt

Der schnellste Schwimmer, den die Welt je sah, zeigte sich gerade an diesem Attribut nicht sonderlich interessiert. Jim Montgomery klopfte, nachdem er als erster die hundert Meter in weniger als fünfzig Sekunden durchkrault hatte, demonstrativ auf seine Goldmedaille: »Das ist, was zählt. Die Zeit ist hier nicht so wichtig.« Der 21 Jahre alte Student wollte an diesem Abend Olympia-Sieger sein, nicht mehr und nicht weniger. Er selbst ist sich offenbar auch gar nicht so sicher, wie seines Lobes Sänger, ob irgend jemand sich über diese kürzeste Schwimmstrecke mit Fug und Recht den ›schnellsten Schwimmer‹ nennen kann. Das hängt, meint Montgomery, von so viel Dingen ab: wie man vom Startblock wegkommt, was an der Wende passiert und dergleichen mehr. Wenn man das so hört, könnte man glauben, auf das eigentliche Schwimmen komme es gar nicht mehr an.

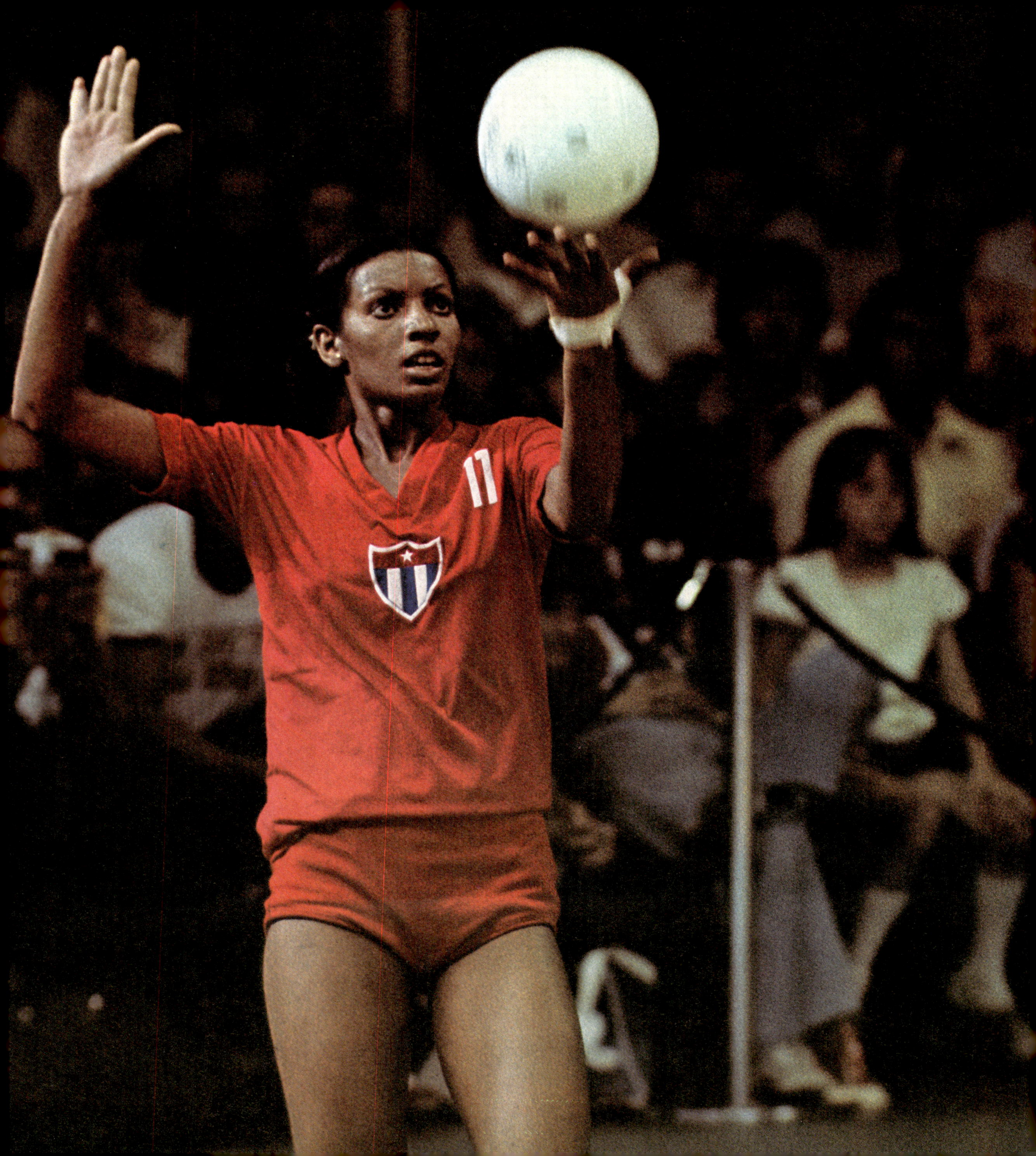
11

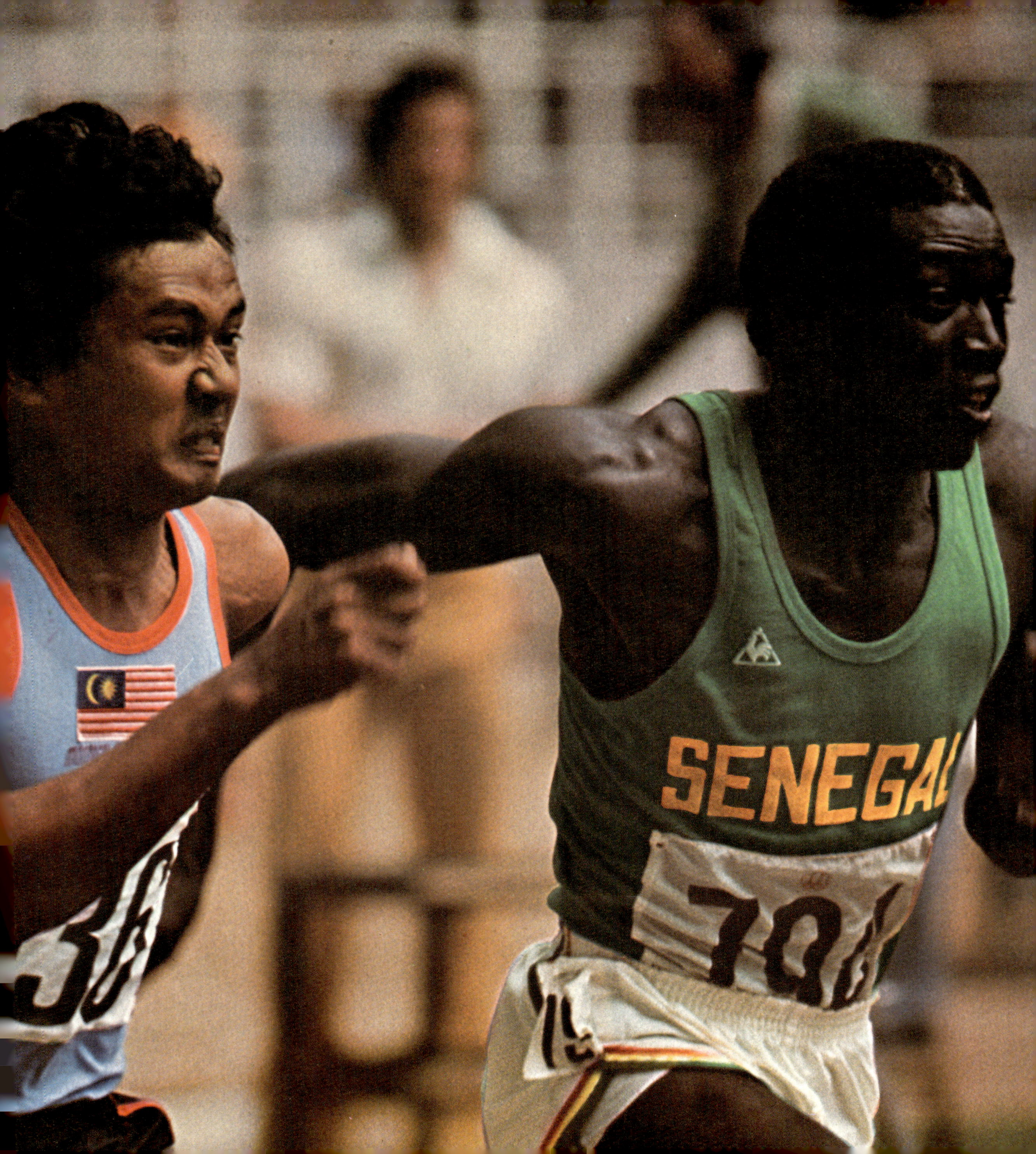
SENEGAL

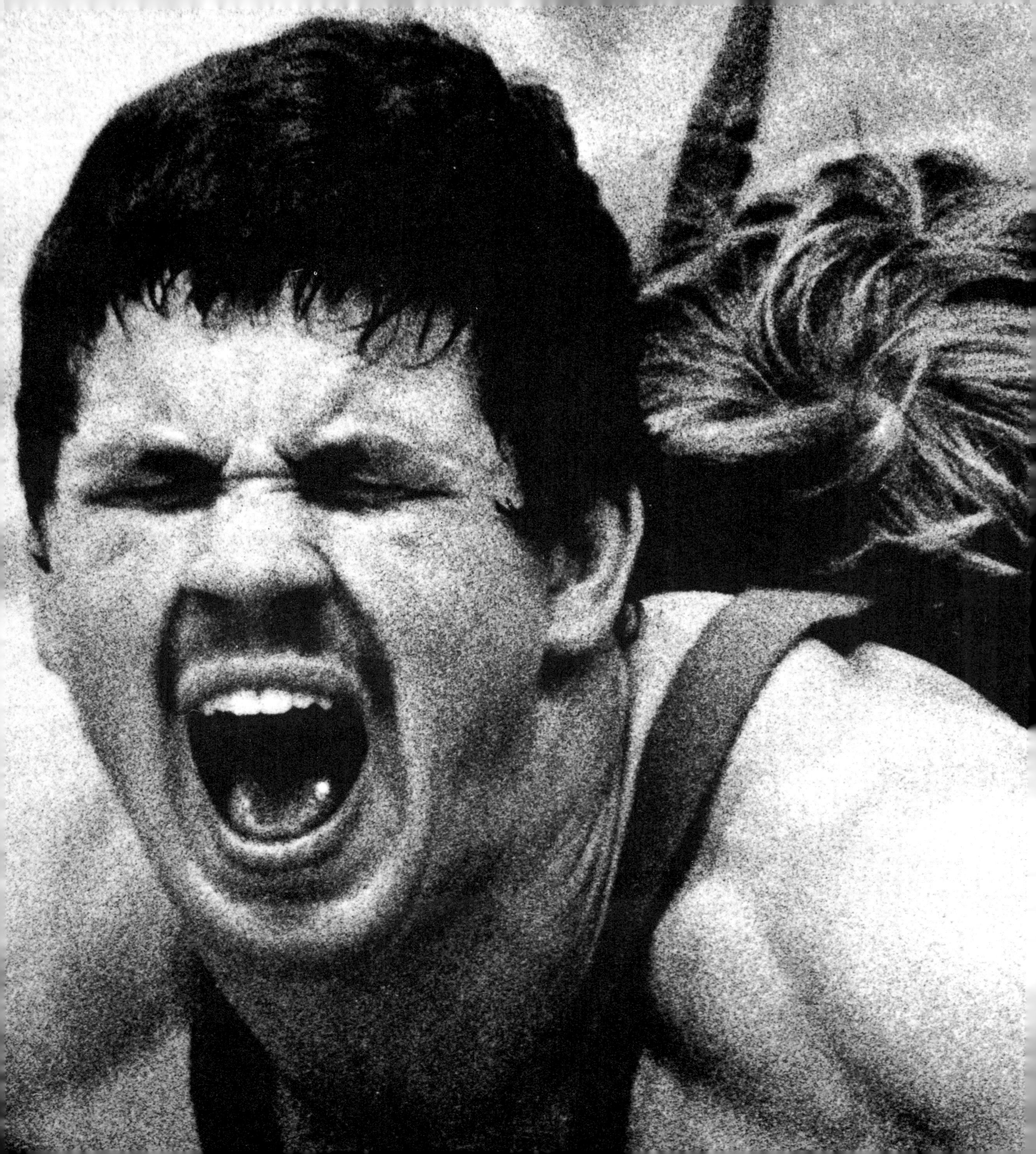

Nicht alles nach Wunsch

Sie haben alle rosige, braungebrannte Bauerngesichter, wie man sie im Norden antrifft. Der Jüngste ist Jahrgang 43, der Älteste Jahrgang 32. Sie verbindet mehr als sie trennt: die Mannschaft mit der Silbermedaille, Karl Schultz in der Einzelwertung mit Bronze. Dabei lief nicht alles nach Wunsch. Otto Ammermann aus Kleinensiel ritt mit Volturno nach der Rennbahn am Ziel vorbei und wurde disqualifiziert. Helmut Rethemeier aus Vlotho baute einen spektakulären Sturz an Hindernis 15, ähnlich dem von Prinzessin Anne. Die Hürde hatte den poetischen Namen Debbies Dilemma, am Samstag war es Paulines Dilemma, Rethemeiers schwankender Unterbau. Der Landwirt kam mit Prellungen und Kreislaufkollaps ins Krankenhaus, nachdem er durchs Ziel war. Merkwürdigerweise sind die Deutschen ohne Mannschaftsarzt in Bromont aufgekreuzt, was man erst bei diesem akuten Fall feststellte. Rethemeier brauchte nur wenige Stunden, um sich zu erholen. Einen Husarenritt vollbrachte Herbert Blöcker aus Fiefharrie in Holstein. Am elften Hindernis war ihm der rechte Steigbügel gerissen, konnte er Albrandt von da an kaum noch Hilfen geben. Karl Schultz hatte es schon vor dem Startschuß spannend gemacht. Der Elmshorner, Landwirt, Weidespezialist im Gestüt Nehmten, hatte erst vor vier Wochen seine Lugenentzündung auskuriert. Er und Madrigal boten eine glänzende Dressur und eine tadellose Leistung im Gelände, die Schultz auch auf einen Lehrgang in England, bei Lars Soederholm, zurückführt. »Wohin ich auch meine Tochter schicken würde, wenn sie eines Tages Military reiten sollte.« Die Tochter ist eineinhalb Jahre alt. Karl Schultz gilt als der ewige Zweite. Im abschließenden Springen wurde aus der Goldanwartschaft in einem Umlauf Bronze. Immerhin: olympisches Metall.

Schwimmer-Rätsel

Natürlich gibt es auch beim Schwimmen Fehlstarts: Irgendeiner plumpst ins Wasser, daß es nur so spritzt. Was merkwürdig daran ist: Die Konkurrenten links und rechts neben ihm, die auf dem Block stehen geblieben sind, springen zurück, damit sie ja nicht angespritzt werden. Sind sie wasserscheu? Dann klettert der Fehlstarter mit gelangweilten Bewegungen aus dem Wasser und beginnt, sich zunächst einmal wieder abzutrocknen. Warum das? Gleitet man besser, wenn man trocken ins Wasser hüpft? Oder gibt es eine Regel, die einen nassen Körper vor dem Start verbietet? Oder sind sie abergläubisch? Unsereins ist froh, wenn er, auf Zehenspitzen balancierend, jene gewisse Zone besonderer Kälteempfindlichkeit überwunden hat und endlich ganz naß ist. Aber der mit dem Fehlstart, der ja eigentlich einen Vorteil hat, weil er jene Sekunde der Überwindung nicht mehr vollbringen muß – dieser Fehlstarter trocknet sich fein säuberlich ab. Warum tut er das? Sicherlich gibt es eine ganz lapidare Erklärung, aber lassen wir das.

Auch Skandinavier rudern

Der Finne Pertti Karppinen, Olympiasieger im Einer, die norwegischen Brüder Hansen, Olympiasieger im Doppelzweier: Ruderwettbewerb der Skandinavier? Die DDR läßt sich in Montreal nicht lumpen, eine Vormachtstellung ist zu verteidigen. Und das geschieht ordentlich: Kein Ruderer aus Ost-Berlin, Rostock, Dresden oder Leipzig kehrt ohne Medaille heim. Am Ende ist es fünffaches Gold bei den Männern; außer den Nordländern funken einmal Sowjetrussen dazwischen. Die Frauen aus der DDR geben beim Olympiadebüt der Ruderinnen einen ähnlichen Einstand: Viermal in sechs Rennen sind sie erste Wahl. Bronze verbuchen die Deutschen aus dem Westen als Erfolg: Bronze für den ungesteuerten Zweier bei Männern und Frauen, Bronze für den Vierer mit Steuermann; die ›Bank‹ Kolbe hat nicht gehalten und ›nur‹ Silber gebracht. Die Oberen des Deutschen Ruderverbandes sprechen von einem Aufwärtstrend, die Ansprüche sind bescheiden geworden. Neuseelands Amateure, die Lieblinge der Ruderwelt, haben von Jahr zu Jahr einen schwereren Stand. Doch die Bronzemedaille für den Achter und der vierte Platz im Doppelvierer machten ihnen weiter Mut zum Abenteuer Leistungssport.

Linke Seite: Erfolg tut weh. Diese Erfahrung muß auch der Mainzer Ringer Karl-Heinz Helbing machen, der sich überraschend bis zur Bronzemedaille ›durchbeißt‹.

Military heißt Vielseitigkeit für Reiter und Pferd. Dressur, Geländeritt, Springen. Karl Schultz aus Bad Schwartau ging im Gelände mit Madrigal nur in dieser Szene baden.
Folgende Farbseiten: Herbert Blöcker vor den Augen der Öffentlichkeit.

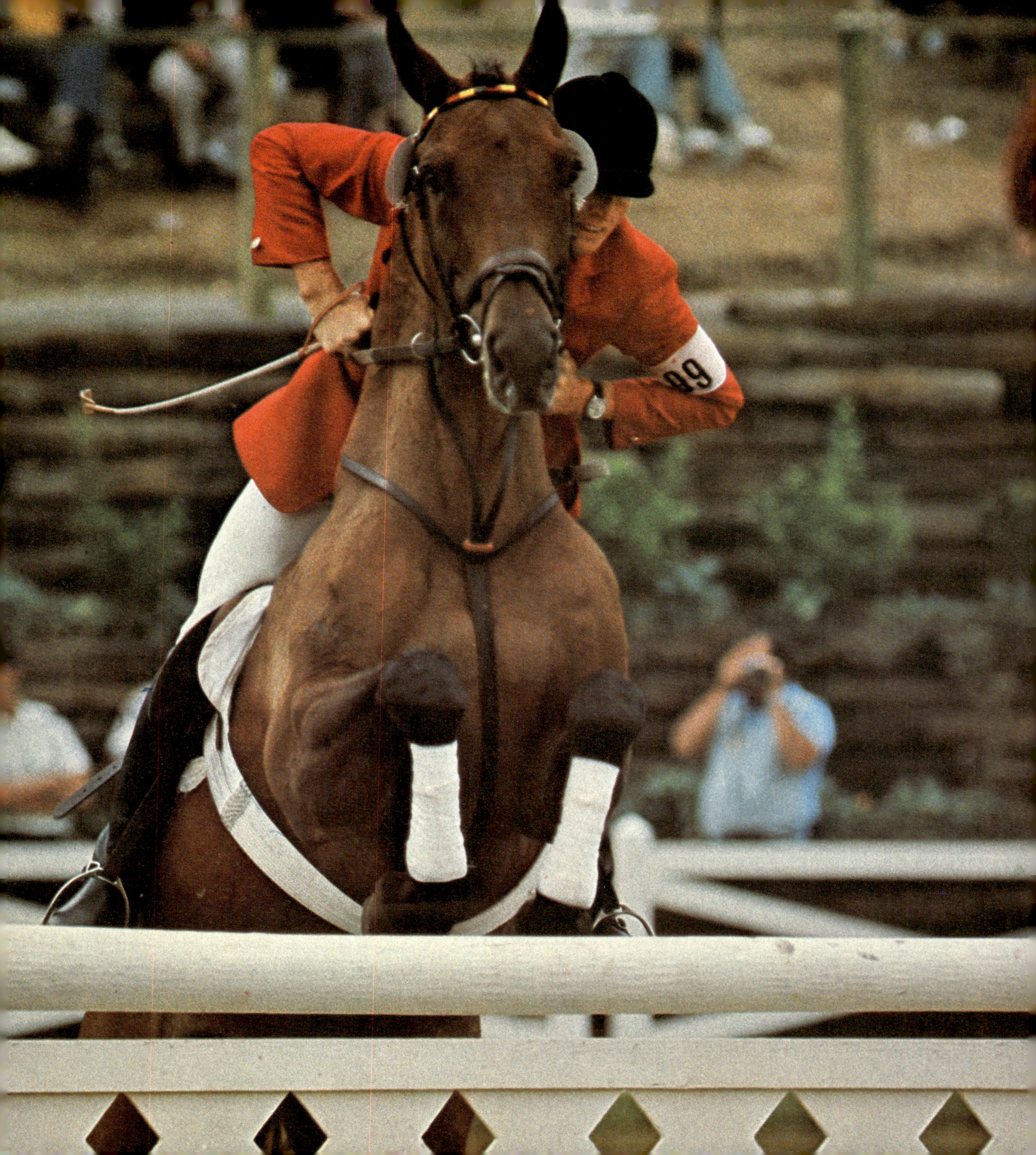
99

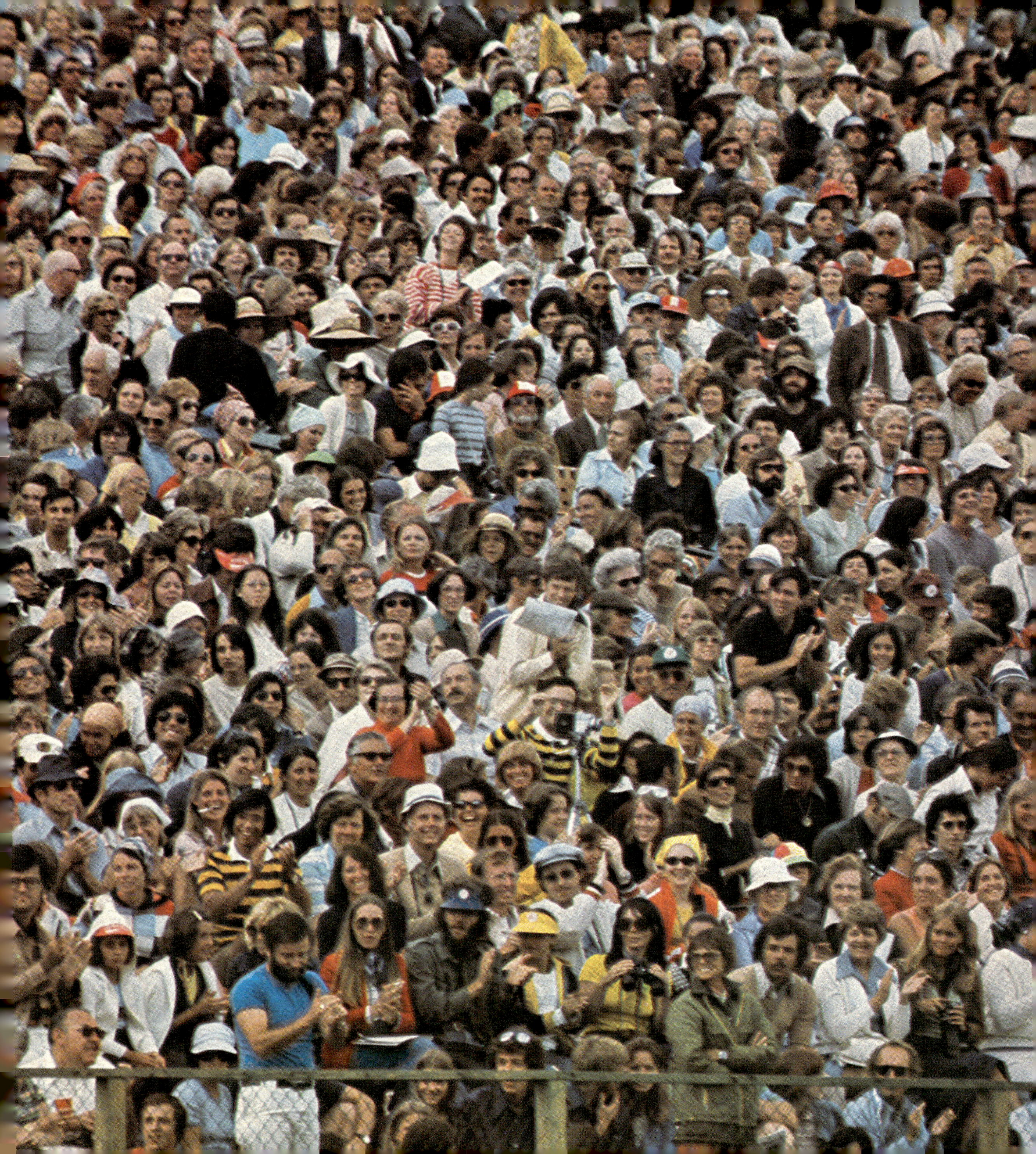

100-Meter-Endlauf der Frauen, abends gegen sechs: ein Kurz-Krimi für die deutschen Zuschauer. Elf Sekunden Hochspannung. Annegret Richter, beseelt von Hoffnungen, geplagt von Ängsten, ist Favoritin. Sie scheint die Form ihres Lebens zu haben. Mittags hat sie einen neuen Weltrekord aufgestellt: 11,01 Sekunden, fast an der Traumgrenze. Aber halten die Nerven, halten die Sehnen auch im Finale – gegen Renate Stecher? Dreimal wird das Feld zurückgeschossen: Fehlstart. Dann rollt der Expreß der schnellsten Mädchen der Welt ab. Zweimal zwei deutsche Sprinterinnen sind dabei, zwei Ost, zwei West. Am nächsten Tag berichten die Boulevardblätter eindeutig-zweideutig: Deutsche Mädchen sind die schnellsten der Welt! Annegret Richter ist deutlich vor der DDR-Rekordlerin Renate Stecher durchs Ziel gegangen, und Inge Helten blieb nur knapp dahinter. Ein geradezu gesamtdeutscher Sieg, könnte man etwas wehmütig sagen.

Freude und kein Spaß

Natürlich gibt es Momente der Freude: bei der Annegret Richter zum Beispiel oder der Inge Helten, über den jungen Ringer Helbing, die guten Schützen und Fechter, oder wenn die Handballspieler gegen Jugoslawien gewonnen haben. Aber es besteht ein Mißverhältnis zu jenen Momenten, die einem den Spaß verleiden. Da erfährt man, daß die kleine Nadia Comaneci nun zu den gefährdeten Persönlichkeiten zu zählen ist und eine Leibwache hat. Oder die Geschichte mit Valerie Borsow – wollte er nun weg oder tat er nur so oder war er bei einer Freundin oder hat man ihn tatsächlich mit Gewalt zurückgebracht? Oder die Sache mit den Spritzen, die man dem Ruderer Kolbe gegeben hat. Die ewigen Gerüchte darum, ob nun Terroristen mit den Akkreditierungen abgereister Afrikaner im Anmarsch auf Montreal sind und die damit verbundene Nervosität aller Polizeikräfte, deren Härte wiederum Angst auslöst. Dann der Schütze und der Segler, die des Dopings überführt wurden – für was, um Himmels willen, kann man sich beim Segeln dopen? Der Degen des Boris Onischenko, eine angebliche Bestechungsaffäre beim Volleyball, der dusselige Fall jenes Kanadiers, der eine ganze Woche unerkannt und unregistriert im olympischen Dorf lebte.

Die Liste ist nicht komplett. Spaß? Freude?

Überglücklich liegen sich die beiden Dortmunderinnen Inge Helten und Annegret Richter in den Armen. – Bild rechts: Die russische Läuferin Vera Anisimova gratuliert Annegret Richter zu ihrem Weltrekord.

Bienenfleißig – hochbegabt

Die Natur hat sie auf Tempo getrimmt. Ihre Staturen wirken windschnittig. Doch das ist gewiß nicht der Grund für die schnellen Läufe von Annegret Richter und Inge Helten. Die eine gilt als bienenfleißig, die andere als hochbegabt. Eine Ischiasverletzung hat Annegret Richter vielleicht geholfen, ›auch wenn ich sogar daran dachte, aufzuhören‹. Die Tempoläufe, zu denen sie sich im Winter gezwungen sah, legten die Grundlage zu ihrer guten Verfassung. Als Jugendliche hatte sie einmal davon geträumt, die 100 Meter in weniger als 11 Sekunden zu beenden. Zu Pfingsten in ihrer Heimatstadt Dortmund gelang ihr dies mit dem Weltrekord von 10,8 Sekunden. Der elektronisch gemessene Weltrekord gehört ihr jetzt auch: 11,01. »Inge Helten hat Talent«, behauptet Trainer Thiele. Deshalb fuchst es ihn, wenn sich die Dortmunderin nicht konsequent genug an die Trainingspläne hält. Entdeckt wurde die fünfundzwanzigjährige Angestellte des Dortmunder Elektrizitätswerkes auf einem Dorfsportfest. Das liegt sieben Jahre zurück. Bereits zwei Jahre später stand ihr Name in den deutschen Rekordlisten. Rückenschmerzen, die chronisch zu werden schienen, führten die Weitspringerin auf die Sprintstrecke. Vor den Olympischen Spielen lief sie elektronischen Weltrekord mit 11,04 Sekunden.

115

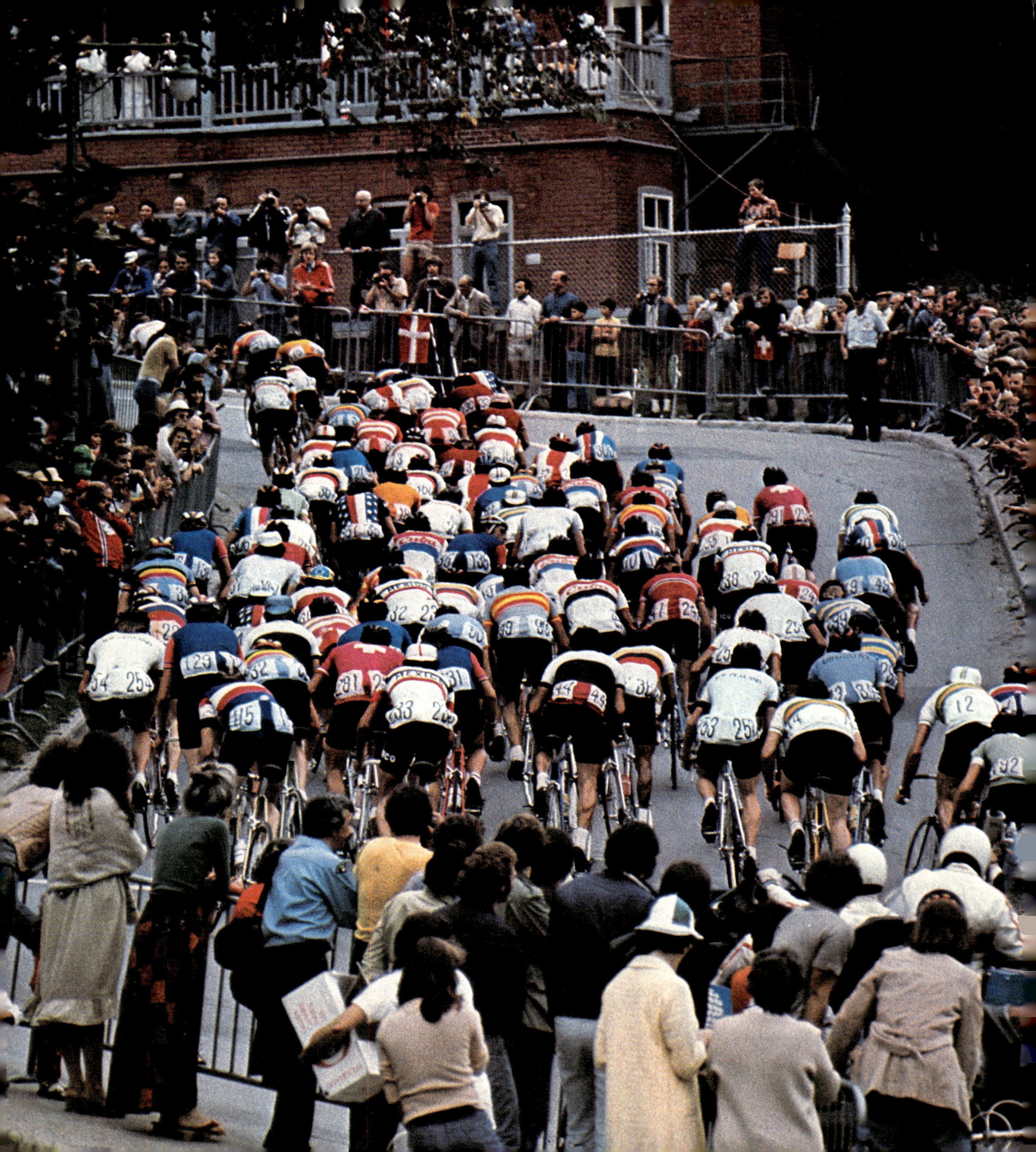

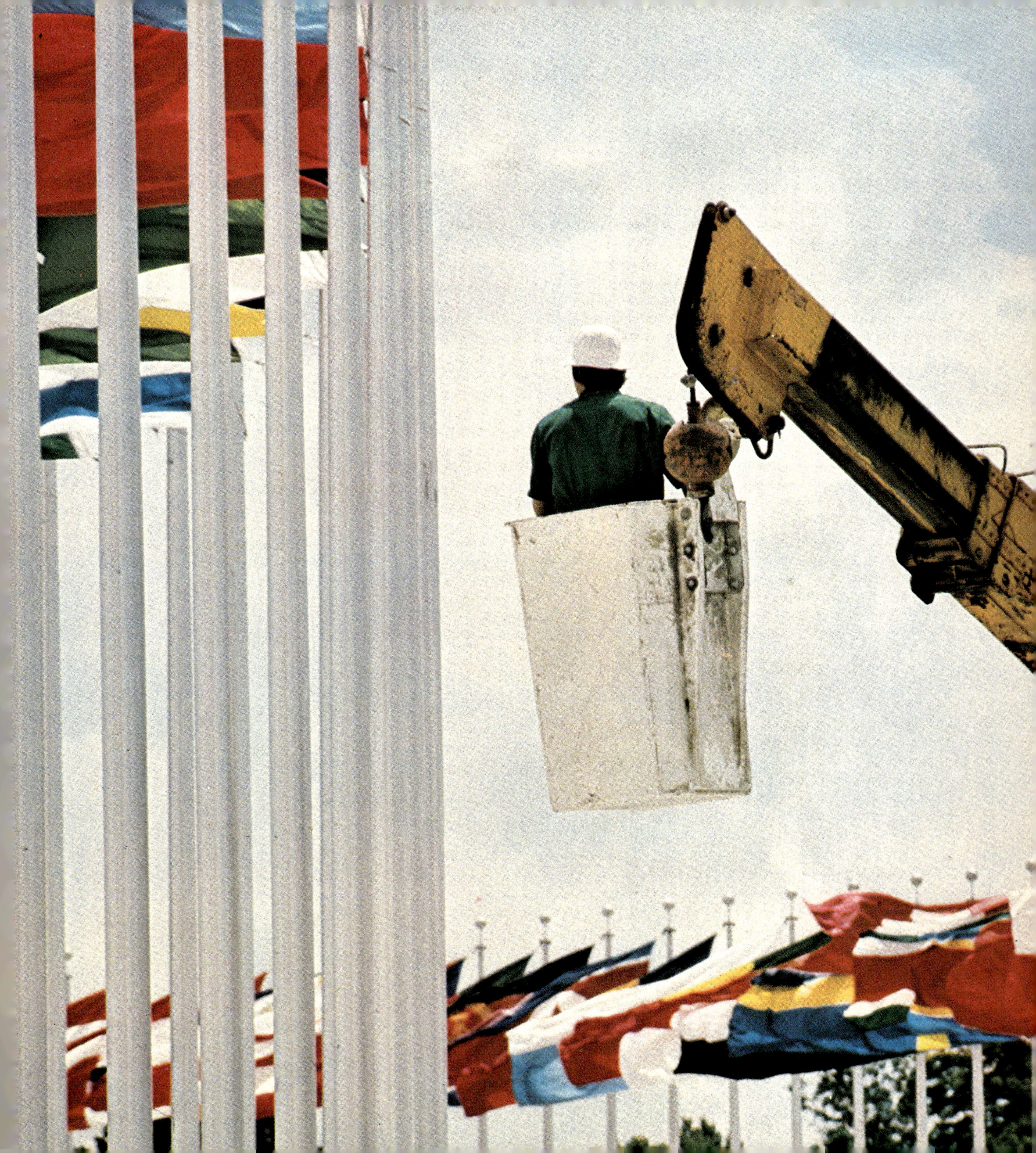

Hohe Wellen vor dem deutschen Tor: die Jugoslawen greifen an. Am Ende stand es 4:4. Beiden Mannschaften gelang es nicht, bis aufs Siegertreppchen zu schwimmen. Jugoslawien wurde Fünfter, die Bundesrepublik Sechster. Fazit: Wenig Chancen für das Wasserballspiel, in Deutschland populärer zu werden. Sieger des Turniers wurde Ungarn vor Italien und Holland.

Vorhergehende Seiten: Gedränge beim Straßenrennen über 180 Kilometer. Irgendwo in diesem Gewühl auch der Querfeldein-Weltmeister Klaus-Peter Thaler aus Siegburg. Seinem persönlichen Triumph folgte eine kleine persönliche Tragödie. Beim Spurt holte er sich eine Silbermedaille, die er nie bekam: Die nicht ganz unbefangene Jury plazierte ihn vom zweiten auf den neunten Rang zurück. Angeblich hatte er einen Konkurrenten behindert. Hatte er?

Waldhüter im Fahnenwald. In Montreal war täglich ein Trupp fleißiger Männer unterwegs, der die vom heftigen Wind zerzausten und verknoteten Fahnentücher entwirrte. Eine Sisyphusarbeit, freilich leichtgemacht, wenn man dabei automatisch hochgehievt wird.

Das Pokerspiel der Stabhochspringer. Mit olympischen Erinnerungen wird aufgeräumt. Mitleid mit Ulrike Meyfarth. Hinter dem kleinen Portugiesen Carlos Lopez lief die finnische Langlaufherrlichkeit. Reger Radverkehr beim Radrennen. Ein Fahrer in Weiß sieht schwarz. Der zweite Handball-Paukenschlag.

26. Juli 1976
10. Tag

Stabhochspringer sind Pokerspieler. Am besten pokerte diesmal Tadeusz Slusarski. Die Höhe von 5,50 Meter allein hätte ihm nichts gebracht an diesem regnerischen Abend. Auch der Finne Antti Kalliomäki und der Amerikaner Dave Roberts hielten mit. Doch die Kühnheit, wichtige Höhen vorher auszulassen und am Ende mit drei Versuchen gegenüber fünf von Kalliomäki sich solch eine Leistung zuzumuten, bescherte dem 25jährigen Polen Gold. Dabei hielt Roberts sogar in punkto Verwegenheit mit, doch unterlief ihm bei seinen drei Sprüngen ein Fehlversuch. Trotzdem schien er dicht am Sieg zu sein. Jedenfalls glaubte ein Teil des Publikums, er habe bei 5,60 Meter bereits die Latte überwunden. Er riß sie auch nicht, doch landete er vor und nicht hinter dem Hindernis, was den heftig protestierenden Zuschauern dank einer optischen Täuschung entgangen war.

In drei Disziplinen wurde an diesem Tage mit olympischen Erinnerungen aufgeräumt. Nicht nur, daß der verletzte Speerwurf-Olympiasieger Klaus Wolfermann gar nicht nach Montreal anreiste, nun mußte er auch noch am Bildschirm erleben, wie der Ungar Mikklos Nemeth mit 94,58 Metern seinen Weltrekord (94,08 Meter) löschte. Auch die Entwicklung bei den 800-Meter-Läuferinnen ist über die Gewinnerin von München, Hildegard Falck, hinweggegangen. Gleich vier Damen stürmten die ohnehin schon hohe Weltrekordbarriere von 1:56,00 Minuten. Die Siegerin Tatjana Kasankina aus der Sowjetunion setzte die Marke bei 1:54,94. Dabei läuft sie lieber die 1500 Meter. Dort hat sie kürzlich ebenfalls einen phantastischen Weltrekord erzielt. Im Fünfkampf schließlich überlagerten drei DDR-Mädchen die Erinnerungen an Heide Rosendahls Auftritt von München. Siegrun Siegl (21), Christine Laser (25) und Burglinde Pollak (25) nahmen sich die Medaillen mit einer kaum glaublichen Ausgeglichenheit: 4745 – 4745 – und 4750 Punkte.

»Yesterday is yesterday«, hatte Don Quarrie einen Tag nach dem 100-Meter-Finale gesagt. Er mochte nicht verhehlen, daß er über die Silbermedaille enttäuscht war. Inzwischen könnte der 25jährige Sprinter aus Jamaika hinzufügen: Und heute ist heute. Schließlich hat er sich das Gold über 200 Meter erlaufen. Wer seinen Weg seit längerem verfolgt, gönnte ihm den Erfolg besonders. Nicht nur, weil er so ein bescheidenes, sympathisches Auftreten hat, sondern weil ihm das Pech oft hart auf den Fersen saß, etwa 1972 in München, als er wegen einer Verletzung um seine Chancen kam.

Die Radler und der Protest
Olympia zum Nulltarif wird in Montreal nicht oft geboten. Nur wenn die Spiele aus den streng abgeriegelten Arenen auf die Straße gehen, kann wirklich jeder dabei sein. Und so klettern Zigtausende auf den Mont Royal, Montreals Hausberg, zum längsten aller olympischen Rennen, dem Straßenfahren der Radamateure. Wer will, kann hier auf olympische Tuchfühlung gehen. Die Fahrer

Der Münchner Judoka Günther Neureuther, die große Überraschung im weißen Kittel.

Folgende Seiten: Die schönste Randerscheinung beim Fünfkampf, die Kanadierin Diane Jones. In der Knochenmühle des 10 000-Meter-Laufs. Bis zur vorletzten Runde führt der Portugiese Carlos Sousa Lopez vor dem Münchner Olympiasieger Lasse Viren. Doch am Ende siegt der Finne.

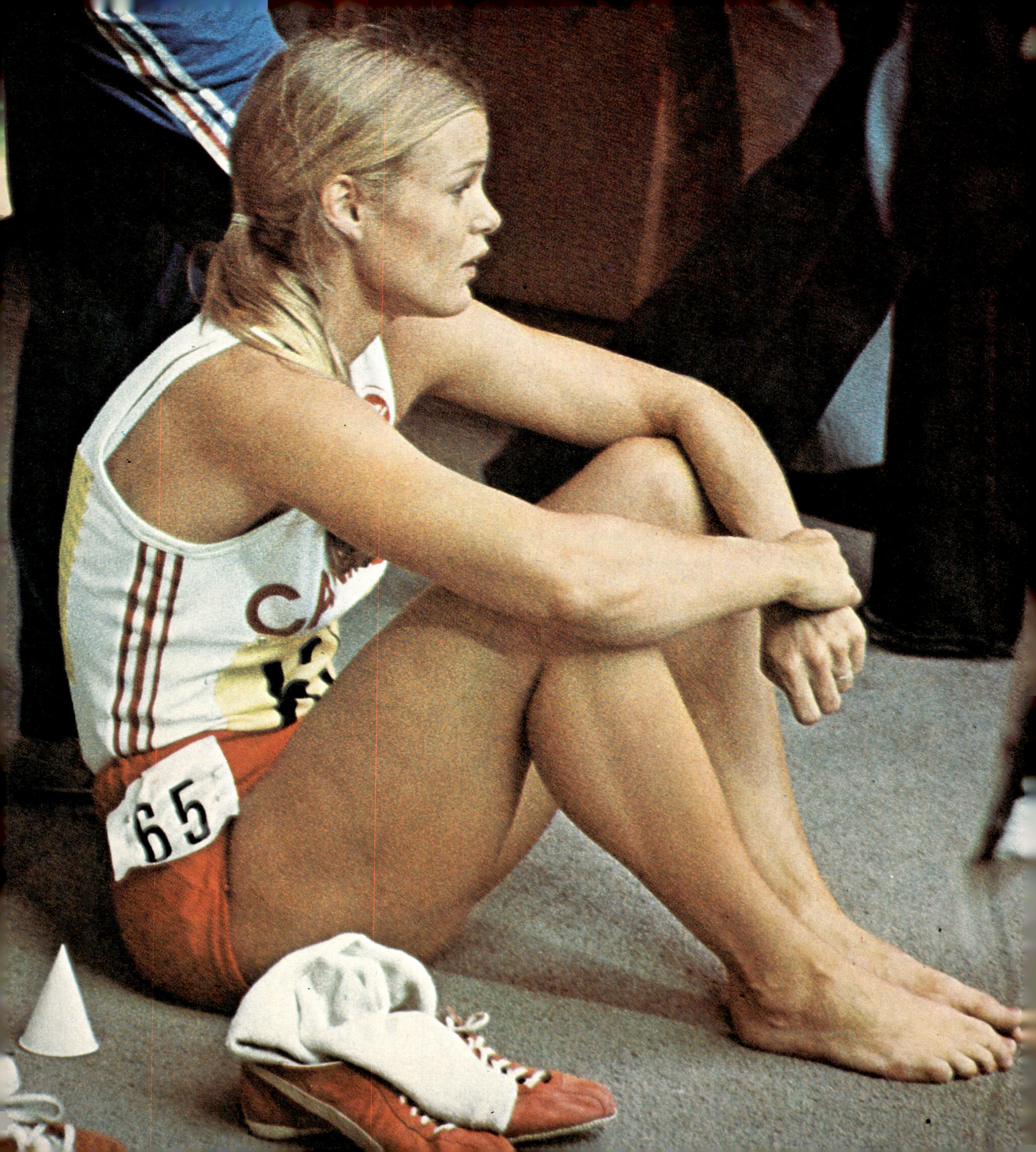
CA
65

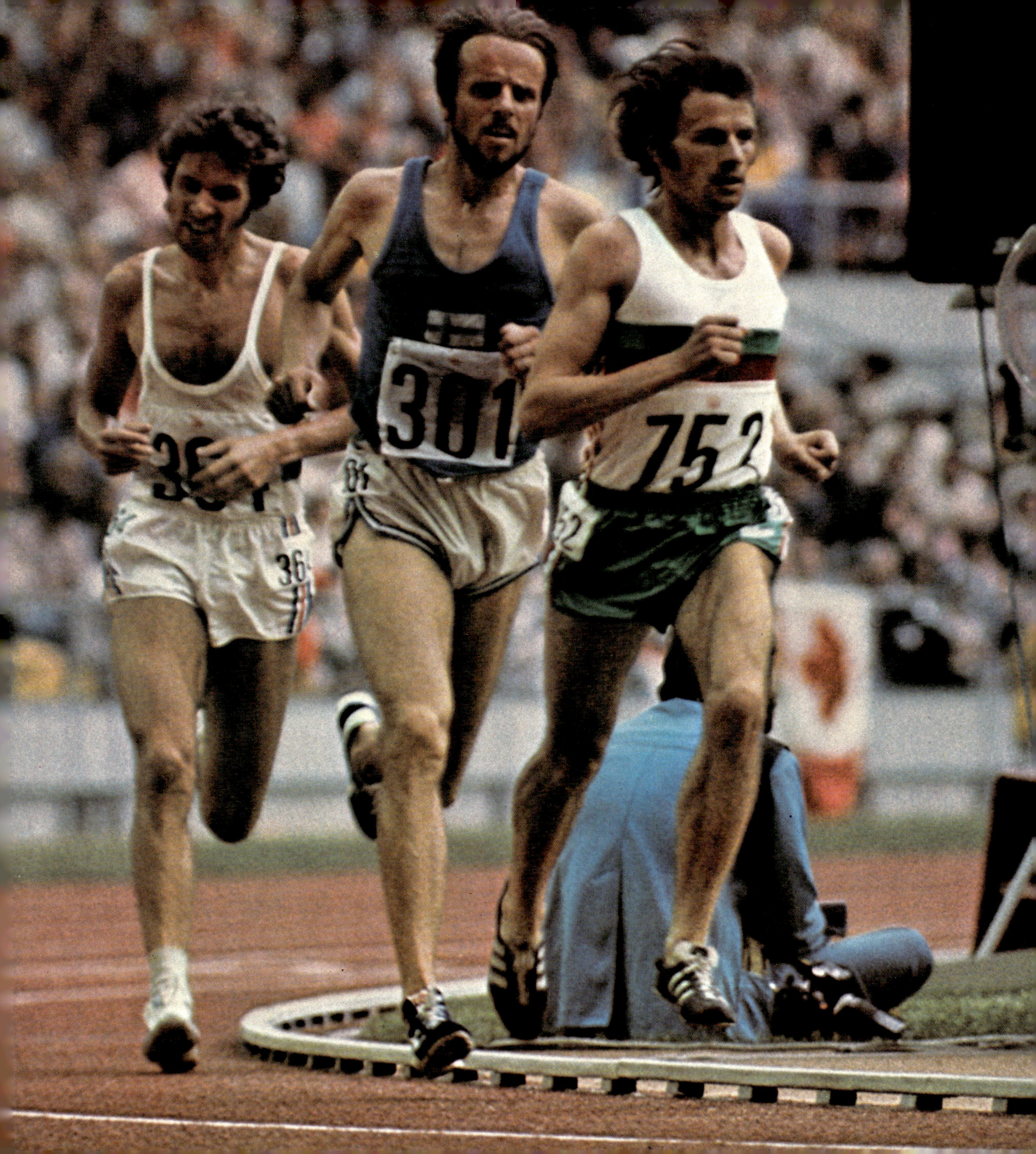
301
752

Von Gold zu Gold

So schnell Carlos Lopez auch rannte, ein Schatten folgte ihm. Es gehört Mut dazu, ständig in Führung zu liegen. Lopez bewies ihn im 10 000-Meter-Lauf. Im Grunde genommen ergriff er die Flucht nach vorn. Er hatte nur die Chance, das Tempo ständig zu erhöhen. Und so funktionierte er Teil zwei des Rennens in einen Steigerungslauf um. Er wußte, daß er sich auf seinen Spurt nicht verlassen durfte. Auf der zweiten Hälfte des langen Weges stark zu beschleunigen, das tut weh. Nur wenige hielten dem Druck stand, der nun das bis zur 5000-Meter-Marke geschlossene Feld brutal sprengte. Klasseleute wie Emiel Puttemans schlichen mutlos von der Bahn. Nur der Engländer Brendan Foster vermochte dem Portugiesen zu folgen und natürlich sein Schatten Lasse Viren. Fünf Runden vor Schluß bleibt auch Foster zurück. Lopes sucht nun allein seinem Schatten zu entrinnen. Doch 450 Meter vor dem Ziel rast der lange Finne an ihm vorbei zum Olympiasieg.

Die finnische Langlaufherrlichkeit feiert fröhliche Urstände. Dabei muß Virens Triumph durchaus als Überraschung gelten. Zwischen den beiden Goldmedaillen von München und dem Sieg von Montreal liegen vier Jahre, in denen er durch manches Tal gegangen ist. Verletzungen warfen ihn aus der Bahn, private Sorgen ließen den Sport in den Hintergrund treten. Erst als Olympia lockte, konzentrierte der schlanke Polizist seine Energien wieder auf Leistung.

In Montreal kündigte er schon an: »Wenn nichts Ungewöhnliches passiert, werde ich auch 1980 in Moskau laufen.«

Das Stadion gehörte ihm

Er hat die Ruhe weg. Mögen die Rivalen sich die Lunge aus dem Leib rennen, an Olmeus Charles prallt die Hektik ab. Der schlanke Schwarze aus dem schönen Haiti läßt sich nicht beirren, wenn der Pulk der gehetzten Menschen an ihm vorüberhastet. 10 000 Meter sind lang. Als Demonstration für den Trimmtrab wäre sein Auftritt zu deuten, wobei er mühelos der Empfehlung entspricht: ›Laufen ohne zu schnaufen‹. Als der flotte Portugiese Lopez den Vorlauf siegreich beschließt, zeigt das Mädchen am Ziel eine Ziffer: 8, noch acht Runden für Olmeus Charles. Und das Publikum hilft ihm mit herzlichem Applaus. Als die Glocke seine letzte Runde einläutet, zeigt Olmeus Charles, was er wirklich kann. Die Zielgerade stürmt er unter dem Jubel der 70 000 hinunter. 42:00,11 Minuten zeigen die Uhren, 14 Minuten mehr als Lopez.

Doch was ist ein Viertelstündchen in den menschlichen Zeitläufen? Und was hat Olmeus Charles nicht alles dafür eingetauscht. Für acht Runden gehörte das Stadion ihm ganz allein. Kann ein Olympiasieger mehr erreichen?

huschen und keuchen zum Greifen nahe vorbei. Nur außerhalb von Start und Ziel, wo wieder ganze Rudel Soldaten, Polizisten und Ordnungshüter die Olympischen Spiele mit einem Polizeisportfest zu verwechseln scheinen, darf sich jeder noch frei fühlen. Selbst viele hundert Parkverbotsschilder, die auf dem gut zwölf Kilometer langen Kurs etwa alle zehn Meter auf beiden Seiten zusätzlich aufgestellt wurden, obwohl an diesem Tag ohnehin kein Auto dort hinauf darf, können das friedliche olympische Bild nicht stören. Für die 134 Radler aus vierzig Ländern ist der olympische Kurs gar nicht zu verfehlen: immer dem Parkverbot nach.

Sonst aber ist hier und heute nahezu alles erlaubt. Obwohl von Runde zu Runde immer mehr Fahrer den olympischen Geist aufgeben, zum Schluß sind es noch 58 von 134, herrscht auf der Strecke reger Radverkehr: Hunderte, die mit ihrem eigenen Radl da sind, nutzen die wohl einmalige Chance zu einem ganz privaten Trimm-Olympia. Mit dem Klapprad auf olympischem Kurs. Die Sirenen der Polizeieskorten können sie nur für wenige Minuten verscheuchen; ist das Feld vorbei, springt man wieder in den Sattel und läßt sich von den Felsen, Bäumen oder Balkonen zujubeln: das Olympia des unbekannten Radfahrers. Und was den Spaß der radelnden Eskorte erhöht: der eine oder andere, weit abgeschlagene Olympiarenner, dem schon mehr als hundert Kilometer in den Beinen stecken, kann mit einem kurzen Sprint überholt werden. Ein paar Dutzend Meter Erfolgserlebnis für den Zuschauer-Strampler. Während Regen die olympische Stimmung in den Straßengräben allmählich aufweicht, Campingstühle zusammengeklappt und Decken eingerollt werden, hasten die Besten zum vierzehnten und letzten Male den Mont Royal hinauf. Vierzehnmal zweihundert Meter Höhenunterschied (auf einer Strecke von zwei Kilometern) ergeben auch fast einen ›Dreitausender‹. Mehr als viereinhalb Stunden sind die Fahrer unterwegs, doppelt so lang wie ein Marathonläufer. Ein Schwede strampelt sich frei, ›läßt die anderen stehen‹, wie das in der Fachsprache heißt, obwohl die alle weiter wie die Teufel in die Pedalen treten, und erreicht als erster das olympische Endziel. 31 Sekunden später jagt die Meute der Verfolger heran, der Deutsche Klaus-Peter Thaler allen voran. Der Rheinländer jubelt: So weit vorne war noch nie ein Straßenfahrer der Bundesrepublik.

Doch das Rennen geht in die nächste Runde: Das Kampfgericht steckt die Köpfe zusammen. Eine halbe Stunde später gefriert dem Deutschen das Lächeln auf dem Gesicht. Er sei im Spurt nicht auf dem vorgeschriebenen geraden Kurs geblieben, heißt es, habe andere Fahrer behindert und wird vom zweiten auf den neunten Rang zurückgestuft. Und wieder eine neue Runde läuten nun die deutschen Funktionäre ein: Protest. Wieder stecken drei Herren in Rot die Köpfe zusammen, doch bei der Zusammensetzung des Schnellgerichts kann man für den Fahrer in Weiß nur schwarz sehen: Ein Italiener, ein Pole und ein DDR-Funktionär entscheiden über die Berufung. Vielleicht haben die drei nicht einmal etwas gegen den fröhlichen Rheinländer, doch vermutlich haben zwei von ihnen genug Nationalgefühl, ihre eigenen Fahrer, die von der Rückstufung Thalers profitieren, den Italiener Martinelli und den Polen Nowicki, nicht wieder hinter den Westdeutschen einzuordnen. Das war hart für Thaler. Im Rennen nach dem Rennen sind die Deutschen (West) fast immer die Dummen.

Kein Trost für Ulrike
Ulrike Meyfarth hat nun alles im Sport erlebt: Das rauschhafte Glück einer Sechzehnjährigen, die plötzlich Olympiasiegerin war, und nun – in Montreal – der Sturz in ein Debakel. Die Bilder stehen noch vor Augen: strahlender Teenager nach dem Siegessprung. Vier Jahre später, nach ihrem Scheitern an 1,80 Meter, einer für sie lächerlichen Höhe, mußte sie, bittere Ironie, noch zur Doping-Kontrolle. Dann eilte sie, so schnell sie konnte, ins ›Dorf‹. Natürlich war ihr Gesicht verquollen von Tränen.
Die zurückliegenden Jahre waren für sie kein Zuckerschlecken; vom gebrochenen Fuß bis zum ›Studienplatz-Zirkus‹ hatte sie allerlei auszustehen. Und trotzdem schien sie es wieder zu schaffen. Im Vorjahr überquerte sie die Latte fast in Münchener Höhen. Eine rechte Erklärung über ihren Ausfall liegt nicht auf der Hand. Verbandstrainer Knebel vermutet eine psychische Belastung, nun als Olympiasiegerin aufzutreten.»Ulrike braucht sich keinen Vorwurf zu machen. Sie hat gut trainiert, sie hat alles getan«, sagt der Trainer. Dies wird sie genauso wenig trösten, wie die Tatsache, daß noch fünf 1,90-Meter-Springerinnen scheiterten.

Aus für Ulrike Meyfarth.
In München strahlende Siegerin,
in Montreal nicht qualifiziert.

Der olympische Nikolaus
Die deutsche Handballmannschaft hat in Montreal den olympischen Nikolaus gespielt: Beschert wurden die Russen, denen die sichere Silbermedaille, die sie im Finale gegen Rumänien sogar noch vergolden können, tatsächlich wie ein Geschenk des Himmels vorkommen muß, nachdem zuvor sogar Bronze fraglich schien. Leidtragender dieser Bescherung sind die Jugoslawen, denen bereits ein Unentschieden im Treffen gegen die Deutschen zum Einzug in das olympische Finale gereicht hätte. Doch nach der 17:18-Niederlage gegen die Bundesrepublik steht der stolze Olympiasieger von 1972 in München nun mit völlig leeren Händen da. Die deutschen Handballspieler und ihr jugoslawischer Trainer Vlado Stenzel haben dagegen zum zweiten Male innerhalb eines halben Jahres die internationale Rangordnung in ihrer Sportart auf den Kopf gestellt. Nach ihrem in aller Welt mit großem Aufsehen registrierten Erfolg in der internen deutschen Handball-Qualifikation gegen den zweimaligen Weltmeisterschaftszweiten DDR ist nun der Sieg über die Jugoslawen in Montreal der zweite Paukenschlag. Den Jugoslawen fehlte in der harten Auseinandersetzung mit den Deutschen nur ein Tor, um wieder in das olympische Finale zu kommen. Bei einem Unentschieden wären die Russen in das Spiel um den dritten Rang und die Deutschen in das Treffen um den fünften Platz gekommen. So aber waren die Russen die olympischen Glückskinder vor den Deutschen und den Jugoslawen.
Die jungen deutschen Spieler können es selbst noch nicht so recht glauben: Als einziges Team aus dem Westen haben sie in der rauhen Luft aus dem Osten bestanden. Zittern und Siegen kann zur Gewohnheit werden.

123

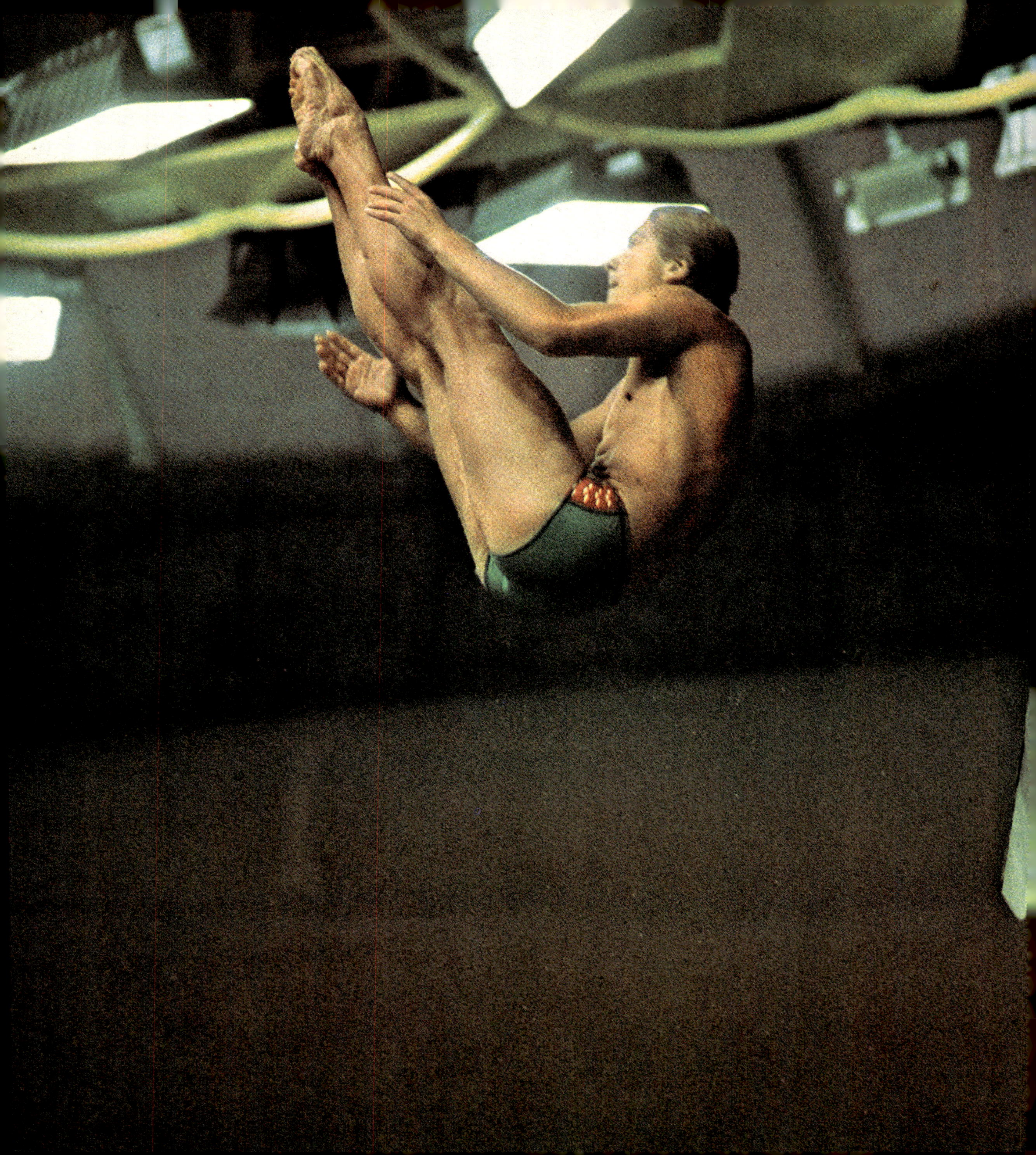

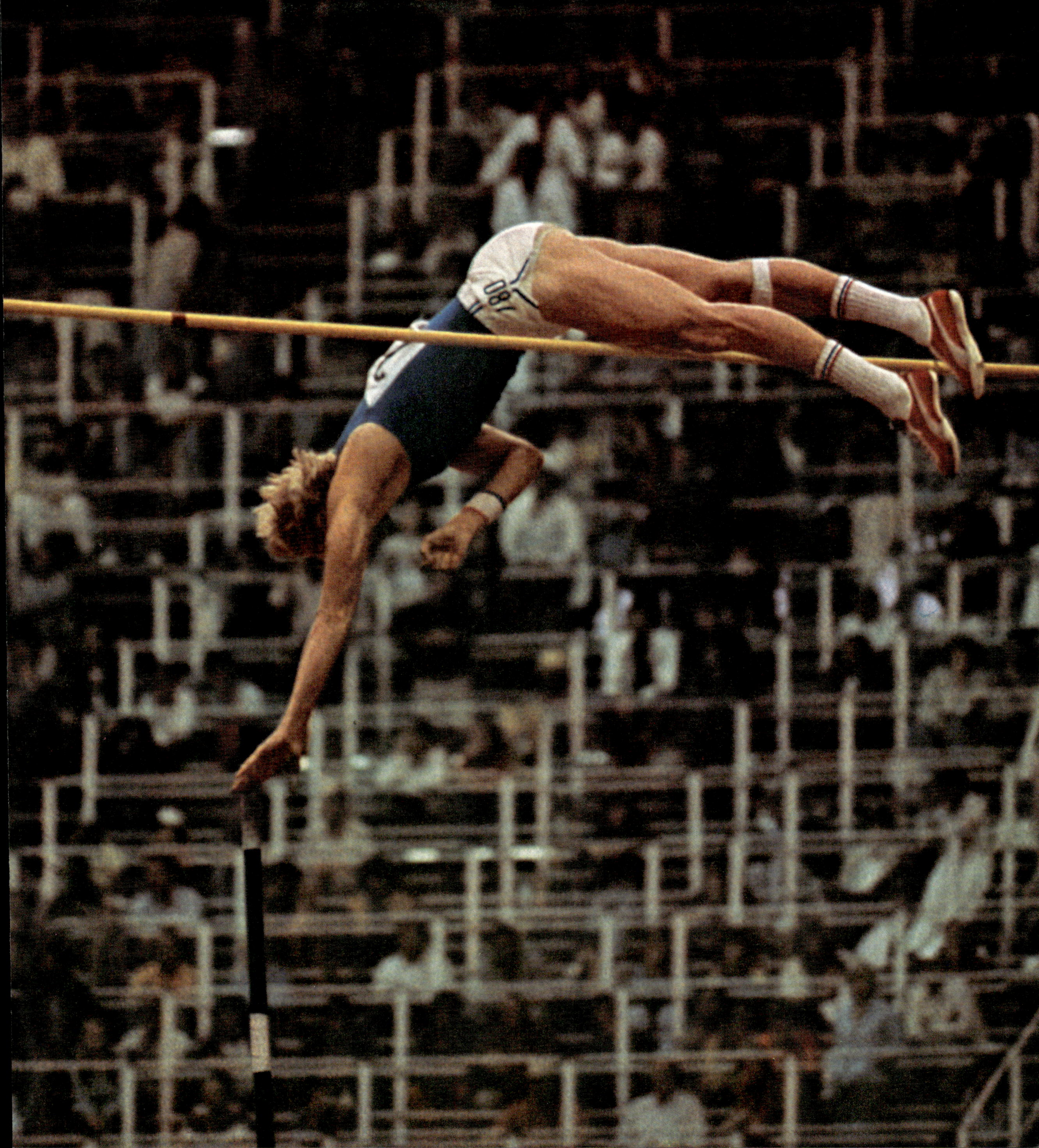

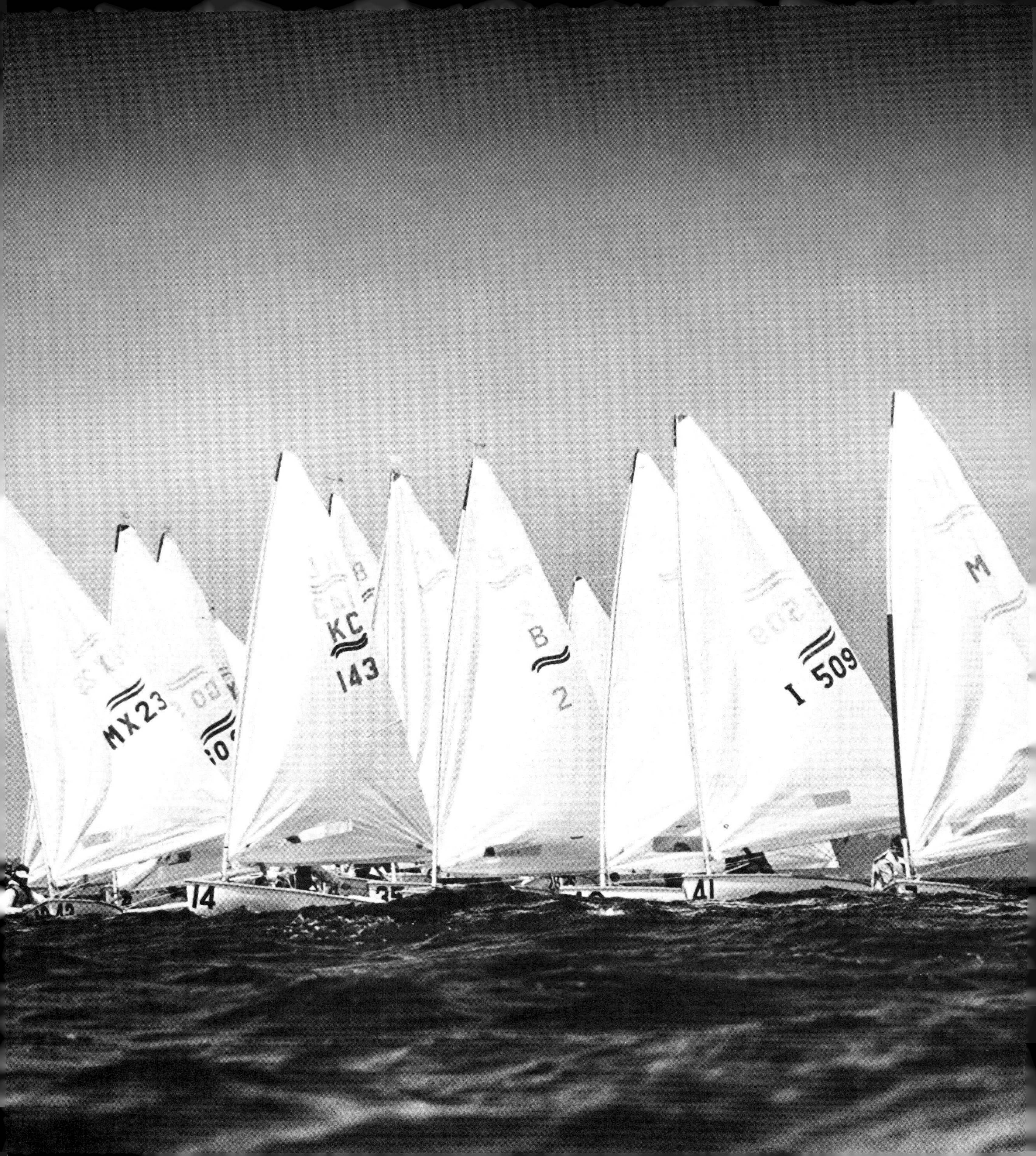
MX23
KC
143
B
2
I 509
M
14
41

Goldmedaille unter Blitz und Donner für Alwin Schockemöhle, den Olympioniken wider Willen. Segler kauften den Sekt für zweimal Gold schon vorher. Binnensegler übertrumpfen die Küstensegler. Der Alte Fritz hätte sich über die Basketball-Garde gefreut. Mehr als drei Zentner stemmen mehr als fünf Zentner.

27. Juli 1976
11. Tag

Die Pferdepfleger fachsimpelten darüber, wer eigentlich der ›Nervigste‹ sei. Zur Debatte standen Alwin Schockemöhle und Hans-Günther Winkler. Springreiter und Zuschauer in Bromont hatten die Galgenfrist von gut zwei Stunden eingeräumt bekommen; die Zeitspanne zwischen erstem und zweitem Umlauf im Großen Preis. Die Pferde Warwick und Torphy waren gewaschen, ein wenig bewegt, das Sattelzeug war gelockert worden. Nach dem ersten Umlauf: Schockemöhle (0 Fehler) und Winkler (4) – zwei von zwanzig für die zweite Halbzeit unter erschwerten Bedingungen Ausgesiebten. Sie wußten, was da alles auf sie zukam. Hindernisse zwischen 1,50 und 1,70 Meter hoch. Mittlerweile waren über 20 000 Zuschauer zum Hang oberhalb des Stadions gepilgert. Von ferne ein überdimensionaler Ameisenhügel. Hans-Günther Winkler hockte sich für ein Viertelstündchen auf die Teilnehmertribüne. Als ›Don Juan‹ beim Sturz seinen Reiter Juan Rieckehoff aus Puerto Rico unter sich begrub, symptomatisch für die Schwere des Parcours, ging der Warendorfer Richtung Abreiteplatz, den Blick starr auf die Stiefelspitze geheftet. Die Gerte verpaßte dem Stiefelschaft einen Hieb. Ein gutes Dutzend Fehlerpunkte, das war der Schnitt, bei dem sich die Abwurfquote einpendelte. Winkler, der drei Tage zuvor seinen fünfzigsten Geburtstag gefeiert hatte, ritt ebenso forsch auf den Platz, wie er desillusioniert zurückkam. Vier Abwürfe, insgesamt also 20 Fehlerpunkte, zehnter Platz. Das ist weniger, als ein Mann von sich verlangt, der zum sechsten Male dabei ist. Er braucht Zeit, um sich zu sammeln, trocknet den Schweiß, kämmt sich. Der Blick geht zurück. Erst auf die Anzeigetafel, dann zu Alwin Schockemöhle. Wie viele sind es noch vor ihm? Nicht die Namen zählen, sondern nur die Zeit. Denn ein Gewitter kündigt sich an. Der vorletzte überquert die Startlinie. Schockemöhle exerziert noch, dann reitet er unter Blitz und Donnergrollen ein. Ein Wetter, als sollte demnächst die Welt untergehen. Acht Fehlerpunkte hätte er sich erlauben können, er leistet sich nicht einen einzigen. Warwick fliegt über Wall, Oxer, Wassergraben und Dreierkombination, als sei das alles noch nicht ausreichend für diesen Wallach. Winkler über die Abmessungen der Hindernisse und ihren Aufbau: »An der Grenze des Möglichen.«

Als Schockemöhle dem Ausgang zustrebt, kommt der Regen mit tropischer Heftigkeit. »Keinen Fehler hast du gemacht«, ruft Werner Schockemöhle, der einzige Nichtreiter unter den drei Brüdern, dem ältesten zu. Als wenn der das nicht selbst wüßte. Bundesinnenminister Maihofer tapst in eine Pfütze, um Warwick zu tätscheln. Vom Stechen um Platz zwei und drei (der Kanadier Michel Vaillancourt mit Branch County vor dem Belgier François Mathy mit Gai Luron) – spannend genug, aber durch zwölf Fehlerpunkte Welten von Schockemöhle getrennt – redet kaum einer. Der dekorierte Olympiasieger betritt das Pressezelt, das fast abhebt, als der Sturm ihm unter die Plane geht. Schockemöhle lockert das Korsett, mit dem er reitet, seitdem er Probleme mit den

Ein Segler auf dem Trockenen

»Ich bin hier, um dumme Sprüche zu klopfen.« Das beispielsweise ist ein solcher, denn Franz Wehofsich, einer von vier Ersatzleuten bei den olympischen Segelregatten vor Kingston, auf der kanadischen Seite des Ontariosees, hat Besseres zu tun. Aber ohne eine gewisse Schnoddrigkeit ist nicht über den Tatbestand hinwegzukommen: Ein leidenschaftlicher Segler sitzt während der Regatten auf dem trockenen. Vor vier Jahren in Kiel-Schilksee war er in der gleichen Situation. Als Ersatzmann ist die Chance gleich Null. Auf See kann nicht ausgewechselt werden. Höchstens vorher an Land, wenn jemand ausfällt – und wann kommt das schon einmal vor? Der vierunddreißigjährige Hamburger ist das Mädchen für alles, ist Stimmungskanone, schafft die Freßpakete herbei, sorgt für den neuesten Schnack und hat das spezielle Fingerspitzengefühl für die Feinheiten des Boote-Einmaleins. Er war extra fünf Tage früher nach Kingston geflogen, um mit Hand anzulegen. Auch und gerade, um den Tempest von Uwe Mares auf olympischen Erfolgskurs zu schicken. Uwe Mares ist jener Mann, der Anfang des Jahres nichts mehr von seinem Vorschotmann Wehofsich wissen wollte. Der technische Angestellte ist inzwischen drüber hinweg, sagt er. Trotzdem, das ist, als ob eine Ehe auseinandergeht, von der alle Welt angesichts einer Welt- und Europameisterschaft annehmen mußte, sie sei intakt. Jetzt ist dieser Franz Wehofsich nur noch die Seele des Geschäfts mit viel Erfahrung. Für die olympischen Segelwettbewerbe 1980 gibt es keinen Besseren für diesen Posten, den man ihm guten Gewissens nicht wünschen darf.

Vorhergehende Seiten: Bronzemedaillengewinner im Turmspringen der Männer: der Russe Alejnik. Höhenflug des Stabhochspringers. Folgt ihm die Latte nach unten? Mit 5,50 Meter erreicht der Finne Antti Kalliomäki olympisches Silber.

Linke Seite: Finn-Dinghis, die kleinsten Segler, auf der Regattastrecke des Ontariosees.

Seite 128: Wer wird denn gleich in die Luft gehen? Aber bitte, Freudensprünge sind gestattet! Dem Schweden Lennart Dahlgren ist es gelungen, 200 Kilogramm nach oben zu bewegen.

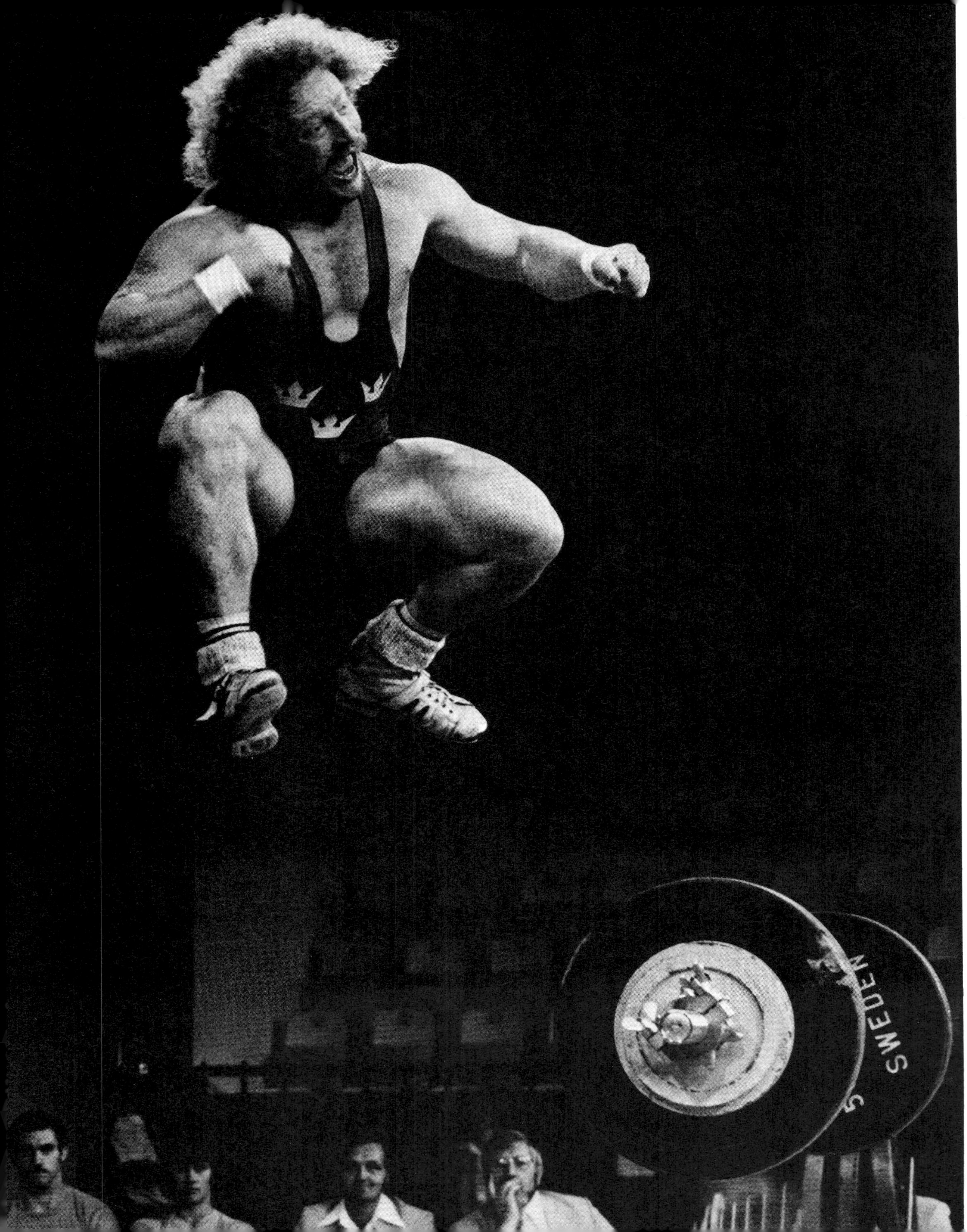
SWEDEN
5

Bandscheiben hat, und erklärt der ungläubigen Gemeinde, daß er eigentlich als Ersatzmann nach Kanada gekommen sei. Erzählt, daß Warwick lahm gewesen sei, dann mit einer Virusinfektion aus dem Turnierverkehr gezogen war, die Fessel vertreten hatte und nur mit Ach und Krach nach Bromont gekommen war, wo Warwick im Training von Tag zu Tag besser geworden sei. Alwin, erfolgsgewohnt, Europameister ohne Tadel, wollte schmollend daheim bleiben, als Warwick nicht so gehen konnte, wie er wollte, und der Springausschuß nicht so konnte, wie Alwin Schockemöhle wollte. Nur den Überredungskünsten von Bruder Werner war es dann zu verdanken, daß Alwin überhaupt am Start war. Beinahe ein Olympiasieger wider Willen.

Medaillen wurden hier nicht auf dem silbernen Tablett serviert. Nein, von Graziano Mancinelli über Piero d'Inzeo bis zu den Amerikanern Murphy und Brown scheiterten sie bereits frühzeitig. Es sah nach einem großen Tag der großen alten Männer aus, als Hans-Günther Winkler und der Amerikaner Frank Chapot, ebenfalls zum sechsten Male bei Olympischen Spielen dabei, so gut starteten. Aber es wurde der Triumph eines Gespanns, das einen Olympiasieg hinlegte, wie es ihn in dieser Eindeutigkeit, praktisch mit 12:0 gegenüber den Nächstplazierten, noch nie gegeben hat.

Zweimal Gold der Segler

Mit Sekt, der bereits am Tag zuvor eingekauft worden war, haben die Segler der Bundesrepublik auf ihre Olympiasieger angestoßen. Zwei Goldmedaillen, das hat es noch nicht einmal 1936 vor Kiel gegeben. Besonders spannend haben es Frank Hübner und Harro Bode, der eine aus Lüdenscheid, der andere aus Essen, der eine graduierter Ingenieur, der andere Bauingenieur-Student, in der 470er-Klasse gemacht. Es fing mit dem Vermessen vor den Regatten an, als so gut wie nichts stimmte, also das Boot, so wie es war, von der Jury abgelehnt wurde. Aber sieben Mann trimmten es innerhalb von achtzehn Stunden hin. Der vorletzte Tag endete mit Selbstvorwürfen. Vorschotmann Harro Bode nahm den Frühstart und die Disqualifikation auf seine Kappe. »Es ist noch alles drin«, sagte er ebenso trotzig wie abwägend. Die beiden, Jahrgang 51, sind um ihre Nerven zu beneiden. Sie segelten doch noch vom vierten auf den ersten Rang. Eine Position, mit der sich die Brüder Jörg und Eckart Diesch schon vertraut gemacht hatten, obwohl ihnen Rodney Pattisson und sein Vorschotmann Julian Brooke-Houghton im Nacken saßen. Die beiden gelten als die Fliegenden Engländer im Flying Dutchman, dem Fliegenden Holländer. Der FD ist die schnellste olympische Klasse nach dem Tornado, der etwas aus dem Rahmen fällt. Er ist ein deutsch/englischer Kompromiß unter holländischer Federführung. Der Konstrukteur vereinigte in diesem Bau englische Küstenjollen mit schnittigen deutschen Rennjollen. Kein Wunder also, daß auf den Olympiasieger Pattisson der Olympiasieger Diesch folgt. Die Dieschs sind am Bodensee aufgewachsen, sind von den Windeln auf Lederhosen und dann aufs Boot umgestiegen. Heute könnten sie einander notfalls Erste Hilfe auf hoher See leisten. Der eine studiert Medizin, der andere Zahnmedizin. Bezeichnenderweise haben die Binnensegler den Küstenseglern den Rang abgelaufen, zumal auch Spengler und Schmall aus Nürnberg beziehungsweise Konstanz im Tornado aus einer Ecke kommen, wo man nicht unbedingt Spitzensegler erwartet.

Zusätzlicher Glanz

Die Montrealer zeigen sich hilfsbereit, geben freundlich Auskunft, kurz: Sie spielen ihre Gastgeberrolle gut. Viele nehmen Anteil am persönlichen Geschick. Natürlich wollen sie auch wissen: »Woher kommen Sie?«, und auf die Antwort: »Aus Deutschland« folgt mit schöner Regelmäßigkeit verbales Schulterklopfen. Sinngemäß wiederholt sich dies so: »Nun, da haben Sie ja viel Freude hier. Ihre Athleten tun einen sehr guten Job.« Wer widerspricht schon gerne solch wohltuendem Lob? Trotzdem fühlt sich der deutsche Gast nach kurzem, betretenem Schweigen verpflichtet, ein offenkundiges Mißverständnis aufzuklären. Natürlich sind wieder einmal die im Sport so tüchtigen ›andern‹ Deutschen gemeint. Auf den Irrtum aufmerksam gemacht, reagiert der Taxifahrer, Kellner oder Verkäufer in der Regel mit einem gedehnten ›Aha‹ oder ähnlich bekundeter Gleichgültigkeit. Gegen diesen Hintergrund betrachtet, sind der bundesdeutschen Haltung bisweilen komische Züge nicht abzusprechen. Auf die ostdeutsche Medaillenschwemme wird zumindest traurig, wenn nicht gallig reagiert. Ganz davon abgesehen, daß der Sport in der Bundesrepublik mit dem vom gesamten Staat getragenen DDR-Sport ohnehin nicht mithalten kann, braucht die Westdeutschen in Montreal der Triumph der roten Preußen nicht zu bekümmern. Im Gegenteil. Unversehens fällt auf den Gast aus Deutschland zusätzlich olympischer Glanz. Denn Deutsch bleibt Deutsch, wenigstens durch die kanadische Optik.

Lahm wie ein Eimer

Auf dem Ontariosee vor Kingston haben die britischen Tempest-Segler Allan Warren und David Hunt nach der letzten Regatta ihr Schiff vor dem Hafen in Brand gesteckt und die Wellen übergeben. Der Qualm lockte Hubschrauber der Sicherheitspolizei an, ein Küstenwachboot rammte schließlich das flammende Wrack, daß es zerbrach. Allan Warren soll diesen Miniteil von Albions Stolz bitterlich verflucht haben: »Der Kahn war lahm wie ein Eimer – wir haben nicht eine Regatta damit gewonnen.« Auf den ersten Blick ist das natürlich nicht mehr als ein Zwischenfall minderer Bedeutung. Aber so ein Tempest ist ein schönes Boot, das auch, wenn es ›lahm‹ ist, seine 15 Mille kostet. Doch das Geld ist es nicht allein. Kann man sich über die Niederlage so ärgern, daß man seine Wut oder seine Enttäuschung am Material ausläßt? Wollten sich die Briten ganz einfach einen Spaß machen? Oder hatten sie die Nase voll und versuchten, wenn schon nicht auf die Medaillenliste, dann doch in die Zeitung zu kommen? Das Boot hatte am Bug den Namen ›Horse‹ – ›Pferd‹ also. Gott sei Dank waren es keine enttäuschten Reiter, die da ihrem Ärger auf eine so merkwürdige Weise Luft zu machen versuchten.

Rechte Seite: Lange Kerls unter sich. Aus dem Basketballspiel Kuba gegen Tschechoslowakei. Folgende Seite: Big brother is watching you! Gegen den sowjetrussischen Basketballspieler Wladimir Tkachenko, der vom Scheitel bis zur Sohle 2,20 Meter mißt, wirken die Kanadier wie Zwerge. Wen wundert's, daß die Russen dieses Spiel um die Bronzemedaille mit 100:72 Körben gewannen.

Ein lichter Moment
Das Organisationskomitee Cojo hat dementiert: Das olympische Feuer sei nicht erloschen. Doch die Flamme, von Olivenöl genährt, hat wirklich für kurze Zeit den Geist aufgegeben. Als der Himmel seine Schleusen über Montreal öffnete, kam es zu der olympischen Finsternis. Doch gleich brannte die Flamme wieder in der Schale, ohne daß ein Laserstrahl nötig gewesen wäre. Ein Stadionarbeiter hatte den Fall auf seine Art gelöst: Er rückte mit einer Leiter an, stieg hinauf, zückte ein Stück Papier und sein Feuerzeug und setzte den Spielen wieder ihr Licht auf. Cojo freilich dementiert. Doch eine amerikanische Fernsehgesellschaft hat die dunkelsten Sekunden gefilmt. Ein lichter Moment.

Basketball-Jongleure zu Dutzenden
Der Alte Fritz hätte gewiß seine helle Freude am olympischen Basketball-Turnier gehabt: So viele Lange Kerls für die Leibgarde von Friedrich dem Großen gab es vermutlich früher in ganz Preußen nicht. Basketball ist wirklich riesig. Von den insgesamt 132 Spielern aus elf Ländern waren sechzig mindestens zwei Meter groß. Und der ›Rest‹ war auch nicht viel kleiner. So viel Mensch am laufenden Meter sieht man gewiß nicht alle Tage. Der Längste der Langen, Wladimir Tkachenko, war fast doppelt so groß, dreimal so breit und viermal so schwer wie Maria Filatova, das winzige Turnküken. Das Olympiateam der Sowjetunion hatte den mächtigsten und den schmächtigsten Menschen mit zur Weltmesse des Sports gebracht. Im Falle von Wladimir Tkachenko steckten 2,20 Meter in Schuhgröße 60 (geschätzt), sofern es so etwas überhaupt gibt. Ein Kerl wie ein Baum, aber keineswegs ein grober Klotz: 110 Kilogramm verteilen sich recht ansehnlich auf diese beträchtliche Distanz zwischen Scheitel und Sohle. Und die 2,20 Meter waren auch erstaunlich biegsam und beweglich. Basketball, eines der schnellsten Mannschaftsspiele der Welt, ist schließlich nichts für tapsige Bären. Das gilt für Russen ebenso wie für alle anderen Teilnehmer. Bei Italien mag der Basketball-Laie stocken. Italiener? Sind das nicht so kleine, dunkle Kerle aus dem Süden? Acht Zweimeter-Italiener, so viele wie in keiner anderen Mannschaft, räumten mit diesem Vorurteil gehörig auf. Allein die Japaner mochten sich recken und strecken, wie sie wollten, sie zogen stets den kürzeren.

Sonst aber sind viele große Körper noch lange keine Garantie für viele Körbe, wie die Treffer im Basketball genannt werden, weil vor achtzig Jahren mal ein Amerikaner auf die merkwürdige Idee gekommen war, auf Pfirsichkörbe zu zielen. Seitdem haben vor allem die Amerikaner einen Riesenspaß an diesem Spiel. In der letzten Nacht der Riesen von Montreal ist das unüberhörbar. 18 000 Zuschauer sind aus dem Häuschen, als die Teams aus USA und Jugoslawien im Finale zu einer Art Gipfeltreffen auf höchster Ebene bitten. So hysterisch wurden nicht einmal die amerikanischen Goldfische in der Schwimmhalle gefeiert: ›Go with god for gold‹, hat jemand auf ein Tischtuch gekritzelt. Die Jugoslawen, die in der Nacht zuvor immerhin die Russen schlugen, kommen in diesem Wirbel nicht einmal zum Atemholen. Am Ende heißt es 95:74 für die langen Amerikaner.

Phil Ford, mit 1,88 Meter der ›Kleinste‹ im Team, raste wie ein Springteufel über das Feld, neckte und ärgerte die Jugoslawen, wo er konnte, tanzte ihnen vor der Nase herum und stibitzte ihnen einen Ball nach dem anderen. Die Jugoslawen guckten fassungslos auf ihre leeren Hände, dort, wo sie vor einem winzigen Moment den Ball noch scheinbar sicher hatten. Und da war Adrian Danthley, den sie in den Staaten zum ›Spieler des Jahres‹ wählten. Vermutlich würde er den Korb auch mit geschlossenen Augen treffen. Und der amerikanische Coach kann es sich leisten, allen zwölf Spielern die gleiche Chance zu geben. So tauschte er mitunter die ganze Mannschaft auf einmal aus: fünf rein, fünf raus. Kein anderer Trainer der Welt könnte sich so etwas ungestraft erlauben. Aber in Amerika sind Basketball-Jongleure tatsächlich Dutzendware. Zwölf junge Amerikaner, keiner älter als 22, dürfen nach dem Gold nun auf das große Geld hoffen. Denn mit Basketball läßt sich in Amerika noch mehr verdienen als mit Fußball in Europa.

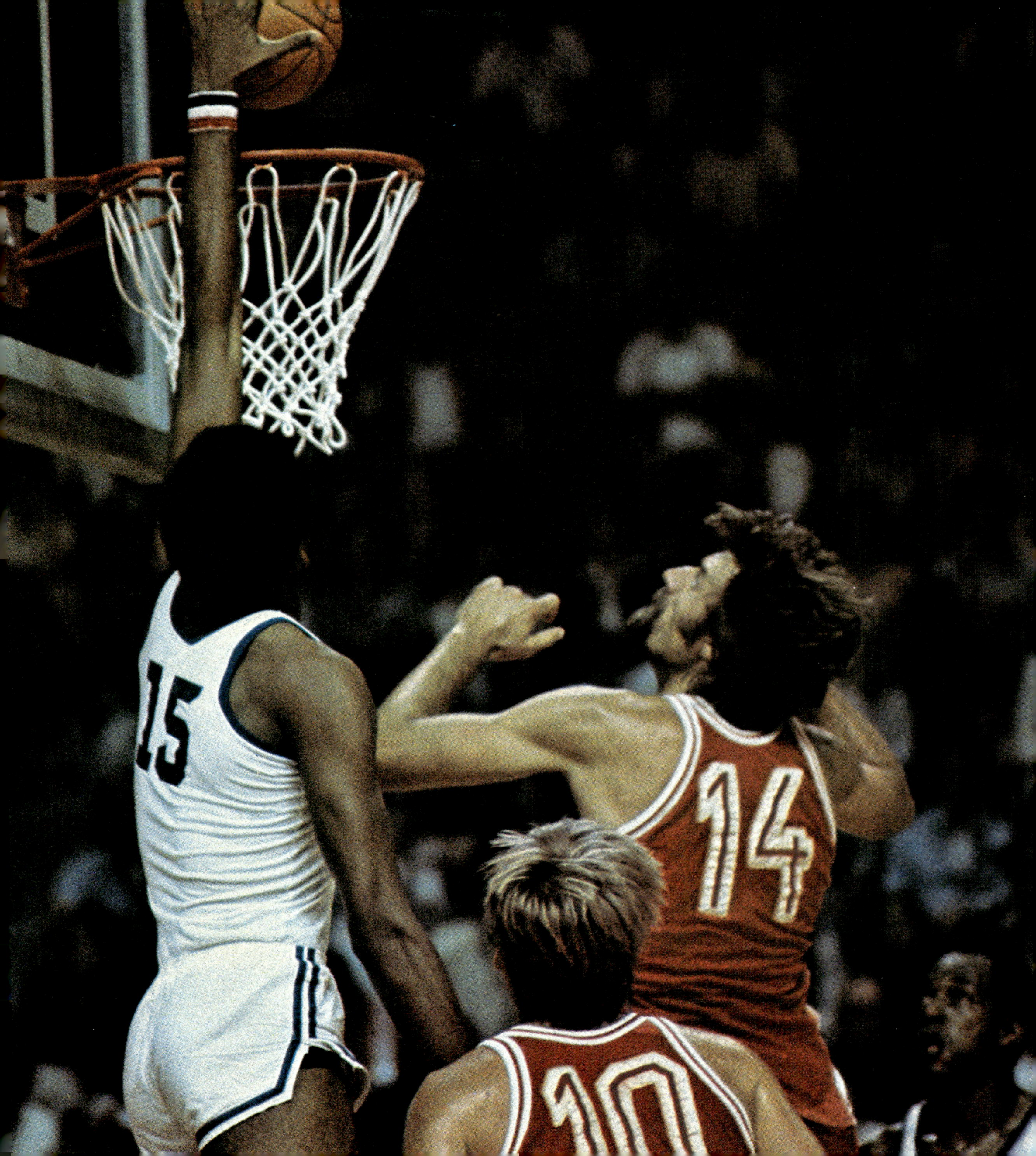
15
14
10

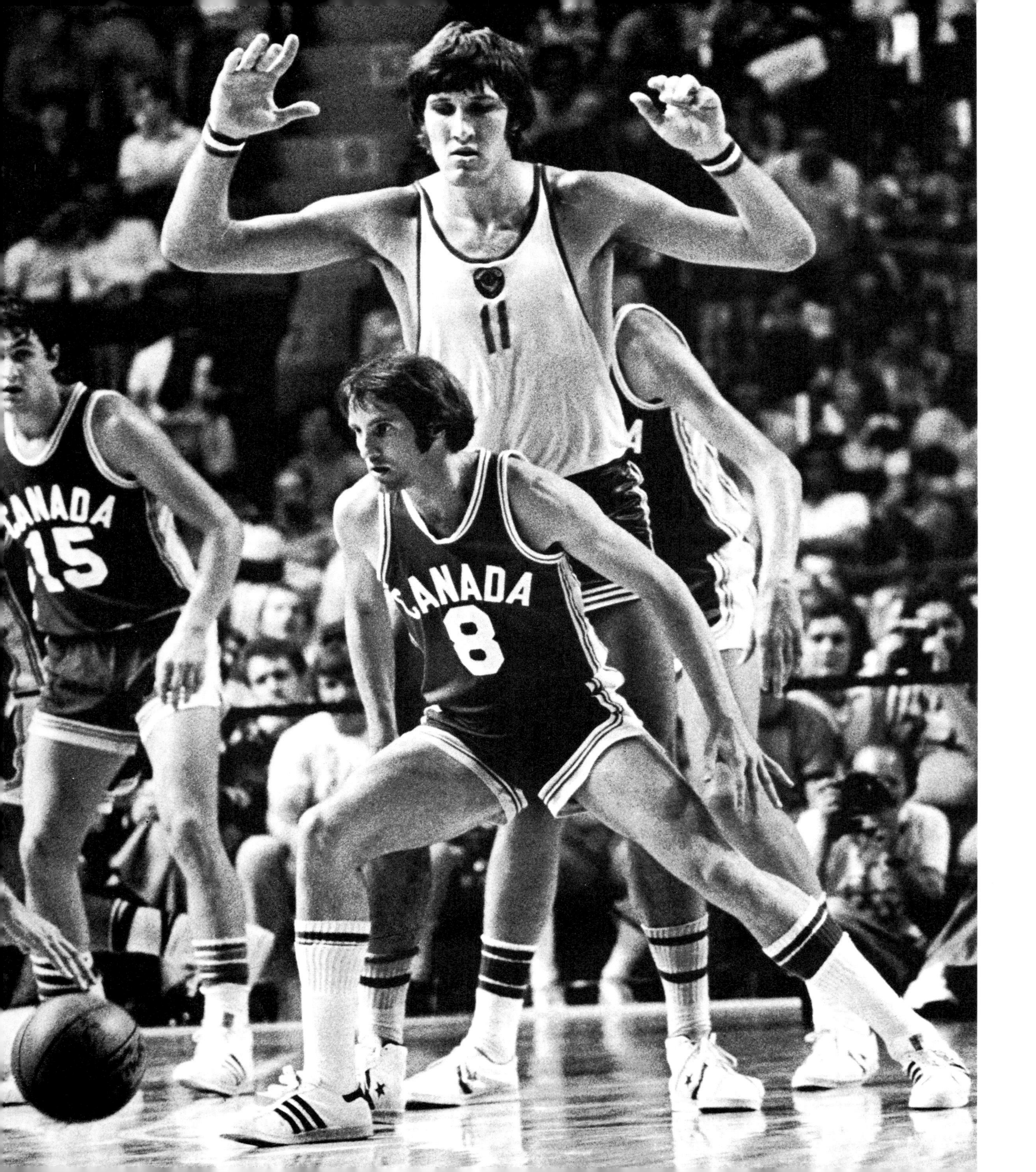
CANADA
15
CANADA
8
11

Der Berg Mensch
Endkampf der Gewichtheber in der Superklasse: gewaltige Show der geballten Gewalt. Da stehen sie, der Schwerste knapp dreihundertzwanzig Pfund, der ›Schmächtigste‹ immerhin noch zweihundertzwanzig. Manche geben sich unbeholfen, fast linkisch, als stünden ihnen die eigenen Muskeln im Wege, andere beherrschen die Gladiatoren-Pose, sonnen sich im Triumph der schieren Kraft. Jeder ist ein Berg von Mensch, erschreckend anzusehen: zweckgebundene Spezialwesen? Wohl nirgends sonst prägt die Sportart so sehr die äußere Erscheinung. Gewichtheben ist ein Kampfsport, die Schlacht des einzelnen mit dem Material. Im entscheidenden Augenblick ist jeder auf der Bühne allein mit dem Gegner, der Hantel aus Erz. Das Schweigen in der Halle, unmittelbar vor dem entscheidenden Moment, unterstreicht noch diesen Effekt. Sieg oder Versagen, nie wird der Unterschied so deutlich wie hier: im Triumph der unter gewaltiger Last gestreckten Arme – oder im dumpfen Aufprall der Hantel aus erschlafftem Griff. Am besten, wieder einmal, der Sowjetrusse Wasili Alexejev. Der stärkste Mann der Welt, tief meditierende Buddhagestalt und ächzender Kraftprotz zugleich. Ein Mann, selbst drei Zentner und vierzehn Pfund schwer, schickt sich an, fünf Zentner und zehn Pfund Eisen in die Luft zu stemmen. Langsam, tief Luft holend geht er auf die Hantel mit den Riesenscheiben zu, verharrt noch einmal, den Blick in die Ferne gerichtet. Sekunden später steht er aufrecht unter seiner Last. Die Halle tobt, der Russe gibt sich ganz der Siegespose hin. Das schwere Gesicht löst sich. Der Berg Mensch lächelt, und dieses Lächeln wiegt fast mehr als die vielen hundert Pfunde Körper und Metall.

Durchaus menschliche Regungen: Verzweiflungsgeste des tschechischen Gewichthebers Petr Pavlosek; und unten der Siegeskuß für den rumänischen Wasserballspieler Claudiu Rusu nach dem Sieg über die Bundesrepublik.
Olympia scheint doch nicht nur eine Sache von Sportrobotern zu sein.

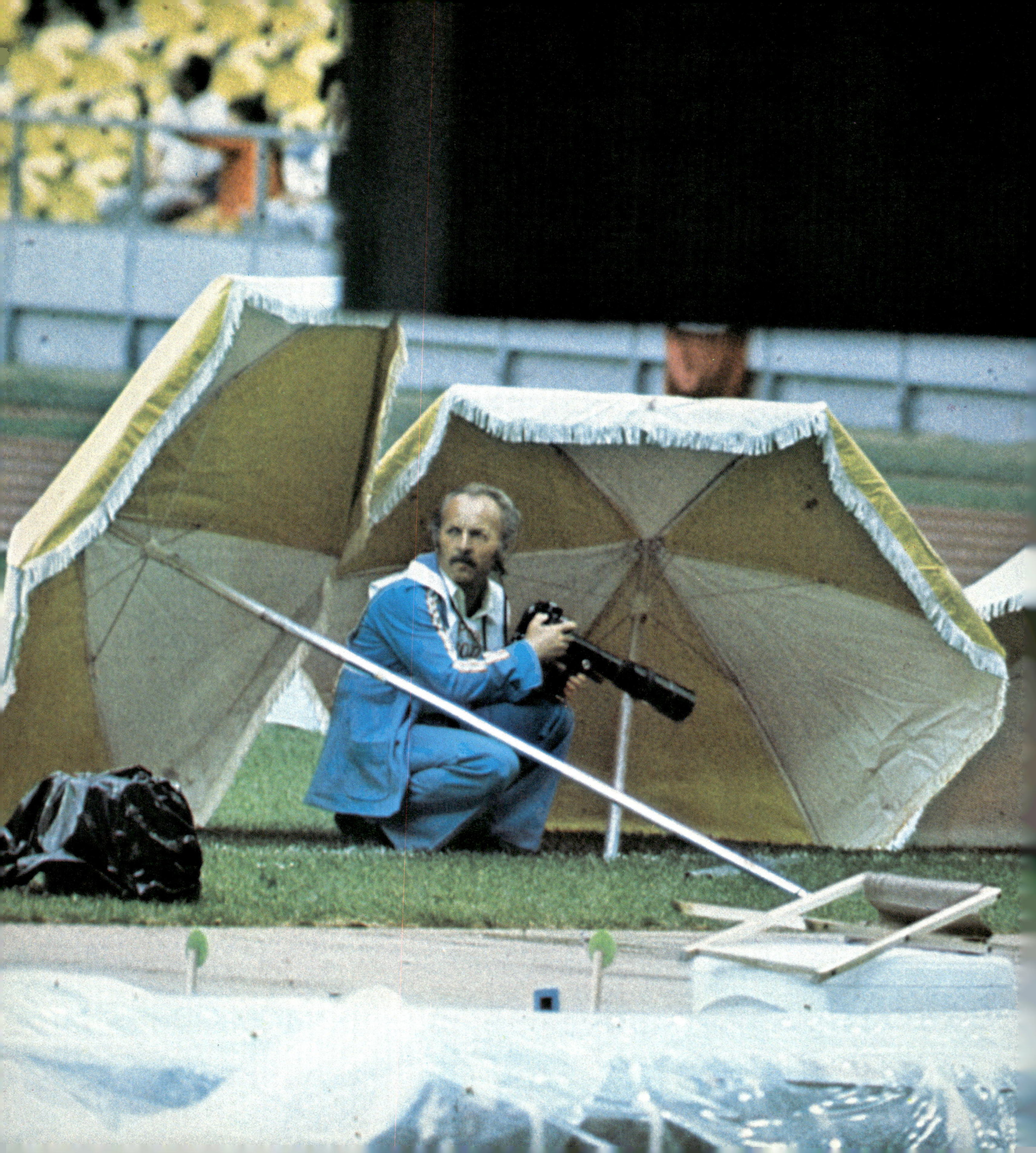

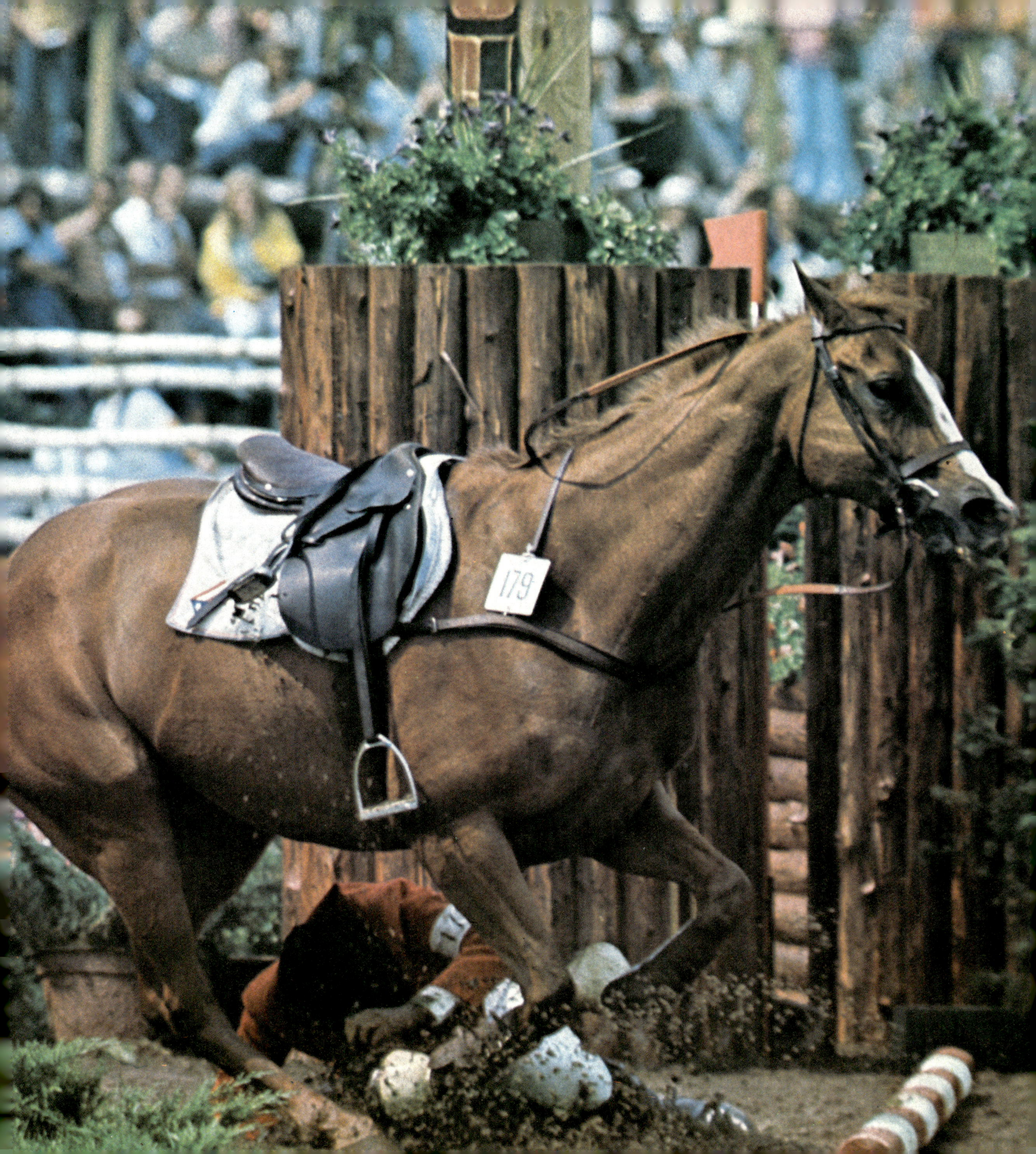
179

›An der Grenze des Möglichen‹, urteilte Hans-Günther Winkler über die Hindernisse beim zweiten Durchgang des Jagdspringens in Bromont. Es gab Stürze über Stürze – bei einigen hielten die Zuschauer schockiert den Atem an. Vom eigenen Pferd Don Juan geradezu überrollt wurde der Reiter Rieckehoff (Bilder links) am Fuß eines Hindernisses. Er blieb zunächst liegen, Helfer eilten herbei – doch da richtete sich ›Don Juan‹ wieder auf und stieg vorsichtig über Rieckehoff hinweg, der dann auf eigenen Füßen den Parcours verließ. – Nicht weniger gefährlich sah der Sturz des Österreichers Heinrich Hülzbos mit Brocat aus. Beide konnten sich nach wenigen Sekunden erheben. Der Ritt allerdings war zu Ende.

Vorangehende Farbseiten: Mit dem ›Stielauge‹ auf Bilderjagd.
Dramatische Sekunden beim Jagdspringen.
Der Reiter scheint nach dem Sturz unter die Hufe zu geraten – doch es geht glimpflicher ab, als es aussieht.

Respektable Plazierungen hinter den Medaillen. Enttäuschte Hammerwerfer. Annegret Richter verehrt die Silbermedaille ihrem Trainer. Nach dem Handballturnier verstehen die Kanadier nicht mehr europäische Klagen über die Härte ihrer Eishockeyspieler. Die erste Medaille für einen Schweizer.

28. Juli 1976
12. Tag

Das war eher ein Nachmittag der Enttäuschungen als der Enttäuschten. Sie verließen die Arena mit respektablen Plazierungen, wie die Hammerwerfer Riehm und Schmidt sowie der Hindernisläufer Karst, oder fanden sich im Häuflein der Gescheiterten wieder, wie die 400-Meter-Läufer Honz, Herrmann, Hofmeister und Rita Wilden. Hätte Brigitte Holzapfel auf den Spuren Ulrike Meyfarths wandeln können? ›Insider‹ trauten der jungen Hochspringerin aus Krefeld allerlei zu. Nach dem Scheitern der Kölner Olympiasiegerin in der Qualifikation vertrat sie allein die westdeutschen Farben. Aber 1,87 Meter bedeuteten den Schlußpunkt. Statt einer 1 vor dem Platz, die natürlich in den Träumen der Unterprimanerin vorkam, nun zweimal die 1. Und so ist sie vom 11. Platz ein wenig enttäuscht. 1,91 Meter hat Brigitte Holzapfel sechs Wochen vor Montreal geschafft. Hier wäre das Silber wert gewesen. Aber wer Heulen und Zähneklappern erwartet hatte, sah sich getäuscht. Ein wenig Wehmut schwang noch mit, als die Sportler der verpaßten Chancen oder der schwachen Form nachzuspüren suchten. Karl-Hans Riehm zum Beispiel, noch vor einem Jahr gefeierter Weltrekordler und Olympiafavorit, ärgerte sich zwar, doch weniger über seine Leistung als über die zwei Zentimeter, die ihn von Bronze trennten. Er haderte auch mit dem hellblonden Kampfrichter, der die Strenge in Person sein muß. Der nämlich habe ihm, wie Werfer-Kollege Edwin Klein bestätigt, »einen hundertprozentig gültigen Wurf annulliert, nur um sich Respekt zu verschaffen«. Die geschätzte Weite (knapp 76 Meter) hätte zumindest Bronze garantiert. Walter Schmidt, der Weltrekordler, lieferte auch eine gleichmäßige, gute Serie ab, womit er Kritiker überzeugte, die sein Versagen im großen Wettkampf für zwangsläufig halten. Mit Platz fünf war er recht zufrieden, auch wenn er mit mehr gerechnet hatte.

Die Trümpfe von gestern stachen heute nicht, weder die Hammerwerfer noch die 400-Meter-Läufer. Als letzter seines Semifinallaufs war zum Beispiel Karl Honz nur noch ein Schatten des Honz der großen Tage. Und so zieht der Europameister von 1974 die Konsequenz: »Natürlich bin ich nicht glücklich, aber heute Abend werde ich nicht in die Kissen heulen.« Und er sieht selbst: »Der Honz von 1972 war zu jung, der Honz von 1976 ist zu alt.«

»Man will immer nur die kleinen runden Dinger sehen«, meinte Hindernisläufer Michael Karst sarkastisch. Auch sein Name stand in der Litanei der Verletzten, denen ein paar Wochen Training fehlten. Und so war eben solch ein ›kleines rundes Ding‹ für ihn in unerreichbare Ferne gerückt. Platz fünf bedeutete ›das höchste der Gefühle‹. Mit dem Weltrekordtempo des Siegers Anders Gärderud (Schweden), der vom Sturz des DDR-Läufers Frank Baumgartl am letzten Hindernis profitierte, vermochte Karst jedenfalls nicht mitzuhalten. Auch er wird, wie so viele Sportler, mit dem Training erst mal kürzer treten. Das Studium fordert seine Zeit. Moskau 1980? Er antwortet unbekümmert: Warum sich heute den Kopf über die Probleme von morgen zerbrechen?

Die erste Schweizer Medaille
Anderthalb Wochen gingen ins Land, bis die Eidgenossen ihre erste Medaille feiern konnten. In Zürich war es halb drei Uhr morgens, als bei der Familie Röthlisberger, Im Dreispitz 249, das Telefon klingelte. Sohn Jörg hatte eine Bronzemedaille im Judo erkämpft. Im Quartier waren die Schweizer schon die Kommentare von daheim leid: So viele dabei, und nichts kommt dabei heraus. Mit 57 Leutchen waren sie bei der Eröffnungsfeier einmarschiert. »Erfolge auf der Tartanbahn hängen für uns höher als auf verschneiten Berghängen«, hatte ihnen ihr Bundespräsident mit auf den langen Weg nach Montreal gegeben. Trotzdem, auch in kleinen Ländern sind die Erwartungen groß. Und so neutral wollten die Schweizer nun auch nicht sein, daß sie sich gänzlich raushielten. Sie waren nur eine von vielen Nationen, die noch nichts vom großen Medaillensegen geerbt hatten. Welch einen Unterschied so ein Metall dann doch macht! Nicht nur Jörg Röthlisberger sah die Welt plötzlich mit ganz anderen Augen an. Er kann sehr grimmig dreinschauen, besonders wenn er seinen Gegner beobachtet, ihn an der Jacke packt. Fünfter war er bei der Europameisterschaft in Kiew, was für den Schweizer Judoverband und die Sporthilfe einer Qualifikation für Montreal gleichkam. Einen Monat hat er sich in Wolfsburg bei Klaus Glahn, zwei Monate in Japan vorbereitet. Ein paar Franken Eigenbeteiligung waren auch dabei. Er ist 21, Bauzeichner und seit elf Jahren Judoka. Der Zufall half nach: Sie wohnten gleich neben der Halle, in der der Judoclub Nippon trainierte, und der Vater schickte ihn mal nach nebenan, damit was aus ihm wird. Vorahnungen hatte der Mann.

Folgende Farbseiten:
Ohne Fehler im ersten, ohne Fehler im zweiten Umlauf – so sicher gewann noch kein Springreiter die olympische Goldmedaille. Trotz Gewitter, trotz Donner, Blitz und Regen trug Warwick seinen Reiter Alwin Schockemöhle zuverlässig zum Sieg. Daneben: Startzeremonie: rechtes Knie auf den Boden, Füße in die Blöcke, Hände hinter den Strich, Kopf gesenkt, noch einmal ganz fest an die Medaille gedacht – fertig zum Start.

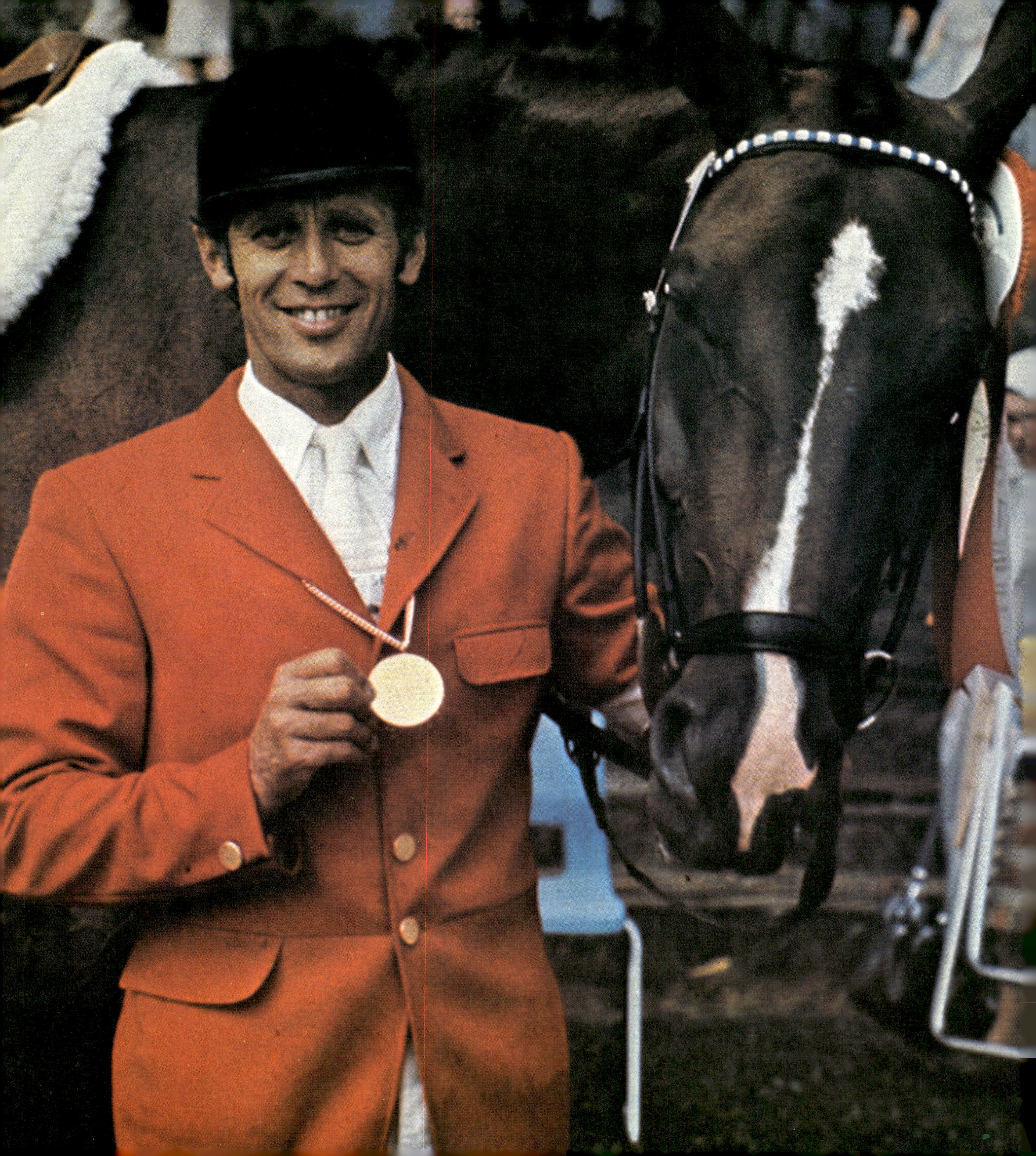

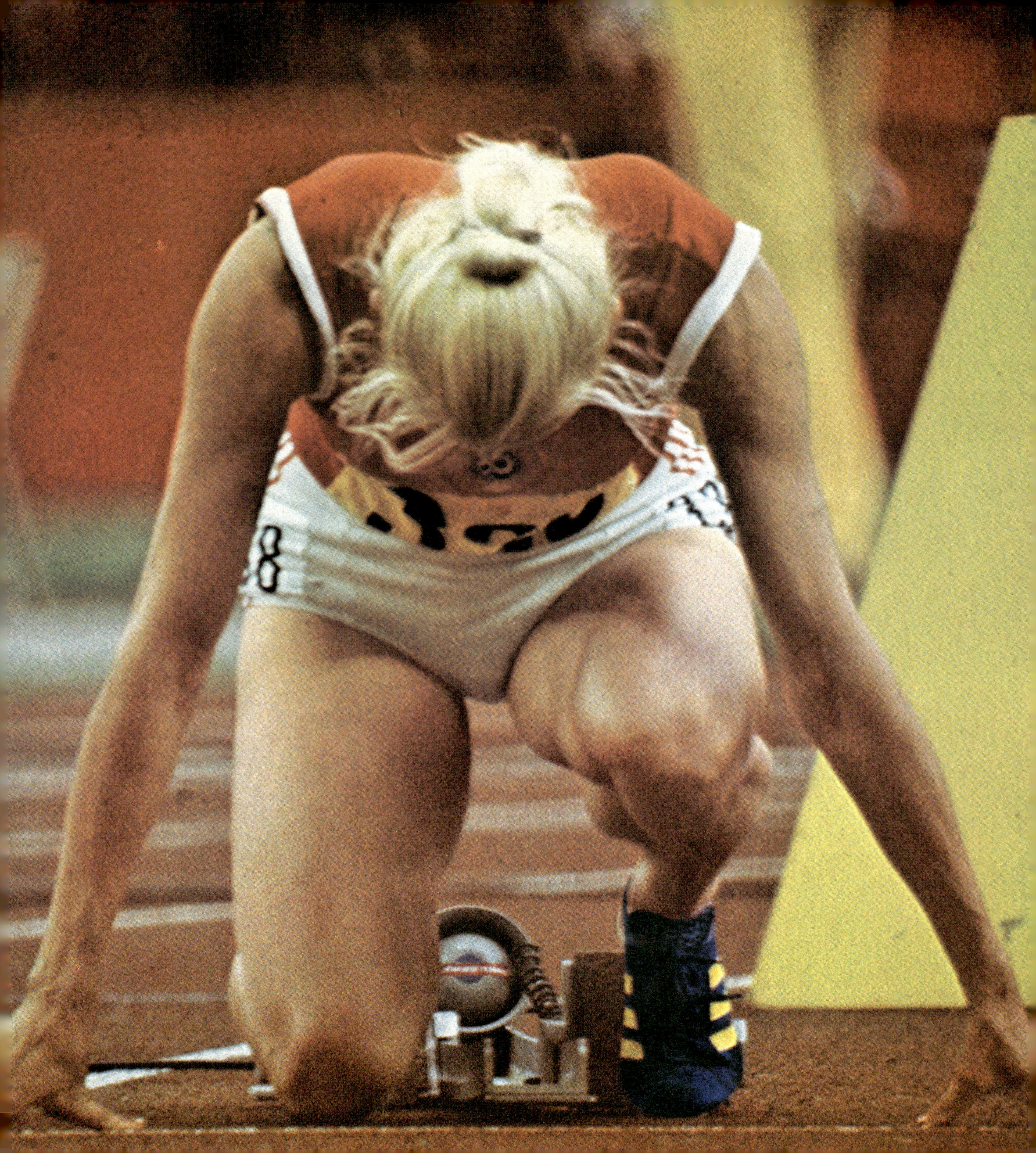

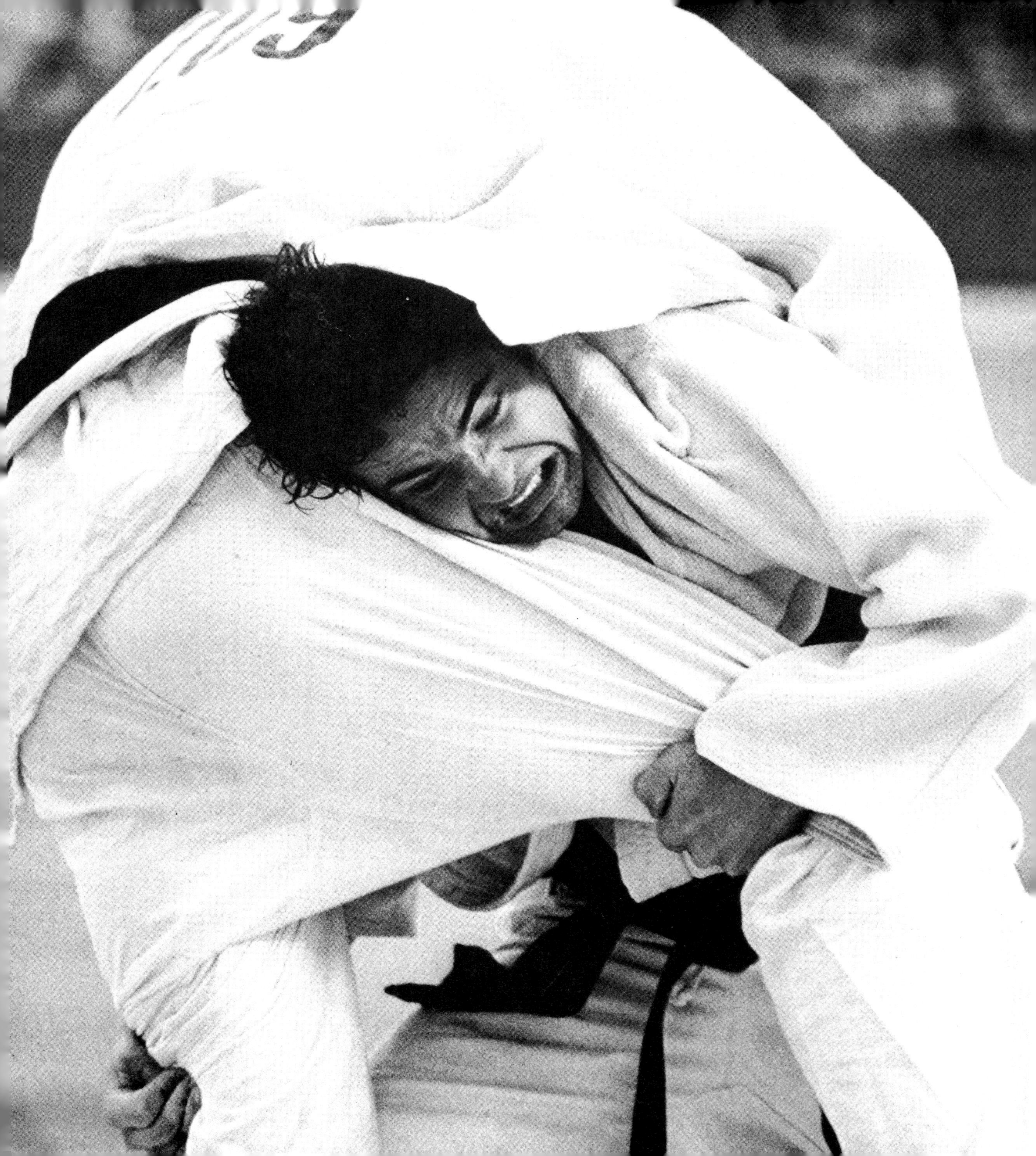

Silber dem Trainer
Heißt die neue Rosi Annegret? Zumindest nach Medaillen kann Annegret Richter den Star der Winterspiele erreichen. Mit Gold und Silber auf den beiden Sprintstrecken ist sie schon reichlich dekoriert; nur um die Winzigkeit von zwei Hundertstelsekunden verfehlte sie ihren zweiten Olympiasieg. »Ich hätte eine größere Brust haben müssen«, räsonierte sie. Trotzdem vermochte sie in deutscher Rekordzeit wiederum die hohe Favoritin des 200-Meter-Rennens, Renate Stecher, zu schlagen. Weder der westdeutsche Trainer Thiele noch dessen ostdeutscher Kollege hatten die Siegerin in ihrer Rechnung. Die 21 jährige Leipziger Studentin Bärbel Eckert überraschte die Betreuer, ihre Gegnerinnen und am meisten sich selbst. Daß Annegret Richter überhaupt nach dem Silber greifen durfte, ist fast eine wundersame Fügung. Als Hauptziel der Vorbereitungen galt seit langem die Sprintstaffel. Ihr sollte alles untergeordnet werden. Das konnte ohne eine Kollision der Interessen nicht abgehen. Thiele hatte sich einen Verzicht auf den 200-Meter-Lauf gewünscht, was freilich von Inge Helten nicht akzeptiert wurde. Annegret Richter hatte bereits ihre Bereitschaft bekundet, es im Interesse der Staffel bei den 100 Metern bewenden zu lassen. Thiele wiederum hätte es nun ungerecht gefunden, Annegret Richter nicht die Chance zu gewähren, die Inge Helten zielstrebig suchte. Letztlich redete er der Olympiasiegerin zu – ein Entschluß, der ›versilbert‹ wurde durch eine Medaille, die Annegret Richter dankbar ihrem Trainer verehrte.

Handgreiflicher Handball
Mit Fouls und Pfiffen hat das olympische Handballturnier geendet. Russen und Rumänen wurden im Finale noch einmal so handgreiflich, daß sich so mancher kanadische Zuschauer wunderte, warum die Europäer immer so sehr über die Härte nordamerikanischer Eishockeyspieler klagen. Auch beim letzten entscheidenden Spiel im Handballturnier der Frauen gingen die Mannschaften aus der UdSSR und DDR recht verbissen aufeinander los. Zum bitteren Ende triumphierte in beiden Fällen der sowjetische Handball: Kraft und Disziplin gaben den Ausschlag. Lange hat der größte Handballverband der Welt allerdings auf diesen Erfolg warten müssen. Weder bei Weltmeisterschaften der Männer noch beim ersten olympischen Turnier 1972 in München waren die sowjetischen Spieler zuvor zu Medaillengewinnen gekommen. Jetzt aber konnten die rumänischen Endspielpartner den Bärenkräften der sowjetischen Handballhünen nicht widerstehen.
Kaum zu trösten waren dagegen die jungen deutschen Handballspieler, die im Spiel um die Bronzemedaille den Polen erst in der Verlängerung mit 18:21 unterlagen, nachdem sie in den letzten drei Minuten der regulären Spielzeit in einem mitreißenden Endspurt aus einem 14:17-Rückstand noch ein 17:17 gemacht hatten. Doch die sechs Spiele in zwölf Tagen forderten ihren Tribut. Aber so trostlos die Lage einer überalterten, zerstrittenen Mannschaft beim olympischen Turnier 1972 in München (sechster Platz) und 1974 bei der Weltmeisterschaft in der DDR (neunter Rang) war, so hoffnungsvoll kann der Deutsche Handball-Bund nun der nächsten Weltmeisterschaft 1978 in Dänemark entgegensehen. Mit diesem jungen Team, das der Jugoslawe Vlado Stenzel im Akkord zusammenschweißte, hat der deutsche Handball erstmals auf die Zukunft gesetzt und dabei schon in der olympischen Gegenwart viel erreicht.

Oben: Im Lager der Kanuten: Heiderose Wallbaum (links) und Barbara Lewe-Pohlmann mit ihrem Zweier.

Linke Seite: Judo, Kampfsport mit Köpfchen.

Unten: Heiner Brandt gegen den Jugoslawen Popovič. Nein, nicht Judo – sondern Handball. Die Jugoslawen mußten sich mit 18:17 Toren geschlagen geben.

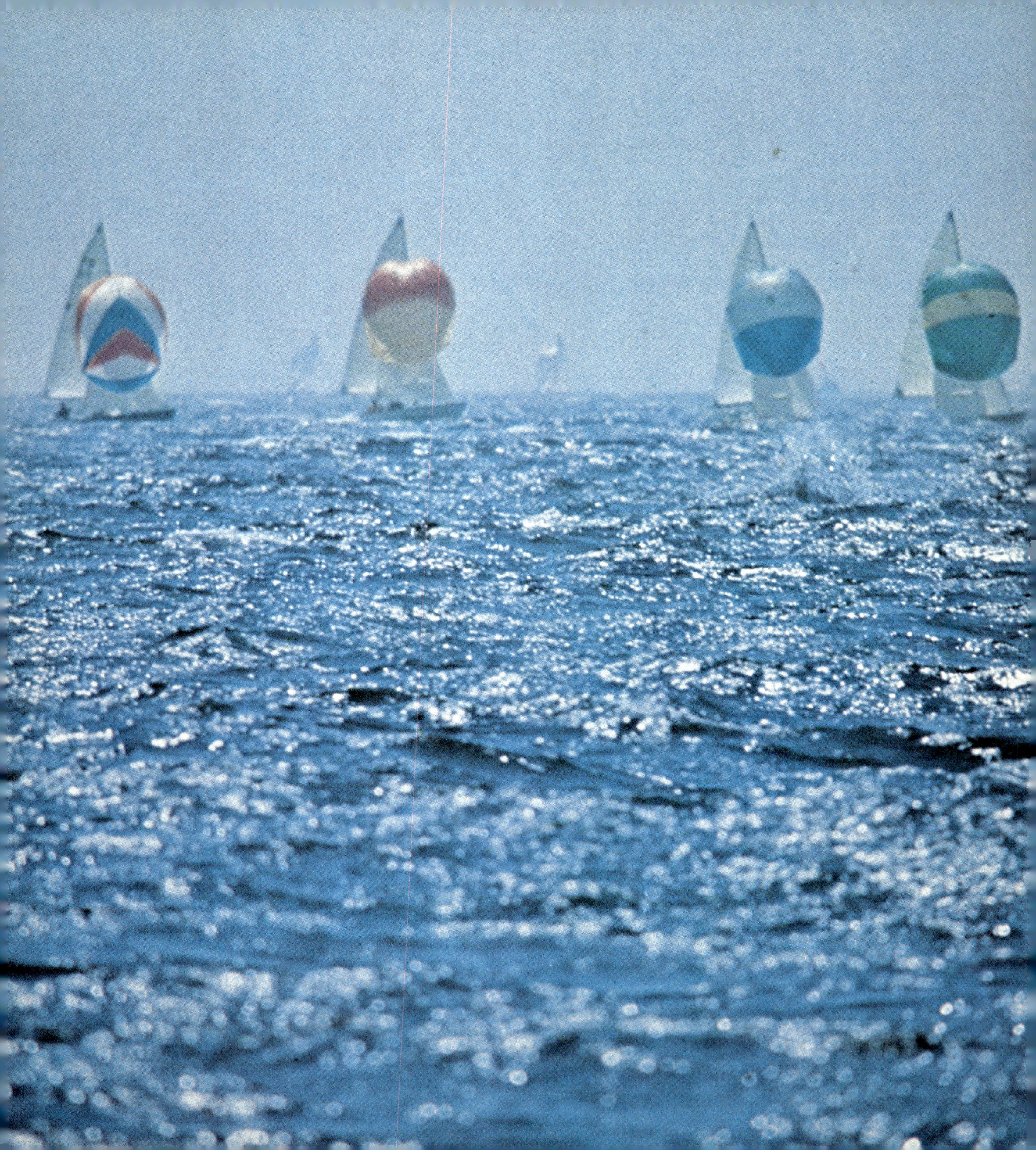

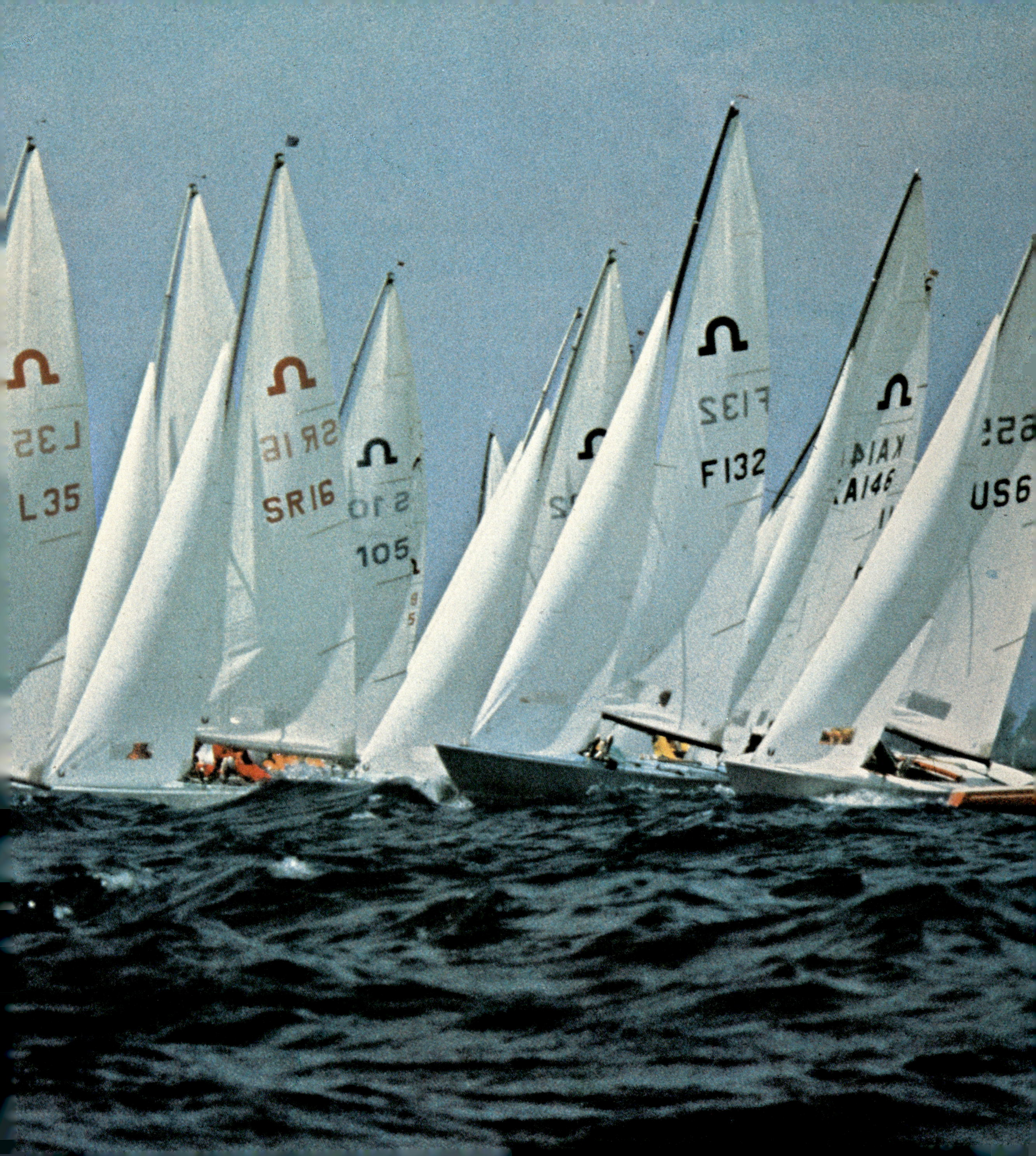
L35
SR16
105
F132

Vorhergehende Farbseiten: Die olympischen Wettfahrten im Segelrevier auf dem Ontariosee bei Kingston brachten den deutschen Seglern Siege und Niederlagen. Zwei Goldmedaillen in der 470er-Klasse für Frank Hübner/Harro Bode und im Flying Dutchmann (Jörg und Eckart Diesch) wurden ergänzt durch Bronze für Jörg Spengler und Jörg Schmall im schnellen Tornado. Für Willi Kuhweide hatte sich der Ausflug auf olympisches Wasser diesmal nicht gelohnt. Mit Karsten Meyer und Axel May kam er im Soling nur auf Platz 6.

Rechts: Erst in der Verlängerung mit 18:21 gegen Polen unterlegen, stellten die jungen bundesdeutschen Handballer die internationale Rangordnung in ihrer Sportart auf den Kopf. Nach dem Sieg über die DDR in der Qualifikation für Olympia nun der vierte Platz in Montreal.

Unten: Die vorletzte Hürde – gleich ist das Rennen gelaufen. Sieger über 110 Meter wird der Franzose Guy Drut (links) vor dem Kubaner Casanas.

Der Mann für alle Gelegenheiten, DDR-Fußballtrainer Georg Buschner, der mit seiner Mannschaft bei Profi-Turnieren genauso mitmischt wie auf dem olympischen Rasen der Amateure. Bei der WM 1974 in München lehrte er die Welt, daß seine Fußballer sich sehen lassen können. In Montreal lehrte er die Sowjetrussen im Halbfinale, daß seine Spieler nicht mal vor dem großen Bruder Angst haben. Nach einem 2:1-Sieg zogen Buschners Buben ins Finale ein.

Folgende Farbseiten: Wieder Gold für den Superschwergewichtler Wasili Alexejew, der sich in gewohnter Pose zu konzentrieren versucht. Es hat geholfen: 255 kg.

Daneben die Entscheidung des 200-m-Endlaufs der Damen: Die Leipzigerin Bärbel Eckert gewinnt das deutsch-deutsche Rennen in 22,37 Sek. vor Annegret Richter, Renate Stecher, Carla Bodendorf und Inge Helten.

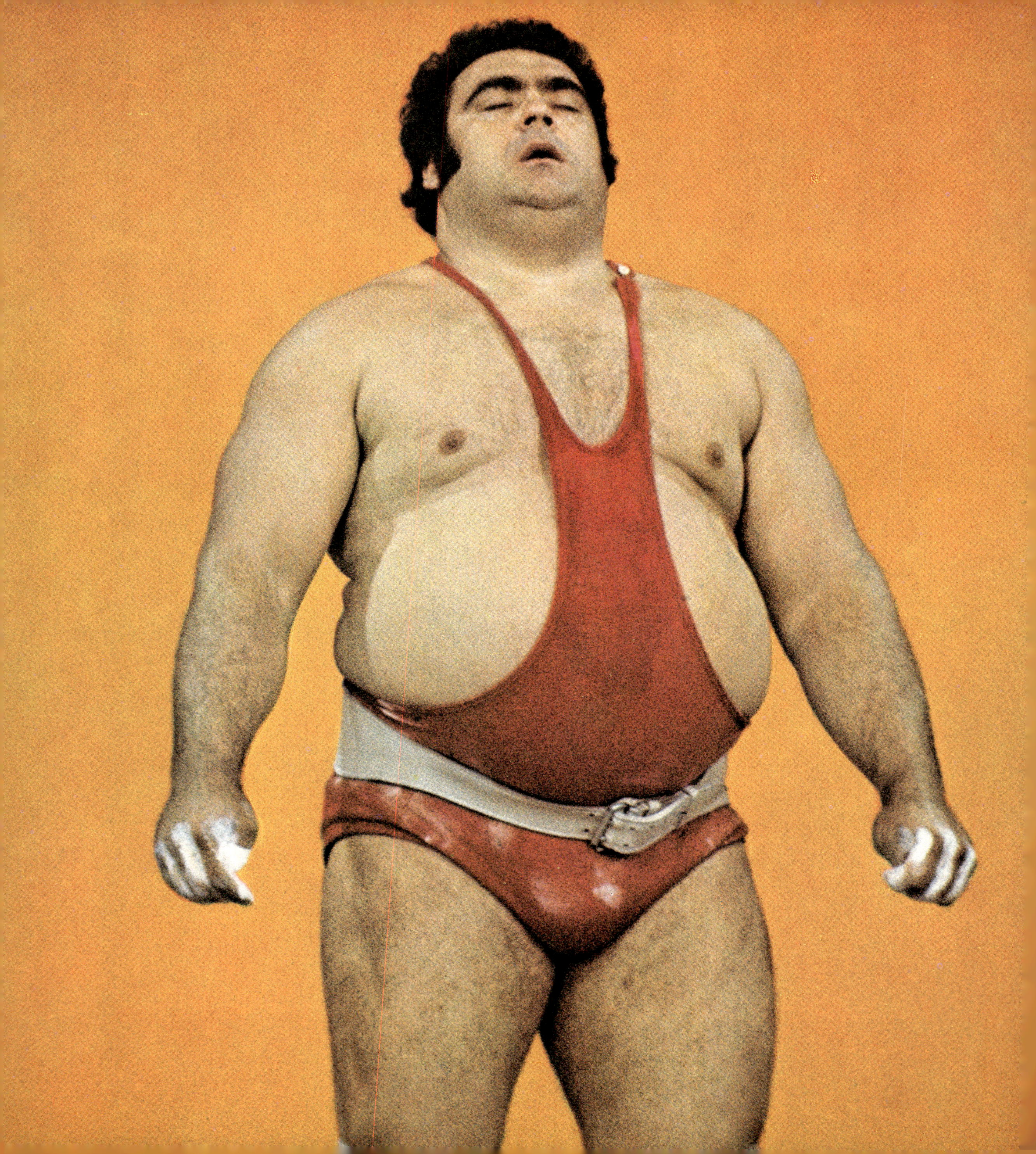

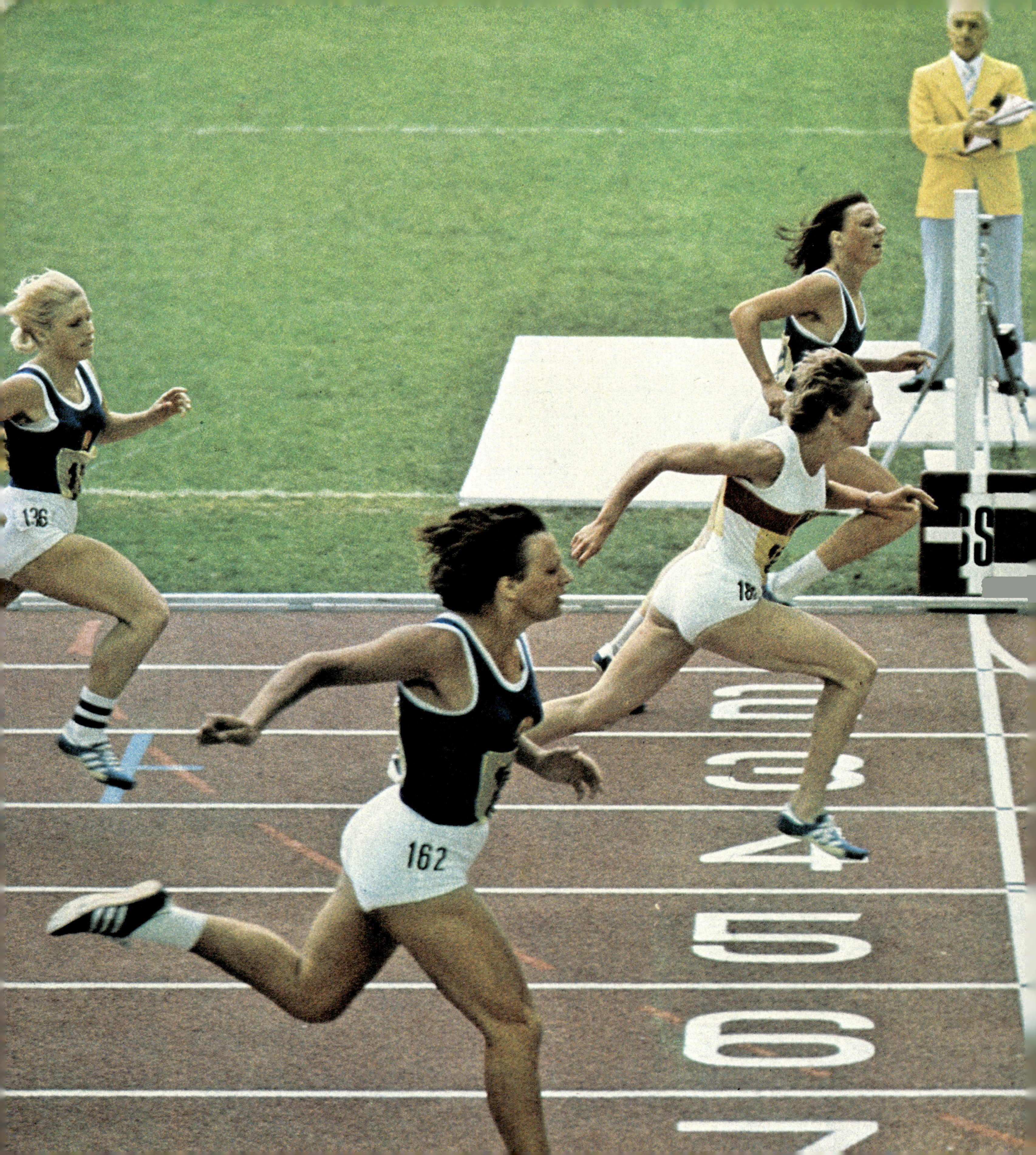

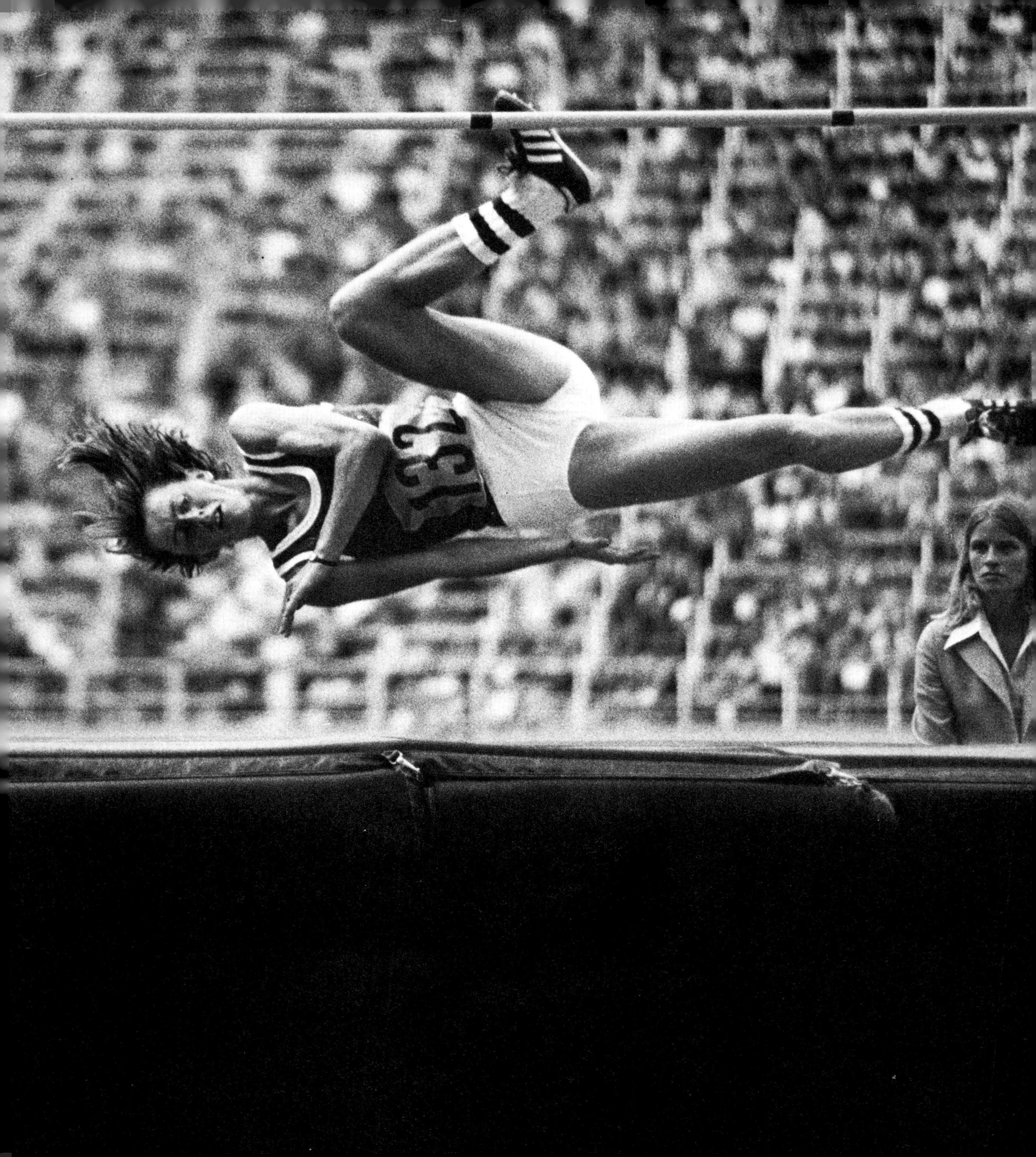

Deutsche Fechter hoffen auf eine Signalwirkung ihrer Medaillen. Das Bild der letzten Siegerehrung war ein Symbol für die Wandlung im Fechtsport. Der Star aus Kuba und die charmante Polin sind die Ausnahmeathleten der Leichtathletik. Schwarze Haare, schmale Augen und ein weißer Ball. Die schnellere Läuferin scheidet aus.

29. Juli 1976
13. Tag

Die Mannschaft der deutschen Dressurreiter hat für das zweite Gold bei den Reiterwettbewerben in Bromont gesorgt. Zwei Tage nach Alwin Schockemöhles großem Ritt holen Harry Boldt mit Woyceck, Dr. Reiner Klimke mit Mehmed und Gabriela Grillo mit Ultimo das Gold vor der von der großartigen Christine Stückelberger angeführten Schweizer Equipe und den amerikanischen Amazonen. Von den deutschen Dressurreitern heißt es, sie sammelten olympische Medaillen wie andere Leute Briefmarken. Das ist eine maßlose Übertreibung, denn Medaillen gibt es nur alle vier Jahre, und es fragt sich, wie lange noch. Für die nächsten Spiele in Moskau ist die Dressur gerettet, Schweden und Bulgarien machen mit. Aber dann? Es gibt Überlegungen, die Dressur aus dem olympischen Programm zu streichen; anderen Nationen mangelt es an geeigneten Pferden und an qualifizierten Reitern. Einst traditionelle Dressur-Nationen fielen in die Anonymität zurück. Nach dem Reglement aber kann eine olympische Dressur nur dann ausgetragen werden, wenn mindestens sechs Nationen mit je drei Reitern für einen Start melden. Die Deutschen sind dazu übergegangen, der Konkurrenz Entwicklungshilfe zu geben, damit sie noch Konkurrenz haben. Dressur ist zugegebenermaßen nicht jedermanns Sache. Da wird nicht gesprungen, da wird nicht gestürzt, da wird nur gymnastiziert. Wer bei Olympischen Spielen auftritt, der hat so etwas wie eine Professur für das Reitereinmaleins in der Tasche. Jeder hoch zu Pferde hat einmal so angefangen, wie man das Autofahren lernt: Handbremse lockern, Kupplung treten, langsam kommen lassen, Gas geben, lenken, bremsen, zum Stand kommen, Handbremse anziehen. Eine Terminologie, die uns vertraut ist. Ähnlich muß man sich die gleiche Chose mit einem Lebewesen vorstellen. Ob Springreiten, Galopprennen oder Querfeldein, ohne Dressur geht nichts. Diese Grundgangarten des Pferdes sind perfektioniert worden, und heraus kam der Grand Prix Special, das Nonplusultra der Dressur. Körperbeherrschung des Pferdes in harmonischer Verbindung mit seinem Reiter. Im Fachjargon heißen die klassischen Dressurpferde ›Pfefferstoßer‹, weil sie ziemlich viel auf der Stelle treten. Aber die Lektionen sind kein Zuckerschlecken. Wer jemals ein Pferd aus dem Dressurviereck kommen sah, weiß es besser. Durch den Streß werden die Speicheldrüsen angeregt, die Schweißdrüsen arbeiten auf Hochtouren. Die eigentliche Knochenarbeit sehen die wenigsten, denn die findet im Training statt, bis das Pferd erstmals vorführungsreif ist.
Der Wettkampf, zumal der in Bromont, nimmt sich recht beschaulich aus. Die Zuschauer kommen mit Rechenschieber, Opernglas, Kugelschreiber und Sachverstand, verfolgen, wie sich die Pferde auf unsichtbaren, scheinbar vorgezeichneten Pfaden bewegen. Zehn Minuten, die ewig lang werden können, wenn man den Atem anhält, und das scheinen alle Kenner zu tun. Wenn endlich der Beifall kommt, dann darf das Pferd endlich so gehen, wie es will, nämlich locker. Unter den Pferden werden die Quadrattypen bevorzugt, die kein so

Das Glück läuft mit
Die Laufbahn der Ellen Wellmann hat eine gute Pointe gefunden. Nach Jahren auf der Beliebtheitswoge schien sie abzustürzen in den Schlund der Verschmähten. Verletzungspech hatte sie aus der Bahn geworfen. Von den Experten gab ihr niemand so recht eine Chance, in Montreal den Endlauf zu erreichen. Sicherlich liegt man nicht falsch mit der Vermutung, daß der Verband bei der Vergabe der Flugkarte zur Öffentlichkeit schielte und sich deshalb eine unpopuläre Maßnahme verkniff. Ellen Wellmann dankte mit einem mutigen Lauf und der Finalteilnahme. Freilich läuft das Glück in Montreal wacker mit. Sie profitierte nämlich nicht zuletzt davon, daß sie im ungleich leichteren Zwischenlauf startete. So muß es der Kölnerin Brigitte Kraus wie bittere Ironie anmuten, daß ihre Rivalin, die zur Zeit keine Chance gegen sie hätte, den Endlauf erreichte, während sie scheiterte. Die knapp zwanzigjährige technische Zeichnerin lief drei Sekunden schneller als Ellen Wellmann, steigerte damit den deutschen Rekord und ging doch als Geschlagene von der Bahn.

Linke Seite: Nachdenklich stimmt, wenn Wettbewerbe nicht mehr interessieren, weil die Favoritin aus dem eigenen Lager frühzeitig ausgeschieden ist. Mit 1,93 Meter sprang Rosemarie Ackermann aus der DDR einen Zentimeter höher als Ulrike Meyfarth vier Jahre zuvor in München.

Folgende Farbseiten: Das Glück läuft mit. Ellen Wellmann auf dem Weg ins Finale der 1500-Meter-Läufer.
Ein großer Sprung nach vorn. Der deutsche Zehnkampfmeister Guido Kratschmer sammelt Punkte für seine Silbermedaille.

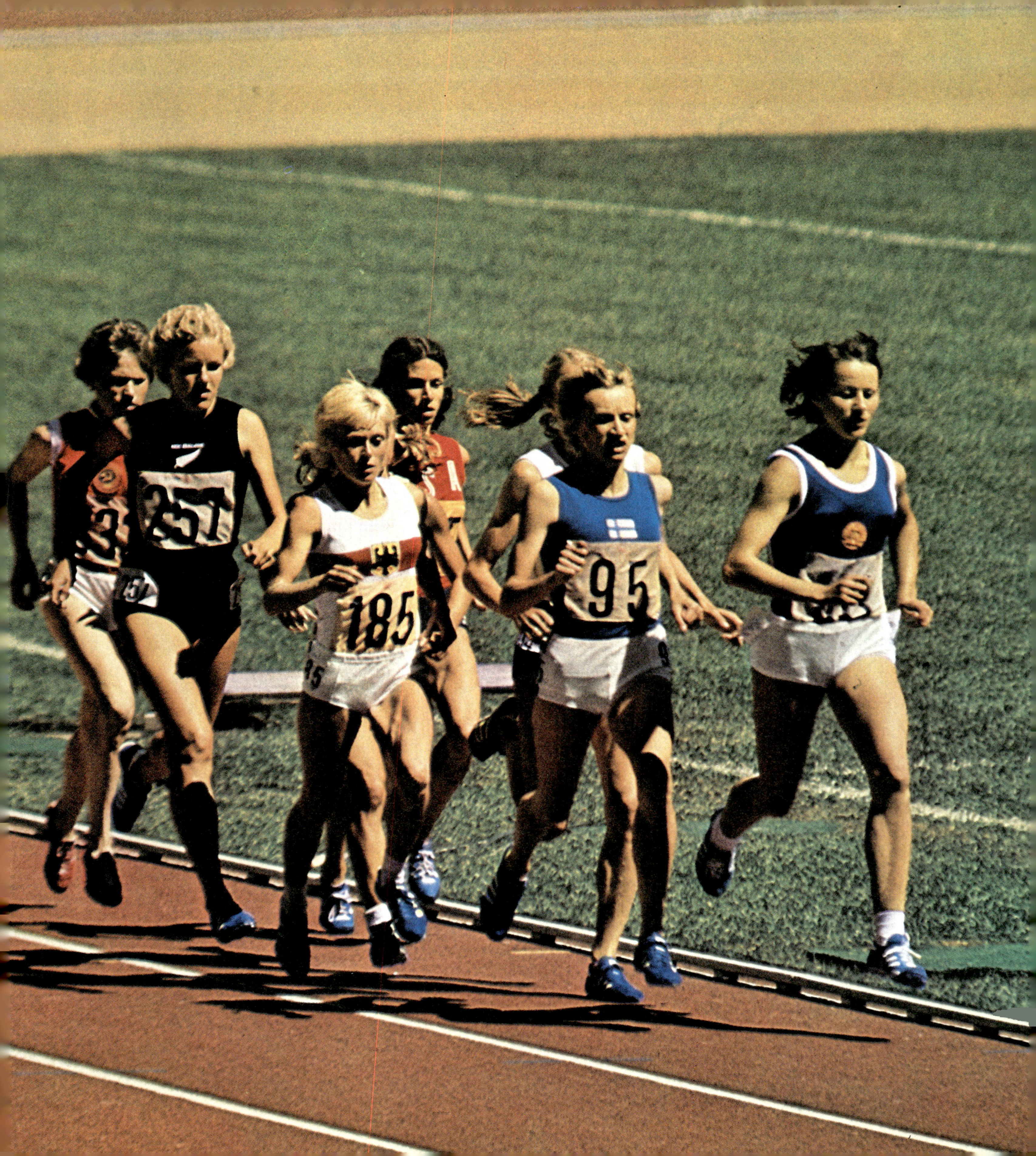
257
185
95

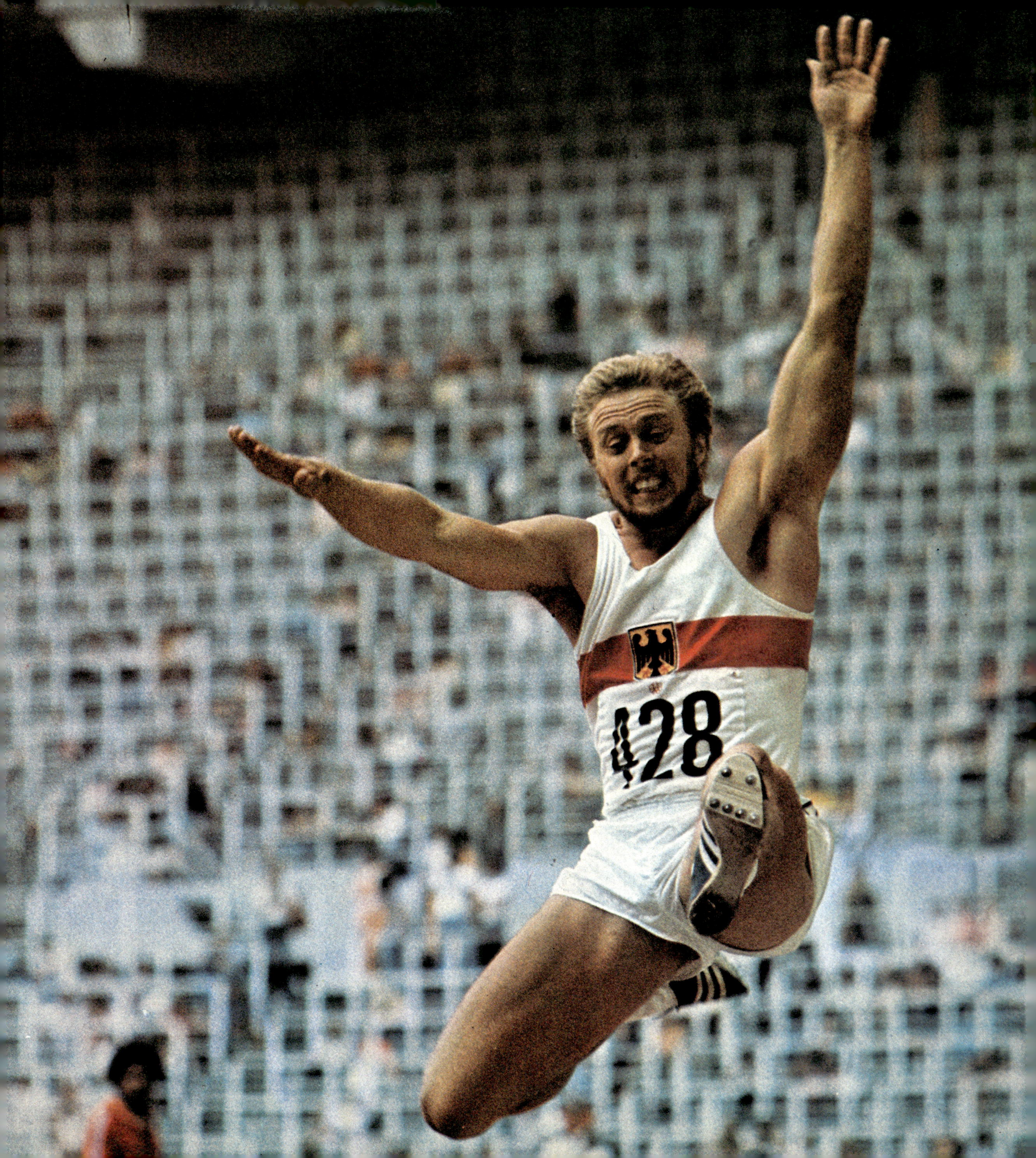
428

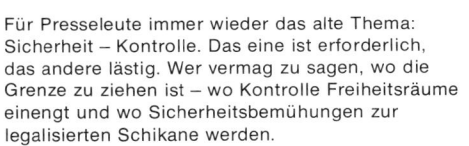

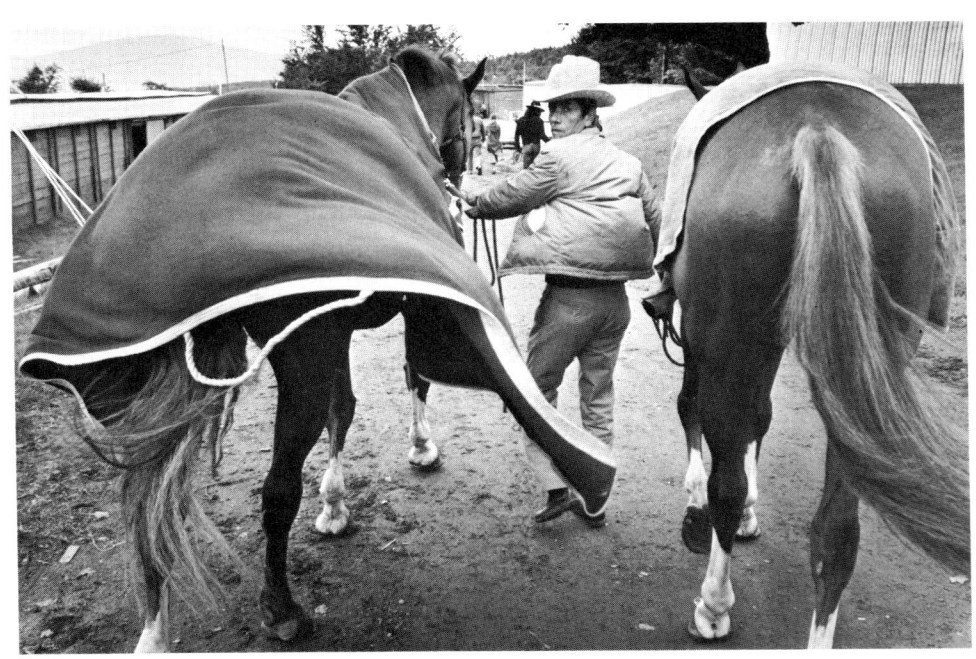

Für Presseleute immer wieder das alte Thema: Sicherheit – Kontrolle. Das eine ist erforderlich, das andere lästig. Wer vermag zu sagen, wo die Grenze zu ziehen ist – wo Kontrolle Freiheitsräume einengt und wo Sicherheitsbemühungen zur legalisierten Schikane werden.

Rechte Seite: Mit Charme und Natürlichkeit hebt sie den Habitus der Herrenreiter auf: die Schweizerin Christine Stückelberger. Dank ihrer überragenden Punktzahl errang ihre Mannschaft in der Dressur die Silbermedaille, dann stand einer Einzelmedaille nichts mehr im Wege – Gold.

Circensische Situationen in Bromont: Während des Unwetters mußte das als Stall dienende Großzelt festgehalten werden.
Ein Hauch von Westernatmosphäre im Lager der Reiter ... und reiterische Fürsorge für die treuen teuren Tiere aus der Alten Welt: Schaumstoffgamaschen und Knieschutz.

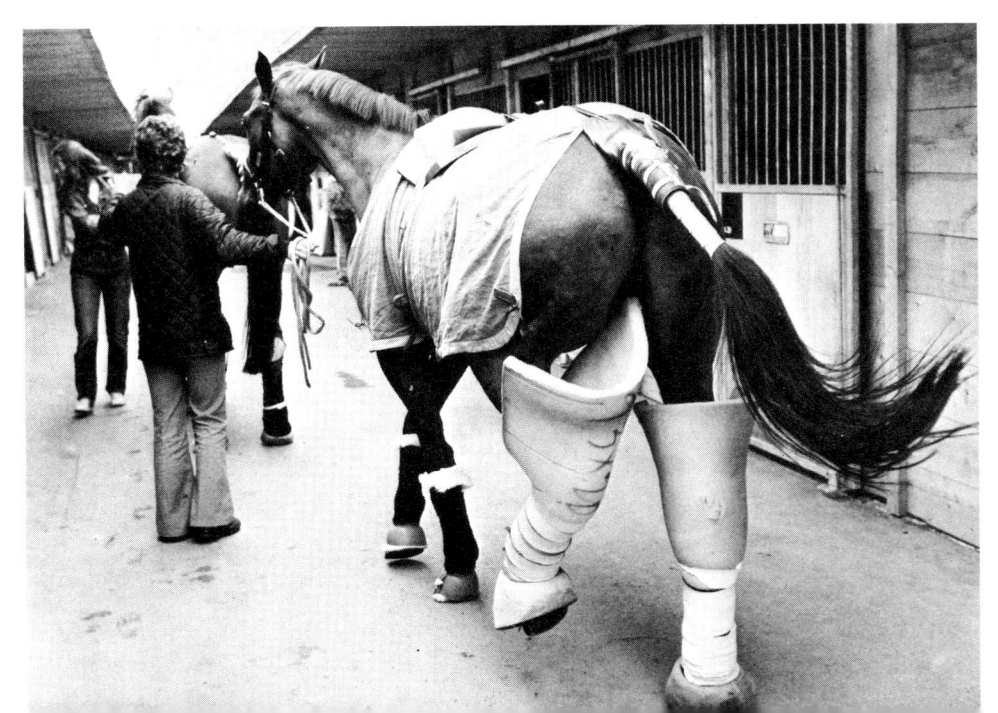

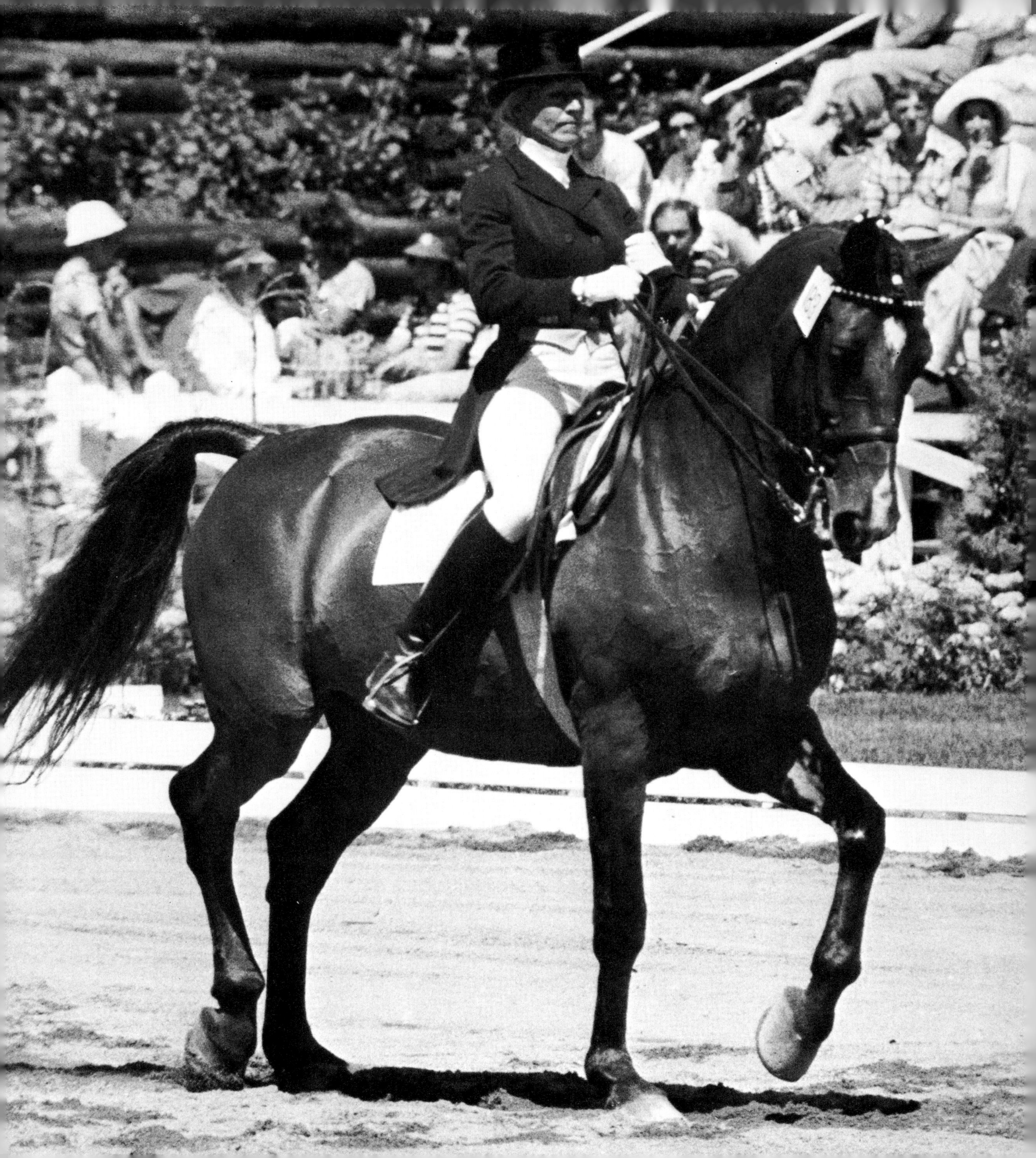

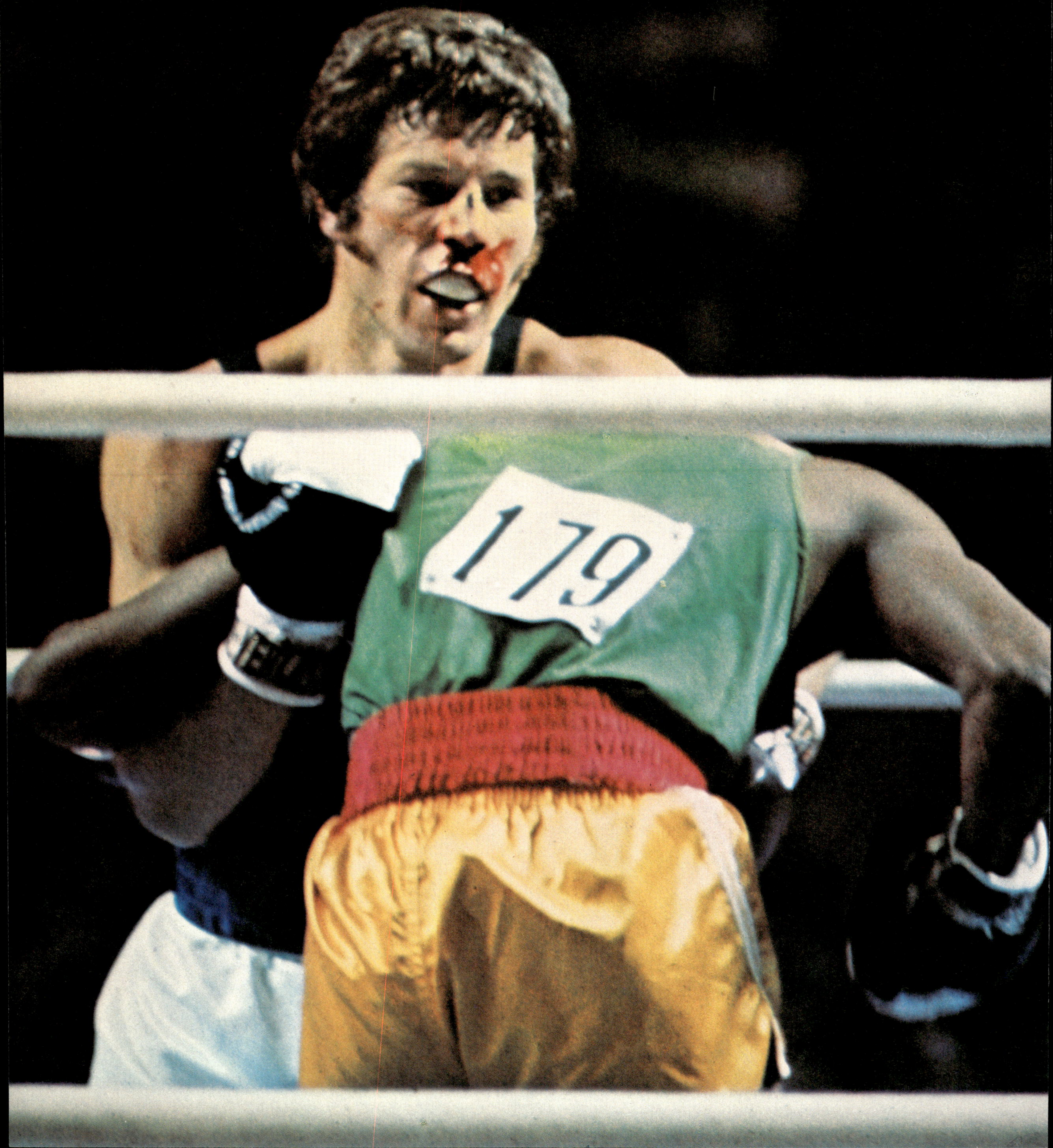
179

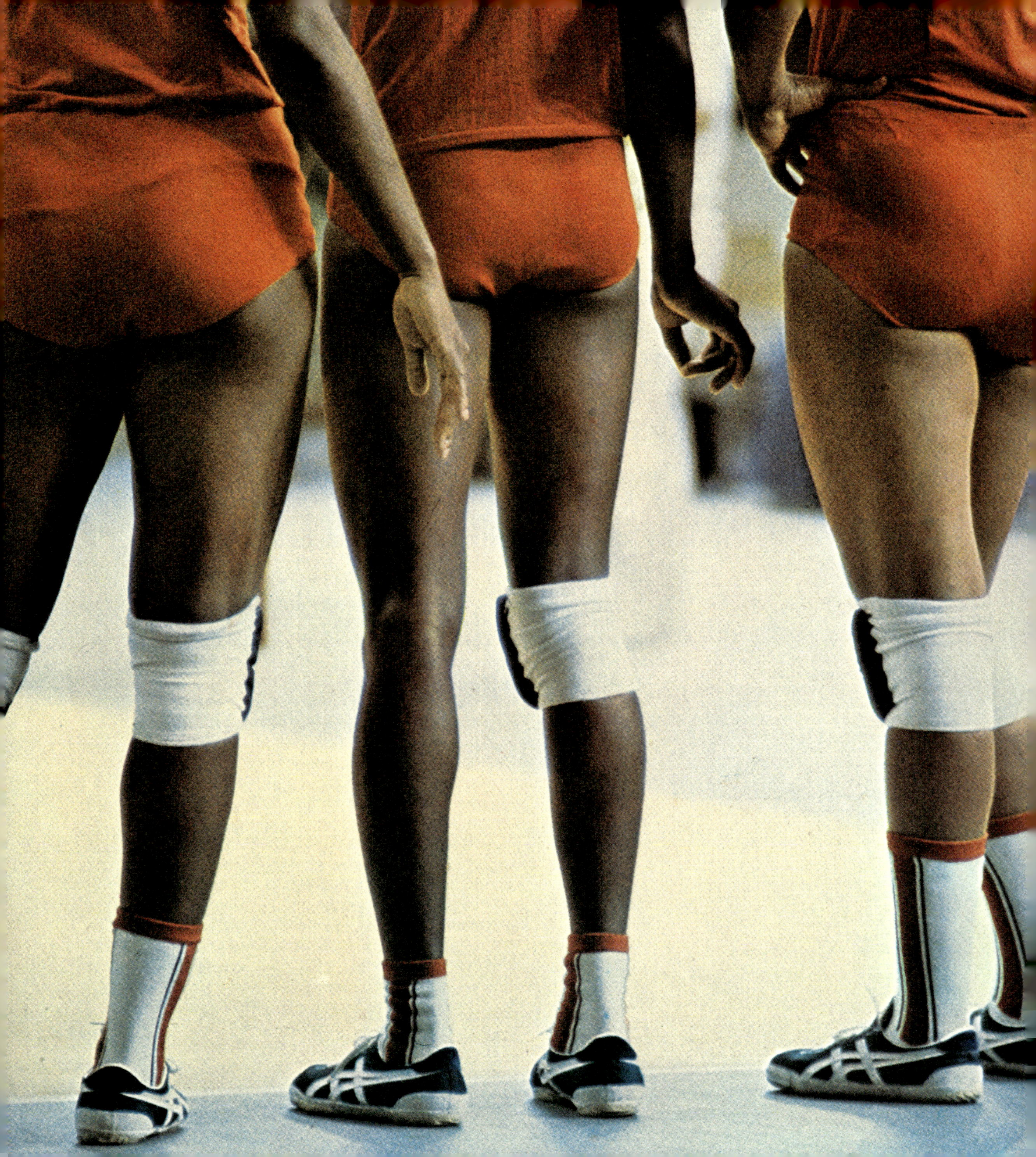

Falsch gekämpft?
Viel Blut fließt in den Ring. Das olympische Boxturnier ist eine harte Sache, eigentlich schon zu hart, denkt man daran, daß sich hier Amateure beteiligen. Viel zu oft kommt statt des Klatschens, wenn Handschuh gegen Handschuh trifft, ein scharfes Klacken. Das sind die Fangschüsse der olympischen Athleten an den Kopf des Gegners. Das Amateurboxen hat sich, zumindest in solch einem Turnier, vom eleganten Match der Fäuste fortentwickelt zum gnadenlosen Nahkampf Mann gegen Mann. Nach der Niederlage des deutschen Schwergewichts-Evergreens Hussing gegen den amerikanischen Favoriten ›Big Jonny‹ Tate, einer ungerechten Punktentscheidung, wie viele meinten, kam der bundesdeutsche Trainer Wemhöhner und sagte, sein Schützling habe bewußt davon Abstand genommen, in der letzten Runde das blutende Auge des Gegners zu treffen. »Dann hat er falsch gekämpft«, sagte ein enttäuschter Landsmann prompt. Hat er?

Volleyball-Demonstration
Schwarze Haare, schmale Augen, wohin man blickt: die Stunde der Asiaten in Montreal. Japaner und Koreaner sind unter uns, über uns, neben uns. Ein kräftiger Hauch von Fernost weht durch das Forum, wo tags zuvor noch die europäischen Handballhünen, zwei Tage zuvor die amerikanischen Basketballartisten und eine Woche zuvor die internationalen Turnakrobaten die Massen in ihren Bann gezogen hatten. Doch hier und heute herrscht die Zauberkraft des weißen Balles: Japanerinnen und Koreanerinnen spielen Volleyball. Spielen? Das hört sich an wie Fang-den-Ball für kleine Mädchen. Aber das, was die zwölf Asiatinnen, jeweils ein halbes Dutzend von ›jeder Sorte‹, machen, ist etwas anderes: Sie jagen und hetzen sich, sie schreien und schmettern, fliegen und hechten, springen und stampfen, biegen und strecken sich, kurzum: ein Wirbel von Körpern, Beinen, Armen und einem Ball. So spielt man nicht Volleyball, so demonstriert man Volleyball.
Olympische Erinnerungen werden wach: München, vier Jahre vorher. Japans Volleyballspielerinnen verzauberten Menschen, die noch nie in ihrem Leben ›so etwas‹ gesehen hatten. Volleyball wurde zum olympischen Hit von '72: Eine Sportart gewann Gold. Nicht anders in Montreal.

Vorhergehende Seiten: Angeschlagen, doch noch nicht geschlagen. Reinhard Skricek war der einzige Boxer aus der Bundesrepublik, der bis ins Halbfinale kam. Gut sah er da nicht mehr aus. Nach zweieinhalb Runden war es aus – die Bronzemedaille hatte er allerdings herausgeschlagen.

Volleyballspielerinnen aus Kuba – Junge Frauen, gazellengleich sprungbereit; Nervosität bis in die Fingerspitzen.

langes Kreuz haben, bloß keine Rippe zuviel. Wenn Schritt und Trab in jungen Jahren stimmen, die Hinterhand deutlich übertritt, das Nervenkostüm ordentlich ist, dann ist es nicht mehr weit zum idealen Dressurkameraden. Spezialisierung also auch in der Zucht. Trotzdem, nicht jedes Pferd läßt sich in dieses Schema pressen.
Es ist eben ein Kreuz mit dem Dressurreiten, daß sich nur so wenige berufen fühlen, es jenen Deutschen nachzumachen, die in den eigenen Reihen überhaupt keine Nachwuchssorgen haben, bei ländlichen Turnieren immer größere Startzahlen registrieren und eines Tages möglicherweise unter sich bleiben müssen. Dabei ist die Dressur schon ziemlich lange bei den Olympischen Spielen dabei. 1900 wurden die ersten Reiterwettkämpfe in Dressur, Weitsprung und Hochsprung ausgetragen. Das muß ein schlechter Einstand gewesen sein, denn erst 1912 wurde die Reiterei zu einer ständigen Einrichtung Olympischer Spiele der Moderne. So modern, daß heute auch schon Dopingkontrollen bei Dressurpferden vorgenommen werden. Es handelt sich darum, möglichem Negativ-Doping zuvorzukommen. Ein ›heißer Ofen‹, ein Vollblüter, könnte eine ganze Portion zu heiß sein. Wer immer noch nicht glaubt, daß es sich um Leistungssport handelt, der möge einem Dressur-Athleten wie Dr. Reiner Klimke im Trainingsanzug begegnen – Frack und Zylinder wecken falsche Vorstellungen.

Veränderte Welt des Fechtsports
Vier olympische Medaillen, zwei goldene, zwei silberne, bringt der deutsche Fechtsport mit nach Hause, vier Medaillen, deren Gewicht für die Zukunft nicht abzuschätzen ist. Die 16 Fechterinnen und Fechter hatten auf gute Leistungen gehofft, wobei sie in erster Linie an die seit vier Jahren mit den Besten der Welt mithaltenden Degenfechter dachten. Daß aber die Mannschaft der Florettfechter in den Stunden der Entscheidung über sich hinauswachsen würde, daß die klassischen Florettfechter aus Italien bezwungen wurden – das war nicht nur eine der großen Überraschungen im Fechtturnier, das war eine der großen sportlichen Überraschungen überhaupt.
Mit vier olympischen Medaillen werden die Fechterinnen und Fechter Einzug halten in jene Stadt, in der dieses deutsche Fechtwunder seinen Ausgang genommen hat: in Tauberbischofsheim. Neun von 16 olympischen Teilnehmern gehören dem erst knapp zwei Jahrzehnte bestehenden Fechtklub in Tauberbischofsheim an, acht von ihnen kehren als Gewinner von Medaillen heim. Nur der Fechterin aus Tauberbischofsheim, Karin Rutz-Giesselmann, war es nicht vergönnt, mit dem Damenteam die greifbar nahe Medaille zu gewinnen; der vierte Platz im Fechtturnier der Mannschaften wiegt jedoch für diese junge Damengruppe fast wie Gold.
Die Welt des Fechtsports ist gründlich verändert worden in Montreal. Zwar steht das sowjetische Kollektiv nach den Erfolgen seiner Säbelfechter und einzelner vorderer Plätze seiner herausragenden Fechterinnen an der Spitze des ›Grand Prix des Nationes‹, den der internationale Verband vergibt. Doch schon an zweiter Stelle – und das zum erstenmal seit es diese Wertung gibt – folgen die Deutschen noch vor den Mannschaften aus klassischen Fechtsportländern wie Italien, Ungarn und Frankreich. Wer die treibende Kraft für dieses deutsche Fechtwunder war, ist in den letzten zehn Tagen weltweit be-

Olympische Spiele
Montreal und Innsbruck
1976

...ter weit und wurde Olympiasieger vor seinen ...andsleuten Spridinow und Bondartschuk. Die deutschen Hammerwerfer Karl-Hans Riehm und Walter Schmidt belegten die undankbaren Plätze 4 und 5. Gut plaziert, leer ausgegangen.

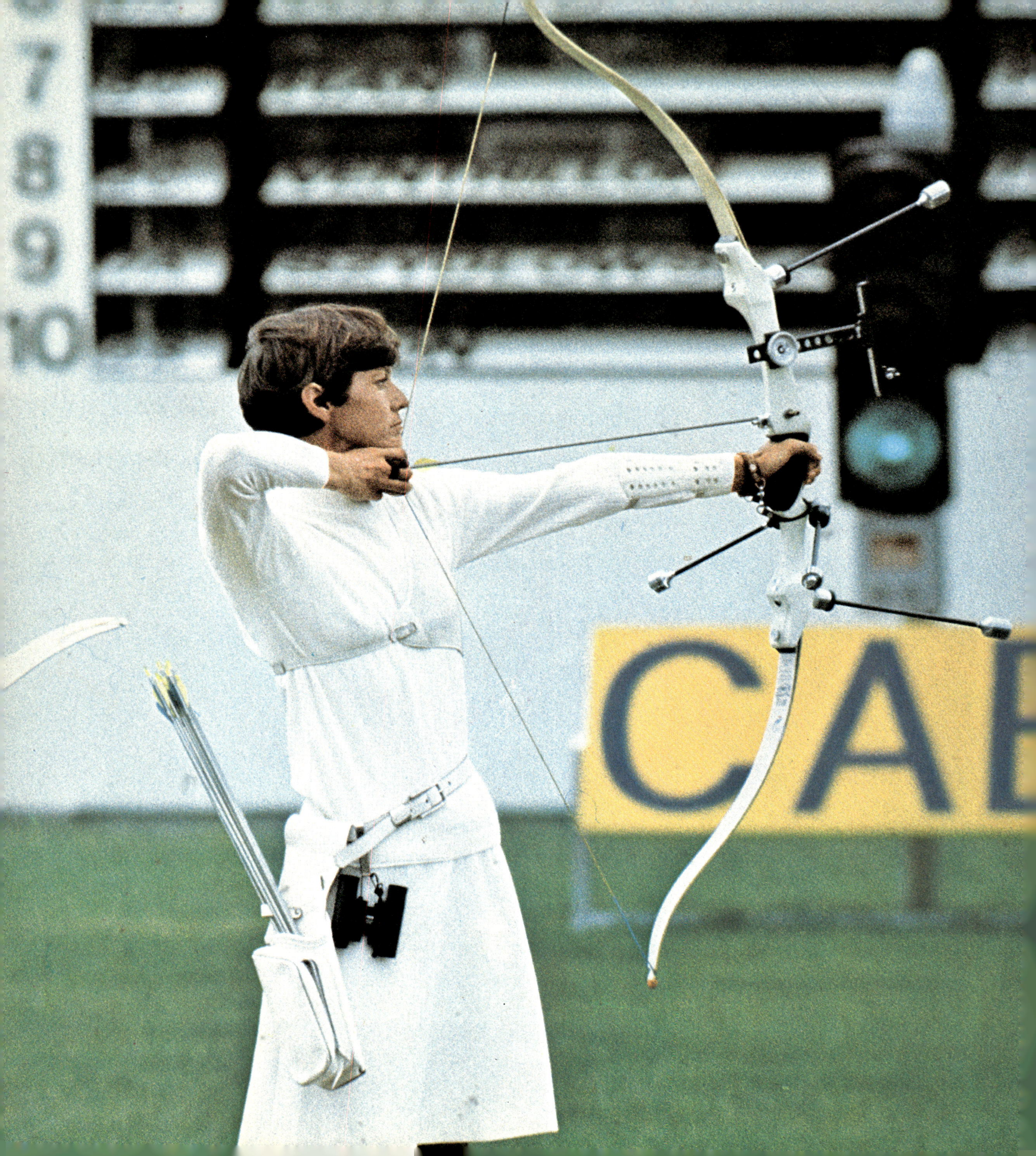
7
8
9
10
CA

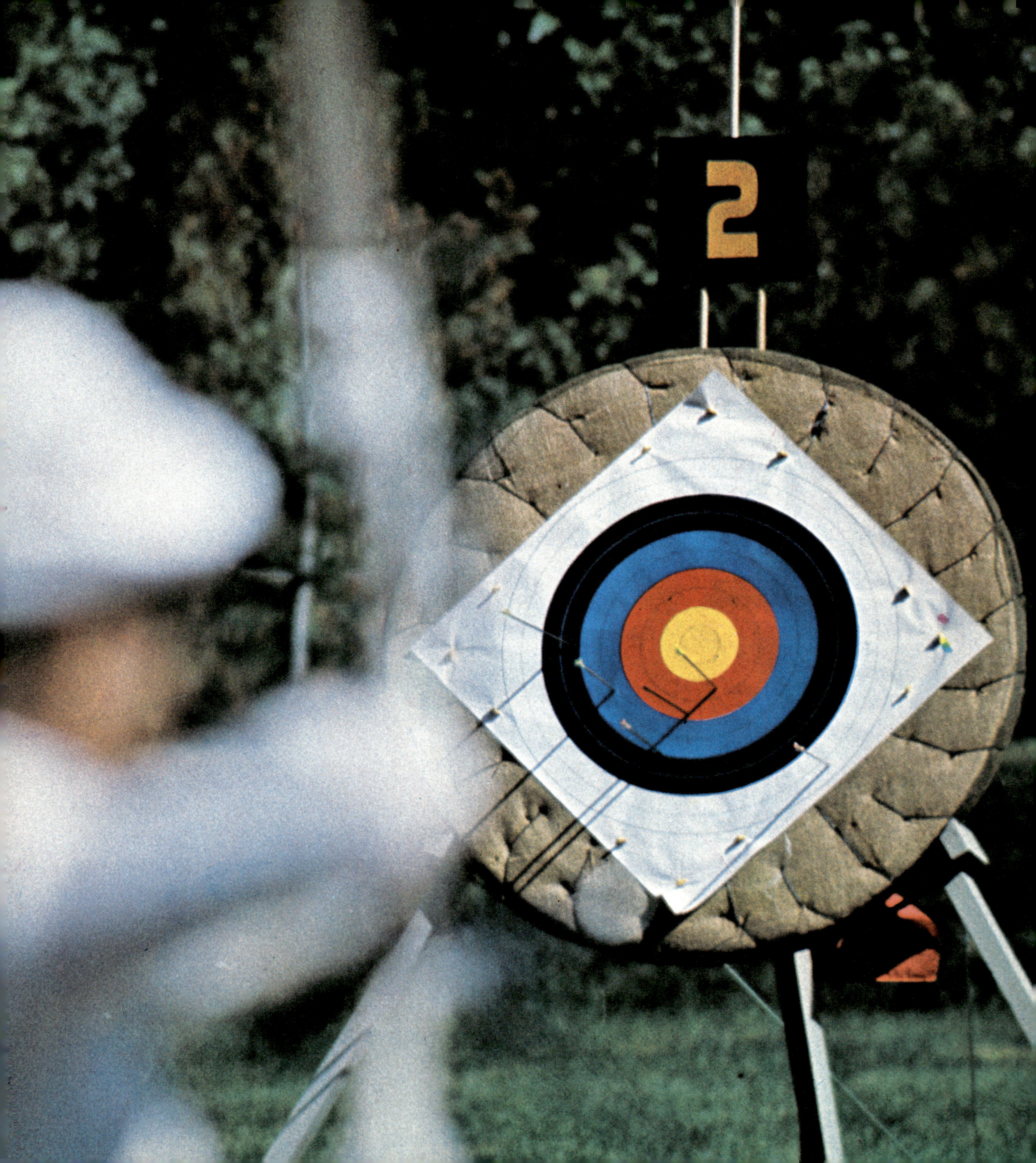
2

Die Ausnahmeathleten

Er sieht aus wie ein Basketballstar, und er war auch einer. Der polnische Trainer Zygmunt Zabierzowski hat Alberto Juantorena von den Körben auf die Laufbahn geholt, die ihn steil nach oben führt. Daß er innerhalb von nur fünf Jahren zur überragenden Gestalt der Leichtathletik in Montreal wuchs, zeigt sein unglaubliches Talent. Bis zum Juni hatte er sage und schreibe nur ein halbes Dutzend 800-Meter-Läufe bestritten. Jedem, der es wissen wollte, verkündete er: »Ich laufe 800 Meter nur, um mein Stehvermögen für die 400 Meter zu verbessern. In Moskau 1980 wäre vielleicht ein Start über 800 Meter denkbar.« Inzwischen mutet das gut vier Wochen alte Interview wie ein gelungener Scherz an. Schließlich hat er sich erst das Gold auf der Mittelstrecke und den Weltrekord gegriffen wie überreife Früchte und dann noch bewiesen, welch großes Stehvermögen ihn im 400-Meter-Lauf auszeichnet. Dabei bekümmerte es den 1,90 Meter großen Kubaner keineswegs, daß er einen schwachen Start erwischte. Mit einem ungewöhnlichen Beschleunigungsvermögen in der Zielkurve und einem kraftvollen Endspurt ist der Student der Volkswirtschaft eine Ausnahmeerscheinung. Noch niemals in der nun 80 Jahre währenden Geschichte der modernen Olympischen Spiele glückte einem Läufer der Doppeltriumph im 400- und im 800-Meter-Lauf.

Wie Juantorena ist auch Irena Szewinska Volkswirtin, freilich bereits diplomiert. Wo die charmante, schlanke Läuferin mit den dunklen Haaren und den ebenso dunklen Augen auftaucht, schlägt ihr Sympathie entgegen. Sie provozierte nicht nur mit ihrem Triumph in kaum glaublicher Weltrekordzeit über 400 Meter Applaus. Spontanen Beifall erhielt sie auch beim offiziellen Interview; als sie gefragt wurde, für wen sie denn siege, sagte sie schlicht: »Ich lief für mich.« Irena Szewinska will nicht mehr bei Olympischen Spielen starten. Das ist verständlich, schließlich zählt sie dreißig Jahre, womit sie als Frau gewiß noch jung, als Sportlerin aber nicht mehr die Jüngste ist. Ohnehin hat sie zwei ruhmreiche Laufbahnen durchmessen. Ihre Erfolge im Weitsprung, 100-, 200-Meter-Lauf und in den beiden Staffeln sowie die Weltrekorde lassen sich hier nicht aufzählen, ohne zu langweilen. Nach der Geburt ihres Sohnes Andrej packte sie wieder die Lust am Laufen. Und es ging noch einmal steil aufwärts bis hin zum Gipfel von Montreal.

Rechts: Freude im Lager der deutschen Fechter. Trainer Emil Beck mit seinem erfolgreichen Schützling Harald Hein, der den Italiener Stefano Simoncelli mit 5:4 schlug: das war Gold für die Herrenflorett-Mannschaft der Bundesrepublik.

Vorausgehende Farbseiten:
Nach 36 Pfeilen stand sie im Blickpunkt: Maria Urban aus Babenhausen weckte gleich zu Beginn hohe Erwartungen.

Irena Szewinska

Alberto Juantorena

kanntgeworden: Emil Beck, der Autodidakt als Fechtmeister und als Trainer. Am letzten Abend des olympischen Fechtturniers mußte noch hart um jene Medaille gekämpft werden, die eigentlich als einzige fest eingeplant war: die für die Degen-Mannschaft. Es waren nahezu unerträgliche Minuten, ehe in dem heiß umkämpften Halbfinale der Sieg gegen die Schweizer, in München noch Gewinner der Silbermedaille, erreicht war. Das Bild der letzten Siegerehrung war dann geradezu ein Symbol für die Wandlung im internationalen Fechtsport: in der Mitte die Goldmedaillengewinner aus Schweden, daneben die Deutschen und die Schweizer. Zum erstenmal nach 1945 standen keine Degenfechter aus der Sowjetunion, aus Ungarn oder aus Polen dort oben – die Welt des Sportfechtens hat einen Wandel erfahren.

160

Faina Melnik, die Weltrekordlerin aus der UdSSR, schickt den Diskus auf die Reise. 68,60 Meter bedeutet Silber, aber... Die russische Leichtathletin wird nach einem Protest der DDR wegen Regelverstoßes disqualifiziert: zweimal zum Wurf angesetzt, Regelverstoß. Olympia-Gigant DDR läßt sich keine Medaille entgehen, wo immer sie sich bietet. Weil Faina Melnik nicht gewertet wird, rückt Gabriele Hinzmann aus Potsdam auf den dritten Platz nach.

Links: Hoch hinaus, um weit zu fliegen: der Amerikaner Arnie Robinson, der mit 8,35 Meter den Weitsprung gewann.

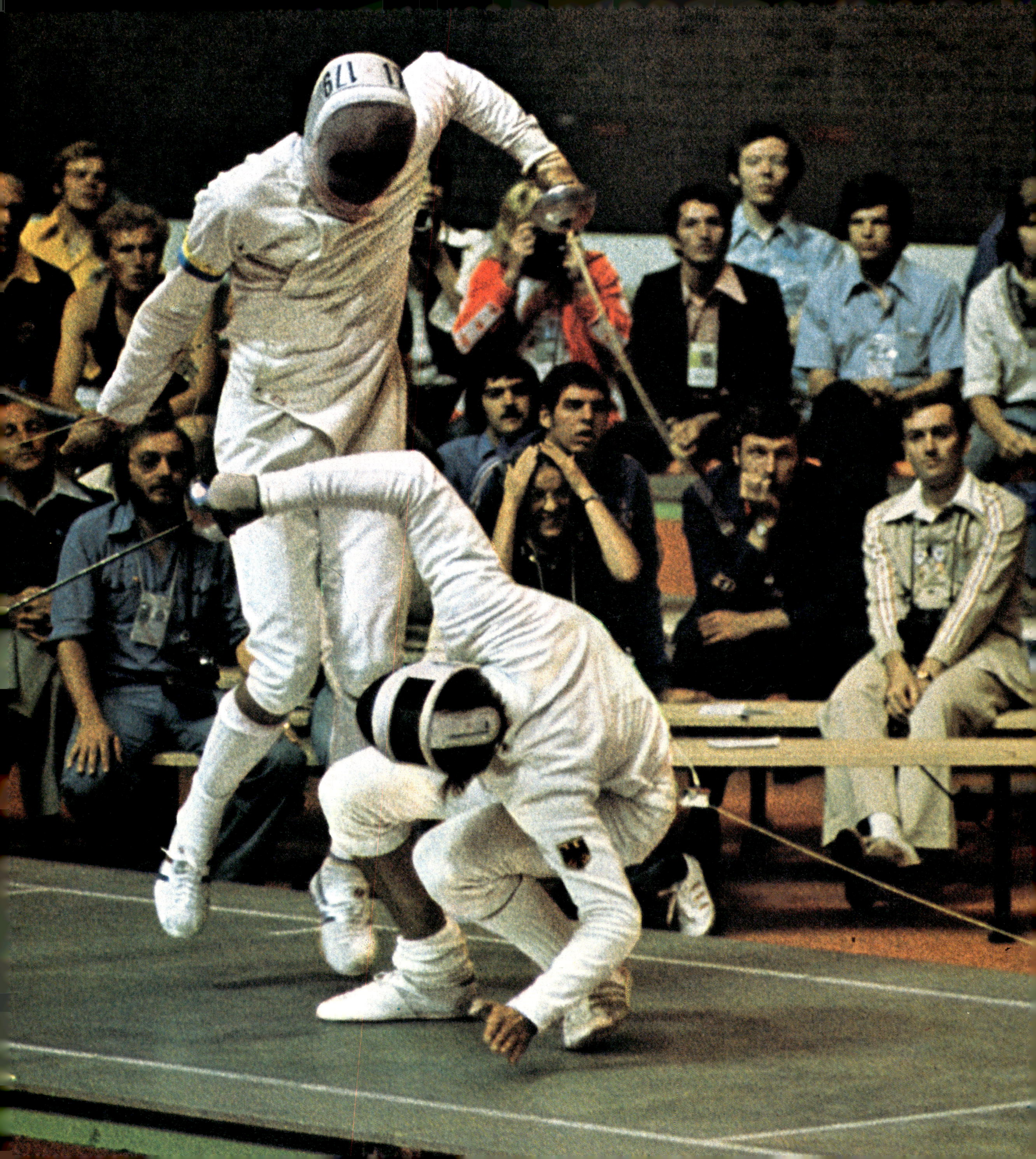

Der neue ›König der Athleten‹ und sein ›Vize‹ unterscheiden sich weniger nach Punkten als nach Worten. Das Schweizer Goldmädchen auf dem Superpferd der Dressur. Zur Bronzemedaille gestürzt. Das beste Spiel in der Volleyball-Geschichte. Eine Bogenschützin geht überraschend in Führung und wird von den Nerven besiegt.

30. Juli 1976
14. Tag

Zwischen dem ›König der Athleten‹ und seinem ›Vize‹ liegen Welten. Weniger nach den Punkten des Zehnkampfes als nach dem Auftreten. Während Bruce Jenner es schwerfällt, seinen Redefluß zu stoppen, fällt es Guido Kratschmer schwer, den Mund aufzutun. Als der Mainzer zum internationalen Interview erschien, überflutete Jenner die Reporter mit einem Schwall von Worten. Kratschmer setzte sich zwei Minuten daneben, hörte kurz zu, stand wieder auf und ging, den redenden Jenner zurücklassend.

Guido Kratschmer ist ein Kerl wie ein Felsblock, so fest in sich gegründet und so abweisend. Mit ihm haben es die Gegner schwer und die Journalisten nicht leicht. Dabei rühmen ihn alle, die ihn näher kennen, als Pfundskumpel. Der 23jährige Bauernsohn aus Mainfranken scheint durch nichts zu erschüttern. In seiner wortkargen Art läßt er stabiles Selbstbewußtsein durchschimmern, fernab jeder Arroganz. Er versucht nicht, der Realität davonzulaufen, indem er etwa Chancen herunterspielt: »Ich selbst hatte mich mit meiner Medaillenchance vertraut gemacht.« Für sein Ziel Montreal hat er hart gearbeitet, zwölf Trainingseinheiten zu zwei bis zweieinhalb Stunden die Woche, Sauna und Massage nicht eingerechnet.

Was ihm sein Sport wert ist, wird deutlich, als er selbst von den Zehnkämpfern als den ›Königen der Leichtathletik‹ spricht. Und so mag seine ruhige, verschlossene Art über die Besessenheit hinwegtäuschen, die der Sportstudent einbringt.

Anders Bruce Jenner. Nach dem Kampf sammelt er den Applaus wie ein Showmaster. Bruce Jenner lebt von und mit der Galerie. Er weiß, was er kann und daß sein Können aller Bewunderung wert ist. Experten rühmen den 26jährigen Versicherungsagenten als den ›kompletten Zehnkämpfer‹. Sensationelles hat er in den einzelnen Disziplinen selten zu bieten. Eher besticht er durch eine sensationelle Gleichmäßigkeit.

Jenner, der, was bei Zehnkämpfern selten vorkommt, Linkshänder ist, hat sein Leben völlig dem Sport untergeordnet, hat sich einen ungewohnten Arbeitsrhythmus von 9 bis 12 von 19 bis 22 Uhr angewöhnt und ist mit seiner Frau Chrystie vom kühlen Connecticut ins sonnige Kalifornien nach San Jose gezogen. Die Besessenheit, mit der er den Zehnkampf betreibt, mündete in seinen großartigen Auftritt in Montreal, wo er zielbewußt den Sieg und den neuen Weltrekord anstrebte. Erschöpfung scheint er nicht zu kennen. Nach seinem eindrucksvollen 1500-Meter-Lauf, mit dem er sein Ziel, die 8600 Punkte zu übertreffen, souverän erreichte, trabte er unter dem Jubel der 60 000 noch eine Ehrenrunde.

Das Olympiastadion erlebte seinen schönsten Taumel. Stehend brachte ihm das Publikum Ovationen dar. Ein Triumph mit nationalem Bezug? »Ich bin dankbar, in einem Land aufgewachsen zu sein, das mir erlaubte, alles zu tun, was immer ich tun wollte«, sagt er den Reportern.

Ausgerechnet gegen Australien

In Neuseeland war gerade Mittagszeit, der Montrealer Uhr um 17 Stunden voraus, als die Kunde vom Gewinn der ersten Goldmedaille durchsickerte. Früh genug, um es bei den puritanisch bemessenen Ausschankzeiten zu belassen. 1:0 im Hockey ausgerechnet gegen Australien, da konnte John Walker noch so schnell rennen, den Hockeyspielern würde er dennoch nicht den Rang ablaufen. Nie hatten die Männer aus dem entlegensten Winkel der Welt besser abgeschnitten als auf dem sechsten Rang. Plötzlich die Nummer eins in der Welt! Endlich, endlich hat man es dem australischen Nachbarn einmal zeigen können. Der Nachbar hat nicht nur den größeren Stern auf der ansonsten fast identischen Flagge, er ist tatsächlich größer, vermögender und tritt entsprechend auf. Jedenfalls unterstellen das die ›Kiwis‹ den ›Aussies‹. Man treibt zwar Sport miteinander, aber ziemlich dosiert: im Cricket, im Rugby, wann immer sich die Neuseeländer in Form wähnen. Im Hockey war das eigentlich noch nie der Fall. Montreal hat's möglich gemacht.

Linke Seite: Reinhold Behr scheint hier nicht das richtige Standvermögen gegen den schwedischen Degenfechter Rolf Edling zu haben. Der schwedischen Mannschaft war das Gold nicht zu nehmen. Aber die Fechter aus der Bundesrepublik kehrten mit großen Erfolgen aus Montreal zurück: zweimal Gold, zweimal Silber.

163

Christine Stückelberger mit Granat.
In der Dressur konnte ihr niemand die Goldmedaille streitig machen.
Unten: Jubelnd feierten die japanischen Volleyball-Mädchen ihren Finalsieg über die sowjetrussische Mannschaft.
Rechte Seite: Bruce Jenner, der ehrgeizige Athlet und Gewinner des Zehnkampfes. Sein Diskuswurf: 50,04 m.

Gold für ein Leben in der Reithalle
Die Überlegenheit, mit der die deutsche Dressurmannschaft ihre Goldmedaille holte, nutzte beim Einzelreiten nichts. Alle Konkurrenten, die sich für diese letzte Entscheidung qualifiziert hatten, fingen wieder bei Null an, als hätte es eine Vorstellung von Reiter und Pferd noch nicht gegeben. So traf ein, was allgemein erwartet worden war: Christine Stückelberger aus der Schweiz holte sich mit ihrem Paradepferd Granat Gold. Aber hinter ihr plazierte sich die gesamte deutsche Mannschaft mit Silber für Harry Boldt, Bronze für Dr. Reiner Klimke und dem zwar undankbaren, aber vorher nicht erwarteten vierten Platz für Gabriela Grillo.
Christine Stückelberger, das klingt sowohl in Englisch als auch in Französisch wie buchstabiert. Bei der Nennung ihres Namens hatten die Ansager in Bromont erhebliche Schwierigkeiten. Sie ist strohblond, immer freundlich, mit 48 Kilogramm und 161 Zentimetern von oben bis unten das Superleichtgewicht unter den Dressurreitern. Um so schwerer wiegt ihr Kredit bei den Punktrichtern. Seit Ende 1974 sind sie und Granat ungeschlagen. Die Frage bleibt, wo diese kleine Person die Energien für die Dressur hernimmt, was sie befähigt, in dieser Welt von straffer Ordnung und Gehorsam zu bestehen. Vielleicht die Gewohnheit. Sie sitzt prinzessinenhaft im Sattel und arbeitet doch wie ein Pferd. Selbst ein Gespann wie Harry Boldt mit Woycek kann sie nicht aus der Fassung bringen. Sie trainiert täglich drei bis vier Stunden, und das sieben Tage in der Woche. Ihr Leben findet in der Reithalle statt, wo ihr Lehrer engagiert ist. Christine Stückelberger ist ihm ins Ausland gefolgt. Von Bern ging es nach Wien, später Salzburg, jetzt Bregenz in Österreich. Nachmittags arbeitet sie als Sekretärin, erledigt die Korrespondenz des Reitbetriebs. Im Bewußtsein der Schweizer Öffentlichkeit wird sie in einer Linie mit Henri Chammartin gesehen, der 1964 in Tokio olympisches Gold gewann. Der Aufstieg des Schweizer Glückskindes trägt märchenhafte Züge. Granat kaufte sie 1969 als ›rohes‹ vierjähriges Pferd für 15 000 Franken, heute ist er unbezahlbar und gilt als das Superpferd der Dressur schlechthin.

Ein Orkan der Begeisterung
»Das war ja phantastisch«, stöhnte Ski-As Christian Neureuther, die Arme hochgereckt. Neben ihm rang die Gold-Rosi von Innsbruck nach Worten, während 17 000 Zuschauer im Forum fast so etwas wie einen Veitstanz der Begeisterung aufführten. Den Polen war das Kunststück gelungen, nach der Weltmeisterschaft mit einem Sieg über die Sowjetunion auch noch Olympiasieger zu werden. Und das in der wohl verbreitetsten Sportart der Welt. Doch zwischen Wunsch und Wirklichkeit lagen 145 Minuten und fünf Spielsätze, die nach übereinstimmender Ansicht aller Experten das Beste waren, was es bisher in der Volleyballgeschichte gab. Die Zuschauer ließen sich von dem Mitternachts-Krimi trotz seiner Überlänge wie im Fieber mitreißen. Als die japanischen Frauen am Nachmittag im Endspiel der Damen die sowjetischen Olympiasieger von Mexiko und München vom Platz fegten, war die vor allem von den zahlreichen Japanern getragene Stimmung schon großartig. Doch das alles schien nur wie das Säuseln des Abendwindes gegen den Sturm der Begeisterung, der beim Endspiel der Herren bis zur Schlußminute anhielt und sich zum Orkan steigerte, als die Polen die hochfavorisierten Russen bezwangen.

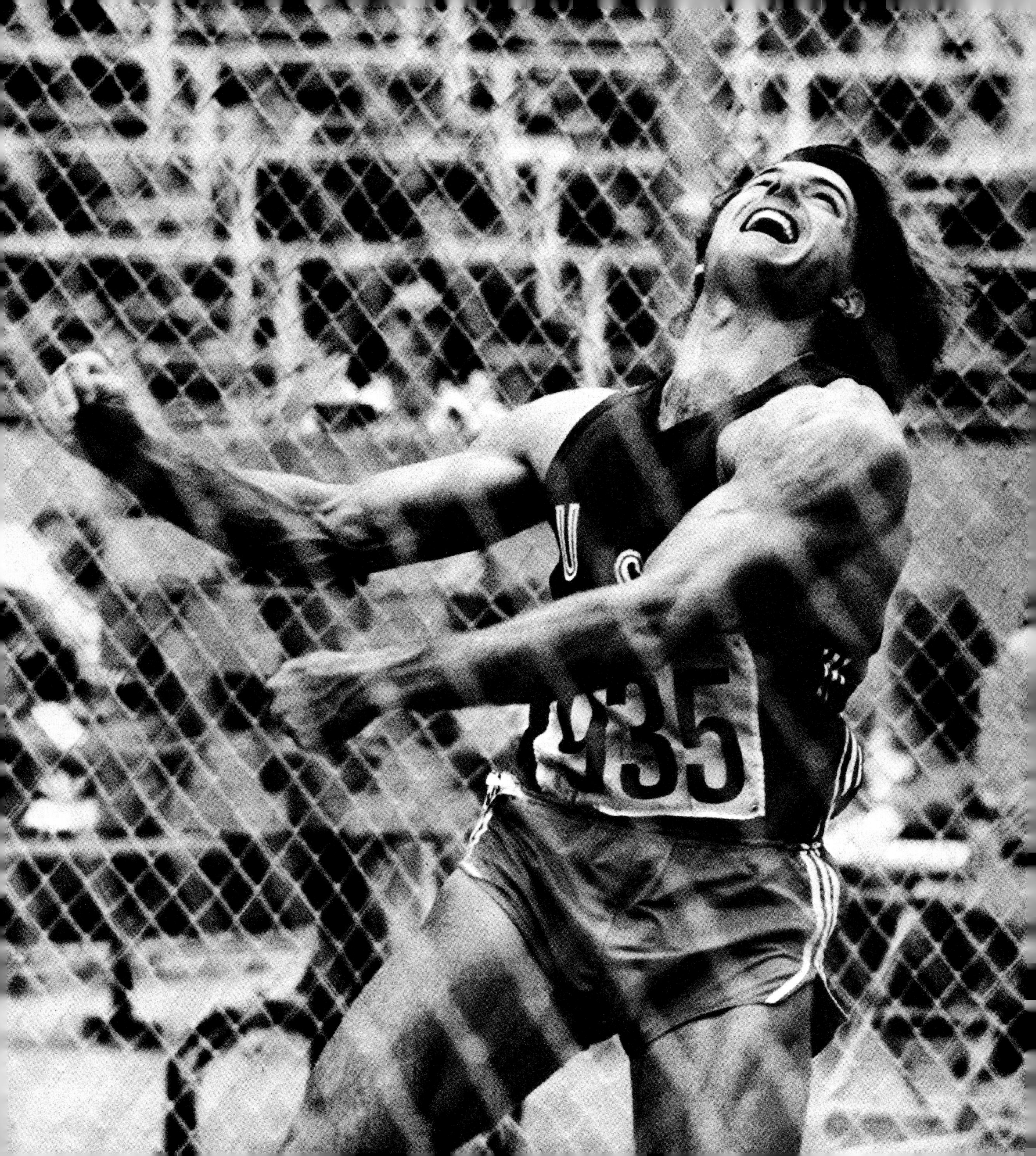
935

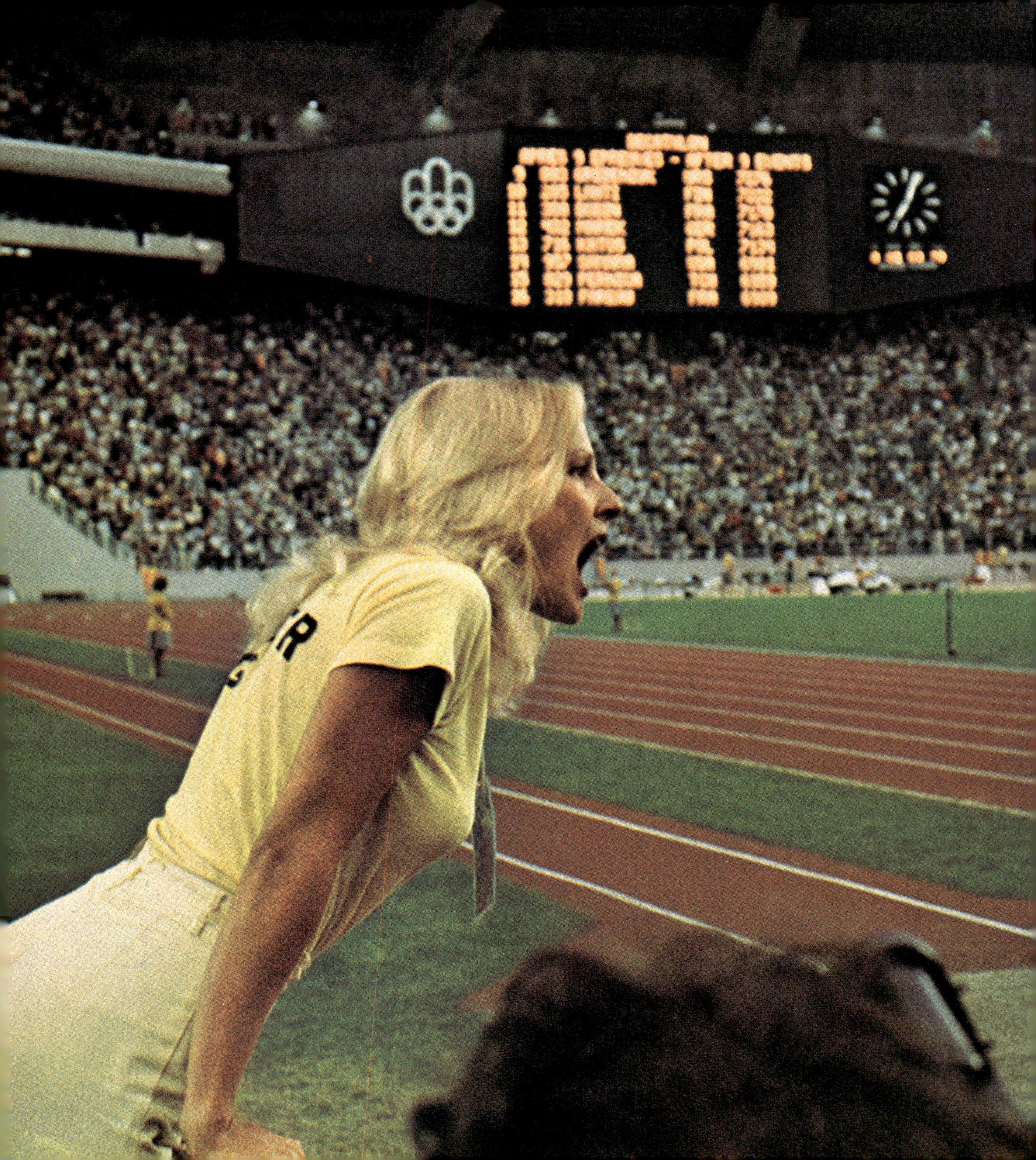

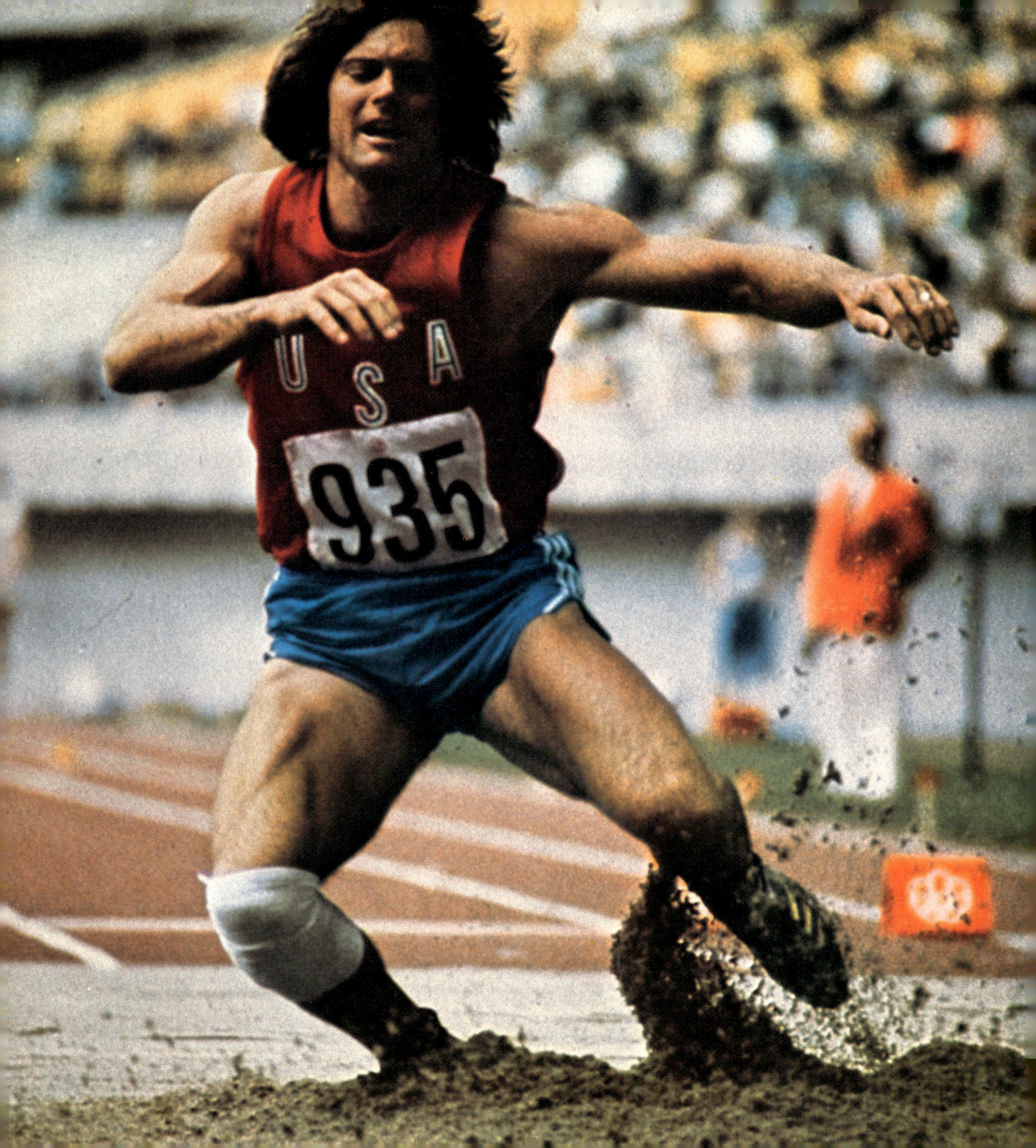
USA
935

Vorhergehende Farbseiten: Frau Jenner siegt mit. Amerikas großer Zehnkämpfer Bruce Jenner hatte in den vergangenen Jahren nichts anderes im Sinn, als sich den goldenen Titel eines Königs der Athleten zu holen. Nun hat er ihn. Nicht nur seine Muskeln und Sehnen hielten, auch seine Ehe hielt der ungeheuren Belastung stand. Chrystie Jenner fieberte mit ihrem strebsamen Mann dem Sieg entgegen. Mit 8618 Punkten stellte er einen neuen Weltrekord auf. Geschafft. Die Plackerei hat ein Ende. Und Chrystie hat wieder mehr von Bruce.

Diese Seite: Stationen auf dem Weg zur Silbermedaille. Der Zehnkämpfer Guido Kratschmer beim Weitsprung und ausgepumpt am Ziel des 1500-Meter-Laufs.
Rechte Seite: Joao de Oliviera aus Brasilien beim Dreisprung. Er gewann Bronze.
Folgende Farbseiten: Unübersehbar die amerikanischen Zuschauer – hier beim Anfeuern der Zehnkämpfer.

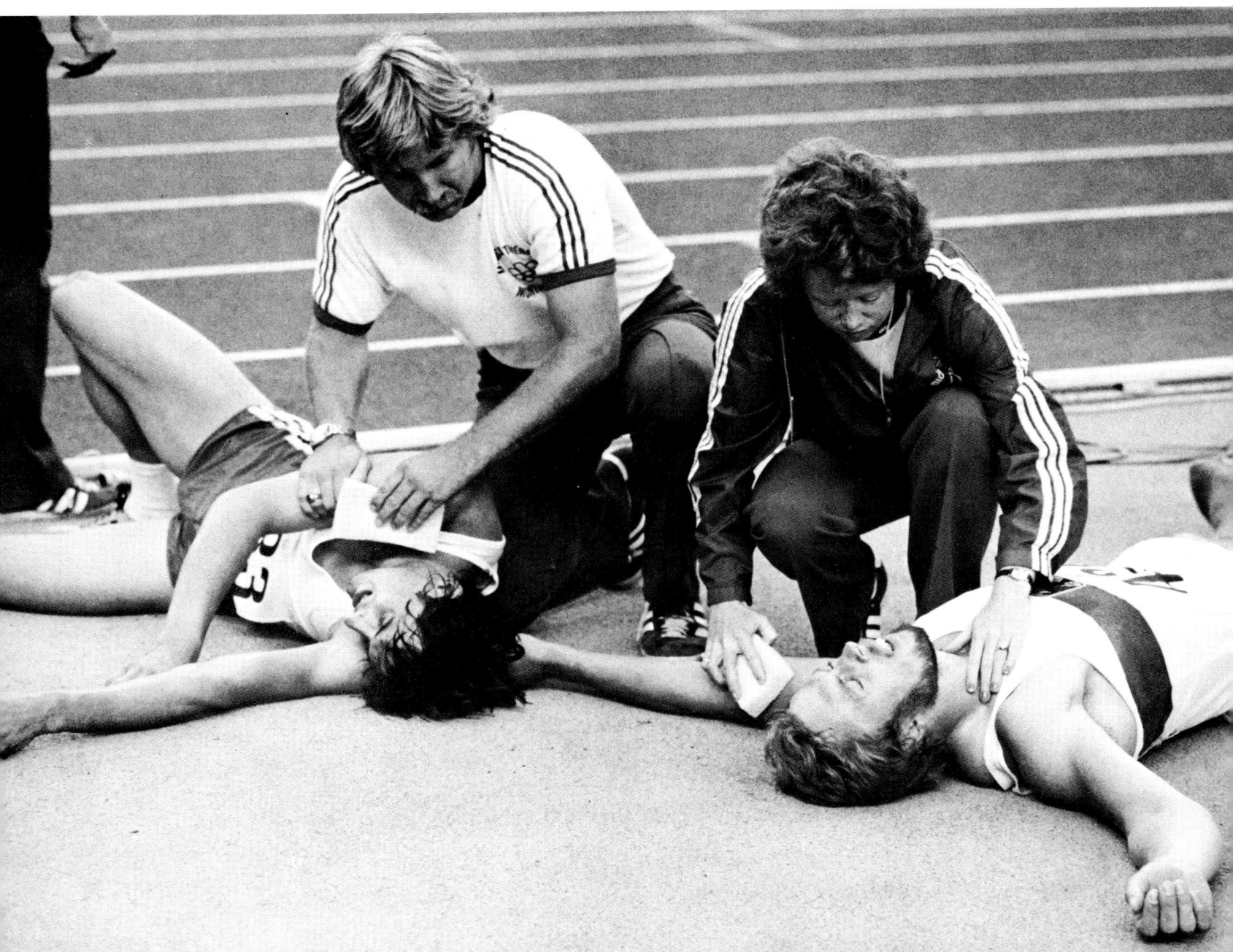

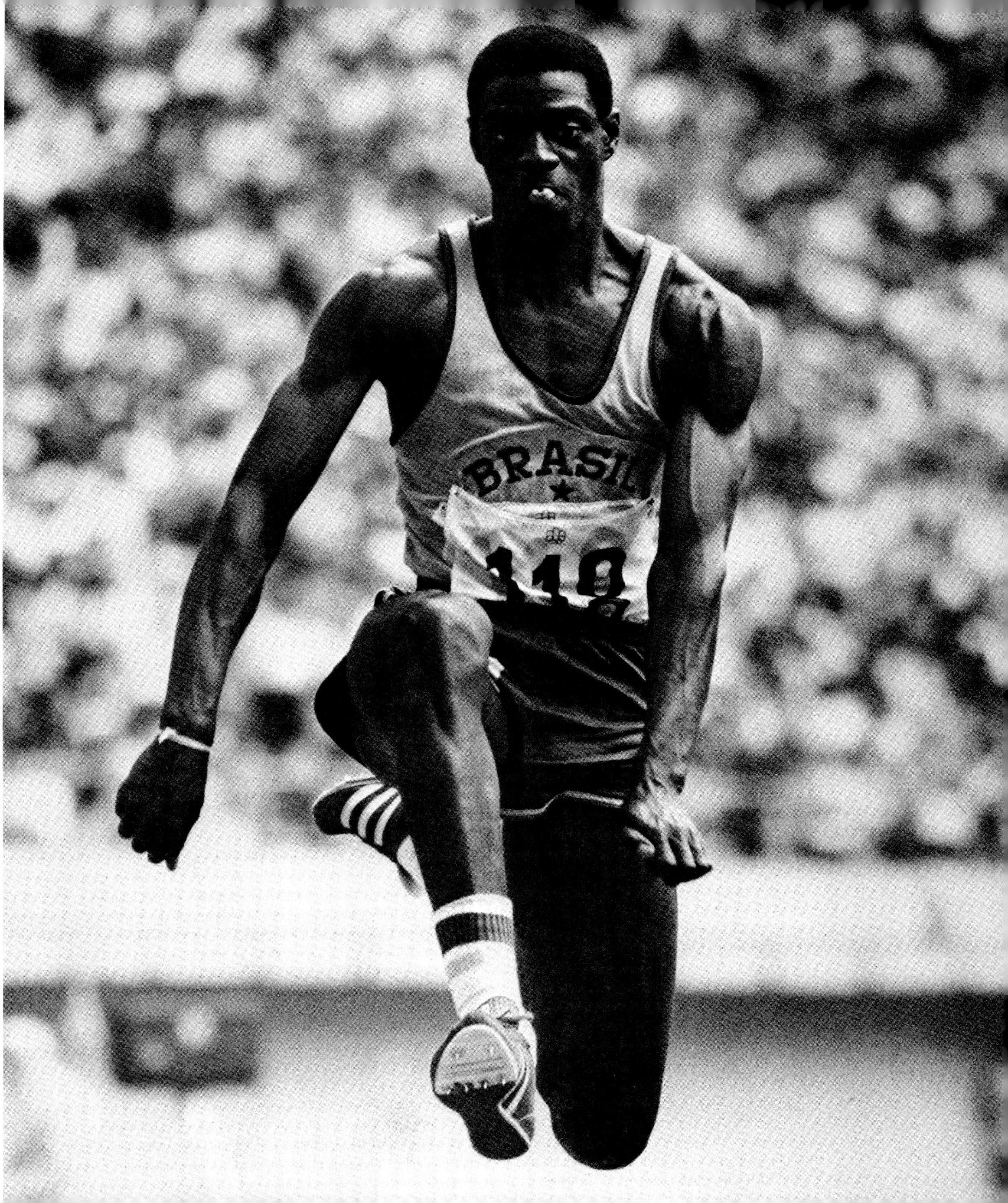
BRASIL

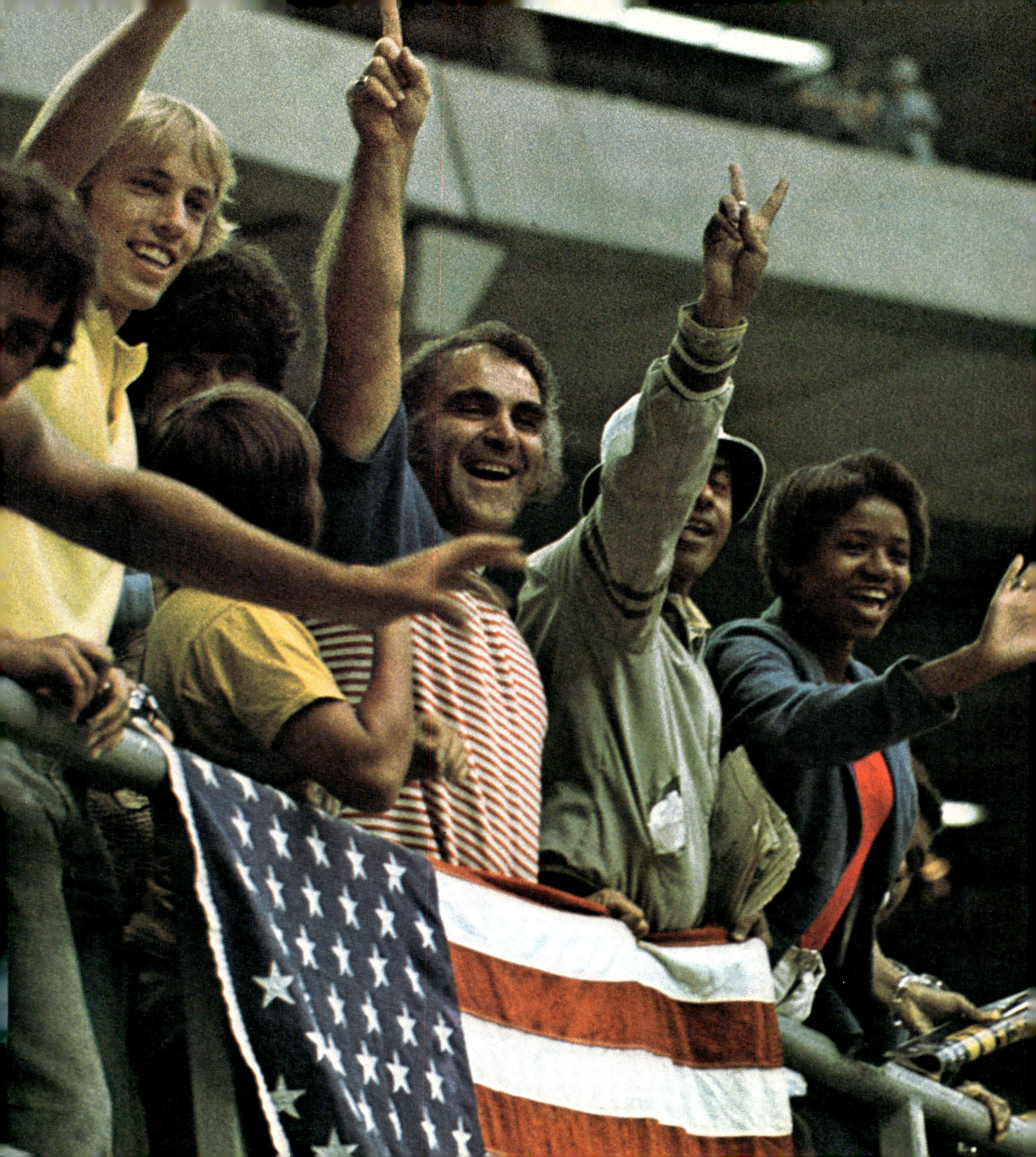

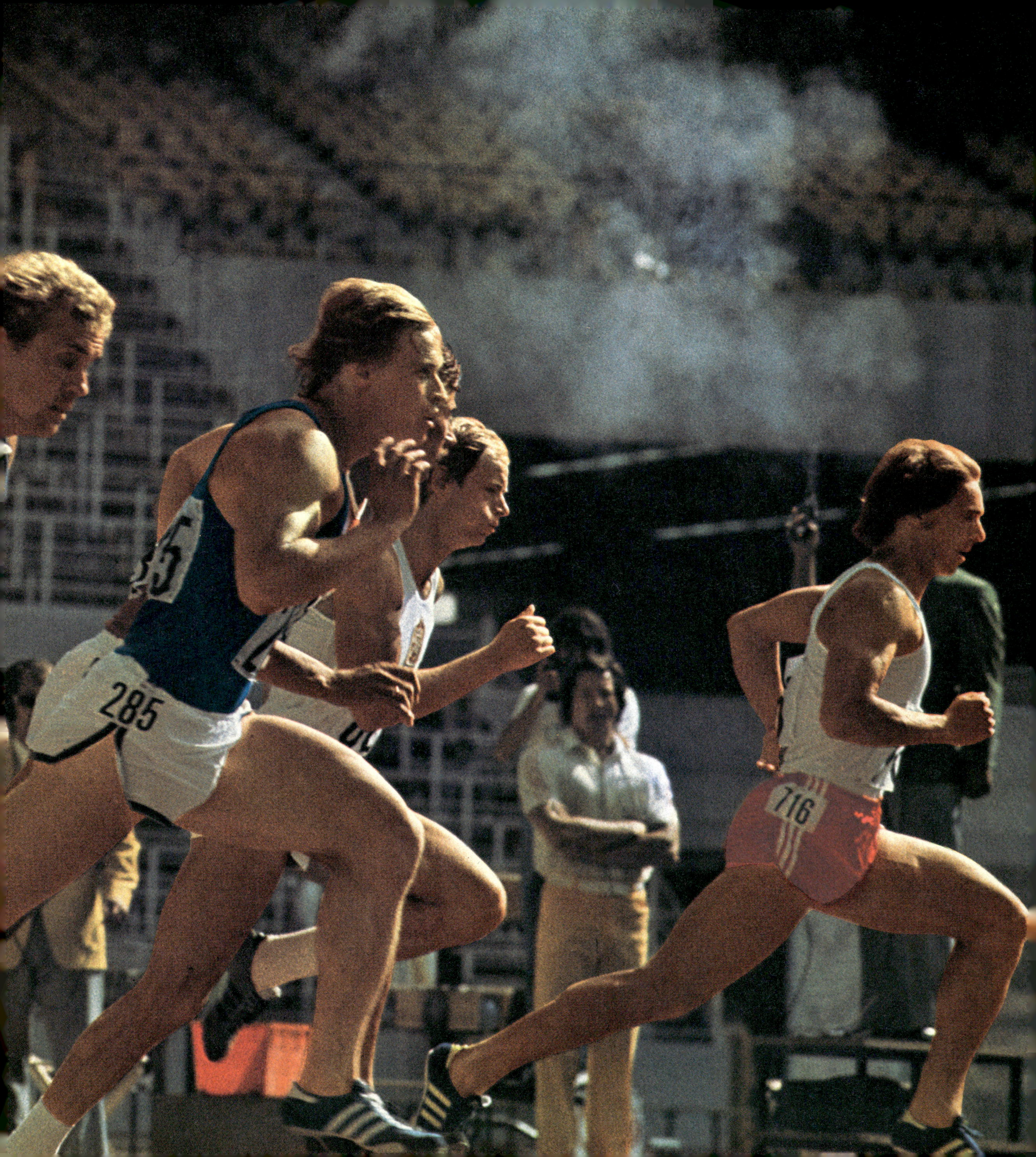
285
716

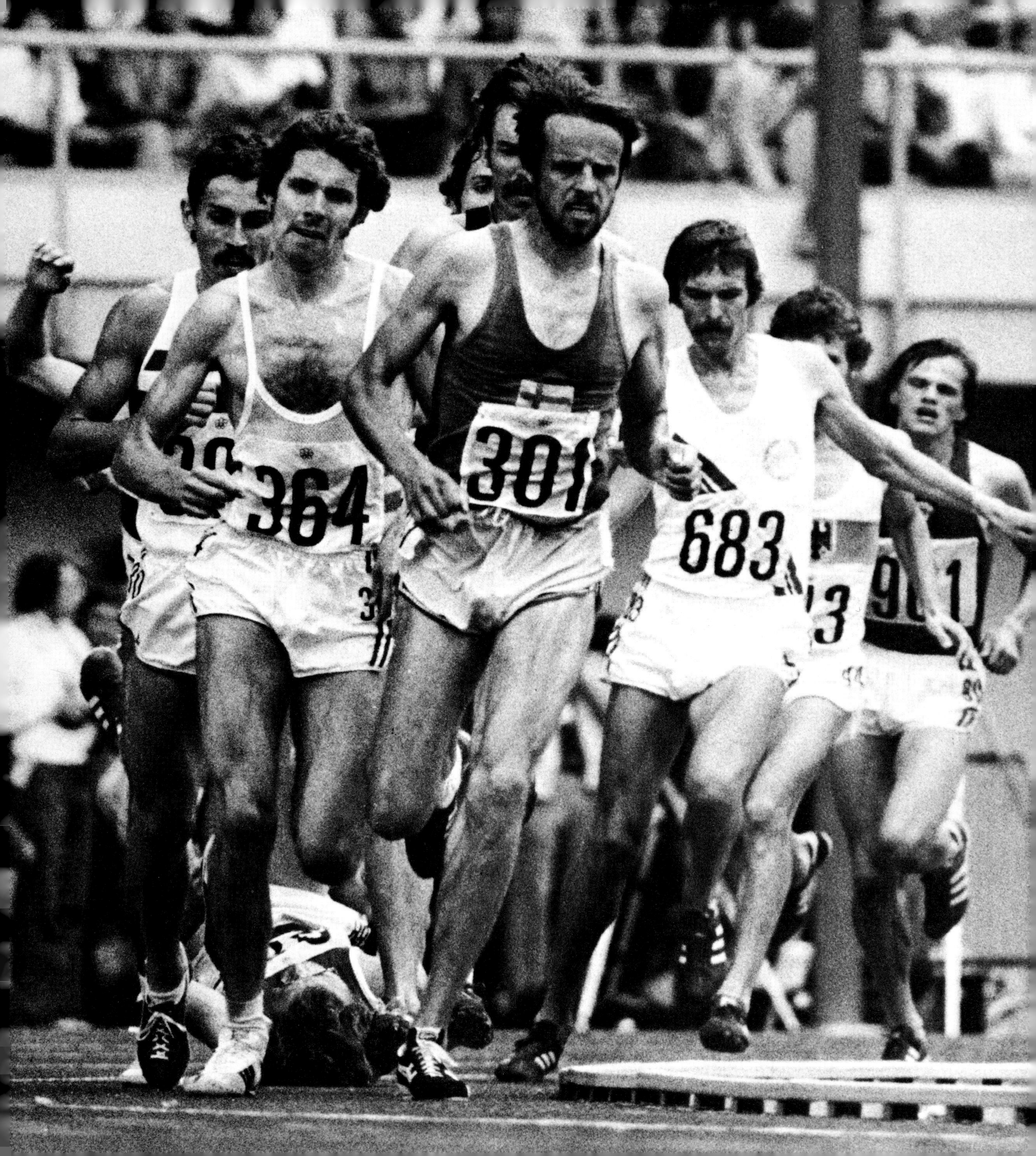
364
301
683

In den Erfolg gestürzt

Klaus-Peter Hildenbrand stürzte sich in den Erfolg. »Ohne diesen Sprung wäre ich Vierter geworden«, so konstatiert der erfolgreichste deutsche Langstreckler seit Norpoth (Silber in Tokio 1964). Einen Moment lang war er unsicher, ob er nun wirklich Bronze gewonnen hatte. »Ich dachte erst, ich sei auf dem Zielstrich liegengeblieben.« Daß er in Montreal für eine Medaille gut sei, glaubten nicht nur Kenner der Materie, vor allem traute er sich dies selbst zu. Beweis: Nach dem Lauf entfaltete er den schönen ›Treppchenanzug‹, den er vorsorglich für den Fall einer Siegerehrung in die Sporttasche gesteckt hatte. Der Weg des Klaus-Peter Hildenbrand führte nicht wie selbstverständlich zum Gipfel. Im Vorjahr sollten ihm die optimalen Bedingungen bei der Sportfördergruppe der Bundeswehr weiterhelfen. Der Effekt verpuffte, weil Krankheiten und Verletzungen sich häuften. Im Winter zog er nach Darmstadt um. Nicht die schöne Landschaft hat Hildenbrand von den heimatlichen Hunsrückhöhen ins Hessische geführt. Hier möchte er den Stoff studieren, den er sonst unter seinen Füßen spürt. Und nur die Technische Hochschule Darmstadt hat ein Studium der Kunststofftechnik in ihrem Programm. Wegen eines Profits würde er die Rennerei nicht betreiben, denn: »Ich liebe den Sport überhaupt und finde, daß Sport die schönste Freizeitbeschäftigung ist.« Und: »Ich bin keineswegs nur auf Erfolg aus.« Was sich mit einer Medaille in der Tasche natürlich gut behaupten läßt.

Linke Seite: 5000-m-Lauf. Noch ist das Feld dicht beisammen. Lasse Viren, der spätere Sieger, führt das Feld an, links läuft der Brite Brendan Foster, rechts erkennt man Knut Knalheim, dahinter Detlef Uhlemann und der Russe Sellik.

4999 Meter gelaufen, 1 Meter geflogen: Klaus-Peter Hildenbrand stürzt sich kopfüber ins Ziel und bleibt hinter der Linie liegen. Es war weniger Schwäche als Kalkül: So schoß er noch an dem Neuseeländer Dixon vorbei und wurde Dritter hinter Viren und Quax.

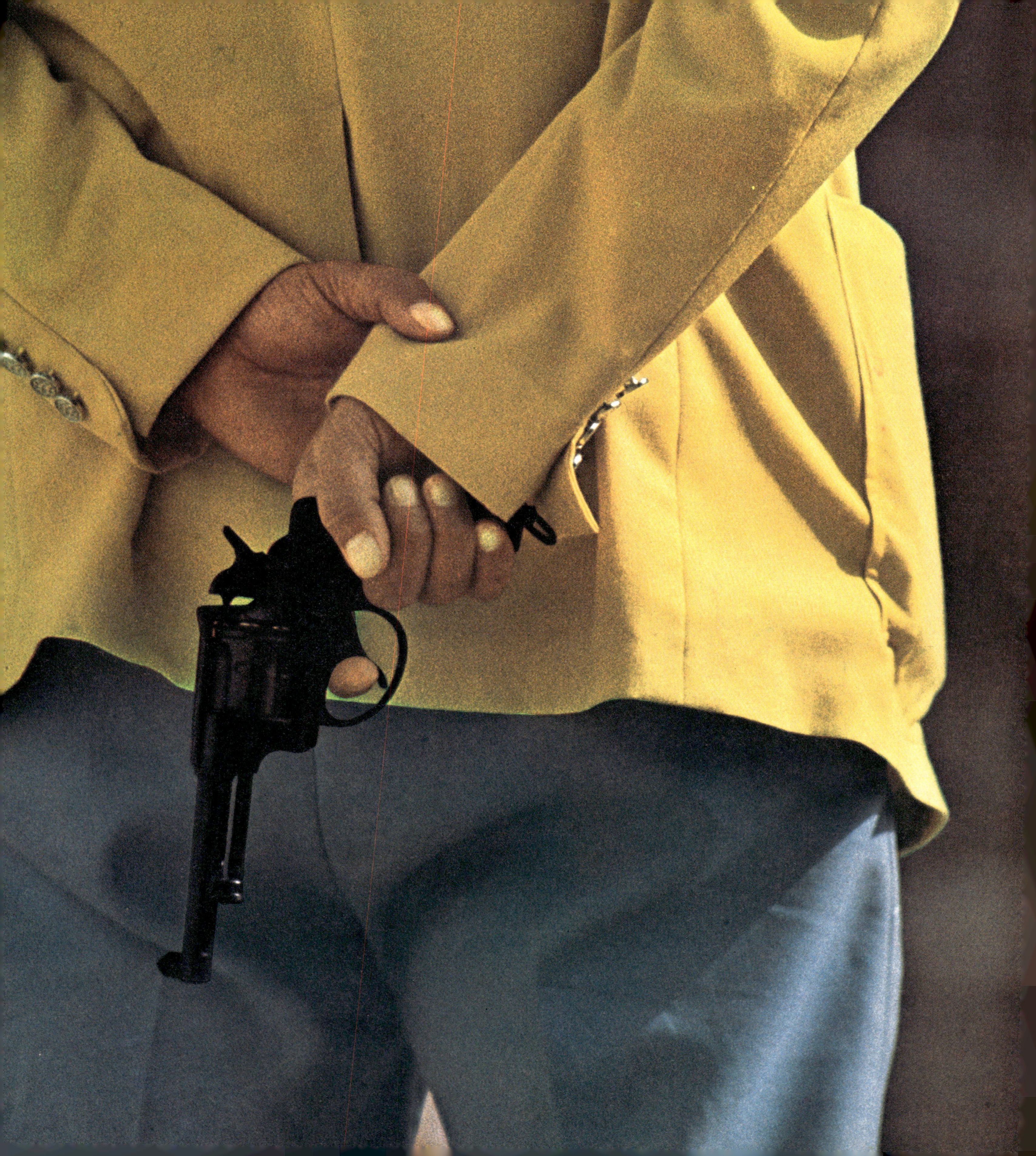

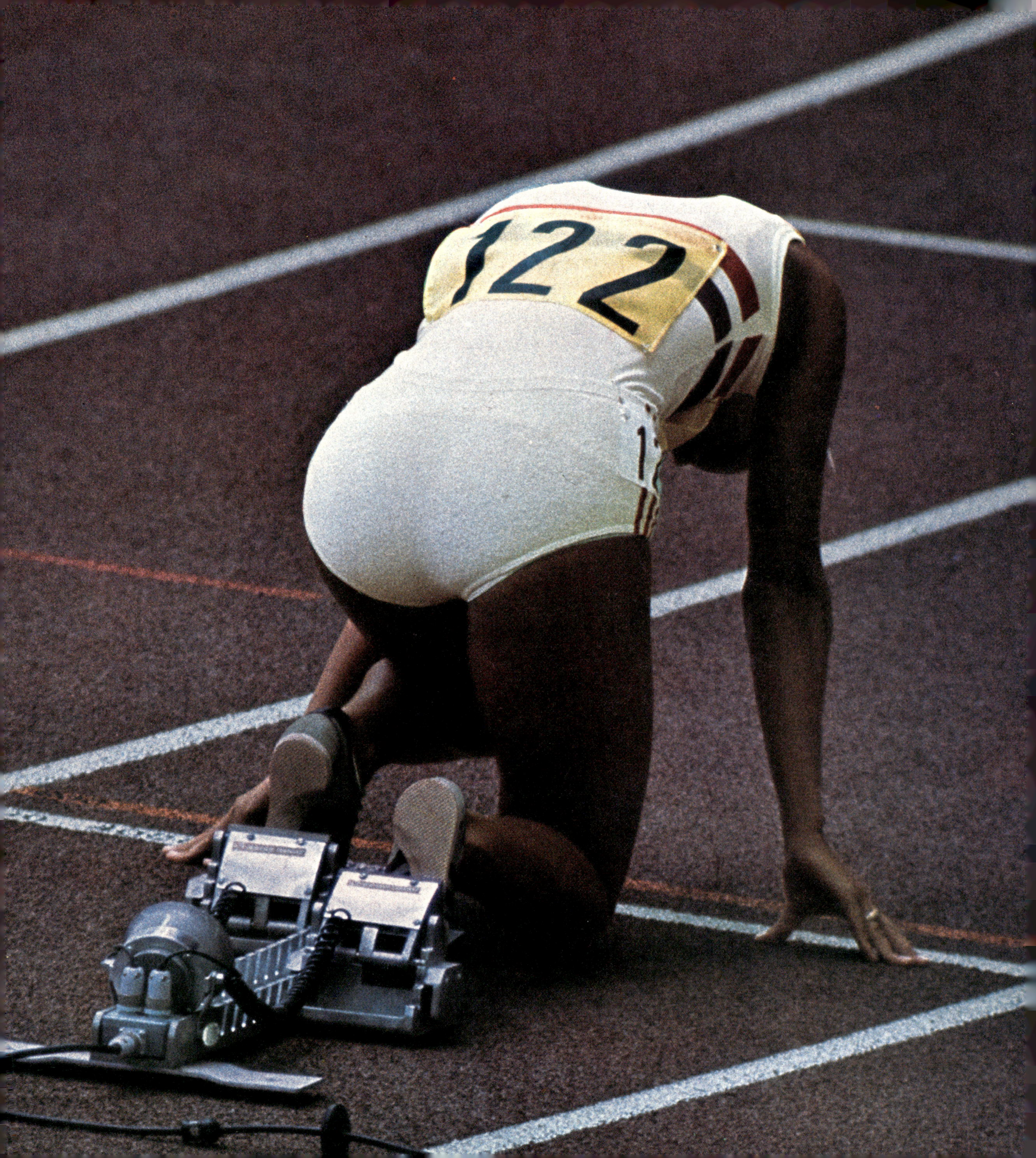
122

Vorangehende Farbseiten:
Den Finger am Abzug: entscheidend für Sieg und Niederlage. ›Es kommt auf die Sekunde an‹, heißt ein ziemlich alter Schlager. Hier und heute kommt es auf die Hundertstelsekunde an. Weltrekorde wie aus der Pistole geschossen. Wer nicht im richtigen Augenblick von den Startblöcken wegkommt, hat schon halb verloren.

Sie hatten mit vielen gerechnet, die Bogenschützen, nur nicht mit Maria Urban aus Babenhausen. Die Zahnarzthelferin lag plötzlich vor der Weltelite. Am Abend des ersten Wettkampftages fragten die Experten, wer denn überhaupt diese schlanke Frau aus Germany sei. Schon nach den ersten 36 Pfeilen hatten sich die Gläser der Aktiven auf die Scheibe der Deutschen gerichtet. Sie hatte die Führung übernommen auf der schwierigsten, der längsten Distanz von siebzig Metern. Daß es sich um keinen Zufall handelte, bewies die Deutsche bereits auf der nächsten Distanz. Aber am zweiten Tag, bei den kürzeren Distanzen, hatte Maria Urban mit den Nerven zu kämpfen. Aus dem Nichts plötzlich ins Rampenlicht einer Favoritin aufgestiegen, fühlte sie sich von allen gejagt. Ihr Vorsprung schmilzt. Am Ende bleibt ein achter Platz. Respektabel.

Bogenschützen, die Stillen des Landes. Wenig Publikum, kein großes Geschrei, gespannte Aufmerksamkeit. Sorgfältig wird die Trefferquote auf der mit Pfeilen gespickten Scheibe ausgezählt – rechts im Bild der Amerikaner Richard McKinney, der Vierter wurde. Sieger wurde sein Landsmann Darell Pace mit 2571 Ringen. Bester Deutscher Willi Gabriel mit 2435 Ringen.

Silber und doch enttäuschte Staffelmädchen. Marathonlauf mit einer Runde Zugabe. Das Fazit der Leichtathletik-Tage. Kanada fehlten ein paar Hundertstelsekunden zur ersten Goldmedaille. Eine turbulente amerikanische Nacht beim Finale der Boxer. Der Venezolaner mit der Fahne unter dem Trikot.

31. Juli 1976
15. Tag

Die olympische Leichtathletik erlebte ihr rauschendes Finale. Noch einmal der Wirbel der Staffeln und das bewegende Bild der Marathonläufer, die begeistert verabschiedet und noch begeisterter empfangen wurden. Die Tage im Olymiastadion haben fesselnde Kämpfe mit großartigen Leistungen gebracht. Eindrucksvolle Persönlichkeiten zogen das Publikum in ihren Bann: der Finne Lasse Viren, der doppelte Doppel-Olympiasieger (jeweils Gold und Silber auf beiden Langstrecken in München und Montreal), der Kubaner Alberto Juantorena (der erste Olympiasieger über 400 und 800 Meter), die Dortmunderin Annegret Richter als schnellste Frau der Welt (Gold über 100 Meter, Silber über 200 Meter und in der Staffel), der Triumphator im Zehnkampf, Bruce Jenner aus den USA, der sowjetische Dreispringer Victor Sanejew, der zum dritten Male den olympischen Dreisprung gewann, seine Landsmännin Tatjana Kazankina, die beide Mittelstrecken beherrschte, und die Polin Irena Szewinska, die mit einem glänzenden 400-Meter-Sieg in Weltrekordzeit ihre ruhmreiche Laufbahn beendete.

Auffällig, daß von den sieben Weltrekorden (vier bei den Damen, drei bei den Herren) fünf auf den Laufstrecken, einer im Zehnkampf und nur einer in einer Wurf-Disziplin (Speer) erzielt wurde. Offensichtlich haben die Anabolika-Kontrollen die Werfer gezwungen, ihre Muskelpräparate früh abzusetzen.

Überlegene Sieger der olympischen Leichtathletik in Montreal sind die DDR-Sportler. Elfmal erklang (bei 38 Disziplinen) die Becher-Hymne. Neunmal allein für die DDR-Mädchen, die den Konkurrentinnen nur noch fünf Siege zugestanden. Bei den Männern setzten sich die Amerikaner am besten in Szene: Sechs Olympiasiege glückten ihnen, auch wenn die Sprinterrevanche für München mißlang und sie nur in der Staffel siegten. Vier Goldmedaillen bei Männern und Frauen muß von den Sowjets als herbe Enttäuschung gewertet werden. Das Tief von Montreal wird sie für die Moskauer Heimspiele zu erhöhten Anstrengungen anstacheln.

Die Leichtathleten der Bundesrepublik haben sich vom Münchener Festtagsrausch wieder an die Alltagsstimmung umgewöhnen müssen. Sechs Olympiasiege wie 1972 waren ohne den Heimvorteil diesmal nicht möglich. Daß unter den neun Medaillen insgesamt (bei vier silbernen und vier bronzenen) nur eine goldene ist, enttäuscht ein wenig. Freilich wiegt der Olympiasieg von Annegret Richter über 100 Meter (dazu ihr Weltrekord im Semifinallauf) sehr schwer. Wie überhaupt einige Medaillen von besonderem Wert in der Sammlung sind: das Silber im Zehnkampf durch Guido Kratschmer oder die Überraschungserfolge durch Marion Becker, Klaus-Peter Hildenbrand, Paul-Heinz Wellmann sowie die 4x400-Meter-Staffel. Aber die Liste der Gescheiterten ist respektabel, obenan die Sprinter, die einen desolaten Eindruck hinterließen. Auch in Zukunft wird sich die deutsche Leichtathletik in Bescheidenheit üben müssen. Darüber können einige Glanzlichter von Montreal nicht hinwegtäuschen.

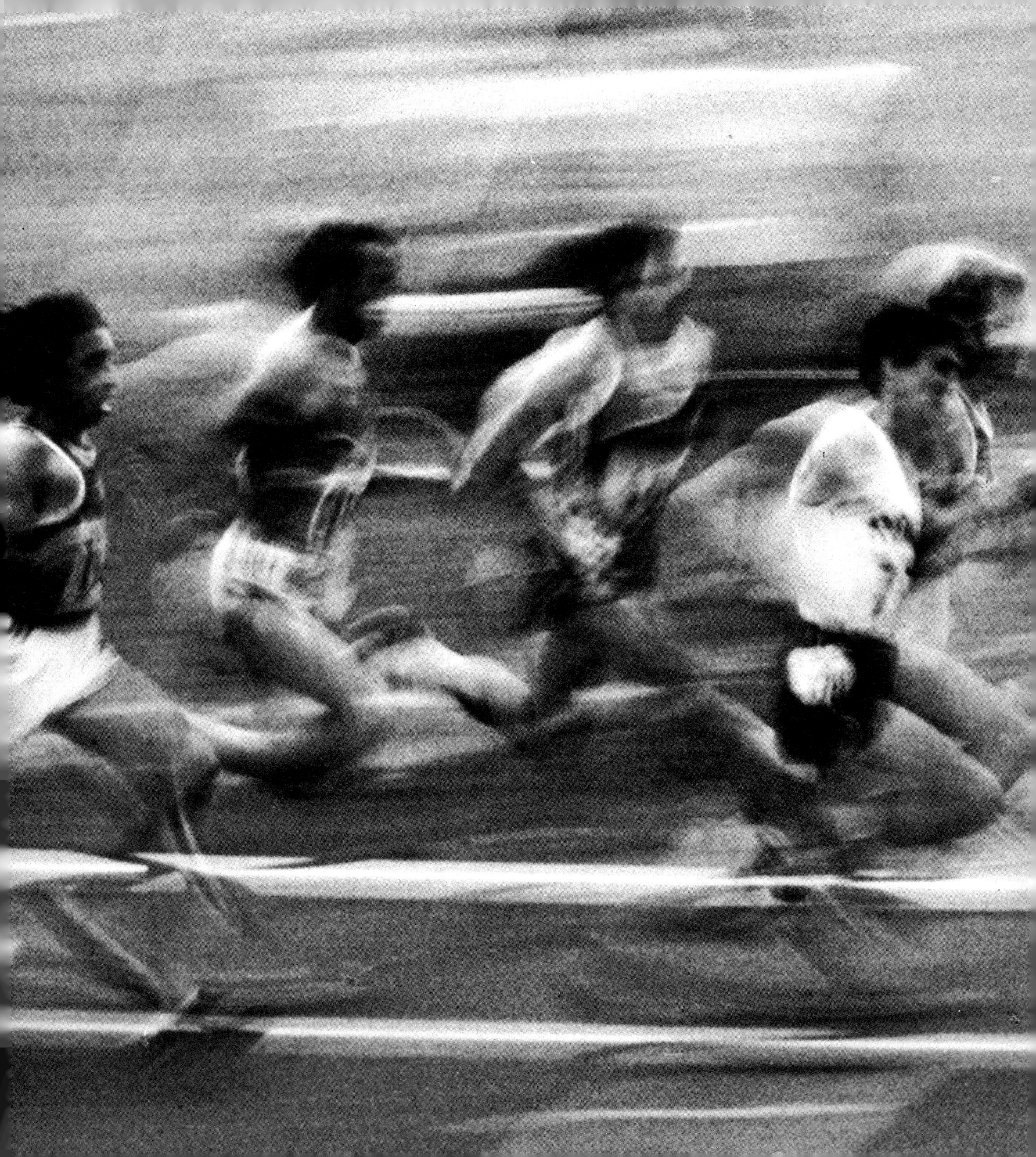

Weltrekordler Dwight Stones, Charmeur mit langen Beinen, wollte einen großen Auftritt haben und fiel durch – beim Publikum und beim Hochsprung. Er hatte sich in einem Interview wenig schmeichelhaft über die kanadischen Mädchen geäußert. Aus war's mit der Sympathie. Aus mit dem Höhenflug. Keine Welle der Begeisterung trug ihn empor, und so mußte er sogar noch um Bronze bangen. Ein unbekümmerter Junge aus Polen, Jacek Wszola, bekam, was Stones für sich reserviert glaubte: Gold. Der sommersprossige Kanadier Joy Greg ersprang die Silbermedaille. Dwight Stones verließ das Stadion wie ein begossener Pudel – nicht nur des Regens wegen.

Links: Spurt, Hochleistung, Rekord. Vor dem Auge huschen die Stars der olympischen Tage vorbei. Ihre Bilder verwischen sich schnell. Nur der Computer hat alles für die Ewigkeit festgehalten.

Folgende Farbseiten: Verlieren tut weh, in jeder Hinsicht. Der jugoslawische Freistilringer Dariev auf der Matte. – Weltmeister Adolf Seeger, der Postbeamte aus Freiburg, hat es wieder nicht ganz geschafft. Bronze wie in München. Erhofft hatte er wohl mehr.

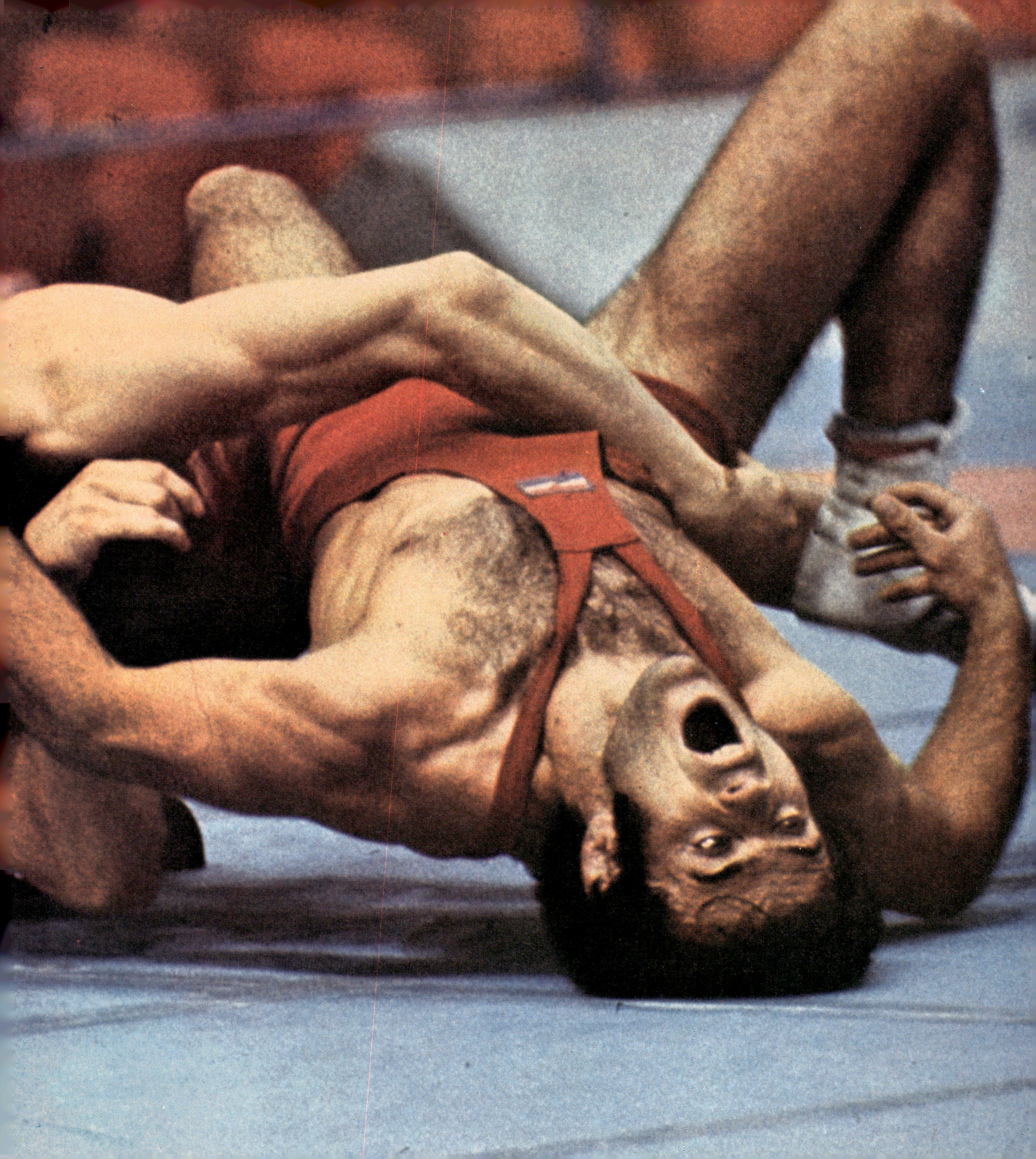

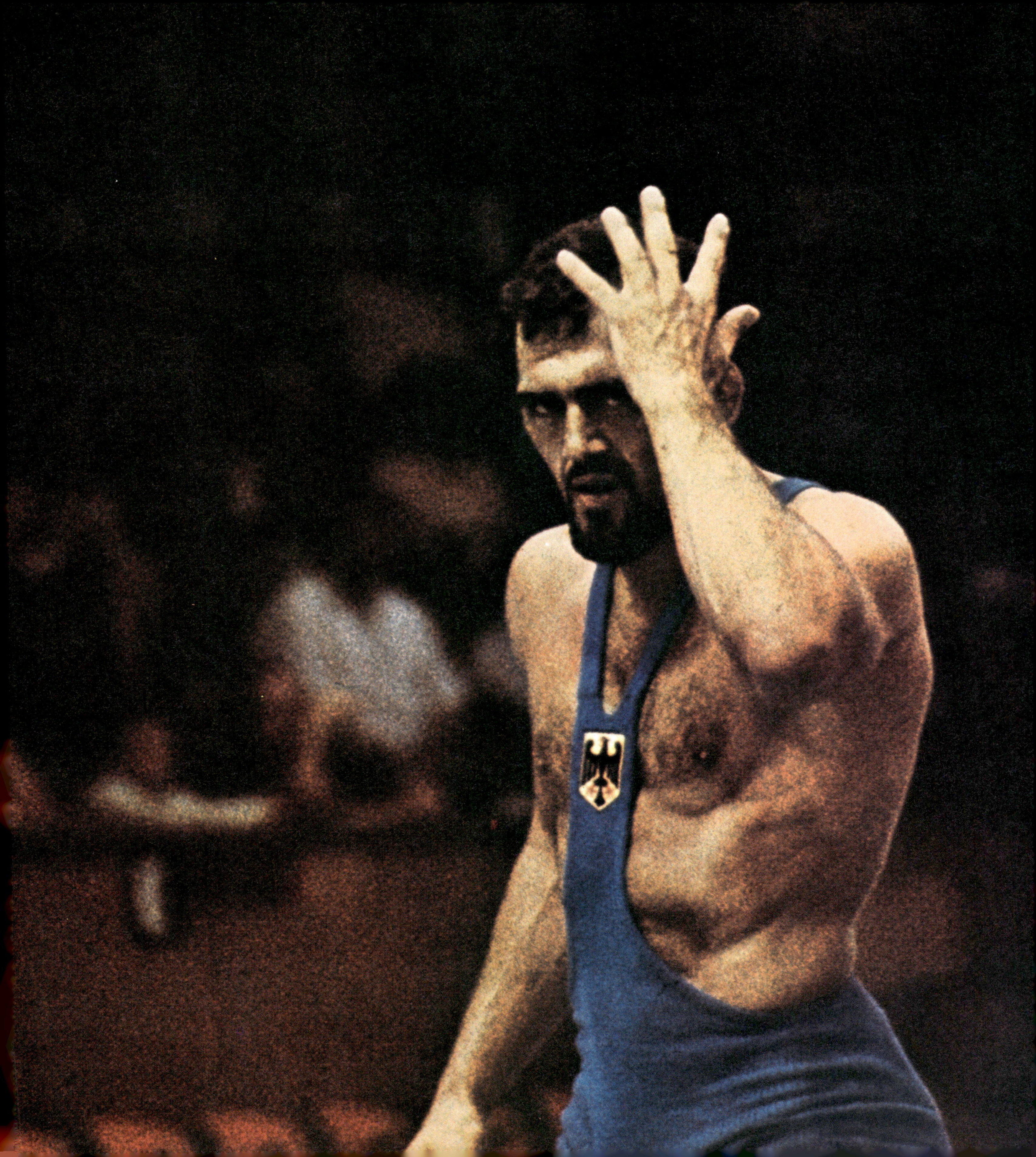

Herr und Frau Wellmann

Er saß auf der Bank unter der Tribüne und schlug mit den Fäusten gegen seinen Kopf. Paul-Heinz Wellmann testete, ob er nur träumte. Bronze im 1500-Meter-Lauf. Niemand hatte ihm eine Medaille zugetraut. Nach dem Kampf spielten sich im Stadion Rührszenen ab. Heide Ecker-Rosendahl umarmte ihren Vereinskameraden. Ellen Wellmann fiel ihrem Mann um den Hals. Für das Ehepaar hatte sich der Montreal-Trip gelohnt.

»Es war ein ganz normaler K.o.«, sagte nachher einer der Ringärzte. Der bulgarische Boxer Wladimir Koleff wurde im Halbfinale des Halbweltergewichts von Andres Aldama aus Kuba so schwer angeschlagen, daß er ohnmächtig liegen blieb. Auf einer Trage verließ er den Ring. Eine halbe Stunde später soll er wieder auf den Beinen gewesen sein... Dennoch bestätigte sein Fall, was alle sahen: Das olympische Boxturnier war hart und ging in Profimanier über die Runden. Noch im Finale gab es ein halbes Dutzend Niederschläge. Die farbigen amerikanischen Boxer dominierten über ihre kubanischen Rivalen (unten).

Rechts: ›In den Mann hineingehen‹, heißt das im Fachjargon der Boxer. Manchmal wirft so was den stärksten Mann um.

Boxfinale im Tollhaus

Eine amerikanische Nacht beim olympischen Boxfinale. Fünfmal die Goldmedaille für die schwarzen Männer aus den Vereinigten Staaten. Eine amerikanische Nacht mit allem Brimborium, als würde der Präsidentschaftskandidat gekürt, als wäre eine Schlacht gewonnen worden. Die Amerikaner unter den 14 000 im ausverkauften Forum hatten die Majorität, und kein Kampfgericht dieser Welt hätte wahrscheinlich den Mumm gehabt, im direkten Duell USA–Kuba im Zweifelsfall für den Mann von der Zuckerinsel zu entscheiden. Die Kubaner hatten vorher wissen lassen, für wen sie hier gewinnen wollten: für Fidel Castro, für Kuba. So kam es beim Kampf Mann gegen Mann zur Reduzierung auf die Herkunft, feierte der Nationalismus Triumphe.

Das Publikum erkor seine Volkstribunen unter den Siegern – mit einer Ausnahme. Es machte den Venezolaner Pedro Gamarro zum Triumphator. Gamarro, ein Mann mit wenig Sinn für die Feinheiten der Faust, wurde gegen den DDR-Boxer Bachfeld zum Verlierer erklärt, obwohl die Fans ihn als Sieger wähnten. Zehn Minuten lang war das Forum ein Tollhaus, schrillten Pfiffe, flogen Flaschen, Pappbecher und Dosen in Richtung Kampfgericht. Als die drei Ersten aufs Treppchen kletterten, holte Gamarro eine venezolanische Fahne unter dem Trikot hervor. Er stand zwar unten und die DDR-Fahne war am höchsten aufgezogen worden, aber Pedro Gamarro zeigte die Flagge. Ein venezolanisches Intermezzo in der amerikanischen Nacht.

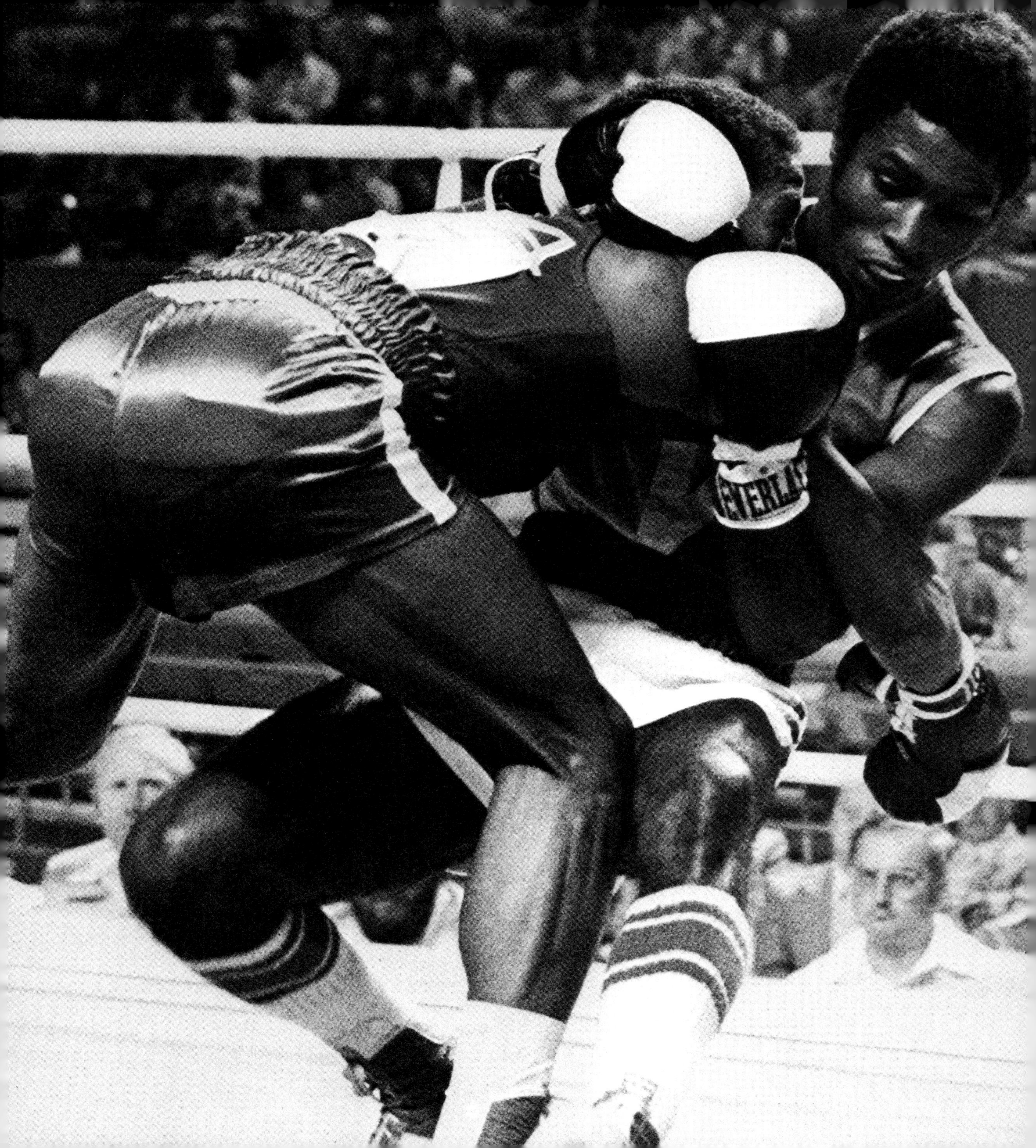

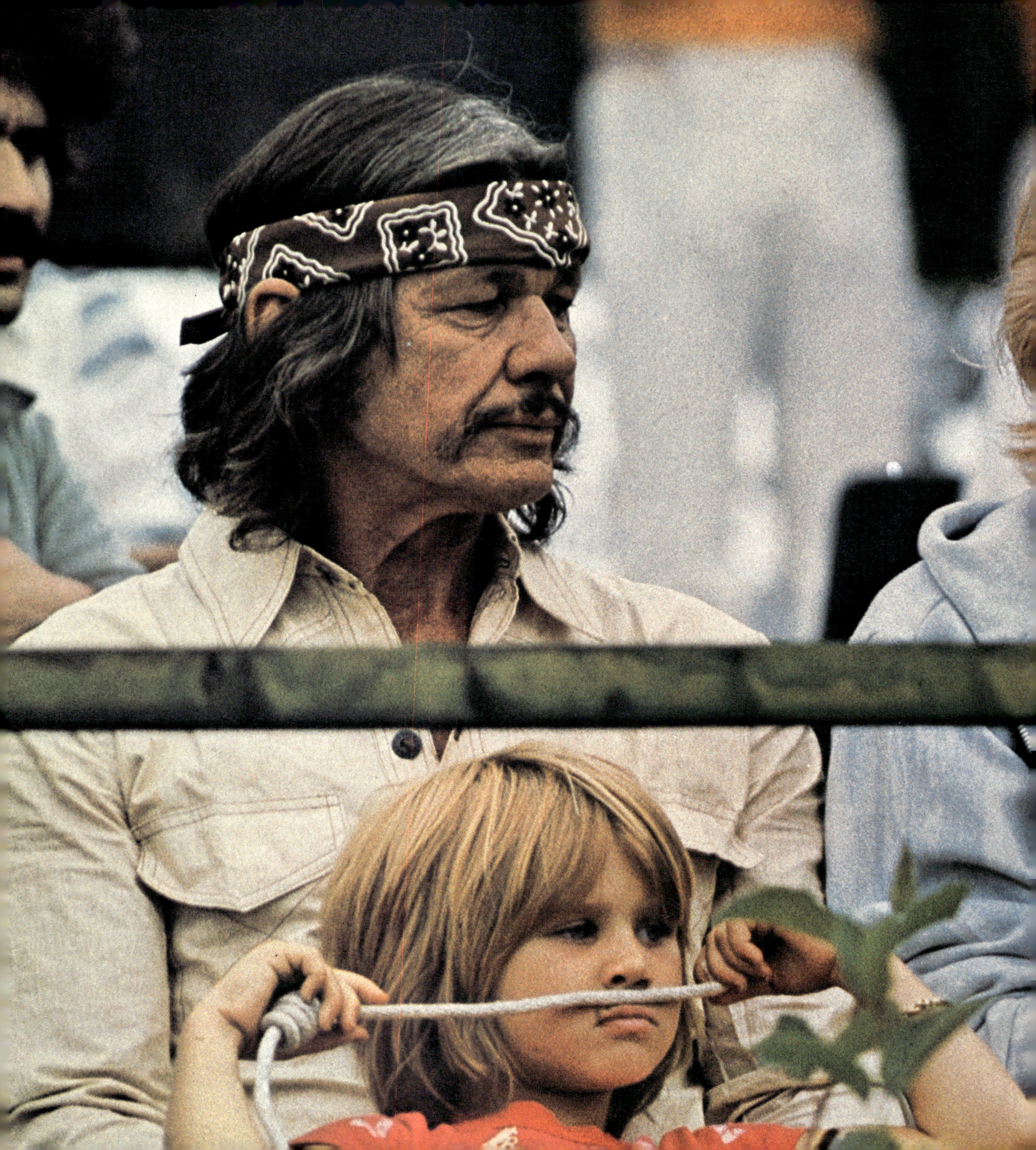

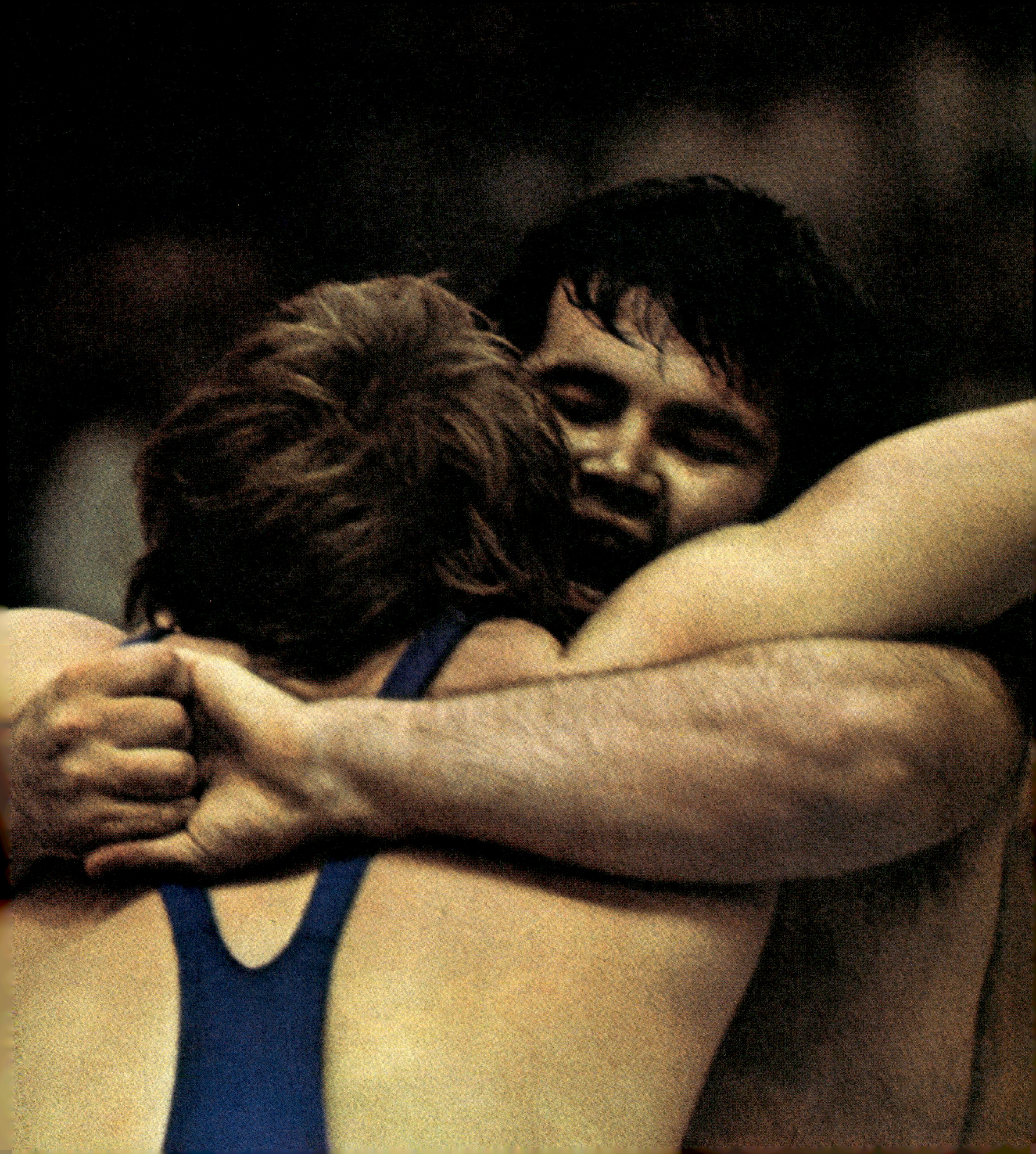

Mit den Kanadiern gefiebert

Am liebsten hätten sie Alexander Rogow für einen Moment das Paddel aus den Händen genommen, nur für einen winzigen Moment. Man mußte schon ein Herz aus Stein haben, um nicht mit den Kanadiern um ›ihren‹ Mann im Canadier, John Wood, zu fiebern. Kanadas erste Goldmedaille bei diesen Spielen war so nah wie nie zuvor. Genau 35 Hundertstelsekunden fehlten John und Kanada zum Happy-End. Keiner, der es ihnen nicht gegönnt hätte, außer eben Alexander der Schreckliche. John Wood, sonst wahrhaft ein Mann aus Holz, verdrückte ein paar Tränen, 15 000 an der Kanustrecke stöhnten im Chor: O Canada. Doch statt der kanadischen Nationalhymne erklang die übliche russische Weise. Und wieder ›nur‹ Silber für Kanada.

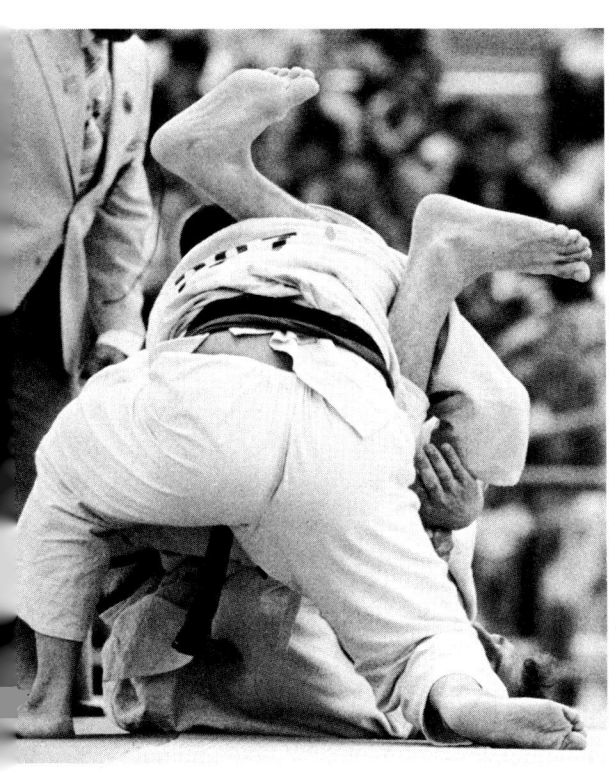

Technik und Kraft

Judo auf einer kleinen Matte in der großen Radsporthalle von Montreal. Das hat diese junge olympische Sportart (nach Tokio und München das drittemal) nicht populärer gemacht. Von ferne sieht Judo heute so aus, als seien Ringer im Pyjama am Wirken. Den ›Nur‹-Techniker gibt es kaum noch. Das sogenannte schöne Judo, worunter ja auch eine Weltanschauung verstanden wird, ist gewaltig reduziert worden. Noch beherrschen die japanischen Lehrmeister ihre Schüler, und geradezu schulmäßig hat der Japaner Haruki Uemura gezeigt, was Judo bedeuten kann.

Erfolglos fuhren sie hinterher, ratlos waren sie hinterher: Die Kanuten aus der Bundesrepublik gingen zum erstenmal seit Helsinki 1952 bei olympischen Wettbewerben leer aus. Weder Ulrich Eicke im Einer-Canadier noch Heinz Lucke und Hermann Glaser (oben) im Zweier gelang es, das Kielwasser ihrer Konkurrenten zu verlassen. Den Kajakfahrern erging es nicht besser. Montreal war für den Deutschen Kanu-Verband ein Schlag ins Wasser.

Vorhergehende Farbseiten: Randerscheinung: Filmstar Charles Bronson als Familienvater und Freizeitindianer. Erinnert er sich angesichts der klammernden Umarmung der Ringer der Darstellung nackter Gewalt in seinen Filmen?

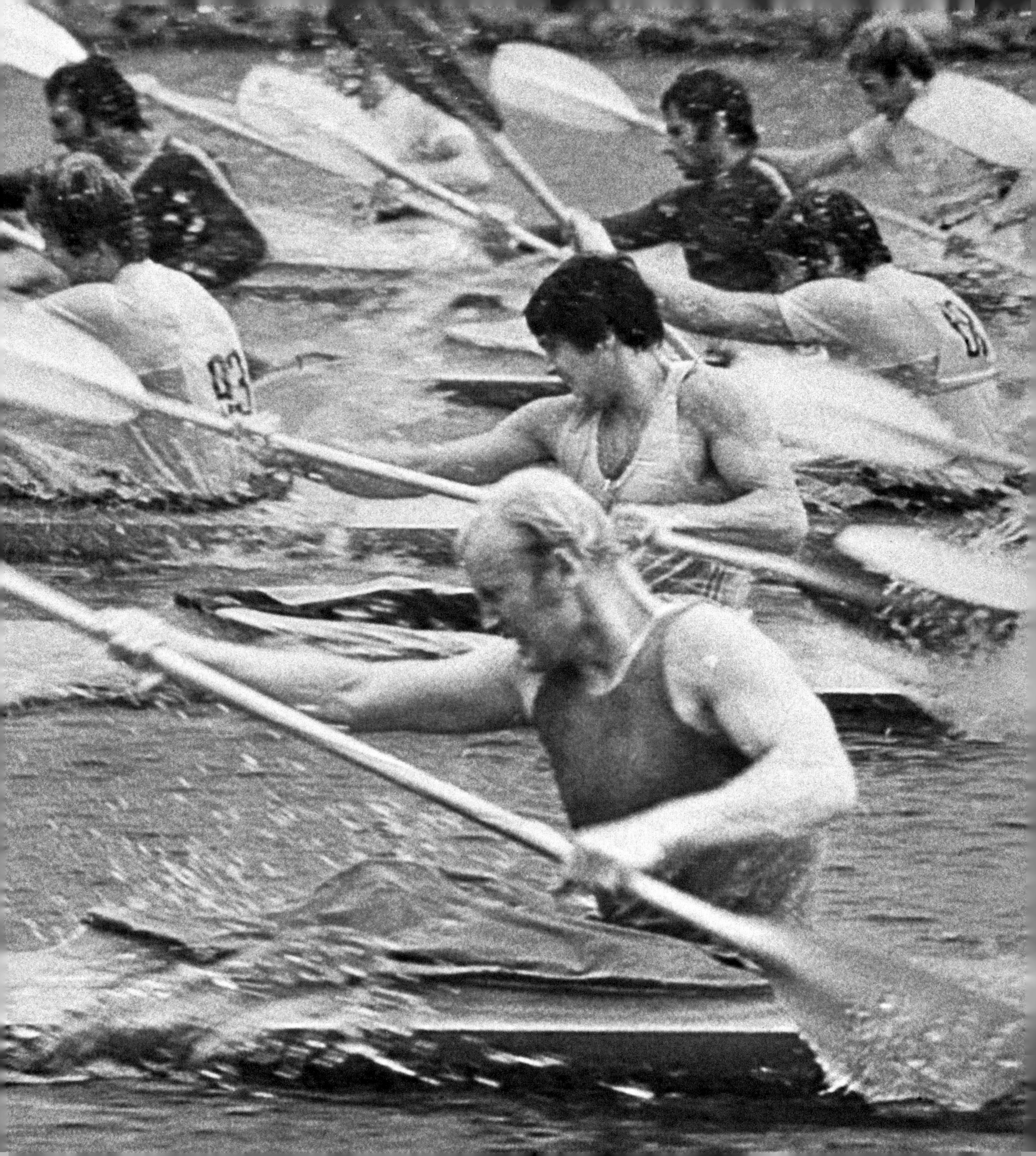

Das Silber bleibt stumpf

Die Ziele waren hoch gesteckt. Der Countdown zum Gold schien planmäßig zu laufen. Ein paar Zentimeter nur entschieden über Sieg und Niederlage. Und als solche empfinden die westdeutschen 100-Meter-Läuferinnen den Platz zwei im Staffelrennen. Der Vorsprung für die DDR-Damen ließ sich kaum mit bloßem Auge wahrnehmen, Klarheit brachte erst die Zeitlupenwiederholung. Und da reagierten sie enttäuscht. Die Gedanken gingen zurück nach München 1972, als Heide Rosendahl wie eine Tigerin kämpfte und Renate Stecher bezwang. Diesmal drehten die ostdeutschen Mädchen den Spieß um. Später liefen die Besiegten verbal der verpaßten Chance nach: »Das ist schon ärgerlich«, kommentierte Annegret Richter. »Der Vorsprung war doch recht deutlich«, sagte Inge Helten. Mit der Stimmung stand es nicht zum besten. Das Silber bleibt stumpf.

Rechts: Bronze für die Deutsche 4 x 400-Meter-Staffel der Männer. Die siegreichen Vier: Hofmeister, Krieg, Schmidt und Herrmann (von links).

Unten: Mit umarmender Geste gewinnt der Neuseeländer John Walker den Lauf über 1500 Meter. Wellmann, an dritter Position, erreicht die Bronzemedaille.

Rechts: Innerdeutsche Begegnung auf der ›Aschenbahn‹: Die Mädchen aus der DDR gewannen die 4 x 100-Meter-Staffel der Frauen buchstäblich um Brustbreite vor dem Rennquartett aus der Bundesrepublik. Lächelnd beglückwünscht man sich . . . die Begegnung hat also stattgefunden.

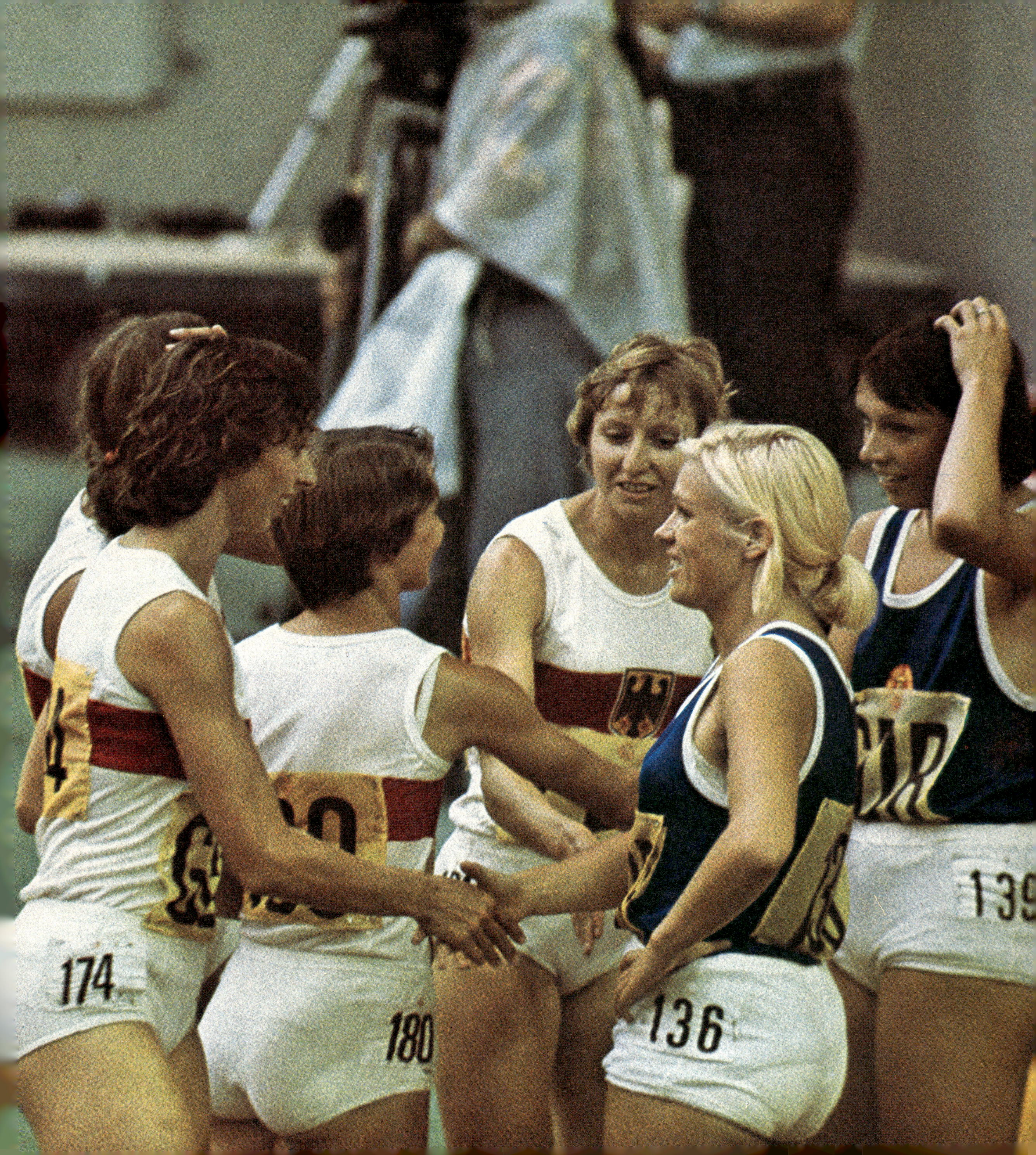
174
180
136
139

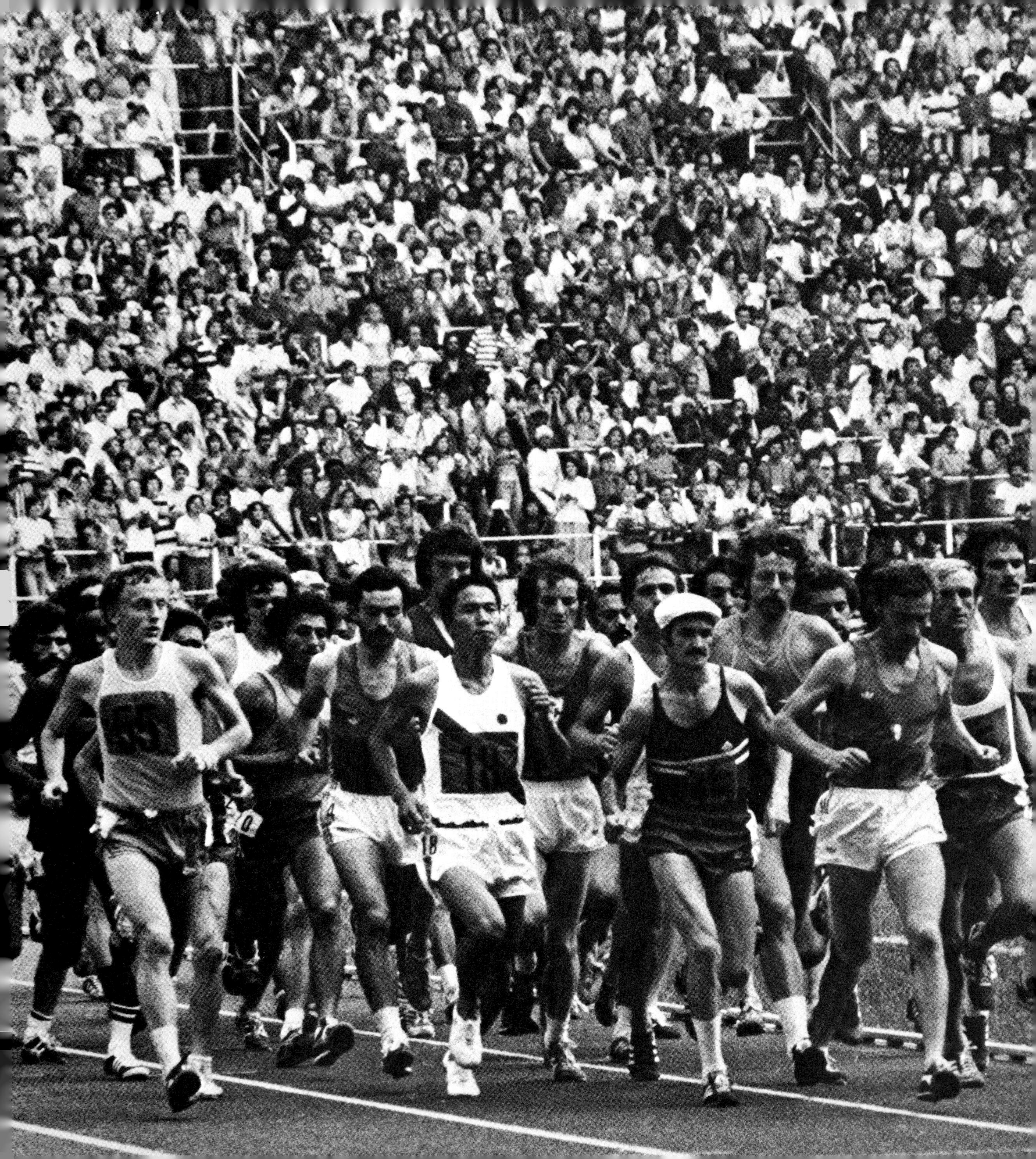
18

Ausgerechnet das Olympiasiegerpferd patzte im Preis der Nationen zweimal, und das kostete Gold. Trotzdem eine hervorragende Bilanz der deutschen Reiterei. Die Abschlußfeier geriet zu einem bunten, munteren Fest. Die Spiele: brillanter Sport trotz politischer Bedrängnis und afrikanischer Amputation.

1. August 1976
16. Tag

Der Nationenpreis der Springreiter endete mit dem Sieg der Franzosen. Die Deutschen wurden Zweite und – überraschend – die Belgier Dritte. Man ziehe den Hut: Alle Achtung vor der deutschen Reiterei nach zweimal Gold dank Alwin Schockemöhle im Jagdspringen und der Dressurmannschaft, dreimal Silber dank Harry Boldt in der Dressur, dem Militaryteam und jetzt dem Nationenpreis, zweimal Bronze dank Karl Schultz in der Vielseitigkeit sowie Dr. Reiner Klimke in der Dressur. Die Reiter sind tüchtig; wir sind verwöhnt.

Der Triumph von Alwin Schockemöhle in der Einzelkonkurrenz hat allerdings kaschiert, was Bundestrainer Brinckmann vor Jahr und Tag festgestellt hatte: »Wir haben zwar ein paar gute Reiter, aber nur ein olympiareifes Pferd.« Die Rede war von Alwin Schockemöhles Warwick Rex, einem heute elfjährigen Hannoveraner, von dem Fritz Thiedemann behauptet, daß er bereits Halla und Meteor übertroffen habe. Ausgerechnet dieser Wallach patzte im Nationenpreis zweimal, als er sich nur einen Springfehler erlauben durfte. Das geschah am allerletzten Hindernis, nur 1,50 Meter hoch. Alwin Schockemöhle war hinterher so fair, den ›Sprung in die vollen‹ auf seine Kappe zu nehmen. Damit endeten die Jagdszenen zwischen den Franzosen und den Deutschen, die außer dem Olympiasiegerpaar noch auf Bruder Paul mit Agent, Hans Günter Winkler mit Torphy und Sönke Sönksen mit Kwept setzten.

Dabei hatte es zu Beginn der Konkurrenz nach einem Tag der Kanadier ausgesehen. Bis zur dritten Runde lagen sie vorn. 56 000 Zuschauer spendeten zur Mittagszeit Beifall auf Vorschuß. Am Ende war der fünfte Platz eine herbe Enttäuschung – hinter den Amerikanern, aber vor Spanien und den auf diesem demolierten Rasen völlig demoralisierten Engländern. Die Deutschen starteten schlecht, gerieten durch Paul Schockemöhles 12-Fehler-Konto arg ins Gedränge, fanden sich auf Platz acht wieder, dann Rang vier gemeinsam mit den Briten, dann Platz zwei mit Belgien, aber hinter Kanada, und endlich vor dem zweiten Umlauf, einschließlich Streichquote, mit den Franzosen gleichauf. Paul Schockemöhle kam in der Endbilanz auf 24, Sönke Sönksen auf 20, Winkler auf 16 und Alwin Schockemöhle auf 12 Fehlerpunkte. Der Mann also, der die Goldmedaille am letzten Oxer verlor, mußte nur ausbaden, was ihm die anderen aufgebürdet hatten.

Die Verantwortung ist ein simples Rechenexempel. Hans Günter Winkler, der gerade seinen 99. Nationenpreis bestritten hatte, zum sechsten Male bei Olympischen Spielen geritten war, hielt die Silbermedaille abschätzend in der Handfläche, nachdem er zuvor noch über einen Boden geklagt hatte, der den Pferden wie Kaugummi an den Hufen klebe. Übrigens möchten die deutschen Reiter, beseelt von dem Triumph in Bromont, den Schlußpunkt der Spiele künftig durch das Einzelspringen gesetzt wissen. Immerhin: der Nationenpreis versinnbildlicht zumindest vom Namen her, worum es wochenlang gegangen ist.

Start der Marathon-Läufer. Noch ist das Feld der Läufer geschlossen. Noch erwarten die Zuschauer den Sieg des amerikanischen Frankie-Boy Shorter, seit München der laufende Liebling der Massen.

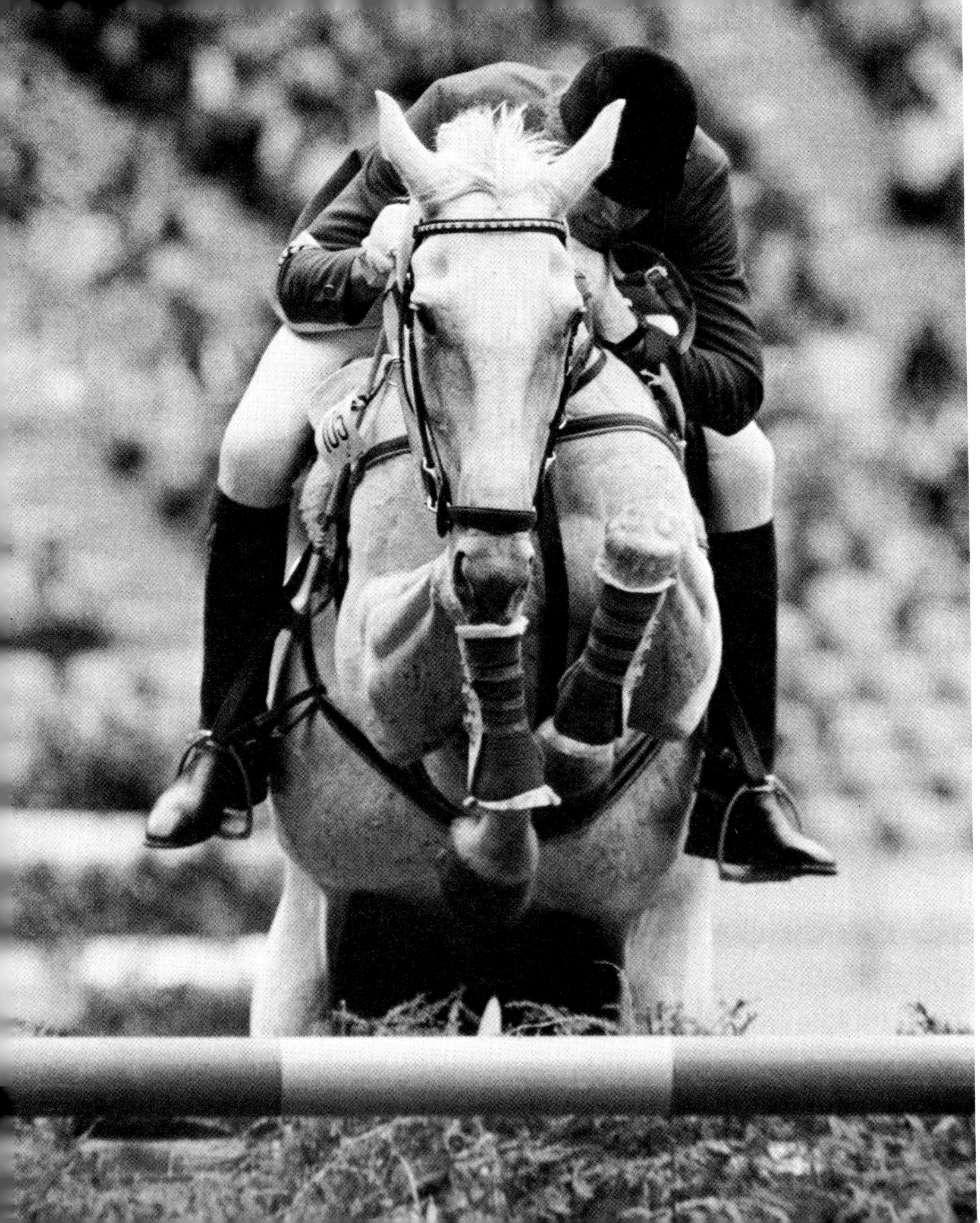

Der Nationenpreis der Springreiter, eine Domäne der deutschen Reiter. Doch die Franzosen gewannen das Gold. Paul Schockemöhle startete schlecht und hatte, bevor er die Tücken des Rasens, der in den kritischen Zonen mit Sand geflickt worden war, erkennen konnte, ein eindrucksvolles Fehlerkonto. In der Endbilanz brachte es Sönke Sönksen (links) auf 20 Fehlerpunkte, und auch Alwin Schockemöhle (oben) konnte das Konto nicht mehr ausgleichen. Ihm wurden nach dem letzten Oxer 12 Punkte angekreidet.

Friedensengel eigener Gnade...

Merci – Thank you

Das ganz große Fest begann erst nach dem Ende der offiziellen Schlußfeier: Plötzlich brachen alle Dämme, tummelten sich Tausende auf dem Rasen: Sportler, Indianer, Zuschauer, alles kunterbunt durcheinander. Sie sangen, tanzten, standen kopf, sprangen Saltos, bildeten lange Menschenschlangen, Hand in Hand, feierten Massenverbrüderung. Sie hißten ihre Landesflaggen an den ehrwürdigen Masten, die sechzehn Tage lang den fünf Ringen und den Siegerfahnen reserviert waren. Andere improvisierten einen Wettbewerb in der Sprunggrube: Sportler, Ordner, Kinder, erwachsene Zuschauer. Lauthals singend, zogen die Australier eine Runde nach der anderen um die Tartanbahn. Auf den Anzeigetafeln stand: »Merci – Thank you«. Die Spannung der letzten Wochen, das eiserne Durchhalten der strengen Sicherheitsregeln, das alles war wie weggeblasen. Ordnungsleute hüpften über Hürden. Die Polizisten sahen ganz gelassen zu, keiner mochte das Volksfest stören.

Unprogrammgemäß wie das Ende hatte die Abschlußfeier der XXI. Olympiade auch begonnen. Als fünfhundert Mädchen tanzend ihre olympischen Ringe bildeten, sprang mitten dazwischen ein splitternackter Mann sein eigenes olympisches Solo. Durch die Reihen der holden Jungfrauen schwebte in seinem paradiesischen Zustand dieser Friedensengel eigener Gnade. Niemand wußte: Protest, Extravaganz oder schlichte Demonstration eines wackeren Naturliebhabers? Das Publikum wußte nicht, ob es klatschen oder schimpfen sollte, die Kameraleute nicht, ob voll draufhalten oder verschämt die Linse auf Distanz drehen. Erst nach einer längeren Schrecksekunde griff die hier noch unerbittliche Polizei ein, und der tanzende ›Blitzer‹ verschwand zwischen Uniformen vom Rasen. Die Enthüllung des Rätsels wirkte später wie eine Ernüchterung: ein Musikstudent, der eine Wette gewonnen hat. Hoffentlich reichte sie für die Strafe.

Doch dieses Zwischenspiel trug noch zur guten Abschlußstimmung bei. Die Zeremonie der Beendigung dieser problematischen Spiele wurde, ganz im Gegensatz zur schwerfälligen Eröffnung, ein buntes, munteres Fest. Die Idee der Organisatoren, die Stadionbühne an diesem Abend, soweit es die gestrengen olympischen Regeln erlaubten, den Sportlern und den Abkömmlingen der Ureinwohner dieses Landes, den Indianern, zu überlassen, zahlte sich aus in einem prächtigen Gemenge von Kostümen, Fahnen, Farben und originellen Formen. Die fünf Wigwams, hohe, spitze Indianerzelte, paßten in die von den Mänteln der Mädchen markierten olympischen Ringe auf dem Rasen, als wären sie schon immer mit von der Partie gewesen. Die Kanadier wollten demonstrativ ihre Landesvergangenheit in das Fest dieser Tage mischen – Begräbnis des Kriegsbeils im olympischen Ausklang 1976.

Der Abend im noch einmal ausverkauften Stadion war von vorn bis hinten gelungen. Nie im Trubel der sechzehn Sporttage mit ihren politischen und auch organisatorischen Schatten hat sich die Einheit zwischen Publikum, Akteuren, Gästen und Gastgebern so vollendet ausgedrückt. Der olympische Geist nahm demonstrative Formen an, als Lord Killanin die Schlußformeln abwandelte und in Anspielung auf die politischen Ereignisse von Montreal, auch wohl nachträglich noch an die Adresse des Ehrengastes Trudeau, künftigen Spielen wünschte, sie möchten auch frei von jeder Diskriminierung stattfinden können. Da brauste der Beifall auf.

Inmitten dieser Harmonie erlosch um 2 Uhr 46 mitteleuropäischer Zeit am Montagfrüh das olympische Feuer von Montreal und wurde sogleich ersetzt durch Zigtausende kleiner grüner Glühstäbe in den Händen der Menge. Ein kaltes, chemisches Licht in kleinen Plastikröhrchen, an dem sich niemand verbrennen und das von keinem Wind gelöscht werden kann. Nach dem Volksfest im Stadion trugen es Tausende noch stundenlang durch die Straßen Montreals, glimmende Symbole der Freude, aber auch aller Künstlichkeiten und schützenden Verpackungen, die heute nötig sind, damit Olympia weiter leuchten kann.
Merci, Montreal – thank you, Kanada!

Bequeme Spiele waren es nicht
Die Spiele sind aus. An den Menschen hier sind sie vorbeigezogen wie ein bunter Traum. Die Olympiade hat den Alltag nie außer Kraft gesetzt. Die Montrealer waren aufmerksame, noble Gastgeber, zu Diensten bereit, aber nicht unterwürfig, stolz, aber nicht überheblich, neugierig, aber nicht vom olympischen Fieber geschüttelt. Weder hat die Stadt die Spiele absorbiert noch umgekehrt; beide führten in diesen sechzehn prallen Tagen ihr Eigenleben. Während im ausverkauften Stadion die Sportler nach Medaillen und Rekorden jagten, erlebte eine andere Arena Montreals einen bisher nie dagewesenen Zuschauerrekord beim Footballspiel. Und an einem regentrüben Abend traten die Taxifahrer in den Bummelstreik, weil ihnen die tausend weißen Autos mit dem Olympiaemblem, die Rikschas der Prominenz, das Geschäft verdarben und den Verkehrsraum beengten. Montreal hat die Spiele beherbergt, hat sie ausgerichtet, alles gut arrangiert, aber Freudentaumel, wie damals in München, konnte nicht aufkommen. Tänzerische Weltverbrüderung entspricht weder den Lebensmöglichkeiten dieser Stadt noch der Mentalität des weiten Landes, das solche Ereignisse mit Distanz an sich herankommen läßt. So waren es eben die Olympischen Spiele in Montreal: eine große, lebendige Veranstaltung, die zum Teilnehmen einlud, aber nicht Hingabe forderte.
Und trotzdem hat München seiner olympischen Nachfolgerin ein Erbe hinterlassen, das diese Spiele entscheidend mitprägen mußte. Aber das waren nicht die heiteren, sondern die schwarzen Tage von damals. An diesem Vermächtnis konnten Montreal und Kanada ebensowenig vorbei wie wohl in näherer Zukunft irgendeine andere Gastgeberstadt und ihr Land. Die Kanadier gingen das Sicherheitsproblem auf ihre eigene, wohl für sie typische Art an. Wenn sich die Siedler früher aus der Prärie hinter die Palisaden der Forts zurückzogen, taten sie das nicht, weil sie ihres Freiheitsdrangs müde geworden wären, sondern in Abwehr der Gefahr für Leib und Leben. Wenn in Montreal die olympischen Stätten in moderne Forts verwandelt wurden, mit strengsten Kontrollen und striktestem Reglement, dann geschah das nicht zur Knebelung der Freiheit von Teilnehmern und Besuchern, sondern zu ihrem Schutz.
Bequeme Spiele waren es nicht. Die Besucher hatten oft weite Wege in überfüllten Verkehrsmitteln zu überbrücken. Unter der Erde blieben U-Bahnen stecken, oben die Autobusse und Taxis. Ausländer bestaunten die stoische Ruhe, mit der die Montrealer solche Widrigkeiten in Kauf nehmen. Die Sportler aus fast hundert Ländern lagen im olympischen Dorf wie die Sardinen, die Trainingsmöglichkeiten waren häufig beschränkt. Trotz der frappierenden

Großzügigkeit in den Hauptsachen, die Montrealer Kritiker sprechen von Gigantomanie, war doch manches andere zu klein geraten. Die olympischen Schneider hatten den Mantel weit genäht, aber etliche Taschen vergessen. In der Taiwan-Frage ließ es die kanadische Regierung auf einen harten Machtkampf ankommen, und olympische Väter ließen sich Fesseln anlegen. Dann besorgte sich fast ein ganzer Kontinent die Rückfahrkarte von diesem Weltfest. Doch das Wunder geschah. Trotz politischer Bedrängnis, trotz afrikanischer Amputation katapultierten sich die Spiele mit dem ersten Startschuß in eine fast atemberaubende Brillanz. Das Festliche an diesem Fest war der reine Sport, geballte Leistung, die in einer Dichte und Vielfalt zur Schau gestellt wurde, daß es aus diesem Bann für niemanden ein Entrinnen gab, der einmal hineingeriet. Die Akteure auf Rasen, Bahnen, Matten, im Wasser und auf den Parcours hatten nicht allein die volle Aufmerksamkeit für sich und ihre Höchstleistungen, sondern sie stillten ein enormes Ablenkungsbedürfnis von jenen Realitäten, die eigentlich gerade ihre Welt gefährdeten.

FAREWELL MONTREAL

'TILL WE MEET IN MOSCOW

Medaillengewinner und Plazierte

Die Sportarten sind in der Reihenfolge des Abschlusses
der Wettkämpfe und innerhalb der Rubriken chronologisch angeordnet

JX DE LA XXI OLYMPIADE
MONTREAL 1976

Moderner Fünfkampf

Einzel, 18./22. Juli 1976

1.	Pyciak-Peciak, Janusz	Polen	5520 Pkt.
2.	Lednew, Pavel	UdSSR	5485 Pkt.
3.	Bartu, Jan	CSSR	5466 Pkt.
14.	Esser, Walter	D	5094 Pkt.
30.	Werner, Gerhard	D	4857 Pkt.
41.	Köpcke, Wolfgang	D	4551 Pkt.

Mannschaft, 18./22. Juli 1976

1.	Großbritannien	Parker, Night, Fox	15 559 Pkt.
2.	CSSR	Bartu, Starnovsky, Adam	15 451 Pkt.
3.	Ungarn	Kancsal, Maracsko, Sasics	15 395 Pkt.
11.	D	Esser, Werner, Köpcke	14 502 Pkt.

Turnen

Mannschafts-Achtkampf Damen, 19. Juli 1976

1.	UdSSR	Grosdowa, Saadi, Filatowa, Korbut, Turischtschewa, Kim	390,35 Pkt.
2.	Rumänien	Trusca, Gabor, Grigoras, Konstantin, Ungureanu, Comaneci	387,15 Pkt.
3.	DDR	Hellmann, Kische, Gerschau, Escher, Kraker, Dombeck	385,10 Pkt.
7.	D	Schorn, Kurbjuweit, Oltersdorf, Renschler, Bieger, Schubert	373,50 Pkt.

Mannschafts-Zwölfkampf Herren, 20. Juli 1976

1.	Japan	Igarashi, Kenmotsu, Kato, Tsukahara, Kajiyama, Fujimoto	576,85 Pkt.
2.	UdSSR	Andrianow, Detjatin, Marchenkow, Tichonow, Markelow, Krisin	576,45 Pkt.
3.	DDR	Jäger, Nikolay, Hanschke, Klotz, Brückner, Mack	564,65 Pkt.
5.	D	Gienger, Ritter, Rohrwick, Dietze, Jorek, Steinmetz	557,40 Pkt.
8.	Schweiz	Bretschel, Vock, Locher, Rohner, Bachmann, Gaille	550,60 Pkt.

Achtkampf Damen, 21. Juli 1976

1.	Comaneci, Nadia	Rumänien	79,275 Pkt.
2.	Kim, Nelli	UdSSR	78,675 Pkt.
3.	Turischtschewa, L.	UdSSR	78,625 Pkt.
4.	Ungureanu, Teodora	Rumänien	78,375 Pkt.
5.	Korbut, Olga	UdSSR	78,025 Pkt.
6.	Escher, Gitta	DDR	77,750 Pkt.
8.	Kische, Marion	DDR	76,950 Pkt.
9.	Gerschau, Kerstin	DDR	76,800 Pkt.
12.	Bieger, Andrea	D	76,275 Pkt.
23.	Oltersdorf, Jutta	D	75,000 Pkt.
26.	Kurbjuweit, Petra	D	74,650 Pkt.

Zwölfkampf Herren, 21. Juli 1976

1.	Andrianow, Nikolai	UdSSR	116,650 Pkt.
2.	Kato, Sawao	Japan	115,650 Pkt.
3.	Tsukahara, Mitsuo	Japan	115,575 Pkt.
7.	Nikolay, Michael	DDR	113,600 Pkt.
10.	Jäger, Bernd	DDR	113,325 Pkt.
11.	Mack, Lutz	DDR	113,150 Pkt.
16.	Gienger, Eberhard	D	112,200 Pkt.
17.	Jorek, Edgar	D	111,775 Pkt.
19.	Rohrwick, Volker	D	111,550 Pkt.
27.	Bachmann, Ulli	Schweiz	110,000 Pkt.

Einzelgeräte
Boden Damen, 22. Juli 1976

1.	Kim, Nelli	UdSSR	19,850 Pkt.
2.	Turischtschewa, L.	UdSSR	19,825 Pkt.
3.	Comaneci, Nadia	Rumänien	19,750 Pkt.
4.	Pohludkova, Anna	CSSR	19,575 Pkt.
5.	Kische, Marion	DDR	19,475 Pkt.
6.	Escher, Gitta	DDR	19,450 Pkt.

Schwebebalken Damen, 22. Juli 1976

1.	Comaneci, Nadia	Rumänien	19,950 Pkt.
2.	Korbut, Olga	UdSSR	19,725 Pkt.
3.	Ungereanu, Teodora	Rumänien	19,700 Pkt.
4.	Turischtschewa, L.	UdSSR	19,475 Pkt.
5.	Hellmann, Angelika	DDR	19,450 Pkt.
6.	Escher, Gitta	DDR	19,275 Pkt.

Pferdsprung Damen, 22. Juli 1976

1.	Kim, Nelli	UdSSR	19,800 Pkt.
2.	Dombeck, Karola und Turischtschewa, L.	DDR UdSSR	19,650 Pkt. 19,650 Pkt.
4.	Comaneci, Nadia	Rumänien	19,625 Pkt.
5.	Escher, Gitta	DDR	19,550 Pkt.

Stufenbarren Damen, 22. Juli 1976

1.	Comaneci, Nadia	Rumänien	20,000 Pkt.
2.	Ungureanu, Teodora	Rumänien	19,800 Pkt.
3.	Egervari, Marta	Ungarn	19,775 Pkt.
4.	Kische, Marion	DDR	19,750 Pkt.

Einzelgeräte
Boden Herren, 23. Juli 1976

1.	Andrianow, Nikolai	UdSSR	19,425 Pkt.
2.	Martschenko, Wladimir	UdSSR	19,425 Pkt.
3.	Kormann, Peter	USA	19,300 Pkt.
4.	Bruckner, Roland	DDR	19,275 Pkt.

Ringe Herren, 23. Juli 1976

1.	Adrianow, Nikolai	UdSSR	19,650 Pkt.
2.	Ditiatin, Alexander	UdSSR	19,550 Pkt.
3.	Grecu, Dan	Rumänien	19,500 Pkt.

Barren Herren, 23. Juli 1976

1.	Kato, Sawao	Japan	19,675 Pkt.
2.	Andrianow, Nikolai	UdSSR	19,500 Pkt.
3.	Tsukahara, Mitsuo	Japan	19,475 Pkt.
4.	Jäger, Bernd	DDR	19,200 Pkt.

Seitpferd Herren, 23. Juli 1976

1.	Magyar, Zoltan	Ungarn	19,700 Pkt.
2.	Kenmotsu, Eizo	Japan	19,575 Pkt.
3.	Nikolay, Michael	DDR	19,525 Pkt.

Pferdsprung Herren, 23. Juli 1976

1.	Andrianow, Nikolai	UdSSR	19,450 Pkt.
2.	Tsukahara, Mitsuo	Japan	19,375 Pkt.
3.	Kajizama, Horishi	Japan	19,275 Pkt.

Reck Herren, 23. Juli 1976

1.	Tsukahara, Mitsuo	Japan	19,675 Pkt.
2.	Kenmotsu, Eizo	Japan	19,500 Pkt.
3.	Gienger, Eberhard und Boerio, Henri	D Frankreich	19,475 Pkt. 19,475 Pkt.

Schießen

Freie Pistole, 18. Juli 1976

1.	Potteck, Uwe	DDR	573 Ringe
2.	Vollmar, Harald	DDR	567 Ringe
3.	Dollinger, Rudolf	Österreich	562 Ringe
4.	Mertel, Heinz	D	560 Ringe
18.	Burkhard, Roman	Schweiz	550 Ringe
24.	Beyer, Gerhard	D	547 Ringe

Kleinkaliber, liegend, 19. Juli 1976

1.	Smieszek, K.	D	599 Ringe[1]
2.	Lind, Ulrich	D	597 Ringe
3.	Luschchikow, G.	UdSSR	595 Ringe
4.	Müller, Anton	Schweiz	595 Ringe
37.	Gorewski, Peter	DDR	587 Ringe
51.	Kanthak, Marlies	DDR	584 Ringe

Wurftaubenschießen Trap, 20. Juli 1976

1.	Haldeman, Donald	USA	190 Treffer
2.	Marques Silva, A.	Portugal	189 Treffer
3.	Baldi, Ubaldesco	Italien	189 Treffer
4.	Hoppe, Burckhardt	DDR	186 Treffer
16.	Meixmer, Josef	Österreich	178 Treffer

Dreistellungskampf Kleinkaliber, 21. Juli 1976

1.	Bessham, Lanny	USA	1162 Ringe
2.	Murdock, Margaret	USA	1162 Ringe
3.	Seibold, Werner	D	1160 Ringe
9.	Nartstein, Bernd	DDR	1150 Ringe
10.	Kustermann, G.	D	1150 Ringe

Schnellfeuerpistole, 23. Juli 1976

1.	Klaar	DDR	597 Ringe
2.	Wiefel	DDR	596 Ringe
3.	Ferraris	Italien	595 Ringe
6.	Glock	D	594 Ringe
9.	Beier	D	593 Ringe
10.	Buser	Schweiz	592 Ringe

Laufender Keiler, 23. Juli 1976

1.	Gazow	UdSSR	579 Ringe[1]
2.	Kedyarow	UdSSR	576 Ringe
3.	Greszkiewicz	Polen	571 Ringe
4.	Pfeffer	DDR	571 Ringe
5.	Hamberger	D	567 Ringe
12.	Zeisner	D	561 Ringe

---

[1] Weltrekord

Wurftauben Skeet, 24. Juli 1976

1.	Panacek, Josef	CSSR	198 Treffer
2.	Swinkels, Eric	Holland	198 Treffer
3.	Gawlikowski, Wieslaw	Polen	196 Treffer
4.	Reschke, Klaus	DDR	196 Treffer
5.	Schitzhofer, Franz	Österreich	195 Treffer
9.	Koch, Claus	D	194 Treffer
26.	Monien, Dieter	DDR	190 Treffer
50.	Drexler, Ernst	D	181 Treffer

Rudern

Einer Damen, 24. Juli 1976

1.	Scheiblich, Christine	DDR	4:05,56 Min.
2.	Lind, Joan	USA	4:06,21 Min.
3.	Antonova, Elena	UdSSR	4:10,24 Min.

Zweier ohne Steuerfrau, 24. Juli 1976

1.	Bulgarien	Kelbetcheva, Grouitscheva	4:01,22 Min.
2.	DDR	Noack, Dahne	4:01,64 Min.
3.	D	Eckbauer, Einöder	4:02,53 Min.

Vierer mit Steuerfrau, 24. Juli 1976

1.	DDR	Metze, Schwede, Lohs, Kurth, Hess	3:45,08 Min.
2.	Bulgarien	Gurova, Vasseva, Yordanova, Modeva, Georgieva	3:48,24 Min.
3.	UdSSR	Sewostyanowa, Krochina, Mischenina, Pasocha, Krylowa	3:49,38 Min.

Doppelzweier Damen, 24. Juli 1976

1.	Otzetova, Svetla, Georgieva, Stanka	Bulgarien	3:34,36 Min.
2.	Jahn, Sabine, Bösler, Petra	DDR	3:47,86 Min.
3.	Kaminskaite, Leonora, Ramoschkene, G.	UdSSR	3:49,93 Min.

Doppelvierer mit Steuerfrau, 24. Juli 1976

1.	DDR	Borchmann, Lau, Poley, Zobelt, Weigelt	3:29,99 Min.
2.	UdSSR	Kondrachina, Bryunina, Alexandrowa, Ermolajeva, Chernuschewa	3:32,49 Min.
3.	Rumänien	Tudoran, Micsa, Lazar, Afrasiloaia, Giurca	3:32,76 Min.

Achter Damen, 24. Juli 1976

1.	DDR	Goretzki, Knetsch, Richter, Ahrenholz, Kallies, Ebert, Lehmann, Müller, Wilke	3:33,32 Min.
2.	UdSSR	Talalaewa, Roschchina, Kozenkowa, Zubko, Kolkowa, Tarakanowa, Rozgon, Guzenko, Pugovskaya	3:36,17 Min.
3.	USA	Zoch, Defrantz, Graves, Greig, Warner, McCarthy, Brown, Ricketson, Silliman	3:38,68 Min.
4.	Kanada		3:39,52 Min.
5.	D	Roick, Endriss, Zipplies, Kiesow, Gürtler, Eisele, Weber, Dick, Huhn-Wagner	3:41,06 Min.

Einer Herren, 25. Juli 1976

1.	Karppinen, Pertti	Finnland	7:29,03 Min.
2.	Kolbe, Peter Michael	D	7:31,67 Min.
3.	Dreifke, Joachim	DDR	7:38,03 Min.

Zweier ohne Steuermann, 25. Juli 1976

1.	DDR	Landvoigt, J., Landvoigt, B.	7:23,31 Min.
2.	USA	Coffey, Staines	7:26,73 Min.
3.	D	van Roye, Strauß	7:30,03 Min.

Zweier mit Steuermann, 25. Juli 1976

1.	DDR	Jährling, Ulrich, Spohr	7:58,99 Min.
2.	UdSSR	Bekhterev, Shurkalov, Lorentson	8:01,82 Min.
3.	CSSR	Svojanovsky, O., Svojanovski, P., Vebr	8:03,28 Min.

Doppelzweier Herren, 25. Juli 1976

1.	Norwegen	Hansen, Frank Hansen, Alf	7:13,20 Min.
2.	Großbrit.	Baillieu, Hart	7:15,26 Min.
3.	DDR	Schmied, Bertow	7:17,45 Min.
5.	D	Becker, Kroschewski	7:22,15 Min.

Vierer ohne Steuermann, 25. Juli 1976

1.	DDR	Brietzke, Decker, Semmler, Mager	6:37,42 Min.
2.	Norwegen	Nafstad, Bergodd, Tveter, Andreassen	6:41,22 Min.
3.	UdSSR	Arnemann, Kuzentsow, Dolinin, Gasan-D.	6:42,53 Min.
6.	D	Fölkel, Roloff, Horak, Konertz	6:47,44 Min.

Vierer mit Steuermann, 25. Juli 1976

1.	UdSSR	Eschinow, Iwanow, Kuznetsow, Klepikow, Lukianow	6:40,22 Min.
2.	DDR	Schulz, Kunze, Diessner, W., Diessner, U., Thomas	6:42,70 Min.
3.	D	Färber, Kubail, Fricke, Niehusen, Wenzel	6:46,96 Min.

Doppelvierer Herren, 25. Juli 1976

1.	DDR	Güldenpfennig, Reiche, Bussert, Wolfgramm	6:18,65 Min.
2.	UdSSR	Duleew, Jakimow, Laschdenieks, Butkus	6:19,89 Min.
3.	CSSR	Helebrand, Vochoska, Pecha, Lacina	6:21,77 Min.
4.	D	Kothe, Krause, Gentsch, Wolber	6:24,81 Min.

Achter Herren, 25. Juli 1976

1.	DDR	Baumgart, Dohn, Klatt, Luck, Wendisch, Kostulski, Karnatz, Prudohl, Danielowski	5:58,29 Min.
2.	Großbrit.	Lester, Yallop, Crooks, Matheson, Maxwell, Clark, Smallbone, Robertson, Sweeney	6:00,82 Min.
3.	Neuseeland	Sutherland, Coker, Dignan, Wilson Earl, Rodger, McLean, Hurt, Dickie	6:03,51 Min.
4.	D	Wendemuth, Truschinski, Schütze, Henckel, Thiem, Sauer, Kaufhold, Oschlies, Latz	6:06,15 Min.

Radsport

100 km Mannschaftsfahren Straße, 18. Juli 1976

1.	UdSSR	Schaplygin, Schukanow, Kaminsky, Pikkuus	2:08:53 Std.
2.	Polen	Nowciki, Szosda, Szurkowski, Mytnik	2:09:13 Std.
3.	Dänemark	Blaudzun, Frank, Hansen, Lund	2:12:20 Std.
4.	D	Weibel, Paltian, v. Löffelholz, Jakst	2:12:35 Std.
10.	DDR		2:14:39 Std.
15.	Österreich		2:17:06 Std.

1000 m Zeitfahren, 20. Juli 1976

1.	Grünke, Klaus-Jürgen	DDR	1:05,927 Min.
2.	Vaarten, Michel	Belgien	1:07,516 Min.
3.	Fredborg, Niels	Dänemark	1:07,617 Min.
6.	Michalsky, Hans	D	1:07,878 Min.
8.	Bäni, Walter	Schweiz	1:08,112 Min.

4000 m Einerverfolgung, 22. Juli 1976

1.	Braun, Gregor	D	4:47,61 Min.
2.	Ponsteon, Herman	Holland	4:49,72 Min.
3.	Huschke, Thomas	DDR	4:52,71 Min.
4.	Osokin, Wladimir	UdSSR	4:57,34 Min.

Sprint, 24. Juli 1976

1.	Tkac, Anton	CSSR	
2.	Morelon, Daniel	Frankreich	
3.	Geschke, Hans-Jürgen	DDR	
4.	Berkmann, Dieter	D	

4000 m Mannschaftsverfolgung, 24. Juli 1976

1.	D	Braun, Lutz, Schumacher, Vonhof	4:21,06 Min.
2.	UdSSR	Osokin, Perow, Petrakow, Sokolow	4:27,15 Min.
3.	Großbrit.	Banbury, Bennett, Croker, Hallam	4:22,41 Min.
4.	DDR	Durpisch, Huschke, Unterwalder, Wiegand	4:22,75 Min.

175 km Straßenfahren Einzel, 26. Juli 1976

1.	Johansson, Bernt	Schweden	4:46.52 Std.
2.	Martinelli, Guiseppe	Italien	31 Sek. zurück
3.	Nowicki, Mieczyslaw	Polen	
9.	Thaler, Klaus Peter	D	gleiche Zeit
	(als Zweiter distanziert)		
18.	Spindler, Herbert	Österreich	2:09 Min. zurück
19.	Trott, Wilfried	D	
21.	Humemberger, R.	Österreich	
37.	Jakst, Hans-Peter	D	

Basketball

Damen, 26. Juli 1976
1. Sowjetunion
2. USA
3. Bulgarien

Herren, 27. Juli 1976
1. USA
2. Jugoslawien
3. UdSSR

Schwimmen

4 x 100 m Lagen Damen, 18. Juli 1976

1.	DDR	Richter, Anke, Pollack, Ender	4:07,95 Min.[1+2]
2.	USA	Jezek, Siering, Wright, Babashoff	4:14,55 Min.
3.	Kanada	Hogg, Corsiglia, Sloan, Jardin	4:15,22 Min.

200 m Delphin, Damen, 19. Juli 1976

1.	Pollack, Andrea	DDR	2:11,41 Min.
2.	Tauber, Ulrike	DDR	2:12,50 Min.
3.	Gabriel, Rosemarie	DDR	2:12,86 Min.

100 m Freistil Damen, 19. Juli 1976

1.	Ender, Kornelia	DDR	55,65 Sek.[1+2]
2.	Priemer, Petra	DDR	56,49 Sek.
3.	Brigitha, Enith	Holland	56,65 Sek.
6.	Hempel, Claudia	DDR	56,99 Sek.
8.	Weber, Jutta	D	57,26 Sek.

400 m Freistil Damen, 20. Juli 1976

1.	Thümer, Petra	DDR	4:09,89 Min.
2.	Babashoff, Shirley	USA	4:10,46 Min.
3.	Smith, Shannon	Kanada	4:14,60 Min.
8.	Kahle, Sabine	DDR	4:20,42 Min.

100 m Rücken Damen, 21. Juli 1976

1.	Richter, Ulrike	DDR	1:01,83 Min.
2.	Treiber, Birgit	DDR	1:03,41 Min.
3.	Garapick, Nancy	Kanada	1:03,71 Min.
7.	Stille, Antje	DDR	1:05,30 Min.

200 m Brust Damen, 21. Juli 1976

1.	Koschewaja, Marina	UdSSR	2:33,35 Min.[2]
2.	Jurchenia, Marina	UdSSR	2:36,08 Min.
3.	Rusanowa, Ljubow	UdSSR	2:36,22 Min.
4.	Anke, Hannelore	DDR	2:36,49 Min.
5.	Linke, Karla	DDR	2:36,97 Min.
6.	Nitschke, Carola	DDR	2:38,27 Min.

100 m Delphin Damen, 22. Juli 1976

1.	Ender, Kornelia	DDR	1:00,13 Min.
2.	Pollack, Andrea	DDR	1:00,98 Min.
3.	Boglioli, Wendy	USA	1:01,17 Min.
5.	Gabriel, Rosemarie	DDR	1:01,56 Min.

200 m Freistil Damen, 22. Juli 1976

1.	Ender, Kornelia	DDR	1:59,26 Min.[2]
2.	Babashoff, Shirley	USA	2:01,22 Min.
3.	Brigitha, Enith	Holland	2:01,40 Min.
7.	Hempel, Claudia	DDR	2:04,61 Min.

100 m Brust, Damen, 24. Juli 1976

1.	Anke, Hannelore	DDR	1:11,16 Min.
2.	Rusanova, Liubow	UdSSR	1:13,04 Min.
3.	Koshevaia, Marina	UdSSR	1:13,30 Min.
4.	Nitschke, Carola	DDR	1:13,33 Min.
5.	Askamp, Gabriele	D	1:14,15 Min.
8.	Linke, Karla	DDR	1:14,21 Min.

400 m Lagen, Damen, 24. Juli 1976

1.	Tauber, Ulrike	DDR	4:42,77 Min.[2]
2.	Gibson, Cheryl	Kanada	4:48,10 Min.
3.	Smith, Becky	Kanada	4:50,48 Min.
4.	Treiber, Birgit	DDR	4:52,40 Min.
5.	Kahle, Sabine	DDR	4:53,50 Min.

200 m Rücken Damen, 25. Juli 1976

1.	Richter, Ulrike	DDR	2:13,43 Min.[1]
2.	Treiber, Birgit	DDR	2:14,97 Min.
3.	Garapick, Nancy	Kanada	2:15,60 Min.
6.	Stille, Antje	DDR	2:17,55 Min.

800 m Freistil Damen, 25. Juli 1976

1.	Thümer, Petra	DDR	8:37,14 Min.[2]
2.	Babashoff, Shirley	USA	8:37,59 Min.
3.	Weinberg, Wendy	USA	8:42,60 Min.
7.	Jäger, Regina	DDR	8:50,40 Min.

4 x 100 m Freistil Damen, 25. Juli 1976

1.	USA	Peyton, Boglioli, Sterkel, Babashoff	3:44,82 Min.[2]
2.	DDR	Ender, Priemer, Pollack, Hempel	3:45,50 Min.
3.	Kanada	Amundrud, Clark, Smith, Jardin	3:48,81 Min.
8.	D	Weber, Platten, Nissen, Jasch	3:58,33 Min.

200 m Delphin Herren, 18. Juli 1976

1.	Brunner, Mike	USA	1:59,23 Min.[2]
2.	Gregg, Steven	USA	1:59,54 Min.
3.	Forrester, Bill	USA	1:59,96 Min.
4.	Pyttel, Roger	DDR	2:00,46 Min.
5.	Kraus, Michael	D	2:00,46 Min.

100 m Rücken Herren, 19. Juli 1976

1.	Naber, John	USA	55,49 Sek.[2]
2.	Rocca, Peter	USA	56,34 Sek.
3.	Matthes, Roland	DDR	57,22 Sek.

200 m Freistil Herren, 19. Juli 1976

1.	Furniss, Bruce	USA	1:50,29 Min.[2]
2.	Naber, John	USA	1:50,50 Min.
3.	Montgomery, James	USA	1:50,58 Min.
4.	Krylow, Andrei	UdSSR	1:50,73 Min.
5.	Steinbach, Klaus	D	1:51,09 Min.[3]
6.	Nocke, Peter	D	1:51,71 Min.

1500 m Freistil Herren, 20. Juli 1976

1.	Goodell, Brian	USA	15:02,40 Min.[2]
2.	Hackett, Bobby	USA	15:03,21 Min.
3.	Holland, Stephen	Australien	15:04,66 Min.

100 m Brust Herren, 20. Juli 1976

1.	Hencken, John	USA	1:03,11 Min.
2.	Wilkie, David	GBR	1:03,43 Min.
3.	Juzaitis, Arvidas	UdSSR	1:04,23 Min.
6.	Kusch, Walter	D	1:04,38 Min.

100 m Delphin Herren, 21. Juli 1976

1.	Vogel, Matt	USA	54,35 Sek.
2.	Bottom, Joe	USA	54,50 Sek.
3.	Hall, Gary	USA	54,65 Sek.
4.	Pyttel, Roger	DDR	55,09 Sek.
5.	Matthes, Roland	DDR	55,11 Sek.

4 x 200 m Freistil Herren, 21. Juli 1976

1.	USA	Bruner, Furniss, Naber, Montgomery	7:23,22 Min.[2]
2.	UdSSR	Raskatow, Bogdanow, Kopliakow, Krylow	7:27,97 Min.[4]
3.	GBR	Mc Clatchey, Dunne, Downie, Brinkley	7:32,11 Min.
4.	D	Steinbach, Nocke, Lampe, Geisler	7:32,27 Min.
5.	DDR		7:38,92 Min.

400 m Freistil Herren, 22. Juli 1976

1.	Goodell, Brian	USA	3:51,93 Min.[2]
2.	Shaw, Tim	USA	3:52,54 Min.
3.	Raskatow, Vladimir	UdSSR	3:55,76 Min.[4]

4 x 100 m Lagen Herren, 22. Juli 1976

1.	USA	Naber, Hencken, Vogel, Montgomery	3:42,22 Min.[2]
2.	Kanada	Pickell, Smith, Evans, Mac Donald	3:45,94 Min.
3.	D	Steinbach, Kusch, Kraus, Nocke	3:47,29 Min.[4]

200 m Brust, Herren, 24. Juli 1976

1.	Wilkie, David	Großbrit.	2:15,11 Min.[2]
2.	Hencken, John	USA	2:17,26 Min.
3.	Colella, Rick	USA	2:19,20 Min.
8.	Kusch, Walter	D	2:22,36 Min.

200 m Rücken, Herren, 24. Juli 1976

1.	Naber, John	USA	1:59,19 Min.[2]
2.	Rocca, Peter	USA	2:00,55 Min.
3.	Harrigan, Dan	USA	2:01,35 Min.

---

[1] Olympischer Rekord [2] Weltrekord [3] Deutscher Rekord [4] Europarekord

100 m Freistil Herren, 25. Juli 1976

1. Montgomery, Jim — USA — 49,99 Min.[2]
2. Babashoff, Jack — USA — 50,81 Min.
3. Nocke, Peter — D — 51,31 Min.[4]
4. Steinbach, Klaus — D — 51,68 Min.

400 m Lagen Herren, 25. Juli 1976

1. Strachan, Rod — USA — 4:23,68 Min.[2]
2. McKee, Tim — USA — 4:24,62 Min.
3. Smirnow, Andrej — UdSSR — 4:26,90 Min.
8. Geisler, Hans-J. — D — 4:34,95 Min.

Wasserspringen

Kunstspringen Damen, 20. Juli 1976

1. Chandler, Jennifer — USA — 506,19 Pkt.
2. Köhler, Christa — DDR — 469,41 Pkt.
3. Mc Ingvale, Cynthia — USA — 466,83 Pkt.
4. Ramlow-Becker, H. — DDR — 462,15 Pkt.
5. Guthke, Karin — DDR — 459,81 Pkt.

Kunstspringen Herren, 22. Juli 1976

1. Boggs, Phil — USA — 619,05 Pkt.
2. Cagnotto, Franco — Italien — 570,48 Pkt.
3. Kosenkow, Alexander — UdSSR — 567,24 Pkt.
4. Hoffmann, Falk — DDR — 553,53 Pkt.

Turmspringen Damen, 25. Juli 1976

1. Waitschekowskaja, E. — UdSSR — 406,59 Pkt.
2. Knape, Ulrike — Schweden — 402,60 Pkt.
3. Wilson, Deborah — USA — 401,07 Pkt.
8. Ramlow, Heidi — DDR — 365,64 Pkt.

Turmspringen Herren, 27. Juli 1976

1. Dibiasi, Klaus — Italien — 660,51 Pkt.
2. Louganis, Greg — USA — 576,99 Pkt.
3. Alejnik, Wladimir — UdSSR — 558,61 Pkt.
6. Hoffmann, Falk — DDR — 531,60 Pkt.

Wasserball, 27. Juli 1976

1. Ungarn
2. Italien
3. Holland
6. D

Gewichtheben

Fliegengewicht – 52 kg, 18. Juli 1976

1. Woronin, Alexander — UdSSR — 242,5[3] (105,0–137,5[1]) kg
2. Koszegi, Gyorgy — Ungarn — 237,5 (107,5–130,0) kg
3. Nassiri, Mohammed — Iran — 235,0 (100,0–135,0) kg

Bantamgewicht – 56 kg, 19. Juli 1976

1. Nourikian, Nourair — Bulgarien — 262,5 (117,5–145,0) kg
2. Cziura, Grzegorz — Polen — 252,5 (115,0–137,5) kg
3. Ando, Kenkichi — Japan — 250,0 (107,5–142,5) kg
6. Bachfisch, Bernhard — D — 242,5 (105,0–137,5) kg

Federgewicht – 60 kg, 20. Juli 1976

1. Kolesnikow, Nikolai — UdSSR — 285,0 (125,0–160,0) kg
2. Todorow, Georgi — Bulgarien — 280,0 (122,5–157,5) kg
3. Hirai, Kazumasu — Japan — 275,0 (125,0–150,0) kg

Leichtgewicht – 67,5 kg, 21. Juli 1976

1. Kaczmarek, Zbigniew — Polen — 307,5 (135,0/172,5) kg
2. Korol, Pjotre — UdSSR — 305,0 (135,0–170,0) kg
3. Senet, Daniel — Frankreich — 300,0 (135,0–165,0) kg
5. Ambrass, Günter — DDR — 295,0 (125,0–170,0) kg
8. Schraut, Werner — D — 290,0 (127,5–162,5) kg
11. Legel, Walter — Österreich — 272,5 (120,0/152,5) kg
14. Langthaler, Gottfried — Österreich — 270,0 (117,5/152,5) kg

Mittelgewicht – 75 kg, 22. Juli 1976

1. Mitkoff, Jordan — Bulgarien — 335,0 kg
2. Militosjan, Jartan — UdSSR — 330,0 kg
3. Wenzel, Peter — DDR — 327,5 kg
4. Hübner, Wolfgang — DDR — 320,0 kg
10. Bergmann, Norbert — D — 310,0 kg
11. Groh, Klaus — D — 307,5 kg

Leichtschwergewicht – 82,5 kg, 24. Juli 1976

1. Schare, V. — UdSSR — 365,0 (162,5–202,5) kg
2. Blagojew, B. — Bulgarien — 362,5 (162,5–200,0) kg
3. Stoitschew, B. — Bulgarien — 360,0 (162,5–197,5) kg
9. Kennel, Gerd — D — 312,5 (135,0–177,5) kg

Mittelschwergewicht – 90 kg, 25. Juli 1976

1. Rigert, David — UdSSR — 382,5 (170,0–212,5) kg
2. James, Lee — USA — 362,5 (165,0–197,5) kg
3. Schopow, A. — Bulgarien — 360,0 (155,0–205,0) kg
5. Petzold, P. — DDR — 352,5 (152,5–200,0) kg
13. Hill, Rudolf — Österreich — 320,0 (140,0–180,0) kg

Schwergewicht – 110 kg, 26. Juli 1976

1. Christow, V. — Bulgarien — 400,0 (175,0–225,0) kg
2. Saizew, J. — UdSSR — 385,0 (165,0–220,0) kg
3. Semerdjew, K. — Bulgarien — 385,0 (170,0–215,0) kg
7. Ciezkie, J. — DDR — 372,5 (162,5–210,0) kg
15. Hörtnagl, V. — Österreich — 350,0 (160,0–190,0) kg

Superschwergewicht + 110 kg, 27. Juli 1976

1. Alexejew, Wassili — UdSSR — 440,0 (185,0–255,0) kg[2]
2. Bonk, Gerd — DDR — 405,0 (170,0–235,0) kg
3. Losch, Helmut — DDR — 387,5 (165,0–225,5) kg

Segeln

Finn-Dinghi, 19./27. Juli 1976

1. Schümann, Jochen — DDR — 35,4 Pkt.
2. Balaschow, Andrej — UdSSR — 39,7 Pkt.
3. Bertrand, John — Australien — 46,4 Pkt.
20. Sülberg, Werner — D — 133,0 Pkt.

470er-Klasse, 19./27. Juli 1976

1. Hübner, Frank / Bode, Harro — D — 42,4 Pkt.
2. Gorostegui, A. / Millet, Pedro — Spanien — 49,7 Pkt.
3. Brown, Jan / Ruff, Jan — Australien — 57,0 Pkt.
7. Vuithier, J.-Claude / Quellet, Laurent — Schweiz — 71,7 Pkt.

Flying-Dutchman, 19./27. Juli 1976

1. Diesch, Jörg / Diesch, Eckart — D — 34,7 Pkt.
2. Patisson, Rodney / Brooke-Houghton, — Großbrit. — 51,7 Pkt.
3. Conrad, R. / Ficker, Peter — Brasilien — 52,1 Pkt.
11. Hotz, Jörg / Nicolet, André — Schweiz — 79,0 Pkt.
13. Seidl, Ernst / Eisl, Johann — Österreich — 92,0 Pkt.
15. Steingroß, Uwe / Schramme, Jörg — DDR — 109,7 Pkt.

Tempest, 19./27. Juli 1976

1. Albrechtson, J. / Hansson, Ingvar — Schweden — 14,0 Pkt.
2. Mankin, Valentin / Akimenko, W. — UdSSR — 30,4 Pkt.
3. Conner, Dennis / Findley, Conn — USA — 32,7 Pkt.
4. Mares, Uwe / Stadler, Wolf — D — 42,1 Pkt.
12. Auteried, Carl / Böhm, Wolfgang — Österreich — 97,0 Pkt.

Soling, 19./(27.) 28. Juli 1976

1. Jensen, Poul / Bandalowski, V. / Hansen, Erik — Dänemark — 46,7 Pkt.
2. Kolius, John / Glasgow, Walter / Höpfner, Richard — USA — 47,4 Pkt.
3. Below, Dieter / Zachries, M. / Engelhardt, Olaf — DDR — 47,4 Pkt.
6. Kuhweide, Willi / Meyer, Karsten / May, Axel — D — 60,7 Pkt.
17. Raudaschl, Hubert / Raudaschl, Walter / Mayr, Rudolf — Österreich — 123,0 Pkt.

Tornado, 19./27. Juli 1976

1. White/Osborn — Großbrit. — 18,0 Pkt.
2. McFaull/Rothwell — USA — 36,0 Pkt.
3. Spengler/Schmall — D — 37,7 Pkt.
6. Steiner/Schiess — Schweiz — 64,4 Pkt.
11. H. und B. Prack — Österreich — 79,4 Pkt.

---

[1] Olympischer Rekord [2] Weltrekord [3] Weltrekord eingestellt [4] Europarekord

Handball, 28. Juli 1976

Herren
1. UdSSR
2. Rumänien
3. Polen
4. Deutschland

Damen
1. UdSSR
2. DDR
3. Ungarn

Fechten

Florett Einzel Damen, 24. Juli 1976
1. Schwarzenberger, Ildiko — Ungarn
2. Consolata Collino, Maria — Italien
3. Belowa, Elena — UdSSR
4. Dumont, Brigitte — Frankreich
5. Hanisch, Cornelia — Deutschland

Florett Mannschaft Damen, 28. Juli 1976
1. UdSSR — Sidorowa, Belowa, Kniazewa, Gulizowa
2. Frankreich — Dumont, Latrille, Muzio, Josland
3. Ungarn — Schwarzenberger, Kovacs, Maros, Rejtos
4. D — Rutz-Giesselmann, Hanisch, Kircheis, Oertel

Florett Einzel Herren, 21. Juli 1976
1. Dal Zotto, Fabio — Italien
2. Romankow, Alexander — UdSSR
3. Talvard, Bernard — Frankreich

Säbel Einzel Herren, 22. Juli 1976
1. Krowupuskow, Viktor — UdSSR
2. Nazlimow, Wladimir — UdSSR
3. Sidiak, Viktor — UdSSR
4. Pop, Ioan — Rumänien
5. Montano, Mario — Italien
6. Maffei, Michele — Italien

Degen Einzel Herren, 23. Juli 1976
1. Pusch, Alexander — D
2. Dr. Hehn, Jürgen — D
3. Kulcsar, Gyoezoe — Ungarn

Florett Mannschaft Herren, 25. Juli 1976
1. D — Behr, Bach, Hein, Reichert
2. Italien — Dal Zotto, Montano, Simoncelli, Calatroni
3. Frankreich — Noel, Talvard, Flament, Pietruska

Säbel Mannschaft Herren, 27. Juli 1976
1. UdSSR — Nazlymow, Krowopouskow, Sidjak, Winokurow
2. Italien — Montano, M., Maffei, Arcidiacono, Montano, T.
3. Rumänien — Irimiciuc, Pop, Mustata, Marin

Degen Mannschaft Herren, 29. Juli 1976
1. Schweden — Edling, Rolf; Flodström, Göran; Jacobsson, Hane; Högström, Leif; Essen, Carl
2. D — Pusch, Alexander; Hehn, Jürgen; Behr, Reinhold; Fischer, Volker; Jana, Hanns
3. Schweiz — Suchanecki, François; Poffet, Michel; Giger, Daniel; Kauter, Christian; Evequoz, Jean-Blaise

Bogenschießen

Bogenschießen Herren, 30. Juli 1976
1. Pace, Darell — USA — 2571 Ringe
2. Michinaga, Hiroshi — Japan — 2502 Ringe
3. Ferrari, Gian Carlo — Italien — 2495 Ringe
6. Gabriel, Willi — D — 2435 Ringe
27. Schiffl, Rudolf — D — 2326 Ringe

Bogenschießen Damen, 30. Juli 1976
1. Ryon, Luann — USA — 2499 Ringe
2. Kowpan, Valentina — UdSSR — 2460 Ringe
3. Rustamowa, Zebiniso — UdSSR — 2407 Ringe
8. Urban, Maria — D — 2377 Ringe

Hockey, 18./30. Juli 1976

Herren
1. Neuseeland
2. Australien
3. Pakistan
4. Holland
5. Deutschland

Volleyball, 18./30. Juli 1976

Herren
1. Polen
2. UdSSR
3. Kuba

Damen
1. Japan
2. UdSSR
3. Südkorea
6. DDR

Leichtathletik

Weitsprung Damen, 23. Juli 1976
1. Voigt, Angela — DDR — 6,71 m
2. McMillan, Cathy — USA — 6,66 m
3. Alfejewa, Lydia — UdSSR — 6,60 m
4. Siegl, Sigrun — DDR — 6,59 m

Speerwurf Damen, 24. Juli 1976
1. Fuchs, Ruth — DDR — 65,94 m
2. Becker, Marion — D — 64,70 m
3. Schmidt, Kathy — USA — 63,96 m
4. Hein, Jacqueline — DDR — 63,84 m
5. Sebrowski, Sabine — DDR — 63,08 m
9. Hanko, Eva — Österreich — 57,20 m

100 m Damen, 25. Juli 1976
1. Richter, Annegret — D — 11,08 Sek.[2*]
2. Stecher, Renate — DDR — 11,13 Sek.
3. Helten, Inge — D — 11,17 Sek.
8. Ölsner, Marlis — DDR — 11,34 Sek.

800 m Damen, 26. Juli 1976
1. Kazankina, Tatjana — UdSSR — 1:54,94 Min.[2]
2. Schterewa, Nikolina — Bulgarien — 1:55,42 Min.
3. Zinn, Elfie — DDR — 1:55,60 Min.
4. Weiss, Anita — DDR — 1:55,74 Min.
7. Gluth, Doris — DDR — 1:58,99 Min.

Fünfkampf Damen, 26. Juli 1976
1. Siegl, Sigrun — DDR — 4745 Pkt.
2. Laser, Christine — DDR — 4745 Pkt.
3. Pollack, Burglinde — DDR — 4740 Pkt.
10. Eppinger, Margot — D — 4352 Pkt.

200 m Damen, 28. Juli 1976
1. Eckert, Bärbel — DDR — 22,37 Sek.[1]
2. Richter, Annegret — D — 22,39 Sek.
3. Stecher, Renate — DDR — 22,47 Sek.
4. Bodendorf, Carla — DDR — 22,64 Sek.
5. Helten, Inge — D — 22,68 Sek.

Hochsprung Damen, 28. Juli 1976
1. Ackermann, R. — DDR — 1,93 m
2. Simeoni, Sara — Italien — 1,91 m
3. Glagdeva, Yordanka — Bulgarien — 1,91 m
11. Holzapfel, Brigitte — D — 1,87 m

100 m Hürden Damen, 29. Juli 1976
1. Schaller, Johanna — DDR — 12,77 Sek.
2. Anisimowa, Tatiana — UdSSR — 12,78 Sek.
3. Lebedewa, Natalia — UdSSR — 12,80 Sek.
4. Berend, Gudrun — DDR — 12,82 Sek.

400 m Damen, 29. Juli 1976
1. Szewinska, Irena — Polen — 49,29 Sek.[2]
2. Brehmer, Christina — DDR — 50,51 Sek.
3. Streidt, Ellen — DDR — 50,55 Sek.

Diskuswurf Damen, 29. Juli 1976
1. Schlaak, Evelin — DDR — 69,00 m
2. Wergowa, Maria — Bulgarien — 67,30 m
3. Hinzmann, Gabriele — DDR — 66,84 m
4. Melnik, Faina — UdSSR — 66,40 m
5. Engel, Sabine — DDR — 65,88 m
12. Pfister, Rita — Schweiz — 57,24 m

1500 m Damen, 30. Juli 1976
1. Kazankina, Tatjana — UdSSR — 4:05,5 Min.
2. Hoffmeister, Gunhild — DDR — 4:06,0 Min.
3. Klapezynski, Ulrike — DDR — 4:06,1 Min.
7. Wellmann, Ellen — D — 4:07,9 Min.

4 x 400 m Damen, 31. Juli 1976
1. DDR — Maletzki, Rohde, Streidt, Brehmer — 3:19,2 Min.
2. USA — Sapenter, Ingram, Jiles, Bryant — 3:22,8 Min.
3. UdSSR — Klimowocha, Aksenowa, Sokolowa, Iljina — 3:24,2 Min.
5. D — Steger, Fuhrmann, Barth, Wilden — 3:25,7 Min.

---

[1] Olympischer Rekord [2] Weltrekord [2*] Weltrekord im Halbfinale 11,01 Sek.

4 x 100 m Damen, 31. Juli 1976

1.	DDR	Ölsner, Stecher, Bodendorf, Eckert	42,55 Sek.
2.	D	Possekel, Helten, Richter, Kroniger	42,59 Sek.
3.	UdSSR	Proroschenkow, Maslakowa, Besfamilnaya, Anisimowa	43,09 Sek.

Kugelstoßen Damen, 31. Juli 1976

1.	Christowa, Ivanka	Bulgarien	21,16 m
2.	Tschichowa, Nadejda	UdSSR	20,96 m
3.	Fibingerova, Helena	CSSR	20,67 m
4.	Adam, Marianne	DDR	20,55 m
5.	Schoknecht, Ilona	DDR	20,54 m
6.	Droese, Margitta	DDR	19,79 m
7.	Wilms, Eva	D	19,29 m

20 km Gehen, 23. Juli 1976

1.	Bautista, Daniel	Mexiko	1:24:40,6 Std.
2.	Reimann, Hans	DDR	1:25:13,8 Std.
3.	Frenkel, Peter	DDR	1:25:29,4 Std.
4.	Stadtmüller, K.-H.	DDR	1:26:50,6 Std.
18.	Weidner, Gerhard	D	1:32:56,8 Std.

100 m Herren, 24. Juli 1976

1.	Crawford, Hasely	Trinidad	10,06 Sek.
2.	Quarrie, Don	Jamaika	10,08 Sek.
3.	Borsow, Valeri	UdSSR	10,14 Sek.
4.	Glance, Harvey	USA	10,19 Sek.
5.	Abrahams, Gay	Panama	10,25 Sek.
6.	Jones, John	USA	10,27 Sek.
7.	Kurrat, Klaus-Dieter	DDR	10,31 Sek.
8.	Petrov, Petar	Bulgarien	10,35 Sek.

Kugelstoßen Herren, 24. Juli 1976

1.	Beyer, Udo	DDR	21,05 m
2.	Mironow, Jewgeni	UdSSR	21,03 m
3.	Baryschnikow, A.	UdSSR	21,00 m
4.	Feuerbach, Al	USA	20,55 m
5.	Gies, Hans-Peter	DDR	20,47 m
10.	Rothenburg, H. J.	DDR	19,78 m

800 m Herren, 25. Juli 1976

1.	Juantorena, Alberto	Kuba	1:43,50 Min.[1]
2.	Van Damme, Ivo	Belgien	1:43,86 Min.
3.	Wohlhuter, Richard	USA	1:44,12 Min.
4.	Wülbeck, Willi	D	1:45,26 Min.

400 m Hürden Herren, 25. Juli 1976

1.	Moses, Edwin	USA	47,64 Sek.[1]
2.	Shine, Michael	USA	48,69 Sek.
3.	Gawrilenko, Jewgeni	UdSSR	49,45 Sek.

Diskuswurf Herren, 25. Juli 1976

1.	Wilkins, Mac	USA	67,50 m
2.	Schmidt, Wolfgang	DDR	66,22 m
3.	Powell, John	USA	65,70 m
4.	Thiele, Norbert	DDR	64,80 m
5.	Pachale, Siegfried	DDR	64,24 m
12.	Neu, Hein-Direck	D	60,46 m

10 000 m Herren, 26. Juli 1976

1.	Viren, Lasse	Finnland	27:40,4 Min.
2.	Lopez, Carlos	Portugal	27:45,2 Min.
3.	Foster, Brendan	Großbrit.	27:54,9 Min.

Stabhochsprung Herren, 26. Juli 1976

1.	Slusarski, Tadeus	Polen	5,50 m
2.	Kalliomaeki, Antti	Finnland	5,50 m
3.	Roberts, David	USA	5,50 m
9.	Lohre, Günther	D	5,35 m

200 m Herren, 26. Juli 1976

1.	Quarrie, Don	Jamaika	20,23 Sek.
2.	Hampton, Millard	USA	20,29 Sek.
3.	Evans, Dwayne	USA	20,43 Sek.

Speerwurf Herren, 26. Juli 1976

1.	Nemeth, Mikoos	Ungarn	94,58 m[1]
2.	Sittonen, Hannu	Finnland	87,92 m
3.	Megeliea, Gheorghe	Rumänien	87,16 m
9.	Wessing, Michael	D	79,06 m

3000 m Hindernis Herren, 28. Juli 1976

1.	Gaerderud, Anders	Schweden	8:08,02 Min.[1]
2.	Malinowski, B.	Polen	8:09,11 Min.
3.	Baumgärtl, Frank	DDR	8:10,36 Min.
5.	Karst, Michael	D	8:20,14 Min.

110 m Hürden Herren, 28. Juli 1976

1.	Drut, Guy	Frankreich	13,30 Sek.
2.	Casanas, A.	Kuba	13,33 Sek.
3.	Davenport, Willie	USA	13,38 Sek.
5.	Munkelt, Thomas	DDR	13,44 Sek.

Hammerwurf Herren, 28. Juli 1976

1.	Sedich, Juri	UdSSR	77,52 m
2.	Spiridinow, Alexei	UdSSR	76,08 m
3.	Bondartschuk, A.	UdSSR	75,48 m
4.	Riehm, Karl-Hans	D	75,46 m
5.	Schmidt, Walter	D	74,72 m
6.	Sachse, Jochen	DDR	74,30 m
8.	Klein, Edwin	D	71,34 m
10.	Seidel, Manfred	DDR	70,02 m

Weitsprung Herren, 29. Juli 1976

1.	Robinson, Arnie	USA	8,35 m
2.	Williams, Randy	USA	8,11 m
3.	Wartenberg, Frank	DDR	8,02 m
8.	Baumgartner, Hans	D	7,84 m
9.	Bernard, Rolf	Schweiz	7,74 m

400 m Herren, 29. Juli 1976

1.	Juantorena, Alberto	Kuba	44,26 Sek.
2.	Newhouse, Fred	USA	44,40 Sek.
3.	Frazier, Herman	USA	44,95 Sek.

5000 m Herren, 30. Juli 1976

1.	Viren, Lasse	Finnland	13:24,8 Min.
2.	Quax, Dick	Neuseeland	13:25,2 Min.
3.	Hildenbrand, Klaus-Peter	D	13:25,4 Min.
10.	Uhlemann, Detlef	D	13:31,1 Min.

Dreisprung Herren, 30. Juli 1976

1.	Sanejew, Viktor	UdSSR	17,29 m
2.	Butts, James	USA	17,18 m
3.	de Oliveira, Joao	Brasilien	16,90 m
6.	Kolmsee, Wolfgang	D	16,68 m

Zehnkampf Herren, 30. Juli 1976

1. Jenner, Bruce USA
(100 m 10,94 Sek., Weitsprung 7,22 m, Kugelstoßen 15,35 m, Hochsprung 2,03 m, 400 m 47,51 Sek., 110 m Hürden 14,84 Sek., Diskus 50,04 m, Stabhochsprung 4,80 m, Speer 68,52 m, 1500 m 4:12,61 Min.) 8618 Pkt.[1]

2. Kratschmer, Guido D
(100 m 10,66 Sek., Weitsprung 7,39 m, Kugelstoßen 14,74 m, Hochsprung 2,03 m, 400 m 48,19 Sek., 110 m Hürden 14,58 Sek., Diskus 45,70 m, Stabhochsprung 4,60 m, Speer 66,32 m, 1500 m 4:29,09 Min.) 8411 Pkt.[2]

3. Awilow, Nikolai UdSSR
(100 m 11,23 Sek., Weitsprung 7,52 m, Kugelstoßen 14,81 m, Hochsprung 2,14 m, 400 m 48,16 Sek., 110 m Hürden 14,20 Sek., Diskus 45,60 m, Stabhochsprung 4,45 m, Speer 62,28 m, 1500 m 4:26,26 Min.) 8369 Pkt.

6.	Stark, Siegfried	DDR	8048 Pkt.
10.	Marek, Claus	D	7767 Pkt.
16.	Werthner, Georg	Österreich	7493 Pkt.
21.	Stroot, Eberhard	D	7063 Pkt.

Hochsprung Herren, 31. Juli 1976

1.	Wszola, Jacek	Polen	2,25 m
2.	Joy, Greg	Kanada	2,23 m
3.	Stones, Dwight	USA	2,21 m
7.	Beilschmidt, Rolf	DDR	2,18 m

1500 m Herren, 31. Juli 1976

1.	Walker, John	Neuseeland	3:39,17 Min.
2.	van Damme, Ivo	Belgien	3:39,27 Min.
3.	Wellmann, Paul-Heinz	D	3:39,33 Min.

Marathonlauf Herren, 31. Juli 1976

1.	Cierpinski, Waldemar	DDR	2:09:55,0 Std.
2.	Shorter, Frank	USA	2:10:45,8 Std.
3.	Lismont, Karel	Belgien	2:11:12,6 Std.
54.	Mielke, Günter	D	2:35:44,8 Std.

4 x 100 m Herren, 31. Juli 1976

1.	USA	Glance, Jones, Hampton, Riddick	38,33 Sek.
2.	DDR	Kokot, Pfeifer, Kurrat, Thieme	38,66 Sek.
3.	JdSSR	Aksinin, Koleschnikow, Silow, Borsow	38,78 Sek.

4 x 400 m Staffel Herren, 31. Juli 1976

1.	USA	Frazier, Brown, Newhouse, Parks	2:58,65 Min.
2.	Polen	Podlas, Werner, Jaremski, Pietrzyk	3:01,43 Min.
3.	D	Hofmeister, Krieg, Schmid, Herrmann	3:01,98 Min.

---

[1] Weltrekord [2] Deutscher Rekord

Boxen

Halbfliegengewicht – 48 kg, 31. Juli 1976
1. Hernandez, Jorge — Kuba
2. Uk Li, Byong — Nordkorea
3. Pooltarat, Payao — Thailand
   und Maldonado, Orlando — Puerto Rico

Fliegengewicht – 51 kg, 31. Juli 1976
1. Randolph, Leo — USA
2. Duvalon, Ramon — Kuba
3. Blazynski, Leszek — Polen
   und Torosjan, David — UdSSR

Bantamgewicht – 54 kg, 31. Juli 1976
1. Jo Gu, Yong — Nordkorea
2. Mooney, Charles — USA
3. Cowdell, Patrick — Großbritannien
   und Rybakow, Viktor — UdSSR

Federgewicht – 57 kg, 31. Juli 1976
1. Herrera, Angel — Kuba
2. Nowakowski, Richard — DDR
3. Kosedowski, Leszek — Polen
   und Paredes, Juan — Mexiko

Leichtgewicht – 60 kg, 31. Juli 1976
1. Davis, Howard — USA
2. Cutov, Simion — Rumänien
3. Solomin, Wassili — UdSSR
   und Rusevski, Ace — Jugoslawien

Halbweltergewicht – 63,5 kg, 31. Juli 1976
1. Leonard, Ray — USA
2. Aldama, Andres — Kuba
3. Koleff, Vladimir — Bulgarien
   und Szczerba, Kazimier — Polen

Weltergewicht – 67 kg, 31. Juli 1976
1. Bachfeld, Jochen — DDR
2. Gamarro, Pedro — Venezuela
3. Skricek, Reinhard — D
   und Zilberman, Victor — Rumänien

Halbmittelgewicht – 71 kg, 31. Juli 1976
1. Rybicki, Jerzy — Polen
2. Kacar, Tadija — Jugoslawien
3. Sawschenko, Victor — UdSSR
   und Garbey, Rolando — Kuba

Mittelgewicht – 75 kg, 31. Juli 1976
1. Spinks, Michael — USA
2. Riskiew, Rufat — UdSSR
3. Nastac, Alec — Rumänien
   und Martinez, Luis — Kuba

Halbschwergewicht – 81 kg, 31. Juli 1976
1. Spinks, Leon — USA
2. Soria, Sixto — Kuba
3. Dafinoiu, Costica — Rumänien
   und Gortat, Janusz — Polen

Schwergewicht + 81 kg, 31. Juli 1976
1. Stevenson, Teofilo — Kuba
2. Simon, Mircea — Rumänien
3. Tate, Johnny — USA
   und Hill, Clarence — Bermudas

Kanu

Einer-Kajak 500 m Damen, 30. Juli 1976
1. Zirzow, Carola — DDR — 2:01,05 Min.
2. Korschunowa, Tatjana — UdSSR — 2:03,07 Min.
3. Rajnai, Klara — Ungarn — 2:05,01 Min.
8. Pepinghege, Irene — D — 2:07,80 Min.

Zweier-Kajak 500 m Damen, 30. Juli 1976
1. Gopowa, Kreft — UdSSR — 1:51,15 Min.
2. Pfeffer, Rajnai — Ungarn — 1:51,69 Min.
3. Koester, Zirzow — DDR — 1:51,81 Min.
5. Lewe-Pohlmann, Wallbaum — D — 1:53,86 Min.

Einer-Kajak 500 m Herren, 30. Juli 1976
1. Diba, Vasile — Rumänien — 1:46,41 Min.
2. Sztanity, Zoltan — Ungarn — 1:46,95 Min.
3. Helm, Rüdiger — DDR — 1:48,30 Min.

Zweier-Kajak 500 m Herren, 30. Juli 1976
1. Mattern, Olbricht — DDR — 1:35,87 Min.
2. Nagorny, Romanowski — UdSSR — 1:36,81 Min.
3. Serghei, Malihin — Rumänien — 1:37,43 Min.

Einer-Canadier 500 m Herren, 30. Juli 1976
1. Rogow, Alexander — UdSSR — 1:59,23 Min.
2. Wood, John — Kanada — 1:59,58 Min.
3. Ljubek, Matija — Jugoslawien — 1:59,60 Min.
5. Stephan, Wilfried — DDR — 2:00,54 Min.
8. Eicke, Ulrich — D — 2:02,30 Min.

Zweier-Canadier 500 m Herren, 30. Juli 1976
1. Petrenko, Winogradow — UdSSR — 1:45,81 Min.
2. Opara, Gronowicz — Polen — 1:47,77 Min.
3. Buday, Frey — Ungarn — 1:48,35 Min.
9. Glaser, Lucke — D — 1:51,26 Min.

Einer-Kajak 1000 m Herren, 31. Juli 1976
1. Helm, Rüdiger — DDR — 3:48,20 Min.
2. Csapo, Geza — Ungarn — 3:48,84 Min.
3. Diba, Vasile — Rumänien — 3:49,65 Min.

Zweier-Kajak 1000 m Herren, 31. Juli 1976
1. Nagorny, Romanowski — UdSSR — 3:29,01 Min.
2. Mattern, Olbricht — DDR — 3:29,33 Min.
3. Bako, Szabo — Ungarn — 3:30,36 Min.

Vierer-Kajak 1000 m Herren, 31. Juli 1976
1. UdSSR — 3:08,69 Min.
2. Spanien — 3:08,95 Min.
3. DDR — 3:10,76 Min.
9. D — 3:24,19 Min.

Einer-Canadier 1000 m Herren, 31. Juli 1976
1. Ljubek, Matija — Jugoslawien — 4:09,51 Min.
2. Urschenko, Vasili — UdSSR — 4:12,57 Min.
3. Wichmann, Tamas — Ungarn — 4:14,11 Min.
7. Stephan, Wilfried — DDR — 4:22,43 Min.
8. Eicke, Ulrich — D — 4:22,77 Min.

Zweier-Canadier 1000 m Herren, 31. Juli 1976
1. Petrenko, Winogradow — UdSSR — 3:52,76 Min.
2. Danielov, Simionov — Rumänien — 3:54,28 Min.
3. Buday, Frey — Ungarn — 3:55,66 Min.
5. Bothe, Tode — DDR — 4:00,37 Min.
8. Glaser, Lucke — D — 4:03,86 Min.

Fußball, 18./31. Juli 1976
1. DDR
2. Polen
3. UdSSR
4. Brasilien

Ringen

Griechisch-römisch Papiergewicht – 48 kg, 24. Juli 1976
1. Schumakow, Alexej — UdSSR
2. Bergeanu, Georche — Rumänien
3. Angheloff, Stefan — Bulgarien
5. Hinz, Dietmar — DDR

Griechisch-römisch Fliegengewicht – 52 kg, 24. Juli 1976
1. Konstantinow, Vitaly — UdSSR
2. Ginga, Nicu — Rumänien
3. Hirayama, Koichiro — Japan
4. Rauss, Rolf — D

Griechisch-römisch Bantamgewicht – 57 kg, 24. Juli 1976
1. Ukkola, Pertti — Finnland
2. Frgic, Ivan — Jugoslawien
3. Mustafin, Farhat — UdSSR

Griechisch-römisch Federgewicht – 62 kg, 24. Juli 1976
1. Lipien, Kazimier — Polen
2. Dawidian, Nelson — UdSSR
3. Reczi, Laszlo — Ungarn

Griechisch-römisch Leichtgewicht – 68 kg, 24. Juli 1976
1. Nalbandjan, Suren — UdSSR
2. Rusu, Stefan — Rumänien
3. Wehling, Heinz-Helmut — DDR
4. Schöndorfer, Manfred — D

Griechisch-römisch Weltergewicht – 74 kg, 24. Juli 1976
1. Bykow, Anatoli — UdSSR
2. Macha, Vitezlav — CSSR
3. Helbing, Karl-Heinz — D
4. Göpfert, Klaus-Dieter — DDR

Griechisch-römisch Mittelgewicht – 82 kg, 24. Juli 1976
1. Petkovic, Momir — Jugoslawien
2. Scheboksarow, Vladimir — UdSSR
3. Koleff, Ivan — Bulgarien
6. Pitschmann, Franz — Österreich

Griechisch-römisch Halbschwergewicht – 90 kg, 24. Juli 1976
1. Rezantsev, Valeri — UdSSR
2. Nikoloff, Styan — Bulgarien
3. Kwiecinski, Czeslaw — Polen

Griechisch-römisch Schwergewicht – 100 kg 24. Juli 1976

1. Bolboschin, Nikolai — UdSSR
2. Goranoff, Kamen — Bulgarien
3. Skrzylewski, Andrzej — Polen
6. Schäfer, Heinz — D

Griechisch-römisch Superschwergewicht + 100 kg, 24. Juli 1976

1. Kolchinski, Alexandr — UdSSR
2. Tomoff, Alexandr — Bulgarien
3. Codreanu, Roman — Rumänien
7. Wolff, Richard — D

Freistil Papiergewicht – 48 kg, 31. Juli 1976

1. Issaeff, Khassan — Bulgarien
2. Dmitriew, Roman — UdSSR
3. Kudo, Akira — Japan
8. Heckmann, Willi — D

Freistil Fliegengewicht – 52 kg, 31. Juli 1976

1. Takada, Yuji — Japan
2. Iwanow, Alexander — UdSSR
3. Jeon, Hae-Sup — Korea

Freistil Federgewicht – 62 kg, 31. Juli 1976

1. Mo, Yong Jung — Korea
2. Oydov, Zevegin — Mongolei
3. Davis, Gene — USA

Freistil Batamgewicht – 57 kg, 31. Juli 1976

1. Jumin, Wladimir — UdSSR
2. Brückert, Hans-Dieter — DDR
3. Arai, Masao — Japan

Freistil Leichtgewicht – 68 kg, 31. Juli 1976

1. Pinigin, Pavel — UdSSR
2. Keaser, Lloyd — USA
3. Sugawara, Yasaburo — Japan

Freistil Weltergewicht – 74 kg, 31. Juli 1976

1. Date, Jiichiro — Japan
2. Barcegan, Mansour — Iran
3. Dziedzic, Stanley — USA
6. Hempel, Fred — DDR

Freistil Mittelgewicht – 82 kg, 31. Juli 1976

1. Peterson, John — USA
2. Novojilow, Viktor — UdSSR
3. Seeger, Adolf — D

Freistil Halbschwergewicht – 90 kg, 31. Juli 1976

1. Wtediaschwilli, Levan — UdSSR
2. Peterson, Benjamin — USA
3. Morcov, Stelica — Rumänien
4. Stottmeister, Horst — DDR

Freistil Schwergewicht – 100 kg, 31. Juli 1976

1. Yarygin, Iwan — UdSSR
2. Hellickson, Russel — USA
3. Kostoff, Dimo — Bulgarien
7. Stratz, Hans-Peter — D

Freistil Superschwergewicht + 100 kg, 31. Juli 1976

1. Andiew, Soslan — UdSSR
2. Balla, Jozsef — Ungarn
3. Simon, Ladislav — Rumänien
4. Gehrke, Roland — DDR

Judo

Schwergewicht, 26. Juli 1976

1. Novikow, Sergej — UdSSR
2. Neureuther, Günther — D
3. Coage, Allan und Endo, Sumio — Japan

Halbschwergewicht, 27. Juli 1976

1. Ninomiya, Kazuhiro — Japan
2. Harschiladze, Ramaz — UdSSR
3. Starbrook, David und Röthlisberger, Jörg — Großbrit. / Schweiz

Mittelgewicht, 28. Juli 1976

1. Sonoda, Isamu — Japan
2. Dwoinikow, Waleri — UdSSR
3. Chul Park, Young — Südkorea
4. Obador, Slavko — Jugoslawien
5. Marhenke, Fred — D

Weltergewicht, 29. Juli 1976

1. Newzorow, Wladimir — UdSSR
2. Kuramoto, Koji — Japan
3. Vial, Patrick und Talaj, Marian — Frankreich / Polen

Leichtgewicht, 30. Juli 1976

1. Rodriguez, Hector — Kuba
2. Chang, Eunkyung — Korea
3. Tuncsik, Jozef und Mariani, Felice — Ungarn / Italien

Offene Klasse, 31. Juli 1976

1. Uemura, Haruki — Japan
2. Remfry, Keith — Großbritannien
3. Cho, Jeaki und Choschowili, Tschota — Korea / UdSSR
7. Neureuther, Günther — D

Reiten

Military Einzel, 22./25. Juli 1976

1. Coffin, Edmund — USA — 114,99 Pkt.
2. Plumb, John — USA — 125,85 Pkt.
3. Schultz, Karl — D — 129,45 Pkt.
13. Blöcker, Herbert — D — 213,15 Pkt.
19. Rethemeier, Helmut — D — 242,00 Pkt.

Military Mannschaft, 22./25. Juli 1976

1. USA — Coffin, Plumb, Davidson — 441,00 Pkt.
2. D — Schultz, Blöcker, Rethemeier — 584,60 Pkt.
3. Australien — Wayne u. William Roycroft, Bennett — 599,54 Pkt.

Springen Einzel, 27. Juli 1976

1. Schockemöhle, A. — D — auf Warwick — 0,00 Pkt.
2. Vaillancourt, Michel — Kanada — auf Branch County — 4,00 Pkt. i. St.
3. Mathy, François — Belgien — auf Gai Luron — 8,00 Pkt. i. St.
4. Johnsey, Debbie — Großbrit. — auf Moxy — 15,25 Pkt. i. St.
5. Simon, Hugo — Österreich — auf Lavendel — 16,00 Pkt.
10. Winkler, Hans Günter — D — auf Torphy — 20,00 Pkt.

Dressur Mannschaft, 29. Juli 1976

1. D — Boldt, Harry, mit Woycek, Dr. Klimke, Reiner, mit Mehmed, Grillo, Gabriela, mit Ultimo — 5155,0 Pkt.
2. Schweiz — Stückelberger, Christine, mit Granat, Ramseier, Doris, mit Roch, Lehmann, Ulrich, mit Widin — 4684,0 Pkt.
3. USA — Master, Edith, mit Dahlwitz, Gurney, Hilda, mit Keen, Morkis, Dorothy, mit Monaco — 4647,0 Pkt.

Dressur Einzel, 30. Juli 1976

1. Stückelberger, Christine mit Granat — Schweiz — 1486 Pkt.
2. Boldt, Harry mit Woycek — D — 1435 Pkt.
4. Klimke, Dr. Reiner mit Mehmed — D — 1395 Pkt.
4. Grillo, Gabriela mit Ultimo — D — 1257 Pkt.

Preis der Nationen, 1. August 1976

1. Frankreich — Parot, Roguet, Roche, Rozier — 40,00 Pkt.
2. D — P. Schockemöhle, Sönksen, Winkler, A. Schockemöhle — 44,00 Pkt.
3. Belgien — Gupper, van Paeschen, Wauters, Mathy — 63,00 Pkt.
4. USA — 64,00 Pkt.
5. Kanada — 64,50 Pkt.
6. Spanien — 71,00 Pkt.
7. Großbritannien — 76,00 Pkt.
8. Mexiko — 76,25 Pkt.

OLYMPISCHE SPIELE
INNSBRUCK
1976

Innsbruck 1976

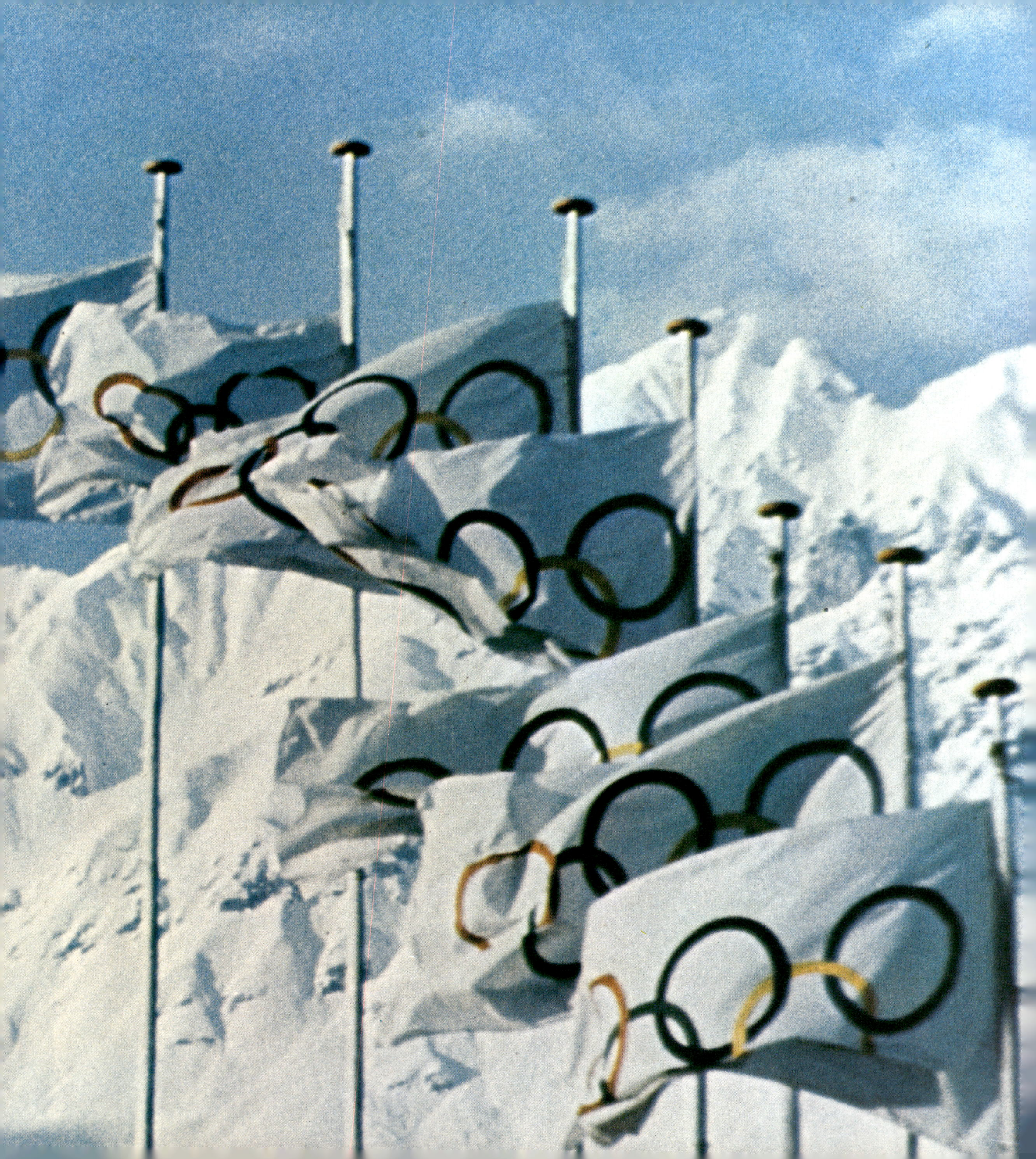

Plus und Minus für die Eröffnungsfeier. Große Sprüche vor großer Kulisse. Prominenz und Pannen. Blaue Flecken unter grauem Himmel. Auftakt bei den Rodlern: Man sprach von Eierköpfen, man spricht von Monika Scheftschik. Grissmann holt sich dort einen Bänderriß, wo Klammer die Medaille holen soll: am Patscherkofel.

4. Februar 1976
1.Tag

Alles scheint selbstverständlich. Innsbruck 1976, das war der Joker im olympischen Spiel. Während sich jeder, den es angeht, über die Wirren von Montreal die Haare rauft, läuft in Innsbruck alles planmäßig. Dabei danken diese Winterspiele ihr Leben einer Kette glücklicher Umstände. Jenes ungeliebte Olympiakind, das erst 1924 in Chamonix das Licht der Welt erblickte, stand stets im Schatten des großen Bruders im Sommer. Die zunehmende Kommerzialisierung im alpinen Skisport, die dem Amateurgedanken hohnsprach, tat ein übriges, den Bestand des Winterfestes zu gefährden.

Avery Brundage hat in seinen zwei Jahrzehnten als Präsident des Internationalen Olympischen Komitees (IOC) keine Gelegenheit ausgelassen, die Winterspiele zu torpedieren. Während der Tage von Grenoble 1968 boykottierte er die alpinen Großverdiener. Er ließ sich ostentativ kein einziges Mal draußen in Autrans blicken und mied ›den unerträglichen Werberummel‹ wie einen Pestkranken. 1972 in Sapporo versuchte Brundage mit dem Ausschluß des Österreichers Karl Schranz den Spielen die Spitze abzubrechen. Folgerichtig wünschte er während der Münchener IOC-Session 1972 ›den Olympischen Winterspielen ein feierliches Begräbnis in Denver‹. Seinen Herzenswunsch hätte er sich unweigerlich erfüllt, wäre er selbst noch in Amt und Ehren gewesen, als Denver die Spiele zurückgab.

Anders als sein Nachfolger Lord Killanin, der dem Festival in Eis und Schnee zwar mit Distanz, doch durchaus wohlwollend gegenübersteht, wäre Brundage zur Tagesordnung übergegangen, bevor Innsbrucks Bürgermeister Lugger den Finger hätte heben können. Das Engagement der Tiroler Landeshauptstadt ist der nächste und entscheidende Glücksfall, der sie schon vor der olympischen Ouvertüre zum Retter der Winterspiele stempelt. Innerhalb von präzise drei Jahren nach dem IOC-Votum in Lausanne haben die Österreicher mit Gleichmut die hohen Anforderungen erfüllt. Und dabei dürfte sich niemand der Täuschung hingeben, als hätten die Sportstätten von 1964 einfach nur entstaubt zu werden brauchen. Die Atmosphäre in Innsbruck ist entspannt. Einen Eklat wie in Sapporo braucht niemand zu fürchten – es gibt keinen Brundage und keinen Schranz.

Einer der wesentlichen Unterschiede zwischen der Aera Brundage und der nun vier Jahre währenden Amtszeit Killanins besteht in einer deutlichen Akzentverschiebung: das Amateurproblem ist ›nicht mehr die Mumie, auf die alles starrt‹, wie Altolympier Coubertin vor über fünfzig Jahren formulierte. Heute reiht es sich ein in eine Kette gleichrangiger Probleme. Freilich deckt der 1974 in Wien modernisierte Amateurparagraph keineswegs die Realität des alpinen Skisportes. Doch Pragmatiker Killanin hält es in diesem Fall mit der Weisheit der chinesischen Affen: Nichts sehen, nichts hören, nichts sagen. Sicherlich kann dies keine Mißstände beseitigen, doch der Schuß Heuchelei trägt dazu bei, das Leben der totgesagten Winterspiele zu verlängern.

Ein Glücksfall für die Winterspiele – Lord Killanin, Präsident des Internationalen Olympischen Komitees, Nachfolger von Avery Brundage.

211

Das letzte Make-up vor dem großen Ereignis. Die Hostessen sind bereit zum Ausschwärmen. Österreich kommt seinen Gästen auf die charmante Tour. Unten: Noch gibt es Eintrittskarten. Zu Schwarzmarktpreisen, versteht sich.

Es ist soweit

Die Eröffnungsfeier in Innsbruck war wieder so ein Fest, das die Hersteller von Farbfernsehgeräten sich zur Absatzförderung hätten einfallen lassen können. Fernsehen heißt: Man kann alles nah sehen. Da die Verwalter der olympischen Idee das wissen, wurden die Zeremonienmeister angewiesen, Farbe und Bewegung der großen Schau ganz auf die im Berg-Isel-Stadion verteilten Kameras auszurichten; denn die leibhaftig Anwesenden sind im TV-Zeitalter immer die Minderheit. Rund sechzigtausend Menschen pilgerten zur feierlichen Eröffnungszeremonie den kleinen Hang des Innsbrucker Hausbergls hinauf, dessen Schneekuppe künstlich mit vielen Lastwagenladungen des weißen Stoffs geschaffen worden war. Immerhin ist der Berg Isel für zwölf Tage der höchste Berg Österreichs, ein Teilzeit-Olymp.

Den religiösen Ursprung der antiken Olympischen Spiele blendeten die Österreicher vom Tonband ein: Themen von Anton Bruckner auf der Kufsteiner Heldenorgel. Und nach dem ersten Drittel der Präludiums die elektronisch gesteuerte Überblendung eines Gebets: »Wir erbitten den Segen des Himmels für ein Fest der Jugend und des Friedens.« Nach dem Willen der Olympier ist dies die Mahnung der olympischen Bewegung zur Völkerverständigung und zum Frieden. Mit dem Glockengeläut des Innsbrucker Domes und aller Innsbrucker Kirchen klang die religiöse Feier aus, als ›Symbol der Friedenssehnsucht der Welt, die dank der olympischen Idee hier und jetzt wieder Erfüllung findet‹. So jedenfalls heißt es im Programm des Innsbrucker Organisationskomitees, Referat Zeremonien.

Die drei Salutschüsse durch eine Feldhaubitzenbatterie des österreichischen Bundesheeres hatten allerdings kurz zuvor die Ohren der 60 000 für Orgelmusik, Gebet und Kirchenläuten nahezu taub gemacht. Die Brieftauben, ein weiteres traditionelles olympisches Friedenssymbol, flatterten aufgeregt mit ihrer Meldung am Fuß davon: ›Olympisches Feuer in Innsbruck, Berg-Isel-Stadion, am 4. 2. 1976, 15 Uhr, eingetroffen.‹

Im übrigen viel Musik, die sich in die Länge und Breite zog.

Mit Pauken und Trompeten wurden die 60 000 auf den künstlichen olympischen Schneeboden der überdimensionalen Betonschüssel am Fuße der großen Sprungschanze zurückgeholt. Es wird feste marschiert; ein und aus. Und die Zuschauer stampften mit kalten Füßen in staubigen Schuhen den Takt: Neunmal Vierviertel-Musik, Austrias Gloria. Oberst Nagl, der Oberzeremonienmeister, ließ da gar nicht mit sich reden: »Militärmusik kommt immer an.« Ob ›Sistranser Jägermarsch‹, ›Mein schönes Innsbruck am grünen Inn‹, ›Austria-Marsch‹ oder ›Andreas-Hofer-Marsch‹, es geht recht zackig zu. ›Swinging Olympia‹ hat keine Chance. Fanfarenbläser und Trommler verkündeten auch nicht gerade olympische Heiterkeit.

Ein Hauch von Fernost, zehn japanische Mädchen in bunten Kimonos und seidenen Pantöffelchen, sorgt wenigstens für kurze Zeit für ein neues Taktgefühl: Zur ›Ballade vom Schnee und Regenbogen‹ von Saburo Iwakawa kommt die Delegation von Sapporo, der Olympiastadt von 1972, ins Stadion. Sapporo-Bürgermeister Takeshi Itagaki übergibt die ›Oslo-Fahne‹ Lord Killanin, und der IOC-Präsident reicht sie an Innsbrucks Stadtoberhaupt, Dr. Alois Lugger, weiter. Das ist natürlich einen Schluck Enzian wert: Prost Olympia!

Wer vom langen Stehen kalte Füße bekommen hatte, dem wurde wenigstens warm ums Herz, als sich der Kinderchor wieder zu Wort meldete. Kinderchöre hören sich immer so anheimelnd an, als säße man inmitten einer großen Familie. Eindrucksvoll stiegen ein paar hundert Luftballons, eine große Wolke bildend, in den blauen Himmel.

Links und rechts des gewaltigen Sprunghügels gerieten die steil aufgetürmten Massen in Bewegung: es wird ›feuerlich‹. Der letzte Fackelträger, Josef Feistmantl, Olympiasieger von 1964, kennt sich aus mit olympischer Hitze. Vor zwölf Jahren gewann er wenige Kilometer weiter in Igls die sogenannte Lötlampen-Olympiade im Rennrodeln. Damals war noch erlaubt, woran sich heute keiner mehr die Finger verbrennen will: das Heizen der Kufen.

Zehn kleine Feuerchen begleiten das eine große. Alles natürlich in Rot-Weiß-Rot. Und wie bei fast allen olympischen Eröffnungsfeiern gehören viele, viele Treppenstufen dazu, die der letzte Fackelträger hinaufschnaufen muß. Ganz oben wartet Christl Haas, die Abfahrts-Olympiasiegerin von 1964. Josef Feistmantl entzündet das neue, Christl Haas das alte olympische Feuer: 1976 und 1964 lodern als olympische Zwillinge über der Stadt.

Ohne der Energieverschwendung geziehen zu werden, durfte der olympische Gasmann den Hahn so weit aufdrehen, daß die Flammen meterhoch stiegen.

Die Eröffnungsfeier im Berg-Isel-Stadion. Feierlich, wie es die olympischen Riten vorschreiben, mit viel Musik und viel Folklore. Eine japanische Abordnung aus Sapporo bringt die Oslo-Flagge – in Innsbruck weht frischer olympischer Wind.

Folgende Seiten: Vor feierlicher Kulisse der Beginn der Spiele: Alois Lugger übernimmt die flatternde Olympiafahne von Takeshi Itagaki, Bürgermeister von Sapporo.

Doppelt gefeuert
Erstmals in der olympischen Geschichte zeigte Innsbruck die doppelte Feuerkraft der olympischen Flamme. Es lodert zweifach vom Berg Isel: Aus der Schale von 1976 (entfacht von Rodel-Olympiasieger Josef Feistmantl) und aus der von 1964 (entzündet von Abfahrts-Olympiasiegerin Christl Haas).

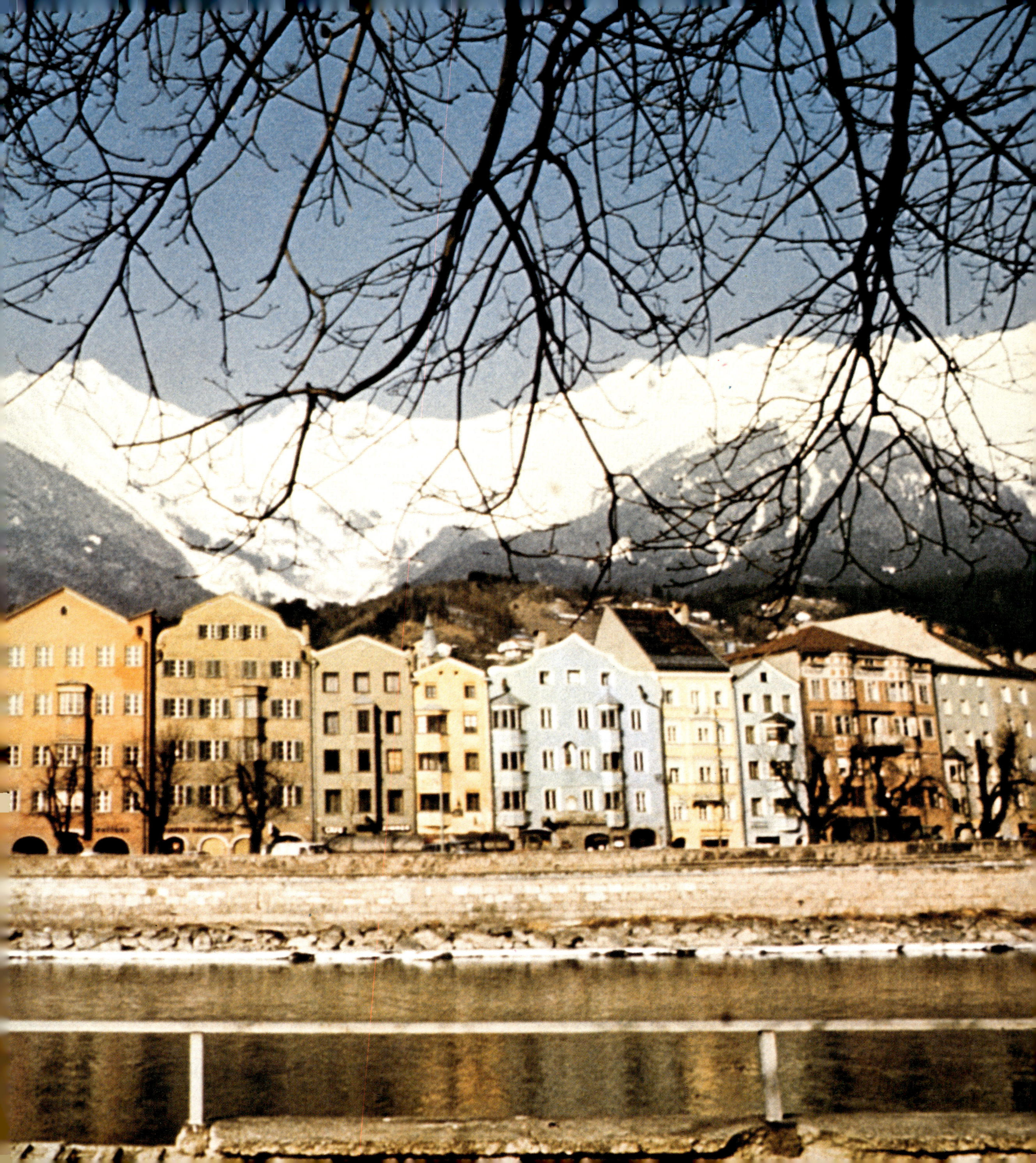

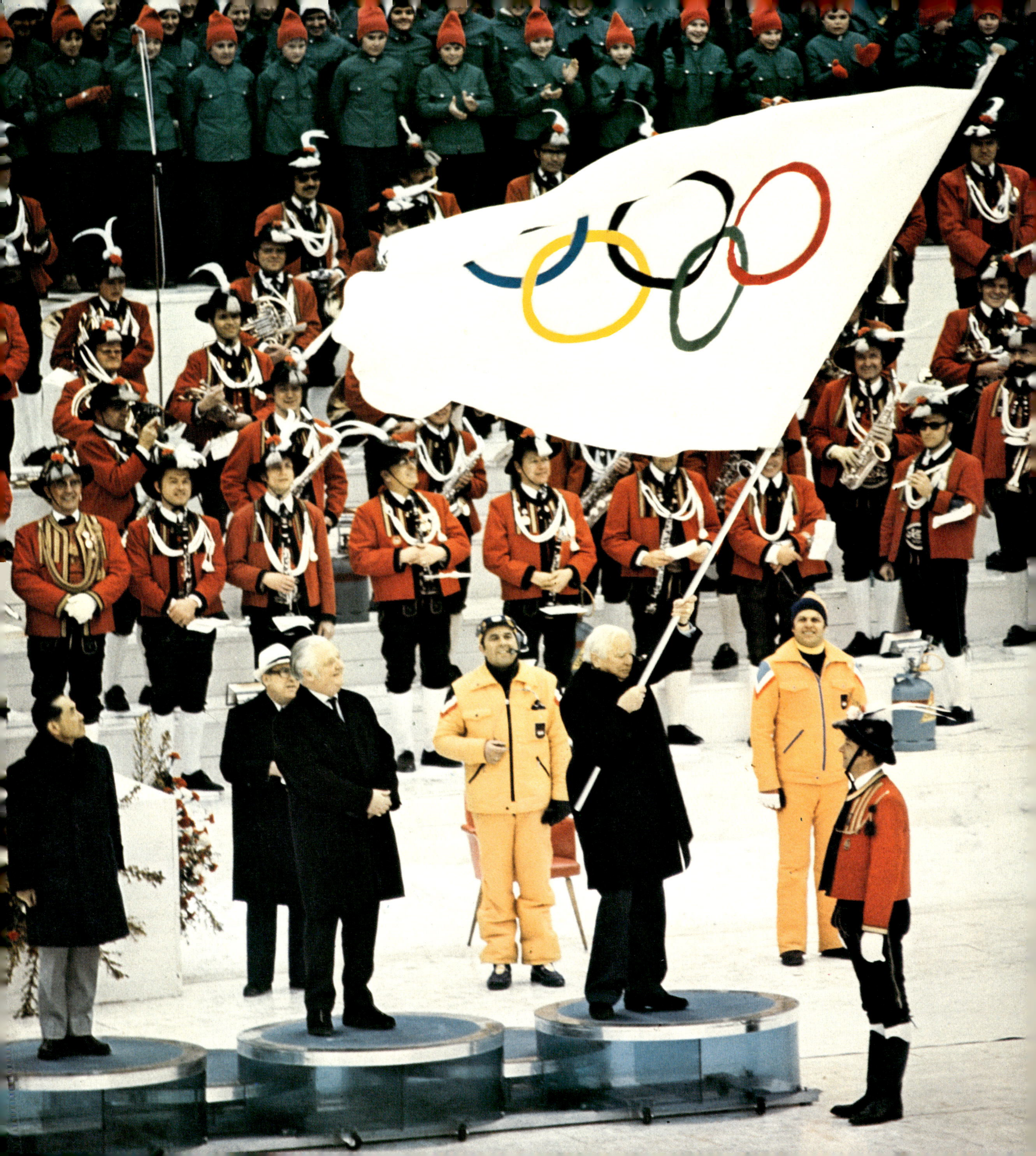

Einmarsch der Mannschaften. Die Sportler des Gastgeberlandes Österreich ganz in Gold, die Damen aus der Bundesrepublik in Weiß, die Herren in Schwarz. Die Athleten der Sowjetunion – wie viele Medaillen werden sie diesmal holen? – ganz pelzverbrämt.

Der Gasmann
Er ist der Herr über 850 Grad Celsius, der Herr über 140 Tonnen Gas und 3 Millionen Wärmeeinheiten. Wenn der Karl Wahrstätter nicht gemocht hätte, dann wären alle aufgeschmissen gewesen, der Josef Feistmantel und die Christel Haas als erste. Der Karl Wahrstätter nämlich ist Chefmonteur, und es war ihm ›eine Ehre, für die Olympischen Spiele tätig zu sein‹. Er stand am Hahn, am Gashahn, und als die beiden, Josef Feistmantel und Christel Haas, die Treppe hinaufgeschnauft waren und droben standen mit ihren Fackeln, da kam die große Stunde im Leben des Karl Wahrstätter. Er drehte den Hahn auf – halb erst, weil sonst die beiden Sportler da oben verbrannt wären. Und dann loderte das Feuer in beiden Schalen. Als die Olympiasieger von 1964 wieder heruntergeschnauft waren und niemand mehr Kenntnis von ihnen nahm, weil das Programm der Eröffnungsfeier weiterging, machte Karl Wahrstätter den Hahn ganz auf. Seine Olympischen Spiele hatten begonnen. »Ich fühle eine große Verantwortung«, hat er gesagt. Er könnte auch 100 Einfamilienhäuser heizen mit dem Gas, das er ausströmen läßt, aber dann wäre er einfach Heizer. So ist der Karl Wahrstätter mehr: Er ist der Herr über die Olympischen Spiele.

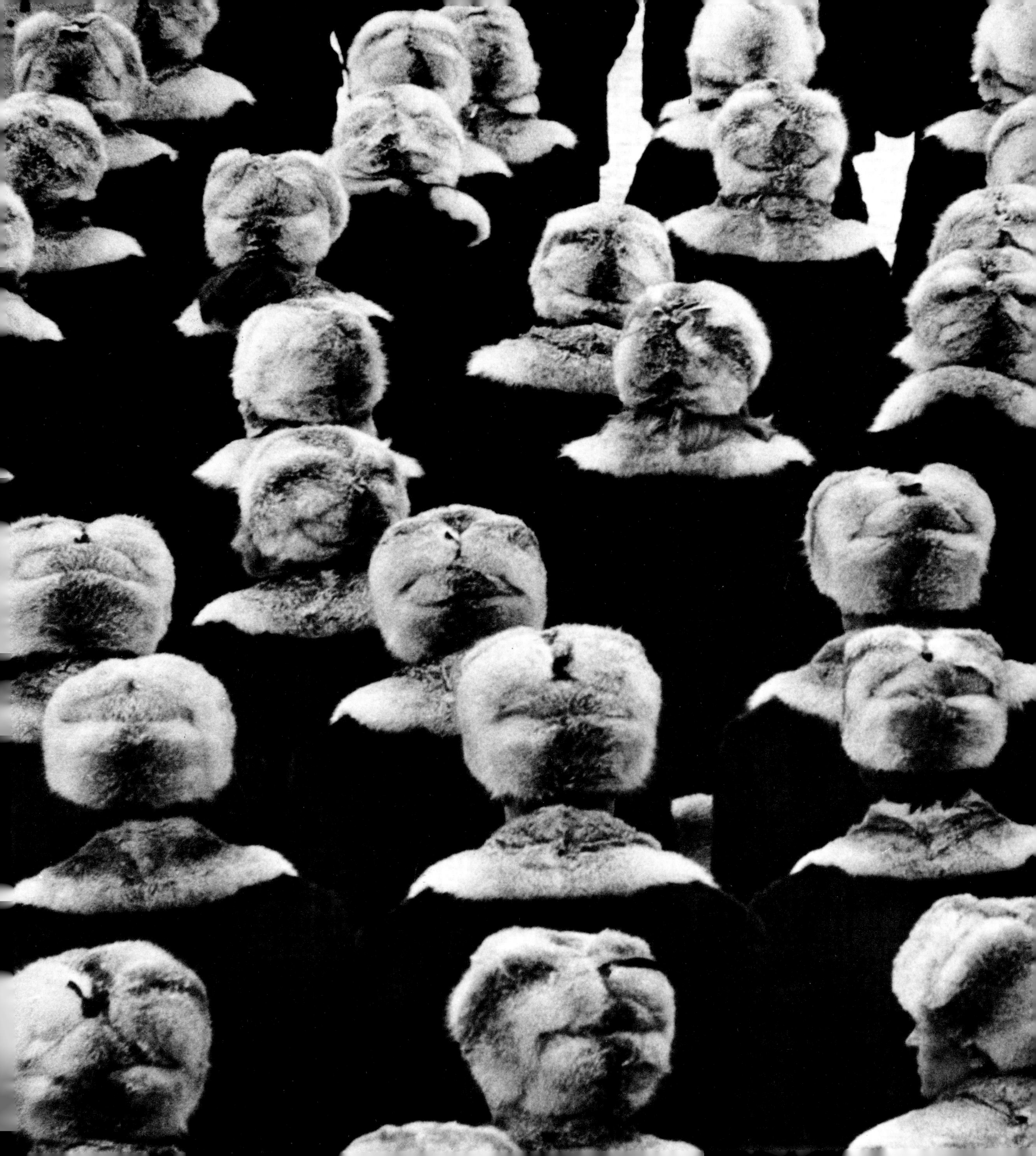

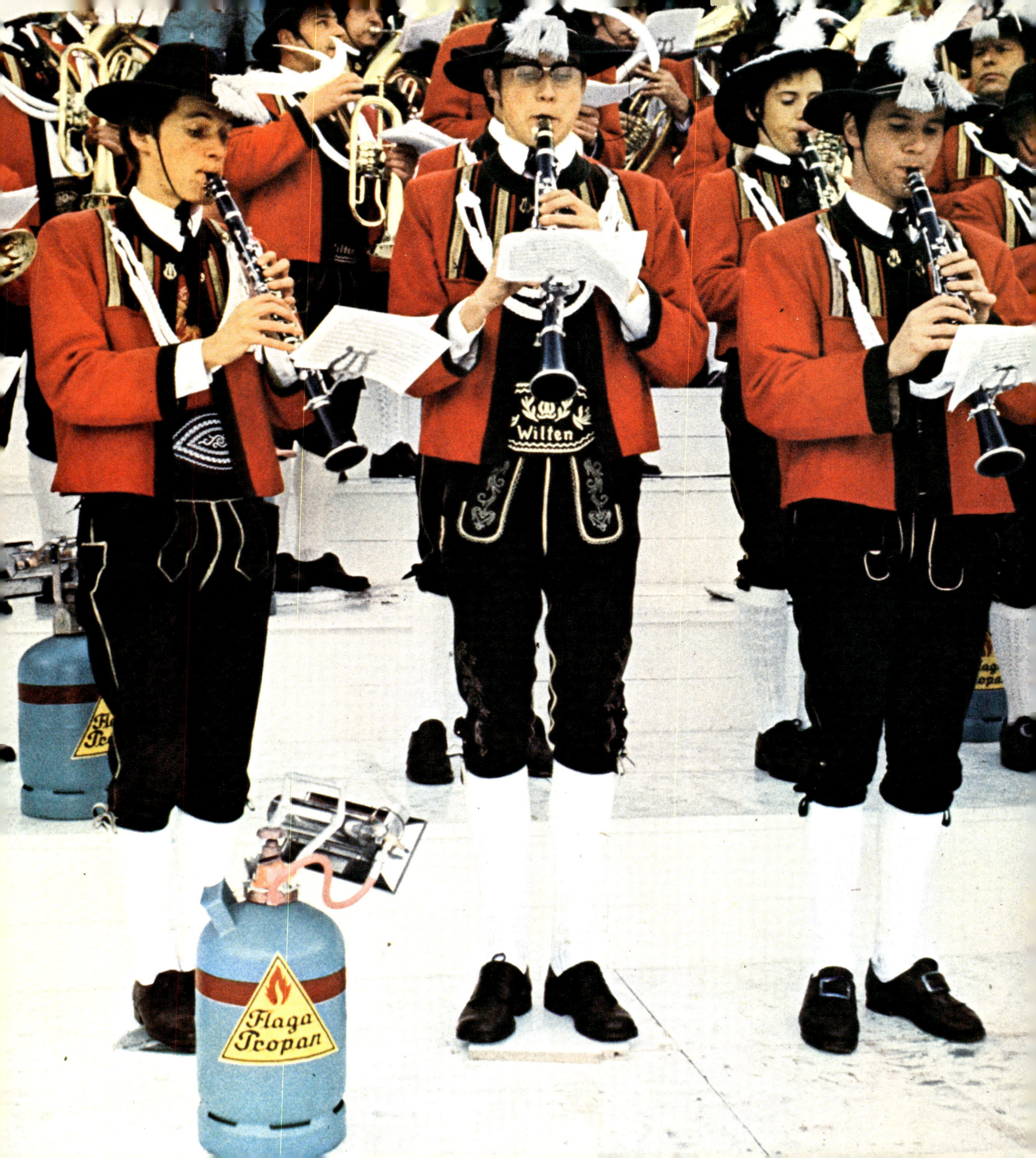
Wilten
Flaga
Tropan

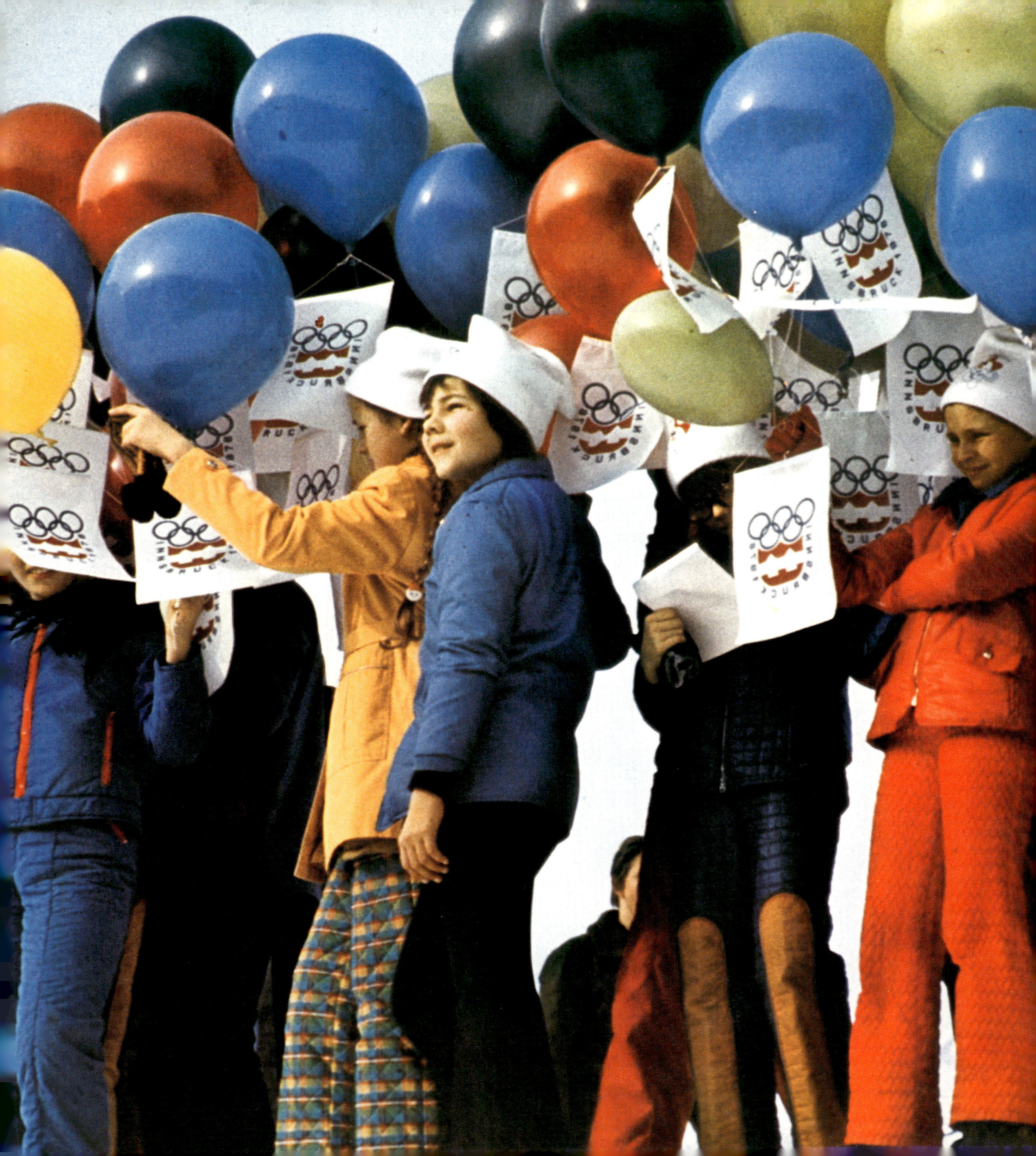

Nach dem Eid
Die zum Abschwören hinter dem Rücken gekreuzten Finger haben das Gewissen erleichtert: der Eid ist gesprochen. Richtige Amateure und solche, die es einmal waren, kommen zur Sache, zum Kampf um Medaillen. Allen leuchtet das olympische Feuer, aber es erleuchtet nicht alle. Dem Zuschauer wird dieses und jenes egal sein, er will Sport sehen. Sport in Vollendung. Für die einen liegt das in der Grazie des Eistanzes, für andere im Kampf des Abfahrers mit der Geschwindigkeit und mit der Gefahr. Daß am Ende nicht nur irgendeine Wertung oder ein Meistertitel herausspringt, sondern ein Olympiasieg, eine Goldmedaille, das hebt diese Wettbewerbe besonders heraus. Vielleicht liegt das allein an der Rarität, nur alle vier Jahre die materiell gar nicht kostbare Gedenkmünze erringen zu können. Aber sie ist begehrt, und um sie aus Innsbruck entführen zu können, wird viel Aufwand getrieben – vom Athleten, von seinen Trainern und Verbänden, sogar von seiner Regierung. Mit Handschlag haben die österreichischen Olympiakämpfer ihrem Staatsoberhaupt versprechen müssen, ihr ›Bestes für die Heimat‹ zu geben. Und der wiederum wünschte ihnen ›die innere Kraft, Aufgabe, Verantwortung, Freude, Stolz, körperliche und nervliche Belastung in einer harmonischen Einheit zu tragen und zu ertragen‹. Viel verlangt von einem Athleten, der nach Innsbruck gereist ist, der Medaille wegen. Um sie kreist vieles: die Genugtuung des sportlich Erfolgreichen, die Enttäuschung des Verlierers, das Geschäft der Industrie, Freude und Niedergeschlagenheit der Zuschauer am Ort und überall dort in der Welt, wo man Landsleuten die Daumen drückt. Das möge genügen. Denn alles, was vordergründig mehr hinter Gold, Silber und Bronze vermutet wird, entfernt sich weit vom Sport. Bundeskanzler Helmut Schmidt hat solches im Sinn gehabt, als er in der Frankfurter Paulskirche sagte: »Die Zahl der Sportmedaillen besagt nichts über Freiheit, Gerechtigkeit oder Wohlstand in einer Gesellschaft.«

»Wenn der Eid schon nicht wahr ist, dann aber wenigstens laut.« (Bemerkung eines Fernseh-Zuschauers)

Enzians olympische Ehren
Ein Gläschen Enzian in olympischen Ehren, mit dem sich Lord Killanin, der Präsident des Internationalen Komitees, und die Bürgermeister von Sapporo und Innsbruck bei der Eröffnungsfeier zuprosten. Mancher Zuschauer beneidet die drei um diesen Schluck. Denn es ist kalt am Berg Isel, und gut zwei Stunden müssen die Besucher auf ihren Plätzen aushalten, bis die Zeremonie mit insgesamt 34 Programmpunkten und zusätzlichem Vorspiel durch- oder auch überstanden ist.

So groß, so mächtig, so heiß loderte das olympische Feuer noch nie.
Eideszeremonie: Werner Delle Karth, laut Ehefrau Ingrid ›ein eigenwilliger, aber herzensguter Kerl‹, hat seinen Text gut gelernt: »I will mi und Österreich ja net blamiern.«
Die Begeisterung hält sich in Grenzen. In den Herzen der meisten Zuschauer brannte des olympische Feuer noch auf Sparflamme.
Zumindest bei den Besuchern, die direkt dabei sein konnten. Abseits vom aktuellen Geschehen der Feier kämpften Tausende um das Dabeisein, wollten einen Hauch der olympischen Weihe mitbekommen – nicht alle schafften es.
Der erste ›Wettbewerb‹ in Innsbruck, bei dem es Verlierer gab.
Hinter der undurchdringlichen Mauer derer, die frühzeitig genug zur Eröffnungsfeier gekommen waren, herrschte beste österreichische Desorganisation. Ordner von der Bundes-Gendarmerie blickten hilflos auf das chaotische Geschiebe hin- und herdrängender Menschen. Leute mit teuersten Eintrittskarten erreichten ihren Sitzplatz nicht.
Beängstigende Szenen spielten sich ab. Notarztwagen, die Ohnmächtige bargen, vermochten kaum durch den Wall von drängenden Menschen zu kommen. Schlammiger Morast an der steilen Stadion-Rückseite hielt viele auf. Mit Händen und Füßen in die Erde gekrallt, versuchten sie sich als ›Bergsteiger‹; auf Bauch oder Rücken rutschten sie im Schlamm wieder nach unten.
Die Polizei hatte mit Sperrgittern die aus zwei Richtungen herbeiströmenden Zuschauermengen blockiert. Weinkrämpfe, ohnmächtige Frauen, schreiende Kinder, die von ihren Eltern getrennt worden waren, hielten die Helfer in Atem. 1500 Sicherheitsbeamte und ebenso viele Ordner konnten das Chaos nicht verhindern. Auch das gehörte zur feierlichen Eröffnung.

Franz Klammer riskiert Kopf und Kragen und gewinnt Gold. Österreich ist happy, Bernard Russi zweiter. Ein Amerikaner namens William Koch sorgt in Seefeld für Furore, ein Österreicher für Gesprächsstoff: zum Beispiel Werner Vogel. Eistanz, das neue olympische Kind. Windspiele der Eisschnelläuferinnen. ›Gold-Moni‹ gar nicht goldig.

5. Februar 1976
2. Tag

Am Patscherkofel sind inzwischen alle im Ziel, die ihm gefährlich werden können, ihm, dem einzigen Helden, den Zehntausende entlang der Strecke feiern wollen. Unten wartet Bernhard Russi, der Schweizer, der überlegen die Rangliste derer anführt, die befürchten müssen, daß sie in wenigen Sekunden schon nicht mehr interessant sind. Unten warten auch Herbert Plank aus Südtirol und Philip Roux aus der Schweiz. Ken Read steht da, der Kanadier, und sein geschlagener Mannschaftskamerad Dave Irwin. Sie alle wollten gewinnen – nur Russi hat in diesem Moment noch die Chance.

Mit wenigen Sekunden Verspätung kündigt der Sprecher den Start der Nummer 15 an, den Start des Franz Klammer. Ein einziger Schrei aus Tausenden von Kehlen begleitet ihn, Meter für Meter. Die erste Zwischenzeit: der Sprecher gerät ins Jubilieren, doch Russi war hier schneller: Knapp 40 Sekunden später die zweite Zeitnahme: noch immer ist der Schweizer nahe am Olympiasieg. Als Klammer in seiner gelben Rennhaut im Zielhang auftaucht, trägt ihn die Woge der Begeisterung: alle wissen es jetzt, feiern es, schreien es hinaus in die Welt: Franz Klammer ist Olympiasieger in der Abfahrt. Er bremst seinen Schwung ab, dreht sich um, muß die Anzeigetafel gar nicht sehen: in die Luft springen möchte er vor lauter Übermut. Er reißt die Arme hoch, schlägt mit den Fäusten Löcher in die Luft, kann sich kaum noch halten. Eine Minute, 45 Sekunden und 73 Hundertstel sind vorüber – eine Ewigkeit der Ungewißheit. Nun kommen Stunden des Glücks.

Die Zuschauermassen wälzen sich den Berg hinunter, die 60 Läufer nach Klammer gibt es für sie nicht. Im Zielraum bekommen die blassen, angespannten Gesichter wieder Farbe. Die Freude braucht ein Ventil. Die Menschen schieben und drängen: ein Stückchen nur, ein winziges Stückchen wollen sie von ihrem ›goldenen‹ Franz sehen. Er wird hin- und hergerissen. »Schlimm ist das«, sagt er hinterher. »Aber wenn's vorbei ist, dann ist es doch schön.« Sie tragen ihn auf Schultern, und er kann nicht aufhören, mit den Armen in der Luft zu fuchteln.

Die Abfahrt ist die Klammer-Abfahrt geworden. Doch es gibt noch einen Silbermedaillen-Gewinner und einen, der mit Bronze nach Hause fährt. Der Schweizer Bernhard Russi, Olympiasieger von 1972, den sie den Denker des Skisports nennen, war fast so gut wie in Sapporo – aber eben nur fast. Immerhin ist er der erste Athlet, der bei zwei Olympischen Spielen eine Medaille in der Abfahrt errungen hat. Herbert Plank, der einzige große Abfahrer im italienischen Team, hat sich zu Russi gesellt. Die Geschlagenen sitzen auf Strohballen abseits. Roux, der vierte, ist dabei und Ken Read, der lustige Kanadier. Die Plätze unter den ersten zehn sind schon verteilt.

Die Schweizer haben sich schadlos gehalten mit ihrer Neuentdeckung für die Abfahrt, mit Walter Tresch auf dem siebten Platz und mit René Berthod als zwölften. Drei Schweizer unter den ersten zehn, vier unter den ersten zwölf!

Geschafft! Franz Klammer, der Mann, der nicht verlieren durfte, weil er sonst der Nation die Olympischen Spiele vermiest hätte – er holte programmgemäß die Goldmedaille in der Abfahrt. Während das Kopf-und-Kragen-Rennen noch in vollem Gange war, wurde er bereits als Olympiasieger gefeiert. Die Experten wußten: Etwas Besseres kommt nicht nach. Franz Klammer hatte nicht nur den Publizitätsrummel der Trainingstage heil überstanden, er hatte auch den Schweizer Sieger von Sapporo, Bernhard Russi, um rund eine Drittelsekunde hinter sich gelassen.
Folgende Seiten: Franz Klammer und der Schweizer Bernhard Russi, die besten Abfahrtsläufer der Welt.

»Wer denkt, gewinnt nicht. Zur Abfahrt gehört etwas Unüberlegtheit.« (Franz Klammer vor dem Olympiasieg)
»Während des Rennens dachte ich an gar nichts. Ich hatte unterwegs dauernd den Eindruck, daß ich stürzen würde.« (Franz Klammer nach dem Olympiasieg)

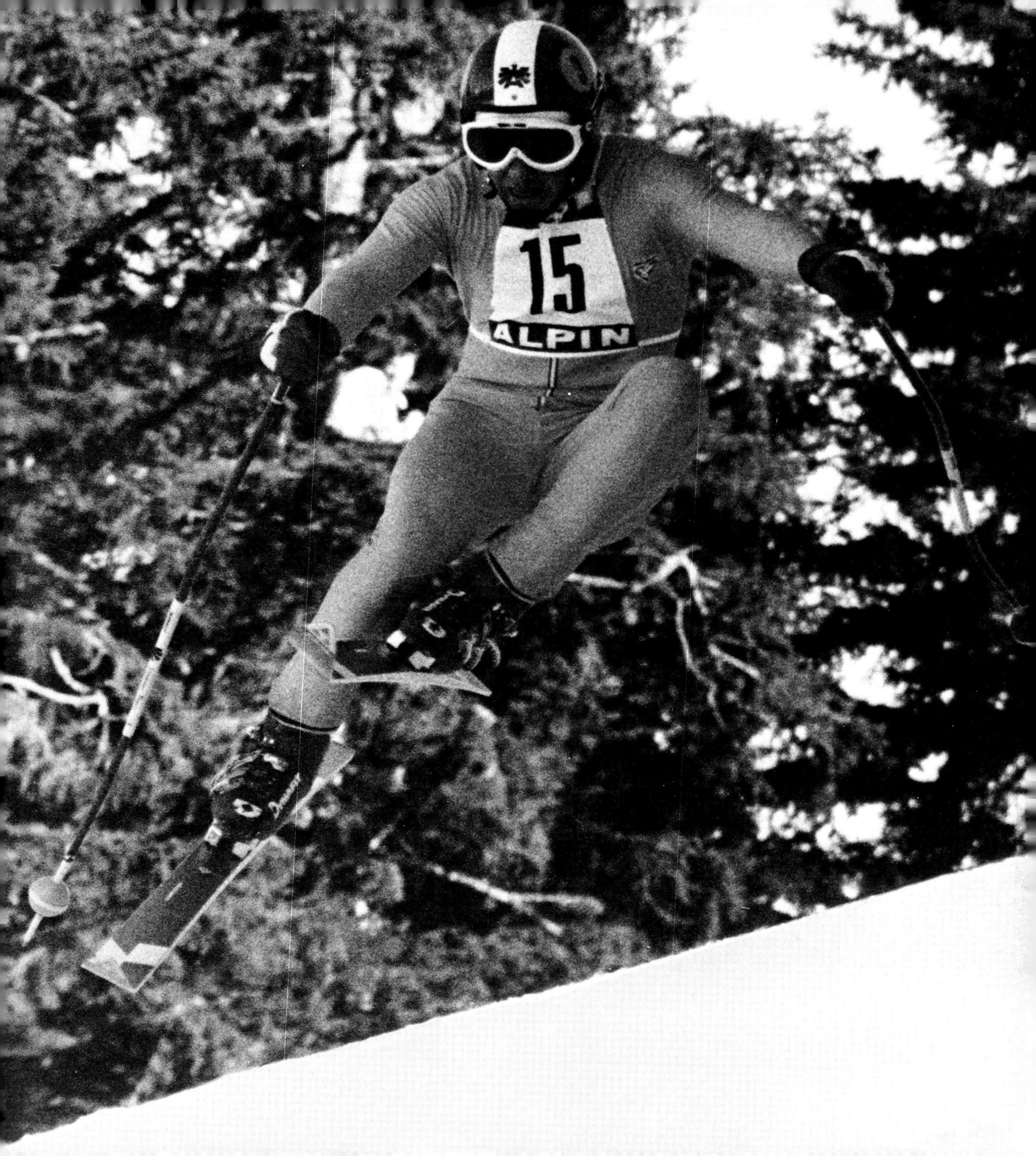
15
ALPIN

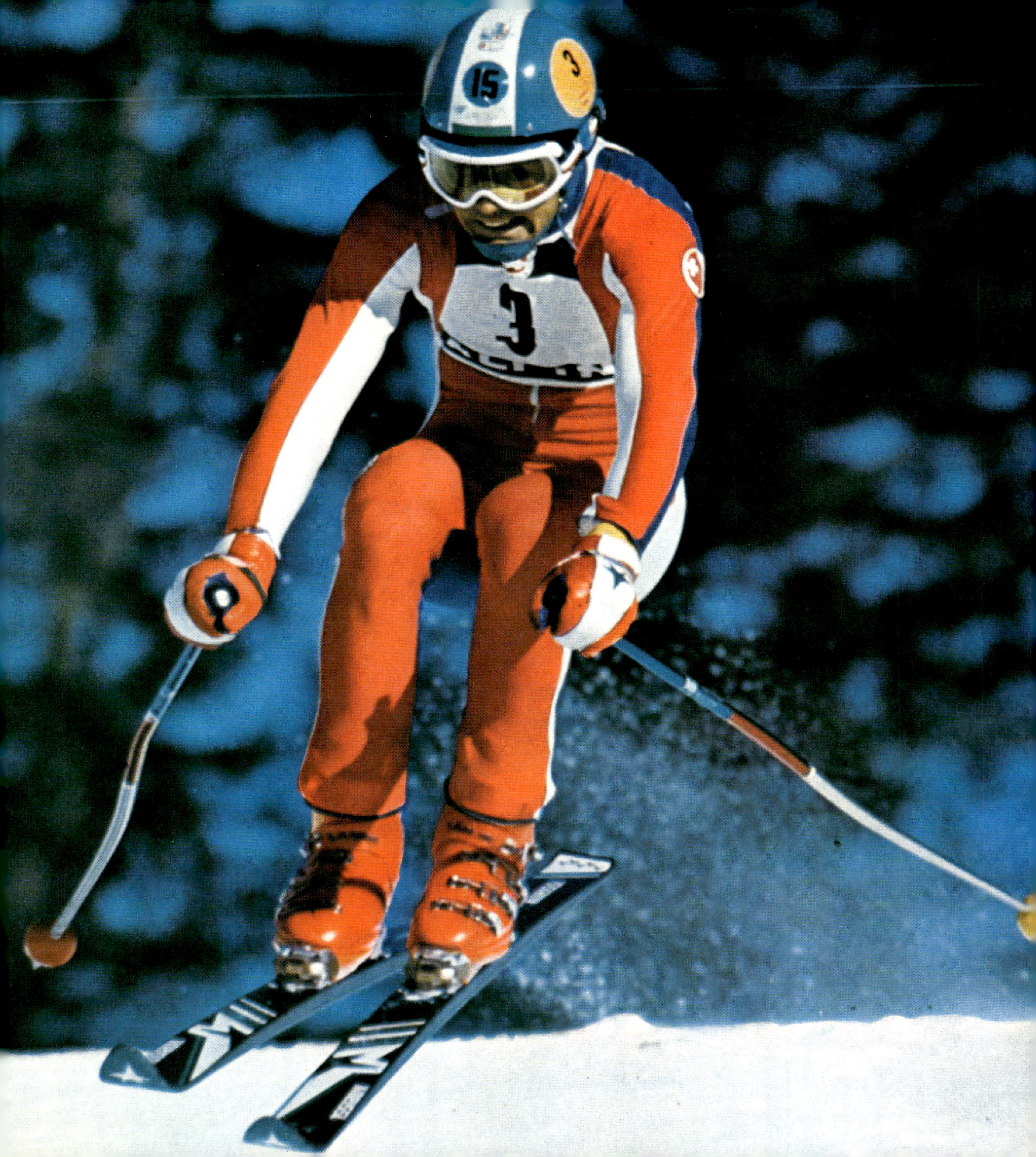
15
3
3

»... und dann abgeschleckt«

Es war ein Morgen wie viele andere, und doch war er anders. Als sich der Nebel gehoben hatte, schien ein glückliches, zufriedenes Lächeln über der Stadt und dem Berg Isel zu liegen, waren die Leute ein bißchen freundlicher zueinander. Die Blicke gingen hinauf zum Patscherkofel, dort war es, dort oben hatte sich alles erfüllt, und eine deutsche Zeitung ruft ihnen jetzt zu: »Wir sind alle Klammeraden.«

Österreich ist wieder Monarchie seit diesem Donnerstag im Februar und der Herrscher ist ›König Franz, der Erste‹ (so der ›Kurier‹). ›Zur Krönung des Abfahrtskönigs nun olympisches Gold‹, registrieren die Salzburger Nachrichten und den ›Volkshelden‹ lassen alle hochleben. ›Den Klammer-Franz hätten sie am liebsten in Schlagobers getaucht und dann abgeschleckt, als Zuckerl gelutscht oder überhaupt zum Fressen gern gehabt‹, stellt die ›Neue Kronenzeitung‹ fest.

Die Wiener Stadtwerke registrierten die Klammer-Begeisterung auf ihre Art: Am Stromverbrauch, der zur Zeit der Fernsehübertragung des Abfahrtsrennens sprunghaft stieg, und am Rückgang des Wasserverbrauchs zur gleichen Zeit; zweieinhalbmal weniger Wasser lief aus den Leitungen als bei der Eröffnungsfeier am Tag davor.

Die drei tollkühnen Kanadier Read, Irwin und Hunter sind dabei, der Amerikaner Andy Mill und Österreichs Ersatzläufer Josef Walcher (für den verletzten Grissmann). Die Abfahrt-Elite dieser Welt ist vertreten auf guten olympischen Rängen; jeder kann seine Fahrt im Nachhinein erklären, Fehler bereuen oder entschuldigen, doch ihnen allein bleibt am Ende nur ein wenig Ratlosigkeit. Während Klammer gefeiert wird, schlägt Bernard Russi seinem Mannschaftskameraden Roux auf die Schulter. Der Kraftausdruck, der eigentlich kommen müßte, bleibt ihm im Halse stecken. Sie lassen die Köpfe nicht hängen, aber sie halten sie gesenkt, ab und zu lächelt einer – verlegen fast. Sie wissen, daß es nur so kommen durfte.

Die olympische Abfahrt ist vorüber. In weniger als zwei Minuten war für viele die Chance vertan, aus der Anonymität herauszutreten. Die drei Deutschen Michael Veith, Sepp Ferstl und Peter Fischer haben ihren Auftritt gehabt und nichts daraus gemacht. Die Plätze locken nicht mehr als ein »Na, ja« hervor. Zu mittelmäßig für große Reaktionen. Medaillen standen in der Planung, doch hinterher sagte einer: »Die deutschen Teilnehmer glänzten einzig und allein durch ihre Teilnahme.« Die ehrenvolle olympische, versteht sich, doch Olympia gibt es nur alle vier Jahre.

Der Patscherkofel, Dreh- und Angelpunkt einer Ski-Welt, hat ausgedient. Er hat jene nicht enttäuscht, die sich an ihn klammerten. Den Österreichern wird er ein heiliger Berg werden und dem Franz Klammer auch. Er mußte gewinnen, und er hat gewonnen.

Das olympische Feuer strahlt von jetzt an ein bißchen heller.

Küken auf der Eisbahn. Die Koreanerin Lee Nam Soon, mit 14 Jahren Olympiateilnehmerin.

Nicht die beste, sondern die glücklichste Läuferin hat die erste Goldmedaille im Eisschnellauf gewonnen. Galina Stepanskaja aus der Sowjetunion hatte, zusammen mit ihrer direkten Konkurrentin, der Koreanerin Lee Nam-Soon, mit Abstand die besten äußeren Bedingungen unter allen 26 Teilnehmerinnen aus zwölf Nationen, als sie die 1500 Meter in der neuen olympischen Rekordzeit von 2:16.58 Minuten lief.

Äußere Bedingungen, das bedeutet auf der olympischen Talsohle am Inn vor allem Wind. Und diese wechselhaften Böen, die den Läuferinnen das schnelle Gleiten so erschweren, wenn sie von vorne oder von der Seite wehen, legten sich am Donnerstagmorgen exakt in der Zeit von 10.51 Uhr bis 10.54 Uhr. In diesen drei Minuten Windstille schlug die große olympische Stunde der Galina Stepanskaja. Gewiß, die Russin zählt auch so zu den besten Eisschnelläuferinnen der Welt, doch letztlich verdankt sie ihren Olympiasieg dem Innsbrucker Wind, der den Favoritinnen alle Chancen verwehte. Außerdem hatte Galina Stepanskaja noch das große Glück, daß die einzige Mitbewerberin, der ebenfalls kein Lüftchen die Spuren auf dem Eis verwischte, die Koreanerin Lee Nam-Soon viel zu schwach war, die Gunst der Stunde ähnlich zu nutzen.

Besonders bitter war dieses ›Lotterie-Spiel‹ – so Trainer Höfl – für die beiden Weltrekordlerinnen Sheila Young aus den Vereinigten Staaten und Tatjana Averina aus der Sowjetunion. Beide liefen zwar kraftvoller und auch eleganter als die neue Olympiasiegerin, doch letztlich nahm ihnen der Wind den Atem zum Durchhalten. Mit relativ großen Rückständen (Young in 2:17,06 und Awerina in 2:17,96) mußten sie sich mit Silber und Bronze begnügen.

Kraft in den Kurven – beim Eisschnellauf Voraussetzung für Erfolg und Medaillen. Die Technik ist verschieden, das Ziel bei allen gleich: möglichst schnell durch die Kurven kommen. Herbe Freude bei Tatjana Awerina (unten links), der erfolgreichen Läuferin, Monika Holzner-Pflug, anmutig – aber auch zufrieden?

Paradiesische Zeiten?

Im Altertum wurden Olympiasieger mit der Gunst der Götter belohnt. Ein schönerer Lohn ließ sich kaum denken. Dennoch hatten die Herren Sieger bald heraus, daß man sich für die Gunst der Götter nichts kaufen kann. Sie überwanden die anfängliche Scheu des Amateurs und schlugen bald auch pekuniäre Ehren nicht aus, 30 000 Drachmen für den Ersten, ersatzweise eine Sklavin oder gar zwei.

Freilich, mit der Werbung hatten sie damals keine Probleme. Olympiakämpfer pflegten nackt anzutreten, wie sie von den Göttern geschaffen waren, ohne Schriftzug und Emblem. Aber soll man den paradiesischen Zeiten nachtrauern? Dagegen spricht manches. So ganz ohne Bekleidung wäre der Wintersport, den man im heißen Hellas nicht kannte, zweifellos mit ziemlich viel Gänsehaut verbunden. Und außerdem: Wie der Mensch nun einmal gebaut ist, hat er einige Körperteile, die der modernen Auffassung von Windschnittigkeit in keiner Weise gerecht werden. Soviel zur bremsenden Wirkung der Anatomie.

Die richtigen Chromosomen

Den Joseph gibt es nicht im Frauendorf. Joseph – so nannten sie in München jene koreanische Volleyball-Spielerin, die eben keine Spielerin war. Doch auch mit den Tricks der Koreaner von 1972 würde diesmal keiner durchkommen: der Herr Professor Prokop wacht darüber. Seit langem ist er Spezialist für die Untersuchungen zur Feststellung des Geschlechts bei Sportlerinnen, von traurigen Fällen kann er berichten. Die Geschichte mit dem ausgezupften Haar ist vorbei: da haben die Damen immer geschimpft, das täte so weh.

Jetzt müssen sie den Mund aufmachen, sich ein wenig Wangenschleimhaut entnehmen lassen, was gar nicht weh tut. Und wenn richtig gezählt worden ist, oder besser: wenn die richtige Anzahl richtiger Chromosomen vorhanden ist, bekommt die Dame den Schein, mit dem sie jemanden – hier erst einmal der Jury – schriftlich beweisen kann, daß sie eine ist. In Innsbruck sind's bisher alle, die sich testen ließen – und ohne Test darf keine starten. Ganz weibliches Spiel also: es lebe die Frau.

Sergej Saweljew unterwegs zur Goldmedaille im 30-Kilometer-Lauf. Bergauf, bergab im Kampf gegen die Uhr, im Kampf gegen Ermüdung und im Kampf gegen die Konkurrenten, deren Zeiten ihm von den Streckenposten zugerufen werden. In Billy Koch (rechts), dem jungen Amerikaner, der die Silbermedaille errang, fand er einen unerwarteten Widersacher.

Zwei Männer im Schnee schüttelten einander die Hände. Sie sprachen tschechisch, der eine ein Deutscher, Siegfrid Lahr, Skiwachsfachmann aus der Stuttgarter Gegend, der andere ein Amerikaner, Milos Voboschil, lebt seit Jahrzehnten in Amerika. Er wurde von Lahr zum Silbermedaillen-Erfolg des noch nicht 21 Jahre alten Amerikaners Billy Koch im 30-Kilometer-Langlauf beglückwünscht.

Der junge Mann aus Putney in Vermont ist der Sohn eines Schweizer Einwanderers, der dort eine kleine Farm betreibt. »Wir haben«, so berichtet Herr Voboschil aus Amerika, »an den Oberschulen in den Schneegegenden etwa tausend Junioren im Langlauf trainiert. Billy hat als Zwölfjähriger sein erstes Rennen gewonnen, damals auf Holzskiern, von seinem Vater mit Säge und Hobel schmäler und kürzer gemacht. Jetzt aber werden in Amerika die Langlaufskier ausverkauft sein.«

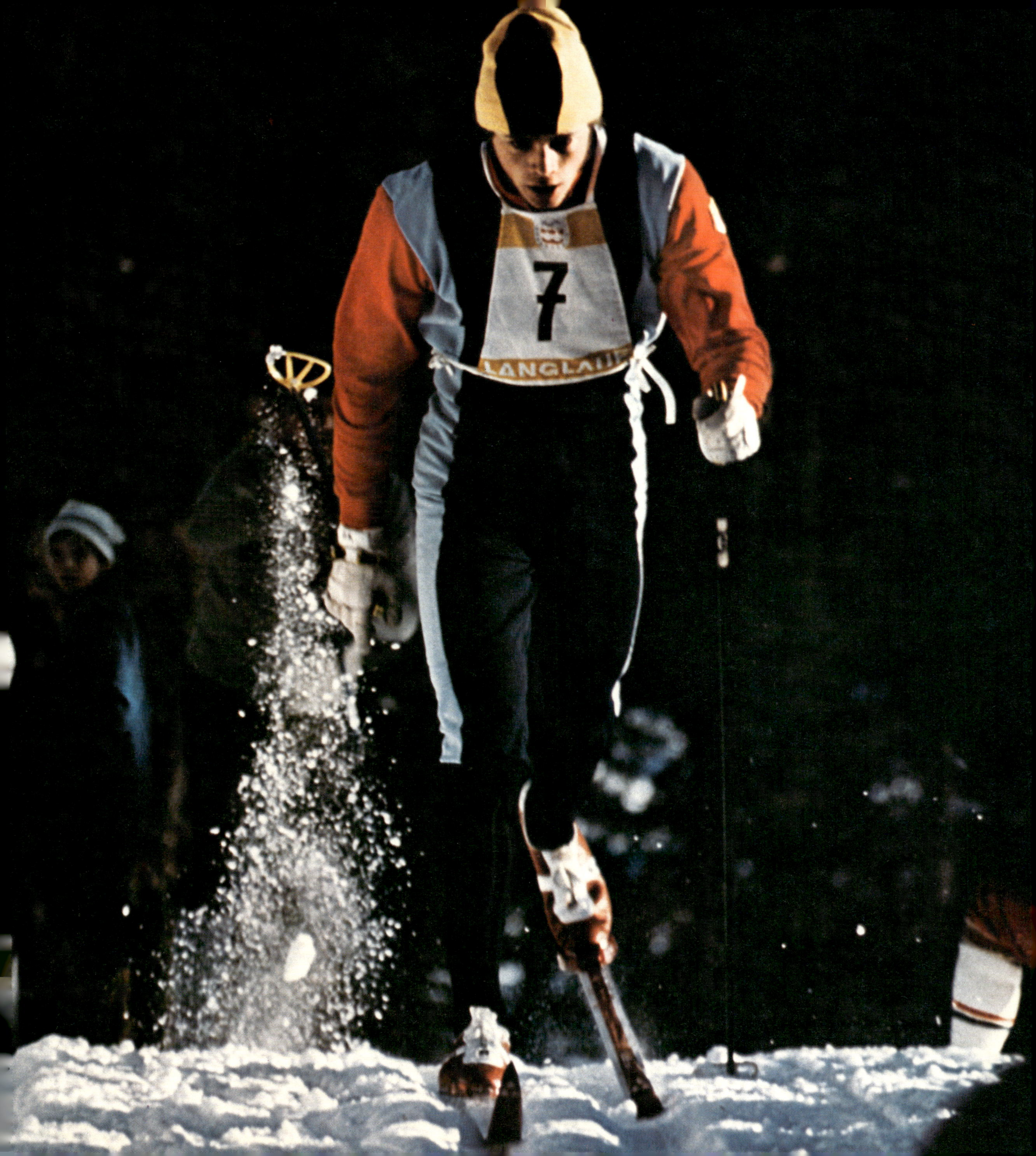
7
LANGLAUF

Der Einundfünfzigste

Was der Werner Vogel nach seinem Langlauf erzählte, war das, was man ein gutes Interview nennt. Es gab etwas her, obwohl oder weil er nur 51. geworden war. Einundfünfzigste denken mehr nach als die Sieger. Die Niederlage verurteilt sie dazu, und sie sind allein. Außer Schulterklopfen wird nichts sein. Das, was Werner Vogel aus Österreich vorwies, ist die andere Seite des Kapitels, das die Überschrift ›Optimale Vorbereitung‹ trägt. Jeder kann der nächste sein.

Also: Er hat im vorigen Winter den 20 Jahre alten Amerikaner William Koch auf der Langlaufstrecke noch hinter sich gelassen. In Seefeld aber hängten sie dem Milchgesicht aus dem Staate New York eine Silbermedaille um. Der Graben, der die beiden trennt, war plötzlich 50 Plätze breit. Vogel sagt, er habe mehr trainiert als je zuvor. Die Ernährungswissenschaftler entdeckten, daß er sich falsch ernährte, und natürlich stellten sie diese Nachlässigkeit, die er gar nicht selbst bemerkt hatte, rechtzeitig ab. Ärzte, die ihre Stethoskope anlegten und seinen Körper so lange zu erforschen trachteten, bis es keinen ›weißen Fleck‹ mehr in ihm gab, erklärten ihn für organisch gesund, ohne Einschränkung. Die Form wuchs und gedieh, das merkte er selbst.

Dann sei er in das Rennen, dem er entgegengefiebert hatte, wie ein Skiwanderer gegangen. Er bemerkte, wie der Körper sein eigenes Spielchen trieb und seinem Intellekt keine Chance gab. Er wußte, daß er schneller vorankommen konnte, als er es tat, und er wollte auch, aber es ging nicht. Eine Relaisstation zwischen Körper und Geist lag still. Vielleicht hatte er vergessen, sie einzuschalten. Vielleicht kommt niemand an sie heran, wenn sie es nicht will. Der Athlet, ein zu programmierendes Wesen? Die letzte Einsicht bleibt geheim. Im Sport nennen wir es die ›glorreiche Ungewißheit‹. Für Werner Vogel klingt das alles natürlich wie blanker Hohn.

Am Morgen vor dem Rennen von Seefeld war Billy Koch bester Laune. »Ich werde ein gutes Rennen laufen«, sagte er zu John Bower, dem früheren Holmenkollen-Sieger, ebenfalls in Vermont beheimatet und technischer Leiter im US-Skiverband. Nach Bowers Anweisungen wurden die Skier gewachst – und Billy Koch gewann die Silbermedaille.

Seine Stärke hat der junge Mann in den letzten Wintern und bei den vorolympischen Rennen schon angekündigt. Im letzten Frühjahr begann sein Training für Seefeld: Auf einer Straße, die etwa zehn Kilometer lang stetig ansteigt, eilte er auf Ski-Rollern unermüdlich hin und her – bis zum ersten Skitraining im Herbst hatte er schon rund 5000 Kilometer hinter sich gebracht.

In der geradezu fanatischen Gemeinschaft der amerikanischen Skilangläufer konnte er sich weiterentwickeln. Die Verbandsverantwortlichen bettelten um Dollars. Dank der Beteiligung an der ›Education Foundation‹ hatten sie schließlich 140 000 Dollar zur Verfügung, das ist etwas weniger als die Hälfte jener Mittel, die dem Deutschen Skiverband der Bundesrepublik für den nordischen Bereich zur Verfügung standen. Trotzdem: eine Silbermedaille.

Langlauf 30 km Herren

1.	Saweliew, Sergej	UdSSR	1:30:29,38 Std.
2.	Koch, Billy	USA	1:30:57,84 Std.
3.	Garanin, Iwan	UdSSR	1:31:09,29 Std.
4.	Mieto, Juha	Finnland	1:31:30,39 Std.
5.	Bajukow, Nikolai	UdSSR	1:31:33,14 Std.
6.	Kluse, Gert-Dietmar	DDR	1:32:00,91 Std.
7.	Giser, Albert	Schweiz	1:32:17,61 Std.
14.	Zipfel, Georg	D	1:34:04,71 Std.
18.	Betz, Franz	D	1:34:55,54 Std.
25.	Hauser, Edi	Schweiz	1:35:50,29 Std.
29.	Kaelin, Alfred	Schweiz	1:36:09,97 Std.
32.	Wachter, Herbert	Österreich	1:36:28,48 Std.
36.	Speicher, Hans	D	1:36:52,45 Std.
39.	Feichter, Reinhold	Österreich	1:37:43,73 Std.
40.	Demel, Walter	D	1:37:44,17 Std.
50.	Kreuzer, Hansueli	Schweiz	1:39:58,44 Std.
51.	Vogel, Werner	Österreich	1:40:16,10 Std.
58.	Gattermann, Franz	Österreich	1:43:03,85 Std.

Abfahrtslauf Herren

1.	Klammer, Franz	Österreich	1:45,73 Min.
2.	Russi, Bernhard	Schweiz	1:46,06 Min.
3.	Plank, Herbert	Italien	1:46,59 Min.
4.	Roux, Philippe	Schweiz	1:46,69 Min.
5.	Read, Ken	Kanada	1:46,83 Min.
6.	Mill, Andy	USA	1:47,06 Min.
7.	Tresch, Walter	Schweiz	1:47,29 Min.
8.	Irwin, David	Kanada	1:47,41 Min.
9.	Walcher, Josef	Österreich	1:47,45 Min.
10.	Hunter, Jim	Kanada	1:47,52 Min.
11.	Jones, Greg	USA	1:47,84 Min.
12.	Berthod, Rene	Schweiz	1:47,89 Min.
13.	Patterson, Pete	USA	1:47,94 Min.
15.	Fischer, Peter	D	1:48,18 Min.
17.	Ferstl, Josef	D	1:48,41 Min.
19.	Eberhard, Klaus	Österreich	1:48,45 Min.
22.	Veith, Michael	D	1:49,02 Min.
29.	Junginger, Wolfgang	D	1:50,48 Min.

Eisschnellauf 1500 m Damen

1.	Stepanskaja, Galina	UdSSR	2:16,58 Min.
2.	Young, Sheila	USA	2:17,06 Min.
3.	Awerina, Tatjana	UdSSR	2:17,96 Min.
4.	Korsmo, Lisbeth	Norwegen	2:18,99 Min.
5.	Kessow, Karin	DDR	2:19,05 Min.
6.	Poulos, Leah	USA	2:19,11 Min.

Welche Jugend der Welt?

Alle vier Jahre wieder wird, wie es so schön olympisch heißt, die Jugend der Welt gerufen. Was immer man darunter verstehen mag, wenn man (auch) an vierzig-, fünfzigjährige Olympiakämpfer denkt. Die Phrase läßt sich nicht ausrotten. Dies ist nun einmal ein ›Fest der Jugend‹ und damit basta.

Die Tiroler haben natürlich auch von ihren Bergspitzen eifrig und kräftig in alle Himmelsrichtungen gerufen: Jugend, bitte kommen! Wenn auch nicht alle, alle kamen, so doch immerhin fast 1400 mehr oder weniger junge Athleten und etwa ebenso viele mehr oder weniger alte Funktionäre aus 37 Ländern.

Andere mußten dafür gehen: Gut vierhundert Studenten aus etwa zehn Ländern, die im Innsbrucker Alltag die Jugend der Welt bedeuten, wurden aus ihren Zimmern im Internationalen Studentenwohnheim der Innsbrucker Leopoldina-Universität für die olympische Zeit verbannt. Nicht jeder räumte sein schmales und karges Studierstübchen sonderlich gerne für einen der etwa vierhundert von insgesamt 1750 Journalisten, die nach Hoffnung der Organisatoren für rund zwei Milliarden Kontakte mit Österreich, Tirol oder Innsbruck in aller Welt sorgen sollten. Es gab Proteste und Beschwerden, Einwände und Einsprüche. Schließlich wurden finanzielle Anreize geboten, Abfindungen oder Entschädigungen gezahlt, um den Studenten den Auszug aus Olympia schmackhafter, zu machen.

Ein neuer olympischer Aspekt: Innsbruck ruft die Jugend der Welt an und ab, ganz wie's gefällt.

Linke Seite: Billy Koch noch erschöpft – Georg Zipfel wieder lachend. Die Anstrengung des Laufes schafft sich ein Ventil. Der vierzig Jahre alte Walter Demel (nebenstehend) muß sich quälen, Routine allein überbrückt den Zwischenraum im Alter nicht mehr, Ehrgeiz kann die Mühsal nur lindern.

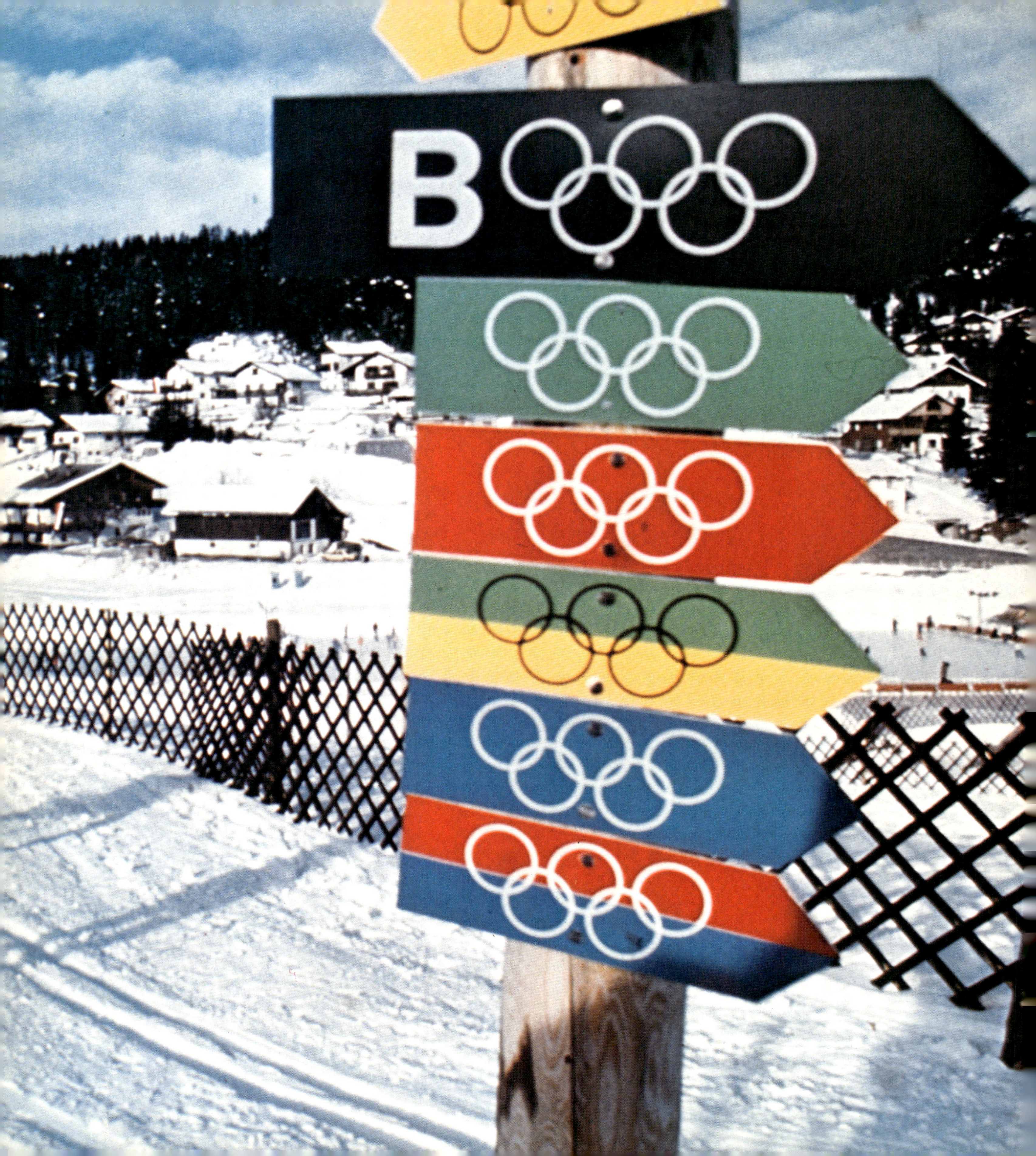
B

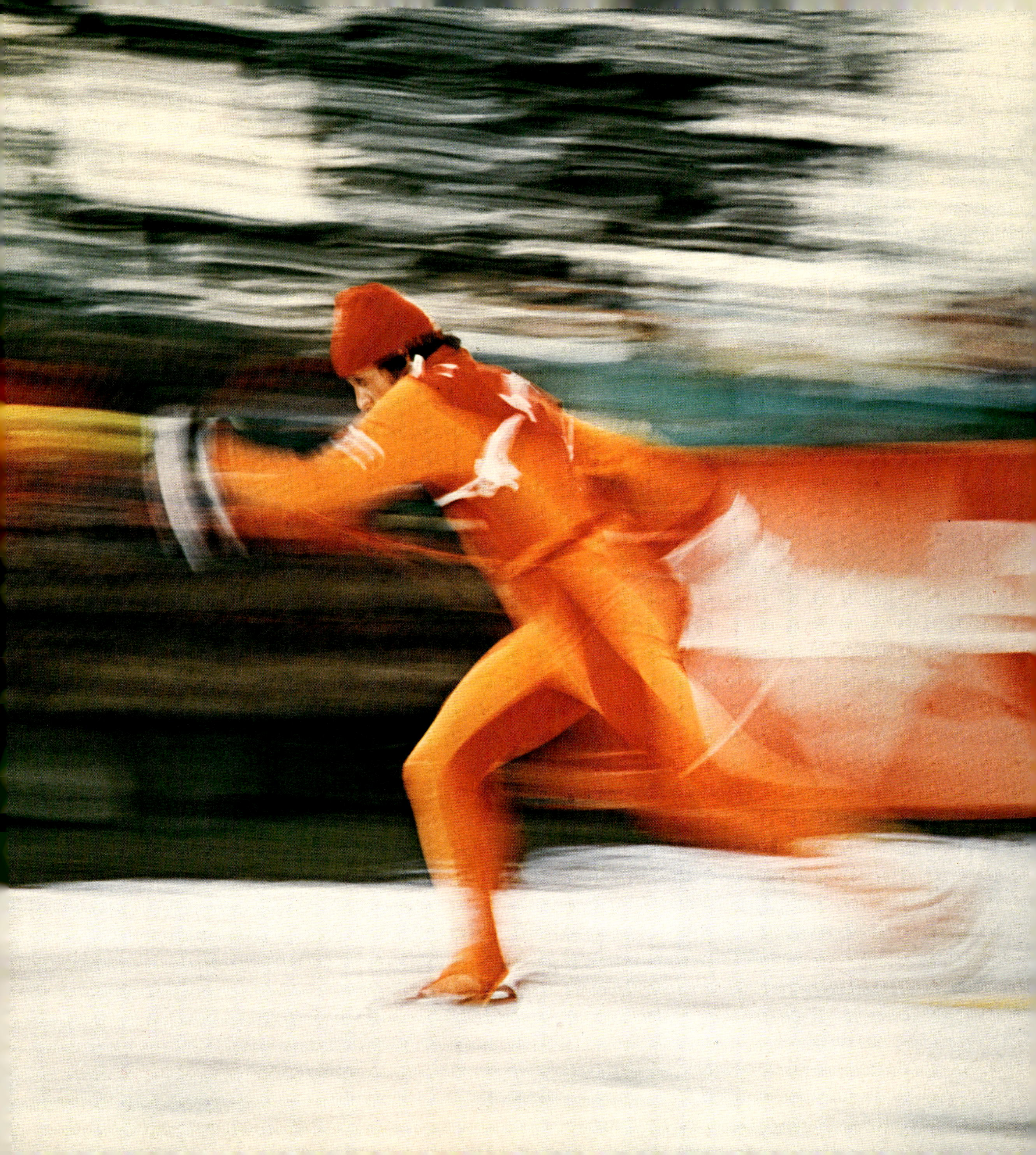

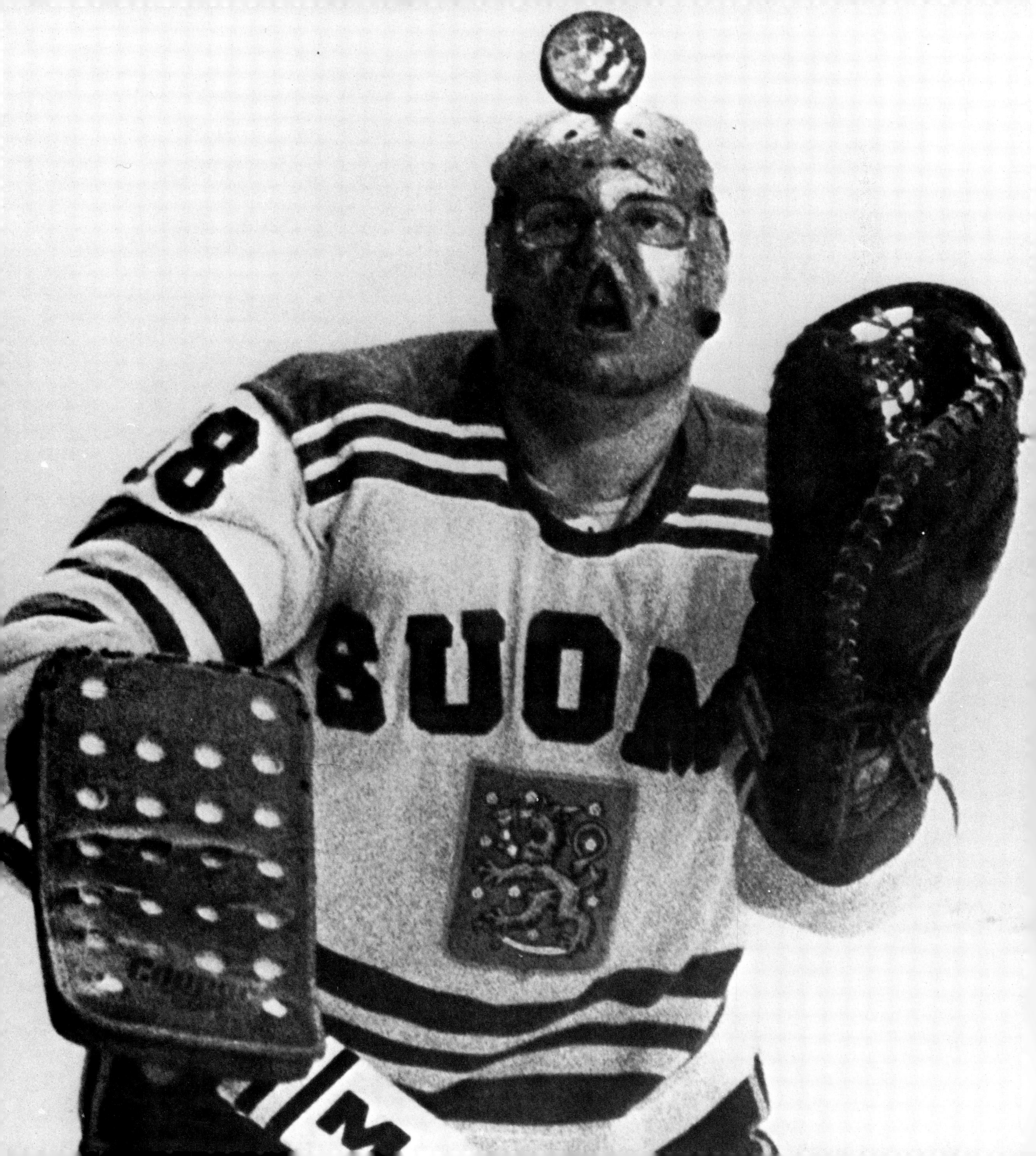
SUOM

Unerwartete Präsente sind besonders schön: Die deutschen Eishokkeycracks, vorab zu Prügelknaben abgestempelt, bezwingen Polen 7:4. Sheila Young, die schnellste Frau der modernen Eiszeit. Im Rodeln bleibt es spannend. Konkurrenz für die schnellen Deutschen aus dem Osten durch die im Westen. Radio Free Europe unerwünscht.

6. Februar 1976
3. Tag

Herrlich unberechenbar diese deutsche Eishockey-Nationalmannschaft! Der vermeintliche Prügelknabe des A-Turniers – die im Qualifikationsspiel unterlegenen Schweizer verlieren sogar in der B-Gruppe – schlägt seinerseits zu. Am Ende der sehr munteren Partie gegen Polen, im April Ausrichter der Weltmeisterschaft und entsprechend vorbereitet, gelingt ein wundersam anmutendes 7:4 (5:2, 0:0, 2:2). Rasant die Torfolge im ersten Drittel, konstant die Leistung von Torhüter Erich Weishaupt, der in weiser Voraussicht die kesse Losung ausgibt: »Gegen Finnland müssen wir das Tor vernageln.«

Im Olympia-Stadion bekam die ›Allround-Sheila‹ alles, was die olympische Schatzkammer zu bieten hat: Gold, Silber und Bronze. Sheila Young, die amerikanische Eisschnelläuferin, ließ keine Stufe auf dem sogenannten Treppchen, dem olympischen Erfolgspodest, aus: erste über 500 Meter, zweite über 1500 Meter und dritte über 1000 Meter.

Drei Tage, drei Starts, drei Medaillen: ein olympischer Dreiklang ganz besonderer Art. Mit Recht wurde die 25 Jahre alte Amerikanerin von der Wiener Zeitung ›Die Presse‹ als die ›größte Allroundsportlerin der Gegenwart‹ gefeiert. Vor drei Jahren nämlich war sie gleich in zwei Sportarten Weltmeisterin: im Winter im Sprint auf Kufen, im Sommer im Sprint auf Rädern.

Und diesen ungewöhnlichen Doppelerfolg will Sheila Young nach den olympischen Tagen von Innsbruck wiederholen: bei den Eisschnellauf-Weltmeisterschaften in Berlin und bei den Rad-Weltmeisterschaften auf Sizilien.

Die Spiele laufen jetzt auf Touren. Es ist was los rund um Innsbruck und Seefeld. Die Leute nehmen Anteil, drängen sich an Loipen und Pisten, spenden den Eiskunstläufern freigiebig Applaus. Schon haben wir uns gewöhnt an den Feuerschein droben am Berg Isel. Auch feiern wir alltäglich. Doch die Eindrücke, mannigfaltig und bunt, prägen sich ein. Und wie zu Beginn einer langen Party läßt sich vermuten: Es wird schon ganz nett werden.

Natürlich ist nicht alles olympisches Gold, was glänzt. Die Organisation zum Beispiel hat durchaus Tücken. Das braucht bei der Schwere der Aufgabe nicht zu verwundern. Da streikt schon einmal die Technik an der Bob- und Rodelbahn. Da bleibt ein Mikrofon stumm, oder Lampen verlöschen, wo sie leuchten sollen. Und auch sonst verheddert sich manches, guten Willen aller attestiert. Viele Hände haben vieles zu tun. Und wenn die eine nicht weiß, was die andere tut, platzen die schönsten Pläne. Ärger bleibt dann nicht aus – wie bei der Eröffnungsfeier. Oder wenn Polizisten sich zu fest an ihre Vorschriften klammern. So teilen sie fleißig Strafzettel aus, scheuchen verzweifelte Parkplatzsucher von dannen: »Wenn Sie nicht weiterfahren, lasse ich Sie durch die Feuerwehr abschleppen.« Zu viele üben sich in barschem Ton. Ordner schicken die Zuschauer zwischen den Eingängen hin und her. Busse mit Reportern stoppen an Straßensperren mit aufgebrachten Polizisten, kämpfen sich mühsam an Amtsschimmeln zur Sportstätte vorbei.

Links: Eishockey-Torhüter haben etwas von einem Monster an sich. Doch sind sie beileibe nicht so vermummt und verpackt, weil es auf dem Eis so kalt, sondern weil der Puck so hart ist. Der finnische Torhüter Leppänen hat, so scheint es, außerdem seine eigene Art entdeckt, die Hartgummischeibe zu stoppen: mit dem Kopf, doch darf angenommen werden, daß der Verzicht auf die Handschuhe nicht ganz freiwillig geschah. Vorhergehende Seiten: Viele Wege führen nach Olympia – nicht nur in der Loipe der Langläufer.

Die Invasion des Zuschauers oder das Versagen der Organisation.

War der Auftakt gegen die Polen unverhofft genug, die Niederlagen, die anschließend kamen, waren – so paradox das klingen mag – fast überzeugender. 3:5 gegen Finnland und ›nur‹ 3:7 gegen die Sowjetunion. Wie gegen die Polen stand es nach dem ersten Drittel 5:2, allerdings für den hohen Favoriten. Was sich aber dann in den folgenden Dritteln abspielte, ließ sogar die ›Eishockey-Roboter‹ nervös werden. Was selten genug vorkommt: Insgesamt kassierten sie mehr Strafzeiten als der Gegner. Zwar gewannen sie das zweite Drittel 1:0, aber das letzte Drittel endete ausgeglichen (1:1). ›Ersatzmann‹ Toni Kehle im Tor war der gefeierte Mann. Mancher Sieg war nicht schöner als diese Niederlage. Trainer Xaver Unsinn hatte den Schemen, als die die sowjetischen Spieler den Deutschen bislang vorkamen, in seiner konzentrierten Aufbauarbeit ihren einstigen Schrecken genommen. Die ›geschlossene Mannschaftsleistung‹, dokumentiert durch die Beschwörung des Torwarts vor dem Spiel (rechts), fand ihren Höhepunkt.

Die Journalisten im Pressezentrum ersticken fast im Papier. Täglich zahllose gedruckte, vervielfältigte, kopierte Informationsblätter, auf denen vieles steht, doch nur selten das, was die Arbeit erleichtert. Es fehlt die zentrale Stelle, jemand, der Fragen präzise beantworten kann. Man weiß auch nicht, ob man weinen oder lachen soll, wenn Dolmetscher für Englisch und Französisch am Kärntnerisch Franz Klammers scheitern. Die Organisatoren ficht all das nicht an. Sie sind überzeugt, perfekte Spiele zu bieten. »Vierundsechzig haben wir das doch alles schon einmal gemacht.« Und zu Recht werden die kleinen Schwächen auch mit Nachsicht ertragen. »Schließlich sind die Innsbrucker ja Nothelfer.« Und: »Abwarten – im Sommer in Montreal wird alles viel schlimmer.«

Eines aber dürfte dennoch feststehen: Die einfachen Spiele von Innsbruck sind manchmal gar nicht so einfach. Aber waren es denn, wie angekündigt, die Spiele von München?

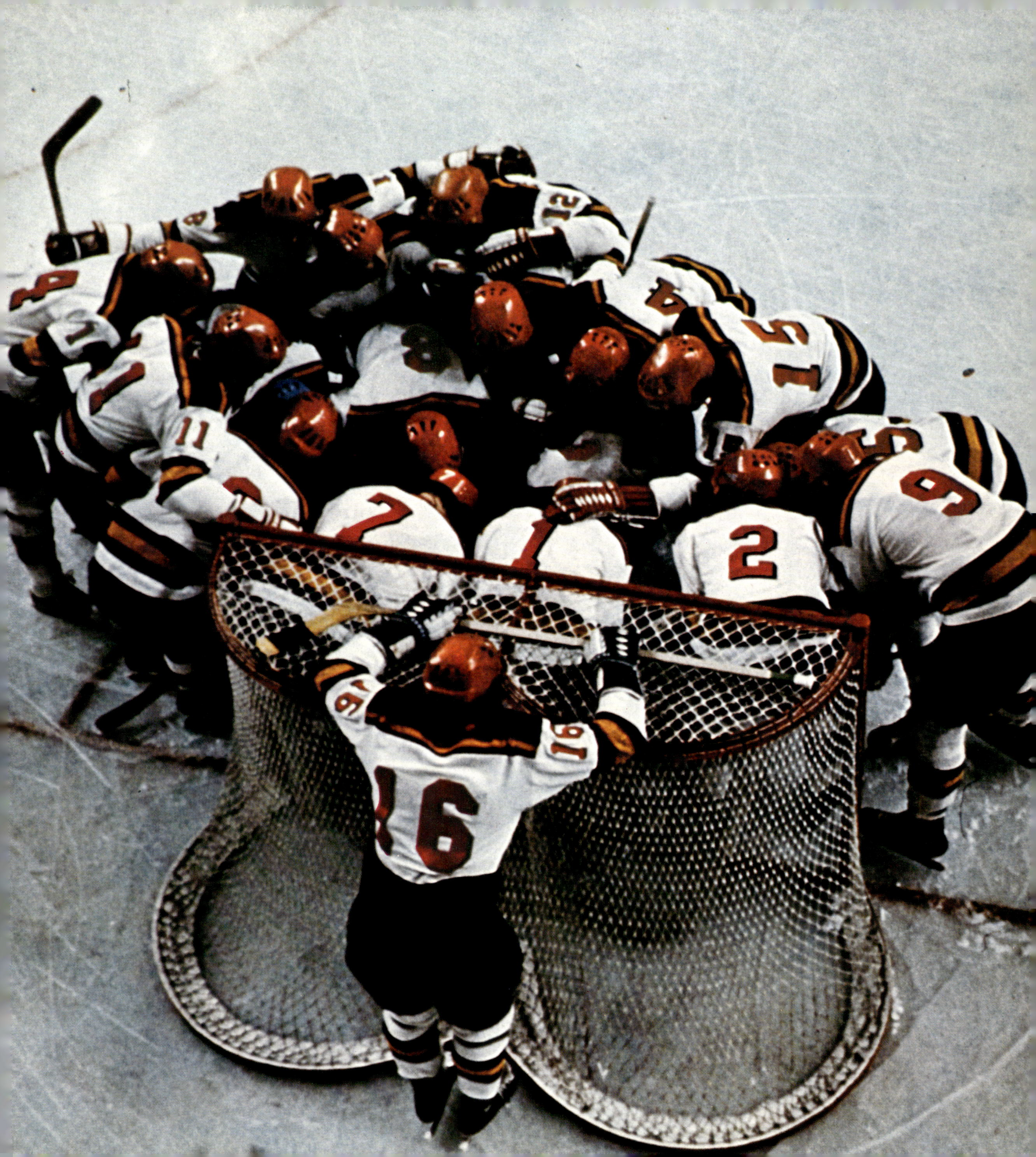

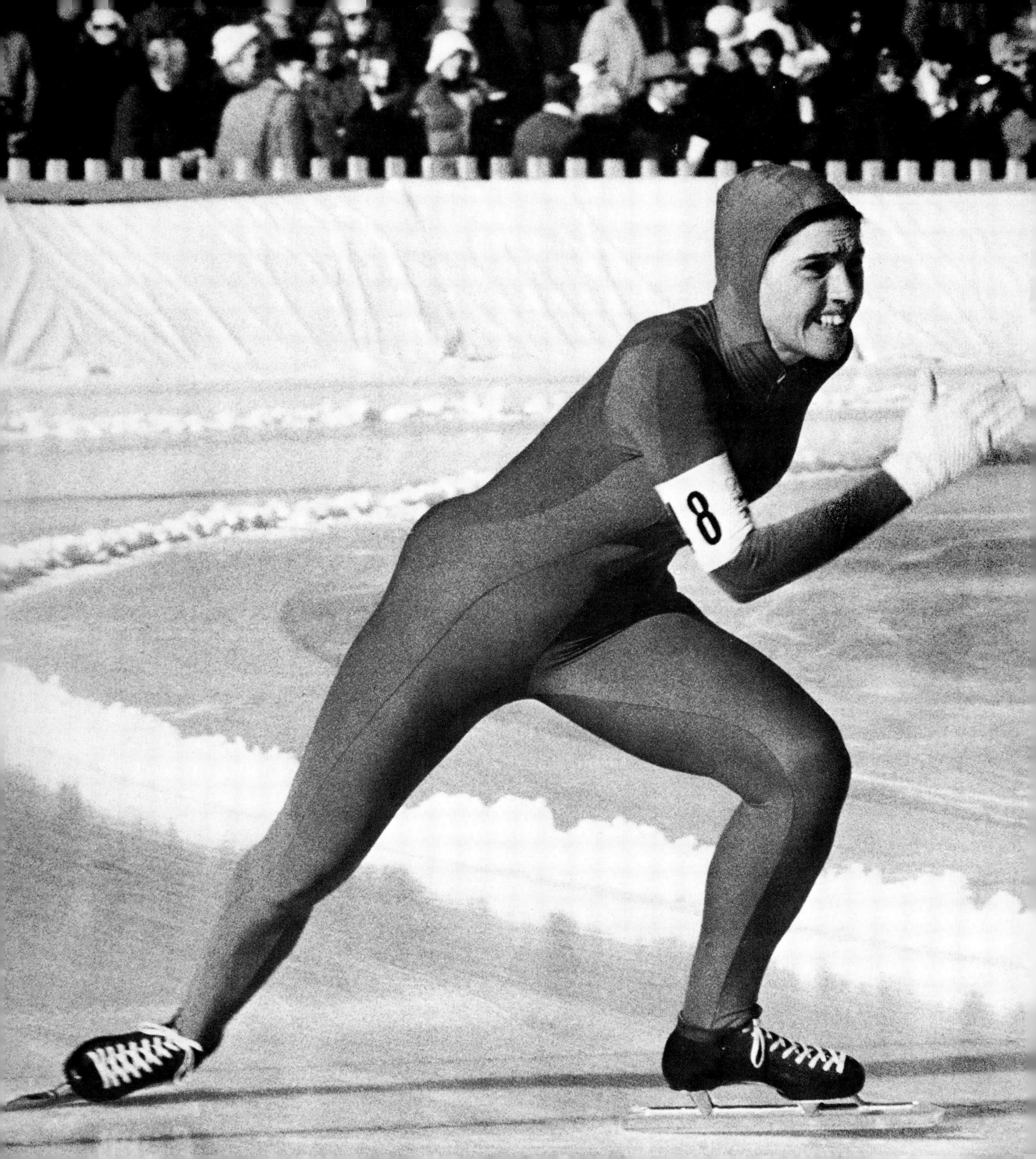
8

Eisschnellauf 500 m Damen

1.	Young, Sheila	USA	42,76 Sekunden*
2.	Priestner, Cathy	Kanada	43,12 Sekunden
3.	Awerina, Tatjana	UdSSR	43,17 Sekunden
4.	Poulos, Leah	USA	43,21 Sekunden
5.	Krasnova, Vera	UdSSR	43,23 Sekunden
6.	Sadchikova, Ljubov	UdSSR	43,80 Sekunden
10.	Lange, Heike	DDR	44,21 Sekunden
12.	Holzner, Monika	D	44,36 Sekunden
15.	Bautzmann, Ines	DDR	44,87 Sekunden
20.	Dix, Ute	DDR	45,60 Sekunden

* Olympischer Rekord

Biathlon Einzel Herren

1.	Kruglow, Nikolai	UdSSR	1:14:12,26 Std.
2.	Ikola, Heikki	Finnland	1:15:54,10 Std.
3.	Elizarow, Alexander	UdSSR	1:16:05,57 Std.
4.	Bertin, Willy	Italien	1:16:50,36 Std.
8.	Adolfsson, Sune	Schweiz	1:18:00,50 Std.
11.	Mehringer, Heinrich	D	1:18:49,15 Std.
15.	Süssli, Hansrüdi	Schweiz	1:20:53,73 Std.
21.	Eder, Alfred	Österreich	1:22:42,52 Std.
25.	Mächler, Albert	Schweiz	1:23:28,66 Std.
26.	Niedermeier, Josef	D	1:23:33,63 Std.
34.	Kanamüller, Alois	D	1:25:25,26 Std.
37.	Weber, Franz	Österreich	1:26:14,92 Std.

Immer schön objektiv bleiben oder: Sheila Young im Brennpunkt. Explosivität beim Start zeichnet die dreifache Medaillengewinnerin aus, Ausdauer den Fotografen. Sport ist Sport und Job ist Job. Folgende Seiten: Die Rodler als Gespenster der Spiele, die Technik als Hexenmeister des Sports, Aerodynamik hieß der Zwang, dem sich die Sportler unterwarfen, der sie in ›Fischhäute‹ zwängte. Josef Fendt aus Berchtesgaden (rechts), Silbermedaillengewinner, schaut mit aufgeklapptem Visier aus, als rüste er sich zur Schlacht, zum Kampf um die Medaillen.

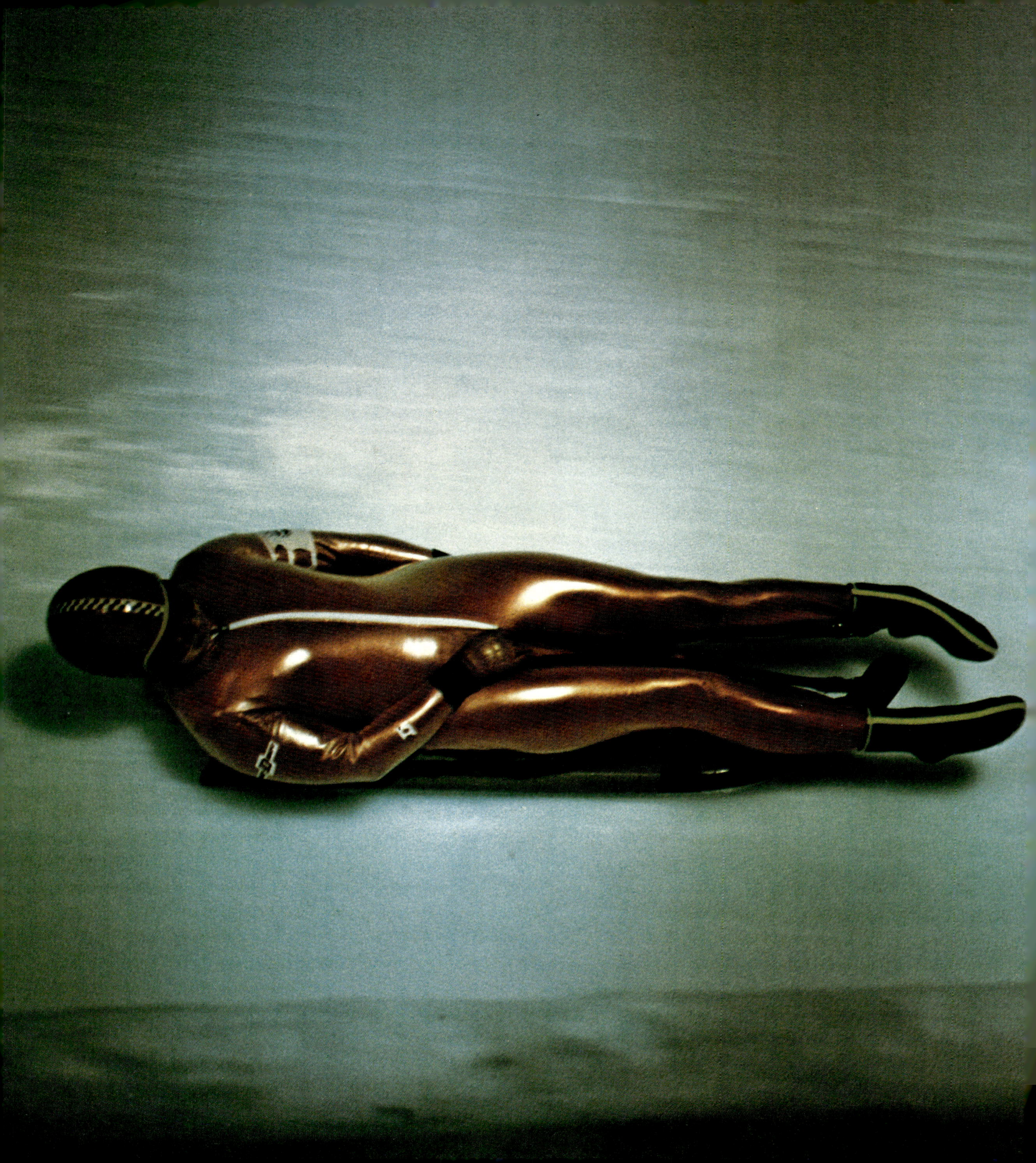

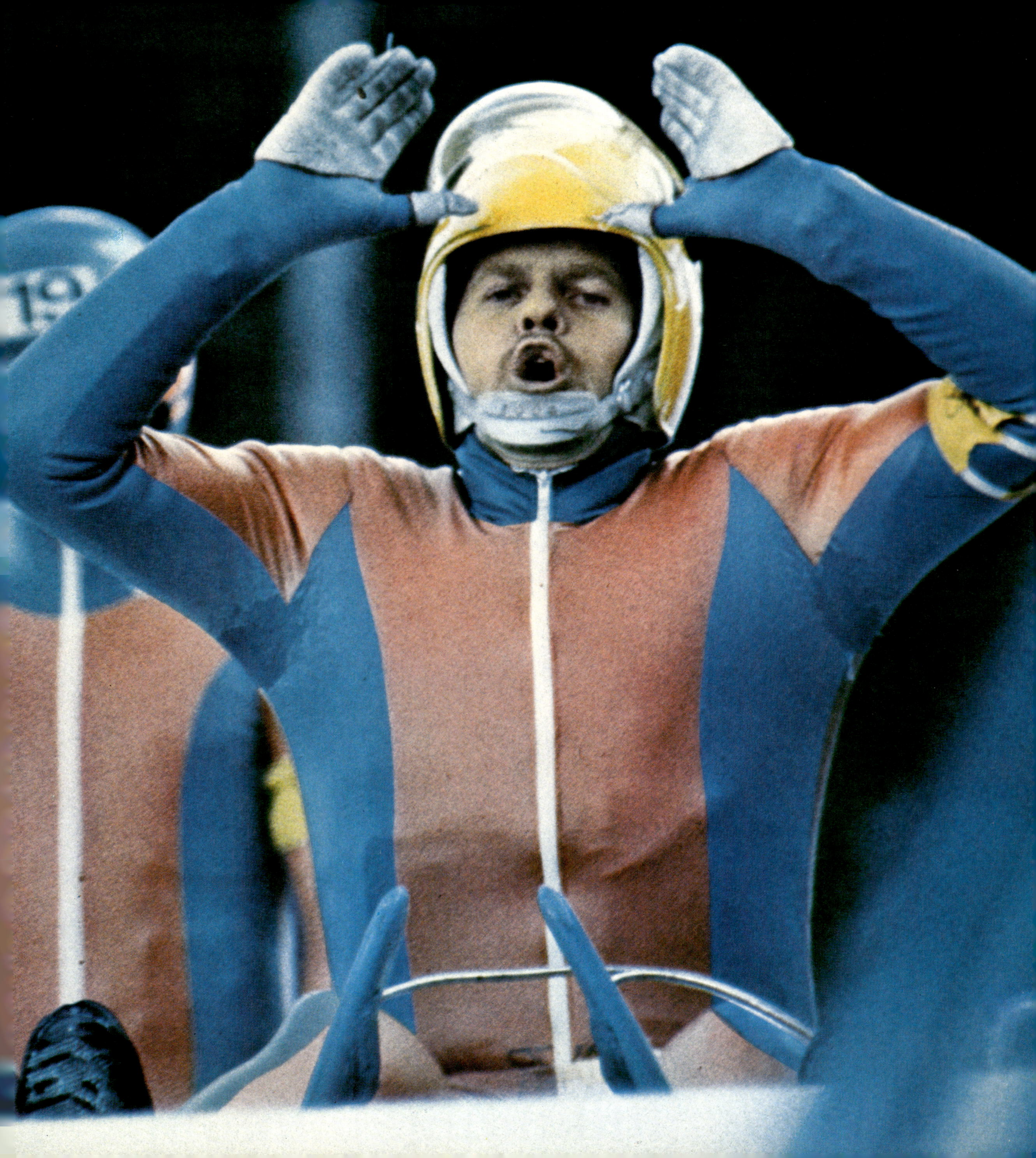

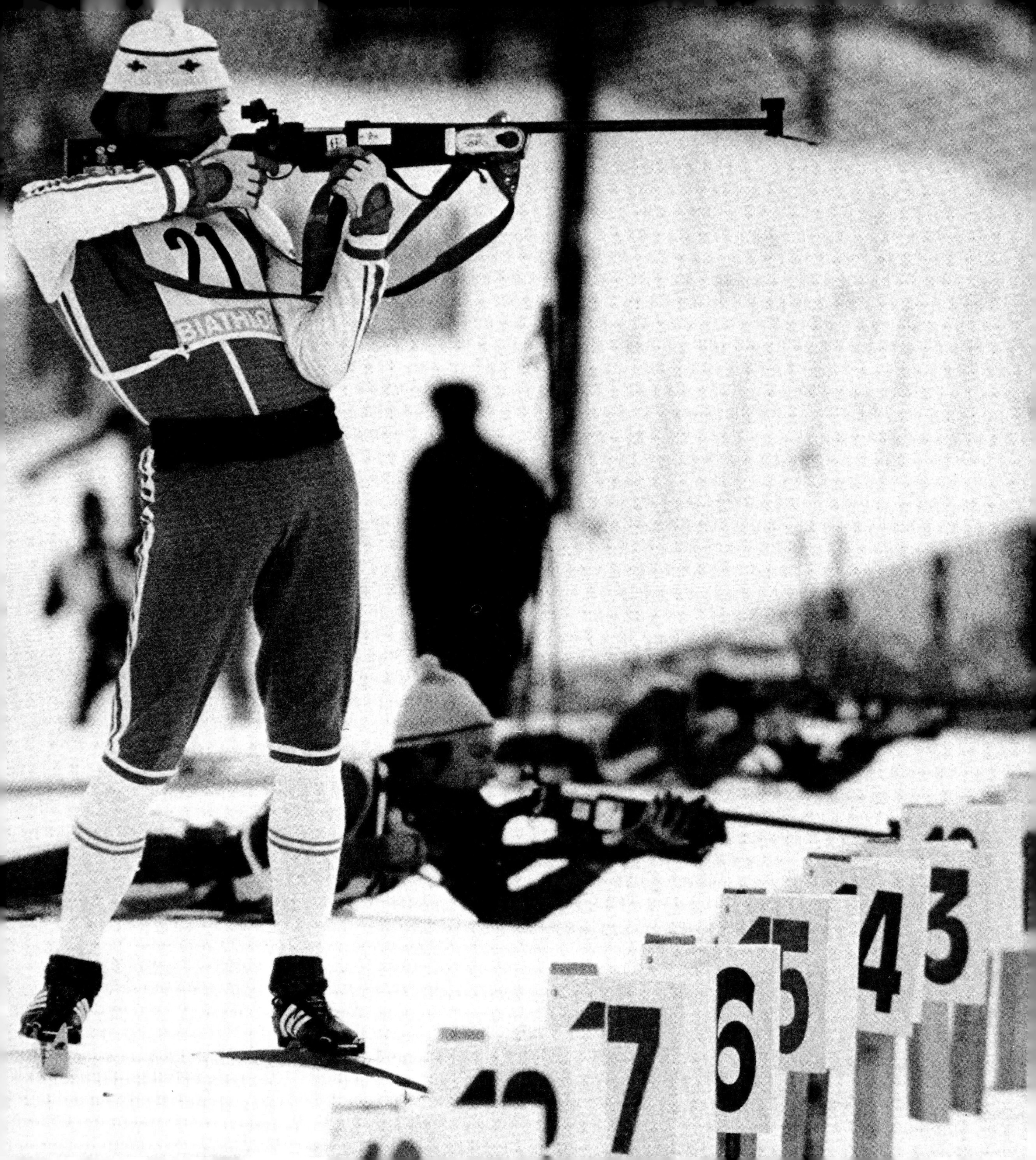
21
BIATHLON
7
6
5
4
3

Medaillen für die ungleichen Deutschen ungleich verteilt: 4-3-2 gegen 0-2-1. Freude über Zimmerer/Schumann, Josef Fendt, Elisabeth Demleitner. Flinke kleine Frau aus Finnland: Anni Helena Takalo. Das Traumpaar Rodnina/Saizew gar nicht traumhaft. Medaillensammlerin Tatjana Awerina: ein gutes Herz und starke Muskeln.

7. Februar 1976
4. Tag

Zwischen Hoffen und Bangen, Freude und Enttäuschung pendelt das Erlebnis Olympia. Zum Beispiel Rodeln. Der erste Übermut ist verrauscht, die Welt hängt wieder in den Angeln. Jene, die sie ausheben wollten, kehren auf den Boden zurück. In die Ergebnisliste ist Ordnung eingezogen. Vier Medaillenränge tragen das Signum GDR, wie sich in Englisch die DDR abgekürzt liest. Zwei die Buchstaben GER, was Germany bedeutet.

Ein kleiner Fehler und schöne Träume verwehen. Monika Scheftschik träumte gewiß bis zur zehnten Kurve, in der sie leicht touchierte und im Ziel nur noch Heldin zweier Läufe war. Nun wurde sie von Mitleid begleitet. Mitleid hat sie nicht verdient, eher Respekt vor dem Mut, über ihren Schatten zu springen. Sicherlich kam sie ins Grübeln. Das geschieht, wenn man das Tor zum Erfolg überraschend offen sieht. Die Welt beginnt sich zu verändern. In den Stimmen der Freunde schwingt plötzlich Bewunderung mit. Reporter stellen Fragen. Man weiß: weiter so, der Ruhm lockt. Und dann erwacht man und merkt: es war nur ein Traum.

Verwegene träumten auch schon daheim: ›Unsere Rodler auf Goldkurs‹. Und wem die Augen vor der Realität verschwammen, der glaubte solch kecken Prognosen. Die Rodler durften zufrieden heimreisen. Sie haben beherzt nach Medaillen gegriffen.

Doch: Im Eiskunstlauf der Paare kriselt's. Der Thron des Traumpaares Rodnina/Saizew wackelt. Die Moskauer sind zwar noch immer die unumschränkten Herrscher im Revier, sie gewannen auch wie erwartet die Goldmedaille, doch der Glanz ihrer großen Tage beginnt zu verblassen. Das Traumpaar blieb nach Jahren begeisterter Zustimmung durch das Publikum und das Preisgericht zum ersten Male ohne die Traumnote 6. Dabei war es keineswegs so, daß es sich die Seriensieger der letzten Jahre bequem gemacht oder auf ihren Lorbeeren ausgeruht hätten.

Im Gegenteil. Die Kür der Olympiasieger ist allein in den ersten drei Minuten so vollgepackt mit Schwierigkeiten, die andere Paare nicht in fünf Minuten aufzuweisen haben. Es lag auch nicht am fehlenden guten Willen. Die kleine, noch immer große Läuferin Irina Rodnina, die seit 1969 auf dem obersten Treppchen bei Weltmeisterschaften und Olympischen Spielen steht, die fast ein Jahrzehnt lang erst mit Alexander Ulanow und seit 1973 mit ihrem Mann Alexander Saizew nach den Protopopows das Paarlaufen beherrscht und geprägt hat, sie lief in Innsbruck, als ginge es um ihre erste Medaille. Auf dem Siegerpodest löste sich dann die Spannung in Tränen auf, sei es, daß sie selbst nach sieben Weltmeisterschaften und zwei Goldmedaillen noch immer von der Rührung übermannt wird, die in solchen Momenten auch weniger gemütsbewegte Zeitgenossen überfällt, oder daß es schon Tränen des Abschieds waren.

Trotz des Gewinns der Bronzemedaille sieht man Elisabeth Demleitner die Enttäuschung an. Vor dem letzten Lauf des Rodelwettbewerbs lag sie hinter Margit Schuhmann aus der DDR auf dem zweiten Rang, ehe sie bei der Jagd um Bruchteile von Sekunden im entscheidenden Moment den kleinen, entscheidenden Fehler beging. Dennoch konnte sie zufrieden sein, unverhoffte Medaillen verdoppeln die Freude.

Linke Seite: Trotz Erschöpfung eine ruhige Hand: Geheimnis der Biathlon-Kämpfer. Der Finne Heikki Ikola, sicherte sich die Silbermedaille beim Einzel über 20 km. Sieger wurde Nikolai Kruglow aus der Sowjetunion.

Folgende Seiten: Die ›Handwerker‹ von Seefeld beim ›Bau‹ der Langlaufloipe. Vorläufer von Olympiasiegern.
Irina Rodnina und Alexander Saizew: keine glanzvollen Olympiasieger im Eiskunstlaufen der Paare, aber die Besten. Trotzdem gab es für die Kür des ›Traumpaares‹ nicht einmal die ›Traumnote‹ 6.

241

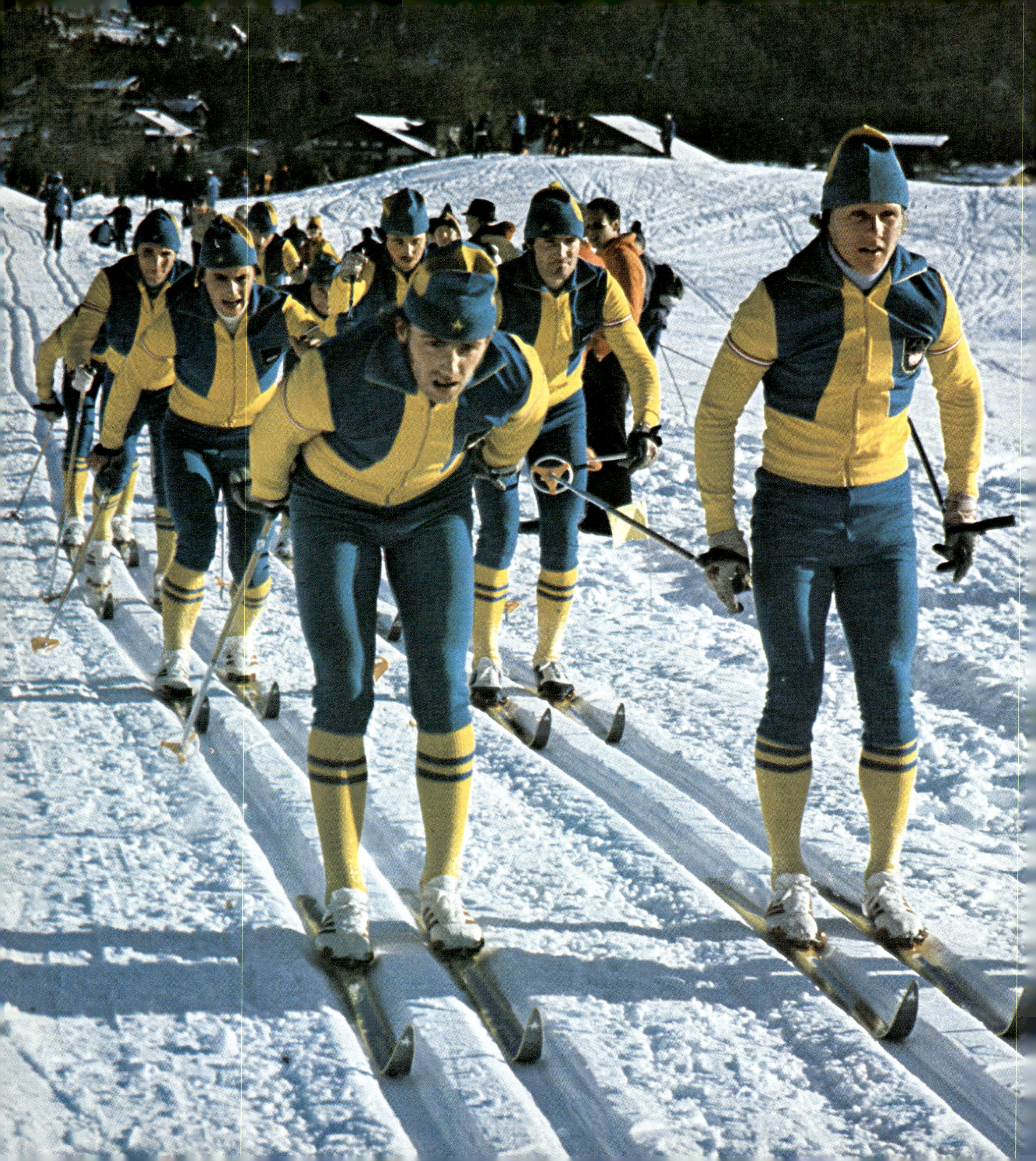

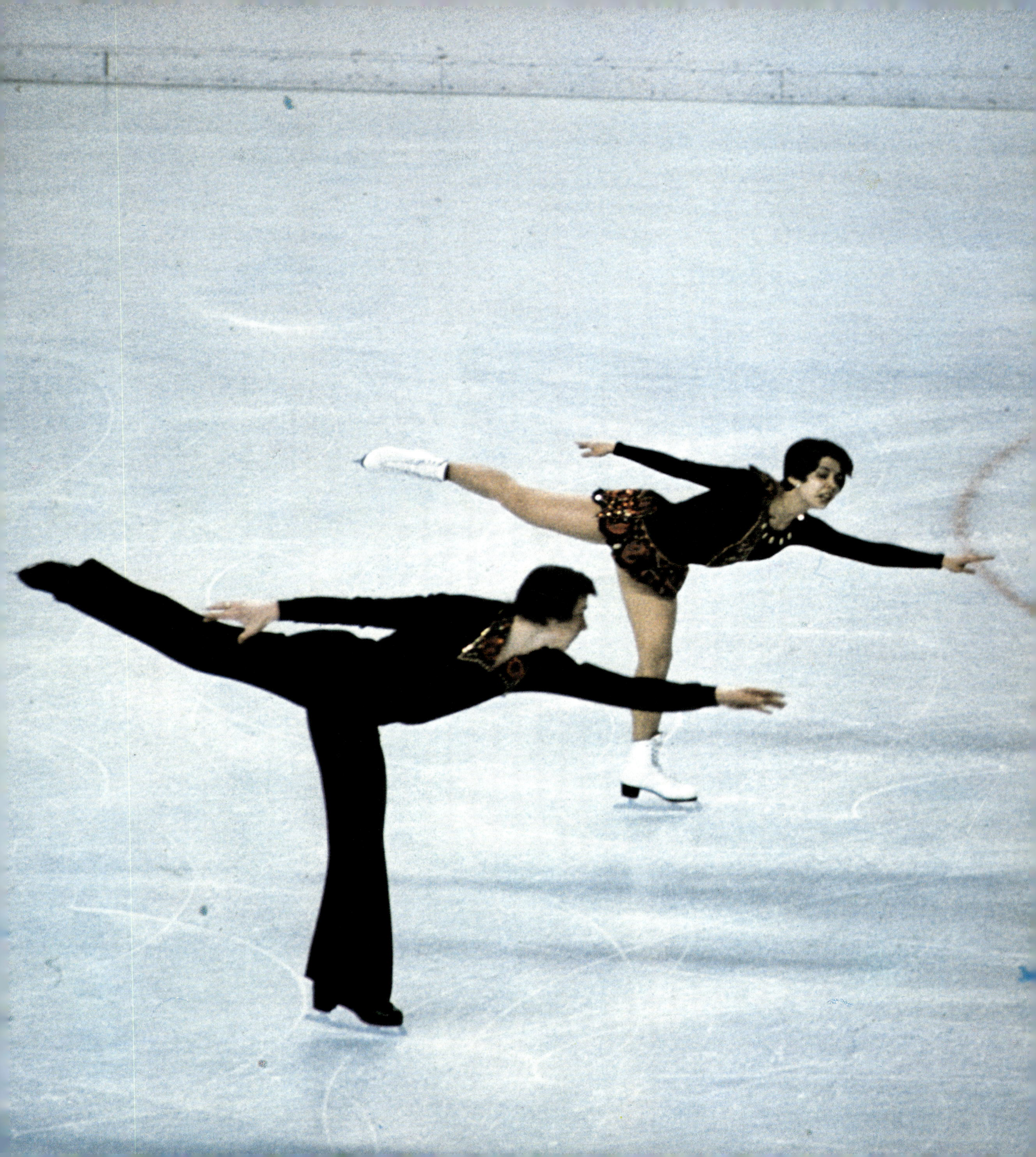

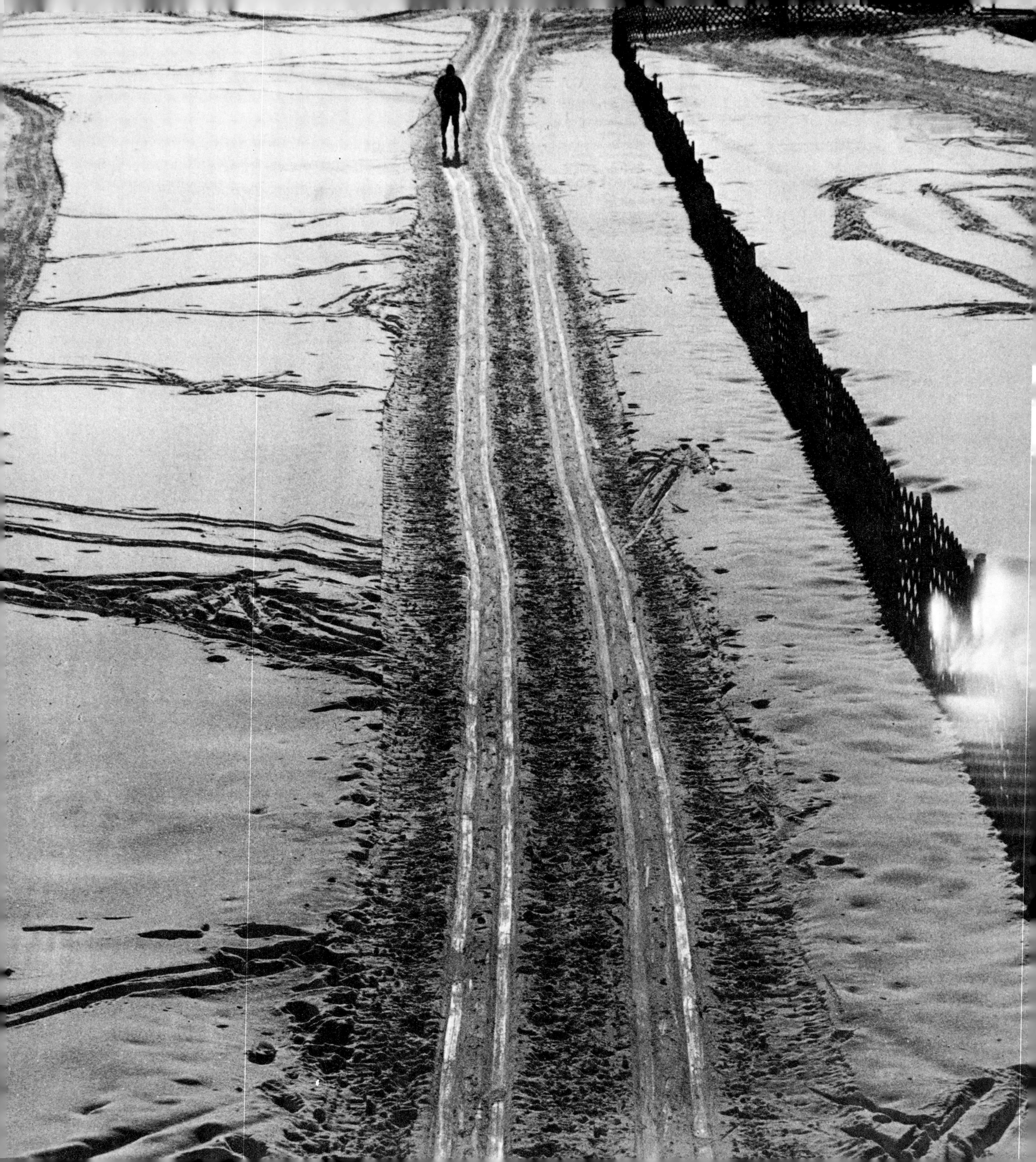

Flinke kleine Frau aus Finnland

Sie hat im Alltag mit Gemüsekonserven und Wurst, mit Zucker und Eiern zu tun – die kleine Anni Helena Takalo, daheim in Pyhaejaervi in Nordfinnland. Die 28 Jahre alte Olympiasiegerin im Fünftausend-Meter-Lauf, dem ersten olympischen Skilanglauf-Wettbewerb der Frauen in Seefeld, hat den Athletinnen aus der Sowjetunion das begehrteste Edelmetall weggeschnappt. Eine Hundertschaft von Schlachtenbummlern aus Finnland jubelte. Einige sangen ihr Lied vom Land der vielen Seen. Die kleine flinke Frau kommt aus dem Land, in dem auch heutzutage noch so manches Mädchen vom einsamen Bauernhof am Samstagabend kilometerweit auf Skiern zur nächsten Ortschaft läuft – zum Tanzboden ...

Langlauf 5 km Damen

1.	Takalo, Helena	Finnland	15:48,69 Min.
2.	Smetanina, Raisa	UdSSR	15:49,73 Min.
3.	Baldicheva, Nina	UdSSR	16:12,82 Min.
4.	Kuntola, Hilkka	Finnland	16:17,74 Min.
5.	Olsson, Eva	Schweden	16:27,15 Min.
6.	Amosova, Zinaida	UdSSR	16:33,78 Min.
21.	Endler, Michaela	D	17:08,68 Min.
33.	Schulze, Iris	D	18:04,81 Min.
38.	Stoeckl, Barbara	Österreich	18:49,16 Min.
41.	Gasteiger, Gertrud	Österreich	20:14,94 Min.
42.	Schweiger, Sylvia	Österreich	20:17,43 Min.

Helena Takalo aus Finnland hat den Kampf gegen die Einsamkeit in der Loipe bestanden: Goldmedaille im Lauf über fünf Kilometer – vor den Athletinnen aus der Sowjetunion.

Welch ein Gegensatz: Liebeszenen in Igls. Da taumelten die Glücklichen von einer Umarmung in die nächste, wurden abgeküßt, getätschelt und gekost wie rosige Babys. Krachend schlugen Funktionäre den DDR-Fahrern Nehmer und Germeshausen auf die Schulter, brachten sie schier um vor Freude. Sie hatten die Überraschung des Tages vollbracht. Ein Jahr nach dem internationalen Comeback Olympiasieger zu werden, das war nicht einmal ›Übermenschen‹ von drüben zuzutrauen. Dieses Gold strahlt für sie am schönsten. Freude auch um das Silber von Wolfgang Zimmerer und Manfred Schumann. In Decken eingehüllt schlürften sie ihren Kakao und ertrugen geduldig die drängelnden Reporter. Schumann strahlte; Zimmerer, der nun von der Aktivenrolle in die eines Bundestrainers schlüpfen will, freute sich still – wie immer. Mit diesem Silber durfte niemand rechnen, so überlegen Zimmerer einst war, der in Sapporo Gold und Bronze hortete und je fünf Europa- und Weltmeistertitel sammelte. »Ich bin doch nicht so verrückt, daß nur Gold für mich zählt. Überhaupt eine olympische Medaille zu gewinnen, ist doch das Höchste«, meinte er.

Zweierbob

1.	Nehmer, Meinhard Germeshausen, Bernh.	DDR	3:44,42 Min.
2.	Zimmerer, Wolfgang Schumann, Manfred	D	3:44,99 Min.
3.	Schärer, Erich Benz, Josef	Schweiz	3:45,70 Min.
4.	Sperling, Fritz Schwab, Andreas	Österreich	3:45,74 Min.
5.	Heibl, Georg Ohlwärter, Fritz	D	3:46,13 Min.
6.	Delle Karth, Dieter Köfel, Franz	Österreich	3:46,37 Min.
10.	Lüdi, Fritz Hagen, Thomas	Schweiz	3:49,10 Min.

Rodeln Einsitzer Herren

1.	Günther, Detlef	DDR	3:27,688 Min.
2.	Fendt, Josef	D	3:28,196 Min.
3.	Rinn, Hans	DDR	3:28,574 Min.
4.	Winckler, Hans-Heinrich	DDR	3:29,454 Min.
5.	Schmid, Manfred	Österreich	3:29,511 Min.
6.	Winkler, Anton	D	3:29,520 Min.
7.	Sulzbacher, Reinhold	Österreich	3:30,398 Min.
9.	Schmid, Rudolf	Österreich	3:31,419 Min.

Vier Mann, zwei Bobs: Zimmerer/Schumann (links) und Heibl/Ohlwärter. ›Piloten‹ und ihre ›Bremser‹.

Rodeln Einsitzer Damen

1.	Schuhmann, Margit	DDR	2:50,621 Min.
2.	Rührold, Ute	DDR	2:50,846 Min.
3.	Demleitner, Elisabeth	D	2:51,056 Min.
4.	Wernicke, Eva-Maria	DDR	2:51,262 Min.
5.	Mayr, Antonia	Österreich	2:51,360 Min.
6.	Graf, Margit	Österreich	2:51,459 Min.
7.	Scheftschik, Monika	D	2:51,540 Min.
8.	Schafferer, Angelika	Österreich	2:52,322 Min.

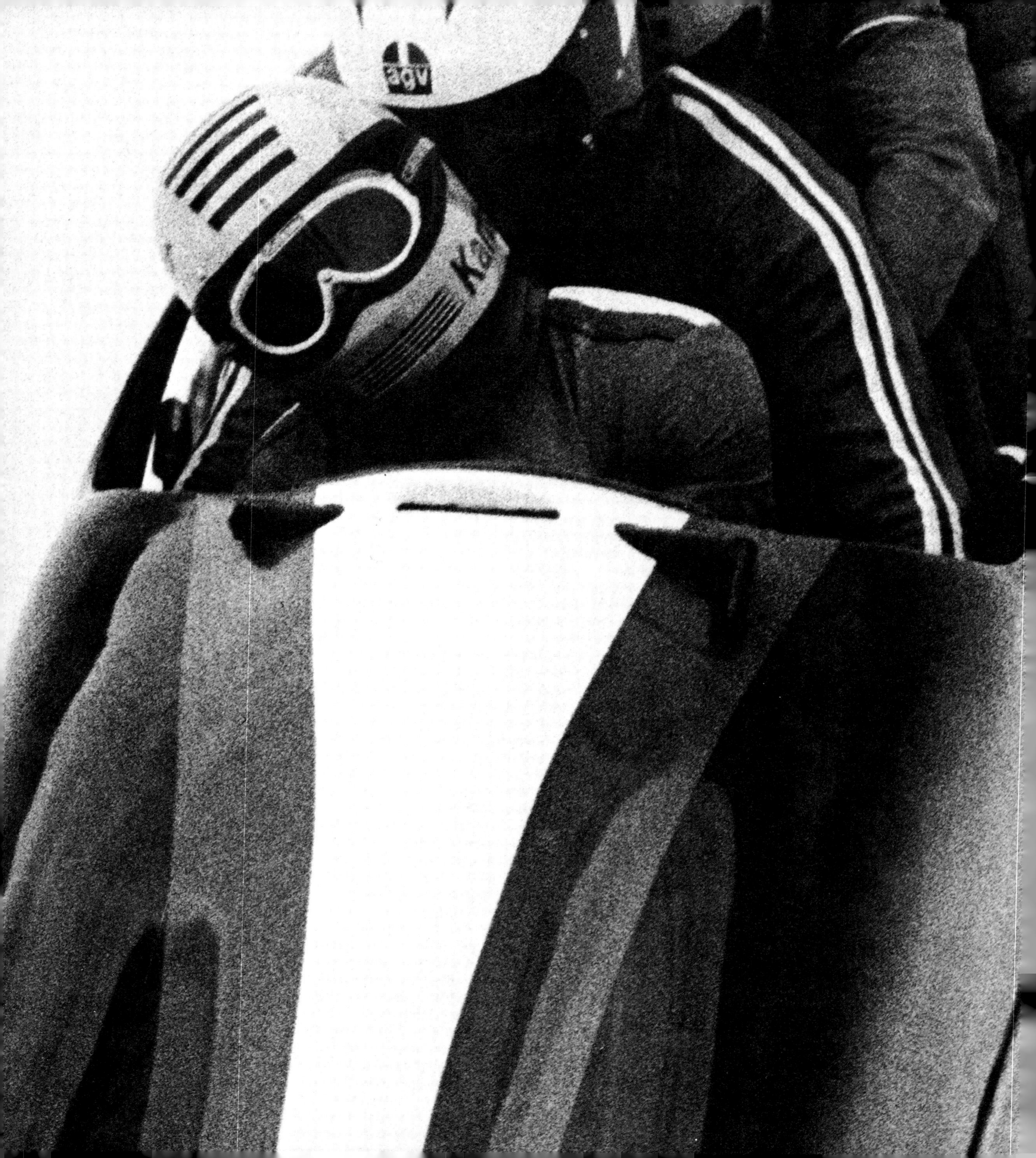
agv

DEUTSCHLAND
I

Spezialspringen 70-m-Schanze

1.	Aschenbach, H.-G.	DDR	84,5/82,0 Meter 252,0 Punkte
2.	Danneberg, Jochen	DDR	83,5/82,5 Meter 246,2 Punkte
3.	Schnabl, Karl	Österreich	82,5/81,5 Meter 242,0 Punkte
4.	Balcar, Jaroslav	CSSR	81,0/81,5 Meter 239,6 Punkte
5.	von Grüningen, E.	Schweiz	80,5/80,5 Meter 238,7 Punkte
6.	Bachler, Reinhold	Österreich	80,5/80,5 Meter 237,2 Punkte
7.	Wanner, Rudolf	Österreich	79,5/79,5 Meter 233,5 Punkte
	Innauer, Anton	Österreich	80,5/81,0 Meter 233,5 Punkte
9.	Steiner, Walter	Schweiz	80,0/78,5 Meter 232,2 Punkte
10.	Grosche, Alfred	D	80,0/80,5 Meter 231,9 Punkte
13.	Schmid, Hans	Schweiz	78,0/79,0 Meter 226,3 Punkte
23.	Schwinghammer, J.	D	75,5/76,5 Meter 215,3 Punkte

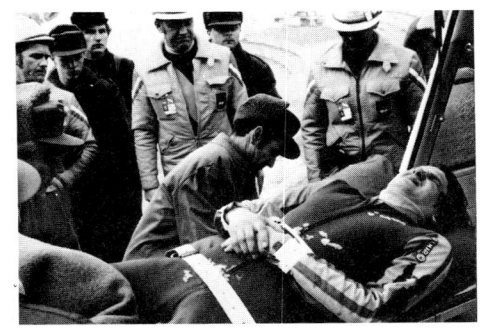

Nach kuriosem Flug in der oberen Hälfte der Aufsprungbahn aufgeschlagen: Verletzt! Der Schwede Lundgren hatte dabei noch Glück, wenngleich er seine Hoffnungen auf olympischen Erfolg begraben mußte. Rechts: Siegerehrung wie gehabt. Irina Rodnina und Alexander Saizew auf dem obersten Treppchen, flankiert von den beiden Paaren aus der DDR.

Eisschnellauf 1000 m Damen

1.	Awerina, Tatjana	UdSSR	1:28,43 Min.
2.	Poulos, Leah	USA	1:28,57 Min.
3.	Young, Sheila	USA	1:29,14 Min.
4.	Burka, Sylvia	Kanada	1:29,47 Min.
5.	Holzner-Pflug, Monika	D	1:29,54 Min.

Eiskunstlauf Paare

			Platzz.	Punkte
1.	Rodnina, Irina Saizew, Alexander	UdSSR	9,0	105,40
2.	Kermer, Romy Österreich, Rolf	DDR	22,0	102,00
3.	Groß, Manuela Kagelmann, Uwe	DDR	32,5	101,00
4.	Babilonia, Tai Gardner, Randy	USA	34,0	100,90
6.	Künzle, Karin Künzle, Christian	Schweiz	62,0	97,10
7.	Halke, Corinna Rausch, Eberhard	D	74,0	95,70

Rosi-Rosi-Tag in Innsbruck. Gold zur rechten Zeit. 50 000 Zuschauer in der Axamer Lizum. Das Mädchen von der Winklmoosalm auch nach Sympathien ganz vorne. Georg Zipfel über 15 Kilometer Siebter. Wermutstropfen im olympischen Freudenbecher: Ein Soldat erliegt den Verletzungen, die er sich beim Sturz auf der Piste zugezogen hatte.

8. Februar 1976
5. Tag

Der Schrei schwoll an und endete im Stakkato: Rosi, Rosi, Rosi! Fremde Menschen fielen sich in die Arme; so recht konnte es keiner glauben. Die Rosi, die alle nur bei ihrem Vornamen nennen, Rosi Mittermaier aus Reit im Winkl also, hatte das wichtigste Skirennen ihres Lebens beendet. Irene Epple, direkt zuvor ins Ziel gekommen, schüttelte die Mannschaftskameradin wie wild. Von allen Seiten brüllten sie es der Rosi entgegen: Bestzeit, Olympiasieg, du hast Gold! Und da lachte sie, hörte gar nicht mehr auf, lachte noch, als die Menge sie fast erdrückte, als ein Journalist sie kurzerhand auf den Armen davontrug zum Mikrofon. Sie lachte auch, als sie Fragen beantworten mußte und doch gar nicht begreifen konnte, daß sie zum ersten Mal in ihrem Leben ein internationales Abfahrtsrennen gewonnen hatte und dafür eine Goldmedaille umgehängt bekommen würde.

So richtig verstand das keiner. Da wurde also die Olympia-Abfahrt gefahren, und die Österreicherinnen schienen unschlagbar. Brigitte Totschnig, im Training stets die Schnellste, war schon fast Olympiasiegerin; zwei Sekunden schneller als die Nächstbeste, das war nicht mehr zu schaffen. Und doch: Rosi Mittermaier holte das Gold. Jene, die dabei waren, werden den strahlenden Februar-Sonntag nicht so schnell vergessen. Die Deutschen schienen plötzlich in der Überzahl.

Nachmittags um halb sechs bat der Trainer darum, sein ›bestes Stück‹ doch erst einmal zum Mittagessen gehen zu lassen; der Magen knurrt auch einer Olympiasiegerin. Rosi Mittermaier hatte sich nur schnell aus dem hautengen Rennanzug gepellt, war in bequemere Kleidung geschlüpft. Dopingkontrolle, wartende, drängende, singende Fans, immer wieder Winken auf dem Balkon. Den bedrohlichen Szenen im Zielraum war sie heil entronnen.

Hinunter ins Tal dann, Pressekonferenz mit den Siegern des Tages. Hunderte von Journalisten. Dasselbe noch einmal vor rein deutschem Auditorium; die Mannschaftsführung präsentiert ihr Aushängeschild. Eine Stunde später hat sie sich hübsch gemacht, hübscher, als sie ohnehin schon ist. Dunkelblaue Hose, dunkelblaue Bluse, roter Rolli – so wird sie weiter herumgereicht. In der Zwischenzeit haben alle sie umarmt, ihr gratuliert. Die Telegramme stapeln sich, vom Bundespräsidenten ist eines darunter und vom Bundeskanzler.

19.00 Uhr. Fernsehauftritt bei den Österreichern, zusammen mit den Geschlagenen und mit den Großen der Vergangenheit. Dann ins nächste Studio, zu den Deutschen. Im olympischen Dorf warten derweil auffällig unauffällig die Journalisten; jeder will ein Stückchen der Siegesfeier mitbekommen. Rosi ist im Speisesaal, heißt es später, doch da darf keiner rein. Sie ißt auf ihrem Zimmer, will der nächste wissen. Als sie um halb elf in der Diskothek des olympischen Dorfes auftaucht, schart sich eine kleine Gruppe um sie, Eiskunstläufer, Eishockeyspieler, Bobfahrer – die deutsche Mannschaft gratuliert. Bis dahin hat die Goldmedaillengewinnerin noch immer nicht zu Abend gegessen.

Rosi, Rosi, Rosi...

Was soll man über die Rosi noch schreiben? Man kennt sie; sie ist schon fast Allgemeingut. Die Daten (geboren am 5. August 1950 in Reit im Winkl, Tochter des Wirtes der Winklmoosalm, zwei Schwestern) sagen nichts Neues mehr und auch der Satz nicht, daß sie immer lacht.

Seit zehn Jahren also fährt sie in der Weltspitze mit, hat Riesenerfolge eingeheimst, darunter 16 deutsche Meisterschaften und den Weltcup 1976. Sie sei ›in der Form ihres Lebens‹ sagt man. »Sie ist ein ganz liebes Mädchen, wir waren immer gute Freundinnen«, erklärte Annemarie Moser-Pröll, die letzte Weltcupgewinnerin, nach der olympischen Abfahrt.

Das klingt banal und ist wohl doch der Kern: Eine gute Freundin ist die Rosi Mittermaier, das fröhliche, lustige, hübsche Mädchen, dessen erfrischender Persönlichkeit sich keiner entziehen kann. Erfolge werden ihr gegönnt, und das meinen alle ehrlich. Eigentlich hätten die Österreicher lieber Brigitte Totschnig auf dem Platz gehabt, der Gold bedeutet, die meisten aber stimmten ehrlich in den Jubel ein: Wenn schon eine andere gewinnen mußte, dann aber nur die Rosi.

Selbst im Trubel dieses Sonntags baute Rosi Mittermaier nicht die Mauer um sich, an der Fragen abprallen. Am liebsten hätte sie alle Hände zugleich geschüttelt, jedem seinen Autogrammwunsch erfüllt, jedem mit einem Dankeschön auf seinen Glückwunsch geantwortet. Nur wenige Rennläuferinnen im Ski-Zirkus haben die Popularität der Rosi Mittermaier erreicht. Sie hat alles durch eine kaum glaubliche Natürlichkeit verkraftet. Auch nach dem Olympiasieg bleibt die Rosi einfach die Rosi.

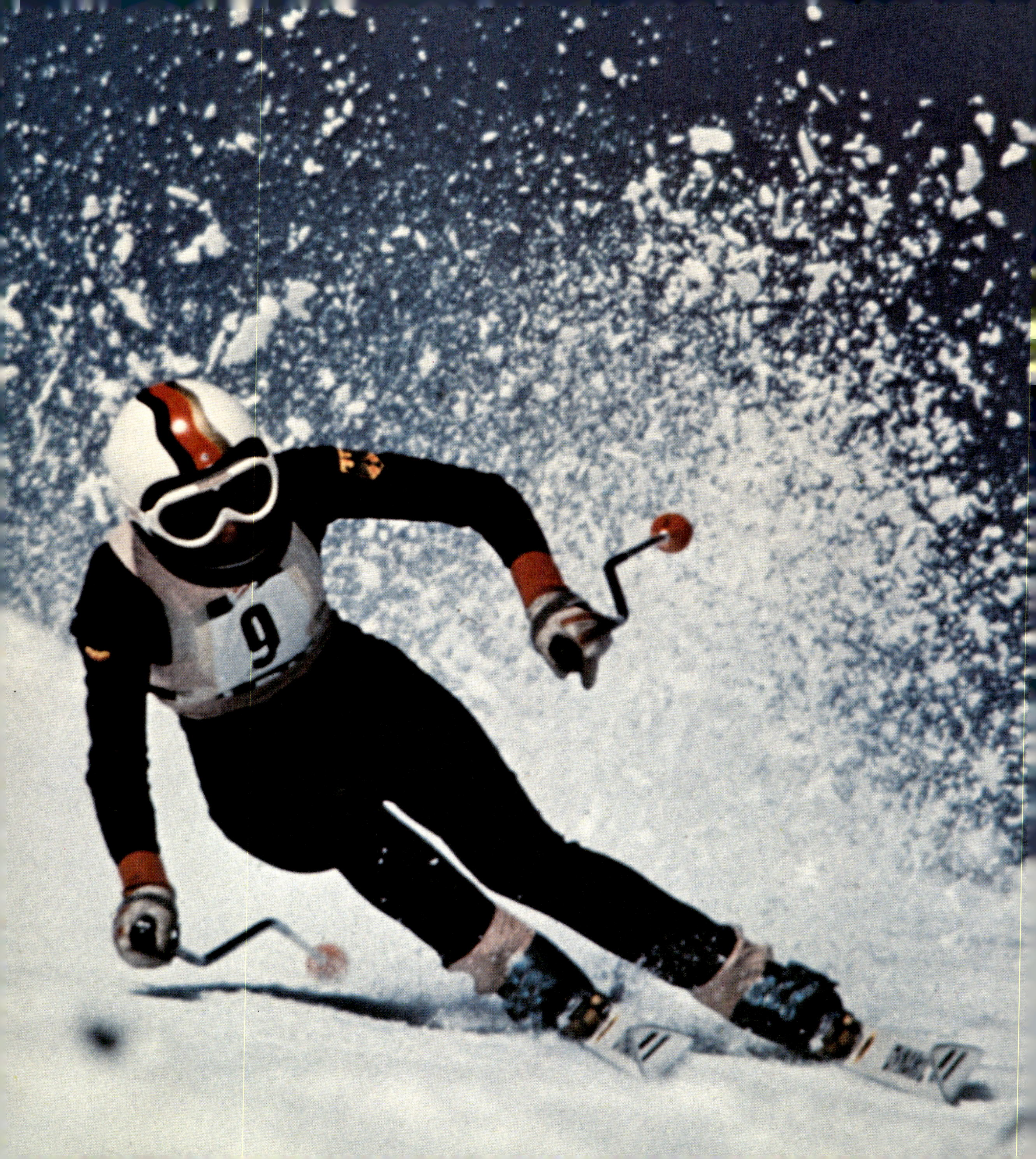
9

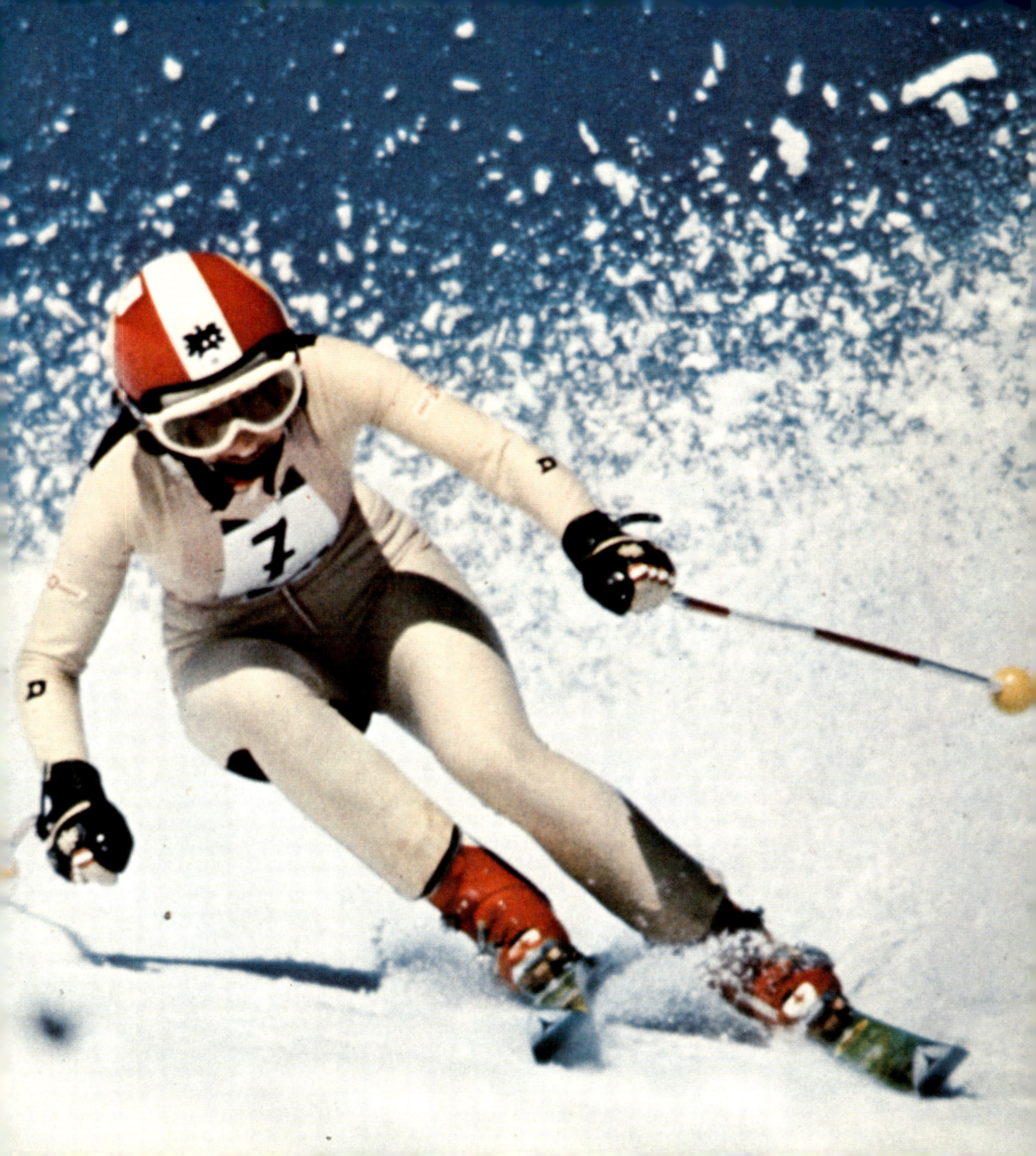
7

Gold Endlich Gold!

Abfahrtslauf Damen

1.	Mittermaier, Rosi	D	1:46,16 Min.
2.	Totschnig, Brigitte	Österreich	1:46,68 Min.
3.	Nelson, Cynthia	USA	1:47,50 Min.
4.	Spieß, Nicola Andrea	Österreich	1:47,71 Min.
5.	Debernard, Daniele	Frankreich	1:48,48 Min.
6.	Rouvier, Jacqueline	Frankreich	1:48,58 Min.
7.	Zurbriggen, Bernadette	Schweiz	1:48,62 Min.
8.	Oberholzer, Marlies	Schweiz	1:48,68 Min.
9.	Kaserer, Monika	Österreich	1:48,81 Min.
10.	Epple, Irene	D	1:48,91 Min.
12.	Lukasser, Irmgard	Österreich	1:49,18 Min.
13.	Mittermaier, Evi	D	1:49,23 Min.
18.	de Agostini, Doris	Schweiz	1:50,46 Min.
23.	Epple, Maria	D	1:51,41 Min.

Langlauf 15 km Herren

1.	Bajukow, Nikolay	UdSSR	43:58,47 Min.
2.	Beliaew, Evgeniy	UdSSR	44:01,10 Min.
3.	Koivisto, Arto	Finnland	44:19,25 Min.
4.	Garanin, Iwan	UdSSR	44:41,98 Min.
5.	Formo, Ivar	Norwegen	45:29,11 Min.
6.	Koch, William	USA	45:32,22 Min.
7.	Zipfel, Georg	D	45:38,10 Min.
11.	Giger, Albert	Schweiz	45:47,07 Min.
12.	Renggli, Franz	Schweiz	45:53,49 Min.
17.	Hauser, Edi	Schweiz	46:29,14 Min.
19.	Wachter, Herbert	Österreich	46:46,39 Min.
27.	Kälin, Alfred	Schweiz	47:05,39 Min.
31.	Kandlinger, Georg	D	47:20,13 Min.
38.	Betz-Franz	D	47:39,15 Min.
42.	Horn, Rudolf	Österreich	48:10,52 Min.
43.	Vogel, Werner	Österreich	48:17,47 Min.
45.	Speicher, Hans	D	48:26,90 Min.
48.	Vogel, Josef	Österreich	48:42,32 Min.

Eisschnellauf 3000 m Damen

1.	Awerina, Tatjana	UdSSR	4:45,19 Min.
2.	Mitscherlich, Andrea	DDR	4:45,23 Min.
3.	Korsmo, Lisbeth	Norwegen	4:45,24 Min.
4.	Kessow, Karin	DDR	4:45,60 Min.
5.	Bautzmann, Ines	DDR	4:46,67 Min.
6.	Filipsson, Sylvia	Schweden	4:48,15 Min.

Vorhergehende Seiten 74 und 75: Zwei hübsche Mädchen in tollkühner Fahrt auf der ›Abfahrt‹: links Rosi Mittermaier, daneben Brigitte Totschnig – Gold und Silber.

Rosi hat Gold. Wir haben Gold. Wir? Mitnichten. Das Mädchen von der Winklmoosalm ist die Abfahrt alleine gefahren, eindrucksvoll, bewundernswert – nicht jene, die sich nun im Glanze des Olympiasieges sonnen, von der Verliererin aber nichts hätten wissen wollen. Doch Freude sei erlaubt. Freude aus mehreren Gründen. Ein wenig, weil ein Lichtblick im Grau von UdSSR- und DDR-Siegen wohltut. Weit mehr, weil die beste Skiläuferin dieses Winters den olympischen Kampf bestand und Olympia-Gold schwerer wiegt als der ihr sichere Weltpokal. Die größte Freude aber gilt dem Menschen. Rosi Mittermaier braucht nun nicht im nachhinein verklärt zu werden. Sie gehört zu den wenigen Leuten, die kaum Feinde, kaum Neider haben. Das will etwas heißen unter Spitzensportlern; schließlich lassen sich Siege in harte Mark ummünzen. Eine Umfrage vor den Spielen ergab: Alle Rivalinnen würden ihr einen Sieg gönnen. Um sie braucht auch niemand zu fürchten wie um andere, denen der Ruhm zu Kopf gestiegen ist. Sie wird nicht an dem Olympiasieg zerbrechen, ihre Laufbahn zählt zahllose Gipfel.

Ihr Gold kam zur rechten Zeit. Schon fürchteten nicht wenige, die Athleten der Bundesrepublik Deutschland kehrten mit leeren Händen heim. Denn sosehr wir auch vorgeben, über Medaillen erhaben zu sein: Ganz ohne goldenen Glanz bleiben die Spiele stumm. Ein Sieg hat alles verändert.

Tausende bildeten einen großen Kreis um das Pressezentrum in der Axamer Lizum. Im ersten Stock wartete Rosi Mittermaier, bis sich endlich das Tal leeren sollte. Doch die Mauer aus begeisterten Menschen wankte nicht. »Rosi, Rosi«, riefen die Fans im Chor. Und immer wieder mußte sich die Olympiasiegerin der Damen-Abfahrt auf dem Balkon zeigen, reckten sich Arme ihr jubelnd entgegen, werden Fähnchen und Mützen geschwenkt. Plötzlich stimmte einer an, und alle sangen mit: »So ein Tag, so wunderschön wie heute ...« Dann mußte sich ihre Schwester Evi zeigen. Sie wurde in dem Trubel nicht vergessen, die nicht nur an diesem Tag im Schatten ihrer Schwester steht, die aber deshalb nicht weniger glücklich über den Erfolg der Rosi ist. Obwohl die Sonne unterdessen aus dem Tal gekrochen war und nur noch auf den Slalomhang leuchtete, die Temperaturen, eben noch sommerlich warm, wieder anzogen, harrten die Menschen aus. Sie waren eigens aus Deutschland wegen dieses Rennens angereist, sie wollten nun auch ihre Rosi feiern, die so große Sympathien in der Bevölkerung besitzt und der man einen solchen Sieg in seltener Einmütigkeit gönnt. Viel Begeisterung über eine Goldmedaille, die erste für die Bundesrepublik bei diesen Olympischen Winterspielen und dann noch in einer so attraktiven Disziplin.

In der Axamer Lizum herrschte ohnehin eine herrliche Volksfeststimmung. 50 000 Zuschauer hatten sich an der Damen-Abfahrtsstrecke und im winzigen Hochtal um den Zielauslauf versammelt. Bei dieser faszinierenden Kulisse, dem strahlend schönen Wetter, war gute Laune ohnehin obligatorisch. Fallschirmsportsspringer segelten mit farbigen Rauchfahnen an zerklüfteten Felsen der verschneiten Bergspitzen vorbei, die in einem halboffenen Kreis die Axamer Lizum, die imponierende Kulisse eines selten schönen Naturstadions, bilden. Zügig wurden die Massen mit einer nicht enden wollenden Buskolonne in das 1600 Meter hohe Schneeloch gefahren. Der lange Weg hat sich gelohnt. Für viele deutsche Sportfans war an diesem frühlingshaften Sonntag in der Axamer Lizum noch einmal Weihnachten mit großer Bescherung.

Nachdenken über eine Siegerin, Nachdenken einer Siegerin (oben). Warten auf Rosi Mittermaier, die Siegerin. Brigitte Totschnig, die Österreicherin, ›sitzt‹ im Zielraum, erholt sich von der Anstrengung der Abfahrt, hofft und bangt – vergebens.

Schön war's damals

Damals waren es die Tage der französischen Geschwister Goitschel. Sie leiteten jene Ära ein, die vier Jahre später in dem Ski-Helden Jean-Claude Killy kulminierte. Haben sie in Frankreich heute eigentlich noch Skifahrer? Nur in der Abfahrt der Damen, da triumphierte 1964 oben in der Lizum das fröhliche Austria: Christl Haas vor Edith Zimmermann und Traudl Hecher. Christl Haas, das große Mädchen mit den strengen Gesichtszügen, war damals so hoch Favoritin wie dieses Mal bei den Herren der Franz Klammer. Die Konkurrentinnen waren nicht unbedingt nett zu ihr; die körperliche Überlegenheit, das größere Gewicht wurden ihr angekreidet. Frauen können Gegnerinnen gegenüber manchmal brutal sein. Vor ein paar Tagen stand die Christl Haas im Empfangsraum vor dem olympischen Dorf. Das Gesicht ist schmaler geworden, sie hat ein Baby – beides steht ihr gut. »Ich schau's mir halt an«, sagte sie. Und: »Schön war's – damals!« Nein – so sehr viel Zeit hätte sie nicht: »Das Baby – Sie verstehen!« So banal es sich anhört: Sie sah sehr glücklich aus – eine Reklame für Hochleistungssportlerinnen, die keine mehr sind. Der hübschen Rosi Mittermaier wär's zu gönnen, 1988 genauso auszusehen.

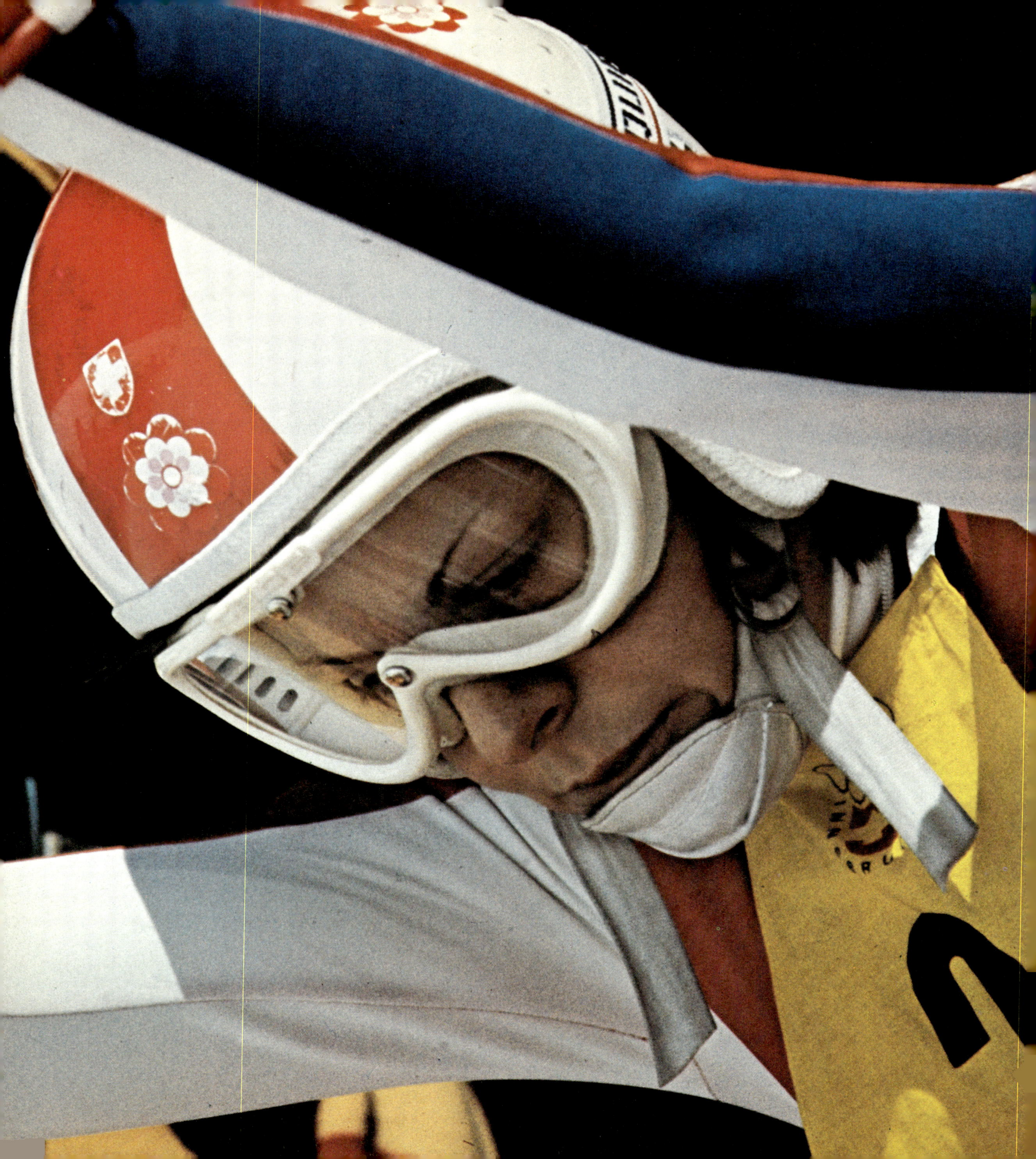

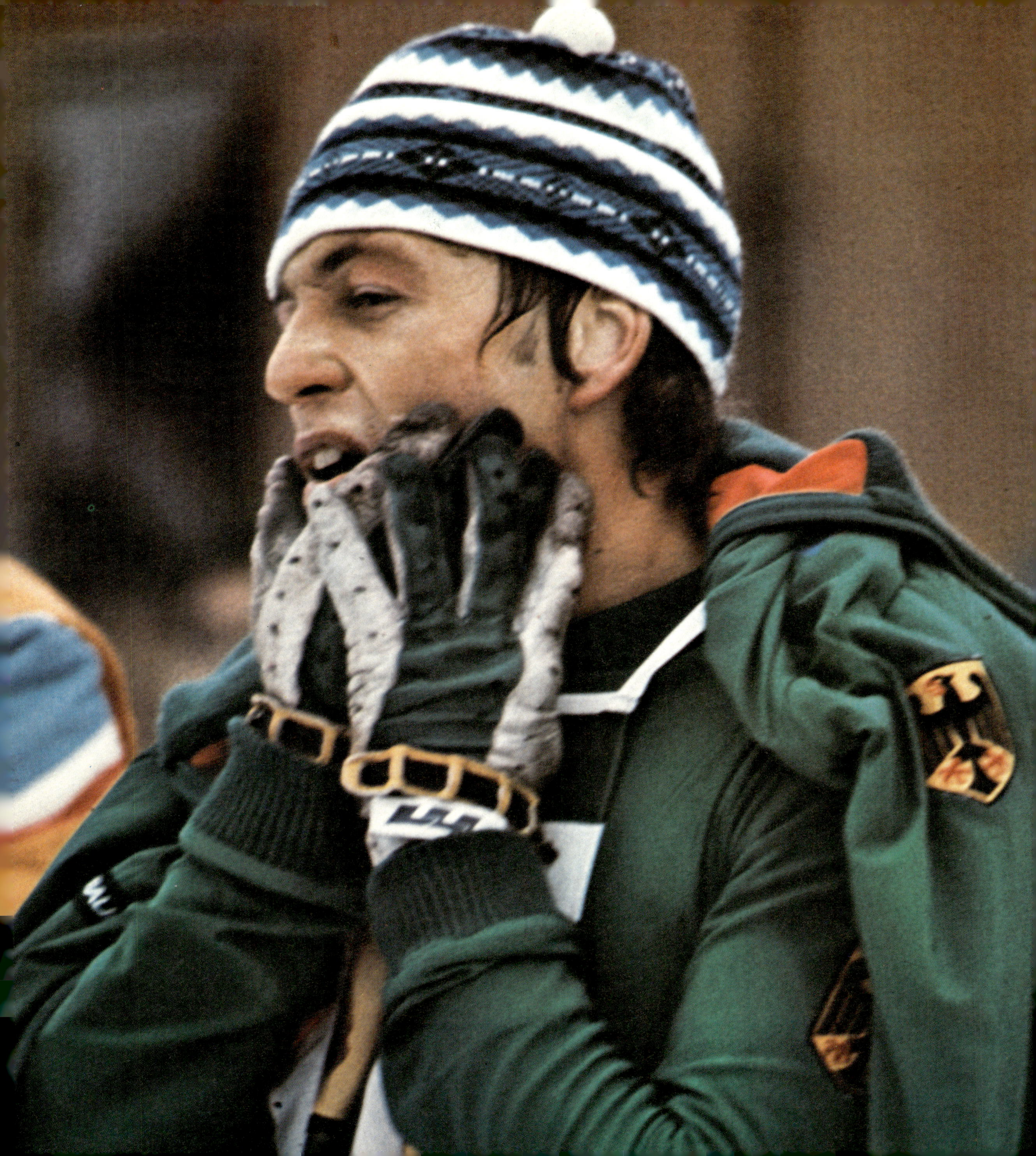

Urban Hettich schlägt die Hände vor das Gesicht, dann, zögernd, sucht er die Bestätigung: Silbermedaille in der Nordischen Kombination. Von Platz elf nach dem Springen auf Rang zwei gelaufen, geradezu nach vorne gestürmt.
Ulrich Wehling, von Hettich gejagt, rettet sich mit knappem Dreißig-Sekunden-Vorsprung in das Ziel.
Vorhergehende Seiten: Die Schweizerin Bernadette Zurbriggen wartet konzentriert auf den Start zum Abfahrtslauf. Urban Hettich (daneben) kann sich seinen Emotionen überlassen, sein Kampf hat sich gelohnt.

Leichter Schneefall statt blauem Himmel. Urban Hettich macht Kilometer für Kilometer das fast Unmögliche wahr: Von Platz 11 nach dem Springen auf Rang 2 in der Kombination. Langläuferin Galina Kulakowa wegen Dopings disqualifiziert. Ihr wird die Einnahme von Nasentropfen zum Verhängnis. Überhaupt, die Grippe geht um.

9. Februar 1976
6. Tag

Ein Montag: Das ist ein Tag, an dem der Hettich kam. In Seefeld regiert der Winter. Statt Staub wie in Innsbruck Schnee, der sparsam aus dem grauen Himmel rieselt. Erst gegen 9 Uhr, der Zeit für den Start, schwindet die Sanatoriumsruhe. An den Begrenzungsgattern nahe im Zielraum drängeln sich die Neugierigen. Verstärkung kommt mit Busladungen voller Schwarzwälder. ›Ihr‹ Urban Hettich aus dem schönen Schonach geht in die Spur. Begleitet von viel Hoffnung.

Hoffnung trotz Platz 11 im Springen? Die Optimisten schwören auf seine Langlaufkünste. Ganz Verwegene munkeln von Bronze – hinter vorgehaltener Hand, versteht sich. Begleitet von Anfeuerungsrufen stürmen sie in die Spur. Und als der Lärmpegel sinkt, wissen die am Ziel: Jetzt beginnen sie draußen im Wald ihren Kampf, den man so gern ›einsam‹ nennt.

Irgendwo im Gelände versucht nun Hettich der Zeit Schnippchen zu schlagen, tut alles, um möglichst viele der vor ihm Gestarteten zu passieren. Der Zielraum ist entvölkert. Nur das Publikum harrt der Dinge, die da zwangsläufig kommen müssen. Langeweile? Keine Spur. Die Rechner haben ihre große Zeit, sie heizen die Spannung auf: »Jetzt hat Hettich den ..., jetzt hat er jenen ..., nun kann er Bronze bekommen, nein, sogar Silber!«

Als das Geschrei schriller wird und ein ›grüner‹ Läufer näherrückt, braucht niemand lange, um den Ankömmling zu erkennen. Von Beifall begleitet, stürzt er ins Ziel, mit dem ›letzten Hemd‹, was meint, mit letzter Kraft. Doch schaut er gut aus, verglichen mit dem Sieger Ulrich Wehling, der, von Hettich gejagt, sich mit knappem 30-Sekunden-Vorsprung ins Ziel rettet, mit Schaum vor dem Mund, wie ein Rennpferd.

Wie schnell sich Hettich erholt, beweist er mit einem kräftigen Luftsprung, begleitet von einem spitzen Schrei. Dazu hat ihn der knappe Satz verführt: »Urban, du hast Silber.« Und dann bricht der Sturm los. Trainer und Kameraden heben ihn auf die Schulter, werfen ihn in die Luft. Fotografen rammen sich gegenseitig die spitzen Ellenbogen in die Seite, um ja das Bild des Tages nicht zu verpassen. Die Reporterkabine bricht fast aus den Fugen, weil Journalisten einen Zipfel Silberwort erhaschen wollen.

Währenddessen wird Seefeld in den Schwarzwald verlegt. Über die Hauptstraße zieht ein bunter, fröhlicher Zug, vorneweg Schonachs Bürgermeister Haas. Transparente: ›Schonach grüßt Urban Hettich‹ und ›Schonach grüßt Seefeld‹. Lieder erklingen. Schwarzwälder Fasnet in Tirol.

Die Eistänzer haben eine rauschende olympische Premiere erlebt. Auch wenn die weisen Olympier des IOC weiter darüber beraten werden, ob das Eistanzen nach Innsbruck auf dem olympischen Programm bleiben soll, die Zuschauer haben diese Sparte begeistert akzeptiert. Nach den enttäuschenden Leistungen der Paare im Eiskunstlaufen war das Eistanzen ein Höhepunkt im eiskal-

Folgende Seite: Urban Hettich aus dem Schwarzwald setzt eine ›deutsche Tradition‹ in der Nordischen Kombination fort: Nach den Erfolgen von Georg Thoma und Franz Keller erkämpft er in Innsbruck die Silbermedaille.

Unolympische Insel
Im Innsbrucker Ostteil Schwaz hat ein Mensch ein Paar Skier zerbrochen, sie vor die Tür gelegt und solcherart kundgetan, daß sein Haus als ein absolut sport- und Olympia-freies Territorium zu betrachten sei. Diese Tatsache muß zu denken geben: Wie kommt es, daß ein Tiroler – ein Innsbrucker sogar – sich nicht von jenen doppelten Olympiafeuern am Berg Isel erleuchten läßt? Warum mag er nicht diskutieren mit Familie und Freunden über Helden und Medaillen? Warum gibt er bekannt, daß in seinem Hause keine Radio- und Fernseh-Sendungen von den Olympischen Spielen eingeschaltet werden dürfen? Ist er krank? Wenn er schon keine Skiläufer mag – gefallen ihm denn nicht wenigstens die graziösen Eis-Ballerinen? Die Erklärung ist einfach: Der Mann, der die Skier zerbrach, ist Besitzer eines kleinen Cafés nebst Gemäldegalerie. Und das, was er tat, war genau das gleiche, was andere auf andere Art ebenfalls mit Skiern zu tun pflegen – Werbung nämlich.

Hatschi
Jene, die sich hustend und schniefend über die Runden quälen, können gar nicht mehr über den Spruch lachen, dies sei der derzeit wichtigste olympische Wettkampf. Die Grippe grassiert. Im olympischen Dorf liegen 124 Sportler mehr oder minder verschnupft im Bett; Olympiamedaillen werden von einem Bazillus gestohlen. Marie-Theres Nadig, die Schweizerin, die in der Axamer Lizum ihr Gold von Sapporo verdoppeln wollte, mußte auf die Abfahrt verzichten, der Österreicher Anton Steiner auf den Riesenslalom. Die Gastgeber holten ihre halbe Eishockeymannschaft von der Krankenstation ins Stadion, und ganze Zeitungsredaktionen sind außer Gefecht. Die Ärzte im olympischen Dorf haben Hochbetrieb, Apotheken machen ein gutes Geschäft. Die völkerverbindende Wirkung eines olympischen Spiels: Hatschi.

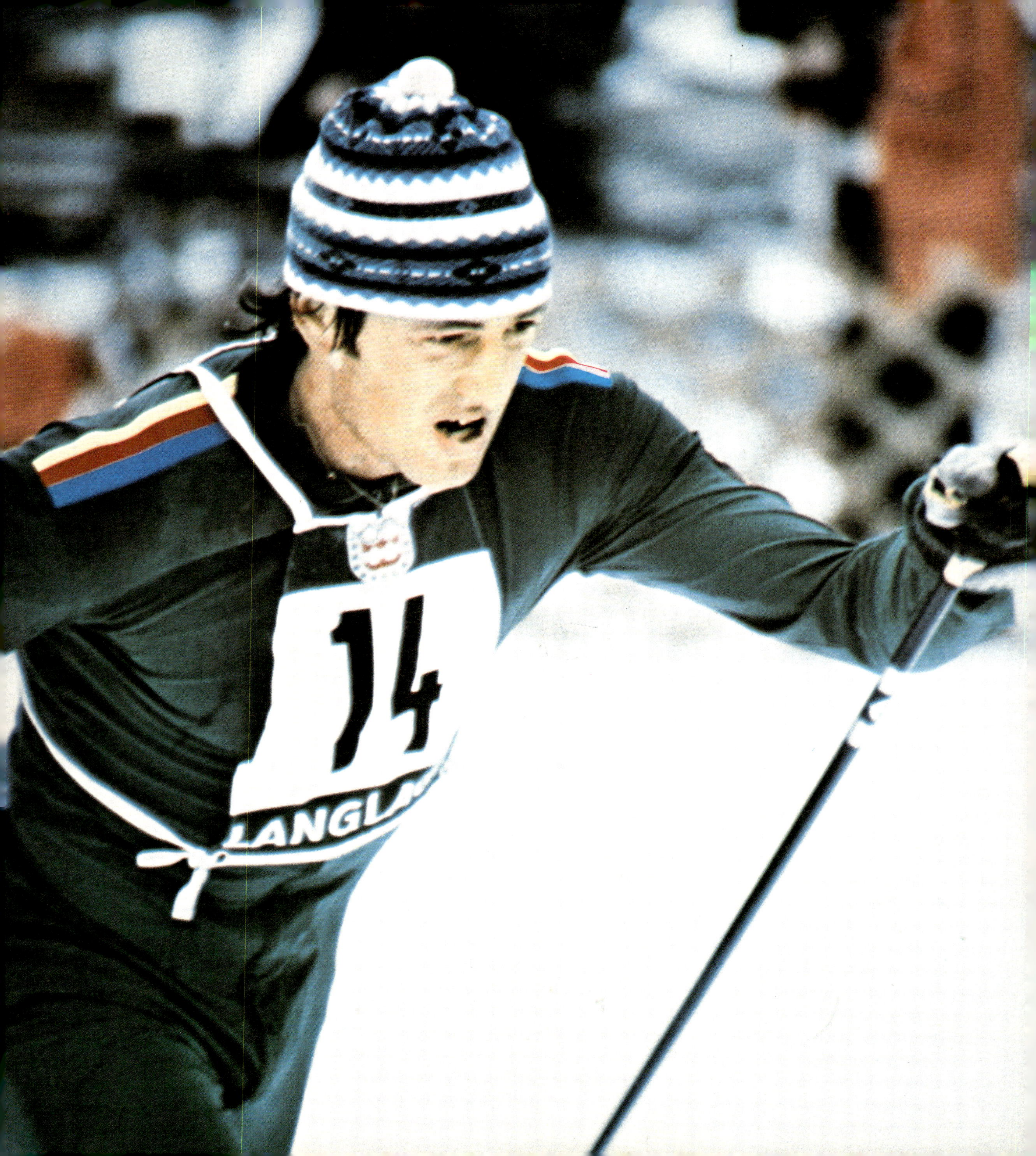
14

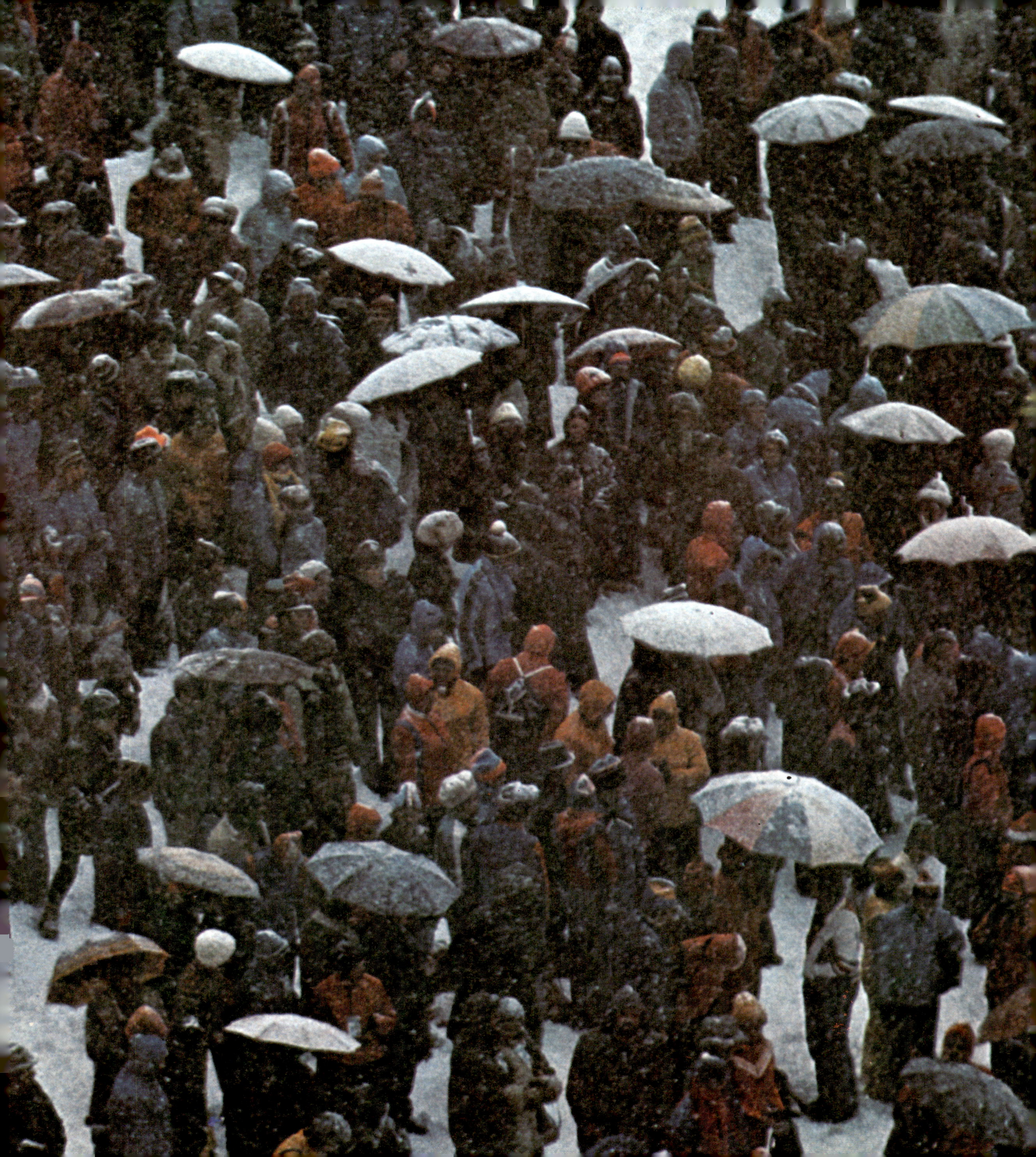

Ulrich Wehling (DDR) in Siegerpose: Der Olympiasieger in der Nordischen Kombination von Sapporo gewinnt auch in Innsbruck die Goldmedaille. Wie schwer ihm dieser Erfolg gefallen ist, zeigt die für ihn nicht gerade typische Pose des Triumphators, eher spricht Erleichterung daraus, Erleichterung darüber, in diesem Zweikampf das unerwartete Duell gegen Urban Hettich gewonnen zu haben.

Eistanzen

		Platzz.	Punkte
1. Pachomowa, Ludmilla Gorschkow, Alexander	UdSSR	9,0	209,92
2. Moissejewa, Irina Minenkow, Andrej	UdSSR	20,0	204,88
3. O'Connor, Colleen Millns, James	USA	27,0	202,64
4. Linichuk, Natalia Karponosow, Gennadij	UdSSR	35,0	199,10
5. Regoczy, Krisztina Sallay, Andras	Ungarn	48,5	195,92
6. Ciccia, Matilde Ceserani, Lamberto	Italien	58,5	191,46

Nordische Kombination

1. Wehling, Ulrich DDR	Springen	225,5 Pkt.
	Langlauf	197,89 Pkt.
	Total	423,39 Pkt.
2. Hettich, Urban D	Springen	198,9 Pkt.
	Langlauf	220,00 Pkt.
	Total	418,90 Pkt.
3. Winkler, Konrad DDR	Springen	213,9 Pkt.
	Langlauf	203,57 Pkt.
	Total	417,47 Pkt.
4. Miettinen, Rauno Finnland	Springen	219,9 Pkt.
	Langlauf	191,40 Pkt.
	Total	411,30 Pkt.
5. Tuchscherer, Klaus DDR	Springen	218,7 Pkt.
	Langlauf	190,81 Pkt.
	Total	409,51 Pkt.
6. Nagovitzin, Nikolay UdSSR	Springen	196,1 Pkt.
	Langlauf	210,34 Pkt.
	Total	406,44 Pkt.
14. Abel, Günther D	Springen	196,8 Pkt.
	Langlauf	197,77 Pkt.
	Total	394,57 Pkt.
19. Lustenberger, Karl Schweiz	Springen	202,5 Pkt.
	Langlauf	175,60 Pkt.
	Total	378,10 Pkt.
26. Koch, Fritz Österreich	Springen	189,1 Pkt.
	Langlauf	174,52 Pkt.
	Total	363,62 Pkt.

ten Geschäft. Die Eistanzpaare bewiesen, daß sie mit ihrem Formenreichtum, ihren Schrittpassagen, der Harmonie und vor allem der eingängigen Musik dem Publikum verständlicher sind als die Paare im Eiskunstlauf. Die zwei- und dreifachen Sprünge können vom Zuschauer kaum noch auseinandergehalten werden. Der Kürlauf der Paare ist überfrachtet mit Schwierigkeiten. Für das Eiskunstlaufen, das nicht nur ein Sprunglaufen ist, bleibt immer weniger Raum; die Paare rennen mehr aneinander vorbei, als daß sie miteinander das einst so gefeierte Paarlaufen demonstrieren. Oft treten die Paare noch mit einer merkwürdig anspruchsvollen Musik auf, die sie überhaupt nicht bewältigen. Das fällt bei den Eistänzern meist flach. Sie kommen dem Publikum verständlich, mitunter noch zu süßlich, besonders bei schwächeren Paaren aus Amerika und England. Doch die Spitzenpaare demonstrieren eine hohe Übereinstimmung von Musikalität, eisläuferischem Vermögen und Einfallsreichtum an Bewegungsformen. Vor allem die sowjetischen Paare bestimmen die Richtung der Entwicklung, überzeugen mit einer einstudierten, harmonischen Choreographie und prägen sicherlich das weitere Wachstum dieses jüngsten olympischen Kindes.

Galina Kulakowa, die Langläuferin aus der Sowjetunion, schrieb ein kleines Stück Olympia-Geschichte. Denn ihr ›Fall‹ war der insgesamt dritte Dopingfall moderner Olympischer Spiele (wenige Tage später sollte mit dem tschechoslowakischen Eishockeyspieler Pospisil noch ein weiterer hinzukommen). Galinas Verhängnis: Nasentropfen gegen Grippe, die ein verbotenes Mittel enthielten. Das Internationale Olympische Komitee ließ Gnade walten. Galina Kulakowa wurde die Bronzemedaille, die sie im Lauf über 5 Kilometer errungen hatte, aberkannt, weitere Starts bei diesen Spielen aber erlaubt. Sie holte das Verlorene nach: Bronzemedaille über 10 Kilometer, Goldmedaille mit der sowjetischen Staffel. Ohne Nasentropfen. Aber wurde tatsächlich Drogen-Mißbrauch getrieben? Den Nationalen Olympischen Komitees war vor den Spielen vom IOC eine lange Liste der verbotenen Mittel zugestellt worden, die Mannschaftsärzte wußten also Bescheid. Zu Recht traf im ›Fall Pospisil‹ die Hauptwucht der Strafe den Teamarzt (Ausschluß von Olympischen Spielen auf Lebenszeit) und nicht den Sportler, der sich dem Arzt anvertraut hatte.

Er fühlte sich fett

Als der Innenarchitekt Franz Krienbühl 31 Jahre alt war, wog er 95 Kilo. Bei einer Körpergröße von einsneunundsiebzig war ihm das zu viel – er fühlte sich fett. Und so begann Franz Krienbühls sportliche Karriere; er wurde ein Eisschnelläufer.

Krienbühl steht im 47. Lebensjahr, und er fühlt sich in der Form seines Lebens. Er startete als einziger Eisschnelläufer für die Schweiz, sicherlich der älteste Spitzensportler überhaupt bei diesen Winterspielen. Das mit der ›Form des Lebens‹ ist übrigens nicht nur so dahergeredet: Franz Krienbühl verbesserte in dieser Saison elf Schweizer Rekorde; insgesamt tat er das schon 34mal. Bei der Europameisterschaft kürzlich in Oslo belegte er den zwölften Platz im Rennen über 10 000 Meter in einer Zeit von 15:39,77 Minuten. Man muß diese Leistung ein bißchen in eine Relation setzen: Wenn Franz Krienbühl vor sechzehn Jahren bei den Winterspielen in Squaw Valley so schnell gewesen wäre, hätte er die Goldmedaille gewonnen – damals war er dreißig. Und noch eins: Die Besten aus der Bundesrepublik – wissenschaftlich trainierte, ernährte, vorbereitete, unterstützte junge Athleten – laufen eine knappe Minute langsamer.

Dieser Franz Krienbühl stellt eigentlich alle Theorien auf den Kopf, die die Wissenschaftler als Grundlage ihrer Forschungen über den biologischen Alterungsprozeß von Sportlern ansehen. Er ist ein Verrückter dieses Sports geworden. Seine Nahrung besteht ausschließlich aus Honig und Haferflocken, Weizenkeimen und Quark. Franz Krienbühl, Innenarchitekt in Zürich, glaubt, die absolut ideale Methode zur Verbesserung seiner Leistungen erst im vergangenen Jahr gefunden zu haben. Leider.

Natürlich hat er keine Medaille in Innsbruck gewonnen. Es mache ihm Spaß, hat er gesagt. Er wollte einmal ausprobieren, was man mit sich machen kann.

Bei Ludmilla Pachomowa und Alexander Gorschkow gab es keine Diskussionen um Platz eins. Die rauschende Premiere des Eistanzes im olympischen Programm wurde von ihnen beherrscht und sie sorgten dafür, daß das Publikum diese ›verständliche‹ Sportart begeistert akzeptierte.

Folgende Seiten: Journalisten als Vermittler des olympischen Geschehens von Innsbruck aus in alle Welt. Rechts die Silbermedaillengewinner im Eistanzen, Irina Moissejewa und Andrej Minenkow aus der Sowjetunion.

TVP

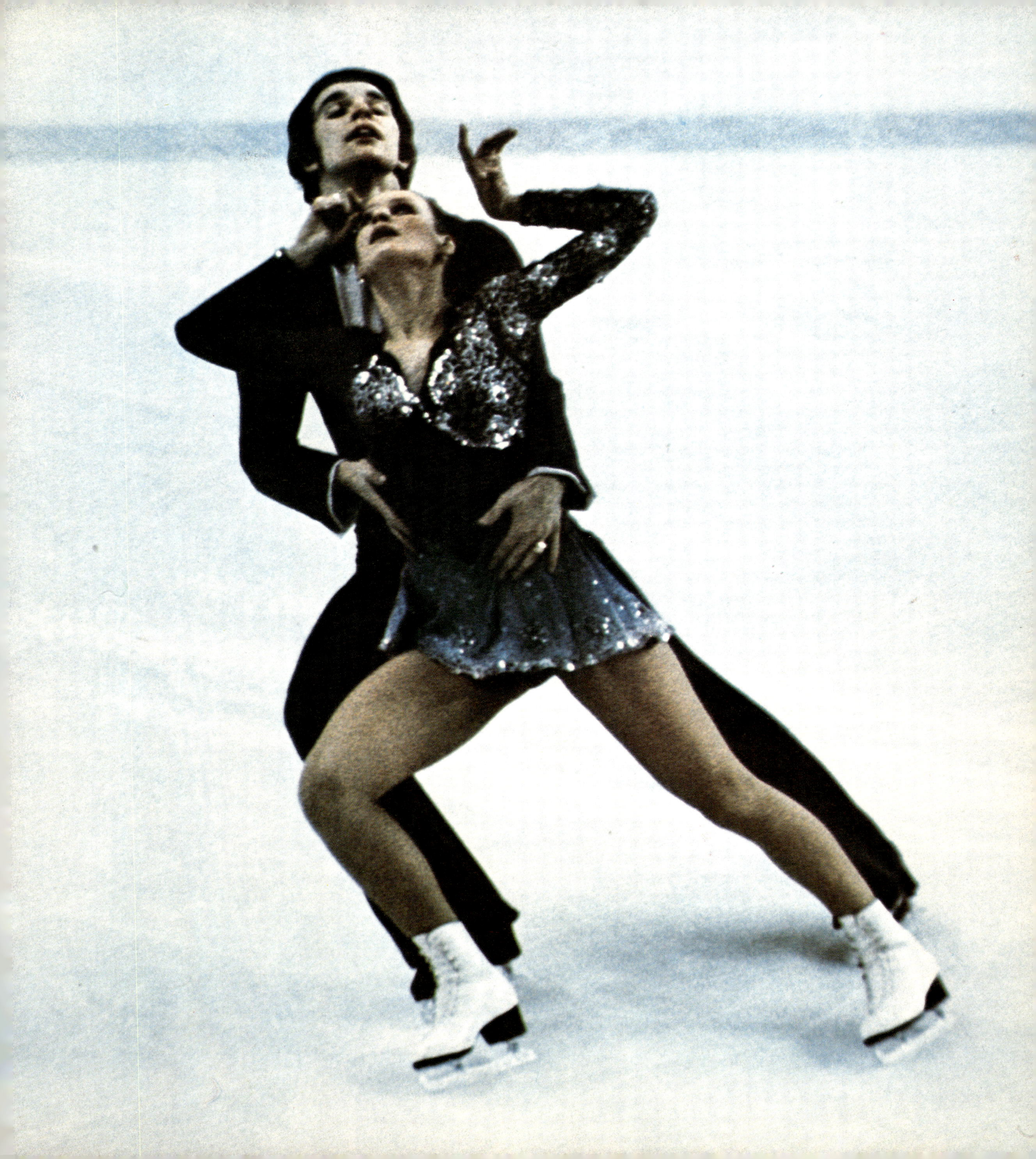

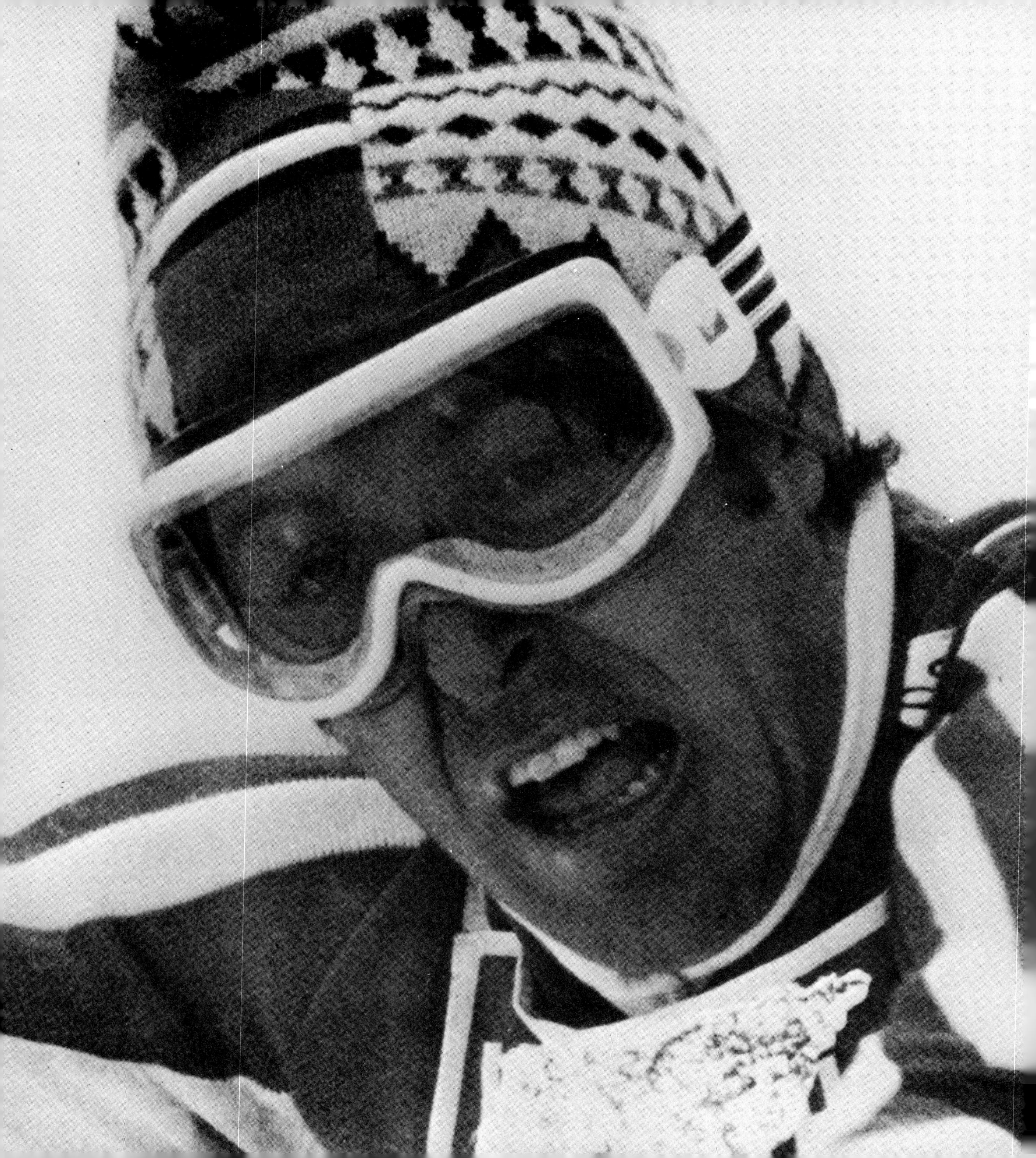

Heini Hemmi auf den Spuren von Rosi Mittermaier. Gustav Thöni der große Verlierer im Riesenslalom. In der doppelten Rodelei den DDR-Eintopf dank Brandner/Schwarm und Schmid/Schachner pikant gewürzt. Kulikow tritt das Erbe von Sprinter Erhard Keller an. Horst Freese kriegt die Kurve nicht und fällt aus dem Rennen.

10. Februar 1976
7. Tag

Am Steilhang des Riesenslaloms der Herren sind die Träume der Italiener vom Olympiasieg ›ihres‹ Gustav Thöni im zweiten Durchgang gescheitert. Er war nach dem ersten Lauf mit einem sogenannten sicheren Vorsprung seiner zweiten Goldmedaille in diesem anstrengendsten aller alpinen Skiwettbewerbe so nahe wie möglich. Doch die Schweizer gewannen das Duell gegen den Italiener mit einem glanzvollen Doppelerfolg von Heini Hemmi aus Parpan in Graubünden und Ernst Good aus Flums im St. Gallener Oberland.
Weder Piero Gros, der Italiener, der schon kurz nach dem Start an den Tücken dieser verrückten Piste scheiterte, noch Hans Hinterseer, der Österreicher, konnten die Gunst der Stunde nutzen, daß Thöni auf keinem Teil der Strecke seinen Rhythmus, seine Form fand, den man selten so tief mit dem Kopf fahren, so oft seinen Schwung neu ansetzen sah.
Es war die Stunde der konditionsstarken Schweizer. Der kleinste aus der Schweizer Equipe mit den längsten Riesenslalomski (2,13 Meter) holte sich die Goldmedaille. Er bestätigte damit die besonderen olympischen Gesetze, denn sein Sieg war zugleich auch sein erster Erfolg im Riesenslalom. Viermal war er zwar schon in Weltcuprennen Bestzeit gefahren, aber für zwei gute Durchgänge hatte es bisher nie gereicht. Im olympischen Rennen lag er nach dem ersten Durchgang mit 1,2 Sekunden hinter Thöni auf dem dritten Rang, aber bei der Steilwandfahrt im zweiten Lauf kam er auf die zweitbeste Tageszeit. Das reichte zum Erfolg vor seinem Landsmann Ernst Good, der wie Hemmi Mühe hatte, sich überhaupt in der Schweizer Nationalmannschaft zu behaupten. Good war sogar in die zweite Trainingsgruppe zurückgestuft worden. Die Deuter seines Sieges unterstellten, Trotz oder Wut habe ihn nach vorne getrieben.
Ernst Good nach dem Rennen: »Das war der steilste Hang, den ich jemals bei einem Riesenslalom gesehen habe, und ich bin noch nie einen so strengen und schwierigen Kurs gefahren.« Und Heini Hemmi: »Das war mein anstrengendster Skilauf. Ich wußte, daß Gros und Stenmark einen Großangriff fahren werden.« Und, was einem Läufer selten möglich ist, Heini Hemmi hörte während der Fahrt aus einem Lautsprecher die Bestzeit von Stenmark: »Da wußte ich, daß ich noch etwas zulegen muß.« Er hat zugelegt.

Jubel, Freudentränen, strahlende Gesichter allenthalben. Die olympischen Rodelfahrten '76 waren Vergangenheit. Der Streß löste sich. Glückwünsche wanderten hin und her; auffallend herzlich auch zwischen den beiden deutschen Abteilungen. Und erstmals heiterten sich die bislang düsteren Mienen der Österreicher auf. Mit der Bronzeplakette erhaschten sie den letzten Zipfel des Glücks. Neben dem bewundernswerten persönlichen Einsatz sind die großen Fahrten freilich nur durch ein ausgeklügeltes Gesamtkonzept möglich geworden. Zu der gesteigerten Athletik, fahrerischen Schulung, mentalem

Riesenslalom Herren

1.	Hemmi, Heini	Schweiz	3:26,97 Min.
2.	Good, Ernst	Schweiz	3:27,17 Min.
3.	Stenmark, Ingemar	Schweden	3:27,41 Min.
4.	Thöni, Gustav	Italien	3:27,67 Min.
5.	Mahre, Phillip	USA	3:28,20 Min.
6.	Pargaetzi, Engelhard	Schweiz	3:30,09 Min.
10.	Burger, Albert	D	3:32,68 Min.
14.	Hinterseer, Hans	Österreich	3:33,80 Min.
19.	Junginger, Wolfgang	D	3:36,02 Min.
28.	Ferstl, Josef	D	3:41,52 Min.
30.	Neureuther, Christian	D	3:44,02 Min.

Disqualifiziert: Hauser, Klammer, Morgenstern (Österreich); Tresch (Schweiz)

Gustav Thöni, einer der großen Verlierer dieser Winterspiele. Nach dem ersten Durchgang des Riesenslaloms schien der Südtiroler bereits mehr als ein halber Sieger, nach dem zweiten Lauf auf der extrem steilen Piste in der Axamer Lizum triumphierten die Schweizer. Thöni war Vierter geworden, war enttäuscht und verbittert, den Erfolg von Sapporo nicht wiederholen zu können. Der Schwede Ingemar Stenmark (oben) ging den umgekehrten Weg, indem er sich durch eine grandiose Leistung im zweiten Durchgang noch die Bronzemedaille sicherte – vor Gustav Thöni (links).

Heini Hemmi (rechts), der bärtige Maurer aus der Schweiz, jagt auf der steilsten Riesenslalomstrecke, die je bei Olympischen Winterspielen gesteckt worden war, der Goldmedaille entgegen. Sein Landsmann Ernst Good (oben), ebenfalls Maurer von Beruf, errang die Silbermedaille. Ein steiler Leistungsanstieg bei einem Streckengefälle bis zu 49 Grad. Tollkühne Maurer und ein großer Verlierer: Gustav Thöni.

Training kam diesmal die Ausschöpfung technischer Möglichkeiten. Der Fahrer und der raffiniert konstruierte Schlitten sind als aerodynamisches Gesamtpaket zu betrachten. Darin spielt der lustig aussehende Helm ebenso eine Rolle wie die Noppensocken.

Was bisweilen alles für Olympiamedaillen getan wird, zeigt zum Beispiel die Kufenfrage. Die neuen Schlitten, die in dreijähriger Arbeit von Messerschmitt-Bölkow-Blohm entwickelt wurden, fuhren auch deshalb besonders schnell, weil sie von Werkspezialisten elektrisch poliert und mit einer Spezialpaste behandelt wurden. Nach ähnlichen Methoden verfuhren übrigens auch die Österreicher. Daß die Wartung der westdeutschen Schlitten nicht laienhaft betrieben wurde, dafür verbürgten sich zwei Werksmechaniker, die in Igls die Schlitten sachkundig präparierten.

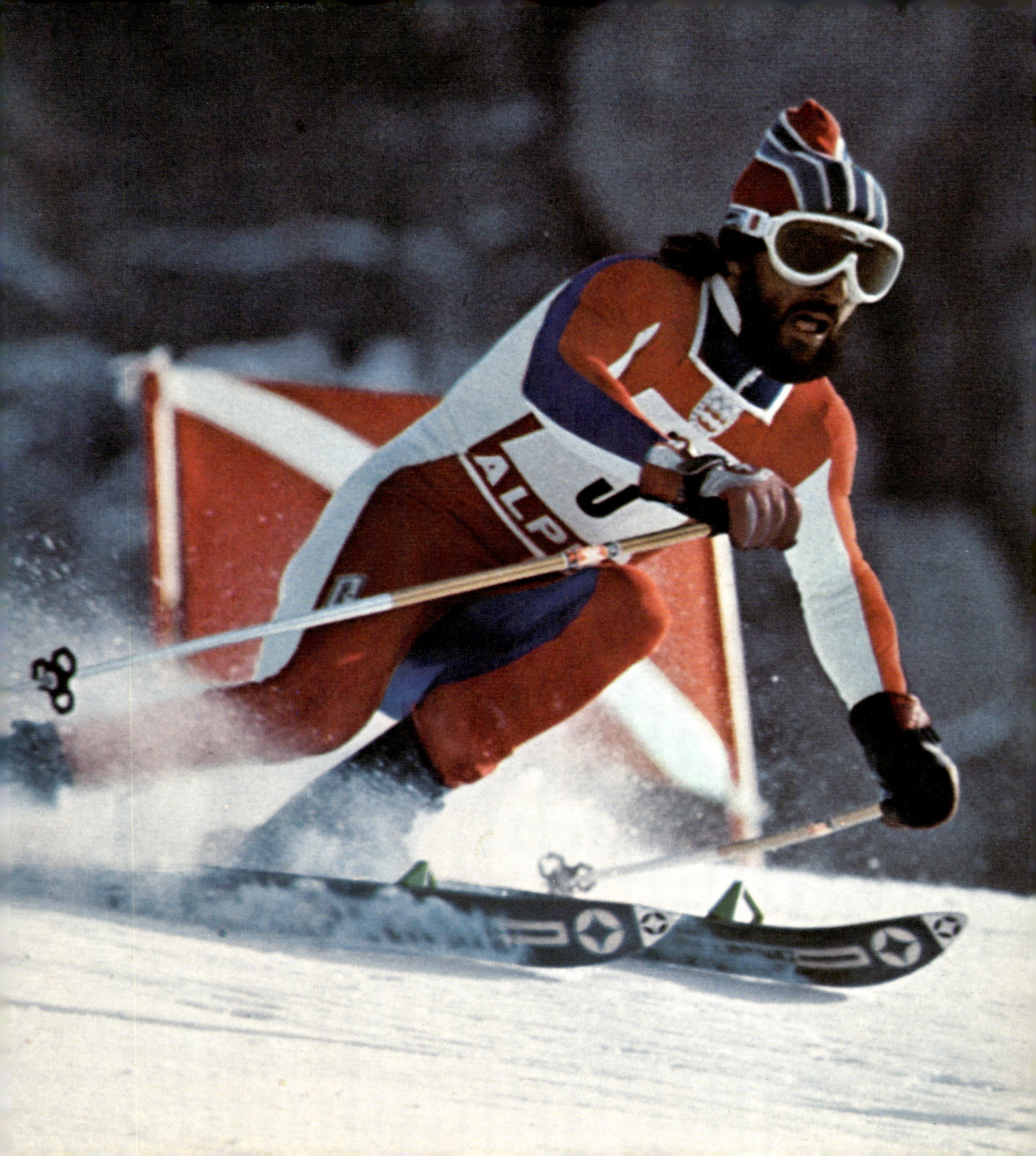
ALP

Rechts: Ernst Good und Freund Heini Hemmi, die beiden Überraschungssieger aus der Schweiz im Riesenslalom der Herren, auf der Fahrt nach ›oben‹.

Unten: Windschlüpfig und fischhäutig glatt, Skulpturen gleich: Ein faszinierend futuristisches Erscheinungsbild der Rodler als Ergebnis menschlicher Tüftelei auf der Jagd nach Hundertstelsekunden.

Blicke der Freude, des Triumphs – Galina Kulakowa (links) und ihre Landsmännin Raisa Smetanina. Bronze und Gold im Langlauf der Damen über 10 km.

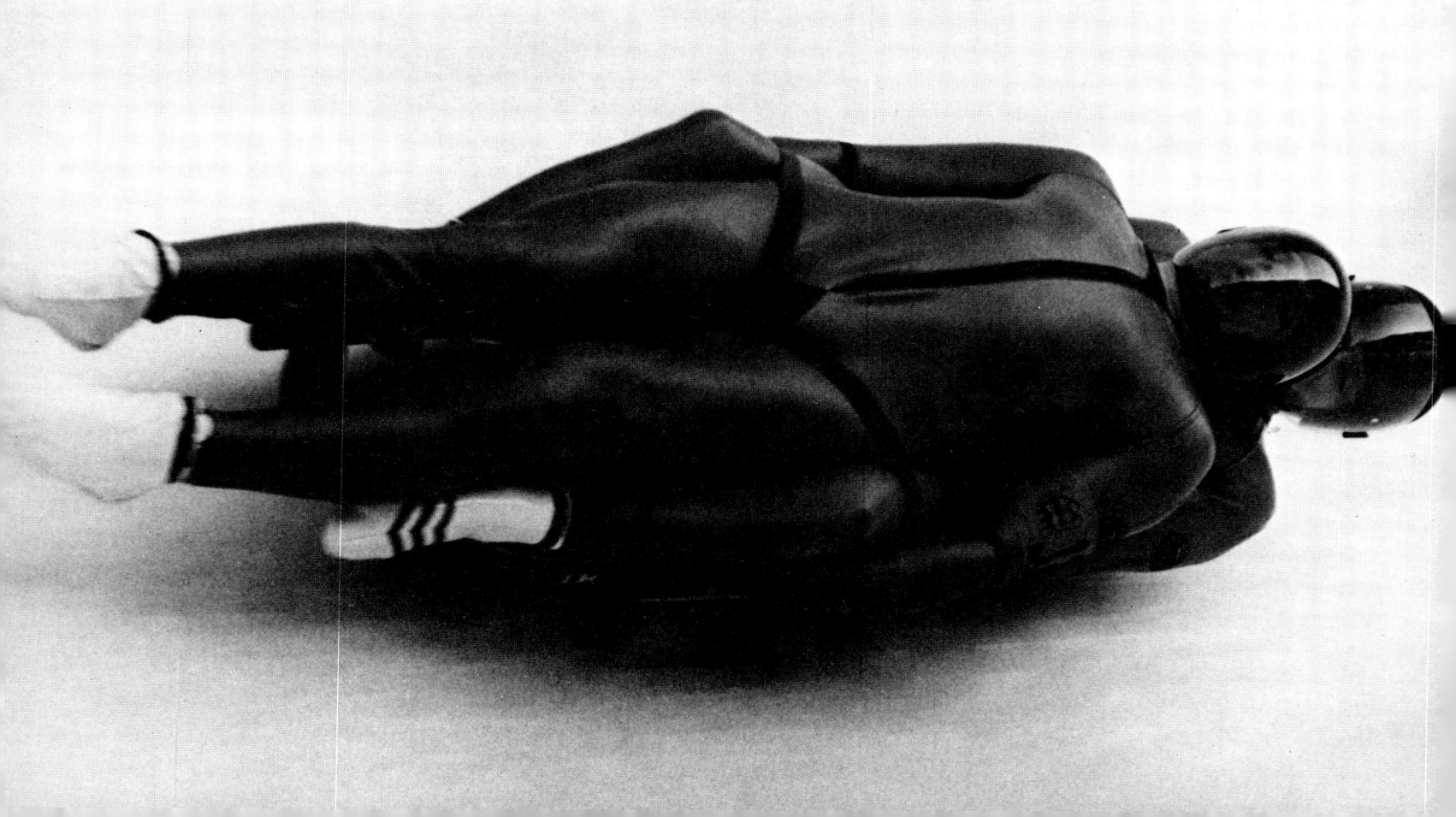

Links: Horst Freeses Pech bei Olympischen Spielen. 1972 durfte der ehemalige DDR-Meister in Sapporo (noch) nicht für die Bundesrepublik starten, 1976 wurde ihm eine Kurve zum Verhängnis. Er tat beim Eissprint einen Fehltritt, stürzte, rutschte und purzelte dann koppheister hinter den Schaumstoffwall. – Schade, die erste Kurve war die letzte.

Unten: Doppelte Freude im Doppelsitzer. Brandner/Schwarm aus der Bundesrepublik steht die Zufriedenheit über die unverhoffte Silbermedaille beim Rodeln deutlich im Gesicht geschrieben. Na, war das nichts?

Folgende Seiten: Neugierde macht erfinderisch, und um den Pulk der Langläufer zu beobachten, kletterte man schon mal auf einen natürlichen ›Anstand‹. Die Aussicht ist dementsprechend anständig.

Rodeln Doppelsitzer

1.	Hahn, Norbert		
	Rinn, Hans	DDR	1:25,604 Min.
2.	Brandner, Hans		
	Schwarm, Balthasar	D	1:25,889 Min.
3.	Schmid, Rudolf		
	Schachner, Franz	Österreich	1:25,919 Min.
4.	Hölzlwimmer, Stefan		
	Grösswang, Rudolf	D	1:26,238 Min.
5.	Schmid, Manfred		
	Sulzbacher, Reinhold	Österreich	1:26,424 Min.

Langlauf 10 km Damen

1.	Smetanina, Raisa	UdSSR	30:13,41 Min.
2.	Takalo, Helena	Finnland	30:14,28 Min.
3.	Kulakowa, Galina	UdSSR	30:38,61 Min.
4.	Baldichowa, Nina	UdSSR	30:52,58 Min.
5.	Olsson, Eva	Schweden	31:08,72 Min.
6.	Amosowa, Zinaida	UdSSR	31:11,23 Min.
7.	Petzold, Barbara	DDR	31:12,20 Min.
8.	Schmidt, Veronika	DDR	31:12,33 Min.
12.	Krause, Sigrun	DDR	31:39,76 Min.
14.	Debertshäuser, M.	DDR	31:50,06 Min.
25.	Endler, Michaela	D	32:55,62 Min.
31.	Schulze, Iris	D	33:43,82 Min.
40.	Stoeckl, Barbara	Österreich	35:28,99 Min.
41.	Schweiger, Sylvia	Österreich	36:32,93 Min.
44.	Gasteiger, Gertrud	Österreich	37:07,18 Min.

Eisschnellauf 500 m Herren

1.	Kulikow, Eugeniy	UdSSR	39,17 Sek.*
2.	Muratow, Valeriy	UdSSR	39,25 Sek.
3.	Immerfall, Daniel	USA	39,54 Sek.
4.	Wallberg, Mats	Schweden	39,56 Sek.
5.	Mueller, Peter	USA	39,57 Sek.
6.	Sunde, Arnulf	Norwegen	39,78 Sek.
24.	Oehme, Harald	DDR	41,54 Sek.
26.	Schabus, Berend	Österreich	42,33 Sek.
27.	Steinberger, Heinz	Österreich	43,28 Sek.
	Freese, Horst	D	gestürzt

*Olympischer Rekord

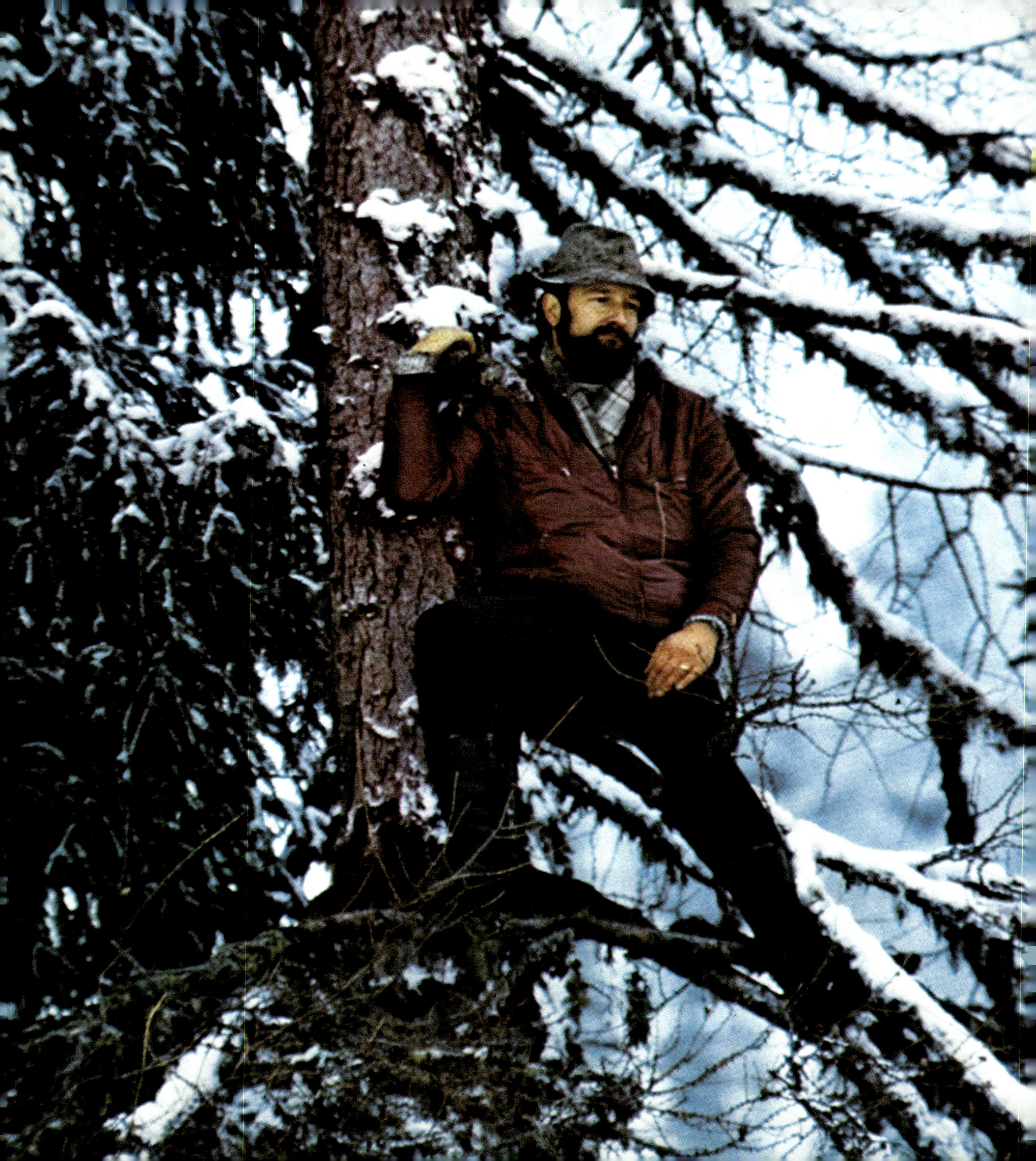

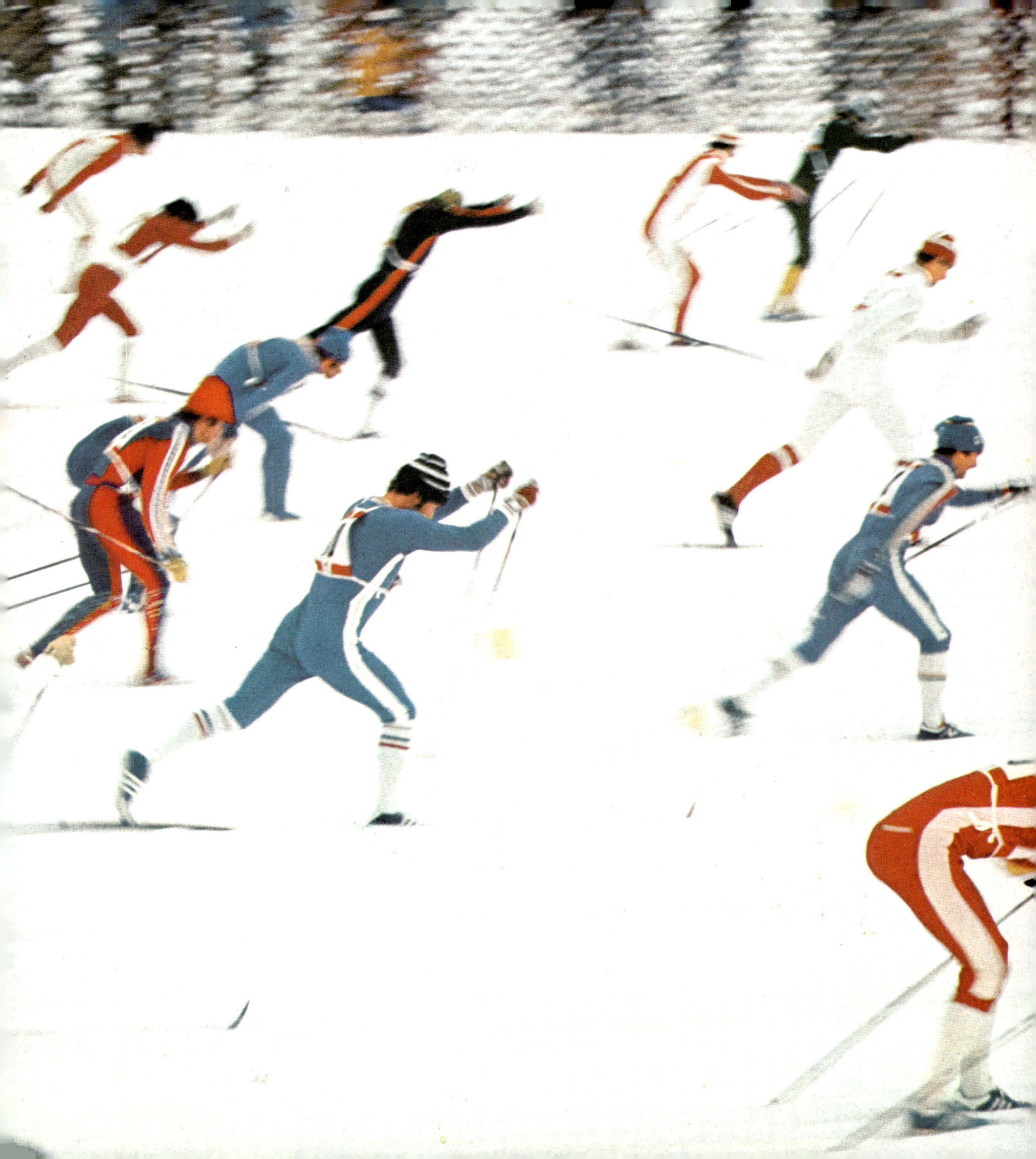

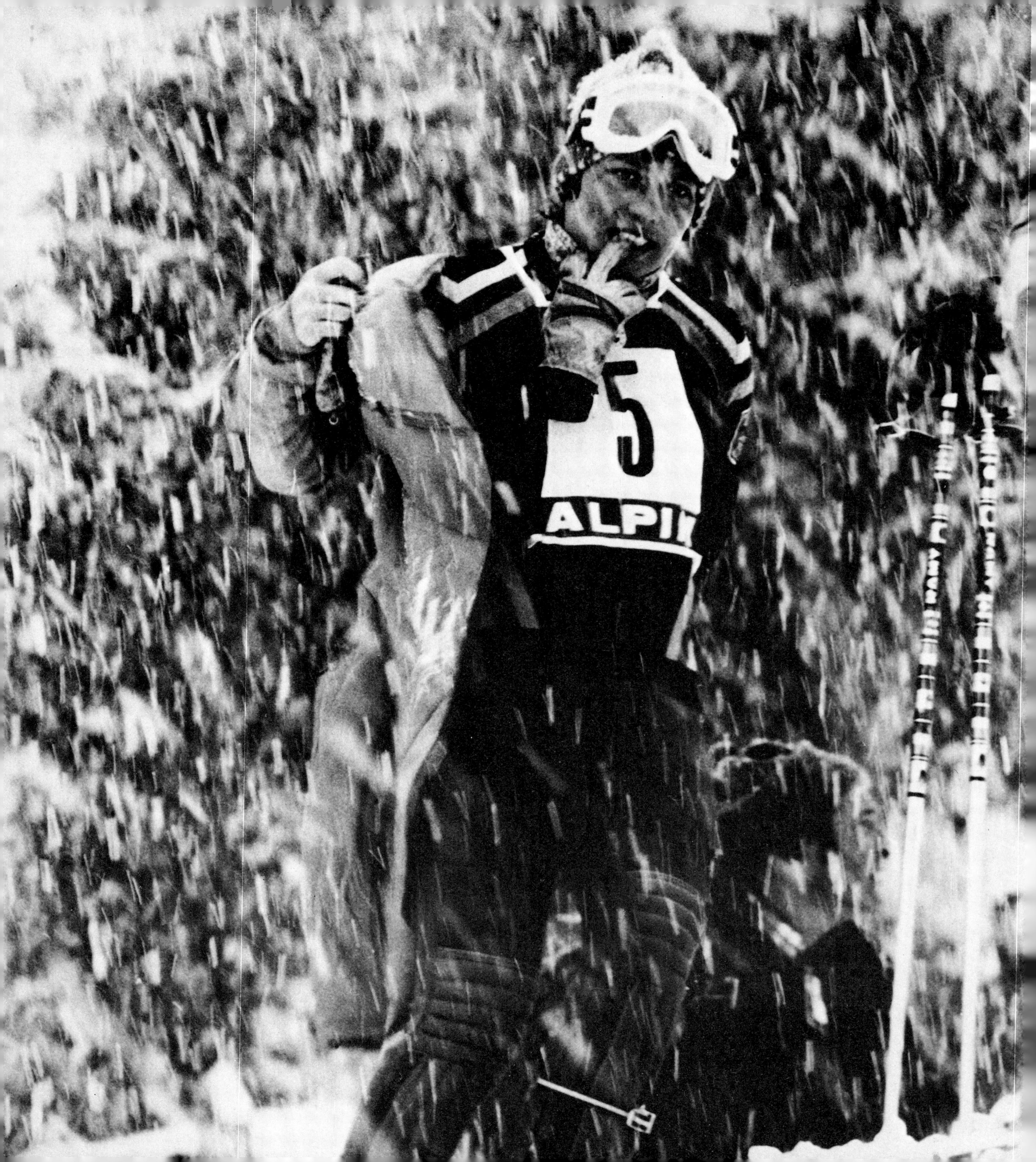
5
ALPI

Ein wahrhaft rosiger Tag. Rosi Mittermaier holt sich die zweite Goldmedaille, diesmal im Slalom. Sie fährt, als wolle sie sich auch noch den Stilpreis holen. Eine Langlaufstaffel mit Zwischenfällen: Der verlorene Ski des Russen Beliaew, der Zusammenstoß des DDR-Athleten Lesser und die kämpfenden, glücklichen Finnen.

11. Februar 1976
8. Tag

Zweimal Gold! Rosi Mittermaier läßt eine Nation kopfstehen und macht Innsbruck zum deutschen Mittelpunkt in diesen Tagen. So, als sei das alles ganz selbstverständlich, als könne ihr überhaupt nichts passieren, überwand sie den tückischen Slalomhang zweimal, keine der 43 Konkurrentinnen hatte am Ende auch nur den Hauch einer Chance, neben ihr zu bestehen. Rosi, Rosi, Rosi – der Chor der Jubelnden wollte nicht mehr enden.

Rosi Mittermaier ist mit ihren Erfolgen noch einmal ein Stück gewachsen; die Belastung hat sie einfach an sich abprallen lassen. Schon die erste Goldmedaille hat sie mit einer Haut überzogen, an der niemand und nichts Kratzer hinterlassen kann. Je näher sie beim Slalom dem Gold kam, desto mehr wollte sie es haben, desto weniger auch konnte es sich ihr entziehen. Der alpine Skisport hat selten eine bessere Siegerin gehabt und kaum eine bessere, in sich geschlossene Damenmannschaft. Auch Pamela Behr und Christa Zechmeister mit ihrem fünften und dem siebten Rang sind erst möglich geworden durch das Team. Diese Gemeinschaft hat Angriffe von außen (und von innen) abprallen lassen und verkraftet. Gute Skirennläuferinnen hat es in Deutschland in früheren Jahren sicher nicht weniger gegeben, Olympiasiegerinnen waren auch schon vor Rosi Mittermaier da. Doch deren Erfolge waren mehr die ihres Talents denn einer gezielten Arbeit; da kämpften oft einzelne Teammitglieder eher gegen- als miteinander.

Nun soll hier beileibe nicht nur das hohe Lied des Mannschaftsgeistes gesungen werden; fahren muß schließlich jede für sich allein. Doch was sich da um Rosi Mittermaier und um Traudl Treichl, die für Innsbruck als nicht mehr gut genug befunden wurde, was sich um die beiden als den Kern geschart hat, wurde einfach geformt von diesen Persönlichkeiten. Wer sich nicht anpassen wollte, konnte nicht bestehen. Das war keine brutale, harte Auslese, eher ein unbewußtes Hinbiegen, Hinlenken in die Richtung, die zum Erfolg weist.

Trainer Klaus Mayr wird schon seit Jahren von den meisten seiner Kollegen im Alpinen Rennzirkus um seine Gruppe hübscher und erfolgreicher Mädchen beneidet. Doch auch Klaus Mayr ist nur ein Teil des Ganzen. Er ist Psychologe aus Talent. Sein Geschick, sein Gespür für die Situation, hat sich Dutzende, ja Hunderte Male bewährt. Im rechten Augenblick das rechte Wort, ab und zu mal ein Machtwort, das biegt vieles wieder hin, da wird Übermut zurückgedreht, werden Enttäuschungen in rechte Relationen gesetzt, da wird auch hartes Training besser verkraftet und da kann man Feste noch fröhlicher feiern.

Eine ungemein kampfbereite Mannschaft von vier Läufern aus Finnland hat das Staffelrennen gewonnen – nach sechzehn Jahren zum erstenmal wieder Staffel-Gold.

Ein technischer Mangel verhalf allerdings den Finnen zum Sieg. Die nach vorne verlängerte Sohle der neuen Langlaufschuhe, deren Spitze von einem

›Paß auf – paß auf, Mädchen!‹

Das Ungewöhnliche ist schon halbe Gewißheit: Rosi Mittermaier fährt ihrer zweiten Goldmedaille entgegen. »Paß auf – paß auf, Mädchen«, ruft eine Frau. Ihre Stimme geht unter in den Schreien der 30 000 Zuschauer. Sie ist nicht die einzige, die vor Aufregung mit den Handschuhen aneinander schlägt, redet, ruft, irgend etwas unternehmen muß, und sei es auf den Zehenspitzen wippen. Plötzlich denken viele Leute laut und lassen erkennen, was sie hoffen, was sie beschwören möchten.

Inmitten der Ekstase ringsum fährt Rosi Mittermaier wieder einmal ein Rennen, als wollte sie auch noch die Goldmedaille für den schönsten Stil bekommen. Sie wird getragen von einem Orkan der Begeisterung.

Die Zuschauer haben zwei faszinierende Rennen gesehen an Steilhängen mit Neigungen bis 61 Grad, die von den Mädchen ungewöhnliches fahrerisches Können und Mut zum Risiko verlangten. Kein Wunder, daß die Läuferinnen auch gleich aus dem Dutzend flogen, daß selbst eine Weltcupsiegerin von 1975, Lise-Marie Morerod, scheiterte und auch Marie-Theres Nadig aufstecken mußte.

Schießerei

Es gibt so manche Art von ›Schuß‹: den Blattschuß etwa oder den Kernschuß, auch der bekannte Schuß in der Berliner Weißen sei nicht vergessen. Eine Sorte von Schuß, die sportliche Bildungslücke sei schamhaft bekannt, war bisher nicht geläufig, nämlich der sogenannte ›Zielschuß‹. Der offizielle Führer für die Olympischen Spiele in Innsbruck belehrt, daß Zielschuß als letzter Steilhang einer Abfahrtsstrecke zu definieren sei. Zunächst vermag der Laie die Exaktheit der sportlichen Sprachschöpfung nicht recht einzusehen, denn schließlich ist selbst ein Rennläufer olympischen Formats keine Gewehrkugel. Die eigene Anschauung bekehrt jedoch den Ungläubigen; so groß ist der Unterschied gar nicht. Keineswegs soll mit dieser Feststellung speziell bei den abfahrenden Damen die Assoziation von einer herabfliegenden ›Kugel‹ geweckt werden. Aber in punkto Geschwindigkeit hat es schon seine Richtigkeit, daß sie und ihre männlichen Kollegen förmlich durchs Ziel ›schießen‹. Nicht nur das Fernsehen, auch die Sprache setzt die Dinge gern optisch ins Bild.

Links: ›Schneekönigin‹ Rosi Mittermaier

Unten: Anspannung, Konzentration: Können. Rosi Mittermaier auf der Slalomstrecke.
Rechts: Grüße aus der Heimat für die skilaufenden Schwestern von der Winklmoosalm, der inzwischen bekanntesten Alm Europas. Rosis Erfolge versetzte nicht nur die in Innsbruck versammelte Anhängerschar in Entzücken, zu Hause wurde prompt reagiert: Rosi wurde vom Gemeinderat einstimmig die erste Ehrenbürgerschaft von Reit im Winkl verliehen.

Stift festgehalten wird, brach am Fuß des ersten Läufers Beliaew der sowjetischen Staffel etwa zwei Kilometer vor dem Wechsel. Als der großgewachsene Athlet mit ungemein wuchtigen, weit pendelnden Schritten an der Spitze des Feldes dahinjagte, flogen ihm Schuh und Ski davon. Er schaute verdutzt und wußte sofort, daß die sichere Führung nun verlorengehen würde. Denn weit und breit war kein sowjetischer Läufer mit der gleichen Bindung zu sehen. So hinkte der Unglückliche auf dem linken Ski fast einen Kilometer weiter, ehe er einen anderen Schuh mit Ski erhielt.

Auch die Weltmeistermannschaft von 1974, die Staffel der DDR, wurde gesprengt. Es war mehr als Pech, es war ein Ärgernis. Dem zweiten Läufer, Axel Lesser, der in der Spitzengruppe war, kam plötzlich in der Spur eine Frau entgegen – eine der vielen ›Wilden‹, die im Seefelder Gelände kreuz und quer über die Strecke rannten. Der Thüringer prallte mit ihr zusammen, blutete aus Mund und Nase, lief noch zweihundert Meter wie betäubt. Dann nahm man ihn aus der Bahn. Eine sichere Medaille war dahin. ›Vier Jahre harter Arbeit waren umsonst‹, lauteten die resignierten Kommentare.

Reit im Winkl grüßt Rosi u. Evi Mittermaier

Die offizielle Medaillenprozession gehört abgestuft auf das Treppchen. Doch hier auf gleicher Ebene sofort nach dem Sieg auf dem Podium: spontane Freude! Claudia Giordani, Rosi Mittermaier, Hanny Wenzel.

Folgende Farbseiten: Toller Toller Cranston – zunächst ein Kalauer, dann eine Bronzemedaille – und daneben John Curry – der Engländer, der in New York lebt und in Denver trainiert: Gold in Innsbruck.

Jagdszenen

Jagdszenen

Jagdszenen aus Innsbruck. Sie gehörten zu den fragwürdigsten Erscheinungen der Winterspiele. Olympiasiegerin Rosi Mittermaier bekam es handgreiflich zu spüren. Noch ganz benommen vor Freude, fühlte sie sich gepackt, vor die Kameras geschleppt, zum Interview gepreßt. Anfangs fand man die rüden Methoden mancher Fernseh-Schlepper noch originell und lustig. Nachher fiel das Stichwort ›Menschenraub‹. Amerikaner, die ja das Showbusiness besser beherrschen als alle anderen, zeigten, wie's gemacht wird. Drei gar nicht zimperliche Männer der Fernsehgesellschaft ABC schnappten das goldige Fräulein aus Germany der Konkurrenz weg und trugen ihre Trophäe zum Aufnahmewagen – angeblich im Interesse eines neugierigen Millionenpublikums. Auch Muskeln gehören zum Geschäft jener Reporter, die sich in grenzenloser Selbstüberschätzung selber für Teilnehmer des Geschehens halten. Der gewaltsam interviewten Siegerin blieb nichts anderes übrig, als auch zu diesem bösen Spiel gute Miene zu machen: lächeln, lächeln und wieder lächeln. Voller Verwirrung. Später stellten ihr die Österreicher eine zwölf Mann starke Schutzwache.

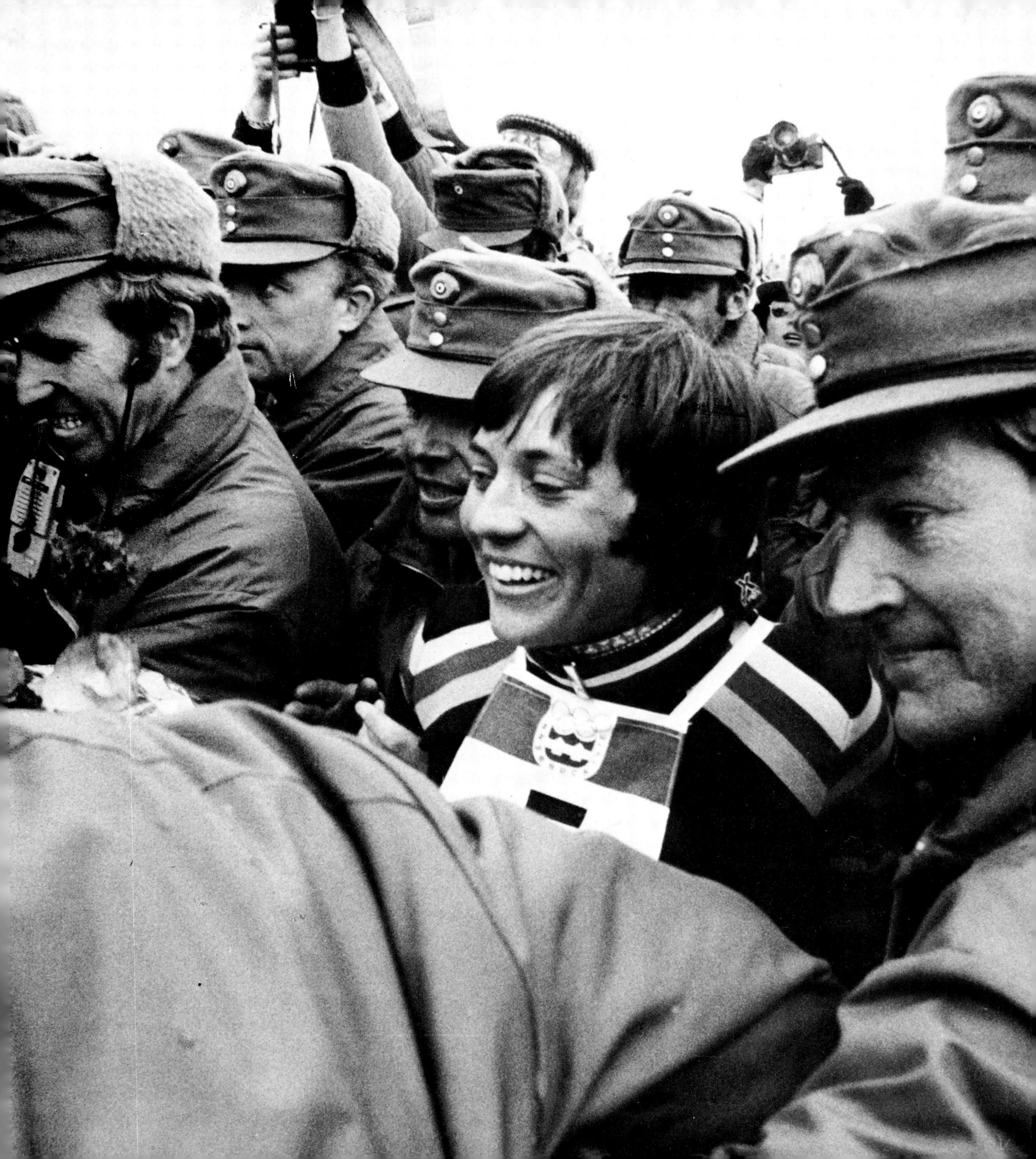

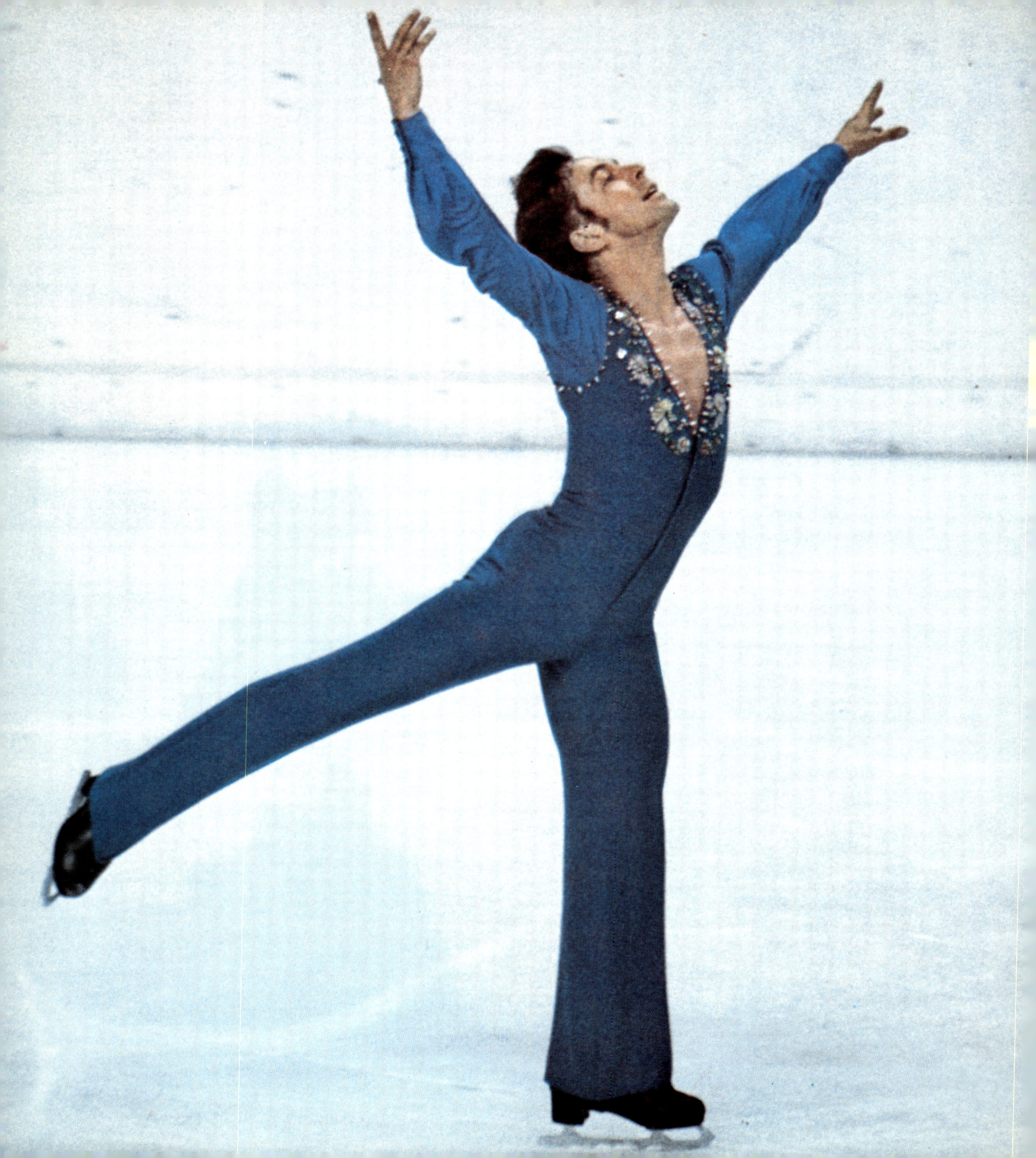

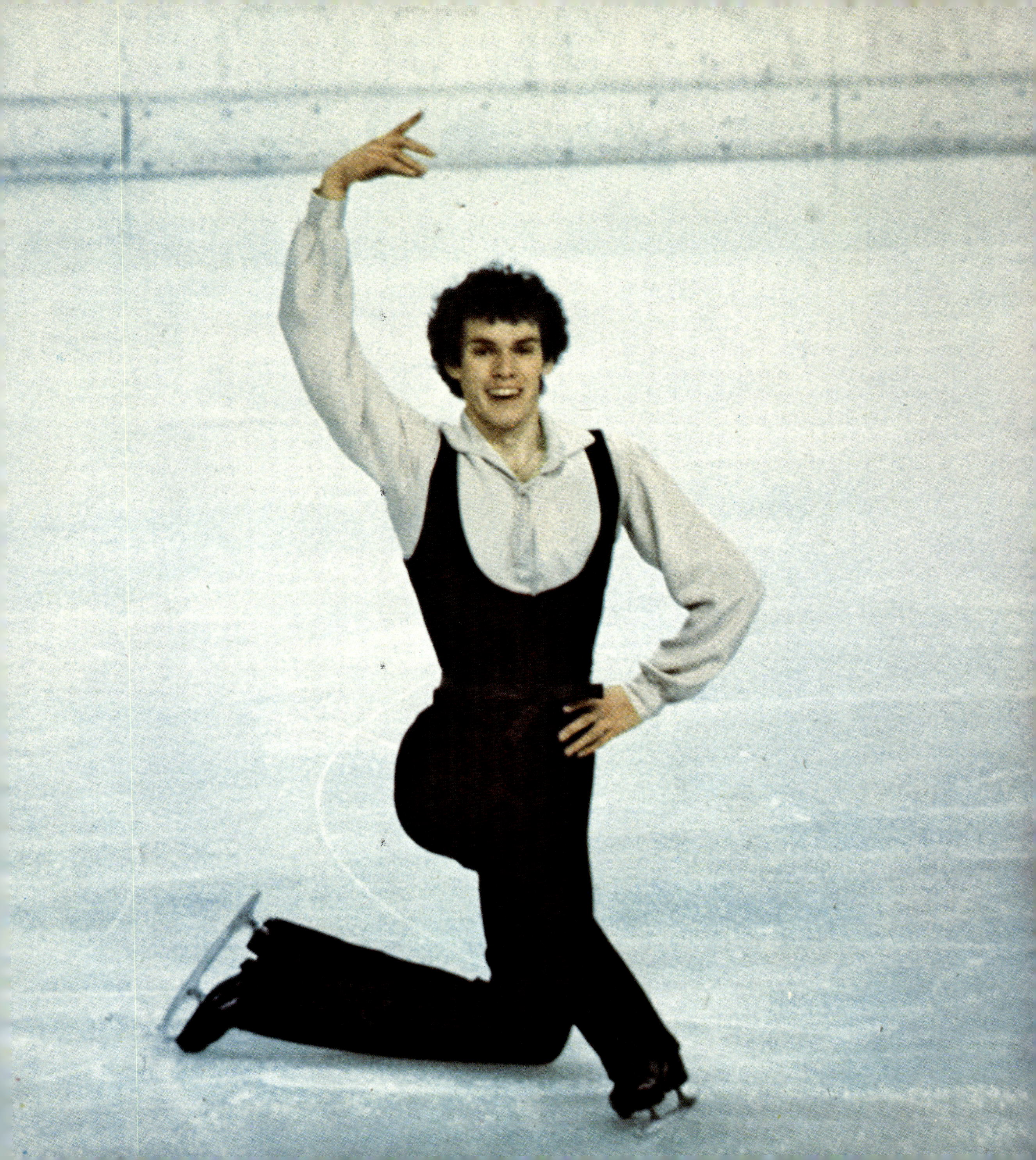

Slalom Damen

1.	Mittermaier, Rosi	D	1:30,54 Min.
2.	Giordani, Claudia	Italien	1:30,87 Min.
3.	Wenzel, Hanny	Liechtenst.	1:32,20 Min.
4.	Debernard, Danielle	Frankreich	1:32,24 Min.
5.	Behr, Pamela	D	1:32,31 Min.
6.	Cochran, Linda	USA	1:33,24 Min.
7.	Zechmeister, Christa	D	1:33,72 Min.
12.	Zurbriggen, Bernadette	Schweiz	1:36,35 Min.

Nicht am Start beim 2. Durchgang:
Spiess, Nicola Andrea (Österreich)
Nicht im Ziel beim 1. Durchgang:
Sackl, Regina; Kaserer, Monika (Österreich)
Morerod, Lise-Marie; Nadig, Marie-Theres (Schweiz)
Nicht im Ziel beim 2. Durchgang:
Totschnig, Brigitte (Österreich), Berwein, Monika (D)

Langlauf 4 x 10 km-Staffel Herren

1.	Finnland	Pitkaenen, Matti	
		Mieto, Juha	
		Teurajaervi, Periti	
		Koivisto, Arto	2:07:59,72 Std.
2.	Norwegen	Tyldum, Pal	
		Sagstuen, Einar	
		Formo, Ivar	
		Martinsen, Odd	2:09:58,36 Std.
3.	UdSSR	Beliaew, Evgeniy	
		Bajukov, Nikolay	
		Saveliev, Sergey	
		Garanin, Ivan	2:10:51,46 Std.
4.	Schweden	Soedergren, Benny	
		Johansson, Christer	
		Wassberg, Thomas	
		Lundbaeck, Sven-Ake	2:11:16,88 Std.
5.	Schweiz	Renggli, Franz	
		Hauser, Edi	
		Gaehler, Heinz	
		Kaelin, Alfred	2:11:28,53 Std.
8.	Österreich	Horn, Rudolf	
		Feichter, Reinhold	
		Vogel, Werner	
		Wachter, Herbert	2:12:22,80 Std.
9.	Deutschland	Betz, Franz	
		Kandlinger, Georg	
		Demel, Walter	
		Zipfel, Georg	2:12:38,96 Std.

Eiskunstlauf Herren

			Platzz.	Punkte
1.	Curry, John	Großbrit.	11,0	192,74
2.	Kowalew, Wladimir	UdSSR	28,0	187,64
3.	Cranston, Toller	Kanada	30,0	187,38
4.	Hoffmann, Jan	DDR	34,0	187,34
5.	Wolkow, Sergej	UdSSR	53,0	184,08
6.	Santee, David	USA	49,0	184,28

Eisschnellauf 5000 m Herren

1.	Stenson, Sten	Norwegen	7:24,48 Min.
2.	Kleine, Piet	Holland	7:26,47 Min.
3.	Van Helden, Hans	Holland	7:26,54 Min.
4.	Varlamov, Victor	UdSSR	7:30,97 Min.
5.	Wunderlich, Klaus	DDR	7:33,82 Min.
6.	Carroll, Daniel	USA	7:36,46 Min.
15.	Schwarz, Herbert	D	7:52,26 Min.
17.	Krienbuehel, Franz	Schweiz	7:53,11 Min.
27.	Kronfuss, Ludwig	Österreich	8:19,72 Min.
29.	Grundolf, Hubert	Österreich	8:29,34 Min.

Langlauf-Marginalie: Die Koffer sind gefüllt mit bunten Tuben und Schachteln: Rot und Gelb, Violett und Blau, Grün und Silber. Klister, Skaare, Grunvalla, Swix, Rex, Rode, Exelit Holmenkol, Toko, Bügeln, Reiben – nur jene, die täglich damit umgehen, kennen sich aus. ›Klister mit Blau abdecken, ein wenig Grün darauf – halt, oder doch vielleicht nur trocknen – nein, doch Klister und Silber abdecken.‹
Das ist das Rotwelsch des Skiwachsens, international in der neuen Schreibweise ›Wax‹, weil ja dieses Wachs schon lange nicht mehr von emsigen Bienen produziert wird. Chemiker mixen es zusammen, von erfahrenen Skiläufern unterstützt. Der Markt wird immer größer, vom Wax für die Renner könnte kein Betrieb existieren, denn die roten, gelben, blauen, grünen, silbernen, violetten Tuben und Schächtelchen mit Inhalt gelangen kostenlos in die Skiwachskoffer der Rennbetreuer. Siegesmischungen sprechen sich rasch herum; Siegerwax ist werbeträchtig. Über den Wert, richtiges Wax zur rechten Zeit auf den Brettern zu haben, weiß gerade ein Oldtimer wie Walter Demel aus einer qualhaften Erfahrung zu erzählen (siehe oben).

Rechts: Kraft in den Beinen – und Kraft in den Armen. Der Finne Juha Mieto kann offensichtlich in reichem Maße über die beiden Haupttugenden eines Langläufers verfügen. Wenn dann noch der Wille hinzukommt, sich zu quälen, können Erfolge nicht ausbleiben. Der finnische Wille war auf den olympischen Loipen besonders stark. Schließlich wurde er durch die stattliche Zahl von etwa 1000 ›Schlachtenbummlern‹ gestärkt, die die Strecke in Seefeld säumten. Der Lohn war die olympische Goldmedaille in der Staffel über viermal 10 Kilometer, in der die Muskeln des Schlußläufers Koivisto kräftig mithalfen, den Vorsprung von fast zwei Minuten zu verteidigen, den seine Kollegen Pitkaenen, Mieto und Teurajaervi vor den Norwegern erkämpft hatten. Den sowjetischen Läufern nützten dagegen Muskel- und Willenskraft wenig. Sie mußten sich mit dem dritten Platz begnügen, weil ihnen die Technik einen Streich spielte.
Ihr Startläufer Beliaew mußte einen Kilometer mit nur einem Ski bewältigen, weil eine seiner Bindungen der Wettkampfbelastung nicht gewachsen war.

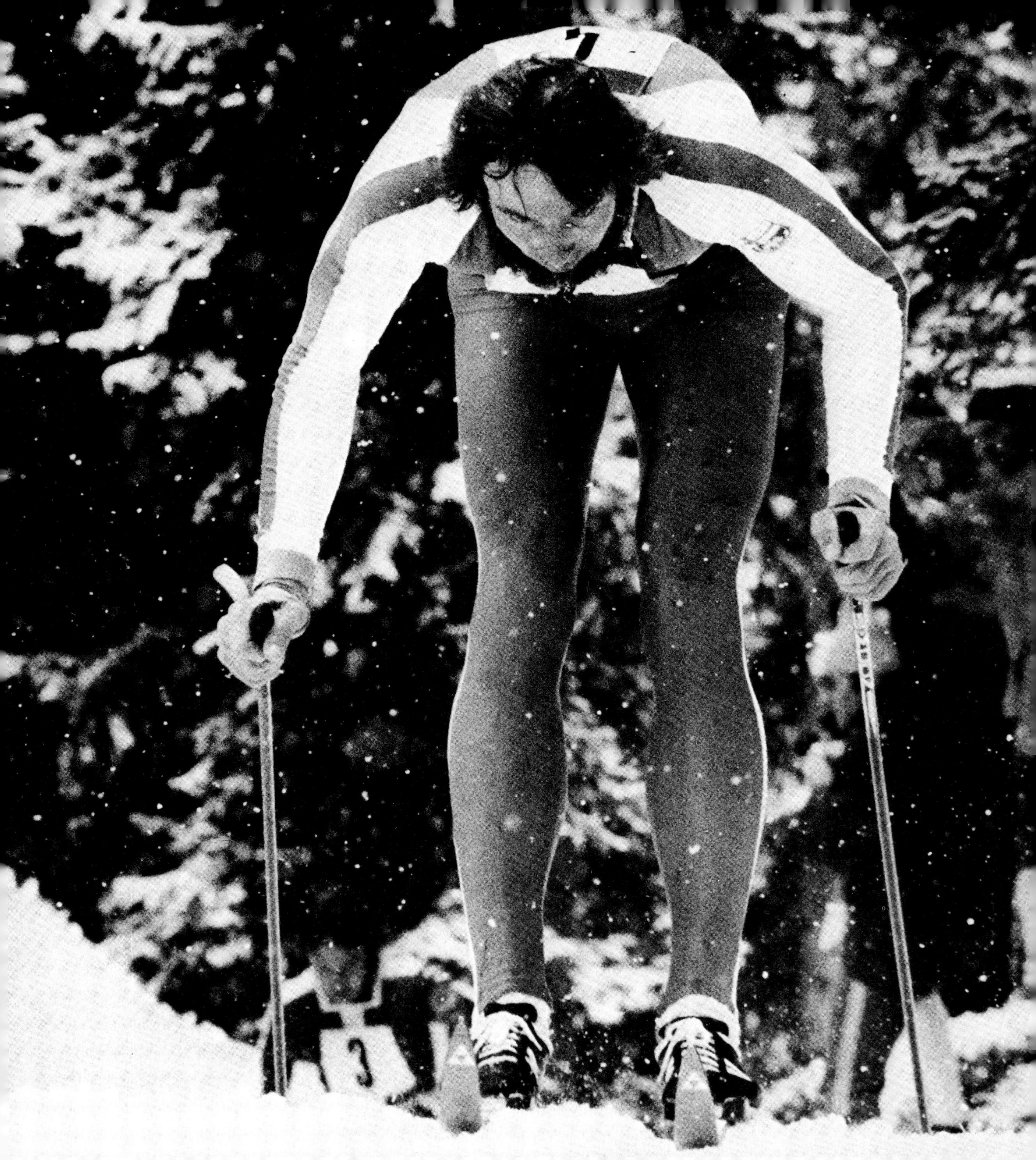

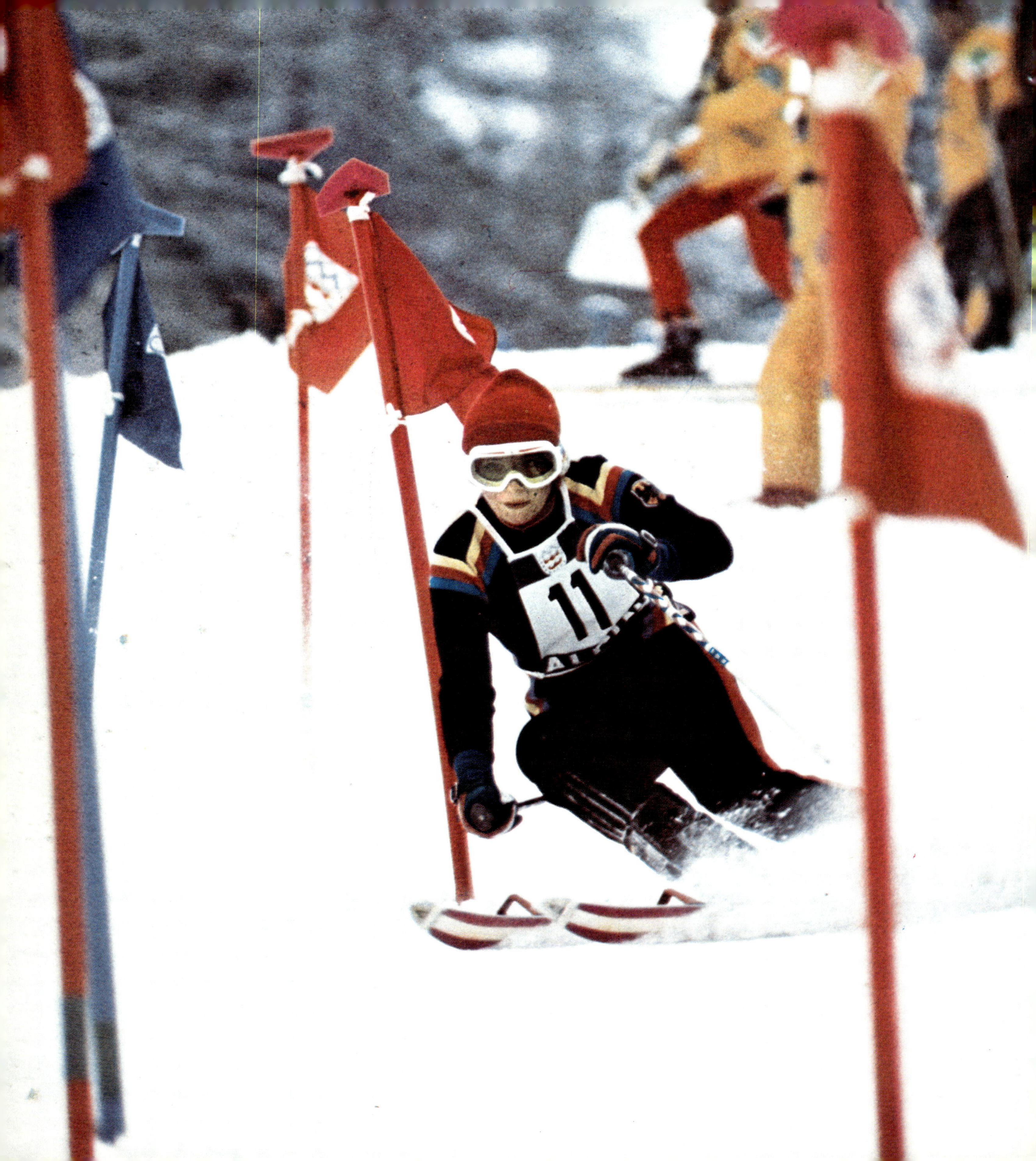
11

Die Finnin Helena Takalo ist auf der Schlußetappe der 4x5-km-Staffel die Schnellste – doch die Goldmedaille geht an die Sowjetunion. Mit 18 Jahren die ersten Schritte auf dem Eis, mit 22 schon Olympiasieger: Eisschnelläufer Peter Mueller aus Amerika. Das olympische Dorf wird schon kleiner: 15 Polen reisen heim.

12. Februar 1976
9.Tag

Jeder vierte Olympiasieger von Innsbruck war ein Eisschnelläufer. Nicht weniger als neun von insgesamt 37 olympischen Entscheidungen fielen auf der Eisbahn hinter dem Olympiastadion. Keine andere Sportart wird bei den Winterspielen mit soviel Gold, Silber und Bronze überschüttet; medaillenintensiv nennt man das. Und nicht von ungefähr versuchen die Großmächte des Sports, die USA, UdSSR und DDR, ihr olympisches Glück vor allem auf den langen Kufen. Die DDR erlitt dabei allerdings einen Einbruch nach dem anderen und hatte mit der Silbermedaille von Andrea Mitscherlich über 3000 Meter nur eine recht karge Ausbeute zu verzeichnen.

Mit relativ wenig Aufwand läßt sich im Eisschnellauf viel Erfolg erzielen. Die Amerikaner sind das beste Beispiel. Eine Olympiade, also der Zeitraum von vier Jahren, reichte Peter Mueller, um Olympiasieger zu werden. Erst mit 18 machte er als Wettkämpfer seine ersten Schritte auf dem Eis, mit 22 gewann er nun die Goldmedaille. Und mit Sicherheit haben die Amerikaner weitaus schlechtere Trainingsbedingungen als die Läufer in Europa. Nur eine Kunsteisbahn gibt es in ganz Amerika, und in der olympischen Vorbereitung griff jeder Läufer tief in die Tasche seiner Eltern, um in Berlin und Inzell ein paar Wochen trainieren zu können. Nicht nur der deutsche Trainer Herbert Höfl bewunderte diese ›phantastische Einstellung des einzelnen zum Leistungssport‹.

Von allen olympischen Wintersportlern treiben die Eisschnelläufer neben den Eiskunstläufern den geringsten technischen Aufwand. Gewiß, seit ein paar Jahren sind einteilige, windschlüpfige Rennanzüge die große Mode, doch in Pluderhosen sind die Eisschnelläufer auch vor sechzig, siebzig Jahren nicht gelaufen. Und von geheimnisvollen Materialien aus der Weltraumforschung kann bei den Anzügen gewiß keine Rede sein. Auch die Schlittschuhe mit den überlangen Kufen (40 bis 44 Zentimeter) haben sich seit Jahrzehnten nicht mehr verändert. Mit neuen Legierungen läßt sich vielleicht noch einiges herausholen.

Nur drei Fabrikate (aus Holland, Norwegen, Japan) beherrschen mit ihren schnellen Kufen den weltweiten Markt. Während im Bob- und Rodelsport Millionen in das olympische Wettrüsten investiert werden, begnügen sich die Eisschnelläufer zwischen Tokio und San Franzisko mit den drei Standardmodellen. Individualisten wie Sheila Young oder Peter Mueller profitieren davon. Ein Paar Renn-Schlittschuhe (zwischen 200 und 400 Mark) kann sich schließlich jeder leisten. Für den Amerikaner Mueller, Sohn deutscher Eltern, die 1952 von Hameln nach Milwaukee ausgewandert waren, erwies es sich als Glücksfall, daß die Eisschnelläufer ihr ohnehin großes Programm noch weiter aufblähen konnten. Zum ersten Mal wurden bei den Männern die 1000 m gelaufen. Peter Mueller und seine Verlobte Leah Poulos (Silber im 1000-m-Rennen) bildeten das schnellste olympische Paar von Innsbruck.

Nett bleiben
Im Hotel sagt die Chefin an der Reception: »Wir machen die Spiele und die anderen gewinnen die Medaillen!« Der Wurm ist drin bei den Österreichern und der ganze Charme-Vorrat ist aufgebraucht, seit das mit den Medaillen nicht so läuft, wie man glaubte. Vor zwölf Jahren war das einfacher, nett zu bleiben. Da gab es die für die Fröhlichkeit notwendigen Medaillen – hier einige im Skifahren, dort bei den Rodlern; es läpperte sich. Man klopfte den lieben Gästen freundlich auf die Schulter. Es ist leicht, mit Verlierern freundlich zu sein.

Um Kufenlänge
44 Zentimeter messen die Kufen, auf denen die Eisschnelläufer so elegant und scheinbar mühelos ihre Runden drehen. Und nicht einmal 44 Zentimeter trennten nach dem 3000-Meter-Lauf die drei Medaillengewinnerinnen: Tatjana Awerina aus der Sowjetunion siegte mit dreißig Zentimetern Vorsprung vor Andrea Mitscherlich aus der DDR und mit vierzig Zentimetern vor Lisbeth Korsmo aus Norwegen, die als erste Frau überhaupt eine olympische Medaille für das Mutterland des Eisschnellaufs gewann – nach 52 norwegischen Medaillenerfolgen bei den Männern.

Links: Pamela Behr aus Sonthofen, 1971 jüngste deutsche Slalom-Meisterin in der Geschichte des alpinen Skisports, 1972 in Sapporo mit fünfzehn Jahren Sechste im Slalom, wurde in Innsbruck Fünfte – für sie vielleicht enttäuschend, denn nach dem ersten Durchgang hatte sie noch auf dem ersten Rang gelegen, vor der späteren Siegerin Rosi Mittermaier.

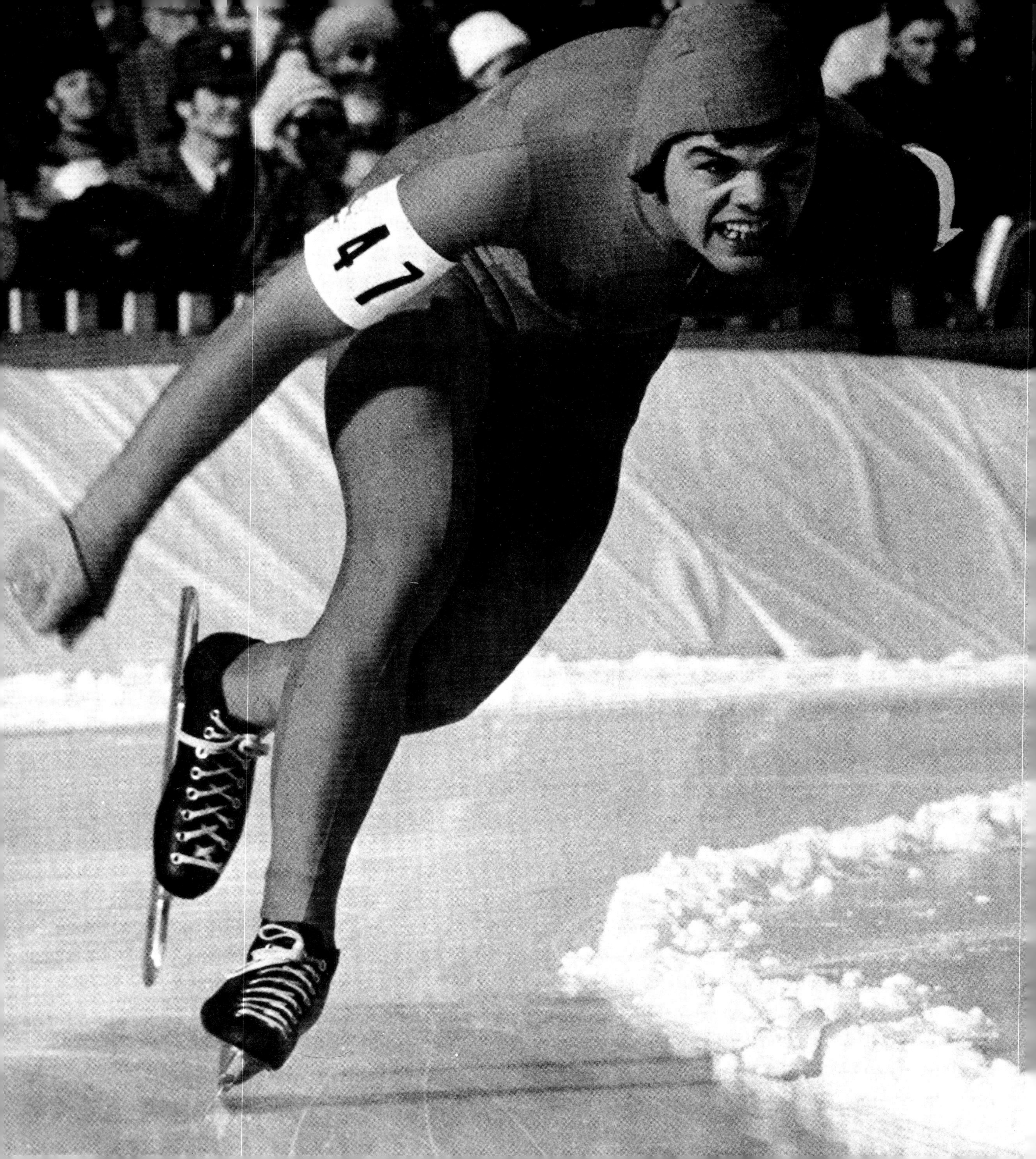
47

Im Wiegeschritt jagen die Eisschnelläufer auf der Kunsteisbahn nach Medaillen. Langbeinige Gestalten, die auf schmalen Kufen gleiten, in hautengen Anzügen weit nach vorn gebeugt. Wie in Zeitlupe wirken ihre Bewegungen, die raumgreifenden Schritte, die sie in einem hohen Tempo um die Bahn tragen.
Der Silbermedaillengewinner über 1000 Meter, der Norweger Jorn Didriksen (links), kommt aus der Kurve, den linken Arm auf dem Rücken, mit dem rechten Arm schwungvoll pendelnd, wirkt er aus der Zuschauerdistanz gelöst, doch die Aufnahme macht deutlich, wie verbissen der Norweger kämpft.
Der deutschstämmige Amerikaner Peter Mueller (oben) fährt dagegen lockerer zum Sieg über die 1000-Meter-Distanz, schon aufs Ziel weisend, als wollte er fröhlich sagen: hoppla, da komm ich, der Mueller-Peter, dessen Familie 1952 aus Hameln nach Milwaukee auswanderte und der nun für die USA Gold in Innsbruck holt.

Eisschnellauf 1000 m Herren

1. Mueller, Peter	USA	1:19,32 Min.
2. Didriksen, Jorn	Norwegen	1:20,45 Min.
3. Muratow, Walery	UdSSR	1:20,57 Min.
4. Safronow, Alexander	UdSSR	1:20,84 Min.
5. Van Helden, Hans	Holland	1:20,85 Min.
6. Boucher, Gaetan	Kanada	1:21,23 Min.
9. Freese, Horst	D	1:21,48 Min.
10. Wunderlich, Klaus	DDR	1:21,67 Min.
20. Oehme, Harald	DDR	1:23,88 Min.
25. Schabus, Berend	Österreich	1:26,50 Min.

Zum Thema Sicherheit

Die Gästelisten der Hotels wurden fortlaufend auf Verdächtige überprüft, in der Luft kreisten Hubschrauber und zu Lande waren die meisten Beamten unterwegs, die Österreich jemals für die Sicherheit einer Veranstaltung aufgeboten hatte. 1964, bei den ersten Spielen in Innsbruck, sorgten insgesamt tausend uniformierte Polizisten und zweihundert zivile Sicherheitsbeamte für Ordnung, vier Polizisten und zwei ›Zivile‹ taten Dienst im olympischen Dorf. Mit der Zeit wächst der notwendige Aufwand, 2000 uniformierte Polizisten und 500 Beamte in Zivil sollten 1976 mit 350 Einsatzfahrzeugen und allen nur erdenklichen technischen Möglichkeiten der Überwachung Sicherheit garantieren. Im olympischen Dorf wachten einhundert uniformierte und ebenso viele zivile Beamte über die etwa 4000 Sportler und Funktionäre aus 37 Nationen. Daß dabei schon einmal im ›Dorf‹ ein Auto aufgebrochen werden konnte, obwohl ein maschinenpistolenbewehrter Beamter zwanzig Meter vom ›Tatort‹ entfernt stand, hat dabei wenig zu sagen. Die Kontrollen am Eingang, denen sich auch ein Franz Klammer rigoros unterwerfen mußte, waren streng und gründlich. Fotografen leerten ihre Taschen, Objektiv hin, Objektiv her: ›safety first‹ hieß die Parole. Wer konnte ihnen das Aufgebot verdenken. Am ehesten schon die Steuerzahler, denn der Aufwand für das Aufgebot kostete etwas über 30 Millionen Schilling.
Die Österreicher hielten sich sauber für die Jugend der Welt.

Langlaufstaffel 4 × 5 km Damen

1. UdSSR	Baldichewa, Nina Amosowa, Sinaida Smetanina, Raisa Kulakowa, Galina	1:07:49,75 Std.
2. Finnland	Suihkonen, Liisa Kajosmaa, Marjatta Kuntola, Hilkka Takalo, Helena	1:08136,57 Std.
3. DDR	Deberthäuser, Monika Krause, Sigrun Petzold, Barbara Schmidt, Veronika	1:09:57,95 Std.
4. Schweden	Carlsson, Lena Partapuoli, Goerel Johansson, Marie Olsson, Eva	1:10:14,68 Std.
5. Norwegen	Kvello, Kristine Berit Myrmal, Marit Johannessen, Berit Kummen, Grete	1:11:09,08 Std.
6. CSSR	Pasiarova, Hana Sekajova, Gaba Bartosova, Alena Paulu, Blanka	1:11:27,83 Std.

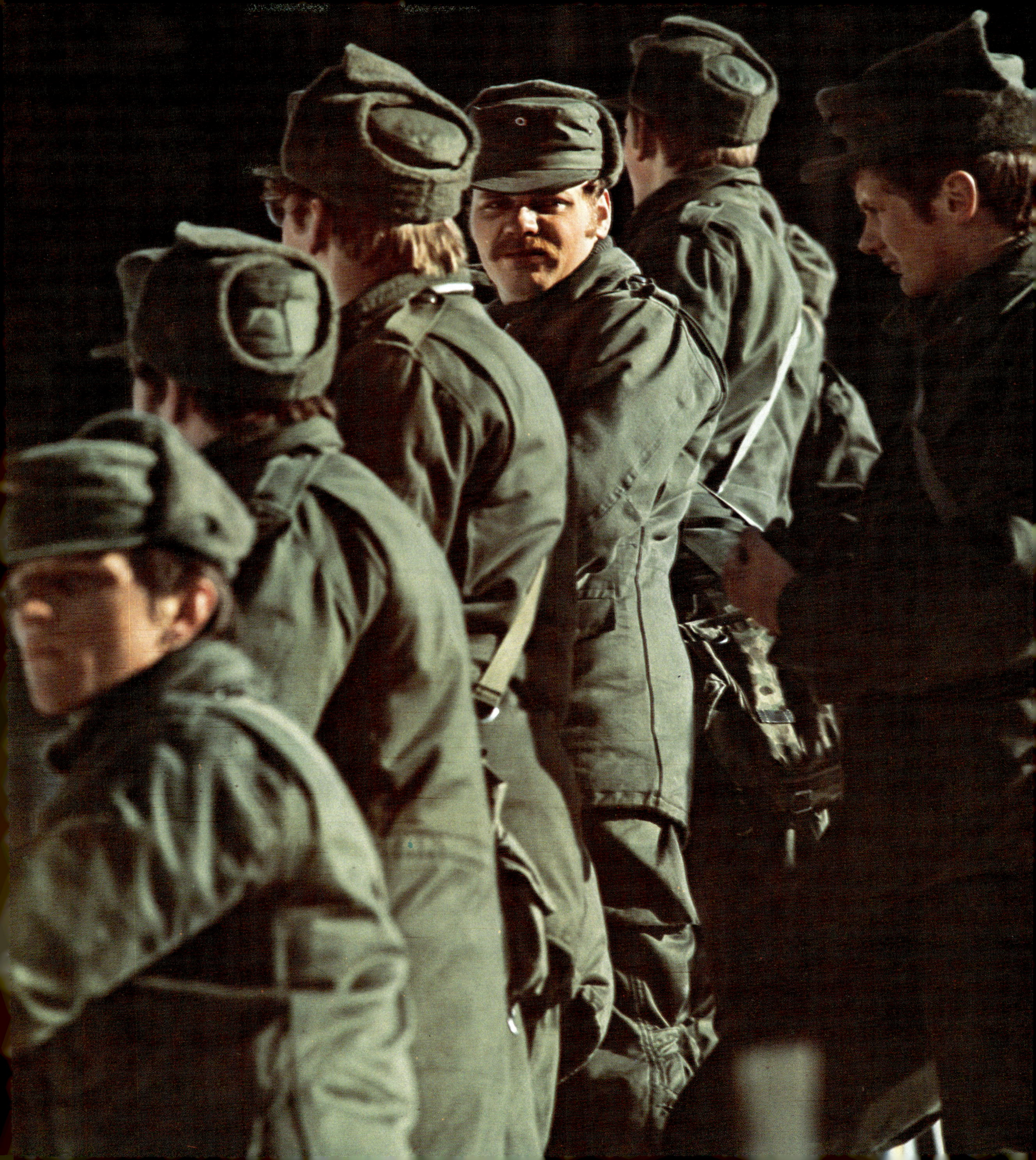

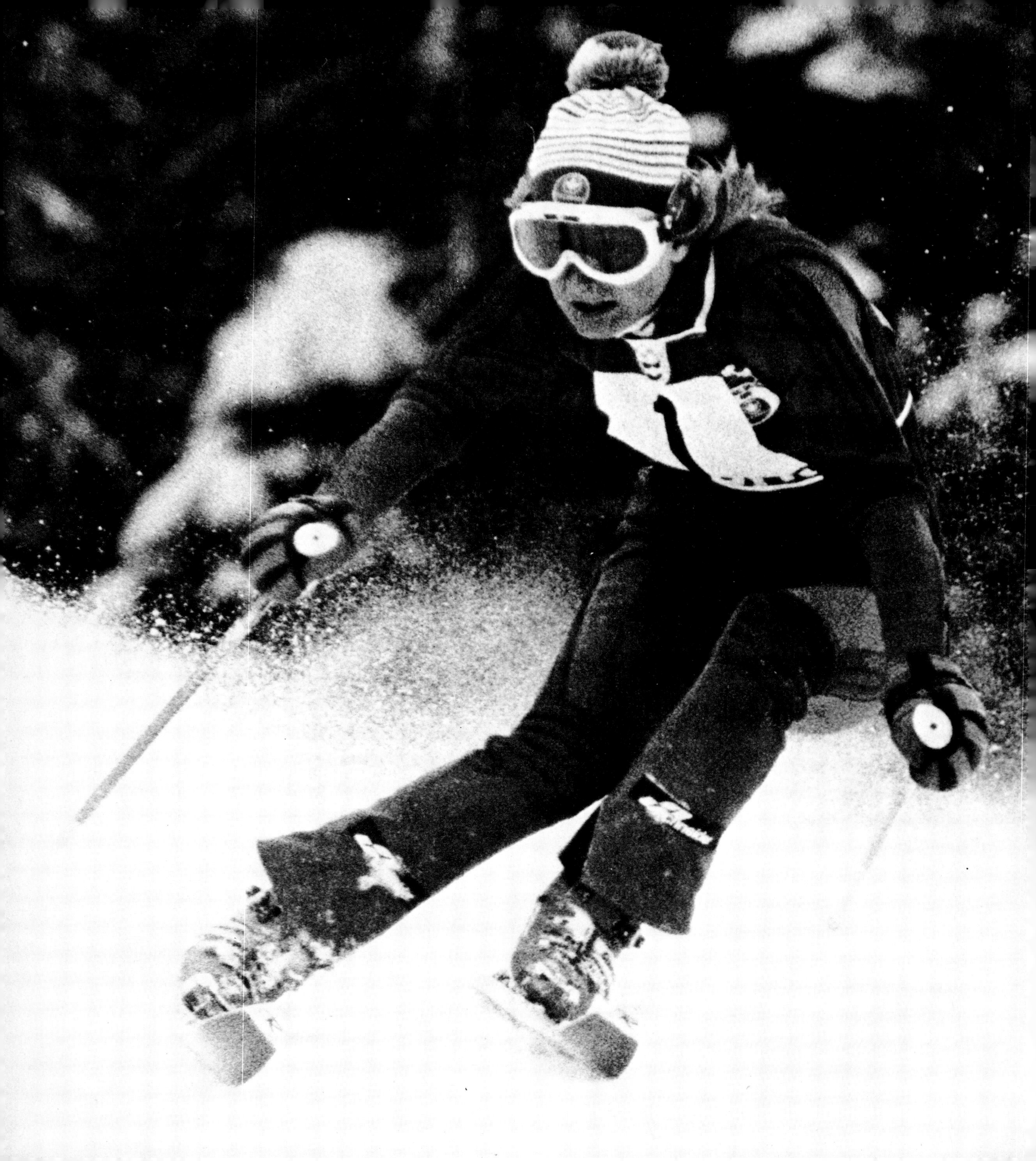

Die Grippewelle ist im Abklingen, das Olympiafieber ebenfalls. Rosi Mittermaier läßt Kathy Kreiner den Vortritt – eine Frage von zwölf Hundertstel Sekunden. Das deutsche Skimädchen bleibt ziemlich locker, die Nationen ebenfalls; Silber mit gedämpftem Trommelwirbel. In der Biathlon-Staffel an Bronze vorbeigeschossen – und gelaufen.

**13. Februar 1976
10. Tag**

Rosi Mittermaier ist nun auch dreifache Weltmeisterin. Als sie ihre dritte Medaille dieser Olympischen Spiele gewonnen hatte, als sie sich im Riesenslalom Silber abholen durfte, hatte sie den Titel gewonnen, der alle vier Jahre ›nebenbei‹ vergeben wird, ohne olympisch geschmückt zu sein: den in der alpinen Dreierkombination. Ihre beiden Olympiasiege hatten ihr schon zwei Weltmeistertitel beschert.

Die alpinen Skiwettbewerbe in der Axamer Lizum haben ihren Stempel aufgedrückt bekommen, und da ändert auch nichts daran, daß die Rosi zwölf Hundertstel Sekunden hinterherschaut, die sie irgendwo auf dem letzten Streckenteil ›verbummelt‹ hat. Keiner will es zugeben, auch das As Mittermaier nicht, daß da ein wenig Enttäuschung mit im Spiel ist, und doch klingt ihre Stimme belegt, als sie eingesteht, daß sie mit Kathy Kreiner nicht gerechnet habe.

Die Kanadierin Kathy Kreiner, wie Rosi Mittermaier eine von zwei Schwestern in einem Team, kann sich über einen Olympiasieg freuen, der so unverhofft kam, daß er doppelt schön ist. Vor acht Jahren gewann ihre Landsmännin Nancy Greene den Riesenslalom, aber die war Favoritin. Doch Kathy Kreiner, achtzehn Jahre alt, ist eine von denen, die im alpinen Skizirkus immer mit dabei sind, die jedoch stets irgendwo in den Plazierungen zwischen fünf und zwanzig angesiedelt sind und im übrigen eher die lustige, lachende, traurige und abgekämpfte Kulisse des Skiwinters abgeben. Doch die Kathy gehört zu den Olympiasiegern, die Olympia erst zu dem machen, was es sein sollte: Das besondere Fest, das unberechenbare, die Chance aller Außenseiter in einer Sternstunde.

Die olympischen Damen-Skirennen haben in Rosi Mittermaier ihre Königin gekrönt und haben andere, die dazu berufen schienen, einfach fallen gelassen. Durch ein tiefes Tal mußten die Österreicherinnen in diesen Tagen. Auch die Schweizerinnen gehen geschlagen aus der Lizum nach Hause. Marie-Theres Nadig, die sich in der Lage fühlte, ihre beiden Goldmedaillen von Sapporo zu wiederholen, mußte zurückstehen hinter anderen, glücklicheren. Und da ist die große Favoriton für die beiden Torläufe dieser Spiele, die ›unschlagbare Lise-Marie Morerod‹. ›Nicht im Ziel‹ steht lapidar auch bei ihrem Namen im Slalom; das Glück hat im entscheidenden Augenblick das sonst so glückliche Mädchen nicht mehr gemocht. Als sie im Riesenslalom dann nur Vierte war, ist für sie eine Welt zusammengebrochen. Olympia hat neben den Glücklichen – auch neben jenen, die glücklich sind, einfach dabei gewesen zu sein – die Untröstlichen gelassen, für die nichts zählt als das Gold, das andere gewannen.

Innsbruck macht's deutlich: Die Eiskunstlaufpaare fühlen sich im Kampf um die Publikumsgunst – jahrzehntelang unangefochten führend – von den Eistanzpaaren bedrängt, wenn nicht gar schon eingeholt. Und bei den Solisten sind die Damen – das wurde bei ihrem Kürlauf deutlich – sanft, aber sicher von

Zwölf Hundertstel Sekunden schneller als Rosi Mittermaier im Riesenslalom: Kathy Kreiner aus Kanada. Olympia hatte in der Axamer Lizum für die Außenseiter so manche Medaille reserviert.

Endstation Sehnsucht
Die Spiele von Innsbruck biegen in die Zielkurve. Manche sind bereits ›angekommen‹ an der Endstation Sehnsucht, wie jenes vielbesprochene Mädchen von der wohl berühmtesten Alm Europas. Sie weist mittlerweile eine Sammlung auf, die im Skisport ihresgleichen sucht und so schnell nicht wieder finden wird. Auf zweimal Gold folgte nun Silber, von den Weltmeistertiteln, die fast zwangsläufig abfielen, gar nicht zu reden.
Erstaunlich freilich die Reaktionen. Hätte Silber zu Beginn die Nation aufjauchzen lassen, entfachte das Gold in der Abfahrt noch einen Jubelsturm, fühlten sich beim Sieg Nummer Zwei alle, die es anging – und wen ging es nicht an? – zum Enthusiasmus verpflichtet. Nun hat sie einer Rivalin den Vortritt lassen müssen. Und wahrscheinlich ist das gar nicht schlecht. So wird deutlich, daß auch hier die Siege nicht in den Schoß fallen. Vielleicht zeigt das Silber erst, wie wertvoll das Gold ist. Eines aber spüren wir alle: Diese Woche mit R. M. hat uns ganz schön ›geschafft‹. Denn auch Jubel macht müde.

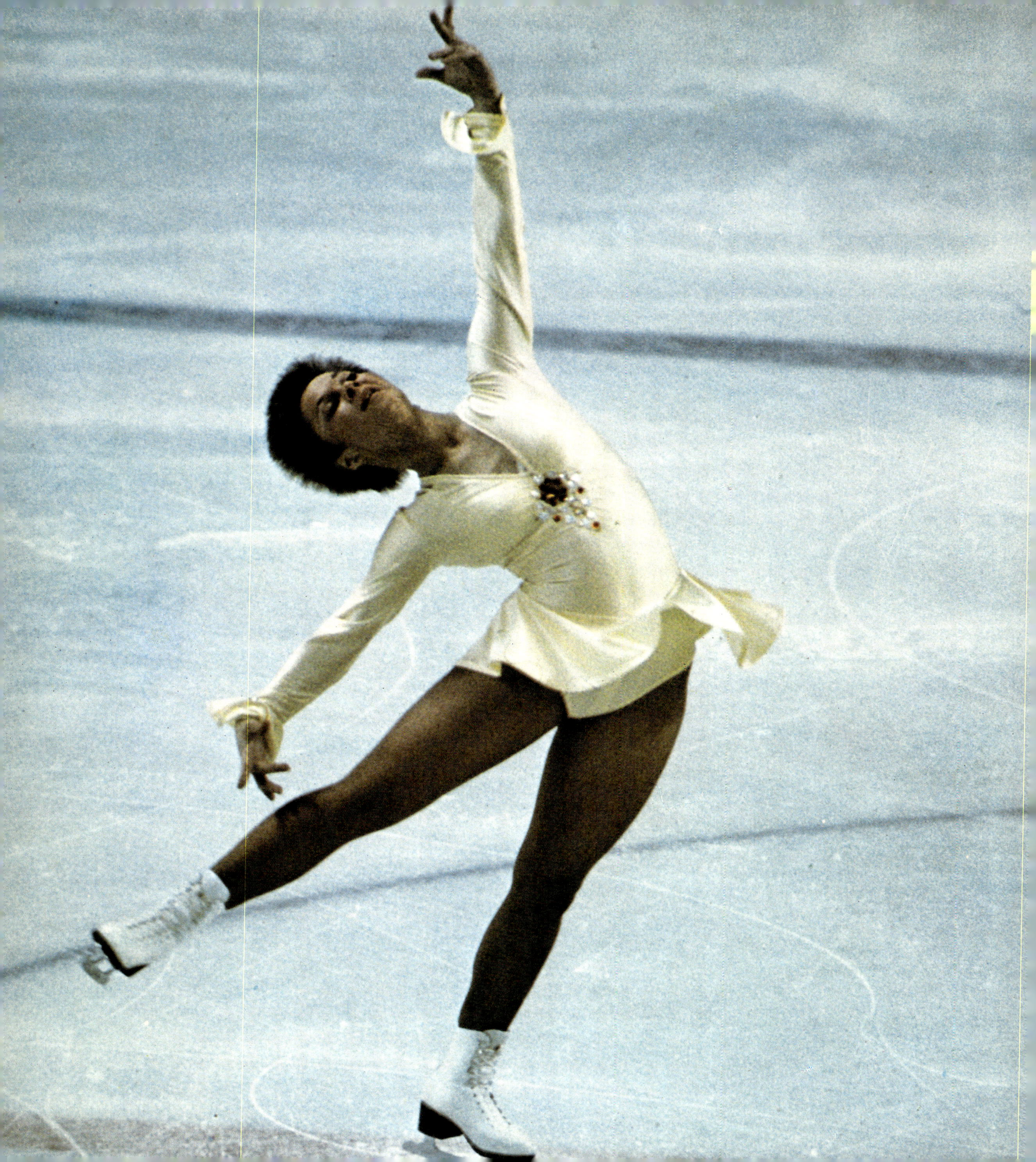

den Herren aus dem Rampenlicht verdrängt worden. Dabei sah es lange Zeit so aus, als sei der Kunstlauf mit seinen Pflicht-Fleiß-Aufgaben und seinem tänzerischen Einschlag von den Eislaufmuttis für ihre Töchter reserviert, zumal die männliche Jugend sich nie recht für diese Sparte begeistern konnte. Nun drängen sich die Buben immer noch nicht in Massen zum Wettbewerb der Doppelsprünge und Pirouetten. Doch im internationalen Spitzenfeld präsentieren sich die Herren zahlreicher und stärker denn je. Ein Dutzend Läufer gehört plötzlich zur Sonderklasse, was die Wertung der Preisrichter nicht gerade leichter macht. Ein neuer Typus taucht an der Spitze mit Läufern wie Cranston und Curry auf. Individualisten, Persönlichkeiten lösen den braven, artig-gescheitelten Läufer ab. Das liegt nicht nur im Trend der Zeit. Es sind die ersten Auswirkungen verschwindenden Einflusses der Pflicht, deren Anteil auf die Gesamtwertung von 60 über 50 bis zu den noch immer überflüssigen 30 Prozent gesunken ist. Daß selbst diese 30 Prozent noch zuviel sind, beweist das Beispiel von Toller Cranston, der an einer Pflichtfigur scheiterte und damit um seine Goldchance kam.

Die Pflicht, von den daran verdienenden Eislauflehrern immer noch in Ehren hochgehalten, ist das Geländer für die Unbegabten im Eiskunstlauf, an dem sich schon manch einer bis aufs Treppchen hochgehangelt hat, zum Entsetzen der Zuschauer und zum Schaden des Eiskunstlaufs.

Der Wandel aber ist sichtbar. Läufer wie Curry und Cranston sind dafür beispielhaft. Sie reflektieren über ihren Sport. Sie lassen sich nicht nur vom Trainer auf das Eis stellen, sondern gestalten ihre Kür ganz erheblich mit. Es sind Akteure mit künstlerischen Ambitionen: Toller Cranston, der Kunstmaler, der das Eislaufen als eine Möglichkeit versteht, sich auszudrücken, so wie er es sonst auf der Leinwand unternimmt, der seine bizarren Bilder gerne aufs Eis malen möchte. John Curry nimmt in New York Ballettunterricht. Er meint, daß die pantomimischen Möglichkeiten auf Schlittschuhen endlich genutzt werden sollten. Vom Eisballett hält er nichts, ebensowenig von der Eisrevue.

Für Dorothy Hamill (oben) gab es Gold und zum Abschluß der Eislaufwettbewerbe mehr Blumen als Beifall. Bis auf den starken amerikanischen Anhang in der Olympiahalle konnten sich nur wenige für die Goldkür begeistern. Wie überhaupt die Damen für ein schwaches Finale sorgten, das die Zuschauer bekümmert an die großen Zeiten von Fleming und Seyfert erinnerte. Da einige Spitzenläufer nach Innsbruck entweder ins Showgeschäft wechseln und andere sich nach jahrelanger Erfolgskarriere zurückziehen werden, steht eine totale Wachablösung bevor.

Links: Christine Errath aus der DDR bei ihrer Kür, die mit Bronze honoriert wurde.

Eiskunstlauf Damen

			Platzz.	Punkte
1.	Hamill, Dorothy	USA	9,0	193,80
2.	De Leeuw, Dianna	Holland	20,0	190,24
3.	Errath, Christine	DDR	28,0	188,16
4.	Pötzsch, Anett	DDR	33,0	187,42
5.	De Navarre, Isabel	D	59,0	182,42
6.	Burge, Wendy	USA	63,0	182,14
10.	Lurz, Dagmar	D	92,0	178,04
11.	Weber, Marion	DDR	99,0	175,82
16.	Kristofics-Binder, Claudia	Österreich	149,0	162,88

Biathlon 4 × 7,5 km-Staffel

1.	UdSSR	Elizarow, Aleksandr Biakow, Ivan Kruglow, Nikolay Tihonow, Aleksandr	1.57:55,64 Std.
2.	Finnland	Floejt, Henrik Saira, Esko Suutarinen, Juhani Ikola, Heikki	2.01:45,58 Std.
3.	DDR	Menz, Karl-Heinz Ulrich, Franz Beer, Manfred Geyer, Manfred	2.04:08,61 Std.
4.	Deutschland	Mehringer, Heinrich Winkler, Gerd Keck, Josef Gehrke, Claus	2.04:11,86 Std.
5.	Norwegen	Hovda, Kjell Hanssen, Terje Engen, Svein Svendsberget, Tor	2.05:10,28 Std.
15.	Österreich	Weber, Franz Eder, Alfred Farbmacher, Klaus Hones, Josef	2.18:06,78 Std.

Riesenslalom Damen

1.	Kreiner, Kathy	Kanada	1:29,13 Min.
2.	Mittermaier, Rosi	D	1:29,25 Min.
3.	Debernard, Daniele	Frankreich	1:29,95 Min.
4.	Morerod, Lise-Marie	Schweiz	1:30,40 Min.
5.	Nadig, Marie-Theres	Schweiz	1:30,44 Min.
6.	Kaserer, Monika	Österreich	1:30,49 Min.
8.	Mittermaier, Evi	D	1:30,64 Min.
15.	Epple, Irene	D	1:31,46 Min.
16.	Totschnig, Brigitte	Österreich	1:31,47 Min.
19.	Sackl, Regine	Österreich	1:31,78 Min.
24.	Epple, Maria	D	1:33,02 Min.
26.	Oberholzer, Marlies	Schweiz	1:34,09 Min.
29.	Lukasser, Irmgard	Österreich	1:35,38 Min.

Eisschnellauf 1500 m Herren

1.	Storholt, Egil Jan	Norwegen	1:59,38 Min.*
2.	Kondakow, Juriy	UdSSR	1:59,97 Min.
3.	van Helden, Hans	Holland	2:00,87 Min.
4.	Riabew, Sergey	UdSSR	2:02,15 Min.
5.	Carroll, Daniel	USA	2:02,26 Min.
6.	Kleine, Piet	Holland	2:02,28 Min.
9.	Wunderlich, Klaus	DDR	2:03,34 Min.
12.	Schwarz, Herbert	D	2:03,76 Min.
26.	Kronfuss, Ludwig	Österreich	2:11,17 Min.
27.	Krienbuehl, Franz	Schweiz	2:12,52 Min.
29.	Schabus, Berend	Österreich	2:15,41 Min.

* Olympischer Rekord

Die jungen Damen, die kritisch ihre eigenen Spuren mit einem Blick zurück verfolgen, die deutsche Meisterin Isabel de Navarre (links) und die spätere Silbermedaillengewinnerin Dianna de Leeuw (Holland), stehen auf dem Pflichtbogen. Preisrichter kennen da kein Pardon und legen sich notfalls lang aufs Eis, wenn es gilt, zu prüfen, wie deckungsgleich die Damen die Achter und Schlingen nachgezogen haben. Ein Spiel, das auch in der Innsbrucker Traglufthalle wie immer bei solchen Anlässen unter Ausschluß der Öffentlichkeit stattfand. Der Einfluß des Pflichtwettbewerbs ist zwar schon erheblich zurückgegangen, von 60 auf 30 Prozent, doch noch immer ist der Pflichtbogen ein Umweg und Hindernisrennen vor dem eigentlichen Eiskunstlaufen, dem Kürvortrag. Erst wenn die Pflicht aus dem Programm verschwindet, ist die Zeit der Teilnehmer vorbei, die mangelndes Talent in der Kür durch Fleiß in der Pflicht auszugleichen vermögen. Das könnte ein Neubeginn im Eiskunstlaufen der Solisten werden. Die Paare kennen ohnehin keine Pflichtbogen mit dem abstrakten Spurenlesen der Eislauflehrer, sondern nur Pflichtteile im Kür-Kurzprogramm.

Rosi Mittermaier bei ihrer dritten Medaillenfahrt, dem Riesenslalom. Diesmal reichte es ›nur‹ zu einer Silbermedaille. Ein Erfolg, von dem sie vor den Spielen noch geträumt hatte, der plötzlich und für einige Minuten im Zielraum Verlegenheit auslöste, so hoch waren unterdessen die meist unausgesprochenen Hoffnungen auf die dritte Goldmedaille gestiegen, daß es eine Siegesfeier mit gedämpftem Trommelwirbel gab. Wo sie auf der langen Strecke zwischen den Toren die zwölf Hundertstel Sekunden verloren hat, jene Winzigkeit einer Herzschlaglänge, darüber werden Rosi Mittermaier und die Skifans der Nation noch lange nachgrübeln. Folgende Seiten: Eine Szene aus dem Biathlon-Wettbewerb in der faszinierenden Landschaft von Seefeld.

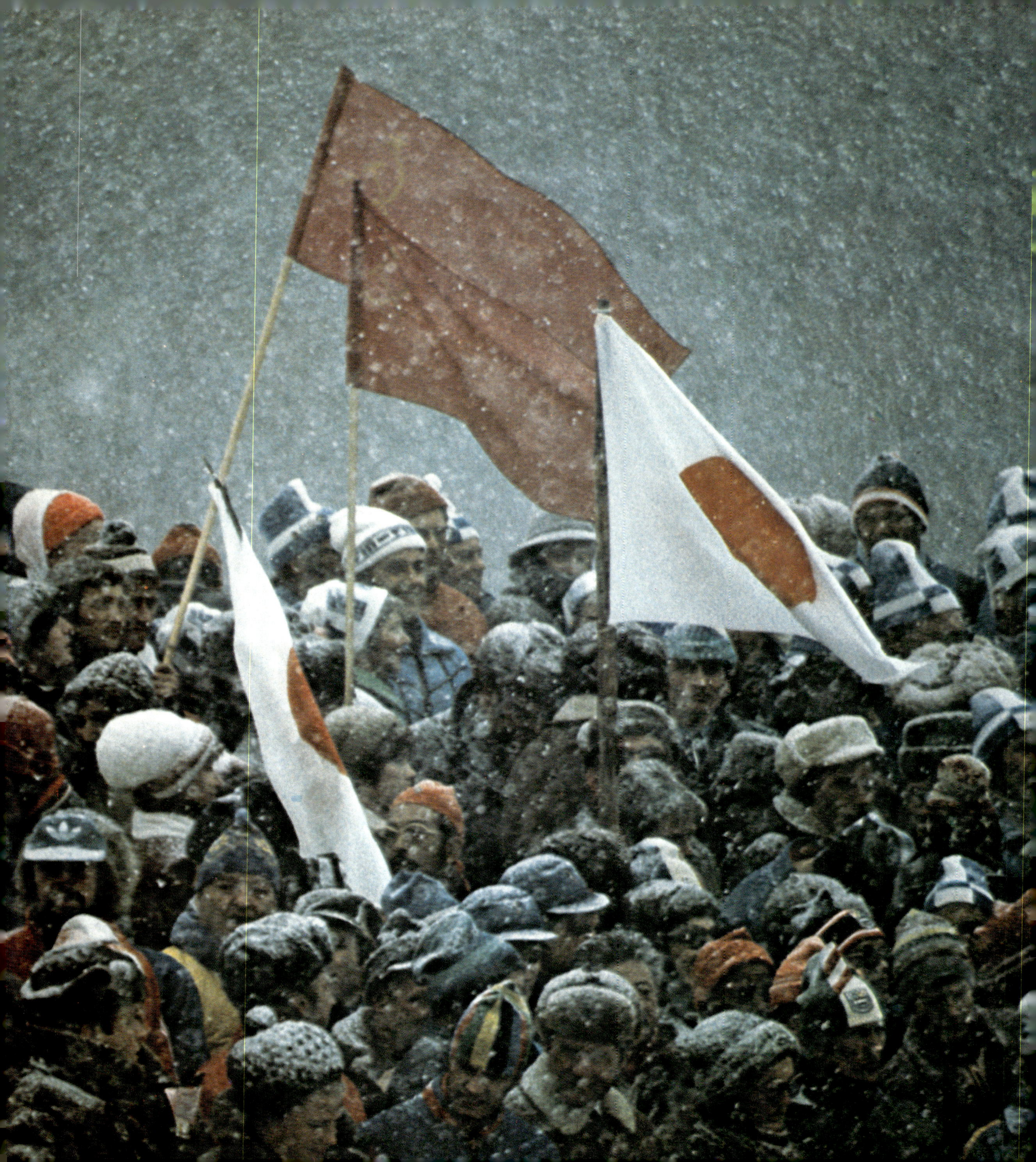

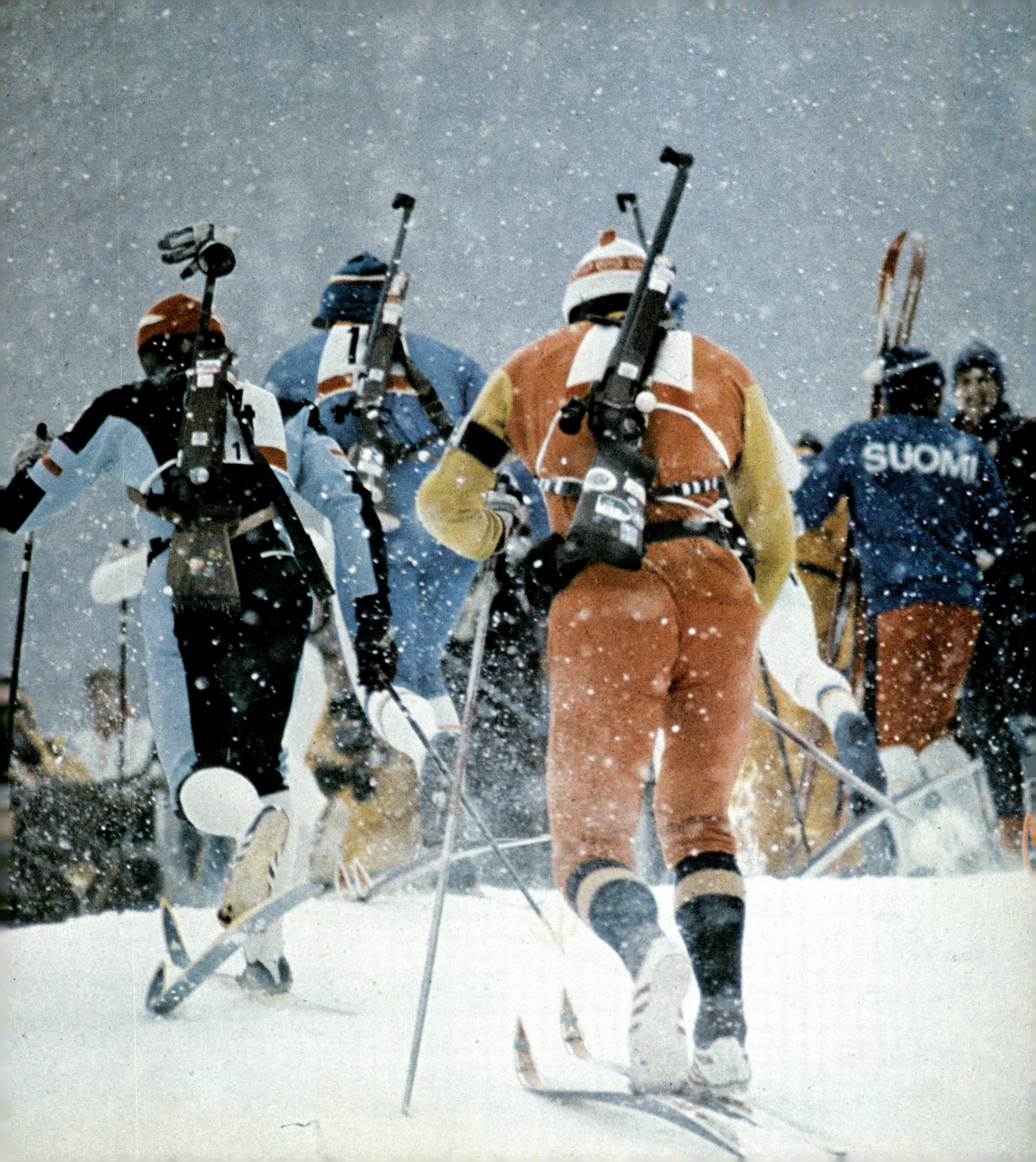
SUOMI

Der Allgäuer Josef Keck traf im Biathlon dreimal daneben. Dabei lagen die Deutschen (West) nach den ersten beiden Runden überraschend weit vorn. Der dritte Platz schien greifbar nahe. Doch die drei Fehlschüsse im Schnee kosteten drei Strafrunden, also fast neunzig Sekunden Zeit. Trotzdem hielten die bundesdeutschen Läufer noch den dritten Platz beim letzten Wechsel, als Keck den Bad Wiesseer Klaus Gehrke (oben links) auf die letzte 7,5 Kilometer lange Reise schickte. Doch Manfred Geyer aus Oberhof, der Schlußläufer aus der DDR, verringerte den Vorsprung bis zum letzten der beiden Schießen auf rund zehn Sekunden. Geyer lief nicht nur stark, er riskierte auch eine rasche Schußfolge: In nur 25 Sekunden setzte er stehend seine fünf Schüsse in die Ziele. Auch der Allgäuer Gehrke schoß gut, doch als er seinen fünften Treffer erzielte, zersplitterte auch gerade Geyers fünfte Scheibe. Dann war es für den stärkeren Läufer aus Oberhof ein leichtes, an Gehrkes Skienden zu bleiben, um ihn einige hundert Meter vor dem Ziel zu überholen und 3,25 Sekunden vor ihm die Bronzemedaille zu gewinnen. Völlig verausgabt, brach Manfred Geyer am Ziel zusammen (oben).

Im Slalom Gros vor Thöni; die Hauptdarsteller bekommen Nerven – wie viele andere vor ihnen. Ja, gibt's denn das? Die deutschen Eishockeyspieler, die Aschenputtel, kehren medaillenverschönert heim. Die Jungs waren wirklich unverhältnismäßig tüchtig, aber die Mengenlehre war mit ihnen: Bronze hinter UdSSR und CSSR.

14. Februar 1976
11.Tag

Axamer Lizum, letzter Akt des alpinen olympischen Schauspiels. Herren-Slalom als Schlußakkord des Stückes, das Komödie und Tragödie gleichzeitig war, das Lachen und Weinen provozierte, das in der Skala der Gefühle wie kaum ein zweites von den Akteuren gelöst lebt. Im Slalom herrschte noch einmal für ein paar Stunden jene Spannung von Olympiasiegern auf Zeit, für einen Durchgang, die dem einen Auftrieb und Ansporn, dem anderen Resignation oder aber Sicherheit gibt. Die Rollen waren in der Lizum zum zweitenmal nach dem Riesenslalom schön verteilt: Einer der Hauptdarsteller, eben Hans Hinterseer, angeschlagen, mit einer Trainingsverletzung vom Vortag behaftet. Wenige Meter nur dauerte die österreichische Hoffnung, wenige Meter, dann ging's nicht mehr, die Schulter ließ keinen Einsatz zwischen den Toren zu, der österreichische Part im internationalen Spiel, eine ungewisse Rolle ohnehin, war ausgespielt. Nerven vor dem großen Auftritt bekommen sie plötzlich, die vermeintlich so routinierten Darsteller des Skitheaters. Auch Gustav Thöni, sicher einer der größten in diesem Geschäft, gehörte in diesem Winter zu jenen, die ihr Lampenfieber nicht verbergen und so nur mit Plätzen vorlieb nehmen müssen. Auch jetzt wieder. Silber für Thöni. Denn Olympiasieger wurde Piero Gros – die Italiener feierten doch noch ihr Volksfest im Ziel der Lizum.

Für einen österreichischen Fernsehkommentator war es ›die größte Sensation dieser Winterspiele‹, für die Olympiamannschaft der Bundesrepublik eine ›erfreuliche Überraschung‹, für internationale Experten ein ›unglaublicher Erfolg‹: Deutsche Eishockeyspieler gewannen zum zweitenmal in der Geschichte der Olympischen Winterspiele eine Bronzemedaille, 44 Jahre nach dem dritten Rang in Lake Placid.

Die seltsame Geschichte dieser Bronzemedaille für achtzehn deutsche Spieler hat viele Kapitel, und das merkwürdigste davon wurde ganz zum Schluß aufgeschlagen, als die Deutschen ihr letztes Spiel gegen die Amerikaner schon hinter sich hatten und jeder von ihnen davon überzeugt war, trotz des phantastischen 4:1-Sieges den dritten Rang um ein Tor verfehlt zu haben. Spieler, Trainer, Funktionäre, Journalisten und Zuschauer waren sich in ihrem olympischen Kummer einig: Ein Jammer für alle, so nahe dran und dann doch nichts. Derweil freuen sich die Finnen, die lachenden Dritten des deutsch-amerikanischen Eishockeyduells. Doch das Lachen gefriert auf ihren Gesichtern, als irgendjemand noch einmal in den komplizierten Regeln dieses Turniers herumstöbert. Es heißt nun, wenn Punkte und Tordifferenz gleich sind, dann muß der Torquotient aus den Spielen der punktgleichen Mannschaften errechnet werden. Und da liegen die Deutschen um eine Winzigkeit vor den Finnen.

In der Kabine der deutschen Spieler steht alles kopf: Das Wechselbad der Gefühle, erst bitter enttäuscht, dann himmelhochjauchzend, ist selbst für hartgesottene Eishockeycracks zuviel.

Folgende Seiten: Konzentration in den Kurven. Piero Gros, der Italiener, auf der Fahrt zum Olympiasieg im Slalom-Wettbewerb. Schmal macht sich hier der Läufer, um möglichst dicht an den Torstangen vorbeizukommen, die auf einem Slalom-Kurs gesteckt wurden, der zu den schwierigsten zählte, die es bei Winterspielen und Weltcuprennen bisher gab. Dazu erschwerte dichtes Schneetreiben die Sicht auf der rasenden Fahrt durch den Stangenwald, der großes Können und viel Glück von den Läufern erforderte. Über den Sieg ist Piero Gros so froh, daß er bei der Siegerehrung zwischen seinem Landsmann, dem Favoriten dieses Rennens, Gustav Thöni (links), und dem Liechtensteiner Willy Frommelt stehend, seine Gefühle hinter den vorgehaltenen Händen verbirgt.

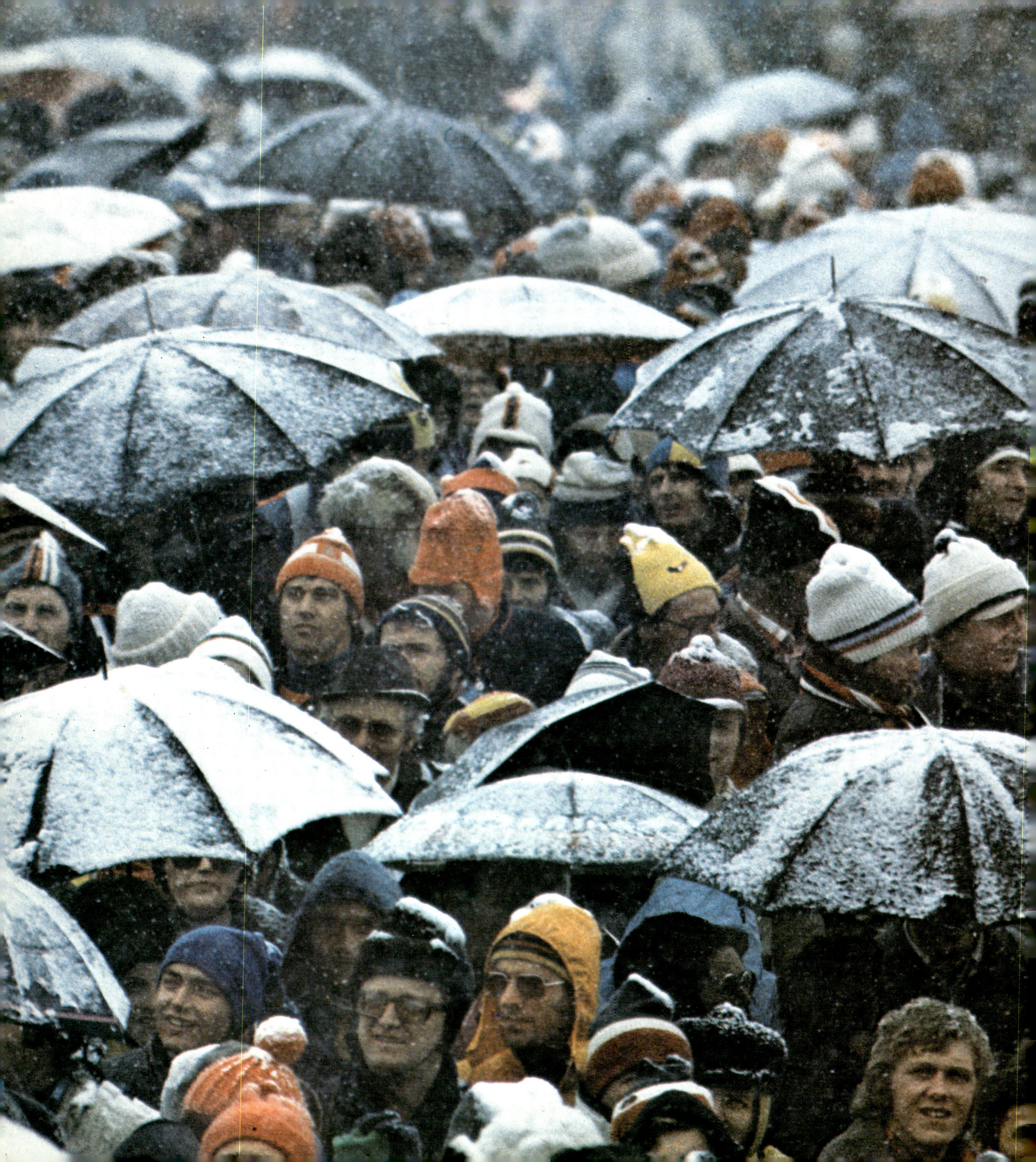

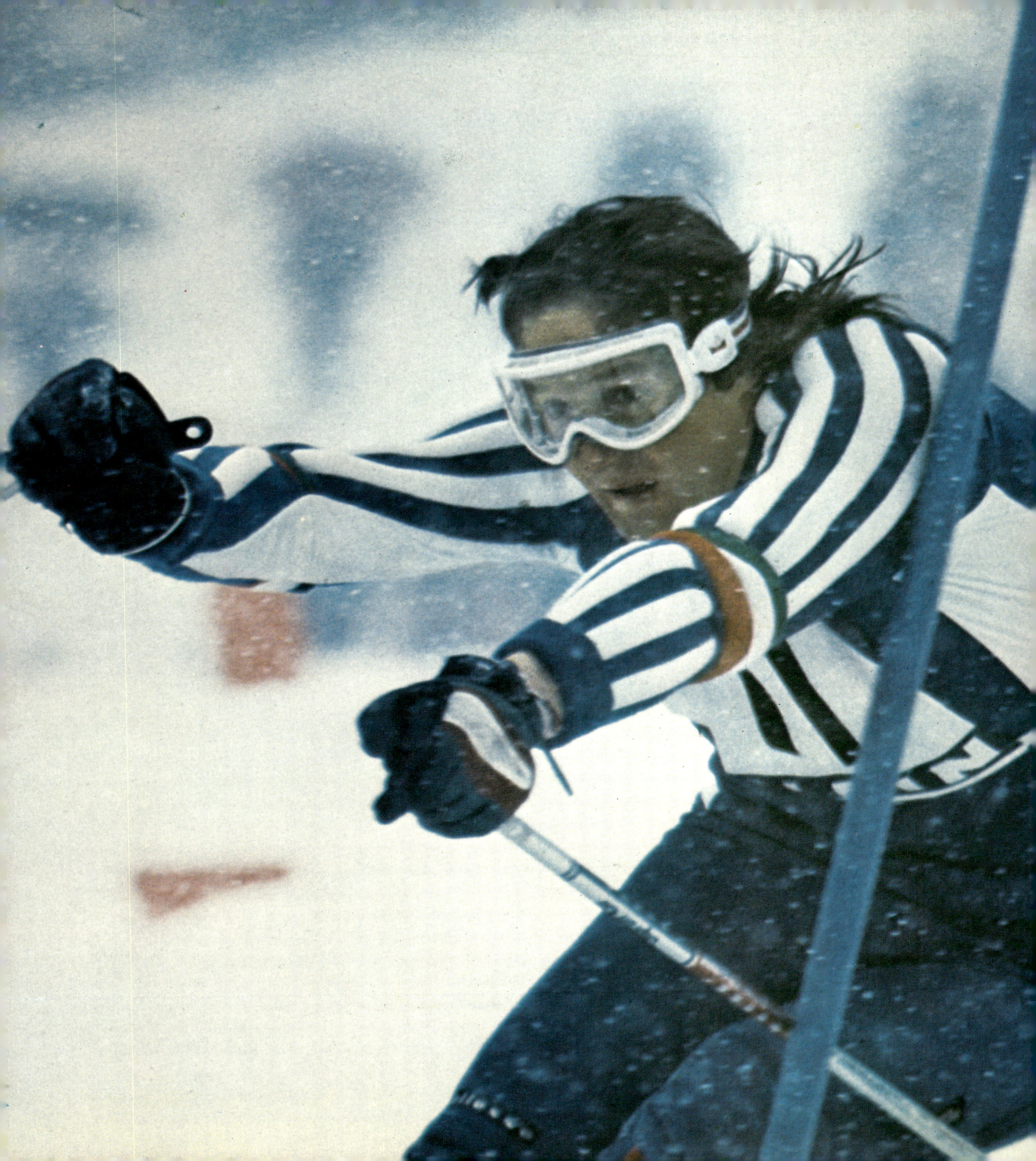

Ski-Probleme

Erst dem Machtwort des norwegischen Reichstrainers hatten sich die Industriebosse des Exportrates gebeugt. Oddmund Jensen wetterte vor dem Beginn der Winterspiele: »Es kommt nicht auf den Ski an, Gold wollen wir!« Die im Exportrat vereinigten norwegischen Ski-Hersteller sind zugleich die Finanziers des Langlaufrennsportes. Die besseren Langlaufski aber fabrizieren seit zwei Jahren die Konkurrenten in Österreich. So durften dann nach Jensens Donnerwort wenigstens drei norwegische Läufer in Seefeld österreichische Ski anschnallen. Darunter Ivar Formo, der im Ski-Marathon die letzte Chance für einen norwegischen Medaillengewinn wahrnahm. Der österreichische Fabrikant jubelte ebenso laut wie die Norweger über das Gold-Geschenk.

Rechte Seite: Piet Kleine, Sieger im Eisschnellauf über 10 000 m auf der Bahn.
Folgende Farbseiten: Die zwei Gesichter des Sieges- links Piero Gros, rechts Rosi Mittermaier.

Slalom Herren

1.	Gros, Piero	Italien	2:03,29 Min.
2.	Thöni, Gustav	Italien	2:03,73 Min.
3.	Frommelt, Willy	Liechtenstein	2:04,28 Min.
4.	Tresch, Walter	Schweiz	2:05,26 Min.
5.	Neureuther, Christian	D	2:06,56 Min.
6.	Junginger, Wolfgang	D	2:07,08 Min.
7.	Morgenstern, Alois	Österreich	2:07,18 Min.
8.	Luescher, Peter	Schweiz	2:08,10 Min.
15.	Burger, Albert	D	2:10,31 Min.
20.	Ferstl, Josef	D	2:14,34 Min.
22.	Steiner, Anton	Österreich	2:14,90 Min.

Ausgeschieden:
Hinterseer, Hans (Österreich)

Eisschnellauf 10 000 m Herren

1.	Kleine, Piet	Holland	14:50,59 Min.*
2.	Stensen, Sten	Norwegen	14:53,30 Min.
3.	Van Helden, Hans	Holland	15:02,02 Min.
4.	Varlamov, Victor	UdSSR	15:06,06 Min.
5.	Sandler, Oerjan	Schweden	15:06,21 Min.
6.	Coates, Victor, Colin	Australien	15:16,80 Min.
8.	Krienbuehl, Franz	Schweiz	15:36,43 Min.
20.	Gundolf, Hubert	Österreich	17:52,43 Min.

* Olympischer Rekord

Stürze, Stürze, Stürze ..., vor allem beim olympischen Tanz durch die Torflaggen. Bei den Slalom-Damen fielen fünfzig Prozent der Teilnehmerinnen aus dem Wettbewerb. Verkanten der Bretter. Belasten des Innenski, zu starke Rücklage. Bruchteile von Sekunden genügen für einen Fehler auf einer Piste, die sich so eisig und so steil präsentierte, daß Egon Zimmermann, Abfahrtsolympiasieger von 1964, von einem ›Wahnsinns-Kurs‹ sprach. Auch für die Herren war die Strecke problematisch, flogen Favoriten wie hier Ingmar Stenmark aus dem Rennen, der beim hohen Tempolauf falsch einfädelte, wie es im Fachjargon heißt, dessen linkes Brett an der Torstange hängenblieb. An einer Steilwand, mit Neigungen bis zu 61 Grad, so hart wie Beton, auf der Wellen und Buckel den Lauf noch unruhiger machen, stürzen auch Asse, geraten Weltklasseläufer aus dem Rhythmus, verlieren sie erst die Übersicht und dann die Bretter, die sie zum Erfolg führen sollten.
Einer der großen Verlierer von Innsbruck: Ingmar Stenmark. Er hatte im zweiten Lauf des schwierigen Slaloms alles riskiert. Wie ein Besessener war er am vereisten Steilhang durch die Tore gesprungen. Umsonst. Der Slalom-König dieser Saison blieb an einer der verflixten Torstangen hängen, stürzte. Und wieder hatte sich der Traum von einer Medaille nicht erfüllt.

Georg Heibl verbindet mit dem Eiskanal am Patscherkofel die herbste Enttäuschung seiner Laufbahn. Welche Opfer und Entbehrungen hat der Gartenbau-Ingenieur aus der Rosenheimer Ecke auf sich genommen. Das Geschäft litt; um finanziell über die Runden zu kommen, verkaufte er sein Auto. Aus Neubeuern, seinem Heimatort, rollten extra Busse voller ›Schlachtenbummler‹ heran, die ihn feiern wollten und ihn nun trösten mußten »Wegen denen daheim nehme ich das alles auf mich, um ihnen Freude zu bereiten«, erklärte Heibl kurz vor Beginn der Spiele. Nun blieb nicht mehr als zweimal Platz fünf, was gewiß nicht schlecht, doch in seinen Augen zu wenig ist. Er hatte eine Strähne erwischt, aus der er nicht herauskam. Er fand seinen Rhythmus nicht, war mit sich und der Welt nicht zufrieden.
Der Negativtrend fand dann seinen Höhepunkt, als beim Start zum dritten Durchgang im Vierer Heibls gezerrter Oberschenkelmuskel riß und nebenbei ›Bremser‹ Fritz Ohlwärter sich an der Leiste verletzte. Bei der letzten Fahrt mußte der schwergewichtige Heibl beim Start im Schlitten sitzen, was sogar Platz fünf zu einer guten Leistung macht. Wird Heibl sich irgendwann einen schönen Abschied bereiten? »Nein, ich habe die Nase voll.« Schade. Der WM-Zweite von 1975 hätte einen besseren Schlußpunkt verdient.

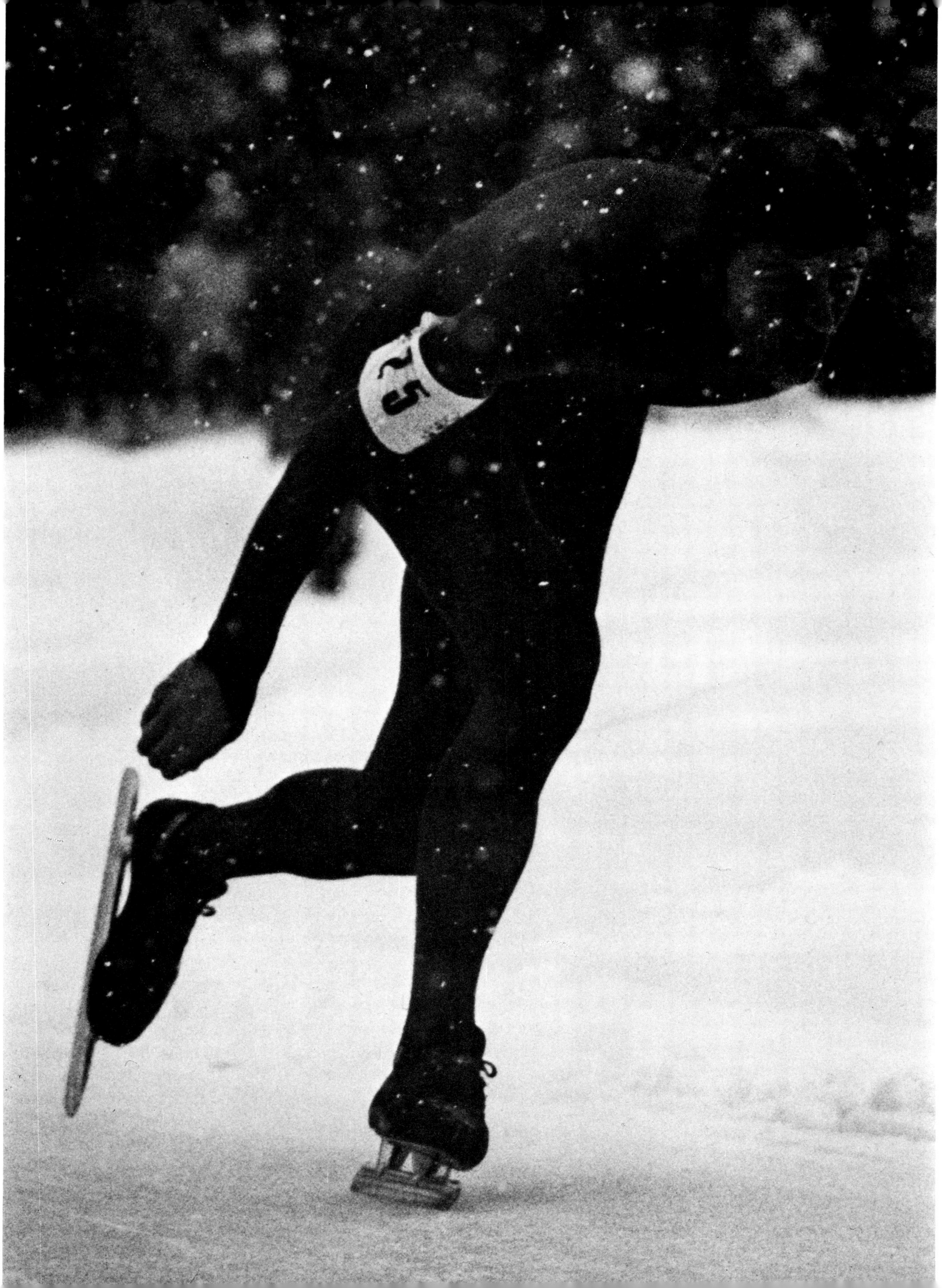

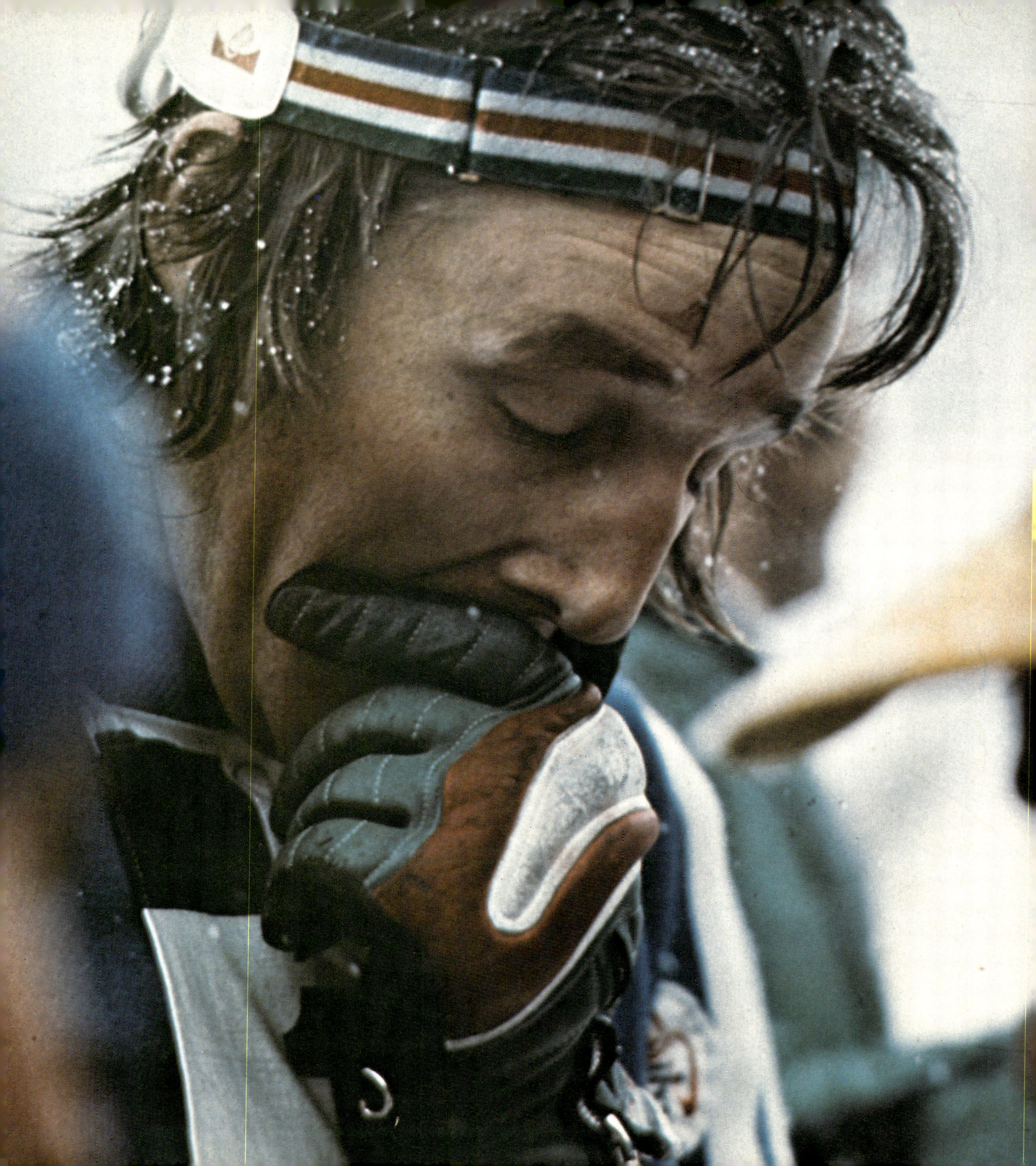

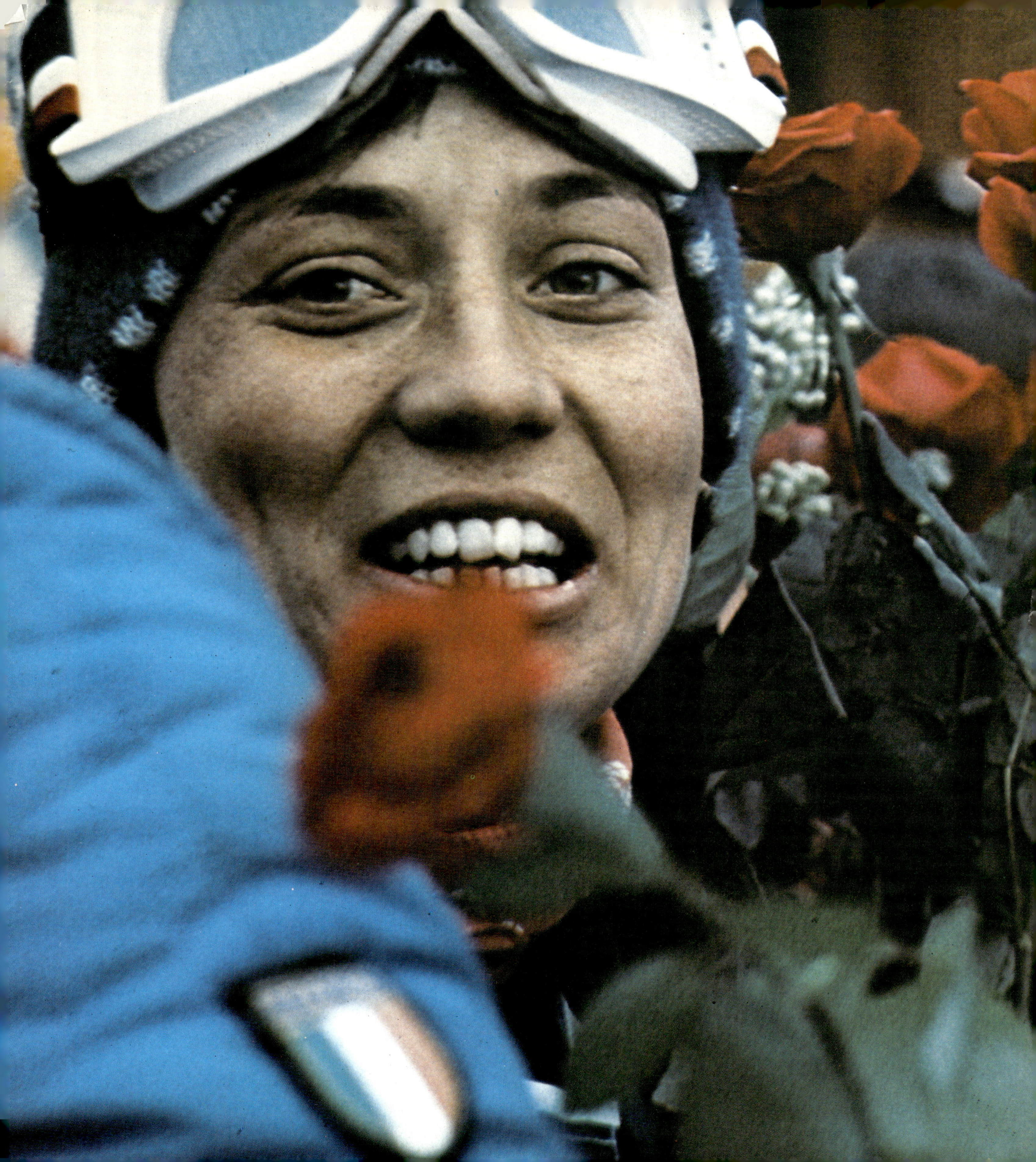

Langläufer, die noch nach einem 50-Kilometer-Rennen strahlen, obwohl sie keinen Platz unter den ersten Zehn erreichten und vom Eis und den Strapazen gezeichnet sind; von links:

Jelenc (Jugoslawien), Matthiason (Island) und Day (Kanada). Immer heißt es im Tempo bleiben, auch bei den Steigungen. Schnellere Läufer ziehen vorbei. Für Läufer gilt: nicht nachdenken, müde wer-

den, nachlassen. Weiter. Das Ziel ist noch fern, auch wenn der kalte Wind in den Lungen sticht. Knirschend sucht der Ski die ausgetretene Spur. Wer nicht richtig gewachst hat, muß sich doppelt quälen.

Viererbob

1.	DDR 1	Nehmer, Meinhard Babok, Jochen Germeshausen, Bernh. Lehmann, Bernhard	3:40,43 Min.
2.	Schweiz 2	Schaerer, Erich Buechli, Ulrich Martin, Rudolf Benz, Josef	3:40,89 Min.
3.	Deutschland 1	Zimmerer, Wolfgang Utzschneider, Peter Bittner, Bodo Schumann, Manfred	3:41,37 Min.
4.	DDR 2	Schönau, Horst Bernhard, Horst Seifert, Harald Bethge, Raimund	3:42,44 Min.
5.	Deutschland 2	Heibl, Georg Morant, Hans Dr. Radant, Siegfried Ohlwärter, Fritz	3:42,47 Min.
6.	Österreich 2	Delle Karth, Werner Schwab, Andreas Breg, Otto Köfel, Franz	3:43,21 Min.
7.	Österreich 1	Sperling, Fritz Oberhöller, Kurt Zaunschirm, Gerd Gehmacher, Dieter	3:43,79 Min.
9.	Schweiz 1	Luedi, Fritz Hagen, Thomas Schmid, Rudolf Haeseli, Karl	3:44 04 Min.

Die Viererbobs nach dem Rennen. Für den Bob Schweiz II (links) mit Pilot Erich Schaerer gab es Silber, für den Bob Deutschland I mit der Zimmerer-Crew reichte es nur zur Bronzemedaille.

Langlauf 50 km Herren

1.	Formo, Ivar	Norwegen	2:37:30,05 Std.
2.	Klause, Gert-Dietmar	DDR	2:38:13,21 Std.
3.	Soedergren, Benny	Schweden	2:39:39,21 Std.
4.	Garanin, Ivan	UdSSR	2:40:38,94 Std.
5.	Grimmer, Gerhard	DDR	2:41:15,46 Std.
6.	Aaland, Per, Knut	Norwegen	2:41:18,06 Std.
18.	Rengglie, Franz	Schweiz	2:45:25,24 Std.
20.	Gaehler, Heinz	Schweiz	2:45:51,64 Std.
23.	Zipfel, Georg	D	2:46:20,30 Std.
24.	Wachter, Herbert	Österreich	2:46:40,25 Std.
25.	Demel, Walter	D	2:46:55,95 Std.
26.	Vogel, Werner	Österreich	2:47,05,63 Std.
28.	Hessler, Gerd	DDR	2:47:34,90 Std.
31.	Egger, Venanz	Schweiz	2:48:30,70 Std.
32.	Pfeuti, Christian	Schweiz	2:49:50,90 Std.
33.	Meinel, Dieter	DDR	2:49:52,42 Std.
35.	Feichter, Reinhold	Österreich	2:50:53,00 Std.
43.	Wallner, Heinrich	Österreich	3:03:58,19 Std.

Der Novak

Novak hieß der Held der gesamten Eishockeywelt, dem neun Minuten vor Spielende des ewigen Schlagerspiels zwischen Russen und Tschechoslowaken zugejubelt wurde. Eudard Novaks Tor zum 3:2 für die CSSR schien die scheinbar sicherste Prognose für diese Winterspiele über den Haufen zu werfen. Genau fünf Minuten und 33 Sekunden fehlten den Tschechoslowaken zum großen olympischen Triumph, da ließ der gleiche Novak sie doch noch verkommen. Ein ›Cross-Check‹ brachte ihn auf die Strafbank. Es kam, wie es fast kommen mußte. Die Russen nutzten die zahlenmäßige Überlegenheit siebzig Sekunden später zum 3:3. Die Halle stöhnte; aber es kam noch schlechter: 4:3 für die UdSSR nach weiteren 24 Sekunden.

Eishockey

A-Gruppe	Tore	Punkte
1. UdSSR	40:11	10: 0
2. CSSR	17:10	6: 2
3. D	21:24	4: 6
4. Finnland	19:18	4: 6
5. USA	15:21	4: 6
6. Polen	9:37	0:10

Eishockey

B-Gruppe	Tore	Punkte
1. Rumänien	23:15	8: 2
2. Österreich	18:14	6: 4
3. Jugoslawien	22:19	6: 4
4. Japan	20:18	6: 4
5. Schweiz	24:22	4: 6
6. Bulgarien	19:38	0:10

Ein Bild mit Seltenheitswert. Die deutschen Eishockeyspieler, medaillenverziert. Dieser olympische Fall war das letzte Mal vor 44 Jahren eingetreten, in Lake Placid. Die Freude ist verständlich – oben wie unten. Stehend (von links nach rechts): Kühnhackl, Kießling, Thanner, Hinterstocker, Berndaner, Boos, Metz, Kehle, Auhuber, Philipp und Mannschaftskapitän Schloder. Kniend: Köberle, Vozar, Reindl, Weißhaupt, Völk, Funk und als Schlußmann dieses Gruppenfotos Köpf.

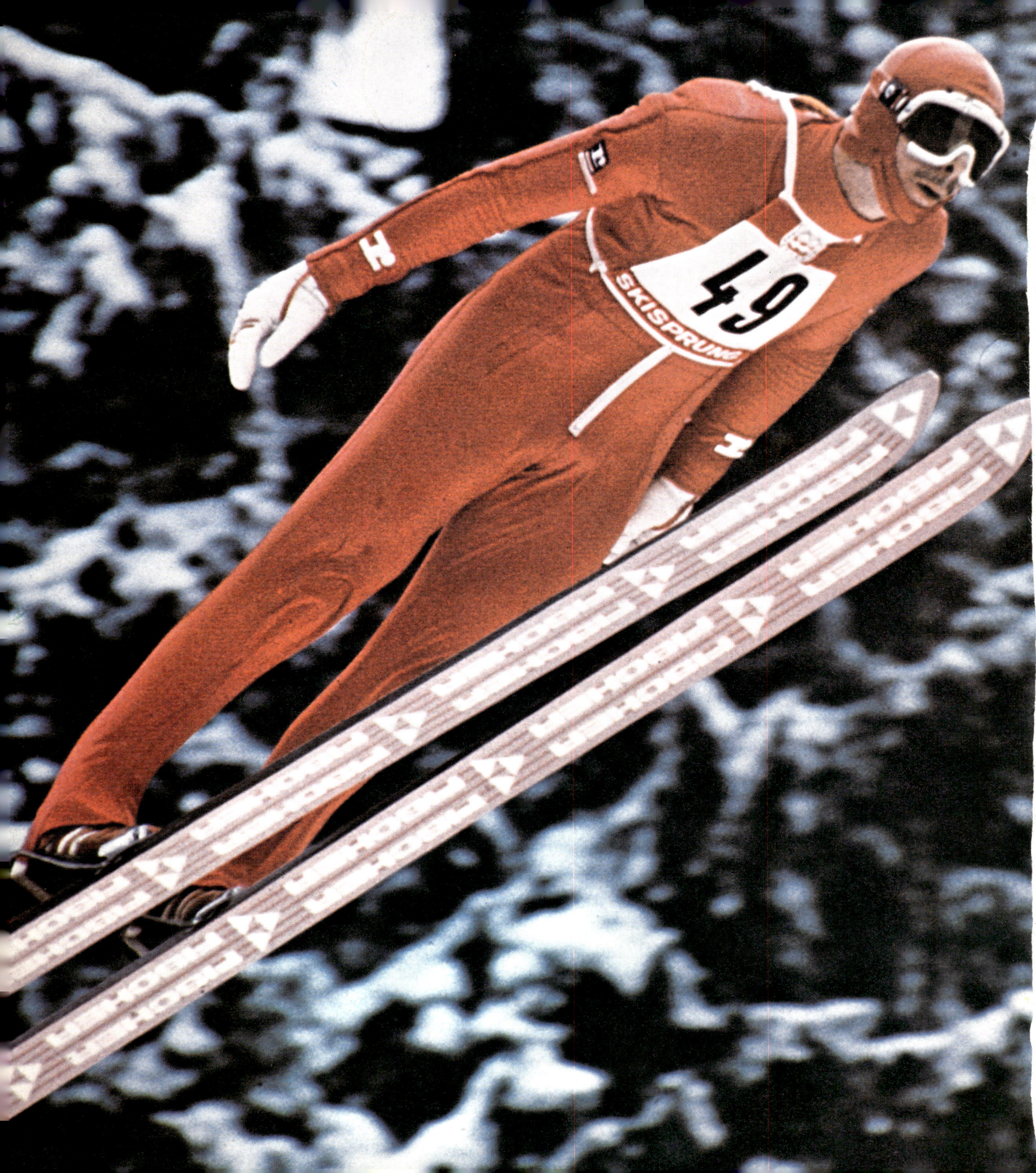
49
SKISPRUNG

Zum Schluß wurde noch einmal gefeiert, die Veranstaltung für beendet erklärt und die beiden Feuer ausgemacht. Am Nachmittag hatte sich Österreich in Sichtweite der beiden Flammen an den Springern Schnabl und Innauer erwärmen können. Der olympische Friede ist wieder mit den Innsbruckern. Auf Wiedersehen in Lake Placid.

15. Februar 1976
12. Tag

›Die letzte Schlacht am Berg Isel‹ ist geschlagen, die ›Lufthoheit‹ wiedererobert, die ›Adler‹ des Baldur Preiml haben die Nation gerettet, und Franz Klammer ist endlich nicht mehr der einzige, der den goldig-goldenen Skianzug mit Fug und Recht spazieren tragen darf, wenn er mag. Karl Schnabl und Anton Innauer, der jetzt wieder Toni heißt, haben uns davor bewahrt, aus einem tieftraurigen Innsbruck abreisen zu müssen. So wie sie begonnen haben, diese zwölf Tage von Innsbruck, so haben sie auch geendet; das Glück hat sich kurz vor dem Ziel noch einmal besonnen, hat sich den sechzigtausend fordernden Ausschauern nicht verweigern können, hat sie heimgehen lassen in Jubel, Trubel, Heiterkeit.

Die Invasion begann schon früh morgens, und als der erste Durchgang längst beendet war, als bereits ein Teil der weltbesten Skispringer ihre Konkurrenz abgeschlossen hatten, da kamen sie immer noch, standen, drängten, versuchten, den Platz zu erhaschen, der den Blick freigab auf Schnabl, auf Innauer, auf Bachler und Wallner. Denn nur ihretwegen waren die meisten gekommen; sie fliegen und siegen zu sehen, das war ihr Begehr. Dicht gedrängt, Kopf an Kopf, standen sie und trugen ihre Idole auf der Woge ihrer Schreie vom Ausstieg aus der Luke oben über den Anlauf, den Schanzentisch bis hinunter über die neunzig Meter, an die hundert heran und darüber. Der Chor der Patrioten wollte die Goldmedaille; man mag sich nicht vorstellen...

Der Professor Baldur Preiml und seine fliegenden Springer stehen seit diesem Schlußtag der Spiele als Retter Österreichs in den Annalen; kein Orden wird für sie zu schade sein. Denn lang, lang war's her, seit der Klammer die Medaille gewann, die einzig und allein ihm zustand und die doch nur der Auftakt zum Goldregen hatte sein sollen. Daraus wurde nichts. Die Woge der Enttäuschung drohte überzuschwappen, Trainerstühle wackelten schon ganz bedrohlich. Und als jetzt gerade der Kelch randvoll war, als wohl nur noch ein winziges Tröpfchen fehlte, um ihn überlaufen zu lassen, da hatte dieser Karl Schnabl, da hatte dieser Toni Innauer den Nerv, die weitesten Sprünge zu machen, und da kamen aus Tausenden von Kehlen die gellenden Pfiffe, wenn einer der Springer im DDR-Blau es wagte, nach dem Sieg zu greifen. Eine ganze Nation lag sich wieder in den Armen.

Als die olympische Flamme – in doppelter Ausführung – erlosch, um 20.33 Uhr, projiziert auf die Leinwand im Olympia-Eisstadion, da feierte die Heiterkeit fröhliche Urständ. Da wurde Abschiedsschmerz, der aufkommen wollte, weggepeitscht und – getanzt –, geknallt und gejodelt von den Trachtengruppen der Tiroler Fastnacht; da stürzten sich eislaufende Kinder auf Hunderte von Tulpen und warfen sie den Sportlern hinterher, die aufgerufen waren, sich wieder zu treffen in Lake Placid, wenn in vier Jahren erneut ein olympisches Feuer das Fest der Winterspiele symbolisiert. 9000 Zuschauer bildeten den

Spezialspringen 90-m-Schanze

1. Schnabl, Karl Österreich	234,8 Pkt.	97,5 m/97,0 m
2. Innauer, Anton Österreich	232,9 Pkt.	102,5 m/91,0 m
3. Glass, Henry DDR	221,7 Pkt.	91,0 m/97,0 m
4. Danneberg, Jochen DDR	221,6 Pkt.	102,0 m/89,5 m
5. Bachler, Reinhold Österreich	217,4 Pkt.	95,0 m/91,0 m
6. Wallner, Hans Österreich	216,9 Pkt.	93,5 m/92,5 m
7. Eckstein, Bernd DDR	216,2 Pkt.	94,0 m/91,5 m
8. Aschenbach, Hans-Georg DDR	212,1 Pkt.	92,5 m/89,0 m
9. Steiner, Walter Schweiz	208,5 Pkt.	89,5 m/93,0 m
10. Törmänen, Juoko Finnland	204,9 Pkt.	91,0 m/87,5 m
16. Grosche, Alfred D	193,1 Pkt.	89,5 m/84,5 m
20. Schmid, Hans Schweiz	186,3 Pkt.	86,5 m/83,0 m
23. von Grüningen, Ernst Schweiz	182,4 Pkt.	84,5 m/81,5 m

Geschafft. Zum Abschluß der Innsbrucker Winterspiele gelingen den Österreichern noch einmal die großen Sprünge aufs Gold- und Silbertreppchen. Karl Schnabl beim zweiten Durchgang. Ruhig liegt er in der Luft, unter sich 60 000 Zuschauer, die sich nicht genierten, die DDR-Springer auszupfeifen, weil sie die österreichischen ›Adler‹ am meisten gefährdeten. Dann ist der Jubel groß, alle wollen gratulieren, umringen den Goldmedaillengewinner auf der Großschanze am Berg Isel, Karl Schnabl (mit der Nummer 49) und den Zweiten des Abschlußspringens, Anton Innauer. Sie haben, so lauten die Schlagzeilen in Innsbruck, die Ehre Österreichs gerettet.

Chor der Rosi-Rosi-Rufer, als die Olympiasiegerin mit der Fahne der Mannschaft aus der Bundesrepublik ihren Platz neben allen anderen mehr oder weniger glücklichen Olympiakämpfern gefunden hatte. Am Sonntagabend rückten alle noch einmal ein Stück zusammen, und als über dem Berg Isel, dort, wo zwölf Tage lang das Feuer gelodert hatte, ein Feuerwerk aufstieg, waren die Spiele von Innsbruck schon Vergangenheit.

Für das erste hat Innsbruck die Winterspiele gerettet. Das sagt nichts über die latenten Gefahren aus. Die Amateurheuchelei trieb auch in Innsbruck üppige Blüten. Die alpinen Großverdiener sprechen der Amateurregel ebenso Hohn wie die Staatssportler aus der Sowjetunion und der DDR, die das größte Stück aus dem Medaillenkuchen schnitten. Im alpinen Skirennsport soll künftig, ähnlich wie beim Tennis, der Lizenzfahrer (der offiziell Geld bekommt für seinen Sport) eingeführt werden. Endlich Mut für Ehrlichkeit? Mitnichten. Auch der neue Typus soll weiterhin von der olympischen Sahne naschen. Kann das IOC das tolerieren? Das würde offene Türen für die offenen Spiele (mit Professionals) bedeuten. Wer diesen Weg als einen Fortschritt bejubelt, übersieht eines: Die Olympischen Winterspiele würden endgültig den harten Gesetzen des Marktes unterworfen. Das Ende wäre in Sicht.

Im übrigen muß der gewaltige Materialaufwand, der Einsatz aller technischen Mittel, mit der Heerschar von Ingenieuren, Medizinern, Psychologen die kleinen Nationen auf die Dauer entmutigen. Das Unbehagen an diesen Exzessen ist allgemein. Zumindest beginnen die Verantwortlichen zu überlegen, wie sie die Auswüchse beschneiden können. Immerhin.

Auffällig die gute Atmosphäre unter den Sportlern. Die vielfältigsten Kontakte wurden, über Weltanschauungen hinweg, geknüpft. Mag der Anspruch vom ›völkerverbindenden Sport‹ eine Utopie sein, in den einzelnen Beziehungen entfaltet sich dennoch der vielbeschworene olympische Geist. So gesehen, besteht begründete Hoffnung auf Lake Placid 1980. Noch leben die Winterspiele – und wie Innsbruck zeigte, nicht einmal schlecht.

Nach dem überraschenden Sieg in der Abfahrt, dem überragenden Erfolg beim Slalom und der Silbermedaille im Riesenslalom stand es diskussionslos fest: Rosi Mittermaier trägt die Fahne der Bundesrepublik Deutschland bei der Abschlußfeier. Sie hat wie kaum ein anderer Teilnehmer diese XII. Olympischen Winterspiele mitgeprägt.

Lord Killanin, der IOC-Präsident, erklärt die XII. Olympischen Winterspiele für beendet. Nicht nur die Organisatoren dieser Wettbewerbe atmeten auf. Weder Terroranschläge noch Skandale hatten die Spiele überschattet, die auch bei der massiven Unterstützung durch die Industrie von unangemessener Werbung frei blieben. Grund genug, nach der etwas theatralischen Eröffnungsfeier eine fröhliche Abschiedsfeier zu inszenieren.

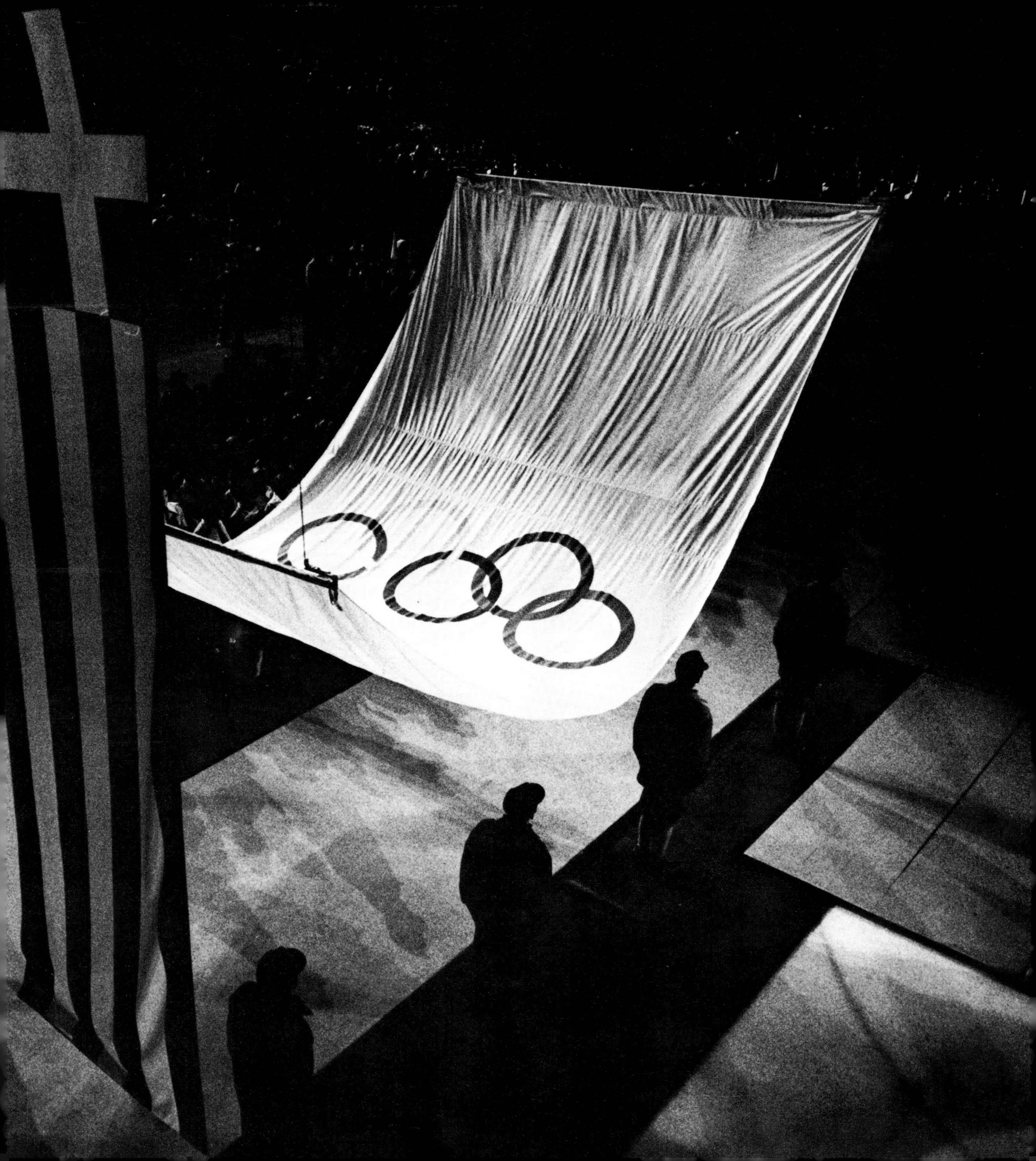

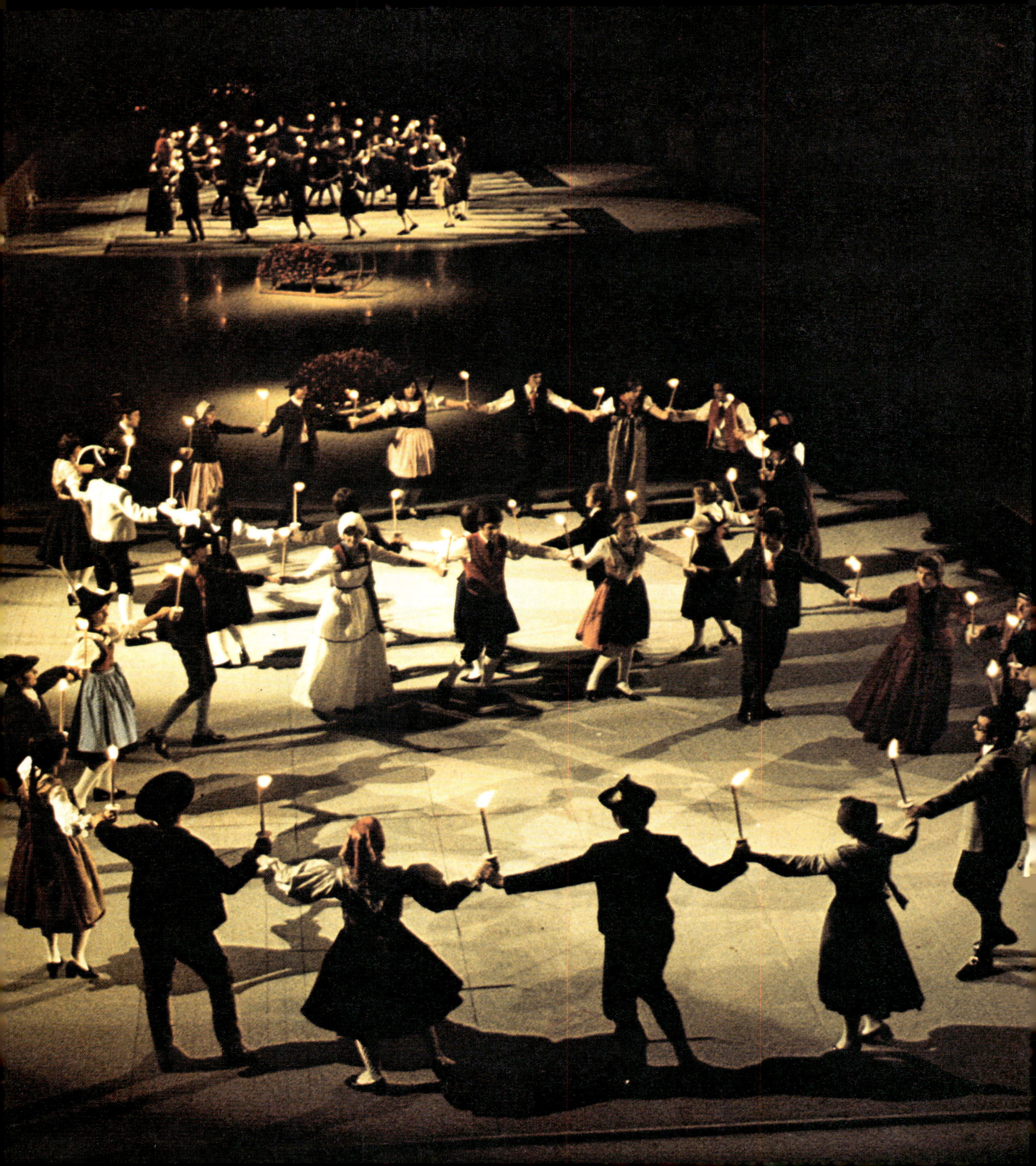

Anhang

Ergebnisse der Olympischen Sommerspiele (1896 bis 1972)
und der Olympischen Winterspiele (1924 bis 1972)

Orte der Olympischen Sommerspiele

1896	Athen	1920	Antwerpen	1948	London	1964	Tokio
1900	Paris	1924	Paris	1952	Helsinki	1968	Mexico-City
1904	St. Louis	1928	Amsterdam	1956	Melbourne	1972	München
1908	London	1932	Los Angeles		Reiten: Stockholm		Segeln: Kiel
1912	Stockholm	1936	Berlin	1960	Rom		

Abkürzungen

A	Österreich	DÄN	Dänemark	LIB	Libanon	SIN	Singapur
AETH	Äthiopien	ESTL	Estland	LIT	Litauen	SPA	Spanien
ÄGY	Ägypten	F	Frankreich	LUX	Luxemburg	Südafr.	Südafrika
ANTIL	Antillen	FOR	Formosa	MAR	Marokko	SU	Sowjetunion
ARG	Argentinien	GB	Großbritannien	MEX	Mexico	TRI	Trinidad
AUS	Australien	GHA	Ghana	MON	Mongolei	TUN	Tunesien
BEL	Belgien	GRIE	Griechenland	N	Norwegen	TÜR	Türkei
BÖH	Böhmen	I	Italien	NEUS	Neuseeland	UGA	Uganda
BRA	Brasilien	IND	Indien	NL	Niederlande	UNG	Ungarn
BUL	Bulgarien	IRA	Iran	PAN	Panama	URU	Uruguay
CAN	Kanada	IRL	Irland	PAK	Pakistan	USA	Verein. Staaten von Amerika
CEY	Ceylon	JAM	Jamaika	PHI	Philippinen	VAR	Verein. Arabische Republik
CH	Schweiz	JPN	Japan	PL	Polen	VEN	Venezuela
CHI	Chile	KAM	Kamerun	PUER	Puerto Rico	YU	Jugoslawien
CS	Tschechoslowakei (CSSR)	KEN	Kenia	RUM	Rumänien	KOL	Kolumbien
CUB	Kuba	KOR	Korea	S	Schweden	NKOR	Nordkorea
D	Deutschland(*)	LETTL	Lettland	SF	Finnland	NIG	Niger

(*) D steht seit 1968 für Bundesrepublik Deutschland, DDR für Deutsche Demokratische Republik

Leichtathletik – Herren

100 m

	1. Platz	2. Platz	3. Platz
1896	Burke (USA) 12.0	Hoffmann (D) 12.2	Szokolyi (UNG) 12.6
1900	Jarvis (USA) 11.0	Tewksbury (USA) 11.1	Rowley (AUS) 11.2
1904	Hahn (USA) 11.0	Cartmell (USA) 11.2	Hogenson (USA) 11.2
1908	Walker (Südafr.) 10.8	Rector (USA) 10.9	Kerr (CAN) 11.0
1912	Craig (USA) 10.8	Meyer (USA) 10.9	Lippincott (USA) 10.9
1920	Paddock (USA) 10.8	Kirksey (USA) 10.8	Edward (GB) 11.0
1924	Abrahams (GB) 10.6	Scholz (USA) 10.7	Porritt (NEUS) 10.8
1928	Williams (CAN) 10.8	London (GB) 10.9	Lammers (D) 10.9
1932	Tolan (USA) 10.3	Metcalfe (USA) 10.3	Jonath (D) 10.4
1936	Owens (USA) 10.3	Metcalfe (USA) 10.4	Osendarp (NL) 10.5
1948	Dillard (USA) 10.3	Ewell (USA) 10.4	La Beach (PAN) 10.6
1952	Remigino (USA) 10.4	McKenley (JAM) 10.4	Bailey (GB) 10.4
1956	Morrow (USA) 10.5	Baker (USA) 10.5	Hogan (AUS) 10.6
1960	Hary (D) 10.2	Sime (USA) 10.2	Radford (GB) 10.3
1964	Hayes (USA) 10.0	Figuerola (CUE) 10.2	Jerome (CAN) 10.2
1968	Hines (USA) 9.9	Miller (JAM) 10.0	Greene (USA) 10.0
1972	Borsow (SU) 10.14	Taylor (USA) 10.24	Miller (JAM) 10.33

200 m (erstmals 1900)

	1. Platz	2. Platz	3. Platz
1900	Tewksbury (USA) 22.2	Pritchard (IND) 22.8	Rowley (AUS) 22.9
1904	Hahn (USA) 21.6	Cartmell (USA) 21.9	Hogenson (USA)
1908	Kerr (CAN) 22.6	Cloughen (USA) 22.6	Cartmell (USA) 22.7
1912	Craig (USA) 21.7	Lippincott (USA) 21.8	Applegarth (GB) 22.0
1920	Woodring (USA) 22.0	Paddock (USA) 22.1	Edward (GB) 22.2
1924	Scholz (USA) 21.6	Paddock (USA) 21.7	Liddell (GB) 21.9
1928	Williams (CAN) 21.8	Rangeley (GB) 21.9	Körnig (D) 21.9
1932	Tolan (USA) 21.2	Simpson (USA) 21.4	Metcalfe (USA) 21.5
1936	Owens (USA) 20.7	Robinson (USA) 21.1	Osendarp (NL) 21.3
1948	Patton (USA) 21.1	Ewell (USA) 21.1	La Beach (PAN) 21.2
1952	Stanfield (USA) 20.7	Baker (USA) 20.8	Gathers (USA) 20.8
1956	Morrow (USA) 20.6	Stanfield (USA) 20.7	Baker (USA) 20.9
1960	Berutti (I) 20.5	Carney (USA) 20.6	Seye (F) 20.7
1964	Carr (USA) 20.3	Drayton (USA) 20.5	Roberts (TRI) 20.6
1968	Smith (USA) 19.8	Norman (AUS) 20.0	Carlos (USA) 20.0
1972	Borsow (SU) 20.00	Black (USA) 20.19	Mennea (I) 20.30

400 m

	1. Platz	2. Platz	3. Platz
1896	Burke (USA) 54.2	Jameson (USA) 55.2	Gmelin (GB) 2 m zurück
1900	Long (USA) 49.4	Holland (USA) 49.6	Schulz (DÄN) 15 m zurück
1904	Hillmann (USA) 49.2	Waller (USA) 49.9	Groman (USA) 50.0
1908	Halswelle (GB) 50.0	Es nahm nur ein Läufer am Endlauf teil	
1912	Reidpath (USA) 48.2	Braun (D) 48.3	Lindberg (USA) 48.4
1920	Rudd (Südafr.) 49.6	Butler (GB) 49.9	Engdahl (S) 50.0
1924	Liddell (GB) 47.6	Fitch (USA) 48.1	Butler (GB) 48.4
1928	Barbutti (USA) 47.8	Bali (CAN) 48.0	Büchner (D) 48.2
1932	Carr (USA) 46.2	Eastman (USA) 46.4	Wilson (CAN) 47.4
1936	Williams (USA) 46.5	Brown (GB) 46.7	Lu Valle (USA) 46.8
1948	Wint (JAM) 46.2	McKenley (JAM) 46.4	Whitfield (USA) 46.9
1952	Rhoden (JAM) 45.9	McKenley (JAM) 45.9	Matson (USA) 46.8
1956	Jenkins (USA) 46.7	Haas (D) 46.8	Ignatiew (SU) und Hellsten (SF) 47.0
1960	Davis (USA) 44.9	Kaufmann (D) 44.9	Spence (Südafr.) 45.5
1964	Larrabee (USA) 45.1	Mottley (TRI) 45.2	Badenski (PL) 45.6
1968	Evans (USA) 43.8	James (USA) 43.9	Freeman (USA) 44.4
1972	Matthews (USA) 44.66	Collett (USA) 44.80	Sang (KEN) 44.92

800 m

	1. Platz	2. Platz	3. Platz
1896	Flack (AUS) 2:11.0	Dani (UNG) 2:11.8	Golemis (GRIE) 90 m zurück
1900	Tysoe (GB) 2:01.4	Cregan (USA) 2:03.0	Hall (USA)
1904	Lightbody (USA) 1:56.0	Valentine (USA) 1:56.3	Breitkreutz (USA) 1:56.4
1908	Sheppard (USA) 1:52.8	Lunghi (I) 1:54.2	Braun (D) 1:55.2
1912	Meredith (USA) 1:51.9	Sheppard (USA) 1:52.0	Davenport (USA) 1:52.0
1920	Hill (GB) 1:53.4	Eby (USA) 1:53.6	Rudd (Südafr.) 1:54.0
1924	Lowe (GB) 1:52.4	Martin (CH) 1:52.6	Enck (USA) 1:53.1
1928	Lowe (GB) 1:51.8	Bylehn (S) 1:52.8	Engelhardt (D) 1:53.2
1932	Hampson (GB) 1:49.8	Wilson (CAN) 1:50.0	Edwards (Can) 1:50.6
1936	Woodruff (USA) 1:52.9	Lanzi (I) 1:53.3	Edwards (CAN) 1:53.6
1948	Whitfield (USA) 1:49.2	Wint (JAM) 1:49.5	Hansenne (F) 1:49.8
1952	Whitfield (USA) 1:49.2	Wint (JAM) 1:49.4	Ulzheimer (D) 1:49.7
1956	Courtney (USA) 1:47.7	Johnson (GB) 1:47.8	Boysen (N) 1:48.1
1960	Snell (NEUS) 1:46.3	Moens (BEL) 1:46.5	Kerr (ANTIL) 1:47.1
1964	Snell (NEUS) 1:45.1	Crothers (CAN) 1:45.6	Kiprugut (KEN) 1:45.9
1968	Doubell (AUS) 1:44.3	Kiprugut (KEN) 1:44.5	Farell (USA) 1:45.4
1972	Wottle (USA) 1:45.9	Arshanow (SU) 1:45.9	Boit (KEN) 1:46.0

1500 m

	1. Platz	2. Platz	3. Platz
1896	Flack (AUS) 4:33.2	Blake (USA) 4:34.0	Lermusiaux (F) 4:36.0
1900	Bennett (GB) 4:06.0	Deloge (F) 4:06.6	Brey (USA) 4:07.2
1904	Lightbody (USA) 4:05.4	Verner (USA) 10 m zurück	Hearn (USA)
1908	Sheppard (USA) 4:03.4	Wilson (GB) 4:06.8	Hallows (GB)
1912	Jackson (GB) 3:56.8	Kiviat (USA) 3:56.9	Taber (USA) 3:56.9
1920	Hill (GB) 4:01.8	Baker (GB) 4:02.4	Shields (USA) 4:03.1
1924	Nurmi (SF) 3:53.6	Schärer (CH) 3:54.8	Stallard (GB) 3:55.0
1928	Larva (SF) 3:53.2	Ladoumeque (F) 3:54.0	Purge (SF) 3:57.0
1932	Beccali (I) 3:51.2	Cornes (GB) 3:52.2	Edwards (CAN) 3:52.2
1936	Lovelock (NEUS) 3:47.8	Cunningham (USA) 3:48.4	Beccali (I) 3:49.2
1948	Eriksson (S) 3:49.8	Strand (S) 3:50.4	Slijkhuis (NL) 3:50.4
1952	Barthel (LUX) 3:45.2	McMillen (USA) 3:45.2	Lueg (D) 3:45.4
1956	Delany (IRL) 3:41.2	Richtzenhain (D) 3:42.0	Landy (AUS) 3:42.0
1960	Elliot (AUS) 3:35.6	Jazy (F) 3:38.4	Rozsavolgyi (UNG) 3:39.2
1964	Snell (NEUS) 3:38.1	Odlozil (CS) 3:39.6	Davies (NEUS) 3:39.6
1968	Keino (KEN) 3:34.9	Ryun (USA) 3:37.8	Tümmler (D) 3:39.0
1972	Vasala (SF) 3:36.3	Keino (KEN) 3:36.8	Dixon (NEUS) 3:37.5

5000 m (erstmals 1912)

	1. Platz	2. Platz	3. Platz
1912	Kohlemainen (SF) 14:36.6	Bouin (F) 14:36.7	Hutson (GB) 15:07.6
1920	Guillemot (F) 14:55.6	Nurmi (SF) 15:00.0	Backman (S) 15:13.0
1924	Nurmi (SF) 14:31.2	Ritola (SF) 14:31.4	Wide (S) 15:01.3
1928	Ritola (SF) 14:38.0	Nurmi (SF) 14:40.0	Wide (S) 14:40.2
1932	Lehtinen (SF) 14:30.0	Hill (USA) 14:30.0	Virtanen (SF) 14:44.0
1936	Höckert (SF) 14:22.2	Lehtinen (SF) 14:25.8	Johnsson (S) 14:29.0
1948	Reiff (BEL) 14:17.6	Zatopek (CS) 14:17.8	Slijkhuis (NL) 14:26.8
1952	Zatopek (CS) 14:06.6	Mimoun (F) 14:07.4	Schade (D) 14:08.6
1956	Kuz (SU) 13:39.6	Pirie (GB) 13:50.6	Ibbotson (GB) 13:54.4
1960	Halberg (NEUS) 13:43.4	Grodotzki (D) 13:44.6	Zimny (PL) 13:44.8
1964	Schul (USA) 13:48.8	Norpoth (D) 13:49.6	Dellinger (USA) 13:49.8
1968	Gammoudi (TUN) 14:05.0	Keino (KEN) 14:05.2	Temu (KEN) 14:06.4
1972	Viren (SF)	Gammoudi (TUN)	Stewart (GB)

10 000 m (erstmals 1912)

	1. Platz	2. Platz	3. Platz
1912	Kohlemainen (SF) 31:20.8	Tewanima (USA) 32:06.6	Steenvos (SF) 32:21.8
1920	Nurmi (SF) 31:45.8	Guillemot (F) 31:47.2	Wilson (GB) 31:50.8
1924	Ritola (SF) 30:23.2	Wide (S) 30:50.8	Berg (SF) 31:59.0
1928	Nurmi (SF) 30:18.8	Ritola (SF) 30:19.4	Wide (S) 31:04
1932	Kusociuski (PL) 30:11.4	Iso-Hollo (SF) 30:12.6	Virtanen (SF) 30:15.0
1936	Salminen (SF) 30:15.4	Askola (SF) 30:15.6	Iso-Hollo (SF) 30:20.2
1948	Zatopek (CS) 29:59.6	Mimoun (F) 30:47.4	Albertsson (S) 30:53.6
1952	Zatopek (CS) 29.17.0	Mimoun (F) 29:32.8	Anonfriew (SU) 29:48.2
1956	Kuz (SU) 28:45.6	Kovacs (UNG) 28:52.4	Lawrence (AUS) 28:53.5
1960	Bolotnikow (SU) 28:32.2	Grodotzki (D) 28:37.0	Power (AUS) 28:38.2
1964	Mills (USA) 28:24.4	Gammoudi (TUN) 28:24.8	Clarke (AUS) 28:25.8
1968	Temu (KEN) 29:27.4	Wolde (AETH) 29:28.0	Gammoudi (TUN) 29:34.2
1972	Viren (SF) 27:38.4	Puttemans (BEL) 27:39.6	Yifter (AETH) 27:41.0

Marathon (42,196 km)

	1. Platz	2. Platz	3. Platz
1896	Louis (GRIE) 2:58:50.0	Vassilakos (GRIE) 3:06:03	Kellner (UNG) 3:06:03.5
1900	Theato (F) 2:59:45.0	Champion (F) 3:04:25.0	Fastl (S) 3:37.00
1904	Hicks (USA) 3:28:53.0	Corey (USA) 3:34:14.0	Newton (USA) 3:47:33.0
1908	Hayes (USA) 2:55:18.4	Hefferon (Südafr.) 2:56:06.0	Forshaw (USA) 2:57:10.4
1912	McArthur (Südafr.) 2:36:54.8	Gitsham (Südafr.) 2:37:52.0	Strobino (USA) 2:38:42.4
1920	Kohlemainen (SF) 2:32:35.8	Lossman (ESTL) 2:32:48.6	Valerio (I) 2:36:32.8
1924	Steenros (SF) 2:41:22.6	Bertini (I) 2:47:19.6	de Mar (USA) 2:48:14
1928	El Quafi (F) 2:32:57.0	Plaza (CHI) 2:33:23.0	Marttelin (SF) 2:35:02
1932	Zabala (ARG) 2:31:36.0	Ferris (GB) 2:31:55.0	Toivonnen (SF) 2:32:12
1936	Son (JPN) 2:29:19.2	Harper (GB) 2:31:23.2	Nan (JPN) 2:31:42
1948	Cabrera (ARG) 2:34:51	Richards (GB) 2:35:07	Gailly (BEL) 2:35:33
1952	Zatopek (CS) 2:23:03	Corno (ARG) 2:25:35	Jansson (S) 2:26:07
1956	Mimoun (F) 2:25:00	Mihalic (YU) 2:26:32	Karvonen (SF) 2:27:47
1960	Bikila (AETH) 2:15:16	Rhadi (MAR) 2:15:41	Magee (NEUS) 2:17:18
1964	Bikila (AETH) 2:12:11	Heatley (GB) 2:16:19	Tsuburaya (JPN) 2:16:22
1968	Wolde (AETH) 2:20:26.4	Kimihara (JPN) 2:23:31.0	Ryan (NEUS) 2:23:45.0
1972	Shorter (USA) 2:12:19.8	Lismont (BEL) 2:14:31.8	Wolde (AETH) 2:15:08.4

110 m Hürden

	1. Platz	2. Platz	3. Platz
1896	Curtis (USA) 17.6	Goulding (GB) 18.0	nur zwei waren im Endlauf
1900	Kraenzlein (USA) 15.4	McClain (USA) 15.5	Maloney (USA) –
1904	Schule (USA) 16.0	Schiedler (USA) 16.3	Ashburner (USA) 16.4
1908	Smithson (USA) 15.0	Garrels (USA) 15.7	Shaw (USA) –
1912	Kelly (USA) 15.1	Wendell (USA) 15.2	Hawkins (USA) 15.3
1920	Thompson (CAN) 14.8	Barron (USA) 15.1	Murray (USA) 15.2
1924	Kinsey (USA) 15.0	Atkinson (Südafr.) 15.0	Pettersson (S) 15.4
1928	Atkinson (Südafr.) 14.8	Anderson (USA) 14.8	Collier (USA) 14.9
1932	Saling (USA) 14.6	Beard (USA) 14.7	Finlay (GB) 14.8
1936	Towns (USA) 14.2	Finlay (GB) 14.4	Pollard (USA) 14.4
1948	Porter (USA) 13.9	Scott (USA) 14.1	Dixon (USA) 14.1
1952	Dillard (USA) 13.7	Davis (USA) 13.7	Barnard (USA) 14.1
1956	Calhoun (USA) 13.5	Davis (USA) 13.5	Shankle (USA) 14.1
1960	Calhoun (USA) 13.8	May (USA) 13.8	Jones (USA) 14.0
1964	Jones (USA) 13.6	Lindgren (USA) 13.7	Michailow (SU) 13.7
1968	Davenport (USA) 13.3	Hall (USA) 13.4	Ottoz (I) 13.4
1972	Milburn (USA) 13.24	Drut (F) 13.34	Hill (USA) 13.48

400 m Hürden (erstmals 1900)

	1. Platz	2. Platz	3. Platz
1900	Tewksbury (USA) 57.6	Tausin (F) 58.3	Dr. Orton (USA) –
1904	Hillman (USA) 53.0	Waller (USA) 53.2	Poage (USA) –
1908	Bacon (USA) 55.0	Hillman (USA) 55.3	Tremeer (GB) 57.0
1912	nicht ausgetragen	–	–
1920	Loomis (USA) 54.0	Norton (USA) 54.3	Desch (USA) 54.4
1924	Taylor (USA) 52.6	Vilen (SF) 53.8	Riley (USA) 54.1
1928	Lord Burghley (GB) 53.4	Cuhel (USA) 53.6	Taylor (USA) 53.8
1932	Tisdall (IRL) 51.8	Hardin (USA) 52.0	Taylor (USA) 52.1
1936	Hardin (USA) 52.4	Loaring (CAN) 52.7	White (PHI) 52.8
1948	Cochran (USA) 51.5	White (CEY) 51.8	Larsson (S) 52.2
1952	Moore (USA) 50.8	Litujew (SU) 51.3	Holland (NEUS) 52.2
1956	Davis (USA) 50.1	Southern (USA) 50.8	Culbreath (USA) 51.6
1960	Davis (USA) 49.3	Cushman (USA) 49.6	Howard (USA) 49.7
1964	Cawley (USA) 49.8	Frinolli (I) 50.2	Knoke (AUS) 50.6
1968	Hemery (GB) 48.1	Hennige (D) 49.0	Sherwood (GB) 49.0
1972	Akii-Bua (UGA) 47.82	Mann (USA) 48.51	Hemery (GB) 48.52

3000 m Hindernis (erstmals 1900)

	1. Platz	2. Platz	3. Platz
1900	Orton (USA) 7:34.0 (2500 m)	Robinson (GB) 7:38.0	Chastanié (F) –
1904	Lightbody (USA) 7:39.6 (2500 m)	Daly (IRL) 7:40.6	Newton (USA) 25 m zurück
1908	Russell (GB) 10:47.8	Robertson (GB) 10:48.4	Eisele (USA) 20 m zurück
1912	nicht ausgetragen		
1920	Hodges (GB) 10:04.0	Flynn (USA) –	Ambrosini (I) –
1924	Ritola (SF) 9:33.6	Katz (SF) 9:44.0	Bontemps (F) 9:45.2
1928	Loukola (SF) 9:21.8	Nurmi (SF) 9:32.8	Andersen (SF) 9:35.2
1932	Iso-Hollo (SF) 10:33.4 (1 Runde zuviel)	Evenson (GB) 10:46.0	McCluskey (USA) 10:46.2
1936	Iso-Hollo (SF) 9:03.8	Tuominen (SF) 9:06.8	Dompert (D) 9:07.2
1948	Sjöstrand (S) 9:04.6	Elmsäter (S) 9:03.2	Hagström (S) 9:11.8
1952	Ashenfelter (USA) 8:45.4	Kasanzew (SU) 8:51.6	Disley (GB) 8:51.8
1956	Brasher (GB) 8:41.2	Rozsnoy (UNG) 8:43.6	Larsen (N) 8:44.0
1960	Krzyskowiak (PL) 8:34.2	Solokov (SU) 8:36.4	Rzhistschin (SU) 8:42.2
1964	Roelants (BEL) 8:30.8	Herriot (GB) 8:32.4	Beljajew (SU) 8:33.8
1968	Biwott (KEN) 8:51.0	Kogo (KEN) 8:51.6	Young (USA) 8:51.8
1972	Keino (KEN) 8:23.6	Jipcho (KEN) 8:24.6	Kantanen (SF) 8:24.8

4×100 m (erstmals 1912)

	1. Platz	2. Platz	3. Platz
1912	Großbritannien 42.4	Schweden 42.6	–
1920	USA 42.2	Frankreich 42.6	Schweden 42.9
1924	USA 41.0	Großbritannien 41.2	Holland 41.8
1928	USA 41.0	Deutschland 41.2	Großbritannien 41.4
1932	USA 40.0	Deutschland 40.9	Italien 41.6
1936	USA 39.8	Italien 41.1	Deutschland 41.2
1948	USA 40.6	Großbritannien 41.3	Italien 41.5
1952	USA 40.1	UdSSR 40.3	Ungarn 40.5
1956	USA 39.5	UdSSR 39.8	Deutschland 40.3
1960	Deutschland 39.5	UdSSR 40.1	Großbritannien 40.2
1964	USA 39.0	Polen 39.3	Frankreich 39.3
1968	USA 38.2	Kuba 38.3	Frankreich 38.4
1972	USA 38.19	UdSSR 38.50	Deutschland 38.79

4×400 m (erstmals 1908)

	1. Platz	2. Platz	3. Platz
1908	USA 3:29.4	Deutschland –	Ungarn –
1912	USA 3:16.6	Frankreich 3:20.7	Großbritannien 3:23.2
1920	Großbritannien 3:22.2	Südafrika 3:24.2	Frankreich 3:24.8
1924	USA 3:16.0	Schweden 3:17.0	Großbritannien 3:17.4
1928	USA 3:14.2	Deutschland 3:14.6	Kanada 3:15.0
1932	USA 3:08.2	Großbritannien 3:11.2	Kanada 3:12.8
1936	Großbritannien 3:09.0	USA 3:11.0	Deutschland 3:11.8
1948	USA 3:10.4	Frankreich 3:14.8	Schweden 3:16.0
1952	Jamaika 3:03.9	USA 3:04.0	Deutschland 3:06.6
1956	USA 3:04.7	Australien 3:06.2	Großbritannien 3:07.2
1960	USA 3:02.2	Deutschland 3:02.7	Antillen 3:04.0
1964	USA 3:00.7	Großbritannien 3:01.6	Trinidad 3:01.7
1968	USA 2:56.1	Kenia 2:59.6	Deutschland 3:00.5
1972	Kenia 2:59.8	Großbritannien 3:00.5	Frankreich 3:00.7

Weitsprung

	1. Platz	2. Platz	3. Platz
1896	Clark (USA) 6.35	Garrett (USA) 6.00	Connolly (USA) 5.84
1900	Kraenzlein (USA) 7.18.5	Prinstein (USA) 7.17.5	Leahy (IRL) 6.95
1904	Prinstein (USA) 7.35	Frank (USA) 6.89	Strangland (USA) 6.88
1908	Irons (USA) 7.48	Kelly (USA) 7.09	Bricker (CAN) 7.08.5
1912	Gutterson (USA) 7.60	Bricker (CAN) 7.21	Aberg (S) 7.18
1920	Pettersson (S) 7.15	Johnson (USA) 7.09	Abrahamsson (S) 7.08
1924	Hubbard (USA) 7.44	Gourdin (USA) 7.27	Hansen (N) 7.26
1928	Hamm (USA) 7.73	Cator (Haiti) 7.58	Bates (USA) 7.40
1932	Gordon (USA) 7.64	Redd (USA) 7.60	Nambu (JPN) 7.45
1936	Owens (USA) 8.06	Long (D) 7.87	Tajima (JPN) 7.74
1948	Steele (USA) 7.82	Bruce (AUS) 7.55	Douglas (USA) 7.54
1952	Biffle (USA) 7.57	Gourdine (USA) 7.53	Földesi (UNG) 7.30
1956	Bell (USA) 7.83	Bennett (USA) 7.68	Valkama (SF) 7.48
1960	Boston (USA) 8.12	Roberson (USA) 8.11	TerOwanesian (SU) 8.04
1964	Davies (GB) 8.07	Boston (USA) 8.03	TerOwanesian (SU) 7.99
1968	Beamon (USA) 8.90	Beer (DDR) 8.19	Boston (USA) 8.16
1972	Williams (USA) 8.24	Baumgartner (D) 8.18	Robinson (USA) 8.03

Hochsprung

	1. Platz	2. Platz	3. Platz
1896	Clark (USA) 1.81	Connolly (USA) 1.76	Garrett (USA) 1.76
1900	Baxter (USA) 1.90	Leahy (IRL) 1.78	Gönczy (UNG) 1.75
1904	Jones (USA) 1.80	Senviss (USA) 1.78	Weinstein (D) 1.78
1908	Porter (USA) 1.90	Leahy (GB) und Dr. Somodi (UNG) und André (F) 1.88	
1912	Richards (USA) 1.93	Liesche (D) 1.91	Horine (USA) 1.89
1920	Landon (USA) 1.93	Muller (USA) 1.90	Ekelund (S) 1.90
1924	Osborn (USA) 1.98	Brown (USA) 1.95	Lewden (F) 1.92
1928	King (USA) 1.94	Hedges (USA) 1.91	Menard (F) 1.91
1932	McNaughton (CAN) 1.97	van Osdel (USA) 1.97	Toribio (PHI) 1.97
1936	Johnson (USA) 2.03	Albritton (USA) 2.00	Thurber (USA) 2.00
1948	Winter (AUS) 1.98	Paulson (N) 1.95	Stanich (USA) 1.95
1952	Davis (USA) 2.04	Wiesner (USA) 2.01	daConceicao (BRA) 1.98
1956	Dumas (USA) 2.12	Porter (USA) 2.10	Kaschkarow (SU) 2.08
1960	Schawlakadze (SU) 2.16	Brumel (SU) 2.16	Thomas (USA) 2.14
1964	Brumel (SU) 2.18	Thomas (USA) 2.18	Rambo (USA) 2.16
1968	Fosbury (USA) 2.24	Caruthers (USA) 2.22	Gawrilow (SU) 2.20
1972	Tarmak (SU) 2.23	Junge (DDR) 2.21	Stones (USA) 2.21

Stabhochsprung

	1. Platz	2. Platz	3. Platz
1896	Hoyt (USA) 3.30	Tyler (USA) 3.25	Damaskos (GRIE) 2.90
1900	Baxter (USA) 3.30	Colkott (USA) 3.25	Andersen (N) 3.20
1904	Dvorak (USA) 3.50	Leroy (USA) 3.43	Wilkins (USA) 3.35
1908	Cooke und Gilbert (USA) 3.71	—	Archibald (CAN), Jacobs (USA) und Söderstrom (S) 3.58
1912	Babcock (USA) 3.95	Nelson (USA) und Whright (USA) 3.85	Uggla (S), Happeny (CAN) und Murphy (USA) 3.80
1920	Foss (USA) 3.80	Petersen (DÄN) 3.75	Myers (USA) 3.75
1924	Barnes (USA) 3.95	Graham (USA) 3.95	Brooker (USA) 3.90
1928	Carr (USA) 4.20	Droegemüller (USA) 4.10	McGinnis (USA) 3.95
1932	Miller (USA) 4.31	Nishida (JPN) 4.30	Jefferson (USA) 4.20
1936	Meadows (USA) 4.35	Nishida (JPN) 4.25	Oe (JPN) 4.25
1948	Smith (USA) 4.30	Kataja (SF) 4.20	Richards (USA) 4.20
1952	Richards (USA) 4.55	Laz (USA) 4.50	Lundberg (S) 4.40
1956	Richards (USA) 4.56	Gutowski (USA) 4.53	Roubanis (GRIE) 4.50
1960	Bragg (USA) 4.70	Morris (USA) 4.60	Landstrom (SF) 4.55
1964	Hansen (USA) 5.10	Reinhardt (D) 5.05	Lehnertz (D) 5.00
1968	Seagren (USA) 5.40	Schiprowski (D) 5.40	Nordwig (DDR) 5.40
1972	Nordwig (DDR) 5.50	Seagren (USA) 5.40	Johnson (USA) 5.35

Dreisprung

	1. Platz	2. Platz	3. Platz
1896	Connolly (USA) 13.71	Tufferi (F) 12.70	Persakis (GRIE) 12.52
1900	Prinstein (USA) 14.44	Connolly (USA) 13.97	Sheldon (USA) 13.64
1904	Prinstein (USA) 14.33	Engelhardt (USA) 13.90	Strangland (USA) 13.37
1908	Ahearne (GB) 14.92	McDonald (CAN) 14.76	Larsen (N) 14.39
1912	Lindblom (S) 14.76	Aberg (S) 14.51	Almlöf (S) 14.17
1920	Tuulos (SF) 14.50	Jansson (S) 14.48	Almlöf (S) 14.27
1924	Winter (AUS) 15.52	Bruneto (ARG) 15.42	Tuulos (SF) 15.37
1928	Oda (JPN) 15.21	Casey (USA) 15.17	Tuulos (SF) 15.11
1932	Nambu (JPN) 15.72	Svensson (S) 15.32	Oshima (JPN) 15.12
1936	Tajima (JPN) 16.00	Harada (JPN) 15.66	Metcalfe (AUS) 15.50
1948	Ahman (S) 15.40	Avery (AUS) 15.36	Sarialp (TÜR) 15.02
1952	da Silva (BRA) 16.22	Scherbakov (SU) 15.98	Devonish (VEN) 15.52
1956	da Silva (BRA) 16.35	Einarsson (IRL) 16.26	Kreer (SU) 16.02
1960	Schmidt (PL) 16.81	Gorjajew (SU) 16.63	Kreer (SU) 16.43
1964	Schmidt (PL) 16.85	Fedosejew (SU) 16.58	Krawtschenko (SU) 16.57
1968	Sanejew (SU) 17.39	Prudencio (BRA) 17.27	Gentile (I) 17.22
1972	Sanejew (SU) 17.35	Drehmel (DDR) 17.31	Prudencio (BRA) 17.05

Kugelstoßen

	1. Platz	2. Platz	3. Platz
1896	Garrett (USA) 11.22	Guskos (GRIE) 11.20	Papasideris (GRIE) 10.36
1900	Sheldon (USA) 14.10	McGracken (USA) 12.85	Garrett (USA) 12.37
1904	Rose (USA) 14.81	Coe (USA) 14.40	Feuerbach (USA) 13.37
1908	Rose (USA) 14.21	Horgan (GB) 13.62	Garrett (USA) 13.18
1912	McDonald (USA) 15.34	Rose (USA) 15.25	Whithney (USA) 13.93
1920	Pörhölä (SF) 14.81	Niklander (SF) 14.15	Liversedge (USA) 14.15
1924	Houser (USA) 14.99	Hartrauft (USA) 14.98	Hills (USA) 14.64
1928	Kuck (USA) 15.87	Brix (USA) 15.75	Hirschfeld (D) 15.72
1932	Sexton (USA) 16.00	Rothert (USA) 15.67	Douda (CS) 15.61
1936	Woellke (SF) 16.20	Bärlund (SF) 16.12	Stöck (D) 15.66
1948	Thompson (USA) 17.12	Delaney (USA) 16.66	Fuchs (USA) 16.42
1952	O'Brien (USA) 17.41	Hooper (USA) 17.39	Fuchs (USA) 17.06
1956	O'Brien (USA) 18.37	Nieder (USA) 18.18	Skobla (CS) 17.65
1960	Nieder (USA) 19.68	O'Brien (USA) 19.11	Long (USA) 19.01
1964	Long (USA) 20.33	Matson (USA) 20.20	Varju (UNG) 19.39
1968	Matson (USA) 20.54	Woods (USA) 20.12	Gushchin (SU) 20.09
1972	Komar (PL) 21.18	Woods (USA) 21.17	Briesenick (DDR) 21.14

Speerwerfen (erstmals 1908)

	1. Platz	2. Platz	3. Platz
1908	Lemming (S) 54.44	Dorizas (GRIE) 51.36	Halse (N) 49.73
1912	Lemming (S) 60.64	Saaristo (SF) 58.66	Kovacs (UNG) 55.50
1920	Myrrhä (SF) 65.78	Peltonen (SF) 63.50	Jaale-Johansson (SF) 63.09
1924	Myrrhä (SF) 62.96	Lindstroem (S) 59.92	Oherst (USA) 58.35
1928	Lundquist (S) 66.60	Szepes (UNG) 65.26	Sunde (N) 63.97
1931	Järvinen (SF) 72.71	Sippala (SF) 69.80	Penttilä (SF) 68.70
1936	Stöck (D) 71.84	Nikkanen (SF) 70.77	Toivonen (SF) 70.72
1948	Rautavaara (SF) 69.77	Seymour (USA) 67.56	Varszegi (UNG) 67.03
1952	Young (USA) 73.78	Miller (USA) 72.46	Hyytiänen (SF) 71.89
1956	Danielsen (N) 85.71	Sidlo (PL) 79.98	Zybulenko (SU) 79.50
1960	Zybulenko (SU) 84.64	Krüger (D) 79.36	Kulcsar (UNG) 78.57
1964	Nevala (SF) 82.66	Kulcsar (UNG) 82.32	Lusis (SU) 80.57
1968	Lusis (SU) 90.10	Kinnunen (SF) 88.58	Kulcsar (UNG) 87.06
1972	Wolfermann (D) 90.48	Lusis (SU) 90.46	Schmidt (USA) 84.42

Diskuswerfen

	1. Platz	2. Platz	3. Platz
1896	Garrett (USA) 29.15	Paraskevopulos (GRIE) 28.95	Versis (GRIE) 27.78
1900	Bauer (UNG) 36.04	Janda (Böhmen) 35.14	Sheldon (USA) 34.50
1904	Sheridan (USA) 39.28	Rose (USA) 39.20	Georgantos (GRIE) 37.68
1908	Sheridan (USA) 40.89	Giffin (USA) 40.70	Hoor (USA) 39.45
1912	Taipale (SF) 45.21	Byrd (USA) 43.32	Duncan (USA) 42.28
1920	Niklander (SF) 44.68	Taipale (SF) 44.19	Pope (USA) 42.13
1924	Houser (USA) 46.15	Niittymaa (SF) 44.95	Liebl (USA) 44.83
1928	Houser (USA) 47.32	Kivi (SF) 47.23	Corson (USA) 47.10
1932	Anderson (USA) 49.49	Laborde (USA) 48.47	Winter (F) 47.85
1936	Carpenter (USA) 50.48	Dunn (USA) 49.36	Oberweger (I) 49.23
1948	Consolini (I) 52.78	Tosi (I) 51.78	Gordien (USA) 50.77
1952	Iness (USA) 55.03	Consolini (I) 53.78	Dillion (USA) 53.28
1956	Oerter (USA) 56.36	Gordien (USA) 54.81	Koch (USA) 54.40
1960	Oerter (USA) 59.18	Babka (USA) 58.02	Cochran (USA) 57.16
1964	Oerter (USA) 61.00	Danek (CS) 60.52	Weill (USA) 59.49
1968	Oerter (USA) 64.78	Milde (DDR) 63.08	Danek (CS) 62.92
1972	Danek (CS) 64.40	Silvester (USA) 63.50	Bruch (S) 63.40

Hammerwerfen (erstmals 1900)

	1. Platz	2. Platz	3. Platz
1900	Flanagan (USA) 51.23	Hare (USA) 45.13	McCracken (USA) 42.66
1904	Flanagan (USA) 51.23	Dewitt (USA) 50.26	Rose (USA) 45.73
1908	Flanagan (USA) 51.92	McGrath (USA) 51.18	Walsh (CAN) 48.51
1912	McGrath (USA) 54.74	Gillis (CAN) 48.39	Childs (USA) 48.17
1920	Ryan (USA) 52.87	Lindh (S) 48.43	Bennett (USA) 48.25
1924	Tootell (USA) 53.29	McGrath (USA) 50.84	Nokes (GB) 48.96
1928	O'Callaghan (IRL) 51.39	Sköld (S) 51.29	Black (USA) 49.30
1932	Dr. O'Callaghan (IRL) 53.92	Pörhölä (SF) 52.27	Zaremba (USA) 50.33
1936	Hein (D) 56.49	Blask (D) 55.04	Warngard (S) 54.83
1948	Nemeth (UNG) 56.07	Gubijan (YU) 54.27	Bennett (USA) 53.73
1952	Csermak (UNG) 60.34	Storch (D) 58.86	Nemeth (UNG) 57.74
1956	Conolly (USA) 63.19	Kriwonosow (SU) 63.03	Samotswetow (SU) 62.56
1960	Rudenkov (SU) 67.10	Zsivotzky (UNG) 65.79	Rut (PL) 65.64
1964	Klim (SU) 69.74	Zsivotzky (UNG) 69.09	Beyer (D) 68.09
1968	Zsivotzky (UNG) 73.36	Klim (SU) 73.28	Lovasz (UNG) 69.78
1972	Bondarchuk (SU) 75.50	Sachse (DDR) 74.96	Khmelewski (SU) 74.04

Zehnkampf (erstmals 1904)

	1. Platz	2. Platz	3. Platz
1904	Kiely (GB) andere Wettbewerbe als heute	Gunn (USA)	Hare (USA)
1908	—	—	—
1912	Wieslander (S)	Comberg (S)	Holmér (S)
1920	Lövland (N)	Hamilton (USA)	Olssen (S)
1924	Osborn (USA)	Norton (USA)	Klumberg (EST)
1928	Yrjölä (SF)	Järvinen (SF)	Doherty (USA)
1932	Bausch (USA)	Järvinen (SF)	Eberle (D)
1936	Morris (USA)	Clark (USA)	Parker (USA)
1948	Mathias (USA)	Heinrich (F)	Simmons (USA)
1952	Mathias (USA)	Campbell (USA)	Simmons (USA)
1956	Campbell (USA)	Johnson (USA)	Kusnezow (SU)
1960	Johnson (USA)	Chuan-Kwang (FOR)	Kusnezow (SU)
1964	Holdorf (D) 7887 P.	Aun (SU) 7842 P.	Walde (D) 7809 P.
1968	Toomey (USA) 8193 P.	Walde (D) 8111 P.	Bendlin (D) 8064 P.
1972	Avilov (SU) 8454 P.	Litvinenko (SU) 8035 P.	Katus (PL) 7984 P.

20-km-Gehen (erstmals 1956)

	1. Platz	2. Platz	3. Platz
1956	Spirin (SU) 1:31.27	Mikenas (SU) 1:32.03	Junk (SU) 1:32.12
1960	Golubnitschi (SU) 1:34.07.2	Freeman (AUS) 1:34.16.4	Vickers (GB) 1:34.56.4
1964	Matthews (GB) 1:29.34.0	Lindner (D) 1:31.12.3	Golubnitschi (SU) 1:31.59.4
1968	Golubnitschi (SU) 1:33.58.4	Redraza (MEX) 1:34.00.0	Smaga (SU) 1:34.03.4
1972	Frenkel (DDR) 1:26.42.4	Golubnitschi (SU) 1:26.55.2	Reimann (DDR) 1:27.16.6

50-km-Gehen (erstmals 1932)

	1. Platz	2. Platz	3. Platz
1932	Green (GB) 4:50.10	Dalinsj (LETTL) 4:57.20	Frigerio (I) 4:59.06
1936	Whitlock (GB) 4:30.41	Schwab (CH) 4:32.09	Bubenko (LETTL) 4:32.42
1948	Ljunggren (S) 4:41.52	Godel (CH) 4:48.17	Johnson (GB) 4:48.3
1952	Dordoni (I) 4:28.07	Dolezal (CS) 4:30.17	Roka (UNG) 4:31.27
1956	Read (NEUS) 4:30.42	Maskiuskow (SU) 4:32.57	Ljunggren (S) 4:35.02
1960	Thompson (GB) 4:25.30	Ljunggren (S) 4:25.47	Pamich (I) 4:27.55
1964	Pamich (I) 4:11.12	Nihill (GB) 4:11.31	Pettersson (S) 4:14.17
1968	Höhne (DDR) 4:20.13.6	Kiss (UNG) 4:30.17.0	Young (USA) 4:31.55.4
1972	Kannenberg (D) 3:56.11.6	Soldatenko (SU) 3:58.24.0	Young (USA) 4.00.46.0

Leichtathletik – Damen

100 m (erstmals 1928)

	1. Platz	2. Platz	3. Platz
1928	Robinson (USA) 12.2	Rosenfeld (CAN) 12.3	Smith (CAN) 12.3
1932	Walasiewicz (PL) 11.9	Strike (CAN) 11.9	von Bremen (USA) 12.0
1936	Stephens (USA) 11.5	Walasiewicz (PL) 11.7	Krauß (D) 11.9
1948	Blankers-Koen (NL) 11.9	Manley (GB) 12.2	Strickland (AUS) 12.2
1952	Jackson (AUS) 11.5	Hasenjager (Südafr.) 11.8	Strickland (AUS) 11.9
1956	Cuthbert (AUS) 11.5	Stubnick (D) 11.7	Mathews (AUS) 11.7
1960	Rudolph (USA) 11.0	Hyman (GB) 11.3	Leone (I) 11.3
1964	Tyus (USA) 11.4	McGuire (USA) 11.6	Klobukowska (PL) 11.6
1968	Tyus (USA) 11.0	Ferrell (USA) 11.1	Szewinska-Kirzenstein (PL) 11.1
1972	Stecher (DDR) 11.07	Boyle (AUS) 11.23	Chivas (CUB) 11.24

200 m (erstmals 1948)

	1. Platz	2. Platz	3. Platz
1948	Blankers-Koen (NL) 24.4	Williamson (GB) 25.1	Patterson (USA) 25.2
1952	Jackson (AUS) 23.7	Brouwer (NL) 24.2	Khnykina (SU) 24.2
1956	Cuthbert (AUS) 23.4	Stubnick (D) 23.7	Mathews (AUS) 23.8
1960	Rudolph (USA) 24.0	Heine (D) 24.4	Hyman (GB) 24.7
1964	McGuire (USA) 23.0	Kirzenstein (PL) 23.1	Black (AUS) 23.1
1968	Szewinska-Kirzenstein (PL) 22.5	Boyle (AUS) 22.7	Lamy (AUS) 22.8
1972	Stecher (DDR) 22.40	Boyle (AUS) 22.45	Szewinska (PL) 22.74

400 m (erstmals 1964)

	1. Platz	2. Platz	3. Platz
1964	Cuthbert (AUS) 52.0	Packer (GB) 52.2	Amoore (AUS) 53.4
1968	Besson (F) 52.0	Board (GB) 52.1	Petschenkina (SU) 52.2
1972	Zehrt (DDR) 51.08	Wilden (D) 51.21	Hammond (USA) 51.64

800 m (1928 und ab 1960)

	1. Platz	2. Platz	3. Platz
1928	Radke-Batschauer (D) 2:16.8	Hitomi (JPN) 2:17.6	Gentzel (S) 2:17.8
1960	Schewzowa (SU) 2:04.3	Jones (GB) 2:04.3	Donath (D) 2:05.6
1964	Packer (GB) 2:01.1	Dupureur (F) 2:02.9	Chamberlain (NEUS) 2:02.8
1968	Manning (USA) 2:00.9	Silai (RUM) 2:02.5	Gommers (NL) 2:02.6
1972	Falck (D) 1:58.6	Sabaite (SU) 1:58.7	Hoffmeister (DDR) 1:59.2

80 m Hürden (erstmals 1932)

	1. Platz	2. Platz	3. Platz
1932	Didrikson (USA) 11.7	Hall (USA) 11.7	Clark (Südafr.) 11.8
1936	Valla (I) 11.7	Steuer (D) 11.7	Taylor (CAN) 11.7
1948	Blankers-Koen (NL) 11.2	Gardner (GB) 11.2	Strickland (AUS) 11.4
1952	Strickland (AUS) 10.9	Golubichnaja (SU) 11.2	Sander-Domagalla (D) 11.1
1956	Strickland (AUS) 10.7	Köhler (D) 10.9	Thrower (AUS) 11.0
1960	I. Press (SU) 10.8	Quinton (GB) 10.9	Birkenmeyer-Köhler (D) 11.0
1964	Balzer (D) 10.5	Ciepla (PL) 10.5	Kilborn (AUS) 10.5
1968	Caird (AUS) 10.3	Kilborn (AUS) 10.4	Chi (FOR) 10.4

100 m Hürden (erstmals 1972)

	1. Platz	2. Platz	3. Platz
1972	Ehrhardt (DDR) 12.59	Bufanu (RUM) 12.84	Balzer (DDR) 12.90

4×100 m (erstmals 1928)

	1. Platz	2. Platz	3. Platz
1928	Kanada 48.4	USA 48.8	Deutschland 49.0
1932	USA 47.0	Kanada 47.0	Großbritannien 47.6
1936	USA 46.9	Großbritannien 47.6	Kanada 47.8
1948	Niederlande 47.5	Australien 47.6	Kanada 47.8
1952	USA 45.9	Deutschland 45.9	Großbritannien 46.2
1956	Australien 44.5	Großbritannien 44.7	USA 44.9
1960	USA 44.5	Deutschland 44.8	Polen 45.0
1964	Polen 43.6	USA 43.9	Großbritannien 44.0
1968	USA 42.8	Kuba 43.3	Sowjetunion 43.4
1972	Deutschland 42.81	DDR 42.95	Kuba 43.36

Weitsprung (erstmals 1948)

	1. Platz	2. Platz	3. Platz
1948	Gyarmati (UNG) 5.69	de Portela (ARG) 5.60	Leyman (S) 5.57
1952	Williams (NEUS) 6.24	Tschudina (SU) 6.14	Cawley (GB) 5.92
1956	Krzesinska (PL) 6.35	White (USA) 6.09	Dwalischwili (SU) 6.07
1960	Krepkina (SU) 6.37	Krzesinska (PL) 6.27	Claus (D) 6.21
1964	Rand (GB) 6.76	Kirszenstein (PL) 6.60	Schelkanowa (SU) 6.42
1968	Viscopoleanu (RUM) 6.82	Sherwood (GB) 6.68	Talysheva (SU) 6.66
1972	Rosendahl (D) 6.78	Yorgowa (BUL) 6.77	Suranowa (CS) 6.67

Hochsprung (erstmals 1928)

	1. Platz	2. Platz	3. Platz
1928	Catherwood (CAN) 1.59	Gisolf (NL) 1.56	Wiley (USA) 1.56
1932	Shiley (USA) 1.65	Didrikson (USA) 1.65	Dawes (CAN) 1.60
1936	Csak (UNG) 1.60	Odam (GB) 1.60	Kaun (D) 1.60
1948	Coachman (USA) 1.68	Tyler (GB) 1.68	Ostermeyer (F) 1.61
1952	Brand (Südafr.) 1.67	Lerwill (GB) 1.65	Tschudina (SU) 1.63
1956	McDaniel (USA) 1.76	Hopkins (GB) 1.67	Pissarewa (SU) 1.67
1960	Balas (RUM) 1.85	Jozwiakowska (PL) 1.71	Shirley (GB) 1.71
1964	Balas (RUM) 1.90	Brown (AUS) 1.80	Tschentschik (SU) 1.78
1968	Rezkova (CS) 1.82	Okorokova (SU) 1.80	Kozyr (SU) 1.80
1972	Meyfarth (D) 1.92	Blagoewa (BUL) 1.88	Gusenbauer (A) 1.88

Kugelstoßen (erstmals 1948)

	1. Platz	2. Platz	3. Platz
1948	Ostermeyer (F) 13.75	Piccinini (I) 13.09	Schäffer (A) 13.08
1952	Zybina (SU) 15.28	Werner (D) 14.57	Tochenova (SU) 14.50
1956	Tyschkevitsch (SU) 16.59	Zybina (SU) 16.53	Werner (D) 15.61
1960	T. Press (SU) 17.32	Lüttge (D) 16.61	Brown (USA) 16.42
1964	T. Press (SU) 18.14	Garisch (D) 17.61	Tybina (SU) 17.45
1968	Gummel (DDR) 19.61	Lange (DDR) 18.78	Tschischowa (SU) 18.19
1972	Tschischowa (SU) 21.03	Gummel (DDR) 20.22	Khristova (BUL) 19.35

Speerwerfen (erstmals 1932)

	1. Platz	2. Platz	3. Platz
1932	Didrikson (USA) 43.68	Braumüller (D) 43.49	Fleischer (D) 43.00
1936	Fleischer (D) 45.18	Krüger (D) 43.29	Kwasniewska (PL) 41.80
1948	Bauma (A) 45.57	Parviainen (SF) 43.79	Carlstedt (DÄN) 42.08
1952	Zátopkova (CS) 50.47	Tschudina (SU) 50.01	Gortshakova (SU) 49.76
1956	Jaunseme (SU) 53.86	Ahrens (CHI) 50.38	Konzajewa (SU) 50.28
1960	Ozolina (SU) 55.98	Zátopkova (CS) 53.78	Kaledene (SU) 53.45
1964	Penes (RUM) 60.54	Rudasne (UNG) 58.27	Gortschakowa (SU) 57.06
1968	Nemeth (UNG) 60.36	Penes (RUM) 59.92	Janko (A) 58.04
1972	Fuchs (DDR) 63.88	Todten (DDR) 62.54	Schmidt (USA) 59.94*

Diskuswerfen (erstmals 1928)

	1. Platz	2. Platz	3. Platz
1928	Konopacka (PL) 39.62	Copeland (USA) 37.08	Svedberg (S) 35.92
1932	Copeland (USA) 40.68	Osburn (USA) 40.12	Wajsowna (PL) 38.74
1936	Mauermayer (D) 47.63	Wajsowna (PL) 46.22	Mollenhauer (D) 39.80
1948	Ostermeyer (F) 41.92	Gentile (I) 41.17	Mazeas (F) 40.47
1952	Romaschkova (SU) 51.42	Bagrjanceva (SU) 47.08	Dumbadze (SU) 46.29
1956	Fikotova (CS) 53.69	Begljakowa (SU) 52.54	Ponomarewa (SU) 52.02
1960	Ponomarewa (SU) 55.10	T. Press (SU) 52.59	Manoliu (RUM) 52.36
1964	T. Press (SU) 57.27	Lotz (D) 57.21	Manoliu (RUM) 56.97
1968	Manoliu (RUM) 58.28	Westermann (D) 57.76	Dr. Kleiber (UNG) 54.90
1972	Melnik (SU) 66.62	Menis (RUM) 65.06	Stoewa (BUL) 64.34

Fünfkampf (erstmals 1964)

	1. Platz	2. Platz	3. Platz
1964	I. Press (SU) 5246 P.	Rand (GB) 5035 P.	Bystrova (SU) 4956 P.
1968	Becker (D) 5098 P.	Prokop (A) 4966 P.	Toth Kovacs (UNG) 4959 P.
1972	Peters (GB) 4801 P.	Rosendahl (D) 4791 P.	Pollak (DDR) 4768 P.

Schwimmen – Herren

100 m Freistil

	1. Platz	2. Platz	3. Platz
1896	Hajós (UNG) 1:22.2	Williams (USA) 1:23.0	Herschmann (A) –
1900	–	–	–
1904	Halmay (UNG) 1:02.8 (100 y)	Daniels (USA) –	Leary (USA) –
1908	Daniels (USA) 1:05.6	Halmay (UNG) 1:06.2	Julin (S) 1:08.0
1912	Kahanamoku P. (USA) 1:03.4	Healy (AUS) 1:04.6	Huszagh (USA) 1:05.6
1920	Kahanamoku P. (USA) 1:00.4	Kealoha (USA) 1:02.2	Harris (USA) 1:03.2
1924	Weissmüller (USA) 59.0	Kahanamoku P. (USA) 1:01.4	Kahanamoku S. (USA) 1:01.8
1928	Weissmüller (USA) 58.6	Barany (UNG) 59.8	Takaishi (JPN) 1:00.0
1932	Miyazaki (JPN) 58.2	Kawaishi (JPN) 58.6	Schwartz (USA) 58.8
1936	Csik (UNG) 57.6	Yusa (JPN) 57.9	Arai (JPN) 58.0
1948	Ris (USA) 57.3	Ford (USA) 57.8	Kadas (UNG) 58.1
1952	Scholes (USA) 57.4	Suzuki (JPN) 57.4	Larsson (S) 58.2
1956	Henricks (AUS) 55.4	Devitt (AUS) 55.8	Chapman (AUS) 56.7
1960	Devitt (AUS) 55.2	Larson (USA) 55.2	Dos Santos (BRA) 55.4
1964	Schollander (USA) 53.4	McGregor (GB) 53.5	Klein (D) 54.0
1968	Wenden (AUS) 52.2	Walsh (USA) 52.8	Spitz (USA) 53.0
1972	Spitz (USA) 51.22	Heidenreich (USA) 51.65	Bure (SU) 51.77

200 m Freistil (nur 1904, 1908 und seit 1968)

	1. Platz	2. Platz	3. Platz
1904	Lane (AUS) 2:25.2	Halmay (UNG) 2:31.0	Ruberl (A) 2:32.0
1908	Daniels (USA) 2:44.2 (220 y)	Gailey (USA) 2:46.0	Rausch (D) 2:56.0
1968	Wenden (AUS) 1:55.2	Schollander (USA) 1:55.8	Nelson (USA) 1:58.1
1972	Spitz (USA) 1:52.78	Genter (USA) 1:53.73	Lampe (D) 1:53.99

400 m Freistil (erstmals 1904)

	1. Platz	2. Platz	3. Platz
1904	Daniels (USA) 6:12.2 (440 y)	Gailey (USA) 6:22.0	Wahle (A) 6:39.0
1908	Taylor (GB) 5:36.8	Beaupaire (AUS) 5:44.2	Scheff (A) 5:46.0
1912	Hodgson (CAN) 5:24.4	Hatfield (GB) 5:25.8	Hardwick (AUS) 5:31.2
1920	Ross (USA) 5:26.4	Langer (USA) 5:29.2	Vernot (CAN) 5:29.8
1924	Weissmüller (USA) 5:04.2	Borg (S) 5:05.6	Charlton (AUS) 5:06.6
1928	Zorilla (ARG) 5:01.6	Charlton (AUS) 5:03.6	Borg (S) 5:04.6
1932	Crabbe (USA) 4:48.4	Taris (F) 4:48.5	Oyokota (JPN) 4:52.3
1936	Medica (USA) 4:44.5	Uto (JPN) 4:45.6	Makino (JPN) 4:48.1
1948	Smith (USA) 4:41.0	McLane (USA) 4:43.4	Marshall (AUS) 4:47.7
1952	Boiteux (F) 4:30.7	Konno (USA) 4:31.3	Östrand (S) 4:35.2
1956	Rose (AUS) 4:27.3	Yamanaka (JPN) 4:30.4	Breen (USA) 4:32.5
1960	Rose (AUS) 4:18.3	Yamanaka (JPN) 4:21.4	Konrads (AUS) 4:21.8
1964	Schollander (USA) 4:12.2	Wiegand (D) 4:14.9	Wood (AUS) 4:15.1
1968	Burton (USA) 4:09.0	Hutton (USA) 4:11.7	Mosconi (F) 4:13.3
1972	Cooper (AUS) 4:00.27	Genter (USA) 4:01.94	McBreen (USA) 4:02.64

1500 m Freistil (erstmals 1908)

	1. Platz	2. Platz	3. Platz
1908	Taylor (GB) 22:48.4	Battersby (GB) 22:51.2	Beaupaire (AUS) 22:56.2
1912	Hodgson (CAN) 22:00.0	Hatfield (GB) 22:39.0	Hardwick (AUS) 23:15.4
1920	Ross (USA) 22:23.3	Vernot (CAN) 22:36.4	Beaupaire (AUS) 23:04.0
1924	Charlton (AUS) 20:41.4	Borg (S) 20:41.4	Beaupaire (AUS) 21:48.4
1928	Borg (S) 19:51.8	Charlton (AUS) 20:02.6	Crabbe (USA) 20:28.8
1932	Kitamura (JPN) 19:12.4	Makino (JPN) 19:14.1	Cristy (USA) 19:39.5
1936	Terada (JPN) 19:13.7	Medica (USA) 19:34.0	Uto (JPN) 19:34.5
1948	McLane (USA) 19:18.5	Marshall (AUS) 19:31.3	Mitró (UNG) 19:43.2
1952	Konno (USA) 18:30.0	Hashizuma (JPN) 18:41.4	Okamoto (BRA) 18:51.3
1956	Rose (AUS) 17:58.9	Yamanaka (JPN) 18:00.3	Breen (USA) 18:08.2
1960	Konrads (AUS) 17:19.6	Rose (AUS) 17:21.7	Breen (USA) 17:30.6
1964	Windle (AUS) 17:01.7	Nelson (USA) 17:03.0	Wood (AUS) 17:07.7
1968	Burton (USA) 16:39.9	Kinsella (USA) 16:57.3	Brough (AUS) 17:04.7
1972	Burton (USA) 15:52.58	Windeatt (AUS) 15:58.48	Northway (USA) 16:09.25

100 m Rücken (erstmals 1904)

	1. Platz	2. Platz	3. Platz
1904	Brack (D) 1:16.8 (100 y)	Hoffmann (D) –	Zacharias (D) –
1908	Bieberstein (D) 1:24.6	Dam (DÄN) 1:26.6	Haresnape (GB) 1:27.0
1912	Hebner (USA) 1:21.2	Fahr (D) 1:22.4	Kellner (D) 1:24.0
1920	Kealoha (USA) 1:15.2	Kegeris (USA) 1:16.2	Blitz (BEL) 1:19.0
1924	Kealoha (USA) 1:13.2	Wyatt (USA) 1:15.4	Bartha (UNG) 1:17.8
1928	Kojac (USA) 1:08.2	Laufer (USA) 1:10.0	Wyatt (USA) 1:12.0
1932	Kyokawa (JPN) 1.08.6	Irie (JPN) 1:09.8	Kawatsu (JPN) 1:10.0
1936	Kiefer (USA) 1:05.9	van de Weghe (USA) 1:07.7	Kiyokawa (JPN) 1:08.4
1948	Stack (USA) 1:06.4	Cowell (USA) 1:06.5	Vallerey (F) 1:07.8
1952	Oyakawa (USA) 1:05.4	Bozon (F) 1:06.2	Taylor (USA) 1:06.4
1956	Theile (AUS) 1:02.2	Monckton (AUS) 1:03.2	McKinney (USA) 1:04.5
1960	Theile (AUS) 1:01.9	McKinney (USA) 1:02.1	Bennet (USA) 1:02.3
1964	nicht ausgetragen		
1968	Matthes (DDR) 58.7	Hickcox (USA) 1:00.2	Mills (USA) 1:00.5
1972	Matthes (DDR) 56:68	Stamm (USA) 57:70	Murphy (USA) 58:35

200 m Rücken (nur 1900 und ab 1964)

	1. Platz	2. Platz	3. Platz
1900	Hoppenberg (D) 2:47.0	Ruberl (A) 2:56.0	Doext (NL) 3:01.0
1964	Graef (USA) 2:10.3	Dilley (USA) 2:10.5	Bennett (USA) 2:13.1
1968	Matthes (DDR) 2:09.6	Ivey (USA) 2:10.6	Horsley (USA) 2:10.9
1972	Matthes (DDR) 2:02.82	Stamm (USA) 2:04.09	Ivey (USA) 2:04.33

100 m Brust (erstmals 1968)

	1. Platz	2. Platz	3. Platz
1968	McKenzie (USA) 1:07.7	Kossinsky (SU) 1:08.0	Pankin (SU) 1:08.0
1972	Taguchi (JPN) 1:04.94	Bruce (USA) 1:05.43	Hencken (USA) 1:05.61

200 m Brust (erstmals 1908)

	1. Platz	2. Platz	3. Platz
1908	Holman (GB) 3:09.2	Robinson (GB) 3:12.8	Hanson (S) 3:14.6
1912	Bathe (D) 3:01.8	Lützow (D) 3:05.0	Malisch (D) 3:08.0
1920	Malmroth (S) 3:04.4	Henning (S) 3:09.2	Altonen (SF) 3:12.2
1924	Skelton (USA) 2:56.6	de Combe (BEL) 2:59.2	Kirschbaum (USA) 3:01.0
1928	Tsuruta (JPN) 2:48.8	Rademacher (D) 2:50.6	Yldefonso (PHI) 2:56.4
1932	Tsuruta (JPN) 2:45.4	Koike (JPN) 2:46.6	Yldefonso (PHI) 2:47.1
1936	Hamuro (JPN) 2:42.5	Sietas (D) 2:42.9	Koike (JPN) 2:44.2
1948	Verdeur (USA) 2:39.3	Carter (USA) 2:40.2	Sohl (USA) 2:43.9
1952	Davies (AUS) 2:34.4	Stassforth (USA) 2:34.7	Klein (D) 2:35.9
1956	Furukawa (JPN) 2:34.7	Yoshimura (JPN) 2:36.7	Junitschew (SU) 2:36.8
1960	Mulliken (USA) 2:37.4	Osaki (JPN) 2:38.0	Mensonides (NL) 2:39.7
1964	O'Brien (AUS) 2:27.8	Prokopenko (SU) 2.28.2	Jastremski (USA) 2:29.6
1968	Munoz (MEX) 2:28.7	Kossinsky (SU) 2:29.2	Job (USA) 2:29.9
1972	Hencken (USA) 2.21.55	Wilkie (GB) 2.23.67	Taguchi (JPN) 2.23.88

100 m Delphin (erstmals 1968)

	1. Platz	2. Platz	3. Platz
1968	Russel (USA) 55.9	Spitz (USA) 56.4	Wales (USA) 57.2
1972	Spitz (USA) 54.27	Robertson (CAN) 55.56	Heidenreich (USA) 55.74

200 m Lagen (erstmals 1968)

	1. Platz	2. Platz	3. Platz
1968	Hickcox (USA) 2:12.0	Buckingham (USA) 2:13.0	Ferris (USA) 2:13.3
1972	Larsson (S) 2:07.17	McKee (USA) 2:08.37	Furniss (USA) 2:08.45

200 m Delphin (erstmals 1956)

	1. Platz	2. Platz	3. Platz
1956	Yorzyk (USA) 2:19.3	Ishimoto (JPN) 2:23.8	Tumpek (UNG) 2:23.9
1960	Troy (USA) 2:12.8	Hayes (AUS) 2:14.6	Gillanders (USA) 2:15.3
1964	Berry (AUS) 2:06.6	Robie (USA) 2:07.5	Schmidt (USA) 2:09.3
1968	Robie (USA) 2:08.7	Woodroffe (GB) 2:09.0	Ferris (USA) 2:09.3
1972	Spitz (USA) 2.00.70	Hall (USA) 2.02.86	Backhaus (USA) 2.03.23

400 m Lagen (erstmals 1964)

	1. Platz	2. Platz	3. Platz
1964	Roth (USA) 4:45.4	Saari (USA) 4:47.1	Hetz (D) 4:51.0
1968	Hickcox (USA) 4:48.4	Hall (USA) 4:48.7	Holthaus (D) 4:51.4
1972	Larsson (S) 4:31.98	McKee (USA) 4:31.98	Hargitay (UNG) 4:32.70

4 x 100 m Freistil (erstmals 1964)

	1. Platz	2. Platz	3. Platz
1964	USA 3:33.2	Deutschland 3:37.2	Australien 3:39.1
1968	USA 3:31.7	Sowjetunion 3:34.2	Australien 3:34.7
1972	USA 3:26.42	Sowjetunion 3:29.72	DDR 3:32.42

4 × 200 m Freistil (erstmals 1908)

	1. Platz	2. Platz	3. Platz
1908	Großbritannien 10:55.6	Ungarn 10:59.0	USA 11:02.8
1912	Australien 10:11.2	USA 10:20.2	Großbritannien 10:28.2
1920	USA 10:04.4	Australien 10:25.4	Großbritannien 10:37.2
1924	USA 9:53.4	Australien 10:02.2	Schweden 10:06.8
1928	USA 9:36.2	Japan 9:41.4	Kanada 9:47.8
1932	Japan 8:58.4	USA 9:10.5	Ungarn 9:31.4
1936	Japan 8:51.5	USA 9:03.0	Ungarn 9:12.3
1948	USA 8:46.5	Ungarn 8:48.4	Frankreich 9:08.0
1952	USA 8:31.1	Japan 8:33.5	Frankreich 8:45.9
1956	Australien 8:23.6	USA 8:31.5	UdSSR 8:34.7
1960	USA 8:10.2	Japan 8:13.2	Australien 8:13.8
1964	USA 7:52.1	Deutschland 7:59.3	Japan 8:03.8
1968	USA 7:52.3	Australien 7:53.7	Sowjetunion 8:01.6
1972	USA 7:35.78	Deutschland 7:41.69	Sowjetunion 7:45.76

4 × 100 m Lagen (erstmals 1960)

	1. Platz	2. Platz	3. Platz
1960	USA 4:05.4	Australien 4:12.0	Japan 4:12.2
1964	USA 3:58.5	Deutschland 4:01.6	Australien 4:02.3
1968	USA 3:54.9	DDR 3:57.5	Sowjetunion 4:00.7
1972	USA 3:48.16	DDR 3:52.12	Kanada 3:52.26

Kunstspringen (erstmals 1908)

	1. Platz	2. Platz	3. Platz
1908	Zürner (D)	Behrens (D)	Walz (D) und Gaidzik (USA)
1912	Günther (D)	Luber (D)	Behrens (D)
1920	kein Kunstspringen, sondern nur von 5 und 10 m Höhe		
1924	White (USA)	Desjardins (USA)	Pinkston (USA)
1928	Desjardins (USA)	Galitzen (USA)	Simaika (ÄGY)
1932	Galitzen (USA) 161.38	Smith (USA) 158.54	Degener (USA) 151.82
1936	Degener (USA) 163.57	Wayne (USA) 159.56	Greene (USA) 146.29
1948	Harlan (USA) 163.64	Anderson (USA) 157.29	Dr. Lee (USA) 145.52
1952	Browning (USA) 205.29	Anderson (USA) 199.84	Clotworthy (USA) 184.92
1956	Clotworthy (USA) 159.56	Harper (USA) 156.23	Capilla (MEX) 150.69
1960	Tobian (USA) 170.0	Hall (USA) 167.08	Botella (MEX) 162.30
1964	Sitzberger (USA) 159.90	Gorman (USA) 157.63	Andreason (USA) 143.77
1968	Wrightson (USA) 170.14	Dibiasi (I) 159.74	Henry (USA) 158.09
1972	Vasin (SU) 594.09	Cagnotto (I) 591.63	Lincoln (USA) 577.29

Turmspringen (erstmals 1904)

	1. Platz	2. Platz	3. Platz
1904	Sheldon (USA)	Hoffmann (D)	Braunschweiger (D)
1908	Johannsson (S)	Malmström (S)	Spangberg (S)
1912	Adlerz (S)	Zürner (D)	Blomgren (S)
1920	Wallmann (S)	Skoglund (S)	Jansson (S)
1924	Eve (AUS)	Jansson (S)	Clarke (GB)
1928	Desjardins (USA)	Simaika (ÄGY)	Galitzen (USA)
1932	Smith (USA) 124.80	Galitzen (USA) 124.28	Kurt (USA) 121.98
1936	Wayne (USA) 113.58	Root (USA) 110.60	Stork (D) 110.60
1948	Dr. Lee (USA) 130.05	Harlan (USA) 122.30	J. Capilla (MEX) 113.52
1952	Dr. Lee (USA) 156.28	J. Capilla (MEX) 145.21	Haase (D) 141.31
1956	J. Capilla (MEX) 152.44	Tobian (USA) 152.41	Conner (USA) 149.79
1960	Webster (USA) 165.56	Tobian (USA) 165.25	Phelps (GB) 157.13
1964	Webster (USA) 148.58	Dibiasi (I) 147.54	Gompf (USA) 146.57
1968	Dibiasi (I) 164.18	Gaxiola (MEX) 154.34	Young (USA) 153.93
1972	Dibiasi (I) 504.12	Rydze (USA) 480.75	Cagnotto (I) 475.83

Wasserball (erstmals 1900)

	1. Platz	2. Platz	3. Platz
1900	Großbritannien	Belgien	Frankreich
1904	USA (New York)	USA (Chicago)	USA (Missouri)
1908	Großbritannien	Belgien	Schweden
1912	Großbritannien	Schweden	Belgien
1920	Großbritannien	Belgien	Schweden
1924	Frankreich	Belgien	USA
1928	Deutschland	Ungarn	Frankreich
1932	Ungarn	Deutschland	USA
1936	Ungarn	Deutschland	Belgien
1948	Italien	Ungarn	Niederlande
1952	Ungarn	Jugoslawien	Italien
1956	Ungarn	Jugoslawien	UdSSR
1960	Italien	UdSSR	Ungarn
1964	Ungarn	Jugoslawien	UdSSR
1968	Jugoslawien	UdSSR	Ungarn
1972	Sowjetunion	Ungarn	USA

Schwimmen – Damen

100 m Freistil (erstmals 1912)

	1. Platz	2. Platz	3. Platz
1912	Durack (AUS) 1:22.2	Wylie (AUS 1:25.4	Fletcher (GB) 1:27.0
1920	Bleibtrey (USA) 1:13.6	Guest (USA) 1:17.0	Schroth (USA) 1:17.2
1924	Lackie (USA) 1:12.4	Wehselau (USA) 1:12.8	Ederle (USA) 1:14.2
1928	Osipowich (USA) 1:11.0	Garatti (UNG) 1:11.4	Cooper (GB) 1:13.6
1932	Madison (USA) 1:06.8	den Ouden (NL) 1:07.8	Garatti-Saville (USA) 1:08.2
1936	Mastenbroek (NL) 1:05.9	Campell (ARG) 1:06.4	Arendt (D) 1:06.6
1948	Andersen (DÄN) 1:06.3	Curtis (USA) 1:06.5	Vaessen (NL) 1:07.6
1952	Szöke (UNG) 1:06.8	Termeulen (NL) 1:07.0	Termes (UNG) 1:07.1
1956	Fraser (AUS) 1:02.0	Crapp (AUS) 1:02.3	Leech (AUS) 1:05.1
1960	Fraser (AUS) 1:01.0	von Saltza (USA) 1:02.8	Steward (GB) 1:03.1
1964	Fraser (AUS) 59.5	Stouder (USA) 59.9	Ellis (USA) 1:00.8
1968	Henne (USA) 1:00.0	Pedersen (USA) 1:00.3	Gustavson (AUS) 1:00.3
1972	Neilson (USA) 58:59	Babashoff (USA) 59:02	Gould (AUS) 59:06

200 m Freistil (erstmals 1968)

	1. Platz	2. Platz	3. Platz
1968	Meyer (USA) 2:10.5	Henne (USA) 2:11.0	Barkman (USA) 2:11.2
1972	Gould (AUS) 2:03.56	Babashoff (USA) 2:04.33	Rothammer (USA) 2:04.92

400 m Freistil (erstmals 1924)

	1. Platz	2. Platz	3. Platz
1924	Norelius (USA) 6:02.2	Wainwright (USA) 6:03.8	Ederle (USA) 6:04.8
1928	Norelius (USA) 5:42.8	Braun (NL) 5:57.8	McKim (USA) 6:00.2
1932	Madison (USA) 5:28.5	Knight (USA) 5:28.6	Maskal (Südafr.) 5:47.3
1936	Mastenbroek (NL) 5:26.4	Hveger (DÄN) 5:27.5	Wingard (USA) 5:29.0
1948	Curtis (USA) 5:17.8	Harup (DÄN) 5:21.2	Gibson (GB) 5:22.3
1952	Gyenge (Ung) 5:12.1	Novak (UNG) 5:13.7	Kawamoto (USA) 5:14.6
1956	Crapp (AUS) 4:54.6	Fraser (AUS) 5:02.5	Ruuska (USA) 5:07.1
1960	von Saltza (USA) 4:50.6	Cederquist (S) 4:53.9	Lagerberg (NL) 4:56.9
1964	Dünkel (USA) 4:43.3	Ramenofsky (USA) 4:44.6	Stickles (USA) 4:47.2
1968	Meyer (USA) 4:31.8	Gustavson (USA) 4:35.5	Moras (AUS) 4:37.0
1972	Gould (AUS) 4:19.04	Calligaris (I) 4:22.44	Wegner (DDR) 4:23.11

800 m Freistil (erstmals 1968)

	1. Platz	2. Platz	3. Platz
1968	Meyer (USA) 9:24.0	Kruse (USA) 9:35.7	Ramirez (MEX) 9:38.5
1972	Rothammer (USA) 8:53.68	Gould (AUS) 8:56.39	Calligaris (I) 8:57.46

100 m Rücken (erstmals 1924)

	1. Platz	2. Platz	3. Platz
1924	Bauer (USA) 1:23.2	Harding (GB) 1:27.4	Riggin (USA) 1:28.2
1928	Braun (NL) 1:22.0	King (GB) 1:22.2	Cooper (GB) 1:22.8
1932	Holm (USA) 1:19.4	Mealing (AUS) 1:21.3	Davies (GB) 1:22.5
1936	Senff (NL) 1:18.9	Mastenbroek (NL) 1:19.2	Bridges (USA) 1:19.4
1948	Harup (DÄN) 1:14.4	Zimmermann (USA) 1:16.0	Davies (AUS) 1:16.7
1952	Harrsion (Südafr.) 1:14.3	Wielema (NL) 1:14.5	Stewart (NEUS) 1:15.8
1956	Grinham (GB) 1:12.9	Cone (USA) 1:12.9	Edwards (GB) 1:13.1
1960	Burke (USA) 1:09.3	Steward (GB) 1:10.8	Tanaka (JPN) 1:11.4
1964	Ferguson (USA) 1:07.7	Caron (F) 1:07.9	Duenkel (USA) 1:08.0
1968	Hall (USA) 1:06.7	Tanner (CAN) 1:06.7	Swagerty (USA) 1:08.1
1972	Belote (USA) 1:05.78	Gyarmati (UNG) 1:06.26	Atwood (USA) 1:06.34

200 m Rücken (erstmals 1968)

	1. Platz	2. Platz	3. Platz
1968	Watson (USA) 2:24.8	Tanner (CAN) 2:27.4	Hall (USA) 2:28.9
1972	Belote (USA) 2:19.19	Atwood (USA) 2:20.38	Gurr (CAN) 2:23.22

100 m Brust (erstmals 1968)

	1. Platz	2. Platz	3. Platz
1968	Bjedow (YU) 1:15.8	Prosumentschikowa (SU) 1:15.9	Wichman (USA) 1:16.1
1972	Carr (USA) 1:13.58	Stepanowa (SU) 1:14.99	Whitfield (AUS) 1:15.73

200 m Brust (erstmals 1924)

	1. Platz	2. Platz	3. Platz
1924	Morton (GB) 3:33.2	Geraghty (USA) 3:34.0	Larson (GB) 3:35.4
1928	Schrader (D) 3:12.6	Baron (NL) 3:15.2	Mühe (D) 3:17.6
1932	Dennis (AUS) 3:06.3	Maehata (JPN) 3:06.4	Jacobsen (DÄN) 3:07.1
1936	Maehata (JPN) 3:03.6	Genenger (D) 3:04.2	Sörensen (DÄN) 3:07.8
1948	van Vliet (NL) 2:57.0	Lyons (AUS) 2:57.7	Novak (UNG) 3:00.2
1952	Szekely (UNG) 2:51.7	Novak (UNG) 2:54.4	Gordon (GB) 1:57.6
1956	Happe-Krey (D) 2:53.1	Szekely (UNG) 2:54.8	ten Elsen (D) 2:55.1
1960	Lonsbrough (GB) 2:49.5	Urselmann (D) 2:50.0	Göbel (D) 2:53.6
1964	Prosumentschikowa (SU) 2:46.4	Kolb (USA) 2:47.6	Babanina (SU) 2:48.6
1968	Wichman (USA) 2:44.4	Bjedow (YU) 2:46.4	Prosumentschikowa (SU) 2:47.0
1972	Whitfield (AUS) 2:41.71	Schoenfield (USA) 2:42.05	Stepanowa (SU) 2.42.36

100 m Delphin (erstmals 1956)

	1. Platz	2. Platz	3. Platz
1956	Mann (USA) 1:11.0	Ramey (USA) 1:11.9	Sears (USA) 1:14.4
1960	Schuler (USA) 1:09.5	Heemskerk (NL) 1:10.4	Andrew (AUS) 1:12.2
1964	Stouder (USA) 1:04.7	Kok (NL) 1:05.6	Ellis (USA) 1:06.0
1968	McClements (AUS) 1:05.5	Daniel (USA) 1:05.8	Shields (USA) 1:06.2
1972	Aoki (JPN) 1:03.34	Beier (DDR) 1:03.61	Gyarmati (UNG) 1:03.73

200 m Delphin (erstmals 1968)

	1. Platz	2. Platz	3. Platz
1968	Kok (NL) 2:24.7	Lindner (DDR) 2:24.8	Daniel (USA) 2:25.9
1972	Moe (USA) 2:15.57	Colella (USA) 2:16.34	Daniel (USA) 2:16.74

200 m Lagen (erstmals 1968)

	1. Platz	2. Platz	3. Platz
1968	Kolb (USA) 2:24.7	Pedersen (USA) 2:28.8	Henne (USA) 2:31.4
1972	Gould (AUS) 2:23.07	Ender (DDR) 2:23.59	Vidali (USA) 2:24.06

400 m Lagen (erstmals 1964)

	1. Platz	2. Platz	3. Platz
1964	de Varona (USA) 5:18.7	Finnegan (USA) 5:24.1	Randall (USA) 5:24.2
1968	Kolb (USA) 5:08.5	Vidali (USA) 5:22.2	Steinbach (DDR) 5:25.3
1972	Neall (AUS) 5:02.97	Cliff (CAN) 5:03.57	Calligaris (I) 5:03.99

4 × 100 m Lagen (erstmals 1960)

	1. Platz	2. Platz	3. Platz
1960	USA 4:41.1	Australien 4:45.9	Deutschland 4:47.6
1964	USA 4:33.9	Niederlande 4:37.0	UdSSR 4:39.2
1968	USA 4:28.3	Australien 4:30.0	Deutschland 4:36.4
1972	USA 4:20.75	DDR 4:24.91	Deutschland 4:26.46

4 × 100 m Freistil (erstmals 1912)

	1. Platz	2. Platz	3. Platz
1912	Großbritannien 5:52.8	Deutschland 6:04.6	Österreich 6:17.0
1920	USA 5:11.6	Großbritannien 5:40.8	Schweden 5:43.6
1924	USA 4:58.8	Großbritannien 5:17.0	Schweden 5:35.8
1928	USA 4:47.6	Großbritannien 5:02.8	Südafrika 5:13.4
1932	USA 4:38.0	Niederlande 4:47.5	Großbritannien 4:52.4
1936	Niederlande 4:36.0	Deutschland 4:36.8	USA 4:40.2
1948	USA 4:29.2	Dänemark 4:29.6	Niederlande 4:31.6
1952	Ungarn 4:24.4	Niederlande 4:29.0	USA 4:30.1
1956	Australien 4:17.1	USA 4:19.2	Südafrika 4:25.7
1960	USA 4:08.9	Australien 4:11.4	Deutschland 4:19.7
1964	USA 4:03.8	Australien 4:06.9	Niederlande 4:12.0
1968	USA 4:02.5	DDR 4:05.7	Kanada 4:07.2
1972	USA 3:55.19	DDR 3:55.55	Deutschland 3:57.39

Kunstspringen (erstmals 1920)

	1. Platz	2. Platz	3. Platz
1920	Riggin (USA)	Wainwright (USA)	Payne (USA)
1924	Becker (USA)	Riggin (USA)	Fletcher (USA)
1928	Meany (USA)	Poynton (USA)	Coleman (USA)
1932	Coleman (USA) 87.52	Rawls (USA) 82.56	Fauntz (USA) 81.12
1936	Gestring (USA) 89.27	Rawls (USA) 88.35	Poynton-Hill (USA) 82.36
1948	Draves (USA) 108.74	Olson (USA) 108.23	Elsener (USA) 101.30
1952	McCormick (USA) 147.30	Moreau (F) 139.34	Zoe-Jensen (USA) 125.57
1956	McCormick (USA) 142.36	Stunyo (USA) 125.89	McDonald (CAN) 121.40
1960	Krämer (D) 155.81	Pope (GB) 141.24	Ferris (GB) 139.09
1964	Engel-Krämer (D) 145.00	Collier (USA) 138.36	Willard (USA) 138.18
1968	Gossick (USA) 150.67	Pogoschewa (SU) 145.30	O'Sullivan (USA) 145.23
1972	King (USA) 450.03	Knape (S) 434.19	Janicke (DDR) 430.92

Turmspringen (erstmals 1920)

	1. Platz	2. Platz	3. Platz
1920	Fryland-Clausen (DÄN)	Armstrong (GB)	Ollivier (S)
1924	Smith (USA)	Becker (USA)	Topel (S)
1928	Pinkston (USA)	Coleman (USA)	Sjöquist-Larssen (S)
1932	Poynton (USA) 40.26	Coleman (USA) 35.56	Roper (USA) 35.22
1936	Poynton-Hill (USA) 33.93	Dunn (USA) 33.63	Köhler (D) 33.43
1948	Draves (USA) 68.87	Elsener (USA) 66.28	Christophersen (DÄN) 66.04
1952	McCormick (USA) 79.37	Myers (USA) 71.63	Irwin (USA) 70.49
1956	McCormick (USA) 84.85	Irwin (USA) 81.64	Myers (USA) 81.58
1960	Krämer (D) 91.28	Pope (USA) 88.94	Krutowa (SU) 86.99
1964	Bush (USA) 99.80	Engel-Krämer (D) 98.45	Aleksejewa (SU) 97.60
1968	Duchkova (CS) 109.59	Lobanowa (SU) 105.14	Peterson (USA) 101.11
1972	Knape (S) 390.00	Duchkowa (CS) 370.92	Janicke (DDR) 360.54

Turnen – Herren

Zwölfkampf – Einzelwertung (erstmals 1920)

	1. Platz	2. Platz	3. Platz
1920	Zampori (I) 88.35	Torres (F) 87.62	Grunot (F) 87.45
1924	Stukelj (YU) 110.34	Prazak (CS) 110.323	Supcik (CS) 106.930
1928	Miez (CH) 247.625	Hänggi (CH) 246.625	Stukelj (YU) 244.875
1932	Neri (I) 140.625	Pelle (UNG) 134.925	Savolainen (SF) 134.575
1936	Schwarzmann (D) 113.100	Mack (CH) 112.334	Frey (D) 111.532
1948	Huhtanen (SF) 229.7	Lehmann (CH) 229.0	Aaltonen (SF) 228.8
1952	Tschukarin (SU) 115.70	Chaguinian (SU) 114.95	Stalder (CH) 114.75
1956	Tschukarin (SU) 114.25	Ono (JPN) 114.20	Titow (SU) 113.80
1960	Schaklin (SU) 115.95	Ono (JPN) 115.90	Titow (SU) 115.60
1964	Endo (JPN) 115.95	Tsurumi (JPN), Schaklin (SU) und Lisitzky (SU) 115.40	–
1968	Kato (JPN) 115.90	Woronin (SU) 115.85	Nakayama (JPN) 115.65
1972	Kato (JPN) 114.650	Kenmotsu (JPN) 114.575	Nakayama (JPN) 114.325

Zwölfkampf – Mannschaftswertung (erstmals 1924)

	1. Platz	2. Platz	3. Platz
1924	Italien 839.058	Frankreich 820.528	Schweiz 816.661
1928	Schweiz 1718.625	CSSR 1712.500	Jugoslawien 1648.500
1932	Italien 541.85	USA 522.275	Finnland 509.995
1936	Deutschland 657.430	Schweiz 654.802	Finnland 638.468
1948	Finnland 1358.3	Schweiz 1356.7	Ungarn 1330.85
1952	UdSSR 574.40	Schweiz 567.50	Finnland 564.20
1956	UdSSR 568.25	Japan 566.40	Finnland 555.95
1960	Japan 575.20	UdSSR 572.20	Italien 559.05
1964	Japan 577.95	UdSSR 575.45	Deutschland 565.10
1968	Japan 575.90	Sowjetunion 571.10	DDR 557.15
1972	Japan 571.25	Sowjetunion 564.05	DDR 559.70

Barren (1896, 1904 und ab 1924)

	1. Platz	2. Platz	3. Platz
1896	Flatow (D)	Zutter (CH)	–
1904	Eyser (USA) 44	Heida (USA) 43	Duha (USA) 40
1924	Güttinger (CH) 21.63	Prazak (CS) 21.61	Zampori (I) 21.45
1928	Vácha (CS) 56.50	Primozic (YU) 55.50	Hänggi (CH) 54.25
1932	Neri (I) 56.9	Pelle (UNG) 55.8	Savolainen (SF) 54.8
1936	Frey (D) 19.067	Reusch (CH) 19.034	Schwarzmann (D) 18.967
1948	Reusch (CH) 39.5	Huhtanen (SF) 39.3	Kipfer (CH) und Stalder (CH) 39.1
1952	Eugster (CH) 19.65	Tschukarin (SU) 19.60	Stalder (CH) 19.50
1956	Tschukarin (SU) 19.20	Kubota (JPN) 19.15	Takemoto (JPN) und Ono (JPN) 19.10
1960	Schaklin (SU) 19.400	Carminucci (I) 19.375	Ono (JPN) 19.350
1964	Endo (JPN) 19.675	Tsurumi (JPN) 19.450	Menichelli (I) 19.350
1968	Nakayama (JPN) 19.475	Woronin (SU) 19.425	Klimenko (SU) 19.225
1972	Kato (JPN) 19.475	Kasamatsu (JPN) 19.375	Kenmotsu (JPN) 19.250

Bodenturnen (erstmals 1932)

	1. Platz	2. Platz	3. Platz
1932	Pelle (UNG) 28.8	Miez (CH) 28.4	Lertora (I) 27.7
1936	Miez (CH) 18.666	Walter (CH) 18.500	Frey (D) und Mack (CH) 18.466
1948	Pataki (UNG) 38.7	Mogyorosi-Klencs (UNG) 38.4	Ruczicka (CS) 38.1
1952	Thoresson (S) 19.25	Uesako (JPN) und Jokiel (PL) 19.15	–
1956	Muratow (SU) 19.20	Tschukarin (SU) und Thoresson (S) und Aihara (JPN) 19.10	–
1960	Aihara (JPN) 19.450	Titow (SU) 19.325	Menichelli (I) 19.275
1964	Menichelli (I) 19.45	Endo (JPN) und Lisitzky (SU) 19.35	–
1968	Kato, S. (JPN) 19.475	Nakayama (JPN) 19.400	Kato, T. (JPN) 19.275
1972	Andrianow (SU) 19.175	Nakayama (JPN) 19.125	Kasamatsu (JPN) 19.025

Pferdsprung (1896, 1904 und ab 1924)

	1. Platz	2. Platz	3. Platz
1896	Schumann (D)	Zutter (CH)	–
1904	Heida und Eyser (USA) 36	–	Merz (USA) 31
1924	Kriz (USA) 9.98	Kutny (CS) 9.97	Morkovsky (CS) 9.93
1928	Mack (CH) 28.75	Löffler (CS) 28.50	Drganc (YU) 28.375
1932	Guglielmetti (CH) 54.1	Jochim (USA) 53.3	Carmichael (USA) 52.6
1936	Schwarzmann (D) 19.20	Mack (CH) 18.967	Volz (D) 18.467
1948	Aaltonen (SF) 39.1	Rove (SF) 39.0	Mogyorosi-Klencs (UNG) und Pataki (UNG) 38.5
1952	Tschukarin (SU) 19.20	Takemoto (JPN) 19.15	Uesako (JPN) und Ono (JPN) 19.10
1956	Bantz (D) und Muratow (SU) 18.85	–	Titow (SU) 18.75
1960	Schaklin (SU) und Ono (JPN) 19.350	–	Portnoi (SU) 19.225
1964	Yamashita (JPN) 19.60	Lisitzky (SU) 19.325	Rantakari (SF) 19.30
1968	Woronin (SU) 19.000	Endo (JPN) 18.950	Diamidow (SU) 18.925
1972	Köste (DDR) 18.850	Klimenko (SU) 18.825	Andrianow (SU) 18.800

Ringe (1896, 1904 und ab 1924)

	1. Platz	2. Platz	3. Platz
1896	Mitropulos (GRIE)	Weingärtner (D)	–
1904	Glass (USA) 45	Merz (USA) 35	Voigt (USA) 32
1924	Martino (I) 21.553	Prazak (CS) 21.483	Vácha (CS) 21.43
1928	Stukelj (YU) 57.75	Vácha (CS) 57.50	Löffler (CS) 56.50
1932	Gulack (USA) 56.9	Denton (USA) 55.8	Lattuada (I) 55.5
1936	Hudec (CS) 19.433	Stukelj (YU) 18.867	Volz (D) 18.667
1948	Frei (CH) 39.6	Reusch (CH) 39.1	Ruczicka (CS) 38.5
1952	Chaguinian (SU) 19.75	Tschukarin (SU) 19.55	Eugster (CH) und Leonkin (SU) 19.40
1956	Azarjan (SU) 19.35	Muratow (SU) 19.15	Kubota (JPN) und Takemoto (JPN) 19.10
1960	Asarjan (SU) 19.725	Schaklin (SU) 19.500	Ono (JPN) und Papsazoff (BUL) 19.425
1964	Hajata (JPN) 19.475	Menichelli (I) 19.425	Schaklin (SU) 19.400
1968	Nakayama (JPN) 19.450	Woronin (SU) 19.325	Kato, S. (JPN) 19.225
1972	Nakayama (JPN) 19.350	Woronin (SU) 19.275	Tsukahara (SU) 19.225

Seitpferd (1896, 1904 und ab 1924)

	1. Platz	2. Platz	3. Platz
1896	Zutter (CH)	Weingärtner (D)	–
1904	Heida (USA) 42	Eyser (USA) 33	Merz (USA) 29
1924	Wilhelm (CH) 21.23	Gutweniger (CH) 21.13	Rebetez (CH) 20.73
1928	Hänggi (CH) 59.25	Miez (CH) 57.75	Savolainen (SF) 56.50
1932	Pelle (UNG) 57.2	Bonoli (I) 56.6	Haubold (USA) 55.7
1936	Frey (D) 19.333	Mack (CH) 19.167	Bachmann (CH) 19.067
1948	Aaltonen (SF) Huhtanen (SF) Savolainen (SF) 38.7	Zanetti (I) 38.3	Figone (I) 38.2
1952	Tschukarin (SU) 19.50	Korolkov (SU) Chaguinian (SU) 19.40	–
1956	Schaklin (SU) 19.25	Ono (JPN) 19.20	Tschukarin (SU) 19.10
1960	Ekman (SF) Schaklin (SU) 19.375	–	Tsurumi (JPN) 19.150
1964	Cerar (YU) 19.525	Tsurumi (JPN) 19.325	Zapenkow (SU) 19.20
1968	Cerar (YU) 19.325	Laiho (SF) 19.225	Woronin (SU) 19.200
1972	Klimenko (SU) 19.125	Kato (JPN) 19.000	Kenmotsu (JPN) 18.950

Reck (1896, 1904 und ab 1924)

	1. Platz	2. Platz	3. Platz
1896	Weingärtner (D)	Flatow (D)	–
1904	Heida (USA) und Hennig (USA) 40	–	Eyser (USA) 39
1924	Stukelj (YU) 19.730	Gutweniger (CH) 19.236	Higelin (F) 19.163
1928	Miez (CH) 57.50	Neri (I) 57.00	Mack (CH) 56.75
1932	Bixler (USA) 55.0	Savolainen (SF) 54.2	Teräsvirta (SF) 54.2
1936	Saarvala (SF) 19.367	Frey (D) 19.267	Schwarzmann (D) 19.233
1948	Stalder (CH) 39.7	Lehmann (CH) 39.5	Huhtanen (SF) 39.2
1952	Günthard (CH) 19.55	Schwarzmann (D) und Stalder (CH) 19.50	–
1956	Ono (JPN) 19.60	Titow (SU) 19.40	Takemoto (JPN) 19.30
1960	Ono (JPN) 19.600	Takemoto (JPN) 19.525	Schaklin (SU) 19.475
1964	Schaklin (SU) 19.625	Titow (SU) 19.550	Cerar (YU) 19.500
1968	Woronin (SU) 19.550	Nakayama (JPN) 19.550	Kenmotsu (JPN) 19.375
1972	Tsukahara (JPN) 19.725	Kato (JPN) 19.525	Kasamatsu (JPN) 19.450

Turnen – Damen

Achtkampf – Einzelwertung (erstmals 1952)

	1. Platz	2. Platz	3. Platz
1952	Gorochowskaja (SU) 76.78	Botcharova (SU) 75.94	Korondi (UNG) 75.82
1956	Latynina (SU) 74.95	Keleti (UNG) 74.65	Muratowa (SU) 74.45
1960	Latynina (SU) 77.031	Muratowa (SU) 76.696	Astachowa (SU) 76.164
1964	Caslawska (CS) 77.564	Latynina (SU) 76.998	Astachowa (SU) 76.965
1968	Caslawska (CS) 78.25	Woronina (SU) 76.85	Kutschinskaja (SU) 76.75
1972	Tourischewa (SU) 77.025	Janz (DDR) 76.875	Lazakowitch (SU) 76.850

Achtkampf – Mannschaftswertung (1928 und ab 1936)

	1. Platz	2. Platz	3. Platz
1928	Niederlande 316.75	Italien 289	Großbritannien 258.25
1936	Deutschland 506.50	CSSR 503.60	Ungarn 499.00
1948	CSSR 445.45	Ungarn 440.55	USA 422.63
1952	UdSSR 527.03	Ungarn 520.96	CSSR 503.32
1956	UdSSR 444.80	Ungarn 444.50	Rumänien 438.20
1960	UdSSR 382.320	CSSR 373.323	Rumänien 372.053
1964	UdSSR 380.890	CSSR 379.989	Japan 377.889
1968	UdSSR 382.85	CSSR 382.20	DDR 379.10
1972	UdSSR 380.50	DDR 376.55	Ungarn 368.25

Pferdsprung (erstmals 1952)

	1. Platz	2. Platz	3. Platz
1952	Kalintschuk (SU) 19.20	Gorochowskaja (SU) 19.19	Minaitschewa (SU) 19.16
1956	Latynina (SU) 18.833	Manina (SU) 18.799	Tass (UNG) und Colling (S) 18.733
1960	Nikolajewa (SU) 19.316	Muratowa (SU) 19.049	Latynina (SU) 19.016
1964	Caslawska (CS) 19.483	Radochla (D) und Latynina (SU) 19.283	–
1968	Caslawska (CS) 19.77	Zuchold (DDR)	Woronina (SU)
1972	Janz (DDR) 19.525	Zuchold (DDR) 19.275	Tourischewa (SU) 19.250

Schwebebalken (erstmals 1952)

	1. Platz	2. Platz	3. Platz
1952	Botscharowa (SU) 19.22	Gorochowskaja (SU) 19.13	Korondi (UNG) 19.02
1956	Keleti (UNG) 18.799	Manina (SU) und Bosakova (CS) 18.633	–
1960	Bosakova (CS) 19.283	Latynina (SU) 19.233	Muratowa (FU) 19.232
1964	Caslawska (CS) 19.449	Manina (SU) 19.399	Latynina (SU) 19.382
1968	Kutschinskaja (SU) 19.65	Caslawska (CS) 19.575	Petrik (SU) 19.250
1972	Korbut (SU) 19.400	Lazakowitch (SU) 19.375	Janz (DDR) 18.975

Stufenbarren (erstmals 1952)

	1. Platz	2. Platz	3. Platz
1952	Korondi (UNG) 19.40	Gorochowskaja (SU) 19.26	Keleti (UNG) 19.16
1956	Keleti (UNG) 18.966	Latynina (SU) 18.833	Muratowa (SU) 18.800
1960	Astachova (SU) 19.616	Latynina (SU) 19.416	Ljuchina (SU) 19.399
1964	Astachova (SU) 19.332	Makrai (UNG) 19.216	Latynina (SU) 19.199
1968	Caslawska (CS) 19.650	Janz (DDR) 19.500	Woronina (SU) 19.425
1972	Janz (DDR) 19.675	Korbut (SU) 19.450	Zuchold (DDR) 19.450

Bodenturnen (erstmals 1952)

	1. Platz	2. Platz	3. Platz
1952	Keleti (UNG) 19.36	Gorochowskaja (SU) 19.2	Korondi (UNG) 19.00
1956	Keleti (UNG) und Latynina (SU) 18.732	–	Leustean (RUM) 18.699
1960	Latynina (SU) 19.583	Astachova (SU) 19.532	Ljuchina (SU) 19.449
1964	Latynina (SU) 19.599	Astachova (SU) 19.500	Janosi (UNG) 19.300
1968	Caslwaska (CS) und Petrik (SU) 19.675	–	Kutschinskaja (SU) 19.650
1972	Korbut (SU) 19.575	Tourischewa (SU) 19.550	Lazakowitch (SU) 19.450

Reiten

Jagdspringen – Einzelwertung (erstmals 1912)

	1. Platz	2. Platz	3. Platz
1912	Cariou (F)	von Kröcher (D) 3 Fehlerpunkte	de Blommaert (BEL) 4 Fehlerpunkte
1920	Lequio (I) 0 Fehlerpunkte	Valerio (I)	Lewenhaupt (S)
1924	Gemuseus (CH) 6 Fehlerpunkte	Lequio (I) 8.75 Fehlerpunkte	Krolikiewicz (PL) 10 Fehlerpunkte
1928	Ventura (CS) 0 Fehlerpunkte	Bertran (F) 2 Fehlerpunkte	Kuhn (CH) 4 Fehlerpunkte
1932	Nishi (JPN) 8 Fehlerpunkte	Chamberlain (USA) 12 Fehlerpunkte	von Rosen (S) 16 Fehlerpunkte
1936	Hasse (D) 4 Fehlerpunkte	Rang (RUM) 4 Fehlerpunkte	Platthy (UNG) 8 Fehlerpunkte
1948	Mariles (MEX) 6.25 Fehlerpunkte	Uriza (MEX) 8 Fehlerpunkte	d'Orgeix (F) 8 Fehlerpunkte
1952	d'Oriola (F) 0 Fehlerpunkte	Christi (CH) 8 Fehlerpunkte	Theidemann (D) 8 Fehlerpunkte
1956	Winkler (D) 4 Fehlerpunkte	R. d'Inzeo (I) 8 Fehlerpunkte	P. d'Inzeo (I) 11 Fehlerpunkte
1960	R. d'Inzeo (I) 12 Fehlerpunkte	P. d'Inzeo (I) 16 Fehlerpunkte	Broome (GB) 23 Fehlerpunkte
1964	d'Oriola (F) 9 Fehlerpunkte	Schridde (D) 13.75 Fehlerpunkte	Robeson (GB) 16 Fehlerpunkte
1968	Steinkraus (USA) 4 Fehlerpunkte	Coakes (GB) 8 Fehlerpunkte	Broome (GB) 12 Fehlerpunkte
1972	Mancinelli (I) 8 Fehlerpunkte	Morre (GB) 11 Fehlerpunkte	Shapiro (USA) 16 Fehlerpunkte

Jagdspringen – Mannschaftswertung (erstmals 1912) (Preis der Nationen)

	1. Platz	2. Platz	3. Platz
1912	Schweden	Frankreich	Deutschland
1920	Schweden	Belgien	Italien
	14 Fehlerpunkte	16.25 Fehlerpunkte	18.75 Fehlerpunkte
1924	Schweden	Schweiz	Portugal
	42.5 Fehlerpunkte	50.5 Fehlerpunkte	–
1928	Spanien	Polen	Schweden
	4 Fehlerpunkte	8 Fehlerpunkte	10 Fehlerpunkte
1932	Keine Mannschaft beendete den Wettbewerb mit drei Reitern.		
1936	Deutschland	Niederlande	Portugal
	44 Fehlerpunkte	51.5 Fehlerpunkte	56 Fehlerpunkte
1948	Mexico	Spanien	Großbritannien
	34.25 Fehlerpunkte	56 Fehlerpunkte	67 Fehlerpunkte
1952	Großbritannien	Chile	USA
	40.75 Fehlerpunkte	45.75 Fehlerpunkte	52.25 Fehlerpunkte
1956	Deutschland	Italien	Großbritannien
	40 Fehlerpunkte	66 Fehlerpunkte	69 Fehlerpunkte
1960	Deutschland	USA	Italien
	46.5 Fehlerpunkte	66 Fehlerpunkte	80.5 Fehlerpunkte
1964	Deutschland	Frankreich	Italien
	68.5 Fehlerpunkte	77.75 Fehlerpunkte	88.50 Fehlerpunkte
1968	Kanada	Frankreich	Deutschland
	102.75 Fehlerpunkte	110.50 Fehlerpunkte	117.25 Fehlerpunkte
1972	Deutschland	USA	Italien
	32.00 Fehlerpunkte	32.25 Fehlerpunkte	48.00 Fehlerpunkte

Military – Einzelwertung (erstmals 1912)

	1. Platz	2. Platz	3. Platz
1912	Nordlander (S)	von Rochow (D)	Cariou (F)
	46.59 Punkte	46.42 Punkte	46.32 Punkte
1920	Mörner (S)	Lundstroem (S)	Caffaratti (I)
	1775 Punkte	1738 Punkte	1733.75 Punkte
1924	van der Uoort (NL)	Kirkebjerg (DÄN)	Doak (USA)
	1976 Punkte	1873.5 Punkte	1845.5 Punkte
1928	de Mortanges (NL)	de Kruyff (NL)	Neumann (D)
	1969.82 Punkte	1967.26 Punkte	1934.42 Punkte
1932	die Mortanges (NL)	Thomson (USA)	von Rosen (S)
	1813.833 Punkte	1811 Punkte	1809.416 Punkte
1936	Stubbendorf (D)	Thomson (USA)	Lunding (DÄN)
	34.7 Punkte	99.9 Punkte	102.2 Punkte
1948	Chevalier (F) 4 Punkte	Henry (USA) 21 Punkte	Selfelt (S) 25 Punkte
1952	von Blixen-Finecke (S) –28.33	le Frant (F) –54.50	Büssing (D) –55.50
1956	Kastenman (S) –66.53	A. Lütke-Westhues (D) –84.57	Weldon (GB) –85.48
1960	Morgan (AUS) +7.15	Lavis (AUS) –16.50	Bühler (CH) –51.21
1964	Checcoli (I) +64.40	Moratorio (ARG) +56.40	Ligges (D) +49.20
1968	Guyon (F) –38.86	Allhusen (GB) –41.61	Page (USA) –52.31
1972	Meade (GB) +57.73	Argenton (I) +43.33	Jonsson (S) +39.67

Military – Mannschaftswertung (erstmals 1912)

	1. Platz	2. Platz	3. Platz
1912	Schweden	Deutschland	USA
	139.06 Punkte	138.48 Punkte	137.33 Punkte
1920	Schweden	Italien	Belgien
	5057.50 Punkte	4735 Punkte	4660 Punkte
1924	Niederlande	Schweden	Italien
	5294.5 Punkte	4743.5 Punkte	4512 Punkte
1928	Niederlande	Norwegen	Polen
	5865.68 Punkte	5395.68 Punkte	5067.92 Punkte
1932	USA	Niederlande	
	5038.083 Punkte	4689.083 Punkte	–
1936	Deutschland	Polen	Großbritannien
	676.65 Punkte	991.70 Punkte	1195.50 Punkte
1948	USA	Schweden	Mexico
	161.5 Punkte	165 Punkte	305.25 Punkte
1952	Schweden	Deutschland	USA
	–221.94 Punkte	–235.49 Punkte	–587.16 Punkte
1956	Großbritannien	Deutschland	Kanada
	–355.48 Punkte	–475.91 Punkte	–572.72 Punkte
1960	Australien	Schweiz	Frankreich
	–128.18 Punkte	–386.02 Punkte	–515.71 Punkte
1964	Italien	USA	Deutschland
	+85.50 Punkte	+65.86 Punkte	+56.73 Punkte
1968	Großbritannien	USA	Australien
	–175.93 Punkte	–245.87 Punkte	–331.26 Punkte
1972	Großbritannien	USA	Deutschland
	+95.53 Punkte	+10.81 Punkte	–18.00 Punkte

Dressurreiten – Einzelwertung (erstmals 1912)

	1. Platz	2. Platz	3. Platz
1912	Bonde (S)	Boltenstern (S)	von Blixen-Finecke (S)
	15 Punkte	21 Punkte	32 Punkte
1920	Lundblad (S)	Sandström (S)	von Rosen (S)
	27 937 Punkte	26 312 Punkte	25 125 Punkte
1924	Linder (S)	Sandström (S)	Lesage (F)
	276.4 Punkte	275.8 Punkte	268.5 Punkte
1928	von Langen (D)	Marion (F)	Olson (S)
	237.42 Punkte	231.00 Punkte	229.78 Punkte
1932	Lesage (F)	Marion (F)	Tuttle (USA)
	1031.25 Punkte	916.25 Punkte	901.50 Punkte
1936	Pollay (D)	Gerhard (D)	Podhajsky (A)
	1760 Punkte	1745.5 Punkte	1721.5 Punkte
1948	Moser (CH)	Jousseaume (F)	Boltenstern (S)
	492.5 Punkte	480 Punkte	477.5 Punkte
1952	St. Cyr (S)	Lis Hartel (DÄN)	Jousseaume (F)
	556.5 Punkte	541.5 Punkte	541.0 Punkte
1956	St. Cyr (S)	Hartel (DÄN)	Linsenhoff (D)
	860 Punkte	850 Punkte	832 Punkte
1960	Filatow (SU)	Fischer (CH)	Neckermann (D)
	2144 Punkte	2087 Punkte	2082 Punkte
1964	Chammartin (CH)	Boldt (D)	Filatow (SU)
	1504 Punkte	1503 Punkte	1486 Punkte
1968	Kissimow (SU)	Neckermann (D)	Dr. Klimke (D)
	1572 Punkte	1546 Punkte	1537 Punkte
1972	Linsenhoff (D)	Petushkowa (SU)	Neckermann (D)
	1229 Punkte	1185 Punkte	1177 Punkte

Dressurreiten – Mannschaftswertung (erstmals 1928)

	1. Platz	2. Platz	3. Platz
1928	Deutschland 669.72 Punkte	Schweden 650.86 Punkte	Niederlande 642.96 Punkte
1932	Frankreich 2818.75 Punkte	Schweden 2678 Punkte	USA 2576.75 Punkte
1936	Deutschland 5074 Punkte	Frankreich 4886 Punkte	Schweden 4660.5 Punkte
1948	Frankreich 1269 Punkte	USA 1256 Punkte	Portugal 1182 Punkte
1952	Schweden 1592.5 Punkte	Schweiz 1575.0 Punkte	Deutschland 1501.0 Punkte
1956	Schweden 2475 Punkte	Deutschland 2346 Punkte	Schweiz 2346 Punkte
1960	Kein Mannschaftswettbewerb		
1964	Deutschland 2558 Punkte	Schweiz 2526 Punkte	UdSSR 2311 Punkte
1968	Deutschland 2699 Punkte	UdSSR 2657 Punkte	Schweiz 2547 Punkte
1972	UdSSR 5095 Punkte	Deutschland 5083 Punkte	Schweden 4849 Punkte

Kanu – Herren

Einer-Kajak (erstmals 1936)

	1. Platz	2. Platz	3. Platz
1936	Hradetzky (A)	Cämmerer (D)	Kraaier (NL)
1948	Fredriksson (S)	Andersen (DÄN)	Eberhardt (F)
1952	Fredriksson (S) 4:07.9	Strömberg (SF) 4:09.7	Gantois (F) 4:20.1
1956	Fredriksson (S) 4:12.8	Pissarew (SU) 4:15.3	Kiss (UNG) 4:16.2
1960	Hansen (DÄN) 3:53.0	Szöllösi (UNG) 3:54.03	Fredriksson (S) 3:55.89
1964	Petersson (S) 3:37.13	Hesz (UNG) 3:37.28	Vernesca (RUM) 3:40.77
1968	Hesz (UNG) 4:02.63	Schaparenko (SU) 4:03.58	Hansen (DÄN) 4:04.39
1972	Shaparenko (SU) 3:48.06	Petersson (S) 3:48.35	Csapo (UNG) 3:49.38

Zweier-Kajak (erstmals 1936)

	1. Platz	2. Platz	3. Platz
1936	Österreich	Deutschland	Niederlande
1948	Schweden	Dänemark	Finnland
1952	Finnland 3:51.1	Schweden 3:51.1	Österreich 3:51.4
1956	Deutschland 3:49.6	UdSSR 3:51.4	Österreich 3:55.8
1960	Schweden 3:34.73	Ungarn 3:34.91	Polen 3:37.34
1964	Schweden 3:38.54	Niederlande 3:39.30	Deutschland 3:40.69
1968	UdSSR 3:37.54	Ungarn 3:38.44	Österreich 3:40.71
1972	UdSSR 3:21.31	Ungarn 3:32.0	Polen 3:33.83

4 × 500-m-Kajak-Staffel (erstmals 1960)

	1. Platz	2. Platz	3. Platz
1960	Deutschland 7:39.43	Ungarn 7:44.02	Dänemark 7:46.09
1964	UdSSR 3:14.67	Deutschland 3:15.39	Rumänien 3:15.51
1968	Norwegen 3:14.38	Rumänien 3:14.81	Ungarn 3:15.10

Vierer-Kajak (erstmals 1972)

	1. Platz	2. Platz	3. Platz
1972	UdSSR 3:14.02	Rumänien 3:15.07	Norwegen 3:15.27

Einer-Kanadier, 1000 m (erstmals 1936)

	1. Platz	2. Platz	3. Platz
1936	Amyoth (CAN)	Karlik (CS)	Koschick (D)
1948	Holecek (CS)	Bennett (CAN)	Boutigny (F)
1952	Holecek (CS) 4:56.3	Parti (UNG) 5:03.6	Ojanperä (SF) 5:08.5
1956	Rottmann (RUM) 5:05.3	Hernek (UNG) 5:06.2	Bucharin (SU) 5:12.7
1960	Parti (UNG) 4:33.93	Silajev (SU) 4:34.41	Rottmann (RUM) 4:35.87
1964	Eschert (D) 4:35.14	Igaroff (BUL) 4:37.89	Penjajew (SU) 4:38.31
1968	Tatai (UNG) 4:38.31	Lewe (D) 4:36.14	Galkow (SU) 4:40.42
1972	Patzaichin (RUM) 4:08.94	Wichmann (UNG) 4:12.42	Lewe (D) 4:13.63

Zweier-Kanadier, 1000 m (erstmals 1936)

	1. Platz	2. Platz	3. Platz
1936	CSSR	Österreich	Kanada
1948	CSSR	USA	Frankreich
1952	Dänemark 4:38.3	CSSR 4:42.9	Deutschland 4:48.3
1956	Rumänien 4:47.4	UdSSR 4:48.6	Ungarn 4:54.3
1960	UdSSR 4:17.94	Italien 4:20.77	Ungarn 4:20.89
1964	UdSSR 4:04.65	Frankreich 4:06.52	Dänemark 4:07.48
1968	Rumänien 4:07.18	Ungarn 4:08.77	UdSSR 4:11.30
1972	UdSSR 3:52.60	Rumänien 3:52.63	Bulgarien 3:58.10

Einer-Kajak, Slalom (erstmals 1972)

	1. Platz	2. Platz	3. Platz
1972	Horn (DDR) 268.56	Sattler (A) 270.76	Gimpel (DDR) 277.95

Einer-Kanadier, Slalom (erstmals 1972)

	1. Platz	2. Platz	3. Platz
1972	Eiben (DDR) 315.84	Kauder (D) 327.89	McEwan (USA) 335.95

Zweier-Kanadier, Slalom (erstmals 1972)

	1. Platz	2. Platz	3. Platz
1972	DDR 310.68	Deutschland 311.90	Frankreich 315.10

Kanu – Damen

Einer-Kajak (erstmals 1948)

	1. Platz	2. Platz	3. Platz
1948	Hoff (DÄN)	van de Anker-Doedans (NL)	Schwingl (A)
1952	Saimo (SF) 2:18.4	Liebhart (A) 2:18.8	Savina (SU) 2:21.6
1956	Dementjewa (SU) 2:18.9	Zenz (D) 2:19.6	Soby (DÄN) 2:22.3
1960	Seredina (SU) 2:08.08	Zenz (D) 2:08.22	Walkowiak (PL) 2:10.46
1964	Khvedosiuk (SU) 2:12.87	Laurer (RUM) 2:15.35	Jones (USA) 2:15.68
1968	Pinajewa (SU) 2:11.09	Breuer (D) 2:12.71	Dumitru (RUM) 2:13.22
1972	Ryabchinskaya (SU) 2:03.17	Jaapies (NL) 2:04.03	Pfeffer (UNG) 2:05.50

Zweier-Kajak (erstmals 1960)

	1. Platz	2. Platz	3. Platz
1960	UdSSR 1:54.76	Deutschland 1:56.66	Ungarn 1:58.22
1964	Deutschland 1:56.95	USA 1:59.16	Rumänien 2:00.25
1968	Deutschland 1:56.44	Ungarn 1:58.60	UdSSR 1:58.61
1972	UdSSR 1:53.50	DDR 1:54.30	Rumänien 1:55.01

Slalom Einer-Kajak (erstmals 1972)

	1. Platz	2. Platz	3. Platz
1972	Bahmann (DDR) 364.50	Grothaus (D) 398.15	Wunderlich (D) 400.50

Rudern

Einer (erstmals 1900)

	1. Platz	2. Platz	3. Platz
1900	Barrelet (F) 7:35.6	Gaudin (F) 7:41.6	Saint-Ashe (GB) 8:15.6
1904	Greer (USA) 10:08.5	Juvenal (USA) 2 Längen zurück	Titus (USA) 1 Länge zurück
1908	Blackstaffe (GB) 9:26.0	McCulloch (GB) 1¼ Längen zurück	von Gaza (D) –
1912	Kinnear (GB) 7:47.6	Veirman (BEL) 7:56.0	Butler (CAN) –
1920	Kelly (USA) 7:35.0	Beresford (GB) 7:36.0	Hadfield d'Arcy (NEUS) 7:48.0
1924	Beresford (GB) 7:49.2	Garrett-Gilmore (USA) 7:54.0	Schneider (CH) 8:01.0
1928	Pearce (AUS) 7:11.0	Myers (USA) 7:20.8	Cellet (GB) 7:29.8
1932	Pearce (AUS) 7:44.4	Miller (USA) 7:45.2	Douglas (URU) 8:13.6
1936	Schäfer (D) 8:21.5	Hasenöhrl (A) 8:25.8	Barrow (USA) 8:28.0
1948	Wood (AUS) 7:24.4	Risso (URU) 7:38.2	Catasta (I) 7:51.4
1952	Tschukalow (SU) 8:12.8	Wood (AUS) 8:14.5	Kocerka (PL) 8:19.4
1956	Iwanow (SU) 8:02.5	Mackenzie (AUS) 8:07.7	Kelly (USA) 8:11.8
1960	Iwanow (SU) 7:13.96	Hill (D) 7:20.21	Kocerka (PL) 7:21.26
1964	Iwanow (SU) 8:22.51	Hill (D) 8:26.24	Kottmann (CH) 8:29.68
1968	Wienese (NL) 7:47.80	Meißner (D) 7:52.00	Demiddi (ARG) 7:57.19
1972	Malishew (SU) 7:10.12	Demiddi (ARG) 7:11.53	Güldenpfennig (DDR) 7:14.45

Doppelzweier (1904 und ab 1920)

	1. Platz	2. Platz	3. Platz
1904	USA 10:03.25	USA –	USA –
1920	USA 7:09.0	Italien 7:19.0	Frankreich 7:21.0
1924	USA 7:45.0	Frankreich 7:54.8	Schweiz –
1928	USA 6:41.4	Kanada 6:51.0	Österreich 6:58.8
1932	USA 7:17.4	Deutschland 7:22.8	Kanada 7:27.6
1936	Großbritannien 7:20.8	Deutschland 7:26.2	Polen 7:36.2
1948	Großbritannien 6:51.3	Dänemark 6:55.3	Uruguay 7:12.4
1952	Argentinien 7:32.2	UdSSR 7:38.2	Uruguay 7:43.7
1956	UdSSR 7:24.0	USA 7:32.2	Australien 7:37.4
1960	CSSR 6:47.50	UdSSR 6:50.49	Schweiz 6:50.59
1964	UdSSR 7:10.66	USA 7:13.16	CSSR 7:14.23
1968	UdSSR 6:51.82	Niederlande 6:52.80	USA 6:54.21
1972	UdSSR 7:01.77	Norwegen 7:02.58	DDR 7:05.55

Zweier ohne Steuermann (erstmals 1900)

	1. Platz	2. Platz	3. Platz
1900	Belgien A.	Belgien B.	Frankreich
1904	USA 10:05.25	USA –	USA –
1908	Großbritannien 9:41.0	Großbritannien 2½ Längen zurück	–
1912	–		
1920	Italien 7:56.0	Frankreich 7:57.0	Schweiz –
1924	Niederlande 8:19.4	Frankreich 8:21.6	–
1928	Deutschland 7:06.4	Großbritannien 7:08.8	USA 7:20.4
1932	Großbritannien 8:00.0	Neuseeland 8:02.4	Polen 8:08.2
1936	Deutschland 8:16.1	Dänemark 8:19.2	Argentinien 8:23.0
1948	Großbritannien 7:21.1	Schweiz 7:23.9	Italien 7:31.5
1952	USA 8:20.7	Belgien 8:23.5	Schweiz 8:32.7
1956	USA 7:55.4	UdSSR 8:03.9	Österreich 8:11.8
1960	UdSSR 7:02.01	Österreich 7:03.69	Finnland 7:03.80
1964	Kanada 7:32.94	Niederlande 7:33.40	Deutschland 7:38.63
1968	DDR 7:26.56	USA 7:26.71	Dänemark 7:31.84
1972	DDR 6:53.16	Schweiz 6:57.06	Niederlande 6:58.70

Zweier mit Steuermann (1900 und ab 1924)

	1. Platz	2. Platz	3. Platz
1900	Niederlande 7:34.2	Frankreich I 7:34.4	Frankreich II 7:57.2
1924	Schweiz 8:39.0	Italien 8:39.1	USA –
1928	Schweiz 7:42.6	Frankreich 7:48.4	Belgien 7:59.4
1932	USA 8:25.8	Polen 8:31.2	Frankreich 8:41.2
1936	Deutschland 8:36.9	Italien 8:49.7	Frankreich 8:54.0
1948	Dänemark 8:00.5	Italien 8:12.2	Ungarn 8:25.2
1952	Frankreich 8:28.6	Deutschland 8:32.1	Dänemark 8:34.9
1956	USA 8:26.1	Deutschland 8:29.2	UdSSR 8:31.0
1960	Deutschland 7:29.14	UdSSR 7:30.17	USA 7:34.58
1964	USA 8:21.33	Frankreich 8:23.15	Niederlande 8:23.42
1968	Italien 8:04.81	Niederlande 8:06.80	Dänemark 8:08.07
1972	DDR 7:17.25	CSSR 7:19.57	Rumänien 7:21.36

Vierer ohne Steuermann (erstmals 1900)

	1. Platz	2. Platz	3. Platz
1900	Frankreich I 7:11.0	Frankreich II 7:18.0	Deutschland 7:18.2
1904	USA 9:05.75	USA –	–
1908	Großbritannien 8:34.0	Großbritannien 1½ Längen zurück	–
1912	Dänemark 7:47.0	Schweden 7:56.2	Norwegen –
1920	–		
1924	Großbritannien 7:08.6	Kanada 7:18.0	Schweiz –
1928	Großbritannien 6:36.0	USA 6:37.0	Italien 6:37.0
1932	Großbritannien 6:58.2	Deutschland 7:03.0	Italien 7:04.0
1936	Deutschland 7:01.8	Großbritannien 7:06.5	Schweiz 7:10.6
1948	Italien 6:39.0	Dänemark 6:43.5	USA 6:47.7
1952	Jugoslawien 7:16.0	Frankreich 7:18.9	Finnland 7:23.3
1956	Kanada 7:08.0	USA 7:18.4	Frankreich 7:20.9
1960	USA 6:26.26	Italien 6:28.78	UdSSR 6:29.62
1964	Dänemark 6:59.30	Großbritannien 7:00.47	USA 7:01.37
1968	DDR 6:39.18	Ungarn 6:41.64	Italien 6:44.01
1972	DDR 6:24.27	Neuseeland 6:25.64	Deutschland 6:28.41

Vierer mit Steuermann (erstmals 1900)

	1. Platz	2. Platz	3. Platz
1900	Deutschland (Hamburg) 5:59.0	Niederlande 6.33.0	Deutschland (Ludwigshafen) 6:35.0
1904	–	–	–
1908	–	–	–
1912	Deutschland 6:59.4	Großbritannien –	Norwegen –
1920	Schweiz 6:54.0	USA 6:58.0	Norwegen 7:01.0
1924	Schweiz 7:18.4	Frankreich 7:21.6	USA –
1928	Italien 6:47.8	Schweiz 7:03.4	Polen 7:12.8
1932	Deutschland 7:19.0	Italien 7:19.2	Polen 7:26.8
1936	Deutschland 7:16.2	Schweiz 7:24.3	Frankreich 7:33.3
1948	USA 6:50.3	Schweiz 6:53.3	Dänemark 6:58.6
1952	CSSR 7:33.4	Schweiz 7:36.5	USA 7:37.0
1956	Italien 7:19.4	Schweden 7:22.4	Finnland 7:30.9
1960	Deutschland 6:39.12	Frankreich 6:41.62	Italien 6:43.72
1964	Deutschland 7:00.44	Italien 7:02.84	Niederlande 7:06.46
1968	Neuseeland 6:45.42	DDR 6:48.20	Schweiz 6:49.04
1972	Deutschland 6:31.85	DDR 6:33.30	CSSR 6:35.64

Achter (erstmals 1900)

	1. Platz	2. Platz	3. Platz
1900	USA 6:09.8	Belgien 6:13.8	Niederlande 6:23.0
1904	USA 7:50.0	Kanada –	–
1908	Großbritannien 7:52.0	Belgien –	–
1912	Großbritannien 6:15.0	Großbritannien 6:19.0	Deutschland –
1920	USA 6:02.6	Großbritannien 6:05.8	Norwegen –
1924	USA 6:33.4	Kanada 6:49.0	Italien –
1928	USA 6:03.2	Großbritannien 6:05.6	Kanada 6:05.8
1932	USA 6:37.6	Italien 6:37.8	Kanada 6:40.4
1936	USA 6:25.4	Italien 6:26.0	Deutschland 6:26.4
1948	USA 5:56.7	Großbritannien 6:06.9	Norwegen 6:10.3
1952	USA 6:25.9	UdSSR 6:31.2	Australien 6:33.1
1956	USA 6:35.2	Kanada 6:37.1	Australien 6:39.2
1960	Deutschland 6:57.18	Kanada 6:01.52	CSSR 6:04.84
1964	USA 6:18.23	Deutschland 6:23.29	CSSR 6:25.11
1968	Deutschland 6:07.00	Australien 6:07.98	UdSSR 6:09.11
1972	Neuseeland 6:08.94	USA 6:11.61	DDR 6:11.67

Segeln

Finn-Dinghi (erstmals 1920)

	1. Platz	2. Platz	3. Platz
1920	Niederlande I	Niederlande II	–
1924	Huybrechts (BEL)	Robert (N)	Dittmar (F)
1928	Thorell (S)	Robert (N)	Broman (SF)
1932	Lebrun (F)	Maas (NL)	Cansino (SPA)
1936	Kagchelland (NL)	Krogmann (D)	Scott (GB)
1948	Elvström (DÄN)	Evans (USA)	de Jong (NL)
1952	Elvström (DÄN)	Currey (GB)	Sarby (S)
1956	Elvström (DÄN)	Nelis (BEL)	Marvin (USA)
1960	Elvström (DÄN)	Tschutschelow (SU)	Nelis (BEL)
1964	Kuhweide (D)	Barrett (USA)	Wind (DÄN)
1968	Mankin (SU)	Raudaschi (A)	Albarelli (I)
1972	Maury (F)	Hatzipavlis (GRIE)	Potapow (SU)

Flying-Dutchman (erstmals 1960)

	1. Platz	2. Platz	3. Platz
1960	Norwegen	Dänemark	Deutschland
1964	Neuseeland	Großbritannien	USA
1968	Großbritannien	Deutschland	Brasilien
1972	Pattisson (GB)	Pajot (F)	Libor (D)

Starboot (erstmals 1932)

	1. Platz	2. Platz	3. Platz
1932	USA	Großbritannien	Schweden
1936	Deutschland	Schweden	Niederlande
1948	USA	Kuba	Niederlande
1952	Italien	USA	Portugal
1956	USA	Italien	Bahamas
1960	UdSSR	Portugal	USA
1964	Bahamas	USA	Schweden
1968	USA	Norwegen	Italien
1972	Forbes (AUS)	Petterson (S)	Kuhweide (D)

Drachen-Klasse (erstmals 1948)

	1. Platz	2. Platz	3. Platz
1948	Norwegen	Schweden	Dänemark
1952	Norwegen	Schweden	Deutschland
1956	Schweden	Dänemark	Großbritannien
1960	Griechenland	Argentinien	Italien
1964	Dänemark	Deutschland	USA
1968	USA	Dänemark	DDR
1972	Cuneo (AUS)	Borowski (DDR)	Cohan (USA)

5,5-m-Klasse (erstmals 1952)

	1. Platz	2. Platz	3. Platz
1952	USA	Norwegen	Schweden
1956	Schweden	Großbritannien	Australien
1960	USA	Dänemark	Schweiz
1964	Australien	Schweden	USA
1968	Schweden	Schweiz	Großbritannien

Soling (erstmals 1972)

	1. Platz	2. Platz	3. Platz
1972	USA	Schweden	Kanada

Tempest (erstmals 1972)

| 1972 | UdSSR | Großbritannien | USA |

Fechten – Herren

Florett – Einzelwettbewerb

	1. Platz	2. Platz	3. Platz
1896	Gravelotte (F)	Callott (F)	Pierrakos (GRIE)
1900	Coste (F)	Masson (F)	Boulanger (F)
1904	Fonst (CUB)	Post (CUB)	Tatham (CUB)
1908	Alibert (F)	Lipmann (F)	Olivier (F)
1912	Nadi (I)	Speciale (I)	Verderber (A)
1920	Nadi (I)	Cattiau (F)	Ducret (F)
1924	Ducret (F)	Cattiau (F)	van Damme (BEL)
1928	Gaudin (F)	Casmir (D)	Gaudini (I)
1932	Marzi (F)	Levis (USA)	Gaudini (I)
1936	Gaudini (I)	Gardère (F)	Bocchini (I)
1948	Buhan (F)	d'Oriola (F)	Maszlay (UNG)
1952	d'Oriola (F)	Mangiarotti (I)	di Rosa (I)
1956	d'Oriola (F)	Bergamini (I)	Spallino (I)
1960	Idanowitsch (SU)	Sissikin (SU)	Axelrod (USA)
1964	Franke (PL)	Magnan (F)	Revenu (F)
1968	Drîmbă (RUM)	Dr. Kamuti (UNG)	Revenu (F)
1972	Woyda (PL)	Dr. Kamuti (UNG)	Noel (F)

Florett – Mannschaftswettbewerb (erstmals 1904)

	1. Platz	2. Platz	3. Platz
1904	Kuba	–	–
1908	Frankreich	Großbritannien	Belgien
1912	–	–	–
1920	Italien	Frankreich	USA
1924	Frankreich	Belgien	Ungarn
1928	Italien	Frankreich	Argentinien
1932	Frankreich	Italien	USA
1936	Italien	Frankreich	Deutschland
1948	Frankreich	Italien	Belgien
1952	Frankreich	Italien	Ungarn
1956	Italien	Frankreich	Ungarn
1960	UdSSR	Italien	Deutschland
1964	UdSSR	Polen	Frankreich
1968	Frankreich	UdSSR	Polen
1972	Polen	UdSSR	Frankreich

Degen – Einzelwettbewerb (erstmals 1900)

	1. Platz	2. Platz	3. Platz
1900	Fonst (CUB)	Perrée (F)	Sée (F)
1904	Fonst (CUB)	Tatham (CUB)	Post (CUB)
1908	–	–	–
1912	Anspach (BEL)	Osiier (DÄN)	Le Hardy de Beaulieu (BEL)
1920	Massard (F)	Lippmann (F)	Gevers (BEL)
1924	Delporte (BEL)	Ducret (F)	Hellsten (S)
1928	Gaudin (F)	Buchard (F)	Calnan (USA)
1932	Cornaggia-Medici (I)	Buchard (F)	Agostini (I)
1936	Riccardi (I)	Ragno (I)	Carnaggio-Medici (I)
1948	Cantone (I)	Zapelli (CH)	Mangiarotti E. (I)
1952	Mangiarotti E. (I)	Mangiarotti D. (I)	Zappelli (CH)
1956	Pavesi (I)	Delfino (I)	Mangiarotti (I)
1960	Delfino (I)	Jay (GB)	Kabarow (SU)
1964	Kriss (SU)	Hoskyns (GB)	Kostawa (SU)
1968	Kulcsár (UNG)	Kriss (SU)	Saccaro (I)
1972	Dr. Fenyvesi (UNG)	Degaillerie (F)	Kulcsár (UNG)

Degen – Mannschaftswettbewerb (erstmals 1912)

	1. Platz	2. Platz	3. Platz
1912	Belgien	Großbritannien	Niederlande
1920	Italien	Belgien	Frankreich
1924	Frankreich	Belgien	Italien
1928	Italien	Frankreich	Portugal
1932	Frankreich	Italien	USA
1936	Italien	Schweden	Frankreich
1948	Frankreich	Italien	Schweden
1952	Italien	Schweden	Schweiz
1956	Italien	Ungarn	Frankreich
1960	Italien	Großbritannien	UdSSR
1964	Ungarn	Italien	Frankreich
1968	Ungarn	UdSSR	Polen
1972	Ungarn	Schweiz	UdSSR

Säbel – Einzelwettbewerb

	1. Platz	2. Platz	3. Platz
1896	Georgiadis (GRIE)	Karakalos (GRIE)	Nielsen (DÄN)
1900	Falaise (F)	Thibaut (F)	Flesch (A)
1904	Diaz (CUB)	Grebe (USA)	Post (CUB)
1908	Dr. Fuchs (UNG)	Zulawsky (UNG)	Lobsdorf (BÖH)
1912	Dr. Fuchs (UNG)	Bekessy (UNG)	Meszaros (UNG)
1920	N. Nadi (I)	A. Nadi (I)	de Jong (NL)
1924	Dr. Posta (UNG)	Ducret (F)	Garai (UNG)
1928	Tersztyanszky (UNG)	Petschauer (UNG)	Bini (I)
1932	Piller (UNG)	Gaudini (I)	Kabos (UNG)
1936	Kabos (UNG)	Marzi (I)	Gerey (UNG)
1948	Gerevich (UNG)	Pinton (I)	Kovacs (UNG)
1952	Kovacs (UNG)	Gerevich (UNG)	Berczelly (UNG)
1956	Karpati (UNG)	Pawlowski (PL)	Kusnetzow (SU)
1960	Karpati (UNG)	Horvath (UNG)	Calarese (I)
1964	Pézsa (UNG)	Arabo (F)	Mawlichanow (SU)
1968	Pawlowski (PL)	Rakita (USA)	Pézsa (UNG)
1972	Sidiak (SU)	Maroth (UNG)	Nazlymow (SU)

Säbel – Mannschaftswettbewerb (erstmals 1908)

	1. Platz	2. Platz	3. Platz
1908	Ungarn	Italien	Böhmen
1912	Ungarn	Österreich	Niederlande
1920	Italien	Frankreich	Niederlande
1924	Italien	Ungarn	Niederlande
1928	Ungarn	Italien	Polen
1932	Ungarn	Italien	Polen
1936	Ungarn	Italien	Deutschland
1948	Ungarn	Italien	USA
1952	Ungarn	Italien	Frankreich
1956	Ungarn	Polen	UdSSR
1960	Ungarn	Polen	Italien
1964	UdSSR	Italien	Polen
1968	UdSSR	Italien	Ungarn
1972	Italien	UdSSR	Ungarn

Fechten – Damen

Florett – Einzelwettbewerb (erstmals 1924)

	1. Platz	2. Platz	3. Platz
1924	Osiier (DÄN)	Davis (GB)	Heckscher (DÄN)
1928	Meyer (D)	Freeman (GB)	Ölkers (D)
1932	Preis (A)	Guiness (GB)	Bogen (UNG)
1936	Elek (UNG)	Meyer (D)	Preis (A)
1948	Elek (UNG)	Lachmann (DÄN)	Müller-Preis (A)
1952	Camber (I)	Elek-Schacherer (UNG)	Lachmann (DÄN)
1956	Sheen (GB)	Orban (RUM)	Garilhe (F)
1960	Schmid (D)	Rastworowa (SU)	Vicol (RUM)
1964	Ujlaki-Restö (UNG)	Mees (D)	Ragno (I)
1968	Nowikowa (SU)	Roldan (MEX)	Retjö (UNG)
1972	Ragno Lonzi (I)	Bobis (UNG)	Gorokowa (SU)

Florett – Mannschaftswettbewerb (erstmals 1960)

	1. Platz	2. Platz	3. Platz
1960	UdSSR	Ungarn	Italien
1964	Ungarn	UdSSR	Deutschland
1968	UdSSR	Ungarn	Rumänien
1972	UdSSR	Ungarn	Rumänien

Moderner Fünfkampf

Einzelwettbewerb (erstmals 1912)

	1. Platz	2. Platz	3. Platz
1912	Lilliehöök (S)	Aesbrink (S)	de Laval (S)
1920	Dyrssen (S)	de Laval (S)	Runö (S)
1924	Lindman (S)	Dyrssen (S)	Uggla (S)
1928	Thofelt (S)	Lindman (S)	Kahl (D)
1932	Oxenstierna (S)	Lindman (S)	Mayo (USA)
1936	Handrick (D)	Leonard (USA)	Abba (I)
1948	Grut (S)	Moore (USA)	Gardin (S)
1952	Hall (S)	Benedek (UNG)	Szondi (UNG)
1956	Hall (S) 4833 Punkte	Mannonen (SF) 4774,5 Punkte	Korhonen (SF) 4750 Punkte
1960	Nemeth (UNG) 5024 Punkte	Nagy (UNG) 4988 Punkte	Beck (USA) 4981 Punkte
1964	Dr. Török (UNG) 5116 Punkte	Nowikow (SU) 5067 Punkte	Mokejew (SU) 5039 Punkte
1968	Ferm (S) 4964 Punkte	Balczo (UNG) 4953 Punkte	Lednew (SU) 4795 Punkte
1972	Balczo (UNG) 5412 Punkte	Onischenko (SU) 5335 Punkte	Lednew (SU) 5328 Punkte

Mannschaft (erstmals 1952)

	1. Platz	2. Platz	3. Platz
1952	Ungarn 166 Punkte	Schweden 182 Punkte	Finnland 213 Punkte
1956	UdSSR 13 645,5 Punkte	USA 13 401 Punkte	Finnland 13 185,5 Punkte
1960	Ungarn 14 863 Punkte	UdSSR 14 309 Punkte	USA 14 192 Punkte
1964	UdSSR 14 961 Punkte	USA 14 189 Punkte	Ungarn 14 173 Punkte
1968	Ungarn 14 325 Punkte	UdSSR 14 248 Punkte	Frankreich 13 289 Punkte
1972	UdSSR 15 968 Punkte	Ungarn 15 348 Punkte	Finnland 14 812 Punkte

Radsport

100-m-Fliegerrennen (= 100-m-Malfahren)

	1. Platz	2. Platz	3. Platz
1896	Masson (F) (333 1/3 m)	Nikolopoulos (GRIE)	Schmal (A)
1900	Taillandier (F)	Vasserot (F)	Lanz (F)
1904	–	–	–
1908	–	–	–
1912	–	–	–
1920	Peters (NL)	Johnson (GB)	Ryan (GB)
1924	Michard (F) 12.8*	Meyer (NL)	Cugnot (F)
1928	Beaufrand (F) 13.2*	Mazairac (NL)	Falck-Hansen (DÄN)
1932	van Egmond (NL) 12.2*	Chaillot (F)	Pellizzari (I)
1936	Merkens (D) 11.8*	van Vliet (BL)	Chaillot (F)
1948	Ghella (I)	Harris (GB)	Schandorff (DÄN)
1952	Sacchi (I) 12.0*	Cox (AUS)	Potzerheim (D)
1956	Rousseau (F) 11.4*	Pesenti (I)	Ploog (AUS)
1960	Gaiardoni (I) 11.1*	Sterckx (BEL)	Gasparella (I)
1964	Pettenella (I) 13.69*	Bianchetto (I)	Morelon (F)
1968	Morelon (F)	Turrini (I)	Trentin (F)
1972	Morelon (F)	Nicholson (AUS)	Phakadze (SU)

* Die angegebenen Zeiten beziehen sich jeweils auf die letzten 200 m

1000-m-Zeitfahren (1900 – 1908 und seit 1928)

	1. Platz	2. Platz	3. Platz
1900	Johnson (GB) (nur 603 m)	–	–
1904	Hurley (USA) (nur 804 m)	Downing (USA)	Billington (USA)
1908	Johnson (GB) (nur 603 m)	Demangel (F)	Neumer (D)
1928	Falck-Hansen (DÄN) 1:14.2	Bosch van Drakenstein (NL) 1:15.2	Gray (Aus) 1:15.6
1932	Gray (AUS) 1:13.0	van Egmond (NL) 1:13.3	Rampelberg (F) 1:13.4
1936	van Vliet (NL) 1:12.0	Georget (F) 1:12.8	Karsch (D) 1:13.2
1948	Dupont (F) 1:13.5	Nihant (BEL) 1:14.5	Godwin (GB) 1:15.0
1952	Mockridge (AUS) 1:11.1	Morettini (I) 1:12.7	Robinson (Südafr.) 1:13.0
1956	Faggin (I) 1:09.8	Foucek (I) 1:11.4	Swift (Südafr.) 1:11.6
1960	Gaiardoni (I) 1:07.27	Gieseler (D) 1:08.75	Vargaschkin (SU) 1:08.86
1964	Sercu (BEL) 1:09.59	Pettenella (I) 1:10.09	Trentin (F) 1:10.42
1968	Trentin (F) 1:03.91	Fredborg (DÄN) 1:04.61	Kierzkowski (PL) 1:04.63
1972	Fredborg (DÄN) 1:06.44	Clark (AUS) 1:06.87	Schütze (DDR) 1:07.02

4000-m-Einzel-Verfolgungsrennen (erstmals 1964)

	1. Platz	2. Platz	3. Platz
1964	Daler (CS) 5:04.75	Ursi (I)	Isaksson (DÄN)
1968	Rebillard (F)	Frey (DÄN)	Kurmann (CH)
1972	Knudsen (N)	Kurmann (CH)	Lutz (D)

4000-m-Verfolgungsrennen – Mannschaft (1900, 1908, seit 1920)

	1. Platz	2. Platz	3. Platz
1900	USA (nur 1500 m)	–	–
1908	Großbritannien (nur 1810 m)	Deutschland	Kanda
1920	Italien 5:20	Großbritannien –	Südafrika –
1924	Italien 5:12	Polen –	Belgien –
1928	Italien 5:01.8	Niederlande 5:06.2	Großbritannein –
1932	Italien 4:53.0	Frankreich 4:55.7	Großbritannien 4:56.0
1936	Frankreich 4:45.0	Italien 4:51.0	Großbritannien 4:53.6
1948	Frankreich 4:57.8	Italien 5:36.7	Großbritannien 5:55.8
1952	Italien 4:46.1	Südafrika 4:53.6	Großbritannien 4:51.5
1956	Italien 4:37.4	Frankreich 4:39.4	Großbritannien 4:42.2
1960	Italien 4:30.90	Deutschland 4:33.78	UdSSR 4:34.05
1964	Deutschland 4:35.67	Italien 4:35.74	Niederlande 4:38.99
1968	Dänemark 4:22.4	Deutschland** 4:18.35	Italien 4:18.94
1972	Deutschland 4:22.14	DDR 4:25.25	Großbritannien 4:23.78

** Zunächst disqualifiziert, nachträglich gesetzt

2000-m-Tandemrennen (1908 und seit 1920)

	1. Platz	2. Platz	3. Platz
1908	Frankreich	Großbritannien I	Großbritannien II
1920	Großbritannien	Südafrika	Niederlande
1924	Frankreich	Dänemark	Niederlande
1928	Niederlande	Großbritannien	Deutschland
1932	Frankreich	Großbritannien	Dänemark
1936	Deutschland	Niederlande	Frankreich
1948	Italien	Großbritannien	Frankreich
1952	Australien	Südafrika	Italien
1956	Australien	CSSR	Italien
1960	Italien	Deutschland	UdSSR
1964	Italien	UdSSR	Deutschland
1968	Frankreich	Niederlande	Belgien
1972	UdSSR	DDR	Polen

Straßenrennen – Einzel (1896 und seit 1908)

	1. Platz	2. Platz	3. Platz
1896	Konstantinidis 87 km (GRIE) 3:22.31	Goedrich (D) 3:42.31	Battel (GB) –
1908	Bartlett (GB) 2:41.48.6	Denny (GB) –	Lapize (F) –
1912	Lewis (Südafr.) 300 km 10:42.39.0	Grubb (GB) 10:51.24.2	Schutte (USA) 10:52.38.8
1920	Stenquist (S) 175 km 4:40.01.8	Kaltenbrunn (Südafr.) 4:41.26.6	Canteloube (F) 4:42.54.4
1924	Blanchonnet (F) 188 km 6:20.48.0	Hoevenaers (BEL) 6:30.27.0	Hamel (F) 6:30.51.6
1928	Hansen (DÄN) 169 km 4:47.18	Southall (GB) 4:54.55	Carlsson (S) 4:59.55
1932	Pavesi (I) 100 km 2:28.05.6	Segato (I) 2:29.21.4	Britz (S) 2:29.45.2
1936	Charpentier (F) 100 km 2:35.05.0	Lapébie (F) 2:33.05.2	Nievergelt (CH) 2:33.05.8
1948	Beyaert (F) 199.6 km 5:18.12.6	Voorting (NL) 5:18.16.2	Wouters (BEL) 5:18.16.2
1952	Noyelle (BEL) 190.4 km 5:06.03.4	Grondelaers (BEL) 5:06.51.2	Ziegler (D) 5:07.47.5
1956	Baldini (I) 181 km 5:21.17	Geyre (F) 5:23.16	Jackson (GB) 5:23.16
1960	Kapitenow (SU) 175 km 4:20.37	Trape (I) 4:20.37	van den Berghen (BEL) 4:20.57
1964	Zanin (I) 195 km 4:39.51.63	Rodian (DÄN) 4:39.51.65	Godefroot (BEL) 4:39.51.74
1968	Vianelli (I) 196,2 km 4:41.25.24	Mortensen (DÄN) 4:42.49.71	Pettersson, G. (S) 4:43.15.24
1972	Kuiper (NL) 182,4 km 4:14.37.0	Sefton (AUS) 4:15.04	Huelamo (SPA) 5:15.04

Straßenrennen – Mannschaft (erstmals 1912), von 1912–1956 nur Addition des Einzelrennens

	1. Platz	2. Platz	3. Platz
1912	Schweden 320 km 44:35.33	Großbritannien 44:44.39	USA 44:47.55
1920	Frankreich 175 km 19:16.43.4	Schweden 19:23.10.0	Belgien 19:28.44.4
1924	Frankreich 188 km 19:30.14.0	Belgien 19:46.55.4	Schweden 14:59.41.6
1928	Dänemark 169 km 15:09.14	Großbritannien 15:14.29	Schweden 15:27.22
1932	Italien 100 km 7:27.15.2	Dänemark 7:38.50.2	Schweden 7:39.12.6
1936	Frankreich 100 km 7:39.16.2	Schweiz 7:39.20.4	Belgien 7:39.21.0
1948	Belgien 199,6 km 15:58.17.4	Großbritannien 16:03.31.6	Frankreich 16.08.19.4
1952	Belgien 190,4 km 15:20.46.6	Italien 15:33.27.3	Frankreich 15:38.58.1
1956	Frankreich 181 km 22 Punkte	Großbritannien 23 Punkte	Deutschland 27 Punkte
1960	Italien 100 km 2:14.33.53	Deutschland 2:16.56	UdSSR 2:18.41
1964	Niederlande 2:26.31.19	Italien 2:26.55.39	Schweden 2:27.11.52
1968	Niederlande 102 km 2:07.49	Schweden 2:09.26	Italien 2:10.18
1972	UdSSR 102,8 km 2:11.17.8	Polen 2:11.47.5	Holland 2:12.27.1

Schießen

Kleinkaliber-Dreistellungskampf, 50 m (erstmals 1900)

	1. Platz	2. Platz	3. Platz
1900	Carnell (GB)	–	–
1904	–	–	
1908	Carnell (GB)	Humby (GB)	Barnes (GB)
1912	Hird (USA)	Milne (GB)	Burt (GB)
1920	Nuesslein (USA)	Rothrock (USA)	Fenton (USA)
1924	Coquelin de Lisle (F)	Dinwiddie (USA)	Hartmann (CH)
1928	–	–	
1932	Rönnmark (S)	Hust (MEX)	Hradetzky-Soos (UNG)
1936	Rögeberg (N)	Dr. Berzsenyi (UNG)	Karas (PL)
1948			
1952	Kongshaug (N) 1164	Ylönen (SF) 1164	Andreev (SU) 1163
1956	Bogdanow (SU) 1172	Horinek (CS) 1172	Sundberg (S) 1167
1960	Schamburkin (SU) 1149	Niasow (SU) 1145	Zähringer (D) 1139
1964	Wigger (USA) 1164	Christoff (BUL) 1152	Hammerl (UNG) 1151
1968	Klingner (D) 1157	Writer (USA) 1156	Parchimowitsch (SU) 1154
1972	Writer (USA) 1166	Bassham (USA) 1157	Lippoldt (DDR) 1153

Kleinkaliber, 50 m, liegend (erstmals 1948)

	1. Platz	2. Platz	3. Platz
1948	Cook (USA 599	Tomsen (USA) 599	Jonsson (S) 597
1952	Sarbu (RUM) 400	Andreev (SU) 400	Jackson (USA) 399
1956	Quelette (CAN) 600	Borissow (SU) 599	Boa (CAN) 598
1960	Kohnke (D) 590	Hill (USA) 589	Forcella (VEN) 587
1964	Hammerl (UNG) 597	Wigger (USA) 597	Pool (USA) 596
1968	Kurka (CS) 598	Hammerl (UNG) 598	Ballinger (NEUS) 597
1972	Li (NKOR) 599	Auer (USA) 598	Rotaru (RUM) 598

Freigewehr-Dreistellungskampf, 300 m (erstmals 1900)

	1. Platz	2. Platz	3. Platz
1900	Kellenberger (CH)	–	Bakke (N)
1904	–	–	–
1908	Helgerud (N)	Simon (USA)	Saether (N)
1912	Colas (F)	Osborn (USA)	Jackson (USA)
1920	Osborn (USA)	Madsen (DÄN)	Nuesslein (USA)
1924	Fisher (USA)	Osborn (USA)	Larsen (DÄN)
1928	–	–	–
1932	–	–	–
1936	–	–	–
1948	Grünig (CH) 1120	Janhonen (SF) 1114	Rogeberg (N) 1112
1952	Bogdanow (SU) 1123	Bürchler (CH) 1120	Vajuschtejn (SU) 1109
1956	Borissow (SU) 1138	Erdmann (SU) 1137	Ylönen (SF) 1128
1960	Hammerer (A) 1129	Spillmann (CH) 1127	Barisow (SU) 1127
1964	Anderson (USA) 1153	Kweliaschwili (SU) 1144	Gunnarson (USA) 1136
1968	Anderson (USA) 1157	Kornew (SU) 1151	Müller (CH) 1148
1972	Wigger (USA) 1155	Melnik (SU) 1155	Pap (UNG) 1149

Freie Pistole, 50 m

	1. Platz	2. Platz	3. Platz
1896	Phrangudis (GRIE)	Orphanidis (GRIE)	–
1900	Röderer (CH)	Staeheli (CH)	Richardet (CH)
1904	–	–	–
1908	Asbrock (BEL)	Storms (BEL)	Gorman (USA)
1912	Lane (USA)	Dolfen (USA)	Stewart (GB)
1920	Frederick (USA)	da Costa (BRA)	Lane (USA)
1924	–	–	–
1928	–	–	–
1932	Morigi (I)	Hax (D)	Matteucci (I)
1936	Ulman (S)	Krempel (D)	des Jammouiéres (F)
1948	Vasquez (PERU) 545	Schnyder (S) 539	Ulman (S) 539
1952	Benner (USA) 553	Leon (SPA) 550	Balogh (UNG) 549
1956	Linnosvuo (SF) 556	Umarow (SU) 556	Pinion (USA) 551
1960	Gustchin (SU) 560	Umarow (SU) 552	Yoshikawa (JPN) 552
1964	Markkanen (SF) 560	Green (USA) 557	Yoshikawa (JPN) 554
1968	Kosisch (SU) 562	Mertel (D) 562	Vollmar (DDR) 560
1972	Skanaker (S) 567	Iuga (RUM) 562	Dollinger (A) 560

Schnellfeuerpistole, 25 m (1924 und ab 1936)

	1. Platz	2. Platz	3. Platz
1924	Bailey (USA)	Carlberg (S)	Hannelius (SF)
1936	van Oyen (D)	Hax (D)	Ullmann (S)
1948	Takacs (UNG) 580	D. S. Valliente (ARG) 571	Lundquist (S) 569
1952	Takacs (UNG) 579	Kun (UNG) 578	Lichiardopel (RUM) 578
1956	Petrescu (RUM) 587	Tscherkassow (SU) 585	Lichiardopel (RUM) 581
1960	McMillan (USA) 587	Linnosvuo (SF) 587	Zabelin (SU) 587
1964	Linnosvuo (SF) 592	Tripsa (RUM) 591	Nacovsky (CS) 590
1968	Zapedski (PL) 593	Roska (RUM) 591	Suleimanow (SU) 591
1972	Zapedski (PL) 595	Faita (CS) 594	Torshin (SU) 593

Wurftaubenschießen; Trap (erstmals 1900)

	1. Platz	2. Platz	3. Platz
1900	Ewing (CAN)	–	–
1904	–	–	–
1908	Ewing (CAN)	Beattie (CAN)	Maunder (GB) und Metaxas (GRIE)
1912	Graham (USA)	Goeldel (D)	Blau (Rußland)
1920	Arie (USA)	Troeh (USA)	Wright (USA)
1924	Halasy (UNG)	Huber (SF)	Hughes USA)
1928	–	–	–
1932	–	–	–
1936	–	–	–
1948	–	–	–
1952	Généreux (CAN) 192	Holmquist (S) 191	Liljedahl (S) 190
1956	Rossini (I) 195	Smelczynski (PL) 190	Ciceri (I) 188
1960	Dumitrescu (RUM) 192	Rossini (I) 191	Kalinin (SU) 190
1964	Mattarelli (I) 198	Senichew (SU) 194	Morris (USA) 194
1968	Braithwaite (GB) 198	Garrigus (USA) 196	Czekalla (DDR) 196
1972	Scalzone (I) 199	Carrega (F) 198	Basagni (I) 195

Wurftaubenschießen; Skeet (erstmals 1968)

	1. Platz	2. Platz	3. Platz
1968	Petrow (SU)	Garagnani (I)	Wirnhier (D)
1972	Wirnhier (D)	Petrow (SU)	Buchheim (DDR)

Laufender Keiler (erstmals 1900, seit 1972)

	1. Platz	2. Platz	3. Platz
1900	Debray (F)	Nivet (F)	Lambert (F)
1972	Zhelezniak (SU)	Bellingrodt (KOL)	Kynoch (GB)

Bogenschießen – Männer

	1. Platz	2. Platz	3. Platz
1972	Williams (USA) 2528	Jarviel (S) 2481	Laasonen (SF) 2467

Bogenschießen – Frauen

	1. Platz	2. Platz	3. Platz
1972	Wilber (USA) 2424	Szydlowska (PL) 2407	Gaptchenko (SU) 2403

Ringen – Griechisch-römisch

Papiergewicht (erstmals 1972)

	1. Platz	2. Platz	3. Platz
1972	Berceanu (RUM)	Aliabadi (IRA)	Anghelow (B)

Fliegengewicht (erstmals 1932)

	1. Platz	2. Platz	3. Platz
1932	Brendel (D)	Nizzola (I)	François (F)
1936	Lörincz (UNG)	Svensson (S)	Brendel (D)
1948	Lombardi (I)	Olcay (TÜR)	Kangasmäki (SF)
1952	Gurewitsch (SU)	Fabra (I)	Honkala (SF)
1956	Solowjew (SU)	Fabra (I)	Egribas (TÜR)
1960	Pirvulescu (RUM)	Saied (VAR)	Paziaraye (IRA)
1964	Hanahara (JPN)	Stojanoff (BUL)	Privulescu (RUM)
1968	Kirow (BUL)	Bakulin (SU)	Zemon (CS)
1972	Kirow (BUL)	Hirayama (JPN)	Bognanni (I)

Bantamgewicht (erstmals 1924)

	1. Platz	2. Platz	3. Platz
1924	Pütsep (ESTL)	Ahlfors (SF)	Ikonen (SF)
1928	Leucht (D)	Maudr (CS)	Gozzi (I)
1932	Gozzi (I)	Ehrl (D)	Koskela (SF)
1936	Erkan (TÜR)	Reini (SF)	Karlsson (S)
1948	Petterson (S)	Aly (ÄGY)	Kaya (TÜR)
1952	Hódos (UNG)	Chihab (LIB)	Terian (SU)
1956	Wirupajew (SU)	Westerby (S)	Horvat (RUM)
1960	Karawajew (SU)	Cernea (RUM)	Stoikoff (BUL)
1964	Jshiguchi (JPN)	Trostjanski (SU)	Cernea (RUM)
1968	Varga (UNG)	Baciu (RUM)	Kotschergin (SU)
1972	Kazakow (SU)	Veil (D)	Bjorlin (SF)

Federgewicht (erstmals 1912)

	1. Platz	2. Platz	3. Platz
1912	Koskelo (SF)	Gerstacker (D)	Lasanen (SF)
1920	Friman (SF)	Käkönen (SF)	Svensson (S)
1924	Anttila (SF)	Toivola (SF)	Malmberg (S)
1928	Vali (ESTL)	Malmberg (S)	Quaglia (I)
1932	–	–	–
1936	–	–	–
1948	Oktav (TÜR)	Anderberg (S)	Toth (UNG)
1952	Punkin (SU)	Polyak (UNG)	Abdel Rashed (ÄGY)
1956	Mäkinen (SF)	Polyak (UNG)	Disneladze (SU)
1960	Sille (TÜR)	Polyak (UNG)	Vrupajew (SU)
1964	Polyak (UNG)	Rurua (SU)	Martinovic (YU)
1968	Rurua (SU)	Fujimoto (JPN)	Popescu (RUM)
1972	Markow (BUL)	Wehling (DDR)	Lipien (PL)

Leichtgewicht (erstmals 1908)

	1. Platz	2. Platz	3. Platz
1908	Porro (I)	Orloff (Rußland)	Linden-Linko (SF)
1912	Vare (SF)	Malmström (S)	Matiason (S)
1920	Vare (SF)	Tamminen (SF)	Andersen (N)
1924	Friman (SF)	Keresztes UNG	Westerlund (SF)
1928	Keresztes (UNG)	Sperling (D)	Westerlund (SF)
1932	Malmberg (S)	Kurland (DÄN)	Sperling (D)
1936	Koskela (SF)	Herda (CS)	Väli (ESTL)
1948	Frei (S)	Eriksen (N)	Ferencz (UNG)
1952	Safin (SU)	Frei (S)	Athanasov (CS)
1956	Lehtonen (SF)	Dogan (TÜR)	Toth (UNG)
1960	Koridze (SU)	Martinovic (YU)	Frei (S)
1964	Ayvaz (TÜR)	Bularca (RUM)	Gwandseladze (SU)
1968	Mumemura (JPN)	Horvat (YU)	Galaktropoulos (GRIE)
1972	Khisamutdinow (SU)	Apostolow (BUL)	Ranzi (I)

Weltergewicht (erstmals 1928)

	1. Platz	2. Platz	3. Platz
1928	Kokkinen (SF)	Pap (UNG)	Kusnetz (ESTL)
1932	Johansson (S)	Kajander-Kajukorpi (SF)	Gallegati (I)
1936	Svedberg (S)	Schäfer (D)	Virtanen (SF)
1948	Andersson (S)	Szilvasi (UNG)	Hansen (DÄN)
1952	Szilvasi (UNG)	Andersson (S)	Taha (LIB)
1956	Bayrak (TÜR)	Manejew (SU)	Berlin (S)
1960	Bayrak (TÜR)	Maritschnigg (D)	Schiermayer (F)
1964	Kolesow (SU)	Todoroff (BUL)	Nyström (S)
1968	Vesper (DDR)	Robin (F)	Baiko (UNG)
1972	Macha (CS)	Galakropoulos (GRIE)	Karlsson (S)

Mittelgewicht (erstmals 1908)

	1. Platz	2. Platz	3. Platz
1908	Martenson (S)	Andersson (S)	Andersen (DÄN)
1912	Johansson (S)	Klein (Rußland)	Asikainen (SF)
1920	Westergren (S)	Lindfors (SF)	Perttila (SF)
1924	Westerlund (SF)	Lindfors (SF)	Steinberg (ESTL)
1928	Moustafa (ÄGY)	Rieger (D)	Pellinen (SF)
1932	Kokkinen (SF)	Földeak (D)	Cadier (S)
1936	Johansson (S)	Schweigert (D)	Palotás (UNG)
1948	Grönberg (S)	Tayfur (TÜR)	Gallegati (I)
1952	Grönberg (S)	Rauhala (SF)	Belov (SU)
1956	Kartosia (SU)	Dobreff (BUL)	Jansson (S)
1960	Dobreff (BUL)	Metz (D)	Taranu (RUM)
1964	Simic (YU)	Kormanik (CS)	Metz (D)
1968	Metz (DDR)	Olenik (SU)	Simic (YU)
1972	Hegedus (UNG)	Nazarenko (SU)	Nenadic (YU)

Halbschwergewicht (erstmals 1908)

	1. Platz	2. Platz	3. Platz
1908	Weckmann (SF)	Saarela (SF)	Jensen (DÄN)
1912	Ahlgren (S)	Böhling (SF)	Varga (UNG)
1920	Johansson (S)	Rosenquist (SF)	Eriksen (DÄN)
1924	Westergren (S)	Svensson (S)	Pellinen (SF)
1928	–	–	–
1932	Svensson (S)	Pellinen (SF)	Gruppioni (I)
1936	Cadier (S)	Bietags (LIT)	Neo (ESTL)
1948	Nilsson (S)	Gröndahl (SF)	Orabi (ÄGY)
1952	Gröndahl (SF)	Tschikladse (SU)	Nilsson (S)
1956	Nikolajew (SU)	Sirakoff (BUL)	Nilsson (S)
1960	Kis (TÜR)	Bimbaloff (BUL)	Kartosia (SU)
1964	Radeff (BUL)	Svensson (S)	Kiehl (D)
1968	Radeff (BUL)	Jakowenko (SU)	Martinescu (RUM)
1972	Resantsew (SU)	Corak (YU)	Kwiecinski (PL)

Schwergewicht (1896 und ab 1908)

	1. Platz	2. Platz	3. Platz
1896	Schumann (D)	Tsitas (GRIE)	Christopoulos (GRIE)
1908	Weisz (UNG)	Petroff (Rußland)	Jensen (DÄN)
1912	Saarela (SF)	Olin (SF)	Jensen (DÄN)
1920	Lindfors (SF)	Hansen (DÄN)	Nieminen (SF)
1924	Deglane (F)	Rosenquist (SF)	Badó (UNG)
1928	Svensson (S)	Nyström (SF)	Gehring (D)
1932	Westergren (S)	Urban (CS)	Hirschl (A)
1936	Palusalu (ESTL)	Nyman (S)	Hornfischer (D)
1948	Kirecci (TÜR)	Nilsson (S)	Fantoni (I)
1952	Kotkas (SF)	Ruzicka (CS)	Kovanen (SF)
1956	Parfenow (SU)	Dietrich (D)	Bulgarelli (I)
1960	Bogdan (SU)	Dietrich (D)	Kubat (CS)
1964	Kozma (UNG)	Rostschin (SU)	Dietrich (D)
1968	Kozma (UNG)	Rostschin (SU)	Kment (CS)
1972	Martinescu (RUM)	Iakovenko (SU)	Kiss (UNG)

Superschwergewicht (erstmals 1972)

	1. Platz	2. Platz	3. Platz
1972	Roshin (SU)	Tomow (BUL)	Dolipschi (RUM)

Ringen – Freistil

Papiergewicht (erstmals 1972)

	1. Platz	2. Platz	3. Platz
1972	Dmitriew (SU)	Nikolow (BUL)	Javadpour (IRA)

Fliegengewicht (1904 und ab 1948)

	1. Platz	2. Platz	3. Platz
1904	Curry (USA)	Hein (USA)	Tiefentaler (USA)
1948	Viitala (SF)	Balamir (TÜR)	Johansson (S)
1952	Gemici (TÜR)	Kitano (JPN)	Mollaghassemi (IRA)
1956	Tsalkalamanidze (SU)	Khojastehpour (IRA)	Akbas (TÜR)
1960	Bilek (TÜR)	Matsubara (JPN)	Safepour (IRA)
1964	Yoshida (JPN)	Chang-Sun Chang (KOR)	Haydari (IRA)
1968	Nakata (JPN)	Sanders (USA)	Bazyrin (MON)

Bantamgewicht (erstmals 1904)

	1. Platz	2. Platz	3. Platz
1904	Mehnert (USA)	Bauers (USA)	Nelson (USA)
1908	Mehnert (USA)	Press (GB)	Cote (CAN)
1912	–	–	–
1920	–	–	–
1924	Pihlajamaki (SF)	Mäkinen (SF)	Hines (USA)
1928	Mäkinen (SF)	Spapen (BEL)	Trifonou (CAN)
1932	Pearce (USA)	Zombori (UNG)	Jaskari (SF)
1936	Zombori (UNG)	Flood (USA)	Herbert (D)
1948	Akar (TÜR)	Leeman (USA)	Kouyos (F)
1952	Ishii (JPN)	Mamedbekov (SU)	Jadav (IND)
1956	Dagistanli (TÜR)	Yaghoubi (IRA)	Schakow (SU)
1960	McCann (USA)	Zaleff (BUL)	Trojanowski (PL)
1964	Uetake (JPN)	Akbas (TÜR)	Ibragimow (SU)
1968	Uetake (JPN)	Behm (USA)	Gorgori (IRA)
1972	Kato (JPN)	Alakhwerdiew (SU)	Kim Gwong (NKOR)

Federgewicht (erstmals 1904)

	1. Platz	2. Platz	3. Platz
1904	Niflot (USA)	Wester (USA)	Strebler (USA)
1908	Dole (USA)	Slim (GB)	McKie (GB)
1912	–	–	–
1920	Ackerly (USA)	Gerson (USA)	Bernard (GB)
1924	Reed (USA)	Newton (USA)	Naitoh (JPN)
1928	Morrison (USA)	K. Pihlajamäki (SF)	Minder (CH)
1932	H. Pihlajamäki (SF)	Nemir (USA)	Karlsson (S)
1936	K. Pihlajamäki (SF)	Millard (USA)	Johnson (S)
1948	Bilge (TÜR)	Sjölin (S)	Müller (CH)
1952	Sit (TÜR)	Guivetchi (IRA)	Henson (USA)
1956	Sasahara (JPN)	Mewis (BEL)	Penttilä (SF)
1960	Dagistanli (TÜR)	Iwanoff (BUL)	Rubaschwili (SU)
1964	Watanabe (JPN)	Iwanoff (BUL)	Khokaschwili (SU)
1968	Kaneko (JPN)	Todoroff (BUL)	Abassy (IRA)
1972	Yanagida (JPN)	Sanders (USA)	Klinga (UNG)

Leichtgewicht (erstmals 1904)

	1. Platz	2. Platz	3. Platz
1904	Bradshaw (USA)	McLeer (USA)	Clapper (USA)
1912	Relwyskow (GB)	Wood (GB)	Gingell (GB)
1908	–		
1920	Antilla (SF)	Svensson (S)	Wright (GB)
1924	Vis (USA)	Vikström (SF)	Haavisto (SF)
1928	Kapp (ESTL)	Pacome (F)	Leino (SF)
1932	Pacome (F)	Karpati (UNG)	Klaren (S)
1936	Karpati (UNG)	Ehrl (D)	Pihlajamäki (SF)
1948	Atik (TÜR)	Frändfors (S)	Baumann (CH)
1952	Anderberg (S)	Evans (USA)	Tofighe (IRA)
1956	Habibi (IRA)	Kasahara (JPN)	Bastajew (SU)
1960	Wilson (USA)	Sinjawski (SU)	Dimoff (BUL)
1964	Dimoff (BUL)	Rost (D)	Horiuchi (JPN)
1968	Mohawed (IRA)	Valtscheff (BUL)	Danzandaaja (MON)
1972	Abdulbekow (SU)	Akdag (TÜR)	Krastew (BUL)

Weltergewicht (erstmals 1904)

	1. Platz	2. Platz	3. Platz
1904	Roem (USA)	Tesing (USA)	Zukel (USA)
1908	–	–	–
1912	–	–	–
1920	–	–	–
1924	Gehri (CH)	Leino (SF)	Müller (CH)
1928	Haavisto (SF)	Appleton (USA)	Letchford (CAN)
1932	van Bebber (USA)	McDonald (CAN)	Leino (SF)
1936	Lewis (USA)	Andersson (S)	Schleimer (CAN)
1948	Dogu (TÜR)	Garrard (AUS)	Merril (USA)
1952	Smith (USA)	Berlin (S)	Modtabavi (IRA)
1956	Ikeda (JPN)	Zengin (TÜR)	Balawadze SU
1960	Blubaugh (USA)	Ogan (TÜR)	Bashir (PAK)
1964	Ogan TÜR	Sagaradze (SU)	Sanatkaran (IRA)
1968	Atalay (TÜR)	Robin (F)	Purew (MON)
1972	Gable (USA)	Wada (JPN)	Ashuraliew (SU)

Mittelgewicht (erstmals 1904)

	1. Platz	2. Platz	3. Platz
1904	Erickson (USA)	Beckmann (USA)	Winholtz (USA)
1908	Bacon (GB)	Relwyskow (GB)	Beck (GB)
1912	–	–	–
1920	Leino (SF)	Penttala (SF)	Johnson (USA)
1924	Haggmann (CH)	Ollivier (BEL)	Pekkala (SF)
1928	Kyburz (CH)	Stockton (CAN)	Rabin (GB)
1932	Johansson (S)	Luukoo (SF)	Tunyogi (UNG)
1936	Poilvé (F)	Voliva (USA)	Kirecci (TÜR)
1948	Brand (USA)	Candemir (TÜR)	Linden (S)
1952	Cimakuridse (SU)	Takhty (IRA)	Gurics (UNG)
1956	Nikoloff (BUL)	Hodge (USA)	Schirtladze (SU)
1960	Güngör (TÜR)	Schirtladze (SU)	Antonsson (S)
1964	Gardjeff (BUL)	Güngör (TÜR)	Brand (USA)
1968	Gurewitsch (SU)	Jigjid (MON)	Gardjeff (BUL)
1972	Wells (USA)	Karlsson (S)	Seger (D)

Halbschwergewicht (erstmals 1920)

	1. Platz	2. Platz	3. Platz
1920	Larsson (S)	Courant (CH)	Maurer (USA)
1924	Spellmann (USA)	Svensson (S)	Courant (CH)
1928	Sjöstedt (S)	Bögli (CH)	Lefebre (F)
1932	Mehringer (USA)	Sjöstedt (S)	Scarf (AUS)
1936	Fridell (S)	Neo (ESTL)	Siebert (D)
1948	Wittenberg (USA)	Stöckli (CH)	Fahlkvist (S)
1952	Palm (S)	Wittenberg (USA)	Atan (TÜR)
1956	Takhti (IRA)	Kulajew (SU)	Blair (USA)
1960	Alti (TÜR)	Takhti (IRA)	Albul (SU)
1964	Medwed (SU)	Ayik (TÜR)	Scherifoff (BUL)
1968	Ayik (TÜR)	Lomidse (SU)	Csatari (UNG)
1972	Tediashwili (SU)	Peterson (USA)	Jorga (RUM)

Schwergewicht (erstmals 1904)

	1. Platz	2. Platz	3. Platz
1904	Hansen (USA)	Kungler (USA)	Warmbold (USA)
1908	O'Kelly (GB)	Gundersen (N)	Barrett (GB)
1912	–	–	–
1920	Roth (CH)	Pendleton (USA)	Nilsson (S) und Meyer (USA)
1924	Steele (USA)	Wernli (CH)	McDonald (GB)
1928	Richthoff (S)	Sihvola (SF)	Dame (F)
1932	Richthoff (S)	Riley (USA)	Hirschl (A)
1936	Palusalu (ESTL)	Klapuch (CS)	Nyström (SF)
1948	Bobis (UNG)	Antonsson (S)	Armstrong (AUS)
1952	Mekokischwili (SU)	Antonsson (S)	Richmond (GB)
1956	Kaplan (TÜR)	Alischeff (BUL)	Kangasniemi (SF)
1960	Dietrich (D)	Kaplan (TÜR)	Tsarasow (SU)
1964	Iwanitsky (SU)	Achmedoff (BUL)	Kaplan (TÜR)
1968	Medwed (SU)	Duralieff (BUL)	Dietrich (D)
1972	Peterson (USA)	Strakhow (SU)	Bajko (UNG)

Boxen

Halbfliegengewicht (erstmals 1968)

	1. Platz	2. Platz	3. Platz
1968	Rodriguez (VEN)	Jee (KOR)	Marbley (USA) Skrzypczak (PL)
1972	Gedo (UNG)	Kim (NK)	Evans (GB) Rodriguez (SPA)

Fliegengewicht (1904 und ab 1920)

	1. Platz	2. Platz	3. Platz
1904	Finnegan (USA)	Burke (USA)	–
1920	de Genero (USA)	Petersen (DÄN)	Cuthbertson (GB)
1924	La Barba (USA)	McKenzie (GB)	Fee (USA)
1928	Kocsis (UNG)	Apell (F)	Cavagnoli (I)
1932	Enekes (UNG)	Cabanas (MEX)	Salica (USA)
1936	Kaiser (D)	Matta (I)	Laurie (USA)
1948	Perez (ARG)	Bandinelli (I)	Han (KOR)
1952	Brooks (USA)	Basel (D)	Bulakov (SU) und Towee (Südafr.)
1956	Spinks (GB)	Dobrescu (RUM)	Caldwell (IRL), Libeer (F)
1960	Török (UNG)	Siwko (SU)	Tanabe (JPN) Elguindi (VAR)
1964	Atzori (I)	Olech (PL)	Carmody (USA) Sorokin (SU)
1968	Delgado (MEX)	Olech (PL)	Oliveira (BRA) Rwabwogo (UGA)
1972	Kostadinow (BUL)	Rwabwogo (UGA)	Blazynski (PL) Rodriguez (CUB)

Bantamgewicht (erstmals 1904)

	1. Platz	2. Platz	3. Platz
1904	Kirk (USA)	Finnegan (USA)	–
1908	Thomas (GB)	London (GB)	Webb (GB)
1912	–	–	–
1920	Walker (Südafr.)	Graham (CAN)	McKenzie (GB)
1924	Smith (Südafr.)	Tripoli (USA)	Ces (F)
1928	Tamagnini (I)	Dalcy (USA)	Harry (Südafr.)
1932	Gwynne (CAN)	Ziglarski (D)	Villanueva (PHI)
1936	Sergo (I)	Wilson (USA)	Ortiz (MEX)
1948	Csik (UNG)	Zuddas (I)	Venegas (PUER)
1952	Hämäläinen (SF)	McNally (IRL)	J. H. Kang (KOR) Garbuzow (SU)
1956	Behrendt (D)	Song (KOR)	Gilroy (IRL) Barrientos (CHI)
1960	Grigorjew (SU)	Zamparini (I)	Bending (PL) Taylor (AUS)
1964	Sakurai (JPN)	Shiu-Cho-Chung (KOR)	Mendoza (MEX) Rodriguez (URU)
1968	Sokolow (SU)	Mukwanga (UGA)	Morioka (JPN) Chang (KOR)
1972	Martinez (CUB)	Zamora (MEX)	Turpin (GB) Carreras (USA)

Federgewicht (erstmals 1904)

	1. Platz	2. Platz	3. Platz
1904	Kirk (USA)	Haller (USA)	–
1908	Gunn (GB)	Morris (GB)	Roddin (GB)
1912	–	–	–
1920	Fritsch (F)	Gauchet (F)	Garzena (I)
1924	Fields (USA)	Salas (USA)	Quartucci (ARG)
1928	van Klaveren (NL)	Peralta (ARG)	Devine (USA)
1932	Robledo (ARG)	Schleinkofer (D)	Carlsson (S)
1936	Casanovas (ARG)	Catterall (Südafr.)	Miner (D)
1948	Formenti (I)	Shepherd (Südafr.)	Antkiewicz (PL)
1952	Zachara (CS)	Caprari (I)	Ventaja (F) Leisching (Südafr.)
1956	Safronow (SU)	Nicholls (GB)	Miedzwiedski (PL) Hammalainen (SF)
1960	Musso (I)	Adamski (PL)	Meyers (Südafr.) Limmonen (SF)
1964	Stepaschkin (SU)	Villanueva (PHI)	Schulz (D) Brown (USA)
1968	Roldan (MEX)	Robinson (USA disqualifiziert, Waruinge (KEN)	Waruinge (KEN) Michailow (BUL)
1972	Kousnetsow (SU)		Botos (UNG) Rojas (KOL)

XXV

Leichtgewicht (erstmals 1904)

	1. Platz	2. Platz	3. Platz
1904	Spanger (USA)	Eagan (USA)	Horn (USA)
1908	Grace (GB)	Spiller (GB)	Johnson (GB)
1912	–	–	–
1920	Mosberg (USA)	Johanssen (DÄN)	Newton (CAN)
1924	Nielsen (DÄN)	Copeilo (ARG)	Boylstein (USA)
1928	Orlandi (I)	Halaiko (USA)	Berggren (S)
1932	Stevens (Südafr.)	Ahlquist (S)	Bor (USA)
1936	Harangi (UNG)	Stepulow (ESTL)	Agren (S)
1948	Dreyer (Südafr.)	Vissers (BEL)	Wad (DÄN)
1952	Bologuesi (I)	Antkiewic (PL)	Pakkanen (SF) Fiat (RUM)
1956	McTaggart (GB)	Kurschat (D)	Byrne (IRL) Laguetko (SU)
1960	Padzior (PL)	Lopopolo (I)	Taggart (GB) Landonio (ARG)
1964	Grudzień (PL)	Barannikow (SU)	Harris (USA) McCourt (IRL)
1968	Harris (USA)	Grudzień (PL)	Cutov (RUM) Zvonimir (YU)
1972	Szczepanski (PL)	Orban (UNG)	Perez (KOL) Mbugua (KEN)

Halbweltergewicht (erstmals 1952)

	1. Platz	2. Platz	3. Platz
1952	Adkins (USA)	Mednov (SU)	Mellenius (SF) Visitiu (I)
1956	Jengibarian (SU)	Nenci (I)	Loubscher (Südafr.) Dumitrescu (RUM)
1960	Nemecek (CS)	Quartey (GHA)	Daniels (USA) Kasprzyk (PL)
1964	Kulej (PL)	Frolow (SU)	Blay (GHA) Galhia (TUN)
1968	Kulej (PL)	Regueiferos (CUB)	Nilsson (SF) Wallington (USA)
1972	Seales (USA)	Anghelow (BUL)	Vujin (YU) Daborg (NIG)

Weltergewicht (erstmals 1904)

	1. Platz	2. Platz	3. Platz
1904	Young (USA)	Spanger (USA)	Lydon (USA)
1908	–	–	–
1912	–	–	–
1920	Schneider (CAN)	Ireland (GB)	Colberg (USA)
1924	Delarge (BEL)	Mendez (ARG)	Lewis (CAN)
1928	Morgan (NEUS)	Landini (ARG)	Smillie (CAN)
1932	Flyn (USA)	Lampe (D)	Ahlberg (SF)
1936	Suvio (SF)	Murach (D)	Petersen (DÄN)
1948	Torma (CS)	Herring (USA)	d'Ottavio (I)
1952	Chychla (PL)	Scherbakov (SU)	Heidemann (D) Jörgensen (DÄN)
1956	Linca (RUM)	Tiedt (IRL)	Gargano (GB) Hogarth (AUS)
1960	Benvenuti (I)	Radonjak (SU)	Drogosz (PL) Lloyd (GB)
1964	Kasprzyk (PL)	Tamulis (SU)	Purhonen (SF) Bertini (I)
1968	Wolke (DDR)	Bessala (KAM)	Mussalimow (SU) Guilotti (ARG)
1972	Correa (CUB)	Kajdi (UNG)	Murrunga (KEN) Valdez (USA)

Halbmittelgewicht (erstmals 1952)

	1. Platz	2. Platz	3. Platz
1952	Papp (UNG)	van Schalkwyk (Südafr.)	Tischin (SU) Herrera (ARG)
1956	Papp (UNG)	Torres (USA)	McCormack (GB) Pietrzykowski (PL)
1960	McClure (USA)	Bossi (I)	Lagutin (SU) Fisher (GB)
1964	Lagutin (SU)	Gonzales (F)	Maiyegum (NIG) Grzesiak (PL)
1968	Lagutin (SU)	Garbey (CUB)	Meier (D) Baldwin (USA)
1972	Kottysch (D)	Rudkowski (PL)	Minter (GB) Tiepold (DDR)

Mittelgewicht (erstmals 1904)

	1. Platz	2. Platz	3. Platz
1904	Mayer (USA)	Spradlye (USA)	–
1908	Douglas (GB)	Baker (AUS)	Philo (GB)
1912	–	–	–
1920	Mallin (GB)	Prudhomme (CAN)	Herzowitsch (CAN)
1924	Mallin (GB)	Elliott (GB)	Beecken (BEL)
1928	Toscani (I)	Hermanek (CS)	Steyaert (BEL)
1932	Barth (USA)	Azar (ARG)	Peirce (Südafr.)
1936	Despeaux (F)	Tiller (N)	Villareal (ARG)
1948	Papp (UNG)	Wright (GB)	Fontana (I)
1952	Patterson (USA)	Tita (RUM)	Sjölin (S) Nicoloff (BUL)
1956	Schatkow (SU)	Tapia (CHI)	Zalazar (ARG) Chapron (F)
1960	Crook (USA)	Walasek (PL)	Monea (RUM) Feofanow (SU)
1964	Popenchenko (SU)	Schulz (D)	Valle (I) Walasek (PL)
1968	Finnegan (GB)	Kiseljew (SU)	Zaragoza (MEX) Johnson (USA)
1972	Lemechew (SU)	Virtanen (SF)	Amartey (GHA)

Halbschwergewicht (erstmals 1920)

	1. Platz	2. Platz	3. Platz
1920	Eagan (USA)	Sörsdal (N)	Frank (GB)
1924	Mitchell (GB)	Petersen (DÄN)	Sörsdal (N)
1928	Avendano (ARG)	Pistulla (D)	Miljan (NL)
1932	Carstens (Südafr.)	Rossi (I)	Jörgensen (DÄN)
1936	Michelot (F)	Voigt (D)	Risiglione (ARG)
1948	Hunter (Südafr.)	Scott (GB)	Cia (ARG)
1952	Lee (USA)	Pacenza (ARG)	Perov (SU) Siljander (SF)
1956	Boyd (USA)	Negrea (RUM)	Mourauskas (SU) Lucas (CHI)
1960	Clay (USA)	Pietrzykowski (PL)	Madigan (AUS) Saraudi (I)
1964	Pinto (I)	Kiseljew (SU)	Nicoloff (BUL) Pietrzykowski (PL)
1968	Posnjak (SU)	Monea (RUM)	Stankoff (BUL) Oragan (PL)
1972	Parlow (YU)	Carrillo (CUB)	Gortat (PL) Ikhouria (NIG)

Schwergewicht (erstmals 1904)

	1. Platz	2. Platz	3. Platz
1904	Berger (USA)	Mayer (USA)	–
1908	Odlman (GB)	Evans (GB)	Parks (GB)
1912	–	–	–
1920	Rawson (GB)	Petersen (DÄN)	Eluère (F)
1924	von Porat (N)	Petersen (DÄN)	Porzio (ARG)
1928	Jurado (ARG)	Ramm (S)	Michaelsen (DÄN)
1932	Lovell (ARG)	Rovati (I)	Feary (USA)
1936	Runge (D)	Lovell (ARG)	Nilsen (N)
1948	Iglesias (ARG)	Nilsson (S)	Arthur (Südafr.)
1952	Sanders (USA)	Johansson (S)	Nieman (Südafr.)
			Koski (SF)
1956	Rademacher (USA)	Moukhine (SU)	Bozzano (I)
			Becker (Südafr.)
1960	de Piccoli (I)	Becker (Südafr.)	Siegmund (D)
			Nemec (CS)
1964	Frazier (USA)	Huber (D)	Ros (I)
			Jemeljanow (SU)
1968	Foreman (USA)	Tschepulis (SU)	Bambini (I)
			Rocha (MEX)
1972	Stevenson (CUB)	Alexe (RUM)	Hussing (D)
			Thomsen (S)

Gewichtheben

Fliegengewicht (erstmals 1972)

	1. Platz	2. Platz	3. Platz
1972	Smalcerz (PL) 337.5	Szuecs (UNG) 330.0	Holczreiter (UNG) 327.5

Bantamgewicht (erstmals 1948)

	1. Platz	2. Platz	3. Platz
1948	de Pietro (USA) 307.5	Creus (GB) 297.5	Tom (USA) 295
1952	Udodow (SU) 315	Namdjou (IRA) 307.5	Mirzai (IRA) 300
1956	Vinci (USA) 342.5	Stogow (SU) 337.5	Namdjou (IRA) 332.5
1960	Vinci (USA) 345	Miyake (JPN) 337.5	Khah (IRA) 330
1964	Wachonin (SU) 357.5	Földi (UNG) 355	Ishinoseki (JPN) 347.5
1968	Nassiri (IRA) 367.5	Földi (UNG) 367.5	Trebicki (PL) 357.5
1972	Földi (UNG) 377.5	Nassiri (IRA) 370.0	Chetin (SU) 367.5

Federgewicht (erstmals 1920)

	1. Platz	2. Platz	3. Platz
1920	de Haes (BEL) 220	Schmidt (ESTL) 212.5	Ritter (CH) 210
1924	Gabetti (I) –	Stadler (A) –	Reinmann (CH) –
1928	Andrysek (A) 287.5	Gabetti (I) 282.5	Wölpert (D) 282.5
1932	Suvigny (F) 287.5	Wölpert (D) 282.5	Terlazzo (USA) 280
1936	Terlazzo (USA) 312.5	Soliman (ÄGY) 305	Shams (ÄGY) 300
1948	Fayad (ÄGY) 332.5	Wilkes (TRI) 317.5	Salmassi (IRA) 312.5
1952	Schimischkian (SU) 337.5	Saksonov (SU) 332.5	Wilkes (TRI) 322.5
1956	Berger (USA) 352.5	Minajew (SU) 342.5	Zielinski (PL) 335
1960	Minajew (SU) 372.5	Berger (USA) 362.5	Mannironi (I) 352.5
1964	Miyake, Yoshinobu (JPN) 397.5	Berger (USA) 382.5	Nowak (PL) 377.5
1968	Miyake, Yoshinobu (JPN) 392.5	Schanidse (SU)5 387.5	Miyake, Yoshiyuki (JPN) 385.0
1972	Nourikian (BUL) 402.5	Schanidse (SU) 400.0	Benedek (UNG) 390.0

Leichtgewicht (erstmals 1920)

	1. Platz	2. Platz	3. Platz
1920	Neyland (ESTL) 257.5	Williquet (BEL) 240	Rooms (BEL) 230
1924	Décottignies (F) –	Zwerzina (A) –	Durdys (CS) –
1928	Helbig (D) 322.5	Haas (A) 322.5	Arnout (F) 302.5
1932	Duverger (F) 325	Haas (A) 307.5	Pierini (I) 302.5
1936	Mesbah (ÄGY) 342.5	Fein (A) 342.5	Jansen (D) 327.5
1948	Shams (ÄGY) 360	Hamouda (ÄGY) 360	Halliday (GB) 340
1952	Kono (USA) 362.5	Lopatin (SU)	Barberis (AUS) 350
1956	Rybak (SU) 380	Schabutinow (SU) 372	Kim Chang (KOR) 370
1960	Bushujew (SU) 397.5	Tan Howe Liang (SIN) 380	Aziz Abdul (IRAK) 380
1964	Baszanowski (PL) 432.5	Kapiunow (SU) 432.5	Zielinski (PL) 420
1968	Baszanowski (PL) 437.5	Jalayer (IRA) 422.5	Zielinski (PL) 420.0
1972	Kirzhinow (SU) 460.0	Koutschew (BUL) 450.0	Kaczmarek (PL) 437.5

Mittelgewicht (erstmals 1920)

	1. Platz	2. Platz	3. Platz
1920	Gance (F) 245	Bianchi (I) 237.5	Petterson (S) 237.5
1924	Galimberti (I) –	Nyland (ESTL) –	Kikkas (ESTL) –
1928	Roger (F) 335	Galimberti (I) 332.5	Scheffer (NL) 327.5
1932	Ismayr (D) 345	Galimberti (I) 340	Hipfinger (A) 337.5
1936	El Thouni (ÄGY) 387.5	Ismayr (D) 352.5	Wagner (D) 352.5
1948	Spellmann (USA) 390	Goerge (USA) 382.5	Kim (KOR) 380
1952	George (USA) 400	Gratton (CAN) 390	Kim (KOR) 382.5
1956	Bogdanowski (SU) 420	George (USA) 412.5	Pignatti (I) 382.5
1960	Kurinow (CS) 437.5	Kono (USA) 427.5	Veres (UNG) 405
1964	Zdrazila (CS) 445	Kurenzow (SU) 440	Ohuchi (JPN) 437.5
1968	Kurenzow (SU) 475.0	Ohuchi (JPN) 455.0	Bakos (UNG) 440.0
1972	Bikow (BUL) 485.0	Trabulsi (LIB) 472.5	Silvino (I) 470.0

Leichtschwergewicht (erstmals 1920)

	1. Platz	2. Platz	3. Platz
1920	Cadine (F) 390	Hünenberger (CH) 275	Petterson (S) 272.5
1924	Rigoulot (F) –	Hünenberger (CH) –	Friedrich (A) –
1928	Nosseir (ÄGY) 355	Hostin (F) 352.5	Verheyen (NL) 337.5
1932	Hostin (F) 365	Olsen (DÄN) 360	Duey (USA) 330
1936	Hostin (F) 372.5	Deutsch (D) 365	Wasif (ÄGY) 360
1948	Stanczyk (USA) 417.5	Sakata (USA) 380	Magnusson (S) 375
1952	Lomakin (SU) 417.5	Stanczyk (USA) 415	Worobiew (SU) 407.5
1956	Kono (USA) 447.5	Stepanow (SU) 427.5	George (USA) 417.5
1960	Palinski (PL) 442.5	George (USA) 430	Bochonek (PL) 420
1964	Plukfelder (SU) 475	Toth (UNG) 467.5	Veres (UNG) 467.5
1968	Selitzki (SU) 485.0	Beljajew (SU) 485.0	Ozimek (PL) 472.5
1972	Jenssen (N) 507.5	Ozimek (PL) 497.5	Horvath (UNG) 495.0

Mittelschwergewicht (erstmals 1952)

	1. Platz	2. Platz	3. Platz
1952	Schemansky (USA) 445	Novak (SU) 410	Kilgour (TRI) 402.5
1956	Worobiew (SU) 462.5	Sheppard (USA) 442.5	Debuf (F) 425
1960	Worobiew (SU) 472.5	Lomakin (SU) 457.5	Martin (GB) 445
1964	Golowanow (SU) 487.5	Martin (GB) 475	Palinski (PL) 467.5
1968	Kangasniemi (SF) 517.5	Talts (SU) 507.5	Golab (P) 495.0
1972	Nikolow (BUL) 525.0	Chopow (BUL) 517.5	Bettembourg (S) 512.5

Schwergewicht (erstmals 1920), bis 110 kg (seit 1972)

	1. Platz	2. Platz	3. Platz
1920	Bottino (I) 270	Alzin (LUX) 255	Bernot (F) 250
1924	Tonani (I) –	Aigner (A) –	Tammer (ESTL) –
1928	Straßberger (D) 372.5	Luhaär (ESTL) 360	Skobla (CS) 357.5
1932	Skobla (CS) 380	Psenicka (CS) 377.5	Straßberger (D) 377.5
1936	Manger (D) 410	Psenicka (CS) 402.5	Luhaär (ESTL) 400
1948	Davis (USA) 452.5	Schemansky (USA) 425	Charite (NL) 412.5
1952	Davis (USA) 460	Bradford (USA) 437.5	Selvetti (ARG) 432.5
1956	Anderson (USA) 500	Selvetti (ARG) 500	Pigaiani (I) 452
1960	Wlassow (SU) 537.5	Bradford (USA) 512.5	Schemansky (USA) 500
1964	Shabotinski (SU) 572.5	Wlassow (SU) 570	Schemansky (USA) 537.5
1968	Shabotinski (SU) 572.5	Reding (BEL) 555.0	Dube (USA) 555.0
1972	Talts (SU) 580.0	Kraitchew (BUL) 562.5	Grützner (DDR) 555.0

Superschwergewicht (seit 1972)

	1. Platz	2. Platz	3. Platz
1972	Alexjew (SU) 640.0	Mang (D) 610.0	Bonk (DDR) 572.5

Judo (erstmals 1964)

Leichtgewicht (1964 und seit 1972)

	1. Platz	2. Platz	3. Platz
1964	Nakatani (JPN)	Hänni (CH)	Stepanow (SU) / Bogolyubow (SU)
1972	Kawaguchi (JPN)	Mounier (F)	Kim (NKOR)

Weltergewicht (seit 1972)

	1. Platz	2. Platz	3. Platz
1972	Nomura (JPN)	Zajkowski (PL)	Nowikow (SU) / Hötger (DDR)

Mittelgewicht

	1. Platz	2. Platz	3. Platz
1964	Okano (JPN)	Hofmann (D)	Bregman(USA), Kim(KOR)
1972	Sekine (JPN)	Oh (KOR)	Coche (F), Jacks (GB)

Halbschwergewicht

	1. Platz	2. Platz	3. Platz
1972	Chochoshwili (SU)	Starbrook (GB)	Barth (D), Ishii (BRA)

Schwergewicht

	1. Platz	2. Platz	3. Platz
1964	Inokuma (JPN)	Rogers (CAN)	Kiknadze (SU) / Tschikviladze (SU)
1972	Ruska (NL)	Glahn (D)	Onashvili (SU) / Nishimura (JPN)

Offene Klasse

	1. Platz	2. Platz	3. Platz
1964	Geesink (NL)	Kaminaga (JPN)	Glahn (D) / Boronowskis (AUS)
1972	Ruska (NL)	Kusnezow (SU)	Brondani (F), Parisi (GB)

Verschiedene Ballspiele

Basketball (1904 und seit 1936)

	1. Platz	2. Platz	3. Platz
1904	USA	USA	USA
1936	USA	Kanada	Mexico
1948	USA	Frankreich	Brasilien
1952	USA	UdSSR	Uruguay
1956	USA	UdSSR	Uruguay
1960	USA	UdSSR	Brasilien
1964	USA	UdSSR	Brasilien
1968	USA	Jugoslawien	UdSSR
1972	UdSSR	USA	Kuba

Fußball (erstmals 1900)

	1. Platz	2. Platz	3. Platz
1900	Großbritannien	Frankreich	–
1904	Kanada	USA	–
1908	Großbritannien	Dänemark	Niederlande
1912	Großbritannien	Dänemark	Niederlande
1920	Belgien	Spanien	Niederlande
1924	Uruguay	Schweiz	Schweden
1928	Uruguay	Argentinien	Italien
1932	–	–	–
1936	Italien	Österreich	Norwegen
1948	Schweden	Jugoslawien	Dänemark
1952	Ungarn	Jugoslawien	Schweden
1956	UdSSR	Jugoslawien	Bulgarien
1960	Jugoslawien	Dänemark	Ungarn
1964	Ungarn	CSSR	Deutschland
1968	Ungarn	Bulgarien	Japan
1972	Polen	Ungarn	UdSSR

Volleyball – Herren (erstmals 1964)

	1. Platz	2. Platz	3. Platz
1964	UdSSR	CSSR	Japan
1968	UdSSR	Japan	CSSR
1972	Japan	DDR	UdSSR

Volleyball – Damen (erstmals 1964)

	1. Platz	2. Platz	3. Platz
1964	Japan	UdSSR	Polen
1968	UdSSR	Japan	Polen
1972	UdSSR	Japan	Nordkorea

Hockey (erstmals 1908)

	1. Platz	2. Platz	3. Platz
1908	Großbritannien	–	–
1912	–	–	–
1920	Großbritannien	Dänemark	Belgien
1924	–	–	–
1928	Indien	Holland	Deutschland
1932	Indien	Japan	USA
1936	Indien	Deutschland	Holland
1948	Indien	Großbritannien	Holland
1952	Indien	Holland	Großbritannien
1956	Indien	Pakistan	Deutschland
1960	Pakistan	Indien	Spanien
1964	Indien	Pakistan	Australien
1968	Pakistan	Australien	Indien
1972	Deutschland	Pakistan	Indien

Olympiaorte der Olympischen Winterspiele

1924	Chamonix, Frankreich	1936	Garmisch-Partenkirchen, Deutschland	1956	Cortina d'Ampezzo, Italien	1968	Grenoble, Frankreich
1928	St. Moritz, Schweiz	1948	St. Moritz, Schweiz	1960	Squaw Valley, USA	1972	Sapporo, Japan
1932	Lake Placid, USA	1952	Oslo, Norwegen	1964	Innsbruck, Österreich		

Abkürzungen

A	Österreich	D[1]	Deutschland	JPN	Japan	SF	Finnland
BEL	Belgien	DDR	Deutsche Demokratische Republik	N	Norwegen	SU	Sowjetunion
BRD	Bundesrepublik Deutschland	E	Spanien	NKO	Nordkorea	UNG	Ungarn
CAN	Kanada	F	Frankreich	NL	Niederlande	USA	Vereinigte Staaten von Amerika
CH	Schweiz	GB	Großbritannien	PL	Polen	YU	Jugoslawien
CS	Tschechoslowakei	I	Italien	S	Schweden		

I. Alpine Konkurrenzen

	1. Platz	2. Platz	3. Platz	4. Platz	5. Platz	6. Platz
Abfahrt Herren						
1936[2]						
1948	Oreiller (F)	Gabl (A)	Molitor (CH) / Olinger (CH)	–	Schöpf (A)	Alverà (I) / Gartner (I)
1952	Colo (I)	O. Schneider (A)	Pravda (A)	Rubi (CH)	Beck (USA)	Eriksen (N)
1956	Sailer (A)	Fellay (CH)	Molterer (A)	Staub (CH)	Lanig (D)	Burrini (I)
1960	Vuarnet (F)	Lanig (D)	Perillat (F)	Forrer (CH)	Staub (CH)	Alberti (I)
1964	Zimmermann (A)	Lacroix (F)	Bartels (D)	Minsch (CH)	Leitner (D)	Perillat (F)
1968	Killy (F)	Perillat (F)	Daetwyler (CH)	Messner (A)	Schranz (A)	Mahlknecht (I)
1972	Russi (CH)	Collombin (CH)	Messner (A)	Sprecher (A)	Haaker (N)	Tresch (CH)
Riesenslalom Herren (erstmals 1952)						
1952	Eriksen (N)	Pravda (A)	T. Spiß (A)	Colo (I)	G. Schneider (CH)	Sollander (S) / Dodge (USA)
1956	Sailer (A)	Molterer (A)	Schuster (A)	Duvillard (F)	Bozon (F)	Hinterseer (A)
1960	Staub (CH)	Stiegler (A)	Hinterseer (A)	Corcoran (USA)	Alberti (I)	Perillat (F)
1964	Bonlieu (F)	Schranz (A)	Stiegler (A)	Favre (CH)	Killy (F)	Nenning (A)
1968	Killy (F)	Favre (CH)	Messner (A)	Perillat (F)	Kidd (USA)	Schranz (A)
1972	G. Thöni (I)	Bruggmann (CH)	Mattle (CH)	Hagn (BRD)	Augert (F)	Rieger (BRD)
Slalom Herren						
1948[3]	Reinalter (CH)	Couttet (F)	Oreiller (F)	Alverà (I)	Dalman (S)	Schöpf (A)
1952	O. Schneider (A)	Eriksen (N)	Berge (N)	Colò (I)	Sollander (S)	Couttet (F)
1956	Sailer (A)	Igaya (JPN)	Sollander (S)	Dodge (USA)	Schneider (CH)	Pasquier (F)
1960	Hinterseer (A)	H. Leitner (A)	Bozon (F)	L. Leitner (D)	Stiegler (A)	Perillat (F)
1964	Stiegler (A)	Kidd (USA)	Heuga (USA)	Arpin (F)	L. Leitner (D)	Mathis (CH)
1968	Killy (F)	Huber (A)	Matt (A)	Giovanoli (CH)	Sabich (USA)	Bachleda Curus (PL)
1972	Fernandez-Ochoa (E)	G. Thöni (I)	R. Thöni (I)	Duvillard (F)	Augert (F)	Schmalzl (I)
Kombination Herren						
1936[4]	Pfnür (D)	G. Lantschner (D)	Allais (F)	Ruud (N)	R. Wörndle (D)	R. Cranz (D)
1948	Oreiller (F)	Molitor (CH)	Couttet (F)	Mall (A)	Alverà (I)	Hansson (S)
Abfahrt Damen						
1936[5]	nur Kombination					
1948	Schlunegger (CH)	Beiser (A)	Hammerer (A)	Seghi (I)	Mittner (CH)	Thiollière (F)
1952	Jochum-Beiser (A)	Buchner (D)	Minuzzo (I)	Mahringer (A)	Rom (A)	Berthod (CH)
1956	Berthod (CH)	Dänzer (CH)	Wheeler (CAN)	Chenal-Minuzzo (I)	Hofherr (A)	Marchelli (I)
1960	Biebl (D)	Pitou (USA)	Hecher (A)	Riva (I)	Schir (I)	Meggl (D)
1964	Haas (A)	E. Zimmermann (A)	Hecher (A)	Biebl (D)	Henneberger (D)	Bochatay (F)
1968	Pall (A)	Mir (F)	Haas (A)	Seiwald (A)	Famose (F)	Field (GB)
1972	Nadig (CH)	Pröll (A)	Corrock (USA)	Mir (F)	Speiser (BRD)	R. Mittermaier (BRD)

---

[1] Ab 1968 BRD und DDR
[2] Bei den Winterspielen 1924, 1928 und 1932 keine alpine Konkurrenz
[3] Von 1924 bis 1936 fehlte die Konkurrenz; 1936 wurde sie nur im Rahmen der Kombination ausgetragen
[4] Sie wurde als olympischer Wettbewerb nur 1936 und 1948 ausgetragen, und zwar als Zweierkombination Abfahrt/Slalom. Ab 1952 stand sie nicht mehr im olympischen Programm
[5] Bei den Olympischen Winterspielen 1924, 1928, 1932 gab es keine alpinen Konkurrenzen

	1. Platz	2. Platz	3. Platz	4. Platz	5. Platz	6. Platz
Riesenslalom Damen (erstmals 1952)						
1952	Lawrence-Mead (USA)	Buchner (D)	Klecker (A)	Rudolph (USA)	Niskin (N)	
1956	Reichert (D)	Frandl (A)	Hochleitner (A)	Lawrence-Mead (USA) und Berthod (CH)	–	Wheeler (CAN)
1960	Rüegg (CH)	Pitou (USA)	Chenal-Minuzzo (I)	Snite (USA)	Marchelli (I) und Meggl (D)	–
1964	M. Goitschel (F)	Ch. Goitschel (F)	Saubert (USA)	Haas (A)	Famose (F)	E. Zimmermann (A)
1968	Greene (CAN)	Famose (F)	Bochatay (CH)	Steurer (F)	Pall (A)	Mir (F)
1972	Nadig (CH)	Pröll (A)	Drexel (A)	Kreiner (CAN)	Speiser (BRD)	Steurer (F)
Slalom Damen (erstmals 1948)						
1948	Frazer (USA)	Meyer (CH)	Mahringer (A)	Miller-Thiollière (F)	Clerc (CH)	A. Schuh-Proxauf (A)
1952	Lawrence-Mead (USA)	Reichert (D)	Buchner (D)	Seghi (I)	Opton (USA)	Berthod (CH)
1956	Colliard (CH)	Schöpf (A)	Sidorowa (SU)	Chenal-Minuzzo (I)	Frandl (A)	Björnbakken und Sandvik (beide N)
1960	Heggtreit (CAN)	Snite (USA)	Henneberger (D)	Leduc (F)	Michel (CH) Hofherr (A)	–
1964	Ch. Goitschel (F)	M. Goitschel (F)	Saubert (USA)	Biebl (D)	E. Zimmermann (A)	Haas (A)
1968	M. Goitschel (F)	Greene (CAN)	Famose (F)	Hathorn (GB)	Mir (F)	Färbinger (BRD)
1972	Cochran (USA)	Debernard (F)	Steurer (F)	Crawford (CAN)	Pröll (A)	Behr (BRD)
Kombination Damen[1]						
1936	Cranz (D)	Grasegger (D)	Schou-Nielsen (N)	Steuri (CH)	Pfeiffer (D)	Resch (D)
1948	Beiser (A)	Frazer (USA)	Mahringer (A)	Seghi (I)	Gignoux (F)	Bleuer (CH)

II. Nordische Wettbewerbe

	1. Platz	2. Platz	3. Platz	4. Platz	5. Platz	6. Platz
Herren 18- bzw. 15-km-Langlauf (bis 1952 18 km, dann 15 km)						
1924	Haug (N)	Gröttumsbraaten (N)	Niku (SF)	Maardalen (N)	Landvik (N)	Hedlund (S)
1928	Gröttumsbraaten (N)	Hegge (N)	Ödegaard (N)	Saarinen (SF)	Haakonsen (N)	Hedlund (S)
1932	Utterström (S)	Wikström (S)	Saarinen (SF)	Lappaleinen (SF)	Rustadstuen (N)	Gröttumsbraaten (N)
1936	Larsson (S)	Hagen (N)	Niemi (SF)	Matsbo (S)	Hoffsbakken (N)	Rustadstuen (N)
1948	Lundström (S)	Östensson (S)	Eriksson (S)	Hasu (SF)	Karlsson (S)	Rytky (SF)
1952	Brenden (N)	Mäkelä (SF)	Lonkila (SF)	Hasu (SF)	Karlsson (S)	Stokken (N)
1956	Brenden (N)	Jernberg (S)	Koltschin (SU)	Hakulinen (SF)	Brusveen (N)	Stokken (N)
1960	Brusveen (N)	Jernberg (S)	Hakulinen (SF)	Waganow (SU)	Östby (N)	Mäntyranta (SF)
1964	Mäntyranta (SF)	Grönningen (N)	Jernberg (S)	Huhtala (SF)	Stefansson (S)	Koltschin (SU)
1968	Grönningen (N)	Mäntyranta (SF)	Larsson (S)	Laurila (SF)	Halvarsson (S)	Andersson (S)
1972	Lundbäck (S)	Simaschov (SU)	Formo (N)	Mieto (SF)	Skobov (SU)	Lesser (DDR)
30-km-Langlauf (erstmals 1956)						
1956	Hakulinen (SF)	Jernberg (S)	Koltschin (SU)	Scheljuchin (SU)	Kusin (SU)	Terentjew (SU)
1960	Jernberg (S)	Rämgard (S)	Anikin (SU)	Waganow (SU)	Larsson (S)	Hakulinen (SF)
1964	Mäntyranta (SF)	Grönningen (N)	Worontschichin (SU)	Stefansson (S)	Jernberg (S)	Laurila (SF)
1968	Nones (I)	Martinsen (N)	Mäntyranta (SF)	Woronkow (SU)	de Florian (I)	Laurila (SF)
1972	Wedenin (SU)	Tyldum (N)	Harviken (N)	Larsson (S)	Demel (BRD)	Simaschov (SU)
50-km-Langlauf						
1924	Haug (N)	Strömstad (N)	Gröttumsbraaten (N)	Maardalen (N)	Persson (S)	Alm (S)
1928	Hedlund (S)	Jonsson (S)	Andersson (S)	Kjelbotn (N)	Hegge (N)	Lappalainen (SF)
1932	Saarinen (SF)	Liikkanen (SF)	Rustadstuen (N)	Hegge (N)	Vestad (N)	Utterström (S)
1936	Wiklund (S)	Wikström (S)	Englund (S)	Bergström (S)	Karppinen (SF)	Tuft (N)
1948	Karlsson (S)	Eriksson (S)	B. Vanninen (SF)	P. Vanninen (SF)	Törnkvist (S)	Schild (CH)
1952	Hakulinen (SF)	Kolehmainen (SF)	Estenstad (N)	Ökern (N)	Mononen (SF)	Karlsson (S)
1956	Jernberg (S)	Hakulinen (SF)	Terentjew (SU)	Kolehmainen (SF)	Scheljuchin (SU)	Koltschin (SU)
1960	Hämäläinen (SF)	Hakulinen (SF)	Rämgard (S)	Larsson (S)	Jernberg (S)	Pelkonen (SF)
1964	Jernberg (S)	Rönnlund (S)	Tiainen (SF)	Stefansson (S)	Stensheim (N)	Grönningen (N)
1968	Ellefsaeter (N)	Vedenine (SU)	Haas (CH)	Tyldum (N)	Risberg (S)	Larsson (S)
1972	Tyldum (N)	Myrmo (N)	Wedenin (SU)	Hjermstad (N)	Demel (BRD)	Geeser (CH)

[1] Sie wurde als olympischer Wettbewerb nur 1936 und 1948 ausgetragen

	1. Platz	2. Platz	3. Platz	4. Platz	5. Platz	6. Platz
4x10-km-Staffel (erstmals 1936)						
1936	Finnland	Norwegen	Schweden	Italien	Tschechoslowakei	Deutschland
1948	Schweden	Finnland	Norwegen	Österreich	Schweiz	Italien
1952	Finnland	Norwegen	Schweden	Frankreich	Österreich	Italien
1956	Sowjetunion	Finnland	Schweden	Norwegen	Italien	Frankreich
1960	Finnland	Norwegen	Sowjetunion	Schweden	Italien	Polen
1964	Schweden	Finnland	Sowjetunion	Norwegen	Italien	Frankreich
1968	Norwegen	Schweden	Finnland	Sowjetunion	Schweiz	Italien
1972	Sowjetunion	Norwegen	Schweiz	Schweden	Finnland	DDR
Nordische Kombination						
1924	Haug (N)	Strömstad (N)	Gröttumsbraaten (N)	Ökern (N)	Nilsson (S)	Adolf (CS)
1928	Gröttumsbraaten (N)	Vinjarengen (N)	Shersrud (N)	Nuotio (SF)	Järvinen (SF)	Eriksson (S)
1932	Gröttumsbraaten (N)	Stenen (N)	Vinjarengen (N)	Kolterud (N)	Eriksson (S)	Barton (CS)
1936	Hagen (N)	Hoffsbakken (N)	Brodahl (N)	Valonen (SF)	Simunek (CS)	Österklöft (N)
1948	Hasu (SF)	Huhtala (SF)	Israelsson (S)	Stump (CH)	Sihvonen (SF)	Dahl (N)
1952	Slåttrik (N)	Hasu (SF)	Stenersen (N)	Korhonen (SF)	Gjelten (N)	Gjermundshaug (N)
1956	Stenersen (N)	Eriksson (S)	Gron-Gasienica (PL)	Korhonen (SF)	Barhaugen (N)	Knutsen (N)
1960	Thoma (D)	Knutsen (N)	Gusakow (SU)	Ristola (SF)	Kotschkin (SU)	Larsen (N)
1964	Knutsen (N)	Kiseljew (SU)	Thoma (D)	Gusakow (SU)	Larsen (N)	Barhaugen (N)
1968	Keller (BRD)	Kaelin (CH)	Kunz (DDR)	Kucera (CS)	Damolin (I)	Gasienica (PL)
1972	Wehling (DDR)	Miettinen (SF)	Luck (DDR)	Kilpinen (SF)	Katsuro (JPN)	Kucera (CS)
Langlauf Damen (erstmals 1952)						
1952 10 km	Widemann (SF)	Hietamies (SF)	Rantanen (SF)	Norberg (S)	Polkunen (SF)	Wahl (N)
1956 10 km	Kosyrjewa (SU)	Jeroschina (SU)	Edström (S)	Koltschina (SU)	Rantanen (SF)	Hietamies (SF)
3x5 km	Finnland	Sowjetunion	Schweden	Norwegen	Polen	Tschechoslowakei
1960 10 km	Gusakowa (SU)	Baranowa-Kosyrewa (SU)	Jeroschina (SU)	Koltschina (SU)	Ruthström-Edström (S)	Pöysti (SF)
3x5 km	Schweden	Sowjetunion	Finnland	Polen	Deutschland	–
1964 5 km	Bojarskich (SU)	Lehtonen (SF)	Koltschina (SU)	Mekschilo (SU)	Pöysti (SF)	Gustafsson (S)
10 km	Bojarskich (SU)	Mekschilo (SU)	Gusakowa (SU)	Strandberg (S)	Pöysti (SF)	Pusula (SF)
3x5 km	Sowjetunion	Schweden	Finnland	Deutschland	Bulgarien	Tschechoslowakei
1968 5 km	Gustafsson (S)	Koulacova (SU)	Koltschina (SU)	Martinsson (S)	Kajosmaa (SF)	Achkina (SU)
10 km	Gustafsson (S)	Moerdre (N)	Aufles (N)	Martinsson (S)	Kajosmaa (SF)	Koulacova (SU)
3x5 km	Norwegen	Schweden	Sowjetunion	Finnland	Polen	DDR
1972 5 km	Koulacova (SU)	Kajosmaa (SF)	Sikolova (CS)	Olunina (SU)	Kuntola (St)	Moukhatcheva (SU)
10 km	Koulacova (SU)	Olunina (SU)	Kajosmaa (SF)	Moukhatcheva (SU)	Takalo (SF)	Dahl (N)
3x5 km	Sowjetunion	Finnland	Norwegen	BRD	DDR	Tschechoslowakei
Spezialspringen						
1924	Thams (N)	Bonna (N)	Haug (N)	Haugen (USA)	Landvik (N)	Nilsson (S)
1928	Andersen (N)	S. Ruud (N)	Burkert (CS)	Nilsson (S)	Lundgren (S)	Monsen (USA)
1932	B. Ruud (N)	Beck (N)	Wahlberg (N)	Eriksson (S)	Oimen (USA)	Kaufmann (CH)
1936	B. Ruud (N)	Eriksson (S)	Andersen (N)	Wahlberg (N)	Marusacz (PL)	Valonen (SF)
1948	Hugsted (N)	B. Ruud (N)	Schjelderup (N)	Pietikainen (SF)	Wren (USA)	Laakso (SF)
1952	Bergmann (N)	Falkanger (N)	Holmström (S)	Brutscher (D) Naes (N)	–	Hoel (N)
1956	Hyvärinen (SF)	Kallakorpi (SF)	Glass (D)	Bolkart (D)	Pettersson (S)	Däscher (CH)
1960	Recknagel (D)	Halonen (SF)	Leodolter (A)	Kamenski (SU)	Yggeseth (N)	Bolkart (D)
1964[1] gr. S.	Engan (N)	Kankkonen (SF)	Brandtzaeg (N)	Bokeloh (D)	Sjoeberg (S)	Iwanikow (SU)
kl. S.	Kankkonen (SF)	Engan (N)	Brandtzaeg (N)	Matous (CS)	Neuendorf (D)	Recknagel (D)
1968 gr. S.	Belussow (SU)	Raska (CS)	Grini (N)	Queck (DDR)	Tomtum (N)	Bachler (A)
kl. S.	Raska (CS)	Bachler (A)	Preiml (A)	Wirkola (N)	Mattila (SF)	Jeglanow (SU)
1972 gr. S.	Fortuna (PL)	Steiner CH)	Schmidt (DDR)	Kaeyhkoe (SF)	Wolf (DDR)	Napalkov (SU)
kl. S.	Kasaya (JPN)	Konno (JPN)	Aochi (JPN)	Mork (N)	Raska (CS)	Fortuna (PL)

[1] ab 1964 zwei Wettbewerbe auf der 70-m-Schanze und 90-m-Schanze

III. Eissport

	1. Platz	2. Platz	3. Platz	4. Platz	5. Platz	6. Platz
Eiskunstlauf Damen						
1924	Planck-Szabo (A)	Loughran (USA)	Muckelt (GB)	Blanchard-Weld (USA)	Joly (F)	Smith (CAN)
1928	Henie (N)	Burger (A)	Loughran (USA)	Vinson (USA)	Smith (CAN)	Wilson (CAN)
1932	Henie (N)	Burger (A)	Vinson (USA)	Wilson-Samuel (CAN)	Hutten (S)	de Ligne (BEL)
1936	Henie (N)	Colledge (GB)	Hutten (S)	Landbeck (BEL)	Vinson (USA)	Stenuf (A)
1948	Scott (CAN)	Pawlik (A)	Altwegg (GB)	Nekolowa (CS)	Vrzanova (CS)	Sherman (USA)
1952	Altwegg (GB)	Albright (USA)	du Bief (F)	Klopfer (USA)	Baxter (USA)	Morrow (CAN)
1956	Albright (USA)	Heiss (USA)	Wendl (A)	Sudgen (GB)	Eigel (A)	Pachl (CAN)
1960	Heiss (USA)	Dijkstra (NL)	Roles (USA)	Mrazkowa (CS)	Haanappel (NL)	Owen (USA)
1964	Dijkstra (NL)	Heitzer (A)	Burka (CAN)	Hassler (F)	Fukuhara (JPN)	Fleming (USA)
1968	Fleming (USA)	Seyfert (DDR)	Maskova (CS)	Noyes (USA)	Schuba (A)	Almassy (UNG)
1972	Schuba (A)	Magnusson (CAN)	Lynn (USA)	Holmes (USA)	Almassy (UNG)	Morgenstern (DDR)
Eiskunstlauf Herren						
1924	Grafström (S)	Böckl (A)	Gautschi (CH)	Sliva (CS)	Page (GB)	Niles (USA)
1928	Grafström (S)	Böckl (A)	v. Zeebroeck (BEL)	Schäfer (A)	Sliva (CS)	Nikkonen (SF)
1932	Schäfer (A)	Grafström (S)	Wilson (CAN)	Nikkonen (SF)	Baier (D)	Turner (USA)
1936	Schäfer (A)	Baier (D)	Kaspar (A)	Wilson (CAN)	Sharp (GB)	Dunn (GB)
1948	Button (USA)	H. Gerschwiler (CH)	Rada (A)	Lettengarver (USA)	Kiraly (UNG)	Grogan (USA)
1952	Button (USA)	Seibt (A)	Grogan (USA)	H. A. Jenkins (USA)	Firstbrook (CAN)	Fassi (I)
1956	H. A. Jenkins (USA)	Robertson (USA)	D. Jenkins (USA)	Giletti (F)	Divin (CS)	Booker (GB)
1960	D. Jenkins (USA)	Divin (CS)	Jackson (CAN)	Giletti (F)	Brown (USA)	Calmat (F)
1964	Schnelldorfer (D)	Calmat (F)	Allen (USA)	Divin (CS)	Danzer (A)	Litz (USA)
1968	Schwarz (A)	Wood (USA)	Pera (F)	Danzer (A)	Visconti (USA)	Petkevich (USA)
1972	Nepela (CS)	Tchetveroukhin (SU)	Pera (F)	Shelley (USA)	Petkevich (USA)	Hoffmann (DDR)
Eiskunstlauf Paare						
1924	Engelmann/Berger (A)	Jakobsson/Jakobsson (SF)	Joly/Brunet (F)	Muckelt/Page (GB)	Herbosl/Wagemans (BEL)	Blanchard/Niles (USA)
1928	Joly/Brunet (F)	Scholz/Kaiser (A)	Brunner/Wrede (A)	Loughran/Badger (USA)	Jakobsson/Jakobsson (SF)	van Leberghel/van Zeebroeck (BEL)
1932	Brunet/Brunet (F)	Loughran/Badger (USA)	Rotter/Szollas (UNG)	Orgonista/Szalay (UNG)	Wilson-Samuel/Wilson (CAN)	Claudet/Bangs (CAN)
1936	Herber/Baier (D)	Pausin/Pausin (A)	Rotter/Szollas (UNG)	Szekrenyessy/Szekrenyessy (UNG)	Vinson/Hill (USA)	Bertram/Reburn (CAN)
1948	Lannoy/Baugniet (BEL)	Kekessy/Kinlay (UNG)	Morrow/Distelmeyer (CAN)	Sherman/Swenning (USA)	Silverthorne/Silverthorne (GB)	Kennedy/Kennedy (USA)
1952	Falk/Falk (D)	Kennedy/Kennedy (USA)	Nagy/Nagy (UNG)	Nicks/Nicks (GB)	Dafoe/Bowden (CAN)	Gerhauser/Nightingale (USA)
1956	Schwarz/Oppelt (A)	Dafoe/Bowden (CAN)	Nagy/Nagy (UNG)	Kilius/Ningel (D)	Ormacal/Greiner (USA)	Wagner/Paul (USA)
1960	Wagner/Paul (USA)	Kilius/Bäumler (D)	Ludington/Ludington (USA)	Jelinek/Jelinek (CAN)	Göbl/Ningel (D)	Schuk/Schuk (SU)
1964	Belousova/Protopopow (SU)	Kilius/Bäumler (D)	Wilkes/Revell (CAN)	Joseph/Joseph (USA)	Schuk/Gawrilow (SU)	Johner/Johner (CH)
1968	Belousova/Protopopow (SU)	Schuk/Gorelik (SU)	Glockshuber/Danne (BRD)	Steiner/Walther (DDR)	Moskwina/Mischin (SU)	Kauffmann/Kauffmann (USA)
1972	Rodnina/Ulanov (SU)	Smirnova/Suraikin (SU)	Gross/Kagelmann (DDR)	Starbruck/Shelley (USA)	Lehmann/Wiesinger (BRD)	Icherniaeva/Blagov (SU)

	1. Platz	2. Platz	3. Platz	4. Platz	5. Platz	6. Platz
Eisschnellauf Herren 500 m						
1924	Jewtraw (USA)	Olsen (N)	Larsen (N) u. Thunberg (SF)	–	Vallenius (SF)	Blomquist (S)
1928	Thunberg (SF)	Evensen (N)	Farrell (USA) u. Larsen (N) u. Friman (SF)	–	–	Pedersen (N)
1932	Shea (USA)	Evensen (N)	Hurd (CAN)	Stack (CAN)	Logan (CAN)	Farrell (USA)
1936	Ballangrud (N)	Krog (N)	Freisinger (USA)	Ishihara (JPN)	Lamb (USA)	Potts (USA) u. Leban (A)
1948	Helgesen (N)	Bartholomew (USA) u. Byberg (N) u. Fitzgerald (USA)	–	–	Henry (USA)	Farstad (N) u. Hauer (N) u. Lamb (USA) u. Stack (CAN)
1952	Henry (USA)	McDermott (USA)	Johannsen (N) u. Audley (CAN)	–	Helgesen (N)	Tababayashi (JPN) u. Elvenes (N)
1956	Grischin (SU)	Gratsch (SU)	Gjestvang (N)	Sergejew (SU)	Salonen (SF)	Carow (USA)
1960	Grischin (SU)	Disney (USA)	Gratsch (SU)	Wilhelmsson (S)	Woronin (SU)	Gjestvang (N)
1964	McDermott (USA)	Grischin (SU) u. Orlow (SU) u. Gjestvang (N)	–	–	Suzuki (JPN)	Rudolph (USA)
1968	Keller (BRD)	Thomassen (N) u. McDermott (USA)	–	Grischin (SU)	Herjuaunet (N) u. Wurster (USA) u. Blatchford (USA)	–
1972	Keller (BRD)	Borjes (S)	Muratov (SU)	Bjorang (N)	Hänninen (SF)	Linkovesi (SF)
Eisschnellauf Herren 1500 m						
1924	Thunberg (SF)	Larsen (N)	Moen (N)	Skutnabb (SF)	Ström (N)	Olsen (N)
1928	Thunberg (SF)	Evensen (N)	Ballangrud (N)	Larsen (N)	S. Murphy (USA)	Bialas (USA)
1932	A. Shea (USA)	Hurd (CAN)	F. Logan (CAN)	Stack (CAN)	Murray (USA)	Taylor (USA)
1936	Mathiesen (N)	Ballangrud (N)	Wasenius (SF)	Freisinger (USA)	Stiepl (A)	Wazulek (A)
1948	Farstad (N)	Seyffarth (S)	Lundberg (N)	Parkkinen (SF)	Jansson (S)	Werket (USA)
1952	Andersen (N)	van der Voort (NL)	Aas (N)	Asplund (S)	Broekman (NL)	Parkkinen (SF)
1956	Grischin (SU)	Michaljow (SU)	Salonen (SF)	Järvinen (SF)	Merkulow (SU)	Ericsson (S)
1960	Aas (N)	Grischin (SU)	Stenin (SU)	Jokinen (SF)	Brogren (S) u. Järvinen (SF)	–
1964	Antson (SU)	Verkerk (NL)	Haugen (N)	Launonen (SF)	Saitsew (SU)	Matusewitsch (SU) u. Eriksen (N)
1968	Verkerk (NL)	Schenk (NL) u. Eriksen (N)	–	Thomassen (N)	Tveter (N) u. Hoeglin (S)	–
1972	Schenk (NL)	Grönvold (N)	Claesson (S)	Tveter (N)	Bols (NL)	Lavrouchkin (SU)
Eisschnellauf Herren 5000 m						
1924	Thunberg (SF)	Skutnabb (SF)	Larsen (N)	Moen (N)	Ström (N)	Bialas (USA)
1928	Ballangrud (N)	Skutnabb (SF)	Evensen (N)	Jaffee (USA)	Carlsen (N)	Bialas (USA)
1932	Jaffee (USA)	S. Murphy (USA)	Logan (CAN)	Taylor (USA)	Ballangrud (N)	Evensen (N)
1936	Ballangrud (N)	Wasenius (SF)	Ojala (SF)	Langedijk (NL)	Stiepl (A)	Blomqvist (SF)
1948	Liaklev (N)	Lundberg (N)	Hedlund (S)	Jansson (S)	Langedijk (NL)	Broekman (NL)
1952	Andersen (N)	Broekman (NL)	Haugli (N)	Huiskes (NL)	van der Voort (NL)	Asplund (S)
1956	Schilkow (SU)	Ericsson (S)	Gontscharenko (SU)	Broekman (NL)	de Graaff (NL)	Aas (N)
1960	Kositschkin (SU)	Johannesen (N)	Pesman (NL)	Seiersten (N)	Kotow (SU)	Gontscharenko (SU)
1964	Johannesen (N)	Moe (N)	Maier (N)	Kositschkin (Su)	Strutz (A)	Nilsson (S)
1968	Maier (N)	Verkerk (NL)	Nottet (NL)	Guttormsen (N)	Hoeglin (S)	Sandler (S)
1972	Schenk (NL)	Grönvold (N)	Stensen (N)	Claesson (S)	Olsen (N)	Verkerk (NL)
Eisschnellauf Herren 10 000 m						
1924	Skutnabb (SF)	Thunberg (SF)	Larsen (N)	Paulsen (N)	Ström (N)	Moen (N)
1928	wegen Tauwetters im 5. Lauf abgebrochen					
1932	Jaffee (USA)	Ballangrud (N)	Stack (CAN)	Wedge (USA)	Bialas (USA)	Evensen (N)
1936	Ballangrud (N)	Wasenius (SF)	Stiepl (A)	Mathiesen (N)	Blomqvist (SF)	Langedijk (NL)
1948	Seyffarth (S)	Parkkinen (SF)	Lammio (SF)	Pajor (UNG)	Broekman (NL)	Langedijk (NL)
1952	Andersen (N)	Broekman (NL)	Asplund (S)	Lammio (SF)	Huiskes (NL)	Haugli (N)
1956	Ericsson (S)	Johannesen (N)	Gontscharenko (SU)	Haugli (N)	Broekman (NL)	Andersen (N)
1960	Johannesen (N)	Maier (N)	Johannesen (N)	Liebrechts (NL)	Antson (SU)	Kositschkin (SU)
1964	Nilsson (S)	Kositschkin (SU)	Bäckman (N)	Nilsson (N)	Monaghan (GB)	Seiersten (N)
1968	Hoeglin (S)	Maier (N)	Sandler (S)	Guttormsen (N)	Verkerk (NL)	Nilsson (S)
1972	Schenk (NL)	Verkerk (NL)	Stensen (N)	Bols (NL)	Lavrouchkin (SU)	Claesson (S)

	1. Platz	2. Platz	3. Platz	4. Platz	5. Platz	6. Platz
Eisschnellauf-Vierkampf Herren (nur 1924)						
1924	Thunberg (SF)	Larsen (N)	Skutnabb (SF)	Ström (N)	Moen (N)	Quaglia (F)
Eisschnellauf Damen 500 m						
1960[1]	Haase (D)	Dontschenko (SU)	Ashworth (USA)	Rylowa (SU)	Takamizawa (JPN)	Gusewa (SU) u. Seroczynska (PL)
1964	Skoblikowa (SU)	Jegorowa (SU)	Sidorowa (SU)	Ashworth, Smith (USA)	–	Jakobsson (S)
1968	Titowa (SU)	Meyers, Holum, Fish (USA)	–	–	van den Brom (NL)	Sundby (N) u. Mustonen (SF)
1972	Henning (USA)	Krasnova (SU)	Titova (SU)	Young (USA)	Pflug (BRD)	Keulen-Deelstra (NL)
Eisschnellauf Damen						
1960 1000 m	Gusewa (SU)	Haase (D)	Rylowa (SU)	Skoblikowa (SU)	Takamizawa (JPN)	Pilejczyk (PL)
1500 m	Skoblikowa (SU)	Seroczynska (PL)	Pilejczyk (PL)	Gusewa (SU)	Stenina (SU)	Sihvonen (SF)
3000 m	Skoblikowa (SU)	Stenina (SU)	Huttonen (SF)	Takamiziwa (JPN)	Scherling (S)	Pilejczyk (PL)
1964 1000 m	Skoblikowa (SU)	Jegorowa (SU)	Mustonen (SF)	Haase (D)	Stenina (SU)	Jacobssen (S)
1500 m	Skoblikowa (SU)	Mustonen (SF)	Kolokoltsewa (SU)	Soon Kim (NKO)	Haase (D)	Scherling (S)
3000 m	Skoblikowa (SU)	Stenina (SU) u. Hwa Han (NKO)	–	Nesterowa-Gusewa (SU)	Mustonen (SF)	Nagakubo-Takamizawa (JPN)
1968 1000 m	Geijssen (NL)	Titowa (SU)	Holum (USA)	Mustonen (SF)	Egorowa (SU)	Sundby (N)
1500 m	Mustonen (SF)	Geijssen (NL)	Kaiser (NL)	Sundby (N)	Kauniste (SU)	Keskivitikka (SF)
3000 m	Schut (NL)	Mustonen (SF)	Kaiser (NL)	Keskivitikka (SF)	Burgmeijer (NL)	Skoblikowa (SU)
1972 1000 m	Pflug (BRD)	Keulen-Deelstra (NL)	Henning (USA)	Titova (SU)	Statkevitch (SU)	Holum (USA)
1500 m	Holum (USA)	Baas-Kaiser (NL)	Keulen-Deelstra (NL)	de Brom (NL)	Taupadel (DDR)	Statkevitch (SU)
3000 m	Baas-Kaiser (NL)	Holum (USA)	Keulen-Deelstra (NL)	Tigchelar (NL)	Statkevitch (SU)	Sereguina (SU)
Eishockey						
1924	Kanada	USA	Großbritannien	Schweden		
1928	Kanada	Schweden	Schweiz	Großbritannien		
1932	Kanada	USA	Deutschland	Polen		
1936	Großbritannien	Kanada	USA	Tschechoslowakei		
1948	Kanada	Tschechoslowakei	Schweiz	Schweden	Großbritannien	Polen
1952	Kanada	USA	Schweden	Tschechoslowakei	Schweiz	Polen
1956	Sowjetunion	USA	Kanada	Schweden	Tschechoslowakei	Deutschland
1960	USA	Kanada	Sowjetunion	Tschechoslowakei	Schweden	Deutschland
1964	Sowjetunion	Schweden	Tschechoslowakei	Kanada	USA	Finnland
1968	Sowjetunion	Tschechoslowakei	Kanada	Schweden	Finnland	USA
1972	Sowjetunion	USA	Tschechoslowakei	Schweden	Finnland	Polen

IV. Bob- und Rodelrennen[2]

	1. Platz	2. Platz	3. Platz	4. Platz	5. Platz	6. Platz
Zweier-Bob (erstmals 1932)						
1932	USA I	Schweiz II	USA II	Rumänien	Deutschland I	Italien I
1936	USA I	Schweiz II	USA II	Großbritannien	Deutschland I	Deutschland II
1948	Schweiz II	Schweiz I	USA II	Belgien I	Großbritannien I	Italien II
1952	Deutschland I	USA I	Schweiz I	Schweiz II	Frankreich II	Belgien I
1956	Italien I	Italien II	Schweiz I	Spanien	USA I	USA II
1964	Großbritannien I	Italien II	Italien I	Kanada II	USA I	Deutschland I
1968	Italien I	Deutschland I (BRD)	Rumänien I	Österreich I	Großbritannien I	USA I
1972	BRD II	BRD I	Schweiz I	Italien I	Rumänien I	Schweden I
Vierer-Bob						
1924	Schweiz I	Großbritannien II	Belgien I	Frankreich II	Großbritannien I	Italien I
1928	USA II	USA I	Deutschland II	Argentinien I	Argentinien II	Belgien I
1932	USA I	USA II	Deutschland I	Schweiz II	Italien	Rumänien
1936	Schweiz II	Schweiz I	Großbritannien	USA I	Belgien II	USA II
1948	USA II	Belgien	USA I	Schweiz I	Norwegen I	Italien I
1952	Deutschland	USA I	Schweiz I	Schweiz II	Österreich I	Schweden I
1956	Schweiz I	Italien II	USA	Schweiz II	Italien I	Deutschland I
1964	Kanada I	Österreich I	Italien II	Italien I	Deutschland I	USA I
1968	Italien I	Österreich I	Schweiz I	Rumänien	Deutschland I (BRD)	Italien II
1972	Schweiz I	Italien I	BRD I	Schweiz II	BRD II	Österreich I

[1] Eisschnellauf-Wettbewerbe schon 1932, aber nur als Vorführungs-Wettbewerbe. Ab 1960 als olympischer Wettbewerb
[2] 1960 wurden weder Zweier-Bobrennen noch Vierer-Bobrennen veranstaltet

	1. Platz	2. Platz	3. Platz	4. Platz	5. Platz	6. Platz

Rodelrennen Herren (1928 und 1948 Skeletonrennen, ab 1964 Rodeln)

		1. Platz	2. Platz	3. Platz	4. Platz	5. Platz	6. Platz
1928		Heaton (USA)	R. Heaton (USA)	Northesk (GB)	Lanfranchi (I)	Berner (CH)	Unterlechner (A)
1948		Bibbia (I)	R. Heaton (USA)	Grammond (GB)	Martin (USA)	Kägi (CH)	Bott (GB)
1964	Einsitzer	Köhler (D)	Bonsack (D)	Plenk (D)	Ström (N)	Feistmantl (A)	Pawelkiewisz (PL)
	Doppel	Österreich	Österreich	Italien	Deutschland	Polen und Italien	—
1968	Einsitzer	Schmid (A)	Köhler (DDR)	Bonnsack (DDR)	Gawior (PL)	Feistmantl (A)	Plenk (BRD)
	Doppel	DDR Bonsack, Köhler	Österreich	BRD Winkler, Nachmann	BRD Plenk, Aschauer	DDR Hörnlein, Bredow	Polen
1972	Einsitzer	Scheidel (DDR)	Ehrig (DDR)	Fiedler (DDR)	Bonsack (DDR)	Nagenrauft (BRD)	Fendt (BRD)
	Doppel	Italien	DDR Hörnlein, Bredow	DDR Bonsack, Fiedler	Japan	BRD Brandner, Schwarm Polen	Japan —

Rodelrennen Damen (erstmals 1964)

	1. Platz	2. Platz	3. Platz	4. Platz	5. Platz	6. Platz
1964	Enderlein (D)	Geisler (D)	Thurner (A)	Pawelczyk (PL)	Gorgon-Flont (PL)	Tylova (CS)
1968	Lechner (A)	Schmuck (BRD)	Dünnhaupt (BRD)	Macher (PL)	Damse (PL)	Beldova (CS)
1972	Müller (DDR)	Rührold (DDR)	Schumann (DDR)	Demleitner (BRD)	Otaka (JPN)	Martyka (PL)

V. Biathlon

	1. Platz	2. Platz	3. Platz	4. Platz	5. Platz	6. Platz

Biathlon

	1. Platz	2. Platz	3. Platz	4. Platz	5. Platz	6. Platz
1968	Solberg (N)	Tichonow (SU)	Gundartsew (SU)	Szczepaniak (PL)	Kinnari (SF)	Pusanow (SU)
1972	Solberg (N)	Knauthe (DDR)	Arwidson (S)	Tichonow (SU)	Salpakari (SF)	Saira (SF)

Biathlon-Staffel

	1. Platz	2. Platz	3. Platz	4. Platz	5. Platz	6. Platz
1968	Sowjetunion	Norwegen	Schweden	Polen	Finnland	DDR
1972	Sowjetunion	Finnland	DDR	Norwegen	Schweden	USA

Die olympische Zukunft

Am Ende stand weltweites Aufatmen. Es hätte schlimmer kommen können, als es in Montreal und in Innsbruck gekommen ist. In ihrem lobenden Urteil über Innsbruck stimmten der Präsident des Olympischen Komitees, der irische Lord Killanin, und die Weltöffentlichkeit weitgehend überein. Der Lord brachte seine Freude darüber zum Ausdruck, »daß hier ... alles so reibungslos geklappt hat und es keinen ernsthaften Zwischenfall gab«. Die Massenmedien zollten den österreichischen Lückenbüßern Respekt, daß sie aus der Zeitnot, in der sie steckten, eine Tugend gemacht und das, was an geölter Perfektion hier und da gefehlt haben mag, durch den Charme der Einfachheit kostensparend ersetzt hatten. Montreal erwarb sich schon deshalb Anerkennung, weil die Spiele schließlich doch termingerecht in Szene gingen. Es stand schlimmer um sie, als die meisten ahnten. Die weltweite Erleichterung, in die das Kapitel Olympiade 1976 schließlich einmündete, kann jedoch nicht darüber hinwegtäuschen, daß so etwas wie ein olympisches Endzeitgefühl um sich gegriffen hat. Wie soll es weitergehen? Geht es überhaupt weiter? Lohnt es sich, die ›abgelebte Idee‹ aus dem vorigen Jahrhundert gewaltsam aufrechtzuerhalten?

Vom vielzitierten unbekannten Taxifahrer bis zu Jean-Paul Sartre scheint es kaum jemand zu geben, der diesen Fragen gleichgültig gegenübersteht. »Zum Teufel mit den Olympischen Spielen!« fluchte ein hoher kanadischer Gewerkschaftsführer auf dem Höhepunkt des Montrealer Bauarbeiterstreiks. Er sprach seinen Kollegen offenbar aus dem Herzen, wenigstens damals. Daß der wortgewaltige Boß überhaupt so etwas sagen konnte, ohne daß sich international ein Schrei der Entrüstung erhob, zeigt deutlicher als manches andere, wie tief die Ernüchterung sitzt. Sie hat ihre Wurzeln in dem anmaßenden Anspruch Coubertins, den er schon als Zögling der Kadettenschule von St. Cyr artikulierte und von dem er nie wieder abrückte: »... Olympia und die Olympischen Spiele symbolisieren die Menschheit als Gemeinsamkeit, die über Ländern, Städten, militärischen Helden und vielleicht sogar über den alten Religionen steht.«

Mit dieser grandiosen Anmaßung lieferte der Begründer der modernen Olympischen Spiele sein Lebenswerk von Anfang an unauflösbaren Widersprüchen aus. Der Schriftsteller Alfred Andersch konnte in Coubertins 1896 erstmals realisierter Idee sieben Jahrzehnte später nur einen ›idiotischen Rekordbetrieb und die Organisation eines Supergeschäfts‹ erblicken, ›in dem nur ein Narr sich noch die Anwesenheit eines humanistischen Ideals vorspiegeln kann‹.

Bis vor nicht allzu langer Zeit wurden derartige Attacken in Sportkreisen kurzerhand als intellektueller Hochmut oder – prätentiös ausgedrückt – als ›Protestneid des Körperproletariats der Ungeschickten‹ abqualifiziert. Neuerdings macht die olympische Resignation aber auch vor den eigenen Reihen nicht halt. So führte einer der erfolgreichsten bundesdeutschen Medaillenjäger, der wenige Wochen vor Montreal verstorbene ›Ruder-Professor‹ Karl Adam, Coubertins Olympismus ad absurdum, als er in seinem Buch ›Sinn und Unsinn des Leistungssports‹ behauptete: ›Die Idee der Olympischen Spiele besteht ganz simpel darin, daß alle vier Jahre eine Gruppe von ausgewählten Sportarten ihre Weltmeisterschaften am gleichen Ort und zur gleichen Zeit durchführt. Die Auswirkungen dieser simplen Maßnahme sind – gelinde gesagt – überraschend. Das öffentliche Interesse wird durch die Häufung von Attraktionen unheimlich aufgeheizt, dadurch ergeben sich erhebliche Möglichkeiten zum Gewinn von Prestige und materiellen Vorteilen ...‹ In seinem Bestreben, als streng rationaler Kopf zu erscheinen, mag Adam mit diesem Befund ein paar Meter über das Ziel hinausgeschossen haben, aber die Richtung dürfte stimmen. Die Entmystifizierung, man könnte auch sagen: Die Entcoubertinisierung Olympias hat ein atemberaubendes Tempo angenommen.

Noch sind neue Inhalte, die den planetarischen Kraftakt rechtfertigen könnten, nicht gefunden, geschweige eine neue Form. Die Wahrscheinlichkeit spricht dafür, daß die Menschheit ihre Spiele noch lange Zeit so nehmen wird, wie sie sind. Noch lange Zeit werden daher auch die Punkte in der öffentlichen Diskussion stehen, von denen die gegenwärtige Verdrossenheit ausgeht. Es sind in der Hauptsache:

Die Olympischen Spiele

... sind zu teuer geworden. Keinem Steuerzahler dieser Welt kann weiterhin zugemutet werden, eine Veranstaltung zu finanzieren, deren Unkosten in einem Mißverhältnis zu ihrem Nutzen stehen, falls es überhaupt einen solchen geben sollte;

... haben ihren ursprünglichen Sinn als Friedensfest verloren. Sie erfüllen vielmehr seit geraumer Zeit fast die Funktion eines Ersatzkrieges;

... bieten Politikern, die in der Wahl ihrer Mittel nicht zimperlich sind, ein willkommenes Experimentierfeld. Noch ehe die Athleten ihre Muskeln spielen lassen, tun sie es und schrecken dabei auch vor massiver Erpressung nicht zurück;

... heizen Aggressionen und nationale Hybris an. Der Kampf um die Medaillen hat oft weniger mit frischfröhlichem Kräftemessen als mit bierernstem Renommiergehabe zu tun;

... setzen den Athleten unter einen Erwartungsdruck, dem schließlich nur noch stumpfsinnige Hochleistungsautomaten gewachsen sind. Sie zwingen zur Amateurlüge, zu Masochismus und zur Hintanstellung von Ausbildungs- und Berufschancen;

... haben im Osten zur Verstaatlichung des sportlichen Leistungsstrebens geführt, aber auch im Westen Tendenzen dieser Art gefördert. Sie schränken den

Freiheitsspielraum und die Unabhängigkeit des Athleten ein, statt ihn zu erweitern;

... sind zu einer verlockenden Plattform für den internationalen Terrorismus geworden. Sie bilden unter diesen Umständen einen gigantischen Risikofaktor und erfordern Sicherheitsmaßnahmen, die sich mit ihrem Charakter nicht vertragen;

... werden von den Sportartikelherstellern als Mustermesse für ihre Erzeugnisse mißbraucht. Die Vermarktung der Medaillen hat einen Stand erreicht, der sich beim Abschluß eines Profivertrages in exakt abgestuften Summen für Gold, Silber oder Bronze niederschlägt;

... finden immer nur in wohlhabenden Industrieländern statt und vermehren damit den Konfliktstoff zwischen den reichen und den armen Teilen der Welt;

... entarten mehr und mehr zum Wettkampf der Wissenschaftler, Mediziner, Aerodynamiker und anderer Spezialisten, die unentwegt dabei sind, der Mannschaft ihres Landes durch Verbesserung der Bedingungen und des Geräts Vorteile zu verschaffen, die dem Prinzip der Chancengerechtigkeit ins Gesicht schlagen;

... lösen Leistungsexplosionen aus, die dem Sportler und dem Nachwuchs Frustrationserlebnisse der eigenen Stümperhaftigkeit bescheren und so die Vorbildfunktion des Spitzensports in einem fragwürdigen Licht erscheinen lassen;

... sind viel zu groß geworden und nur noch zu retten, wenn man sie reduziert *(Roger Bannister, ehemaliger Meilenrekordmann und jetzt Präsident des Weltrats für Sport- und Leibeserziehung).*

Alle diese Punkte verdienen es, ernst genommen zu werden. Es gibt allerdings auch Einwände, die ernst genommen werden sollten. So hat Willi Daume, der Vater der Münchner Spiele, auf den Vorwurf, das Fest sei schon rein finanziell nicht mehr zu verantworten, eine verblüffende Antwort parat. Danach sind die Olympischen Spiele für die gastgebenden Städte ›ein ganz außergewöhnliches Geschäft‹, und wenn Montreal in Schwierigkeiten geraten sei, so dürfe man dies mit Sicherheit nicht verallgemeinern. An dem Beispiel Münchens lasse sich einwandfrei demonstrieren, daß es auch anders geht. Diese Stadt habe an eigenen Mitteln etwa 149 Millionen Mark für die Olympischen Spiele aufgebracht und nach jetziger Rechnung einen Gegenwert von vier Milliarden Mark dafür erhalten: eine der schönsten und größten Freizeitanlagen, die es in Europa gibt, mit der neugeschaffenen olympischen Landschaft, ideale Sportstätten, zusätzliche U- und S-Bahnen, Straßen, Brücken, eine weit verbesserte Infrastruktur, mehrere Schulen, zirka 10 000 Wohnungen und vieles mehr. Nach Feststellung des Stadtrats habe München in seiner Entwicklung durch die Olympischen Spiele etwa fünfzehn Jahre gewonnen. In vergleichbaren Dimensionen bewegten sich nach Daume auch die Vorteile, die die Bundesrepublik Deutschland und der Freistaat Bayern aus den Spielen gezogen haben. Dabei sei noch langfristig wirkender Profit aus den Steuereinnahmen gar nicht mitgerechnet. Den Zweifel, ob sich das Beispiel München ohne weiteres auf andere Städte dieser Welt übertragen läßt, kann Daume mit diesen Feststellungen zwar nicht ausräumen; aber Bonn konnte ihn im Abschlußbericht über das Unternehmen Olympia '72 nur bestätigen.

Verblüffende Ansichten hat auch das Reizwort ›Ersatzkrieg‹ ausgelöst, das am Anfang als das Ärgste galt, was die Kritik gegen Olympische Spiele vorbringen konnte. So fand der Nobelpreisträger Konrad Lorenz, Nestor der vergleichenden Verhaltensforscher, heraus, daß Rangkämpfe zwischen menschlichen Großgruppen bis heute militärisch ausgefochten wurden und daher die Gefahr, daß in dieser Weise die menschliche Art in absehbarer Zeit vernichtet werde, nicht von der Hand zu weisen sei. Für Lorenz ergibt sich daraus der Zwang, eine ritualisierte Form solcher Rangkämpfe zu entwickeln, wie sie den meisten Tierarten angeboren ist. Er hält die Olympischen Spiele für durchaus geeignet, diese Funktion zu übernehmen. Daß sich Pierre de Coubertin, so er diese Theorie zu Ohren bekäme, im Grabe herumdrehen würde, scheint Lorenz nur wenig zu berühren. Außerddm spricht vieles dafür, daß die halbe Strecke auf diesem Weg schon zurückgelegt ist. Ob durch den Ventileffekt der Olympischen Spiele schon Kriege vermieden worden sind, steht freilich auf einem anderen Blatt.

Die Amateurregel ist kein Thema mehr. Das Internationale Olympische Komitee hat sich auf eine Formel geeinigt, die in der Praxis darauf hinausläuft, daß als Amateur gilt, wer keinen Profivertrag unterschrieben hat. Lord Killanin schließt nicht aus, daß in ferner Zukunft auch Berufssportler zu den Spielen zugelassen werden, fügt freilich hinzu, ›nicht so lange ich lebe‹. Auch Daume bekennt sich zu durchlässigen Toleranzgrenzen: ›Das IOC hat sich in seiner Geschichte zu lange mit der Amateurschnüffelei aufgehalten.‹

Mit interessanten Überlegungen hat kurz vor Montreal der ehemalige Weitsprungrekordler Professor Dr. Manfred Steinbach in die Diskussion um die ›Fronarbeit‹ des Trainierens und Medaillenjagens eingegriffen. ›Wäre mir ein derartiges Programm ohne eigenes Engagement – oder gar gegen meine Wünsche und Intentionen – verordnet und aufgegeben‹, ließ er wissen, ›so würde man ohne weiteres angesichts der hohen Belastungsnormen, deren Nähe zur menschlichen Belastungsgrenze von Rekordjahr zu Rekordjahr dringender gefragt wird, von Sklaverei oder ähnlichem sprechen wollen ... Um aber die Beziehungen zwischen dem Sportler und seinem Trainingsaufwand richtig beurteilen zu können, nämlich so positiv, wie sie durchaus sind, müssen wir einen Blick auf die Ziele werfen, die sich dem erfolgreichen Sportler anbieten und in deren Ziel- und Zugsystem seine Bereitschaft zu hohem Aufwand eingespannt zu sehen ist. Wenn er derartige Ziele als für sich maßgeblich erklärt, ... dann erscheint der dafür einzubringende Aufwand ... in einem anderen Licht: Er ist nicht aufgebürdet, sondern akzeptiert, nicht erlitten, sondern positiv erlebt, trotz Schweiß und gelegentlicher Tränen ... Ich und mein Aufwand – das ist kein Fremdkörper an mir, sondern über viele Lebensjahre ein unverzichtbares Stück von mir.‹ Professor Steinbach, gewiß kein unkritischer Beobachter des Spitzensports, widerspricht damit nicht ohne Verve der These von der Verdoppelung der Arbeitswelt.

Die Verstaatlichung des Spitzensports im Osten und das Abhängigkeitsverhältnis zwischen dem Bundesinnenministerium, das die Millionen für Trainingszentren, Trainer und materielle Ausstattung bewilligt, und dem Spitzensport in der Bundesrepublik können nur wenig daran ändern, daß den entscheidenden Ausschlag nach wie vor der Mensch selbst gibt. Auch die DDR kann das Gewinnen von Goldmedaillen nicht befehlen. Sie kann nur die Voraussetzung dafür schaffen, was sie freilich in optimalem Ausmaß tut.

Unerwartetes Temperament entwickeln die Herren des IOC, wenn die politischen und die Sicherheitsprobleme angeschnitten werden. Getreu der Volksweisheit, daß ein getroffener Hund bellt, rühmen sie die politische Abstinenz, der sie sich in ihrer Geschichte befleißigten, geradezu als ihr Erfolgsgeheimnis. In dieser Reaktion steckt sogar ein Körnchen Wahrheit. Die Olympischen Spiele wären wahrscheinlich schon lange gestorben, wenn sich ihre Schutzpatrone nicht an das Vogel-Strauß-Prinzip gehalten hätten. Inzwischen jedoch ist die Schonzeit für Olympia unwiderruflich abgelaufen. Die Völker Afrikas und Asiens haben zu dem abendländischen Mythos Olympias, unter dessen Schutz sich so bequem leben ließ, kein Verhältnis. Sie sind unter anderen Zeichen angetreten. Die antiquierten Strukturen der olympischen Hierarchie haben merkwürdigerweise dennoch eine Zukunft, wenn auch nur eine kurz- bis mittelfristige. Solange sie gelten, brauchen die Politiker nicht in jedem Fall Flagge zu zeigen, können sich die Regierungschefs nach Bedarf hinter ihren Nationalen Olympischen Komitees verstecken. Das ist den Weltmächten nicht unwillkommen. Auf das Feld, wo sie sich im Namen des Friedens gegenseitig besiegen können, möchten sie allem Anschein nach nicht verzichten. Dafür nehmen sie auch ein hohes Sicherheitsrisiko in Kauf.

Vieles muß in Kauf genommen werden. Die Vermarktung des Erfolges, die Schleichwerbung, der unfaire Beistand der Technokraten und Mediziner, der immer nur den Vertretern der reichen Länder zugute kommt. Was könnte man dagegen machen? Das alles ist ärgerlich genug, aber es geht nicht an die Substanz. Etwas anderes wäre es, wenn sich die olympische Wanderbühne demnächst nur noch auf den Pendelverkehr zwischen den Weltstädten Moskau, Montreal, München, Los Angeles beschränken würde, weil nur sie das nötige Geld haben, um sie einzuladen. Doch diese Bedrohung sieht Willi Daume nicht: ›Olympische Spiele können genausogut in einem kleineren und ärmeren Land stattfinden.‹ Eine ›internationalisierte‹ Finanzhilfe erscheine zwar ›schwerlich möglich‹, sie sei jedoch auch nicht nötig, wenn mit ausreichender Sorgfalt geplant werde. Nachahmung sei immer etwas Deprimierendes, und hochentwickelte Industrienationen könnten sich kostspielige technische oder architektonische Experimente leisten, die sich auf längere Sicht auch immer wieder bezahlt machten, die jedoch nicht unbedingt zu Olympischen Spielen gehören. Dazu gehörten nicht einmal optimale Kampfstätten, die auch in München nicht in jeder Sportart vorhanden gewesen seien. Es genügten Kampfstätten, die Chancengleichheit gewähren. Im Klartext: Es muß nicht immer Kunstrasen sein. Daumes Offerte eröffnet Perspektiven, die ermutigend sind. Fragt sich nur, ob seine Bescheidenheit von den internationalen Fachverbänden geteilt wird, mit denen in diesem Bereich erfahrungsgemäß nur schlecht Kirschen essen ist.

Um den Problemkreis abzurunden: Für die Frustrationserlebnisse der Breitensportler und die Phantasien gesellschaftspolitischer Romantiker fühlt sich in olympischen Kreisen nicht zu Unrecht niemand zuständig.

Man sieht, es mangelt bei aller Sorge um Olympia nicht an tröstlichen Perspektiven. Akut und ohne sichtbaren Ausweg ist nur der Hang zur Selbstvernichtung. Gespenstische Visionen werden Wirklichkeit, wenn in den verschiedensten Disziplinen die Superschwergewichtler zum Kampfe schreiten, Dreizentnermonster, die mit melancholischem Blick ihrer auf dem Altar des Hochleistungssports geopferten Bewegungsfähigkeit nachtrauern und unter vier Augen zugeben, daß sie sich ohne Muskelpille hundeelend fühlen. Die tragischen Figuren, von Trainern, Ärzten und Funktionären unterstützt und ermuntert, statt zurückgehalten, stehen für ein seit Jahren im Gange befindliches Wettrüsten, das unter dem olympischen Motto ›schneller, höher, stärker‹ auf die Grenzwerte zur Inhumanität zurast. Hier werden heute schon sehenden Auges Invaliden gezüchtet. Die nächste Stufe der Eskalation ist der Diskuswerfer mit den Gorillaarmen, der Marathonläufer mit der Drittlunge, der Schwimmer mit der Rückenflosse, der Turner mit den auswechselbaren Bandscheiben. Man kann nicht schwarz genug malen, um den Ernst dieser Entwicklung ins Bewußtsein zu heben. Hier sieht auch Willi Daume die größte Gefahr für die Zukunft der Olympischen Spiele. Wie der Trend zum Hochleistungspanoptikum zu stoppen sei, weiß jedoch auch er nicht zu sagen. Er beschränkt sich auf die Feststellung, daß es keine leichte Aufgabe sei, Doping, Anabolika und andere Innovationen zu stoppen: ›Aber vielleicht bedeutet die Tatsache, das Problem erkannt zu haben, doch schon eine Art Hoffnung, ihm in der weiteren Entwicklung gewachsen zu sein.‹

Daumes Auskunft kann die Verlegenheit, mit der die olympischen Schutzpatrone dem Kardinalproblem der Spiele gegenüberstehen, nicht verbergen. Weit und breit ist keine praktikable Alternative zu sehen. Im Gegenteil: Sowohl im Osten als auch im Westen vergeht kein Tag, an dem nicht über Methoden nachgegrübelt wird, wie die Spitzensportler der Nation in noch höhere, also auch noch gesundheitsschädlichere Bereiche hineingefördert werden können.

Was tun? In seiner Gewissensnot kam ein junger Denkspieler auf folgende Idee: ›Alle Sportler, die eine bestimmte, relativ niedrig anzusetzende Norm erfüllt haben in einer beliebigen Disziplin, sind prinzipiell für die Olympischen startberechtigt. Von der riesigen Zahl dieser Sportler wird eine bestimmte Anzahl zur Teilnahme ausgelost. Der so ermittelte Teilnehmer wählt sich aus dem olympischen Programm zehn Disziplinen. Wiederum durch Los wird er dann startberechtigt für eine von diesen. Abwechslungsreiche Spiele wären genauso gewiß wie eine Abkehr vom gesundheitsfeindlichen Leistungsfetischismus.‹ Der Vorschlag, so vernünftig er anmutet, zeugt von einem kindlichen Gemüt. Niemand wird den Menschen davon abbringen können, seine Möglichkeiten auszuloten und seine Leistungen zu vergleichen. Das gilt für das Kugelstoßen ebenso wie für die Weltraumfahrt, nur daß bei der Weltraumfahrt das Risiko, seine Lebenserwartung mutwillig herabzusetzen, zur Zeit geringer zu sein scheint als in gewissen Disziplinen des Spitzensports. Es gibt keine Patentlösung, wie Olympia entschärft werden kann; es ist eine permanente Aufgabe. Fest steht nur, daß die Hoffnung allein im Kampf gegen das Wettrüsten nicht genügt.

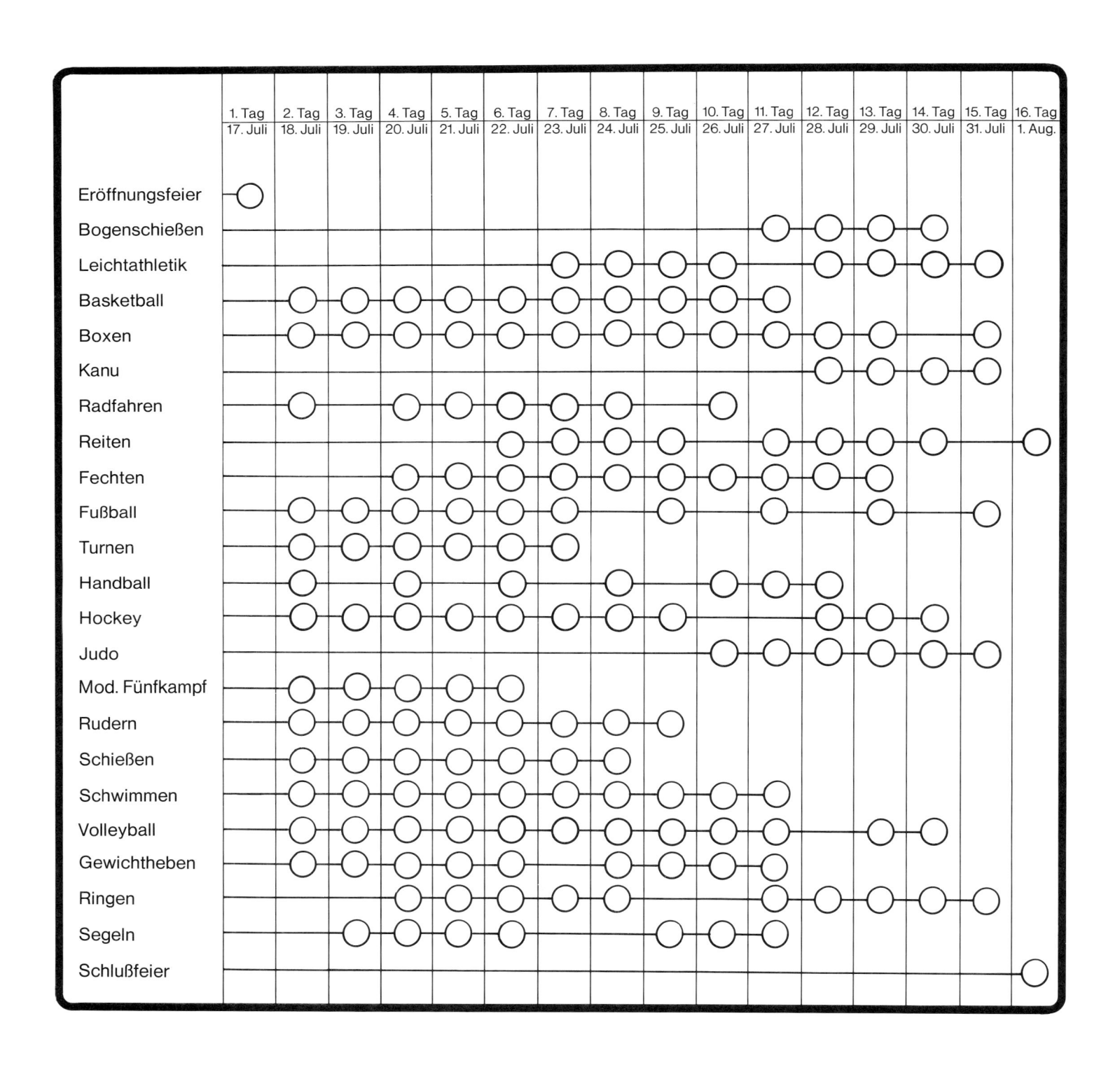

Wettkampfplan

	1. Tag 17. Juli	2. Tag 18. Juli	3. Tag 19. Juli	4. Tag 20. Juli	5. Tag 21. Juli	6. Tag 22. Juli	7. Tag 23. Juli	8. Tag 24. Juli	9. Tag 25. Juli	10. Tag 26. Juli	11. Tag 27. Juli	12. Tag 28. Juli	13. Tag 29. Juli	14. Tag 30. Juli	15. Tag 31. Juli	16. Tag 1. Aug.
Eröffnungsfeier	○															
Bogenschießen											○	○	○	○		
Leichtathletik							○	○	○	○			○	○	○	
Basketball		○	○	○	○	○	○	○	○	○	○					
Boxen		○	○	○	○	○	○	○	○	○	○	○	○	○	○	
Kanu												○	○	○	○	
Radfahren		○		○		○		○		○						
Reiten						○	○	○	○	○	○	○	○	○		○
Fechten					○	○	○	○	○	○	○	○	○			
Fußball		○	○	○	○	○	○	○	○		○		○		○	
Turnen		○	○	○	○	○	○									
Handball		○	○		○		○		○	○	○		○			
Hockey		○	○	○	○	○	○	○	○	○	○		○	○		
Judo										○	○	○	○	○	○	
Mod. Fünfkampf		○	○	○	○	○										
Rudern		○	○	○	○	○	○	○	○							
Schießen		○	○	○	○	○	○									
Schwimmen		○	○	○	○	○	○	○	○	○	○					
Volleyball		○	○	○	○	○	○	○	○	○	○		○			
Gewichtheben		○	○	○	○	○	○	○	○	○						
Ringen					○	○	○	○	○	○	○		○	○	○	
Segeln				○	○	○	○			○	○					
Schlußfeier																○

Wettkampfplan

	1. Tag 4. Febr.	2. Tag 5. Febr.	3. Tag 6. Febr.	4. Tag 7. Febr.	5. Tag 8. Febr.	6. Tag 9. Febr.	7. Tag 10. Febr.	8. Tag 11. Febr.	9. Tag 12. Febr.	10. Tag 13. Febr.	11. Tag 14. Febr.	12. Tag 15. Febr.
Eröffnungsfeier	○											
Skispringen				○	○							○
Langlauf Herren		○		○	○		○				○	
Langlauf Damen				○			○		○			
Biathlon			○							○		
Alpin Herren		○			○	○					○	
Alpin Damen					○			○		○		
Eisschnellauf H.							○	○	○	○		
Eisschnellauf D.		○	○	○	○							
Rodeln	○	○	○	○			○					
Bob			○	○						○	○	
Eiskunst Herren					○	○		○				
Eiskunst Damen								○	○		○	
Eiskunst Paare		○		○								
Eistanzen	○	○				○						
Eishockey Gr. I			○		○		○		○		○	
Eishockey Gr. II		○		○		○		○		○		
Schlußfeier												○

Weitere Textbeiträge von
Ulrich Kaiser, Rolf Kunkel und Bruno Moravetz
Redaktionskoordinator Wolfgang Herder, Bad Homburg v. d. H.

Alle Rechte vorbehalten © 1976 Limpert Verlag, Bad Homburg v. d. H.
Satz und Druck Union-Druckerei, Frankfurt am Main
Lithographie Graphische Kunstanstalt Paja-Klischees, Frankfurt am Main
Bindearbeiten Klemme & Bleimund, Bielefeld
Printed in Germany 1976. ISBN 3 7632 2000 3

Farbbilder
Deutsche Presse-Agentur, Frankfurt am Main 30
Horstmüller, Düsseldorf 5
Sport-Foto Metelmann, Hamburg 6
Herbert Rudel, Stuttgart 5
Walter Schmitz, München 9
Sven Simon, Essen 44
Werek, München 19

Schwarzweißbilder
Deutsche Presse-Agentur, Frankfurt am Main 179
Horstmüller, Düsseldorf 8
Sven Simon, Essen 48
Werek, München 13
Wilfried Witters, Hamburg 2